Springer-Lehrbuch

Sarah Legner

Digitales Wettbewerbsrecht

Kartellrecht – Digital Markets Act – Plattform-Verordnung

Sarah Legner
Law School
EBS Universität für Wirtschaft und Recht
Oestrich-Winkel, Deutschland

ISSN 0937-7433   ISSN 2512-5214 (electronic)
Springer-Lehrbuch
ISBN 978-3-662-70491-2   ISBN 978-3-662-70492-9 (eBook)
https://doi.org/10.1007/978-3-662-70492-9

Die Deutsche Nationalbibliothek verzeichnet diese Publikation in der Deutschen Nationalbibliografie; detaillierte bibliografische Daten sind im Internet über https://portal.dnb.de abrufbar.

© Der/die Herausgeber bzw. der/die Autor(en), exklusiv lizenziert an Springer-Verlag GmbH, DE, ein Teil von Springer Nature 2025
Das Werk einschließlich aller seiner Teile ist urheberrechtlich geschützt. Jede Verwertung, die nicht ausdrücklich vom Urheberrechtsgesetz zugelassen ist, bedarf der vorherigen Zustimmung des Verlags. Das gilt insbesondere für Vervielfältigungen, Bearbeitungen, Übersetzungen, Mikroverfilmungen und die Einspeicherung und Verarbeitung in elektronischen Systemen.
Die Wiedergabe von allgemein beschreibenden Bezeichnungen, Marken, Unternehmensnamen etc. in diesem Werk bedeutet nicht, dass diese frei durch jede Person benutzt werden dürfen. Die Berechtigung zur Benutzung unterliegt, auch ohne gesonderten Hinweis hierzu, den Regeln des Markenrechts. Die Rechte des/der jeweiligen Zeicheninhaber*in sind zu beachten.
Der Verlag, die Autor*innen und die Herausgeber*innen gehen davon aus, dass die Angaben und Informationen in diesem Werk zum Zeitpunkt der Veröffentlichung vollständig und korrekt sind. Weder der Verlag noch die Autor*innen oder die Herausgeber*innen übernehmen, ausdrücklich oder implizit, Gewähr für den Inhalt des Werkes, etwaige Fehler oder Äußerungen. Der Verlag bleibt im Hinblick auf geografische Zuordnungen und Gebietsbezeichnungen in veröffentlichten Karten und Institutionsadressen neutral.

Springer ist ein Imprint der eingetragenen Gesellschaft Springer-Verlag GmbH, DE und ist ein Teil von Springer Nature.
Die Anschrift der Gesellschaft ist: Heidelberger Platz 3, 14197 Berlin, Germany

Wenn Sie dieses Produkt entsorgen, geben Sie das Papier bitte zum Recycling.

Vorwort

Das Lehrbuch erläutert die europäischen und deutschen Wettbewerbsregeln mit einem Schwerpunkt auf digitalen Märkten. Der im Titel des Lehrbuchs verwendete Begriff des Wettbewerbsrechts knüpft an den auf europäischer Ebene geläufigen Begriff des *competition law* an. Dieser umfasst das Kartellrecht. Das Lauterkeitsrecht bleibt außen vor. Das Lehrbuch behandelt auch den Digital Markets Act und die Plattform-Verordnung. Dies soll nicht darüber hinwegtäuschen, dass deren Ziele von denen des Kartellrechts abweichen. Ihre Entstehungsgeschichte und inhaltliche Nähe zum Kartellrecht rechtfertigen es aber, sie unter einen weit verstandenen Begriff des Wettbewerbsrechts zu fassen. Beide Verordnungen greifen Verhaltensweisen von Plattformbetreibern auf, die teilweise auch mit kartellrechtlichen Instrumenten sanktioniert werden. In einer Gesamtschau kann in Kartellrecht, Digital Markets Act und Plattform-Verordnung daher das digitale Wettbewerbsrecht erblickt werden, dessen übergeordnetes Ziel es ist, digitale Märkte offenzuhalten.

Das Lehrbuch wagt den nicht immer einfachen Spagat zwischen der Erläuterung der Grundlagen des Wettbewerbsrechts einerseits und der sektorspezifischen Vertiefung andererseits. Der Fokus auf digitale Märkte wird zum einen durch die Erläuterung des Digital Markets Acts und der Plattform-Verordnung als spezifisch für digitale Märkte geschaffene Rechtsakte sowie durch ein einleitendes Kapitel zu Grundbegriffen der Digitalwirtschaft hergestellt. Zum anderen werden die Ausführungen zum europäischen und deutschen Kartellrecht anhand von Praxisbeispielen mit Digitalisierungsbezug vertieft.

Im ersten Kapitel wird die Bedeutung von Plattformen, Daten sowie Künstlicher Intelligenz für den Wettbewerb auf digitalen Märkten erläutert. Ferner wird ein Überblick über weitere Regulierungsbestrebungen mit Bezug zu digitalen Märkten gegeben. Im zweiten Kapitel folgt eine Darstellung des europäischen Kartellrechts. Das Kapitel erläutert die Grundlagen und Grundbegriffe des Rechtsgebiets. Schwerpunkte bilden die Besonderheiten des Wettbewerbsschutzes auf digitalen Märkten. Dazu zählen im Kontext des Kartellverbots der KI-Einsatz bei verbotenen Absprachen, im Missbrauchsrecht die Herausforderungen bei der Ermittlung von Marktmacht auf mehrseitigen Märkten und im Rahmen der Fusionskontrolle daten- und innovationsbezogene Schadenstheorien. Es schließt sich das dritte Kapitel zum deutschen Kartellrecht an. Diesem liegt derselbe Ansatz wie dem zweiten Kapitel zugrunde. Neben der Erörterung allgemeiner Grundlagen werden sektorspezifischen Vertiefungen vorgenommen. Im Rahmen der jüngsten GWB-Novellen haben einige Besonderheiten bei der Beurteilung des wettbewerblichen Geschehens auf digitalen Märkten gesetzlichen Niederschlag gefunden. Beispiele bieten die Kriterien zur Marktmachtbestimmung in § 18 Abs. 2a, 3a, 3b GWB, die umsatzbezogene Aufgreifschwelle des § 35 Abs. 1a GWB in der deutschen Fusionskontrolle sowie das Missbrauchsverbot in § 19a GWB.

Das vierte und das fünfte Kapitel widmen sich mit dem Digital Markets Act und der Plattform-Verordnung sektorspezifischem Regulierungsrecht. Nach dem hier gewählten Begriffsverständnis sind die Verordnungen Bestandteil eines weit verstandenen digitalen Wettbewerbsrechts. Es werden die Entstehungsgeschichte und die Zielsetzung der Rechtsakte erläutert. Für den Digital Markets Act wird erklärt, welche Unternehmen als Torwächter Adressaten der Verordnung sind, sowie ein Überblick über die Verhaltenspflichten und das Rechtsfolgenregime gegeben. Mit Blick auf die Plattform-Verordnung erfolgt eine Darstellung der Transparenzpflichten und sonstigen Verhaltensvorgaben. Bei Erläuterung der Rechtsfolgen gilt es, das kürzlich in Kraft getretene Digitale-DiensteGesetz einzubeziehen.

Das Lehrbuch befindet sich auf dem Stand von Juli 2024. Vereinzelte jüngere Entwicklungen konnten berücksichtigt werden. Für ihre Mitarbeit danke ich Herrn stud. iur. Elias Augustin, Frau stud. iur. Tabea Jansen, Frau stud. iur. Marie-Luise Lehnert, Frau stud. iur. Emily Törner und Herrn dipl. jur. Daniel Verres.

Sarah Legner
Oestrich-Winkel, Deutschland
Juli 2024

Inhaltsverzeichnis

1	**Grundlagen**	1
1.1	**Plattformen**	2
1.1.1	Begriff und Kategorien	2
1.1.2	Netzwerkeffekte	4
1.1.3	Preisstrukturen	7
1.1.4	Exkurs: Weitere Regulierungsansätze	8
1.2	**Daten**	9
1.2.1	Begriff und Kategorien	9
1.2.2	Daten als Marktmachtfaktor	10
1.2.3	Daten und Wettbewerbsbehinderung	11
1.2.4	Exkurs: Weitere Regulierungsansätze	12
1.3	**Künstliche Intelligenz**	13
1.3.1	Begriff und Kategorien	13
1.3.2	KI und Marktstrukturen	15
1.3.3	KI und Preissetzung	17
1.3.4	KI und Kartellrechtsdurchsetzung	19
1.3.5	Exkurs: Weitere Regulierungsansätze	20
2	**Europäisches Kartellrecht**	23
2.1	**Grundlagen**	25
2.1.1	Überblick	25
2.1.2	Entwicklung	26
2.1.3	Ziele	29
2.1.3.1	Wettbewerbsprozess	29
2.1.3.2	Verbraucherwohlfahrt	30
2.1.3.3	Europäische Integration	31
2.1.4	Anwendungsbereich	32
2.1.4.1	Persönlicher Anwendungsbereich	32
2.1.4.2	Sachlicher Anwendungsbereich	34
2.1.4.3	Räumlicher Anwendungsbereich	35
2.2	**Kartellverbot**	35
2.2.1	Verbotene Verhaltensweisen	35
2.2.1.1	Vereinbarung	35
	Grundsätze	35
	Vereinbarung mithilfe und durch Algorithmen	36
2.2.1.2	Beschluss	37
2.2.1.3	Aufeinander abgestimmte Verhaltensweise	38
	Grundsätze	38
	Kollusion mithilfe von Algorithmen	41
	Kollusion durch Algorithmen?	41

2.2.2	Wettbewerbsbeschränkung	44
2.2.2.1	Grundsätze	44
2.2.2.2	Horizontale Wettbewerbsbeschränkungen	47
	Hardcore-Kartelle	47
	Vereinbarungen über Forschung und Entwicklung	47
	Informationsaustausch	49
	Normenvereinbarungen	52
	Einkaufs- und Verkaufsvereinbarungen	53
2.2.2.3	Vertikale Wettbewerbsbeschränkungen	54
	Preisbindungen	54
	Verbote des Internetvertriebs	55
	Plattformverbote	56
	Doppelpreissysteme	57
	Nutzungsbeschränkungen von Preisvergleichsdiensten und -suchmaschinen	58
	Geoblocking-Praktiken	59
	Ausschließlichkeitsvereinbarungen	59
	Meistbegünstigungsklauseln	60
2.2.2.4	Bezwecken oder bewirken	61
2.2.2.5	Spürbarkeit	62
2.2.3	Geeignetheit zur Beeinträchtigung des zwischenstaatlichen Handels	63
2.2.4	Tatbestandsrestriktionen	64
2.2.4.1	Gemeinwohlgründe	64
2.2.4.2	Nebenabreden	65
2.2.4.3	Markterschließungsdoktrin	67
2.2.4.4	Handelsvertreterprivileg	67
2.2.4.5	Konzernprivileg	68
2.2.5	Freistellung	69
2.2.5.1	Allgemeines	69
2.2.5.2	Gruppenfreistellungsverordnungen	71
	Vertikal-GVO	71
	FuE-GVO	78
	Spezialisierungs-GVO	81
2.2.5.3	Einzelfreistellung	82
	Verbesserung der Warenerzeugung oder -verteilung oder Förderung des technischen oder wirtschaftlichen Fortschritts	82
	Verbraucherbeteiligung	83
	Unerlässlichkeit der Beschränkung	84
	Keine Ausschaltung des Wettbewerbs	85
2.3	**Missbrauchsverbot**	86
2.3.1	Marktbeherrschende Stellung	86
2.3.1.1	Marktabgrenzung	86
	Sachlich relevanter Markt	86
	Räumlich relevanter Markt	89
	Zeitlich relevanter Markt	90
	Besonderheiten in der Digitalwirtschaft	90

2.3.1.2	Einzelmarktbeherrschung	94
	Begriff	94
	Kriterien	95
2.3.1.3	Kollektive Marktbeherrschung	98
2.3.2	Missbrauch	99
2.3.2.1	Behinderungsmissbrauch	99
	Grundsätze	99
	Ausschließlichkeitsbindung	103
	Lieferverweigerung	104
	Selbstbevorzugung	105
	Rabatte	107
	Kopplung	107
	Zugang zu wesentlichen Einrichtungen	109
2.3.2.2	Ausbeutungsmissbrauch	111
	Grundsätze	111
	Preishöhe	113
	Preispersonalisierung	114
	Preisdynamisierung	115
	Konditionen	115
2.3.2.3	Geeignetheit zur Beeinträchtigung des zwischenstaatlichen Handels	117
2.4	**Zusammenschlusskontrolle**	**118**
2.4.1	Systematik und Überblick	118
2.4.2	Formelle Zusammenschlusskontrolle	119
2.4.2.1	Zusammenschlussbegriff	119
	Fusion	119
	Kontrollerwerb	120
2.4.2.2	Gemeinschaftsweite Bedeutung	120
	Umsatzschwellen	120
	Umsätze im digitalen Sektor	122
2.4.3	Materielle Zusammenschlusskontrolle	124
2.4.3.1	Allgemeines	124
2.4.3.2	Prüfungsmaßstab	125
	Marktbeherrschungsregelbeispiel	125
	SIEC-Kriterium	127
2.4.3.3	Zusammenschlusstypen	130
	Horizontaler Zusammenschluss	130
	Vertikaler Zusammenschluss	132
	Konglomerater Zusammenschluss	133
2.4.3.4	Efficiency defense	135
2.4.4	Zusammenschlusskontrollverfahren	137
2.4.4.1	Anmeldung	137
2.4.4.2	Vorprüfverfahren (Phase I)	138
2.4.4.3	Hauptprüfverfahren (Phase II)	138
2.4.4.4	Verweisung	139
2.4.4.5	Rechtsschutz	140

2.5	**Rechtsfolgen**	141
2.5.1	Verwaltungsrechtliche Folgen	141
2.5.2	Bußgeldrechtliche Folgen	142
2.5.3	Zivilrechtliche Folgen	144
2.6	**Verfahren**	145
2.6.1	Verwaltungsverfahren	145
2.6.2	Bußgeldverfahren	146
2.6.3	Zivilverfahren	147
3	**Deutsches Kartellrecht**	155
3.1	**Grundlagen**	157
3.1.1	Überblick	157
3.1.2	Ziele	158
3.1.2.1	Wettbewerbsprozess	158
3.1.2.2	Verbraucherwohlfahrt	159
3.1.2.3	Weitere Ziele	160
3.1.3	Entwicklung	161
3.1.4	Anwendungsbereich	164
3.1.4.1	Persönlicher Anwendungsbereich	164
3.1.4.2	Sachlicher Anwendungsbereich	166
3.1.4.3	Räumlicher Anwendungsbereich	166
3.1.5	Verhältnis zum europäischen Kartellrecht	167
3.2	**Kartellverbot**	168
3.2.1	Allgemeines	168
3.2.2	Verbotene Verhaltensweisen	169
3.2.3	Wettbewerbsbeschränkung	172
3.2.3.1	Grundsätze	172
3.2.3.2	Horizontale Wettbewerbsbeschränkungen	172
	Hardcore-Kartelle	172
	Vereinbarungen über Forschung und Entwicklung	173
	Informationsaustausch	173
	Normenvereinbarungen	175
	Einkaufs- und Verkaufsvereinbarungen	175
3.2.3.3	Vertikale Wettbewerbsbeschränkungen	176
	Preisbindungen	176
	Verbote des Internetvertriebs	176
	Plattformverbote	177
	Nutzungsbeschränkungen von Preisvergleichsdiensten und eigenen Websites	179
	Meistbegünstigungsklauseln	179
	Ausschließlichkeitsvereinbarungen	180
3.2.3.4	Bezwecken oder bewirken	181
3.2.3.5	Spürbarkeit	182
3.2.4	Tatbestandsrestriktionen	182
3.2.4.1	Allgemeines	182
3.2.4.2	Immanenzgedanke	183
3.2.4.3	Arbeitsgemeinschaftsgedanke	183

3.2.5	Freistellung	184
3.2.5.1	Allgemeines	184
3.2.5.2	Gruppenfreistellungsverordnungen	184
3.2.5.3	Einzelfreistellung	185
3.3	**Missbrauchsverbot**	186
3.3.1	Missbrauch einer marktbeherrschenden Stellung, § 19 GWB	186
3.3.1.1	Allgemeines	186
3.3.1.2	Marktabgrenzung	187
	Sachlich relevanter Markt	187
	Räumlich relevanter Markt	188
	Zeitlich relevanter Markt	189
	Besonderheiten auf digitalen Märkten	190
3.3.1.3	Einzelmarktbeherrschung	193
	Begriff	193
	Kriterien	194
3.3.1.4	Kollektive Marktbeherrschung	200
	Begriff	200
	Kriterien	201
3.3.1.5	Missbrauch	202
	Behinderungsmissbrauch	202
	Ausbeutungsmissbrauch	208
	Konditionenmissbrauch	211
3.3.2	Missbräuchliches Verhalten von Unternehmen mit überragender marktübergreifender Bedeutung für den Wettbewerb, § 19a GWB	215
3.3.2.1	Überblick und Systematik	215
3.3.2.2	Überragende marktübergreifende Bedeutung für den Wettbewerb	216
	Begriff	216
	Kriterien	217
	Benennungsverfügung	220
3.3.2.3	Missbrauch	221
3.3.3	Missbräuchliches Verhalten von Unternehmen mit relativer oder überlegener Marktmacht, § 20 GWB	225
3.3.3.1	Überblick und Systematik	225
3.3.3.2	Relative Marktmacht	227
	Adressatenstellung	227
	Verbotenes Verhalten	229
3.3.3.3	Überlegene Marktmacht	230
	Adressatenstellung	230
	Verbotenes Verhalten	231
	Prüfungsaufbau: Missbrauch von relativer Marktmacht gem. § 20 GWB	231
3.4	**Zusammenschlusskontrolle**	232
3.4.1	Systematik und Überblick	232
3.4.2	Formelle Zusammenschlusskontrolle	233
3.4.2.1	Zusammenschlussbegriff	233
	Vermögenserwerb	233
	Kontrollerwerb	234

	Anteilserwerb	235
	Wettbewerblich erheblicher Einfluss	236
3.4.2.2	Geltungsbereich	236
3.4.2.3	Anmeldepflicht nach Sektoruntersuchung	239
3.4.3	Materielle Zusammenschlusskontrolle	240
3.4.3.1	Prüfungsmaßstab	240
	Marktbeherrschungsregelbeispiel	240
	SIEC-Kriterium	242
3.4.3.2	Zusammenschlusstypen	243
	Horizontaler Zusammenschluss	243
	Vertikaler Zusammenschluss	244
	Konglomerater Zusammenschluss	245
3.4.3.3	Efficiency defense	245
3.4.3.4	Ministererlaubnis	246
3.4.4	Zusammenschlusskontrollverfahren	247
3.4.4.1	Anmeldung	247
3.4.4.2	Vorprüfverfahren (Phase I)	248
3.4.4.3	Hauptprüfverfahren (Phase II)	248
3.4.4.4	Rechtsschutz	248
3.5	**Rechtsfolgen**	249
3.5.1	Verwaltungsrechtliche Folgen	249
3.5.1.1	Abstellungsverfügung und Verpflichtungszusagen bei Kartellrechtsverstößen	249
3.5.1.2	Abhilfemaßnahmen bei Wettbewerbsstörung	250
	Wettbewerbsstörung	250
	Abhilfemaßnahmen	252
3.5.2	Bußgeldrechtliche Folgen	253
3.5.3	Zivilrechtliche Folgen	255
3.5.3.1	Nichtigkeitsfolge	255
3.5.3.2	Unterlassungs- und Beseitigungsansprüche	255
3.5.3.3	Schadensersatzansprüche	256
	Anspruchsgrundlagen	256
	Bindungswirkung	256
	Schaden	256
	Passivlegitimation	258
3.6	**Verfahren**	259
3.6.1	Verwaltungsverfahren	259
3.6.2	Bußgeldverfahren	261
3.6.3	Zivilverfahren	261
4	**Digital Markets Act**	267
4.1	**Grundlagen**	268
4.1.1	Überblick	268
4.1.2	Ziele	271
4.1.2.1	Sektorspezifische Ziele	271
4.1.2.2	Bestreitbarkeit	272
4.1.2.3	Fairness	274

4.1.3	Entwicklung	275
4.1.4	Anwendungsbereich	277
4.1.4.1	Räumlicher Anwendungsbereich	277
4.1.4.2	Zeitlicher Anwendungsbereich	277
4.2	Adressaten: Torwächter	277
4.2.1	Unternehmen	277
4.2.2	Zentrale Plattformdienste	278
4.2.3	Materielle Voraussetzungen	279
4.2.3.1	Definition	279
4.2.3.2	Vermutung, Art. 3 Abs. 2 DMA	279
4.2.3.3	Kriterienkatalog, Art. 3 Abs. 8 DMA	280
4.2.4	Benennung	281
4.2.4.1	Benennungsverfahren	281
4.2.4.2	Benennungsbeschluss	282
4.3	**Verhaltenspflichten**	283
4.3.1	Enge Verbote, Art. 5 DMA	283
4.3.1.1	Verbot der Datenkombination, Art. 5 Abs. 2 DMA	283
4.3.1.2	Verbot von Meistbegünstigungsklauseln, Art. 5 Abs. 3 DMA	284
4.3.1.3	Verbot der Werbebehinderung, Art. 5 Abs. 4 DMA	285
4.3.1.4	Zugangsermöglichung zu Services gewerblicher Nutzer, Art. 5 Abs. 5 DMA	286
4.3.1.5	Verbot der Einschränkung von Rechtsbehelfen, Art. 5 Abs. 6 DMA	286
4.3.1.6	Kopplungsverbot weiterer Dienste, Art. 5 Abs. 7 DMA	287
4.3.1.7	Kopplungsverbot zentraler Plattformdienste, Art. 5 Abs. 8 DMA	287
4.3.1.8	Preistransparenz bei Werbung, Art. 5 Abs. 9, 10 DMA	288
4.3.2	Offene Verbote, Art. 6 DMA	288
4.3.2.1	Datennutzungsverbot, Art. 6 Abs. 2 DMA	288
4.3.2.2	Deinstallationsermöglichung, Art. 6 Abs. 3 DMA	289
4.3.2.3	Gestattung der Installation von Apps, Art. 6 Abs. 4 DMA	290
4.3.2.4	Selbstbevorzugungsverbot, Art. 6 Abs. 5 DMA	290
4.3.2.5	Beschränkungsverbot von Wechselmöglichkeiten, Art. 6 Abs. 6 DMA	291
4.3.2.6	Interoperabilitätsverpflichtung, Art. 6 Abs. 7 DMA	291
4.3.2.7	Datenzugang für Anzeigekunden und Herausgeber, Art. 6 Abs. 8 DMA	291
4.3.2.8	Datenportabilität, Art. 6 Abs. 9 DMA	292
4.3.2.9	Datenzugang für gewerbliche Nutzer und Suchmaschinenbetreiber, Art. 6 Abs. 10, 11 DMA	292
4.3.2.10	Zugangsverpflichtung zu App-Stores, Online-Suchmaschinen und Online-Sozialen Netzwerken, Art. 6 Abs. 12 DMA	293
4.3.2.11	Verpflichtung zu angemessenen Kündigungsbedingungen, Art. 6 Abs. 13 DMA	293
4.3.3	Weitere Verhaltenspflichten	293
4.4	**Rechtsfolgen**	294
4.4.1	Verwaltungsrechtliche Folgen	294
4.4.2	Bußgeldrechtliche Folgen	296
4.4.3	Zivilrechtliche Folgen	296
4.4.3.1	Unionsrechtliche Vorgaben	296

4.4.3.2	Umsetzung in §§ 33 ff. GWB	297
	Überblick	297
	Anspruchsberechtigung	298
	Schaden	298
	Verhältnis zur Kartellrechtsdurchsetzung	299
4.4.3.3	Verbandsklage	299
4.5	**Verfahren**	300
4.5.1	Verwaltungsverfahren	300
4.5.1.1	Ermittlungsverfahren	300
4.5.1.2	Marktuntersuchungen	301
4.5.1.3	Ermittlungen nationaler Wettbewerbsbehörden	303
4.5.2	Bußgeldverfahren	303
4.5.3	Zivilverfahren	305
5	**Plattform-Verordnung**	311
5.1	**Grundlagen**	312
5.1.1	Überblick	312
5.1.2	Ziele	313
5.1.2.1	Sektorspezifische Ziele	313
5.1.2.2	Fairness und Transparenz	313
5.1.2.3	Verbraucherschutz	315
5.1.3	Entwicklung	317
5.1.4	Anwendungsbereich	318
5.1.4.1	Räumlicher Anwendungsbereich	318
5.1.4.2	Zeitlicher Anwendungsbereich	318
5.2	**Adressaten**	318
5.2.1	Online-Vermittlungsdienste	318
5.2.2	Online-Suchmaschine	319
5.3	**Verhaltenspflichten**	320
5.3.1	Allgemeine Transparenzpflichten, Art. 3 Plattform-VO	320
5.3.2	Einschränkung, Aussetzung und Beendigung, Art. 4 Plattform-VO	320
5.3.3	Ranking, Art. 5 Plattform-VO	321
5.3.4	Selbstbevorzugung, Art. 7 Plattform-VO	322
5.3.5	Datenzugang, Art. 9 Plattform-VO	323
5.3.6	Meistbegünstigung, Art. 10 Plattform-VO	324
5.3.7	Weitere Vorgaben	324
5.4	**Rechtsfolgen**	325
5.4.1	Verwaltungsrechtliche Folgen	325
5.4.2	Bußgeldrechtliche Folgen	325
5.4.3	Zivilrechtliche Folgen	327
5.4.3.1	Vertragliche Rechtsfolgen	327
5.4.3.2	Individualansprüche	327
5.4.3.3	Verbandsklage	328

5.5	**Verfahren**	328
5.5.1	Verwaltungsverfahren	328
5.5.2	Bußgeldverfahren	329
5.5.3	Zivilverfahren	329
6	**Übungsfälle**	333
6.1	Übungsfall „Eifriges Hotelportal"	334
6.2	Übungsfall „Online-Dating"	340
6.3	Übungsfall „Von sozialen Netzwerken und Daten"	352

Serviceteil

Literatur 362
Stichwortverzeichnis 371

Abkürzungsverzeichnis

ABl.	Amtsblatt	DMA	Verordnung (EU) 2022/1925 des Europäischen Parlaments und des Rates vom 14. September 2022 über bestreitbare und faire Märkte im digitalen Sektor und zur Änderung der Richtlinien (EU) 2019/1937 und (EU) 2020/1828, ABl. EU 2022 Nr. L 265/1
ACCC	Australian Competition and Consumer Commission		
AcP	Archiv für civilistische Praxis		
AEUV	Vertrag über die Arbeitsweise der Europäischen Union		
Art.	Artikel (Singular)	DB	Der Betrieb
Artt.	Artikel (Plural)	DOJ	Department of Justice
		Drs.	Drucksache
BB	Betriebs-Berater	DSA	Verordnung (EU) 2022/2065 des Europäischen Parlaments und des Rates vom 19. Oktober 2022 über einen Binnenmarkt für digitale Dienste und zur Änderung der Richtlinie 2000/31/EG (Gesetz über digitale Dienste), ABl. EU 2022 Nr. L 277/1
BGH	Bundesgerichtshof		
BKartA	Bundeskartellamt		
BT	Bundestag		
BWB	Bundeswettbewerbsbehörde		
CMA	Competition and Market Authority	DS-GVO	Verordnung (EU) 2016/679 des Europäischen Parlaments und des Rates vom 27. April 2016 zum Schutz natürlicher Personen bei der Verarbeitung personenbezogener Daten, zum freien Datenverkehr und zur Aufhebung der Richtlinie 95/46/EG, ABl. EU 2016 Nr. L 2016/1
CR	Computer & Recht		
Data Governance Act	Verordnung (EU) 2022/868 des Europäischen Parlaments und des Rates vom 30. Mai 2022 über europäische Daten-Governance, ABl. EU 2022 Nr. L 152/1		
		DSM-RL	Richtlinie (EU) 2019/790 des Europäischen Parlaments und des Rates vom 17. April 2019 über das Urheberrecht und die verwandten Schutzrechte im digitalen Binnenmarkt, ABl. EU 2019 Nr. L 130/92
Digitale-Inhalte-RL	Richtlinie 2019/770/EU des Europäischen Parlaments und des Rates vom 20. 5. 2019 über bestimmte vertragsrechtliche Aspekte der Bereitstellung digitaler Inhalte und digitaler Dienstleistungen, ABl. EU 2019 L 136/1		
		ECN+-RL	Richtlinie (EU) 2019/1 des Europäischen Parlaments und des Rates vom 11. Dezember 2018 zur Stärkung der Wettbewerbsbehörden der Mitglied-

	staaten im Hinblick auf eine wirksamere Durchsetzung der Wettbewerbsvorschriften und zur Gewährleistung des reibungslosen Funktionierens des Binnenmarkts, ABl. EU 2019 Nr. L 11/3	GWB	Gesetz gegen Wettbewerbsbeschränkungen
		GWR	Zeitschrift für Gesellschafts- und Wirtschaftsrecht
		Hrsg.	Herausgeber
ErwG	Erwägungsgrund	HS.	Halbsatz
EU	Europäische Union	ggfs.	gegebenenfalls
EuCML	Journal of European Consumer and Market Law	GRUR	Gewerblicher Rechtsschutz und Urheberrecht
EuR	Zeitschrift Europarecht	GRUR-Prax	Gewerblicher Rechtsschutz und Urheberrecht in der Praxis
EUV	Vertrag über die Europäische Union		
EuZW	Europäische Zeitschrift für Wirtschaftsrecht	GWB	Gesetz gegen Wettbewerbsbeschränkungen
EYIEL	European Yearbook of International Economic Law	IoT	Internet of Things
		iRv	im Rahmen von
f., ff.	folgende	iSd	im Sinne des/der
FKVO	Verordnung (EG) Nr. 139/2004 des Rates vom 20. Januar 2004 über die Kontrolle von Unternehmenszusammenschlüssen, ABl. EG 2004 Nr. L 24/1	iSv	im Sinne von
		iVm	in Verbindung mit
		JURA	Juristische Ausbildung
Fn.	Fußnote	JuS	Juristische Schulung
FS	Festschrift	JZ	Juristenzeitung
FuE	Forschung und Entwicklung	K&R	Kommunikation & Recht
FuE-GVO	Verordnung (EU) 2023/1066 der Kommission vom 1. Juni 2023 über die Anwendung des Artikels 101 Absatz 3 des Vertrags über die Arbeitsweise der Europäischen Union auf bestimmte Gruppen von Vereinbarungen über Forschung und Entwicklung, ABl. EU 2023 Nr. L 143/9	KI	Künstliche Intelligenz
		KI-VO	Verordnung (EU) 2024/1689 des Europäischen Parlaments und des Rates vom 13. Juni 2024 zur Festlegung harmonisierter Vorschriften für künstliche Intelligenz, ABl. EU L 2024/1689
GA	Generalanwalt, Generalanwältin	Klausel-RL	Richtlinie 93/13/EWG des Rates vom 5. April 1993 über mißbräuchliche Klauseln in Verbraucherverträgen, ABl. EG 1995 Nr. L 95/29
GPR	Zeitschrift für das Privatrecht der Europäischen Union		

Abkürzungsverzeichnis

KritV	Kritische Vierteljahresschrift für Gesetzgebung und Rechtswissenschaft
LG	Landgericht
LL	Leitlinien
LMRKM	Loewenheim/Meessen/Riesenkampff/Kersting/Meyer-Lindemann
lit.	littera
LTZ	Legal Tech – Zeitschrift für die digitale Anwendung
Mio.	Million(en)
MMR	Multimedia und Recht – Zeitschrift für IT-Recht und Recht der Digitalisierung
Mrd.	Milliarde(n)
NJW	Neue Juristische Wochenschrift
NZKart	Neue Zeitschrift für Kartellrecht
Nr.	Nummer
no.	number
OECD	Organization for Economic Cooperation and Development
OLG	Oberlandesgericht
Omnibus-RL	Richtlinie (EU) 2019/2161 des Europäischen Parlaments und des Rates vom 27. November 2019 zur besseren Durchsetzung und Modernisierung der Verbraucherschutzvorschriften der Union, ABl. EU 2019 Nr. L 328/7.
Plattform-VO; P2B-VO	Verordnung (EU) 2019/1150 des Europäischen Parlaments und des Rates vom 20. Juni 2019 zur Förderung von Fairness und Transparenz für gewerbliche Nutzer von Online-Vermittlungsdiensten, ABl. EU 2019 Nr. L 186/57
RDi	Recht Digital
Rs.	Rechtssache
S.	Satz, Seite
Spezialisierungs-GVO	Verordnung (EU) 2023/1067 der Kommission vom 1. Juni 2023 über die Anwendung des Artikels 101 Absatz 3 des Vertrags über die Arbeitsweise der Europäischen Union auf bestimmte Gruppen von Spezialisierungsvereinbarungen
TKG	Telekommunikationsgesetz
UAbs.	Unterabsatz
UWG	Gesetz gegen den unlauteren Wettbewerb
verb.	Verbundene
Verbandsklagen-RL	Richtlinie (EU) 2020/1828 des Europäischen Parlaments und des Rates vom 25. November 2020 über Verbandsklagen zum Schutz der Kollektivinteressen der Verbraucher, ABl. EU 2020 Nr. L 409/1.

Verbraucherrechte-RL	Richtlinie 2011/83/EU des Europäischen Parlaments und des Rates vom 25. 10. 2011 über die Rechte der Verbraucher, ABl. EU 2011 L 304/64.		des Warenkaufs, ABl. EU 2019 L 136/28
		WM	Wertpapier-Mitteilungen
		WRP	Wettbewerb in Recht und Praxis
		WuW	Wirtschaft und Wettbewerb
Vertikal-GVO	Verordnung (EU) 2022/720 der Kommission vom 10. Mai 2022 über die Anwendung des Artikels 101 Absatz 3 des Vertrags über die Arbeitsweise der Europäischen Union auf Gruppen von vertikalen Vereinbarungen und abgestimmten Verhaltensweisen, ABl. EU Nr. L 134/4	z. B.	zum Beispiel
		z. T.	zum Teil
		ZBJV	Zeitschrift des Bernischen Juristenvereins
		ZEuP	Zeitschrift für Europäisches Privatrecht
		ZfPW	Zeitschrift für die gesamte Privatrechtswissenschaft
		ZHR	Zeitschrift für das gesamte Handelsrecht und Wirtschaftsrecht
Vorb.	Vorbemerkung	ZRP	Zeitschrift für Rechtspolitik
VuR	Verbraucher und Recht	ZVertriebsR	Zeitschrift für Vertriebsrecht
Warenkauf-RL	Richtlinie 2019/771/EU des Europäischen Parlaments und des Rates vom 20. 5. 2019 über bestimmte vertragsrechtliche Aspekte	ZUM	Zeitschrift für Urheber- und Medienrecht
		ZWeR	Zeitschrift für Wettbewerbsrecht

Grundlagen

Inhaltsverzeichnis

1.1	**Plattformen – 2**	
1.1.1	Begriff und Kategorien – 2	
1.1.2	Netzwerkeffekte – 4	
1.1.3	Preisstrukturen – 7	
1.1.4	Exkurs: Weitere Regulierungsansätze – 8	
1.2	**Daten – 9**	
1.2.1	Begriff und Kategorien – 9	
1.2.2	Daten als Marktmachtfaktor – 10	
1.2.3	Daten und Wettbewerbsbehinderung – 11	
1.2.4	Exkurs: Weitere Regulierungsansätze – 12	
1.3	**Künstliche Intelligenz – 13**	
1.3.1	Begriff und Kategorien – 13	
1.3.2	KI und Marktstrukturen – 15	
1.3.3	KI und Preissetzung – 17	
1.3.4	KI und Kartellrechtsdurchsetzung – 19	
1.3.5	Exkurs: Weitere Regulierungsansätze – 20	

© Der/die Autor(en), exklusiv lizenziert an Springer-Verlag GmbH, DE, ein Teil von Springer Nature 2025
S. Legner, *Digitales Wettbewerbsrecht*, Springer-Lehrbuch, https://doi.org/10.1007/978-3-662-70492-9_1

1.1 Plattformen

1.1.1 Begriff und Kategorien

Die Digitalisierung unserer Lebens- und Geschäftswelt hat nicht nur neue Produkte und Dienstleistungen hervorgebracht. Online-Plattformen haben auch die Marktstrukturen grundlegend verändert. Auf digitalen Märkten fällt Plattformen regelmäßig eine **Vermittlerrolle** zu.[1] Sie verbinden mehrere Nutzergruppen und ermöglichen ihnen Interaktionen.[2] Auf diese Weise begründen sie **mehrseitige Märkte**.[3]

Mehrseitige Märkte sind nicht ausschließlich auf digitalen Märkten vorzufinden. Auch im „analogen Kontext" finden sich einige Beispiele. Werbefinanzierte Zeitungen agieren sowohl auf einem Lesermarkt als auch auf einem Anzeigenmarkt, auf dessen Marktgegenseite Werbetreibende stehen, die Werbefläche in der Zeitung erwerben.[4] Auf dem Kreditkartenmarkt werden sowohl Kreditkartenkunden als auch Händlern, bei denen mit der Kreditkarte gezahlt werden kann, Leistungen angeboten.[5] Im digitalen Kontext sind mehrseitige Märkte der Regelfall.[6] Der deutsche Gesetzgeber verwendet in der Gesetzesbegründung zur 9. GWB-Novelle den Plattformbegriff als Synonym zu dem des mehrseitigen Markts.[7]

Bislang gibt es **weder** einen **einheitlichen Plattformbegriff noch übereinstimmende Plattformkategorien**. Bereits in der ökonomischen Literatur ist das Meinungsspektrum breit.[8] Auch innerhalb der Kartellrechtspraxis werden unterschiedliche Kategorien vorgeschlagen und angewendet. Mit Blick auf die Art der Vermittlungsleistung unterscheidet das **Bundeskartellamt** zunächst zwischen **Matching-Plattformen** und Aufmerksamkeits-Plattformen.[9] Das Amt versteht die Matching-Plattform so, dass die Vermittlungsleistung der Plattform es unter-

---

1 *Glöckner*, Kartellrecht, 3. Aufl. 2021, § 9 Rn. 864.
2 BKartA v. 22.10.2015 – B6-57/15, Rn. 72; BKartA, Marktmacht von Plattformen und Netzwerken, 2016, S. 8 ff.; Immenga/Mestmäcker/*Fuchs*, 7. Aufl. 2024, § 18 GWB Rn. 70.
3 BKartA, Marktmacht von Plattformen und Netzwerken, 2016, S. 23 f.; Monopolkommission, XXII. Hauptgutachten: Wettbewerb 2018, Rn. 725 ff.; *Höppner/Grabenschröer*, NZKart 2015, 162, 162.
4 OLG Düsseldorf, Urt. v. 22.12.2010 – VI-Kart 4/09, NZG 2011, 543 – *Anzeigengemeinschaft*.
5 LMRKM/*Bergmann/Fiedler*, 4. Aufl. 2020, Art. 102 AEUV Rn. 44.
6 Immenga/Mestmäcker/*Körber*, 6. Aufl. 2020, Art. 2 FKVO Rn. 24; *Körber*, ZUM 2017, 93, 93 f.
7 Regierungsbegründung zur 9. GWB-Novelle, BT-Drs. 18/10207, 47: „*Da sich eine Definition erst mit der Zeit herausbilden wird, werden Plattformen im Folgenden wie in der ökonomischen Literatur teilweise synonym zum Begriff der mehrseitigen Märkte verwendet.*"
8 Pars pro toto *Armstrong*, RAND Journal of Economics, 2006, 37(3), 668 ff.; *Caillaud/Jullien*, RAND Journal of Economics, 2003, 34(2), 309 ff.; *King*, The Australian Economic Review 2013, 46(2), 247 ff.
9 BKartA, Marktmacht von Plattformen und Netzwerken, 2016, S. 23 f.

1.1 · Plattformen

schiedlichen Nutzergruppen ermöglicht, direkt miteinander zu interagieren.[10] Dazu gehören z. B. Jobbörsen, Dating-Portale oder Buchungsportale. Matching-Plattformen sind entweder **Transaktions-** oder **Nicht-Transaktionsplattformen**.[11] Erstere meinen Plattformen, auf denen Nutzer darauf abzielen, ökonomische Transaktionen durchzuführen (Beispiel: Immobilienplattformen, Online-Marktplatz). Auf Nicht-Transaktionsplattformen kommt es zu einer anderen Art von Interaktion zwischen den Nutzergruppen, z. B. zu einer persönlichen Kontaktaufnahme infolge eines Matches auf einer Dating-Plattform.

Aufmerksamkeitsplattformen ermöglichen es nach dem Begriffsverständnis des Bundeskartellamts einer Nutzergruppe, die Aufmerksamkeit einer anderen zu gewinnen.[12] Dies trifft vor allem auf Werbeplattformen zu, die Werbetreibenden die gezielte Schaltung von Anzeigen ermöglichen. Plattformbetreiber sind insofern attraktive Vertragspartner für Werbekunden, als sie ein Umfeld schaffen, in welchem Werbeanzeigen gezielt geschaltet und damit Reichweite und Werbeerfolg vergrößert werden können. Beispiele bieten soziale Netzwerke oder Online-Shops, bei deren Verwendung den Kunden regelmäßig Werbung angezeigt wird. Eine Interaktion zwischen den Nutzergruppen entsteht durch das Anklicken der Anzeigen.

Die **Kommission** deutet in ihrer novellierten Bekanntmachung zur Marktabgrenzung ebenfalls eine Differenzierung nach unterschiedlichen Interaktionsformen der Nutzergruppen an. Sie unterscheidet jedenfalls Transaktions- und Matching-Plattformen.[13] Sie versteht den Begriff der Matching-Plattform enger als das Bundeskartellamt: Ihrer Auffassung nach fallen darunter nur solche Plattformen, die Interaktionen nicht-ökonomischer Art zwischen den Nutzergruppen ermöglichen. Demnach bewertet die Kommission Transaktions- und Matching-Plattformen als alternative Plattformarten. Das Bundeskartellamt sieht Transaktionsplattformen hingegen als Spezialfall der Matching-Plattformen an. Weitere Differenzierungsvorschläge finden sich in der **Literatur**. Dabei werden Plattformen, auf welchen eine Nutzergruppe die Aufmerksamkeit der anderen gewinnen will, bisweilen als Nicht-Transaktionsplattformen bezeichnet.[14] Von diesem Vorschlag hat sich das Bundeskartellamt abgegrenzt.[15]

---

10 BKartA, Marktmacht von Plattformen und Netzwerken, 2016, S. 24.
11 BKartA, Marktmacht von Plattformen und Netzwerken, 2016, S. 23.
12 BKartA, Marktmacht von Plattformen und Netzwerken, 2016, S. 24 ff.
13 Kommission, Bekanntmachung zur Marktabgrenzung, 2024, Rn. 95.
14 *Filistrucchi/Geradin/van Damme/Affeldt*, Journal of Competition Law & Economics 2014, 293, 301 ff.
15 BKartA, Marktmacht von Plattformen und Netzwerken, 2016, S. 22 f.

> **Vertiefender Hinweis**
> Wenn bei der Subsumtion unter kartellrechtliche Rechtsbegriffe (z. B. Marktabgrenzung, Marktbeherrschung) – wie dies in der Kartellrechtspraxis bisweilen geschieht – mit Plattformkategorien argumentiert wird, so ist darauf zu achten, stets das verwendete Begriffsverständnis zu erläutern. In der europäischen Kartellrechtspraxis herrschen andere Begriffsverständnisse vor als sie das Bundeskartellamt für dem deutschen Kartellrecht zugrunde legt.

1.1.2 Netzwerkeffekte

Gefahren für den Wettbewerbsschutz auf digitalen Märkten liegen in **indirekten Netzwerkeffekten** verborgen. Sie werden als ein charakteristisches Merkmal von Online-Plattformen bewertet und begründen **Monopolisierungstendenzen** auf digitalen Märkten. Indirekte Netzwerkeffekte beziehen sich auf Wechselwirkungen zwischen den unterschiedlichen Nutzergruppen einer Plattform und verdeutlichen, dass eine Nutzergruppe von der Anwesenheit anderer profitieren kann (◘ Abb. 1.1).[16]

> ▶ **Beispiel**
> Der Nutzen von Werbetreibenden, auf einem sozialen Netzwerk oder in einem Online-Shop Werbeanzeigen zu schalten, wächst mit der Zahl der auf der Plattform aktiven Endnutzer bzw. Kunden. ◄

Im Beispiel der Aufmerksamkeitsplattform[17] handelt es sich um **positive** indirekte Netzwerkeffekte. Auch auf Matching-Plattformen,[18] wie Auktionsplattformen oder Datingportalen, sind solche indirekten Netzwerkeffekte zu beobachten.[19]

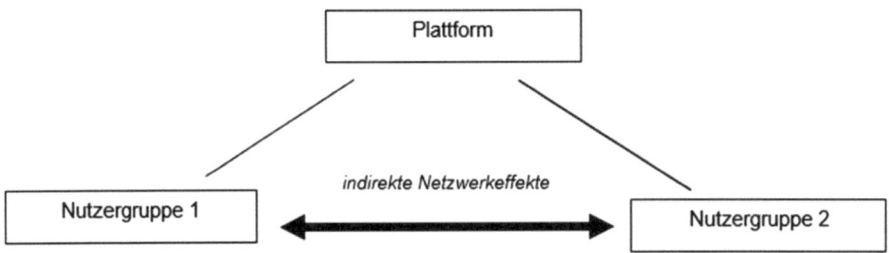

◘ Abb. 1.1 Indirekte Netzwerkeffekte auf Plattformen

---

16 BKartA, Marktmacht von Plattformen und Netzwerken, 2016, S. 50; LMRKM/Kühnen, 4. Aufl. 2020, § 18 GWB Rn. 106.
17 Zum Begriffsverständnis des Bundeskartellamts siehe ▶ Abschn. 1.1.1.
18 Zum Begriffsverständnis des Bundeskartellamts siehe ▶ Abschn. 1.1.1.
19 *Podszun/Schwalbe*, NZKart 2017, 98, 100.

1.1 · Plattformen

Möglich sind ferner **negative** indirekte Netzwerkeffekte.[20] In diesem Fall ist es für eine Nutzergruppe von Vorteil, wenn eine möglichst geringe Anzahl an Nutzern einer anderen Gruppe vorhanden ist. Ein Beispiel ist die Anwesenheit von Werbekunden bei Suchdiensten: Wenn Suchkunden eine große Zahl an Werbeanzeigen eingezeigt wird, werden sie dies als störend empfinden und den Nutzen der Plattform als geringer einschätzen.[21]

Positive indirekte Netzwerkeffekte verhelfen Plattformen dazu, zügig Marktmacht zu erlangen. Auch auf digitalen Märkten kann häufig eine kurze Phase des **Wettbewerbs *um* den Markt** beobachtet werden.[22] Der Plattformbetreiber, der diese Phase für sich entscheidet, erlangt häufig eine monopolähnliche Stellung. Der Wettbewerb *auf* dem Markt wird dadurch geschwächt. Der Markt wird zugunsten der Plattform, die Marktmacht gewonnen hat, „kippen" (sog. **Tipping**).

Dennoch fördern indirekte Netzwerkeffekten nicht ohne Weiteres Marktmacht. Es bedarf der Einzelfallanalyse. Treten negative indirekte Netzwerkeffekte auf, so verhilft die Anwesenheit einer Nutzergruppe auf der Plattform dem Betreiber nicht dabei, eine weitere Nutzergruppe aufzubauen. Bei positiven indirekten Netzwerkeffekten ist zu betrachten, ob sie **wechselseitig oder einseitig** sind.[23] Wechselseitige Netzwerkeffekte treten z. B. bei Matching-Plattformen wie Buchungsportalen auf. In diesem Fall mag die Gefahr eines Tipping tendenziell größer sein als bei Aufmerksamkeitsplattformen, die sich – wie am Beispiel des sozialen Netzwerks gezeigt – durch einseitige positive indirekte Netzwerkeffekte bzw. einseitige negative indirekte Netzwerkeffekte auszeichnen.[24]

Eine zentrale Rolle für das wettbewerbliche Geschehen auf digitalen Märkten spielt ferner **innovationsgetriebener Wettbewerbsdruck**. Auch Plattformbetreiber, die infolge Netzwerkeffekten den Markt dominieren, können zu Fall gebracht werden. Dies gelingt Wettbewerbern vor allem durch innovative Geschäftsideen.[25]

▶ **Beispiel**

Die einst führenden sozialen Netzwerke *StudiVZ* und *SchülerVZ* wurden durch *Facebook* abgelöst. ◀

Diese Dynamiken haben marktmächtige Plattformen in der Vergangenheit wiederholt dazu veranlasst, Start Ups mit (noch) geringem Marktanteil, aber innovativem Geschäftsmodell frühzeitig „aufzukaufen", um so innovationsgetriebenen Wettbewerbsdruck zu beseitigen.

---

20 BKartA v. 23.11.2017 – B6–35/17, Rn. 70 – *CTS EVENTIM/Medusa Music/Four Artists*.
21 *Haucap/Wenzel*, Wettbewerb im Internet: Was ist online anders als offline?, DICE Ordnungspolitische Perspektiven No. 16, 2011, S. 6.
22 *Podszun/Schwalbe*, NZKart 2017, 98, 100.
23 *Tamke*, NZKart 2018, 503, 505.
24 *Tamke*, NZKart 2018, 503, 505.
25 *Körber*, NZKart 2015, 415, 418 f.

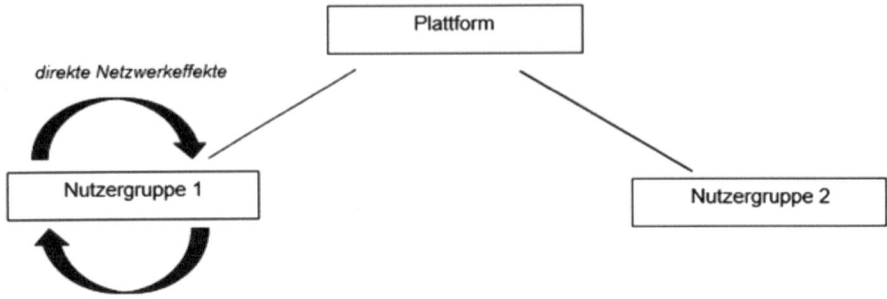

Abb. 1.2 Direkte Netzwerkeffekte auf Plattformen

> **▶ Beispiel**
>
> Im Jahr 2014 übernahm *Facebook* das Unternehmen *WhatsApp*. Der Zusammenschluss erfüllte nicht die Umsatzschwellen der europäischen Zusammenschlusskontrolle. Die Kommission konnte den Zusammenschluss nur infolge Antrags der Zusammenschlussbeteiligten nach Art. 4 Abs. 5 FKVO prüfen und gab ihn schlussendlich frei.[26] ◄

Darüber hinaus können auf Plattformmärkten **direkte Netzwerkeffekte** entstehen. Sie betreffen die Nutzer derselben Gruppe und treten auf, wenn der Wert einer Plattform für einen Nutzer mit der Anzahl weiterer Nutzer aus derselben Gruppe wächst (◘ Abb. 1.2).[27]

> **▶ Beispiel**
>
> Für Nutzer eines sozialen Netzwerks gewinnt die Plattform mit der Zahl der auf der Plattform aktiven Bekannten und Freunden, mit denen sie Texte, Fotos und Videos teilen können, an Wert. ◄

Direkte Netzwerkeffekte entstehen nicht nur auf Plattformen. Sie sind auch für sog. Netzwerke – z. B. Eisenbahnnetze oder Telekommunikationsnetze – charakteristisch.[28] Für die wettbewerbliche Analyse und Regulierung digitaler Märkte sind sie ebenso wie indirekte Netzwerkeffekte von Bedeutung, da sie Einfluss auf die Marktmacht von Plattformen nehmen. Direkte Netzwerkeffekte entfalten „*Selbstverstärkungstendenzen*"[29] und können zum Kippen von Märkten beitragen, soweit es sich um positive direkte Netzwerkeffekte handelt.

Die wettbewerbliche Wirkung direkter Netzwerkeffekte wird verstärkt, wenn Nutzer nicht zum *Multi-Homing* neigen, also in der Regel nur einen Vermittlungsdienst derselben Art nutzen.[30] Das ist z. B. bei sozialen Netzwerken zu beobachten.

---

26 Kommission v. 3.10.2014 – COMP/M.7217 – *WhatsApp/Facebook*.
27 Immenga/Mestmäcker/*Körber*, 6. Aufl. 2020, Art. 2 FKVO Rn. 24.
28 *Glöckner*, Kartellrecht, 3. Aufl. 2021, § 9 Rn. 861.
29 BKartA v. 06.02.2019, B6-22/16, Rn. 424 – *Facebook*.
30 *Weber/Volz*, WuW 2015, 356, 358.

Die auf einem Netzwerk geteilten Inhalte können nicht ohne weiteres auf andere Plattformen übertragen werden. Dadurch entstehen **Lock-In-Effekte**, die es wahrscheinlich werden lassen, dass Nutzer sich für die Verwendung einer Plattform entschließen, an einer parallelen Nutzung mehrerer sozialer Netzwerke dagegen nicht interessiert sind.

> **Verweis**
>
> Das deutsche Missbrauchsrecht nennt in § 18 Abs. 3a Nr. 1 GWB direkte und indirekte Netzwerke als Kriterien, die insbesondere auf mehrseitigen Märkten und in Netzwerken für die Bestimmung einer marktbeherrschenden Stellung zu berücksichtigen sind.

1.1.3 Preisstrukturen

Die beschriebenen indirekten Netzwerkeffekte schlagen sich häufig in der Preisstruktur der Plattformen nieder.[31] Es finden sich Nutzergruppen, die für die Vermittlungsleistung der Plattform **kein monetäres Entgelt** zahlen.

> ▶ **Beispiele**
>
> Auf sozialen Netzwerken zahlen private Nutzer kein monetäres Entgelt, wenn sie sich registrieren. Ein Suchdienst kann von Suchkunden kostenlos verwendet werden. ◀

Der Hintergrund einer solchen asymmetrischen Preisstruktur erschließt sich, wenn die weiteren Nutzergruppen des von der Plattform angebotenen Vermittlungsdienstes einbezogen werden. In den genannten Beispielen bestehen einseitige indirekte Netzwerke: Für Werbekunden steigt die Attraktivität der Plattform mit der Zahl der dort aktiven Endnutzer. Daher ist es für Plattformbetreiber eine gewinnbringende Strategie, diesen ihren Vermittlungsdienst ohne Entgelt anzubieten.[32] Was Endnutzer indes regelmäßig zur Verfügung stellen, sind Daten. Dies ist für Plattformbetreiber ein entscheidender Wettbewerbsfaktor.[33] Im Kontext des Wettbewerbsrechts fordert dies nicht nur das herkömmliche Verständnis von dem **Markt** als Ort des Austauschs von Gütern heraus.[34] Auch für die Ermittlung von **Marktmacht** ist entscheidend, dass – ungeachtet der konkreten Marktgrenzen – einzelne Marktseiten nicht isoliert betrachtet werden, sondern bestehende Interdependenzen einfließen.

> **Verweis**
>
> Das deutsche Kartellrecht bestimmt in § 18 Abs. 2a GWB, dass es der Annahme eines Marktes nicht entgegensteht, dass eine Leistung unentgeltlich erbracht wird.

---

31 *Höppner/Grabenschröer*, NZKart 2015, 162, 163.
32 *Höppner/Grabenschröer*, NZKart 2015, 162, 162.
33 Dazu sogleich ▶ Abschn. 1.2.
34 *Legner*, JURA 2023, 175, 178.

Einseitige Preisgestaltungen auf Plattformen fordern nicht nur das Wettbewerbsrecht hinaus. Auch im europäischen Verbraucherrecht hatte der Gesetzgeber zu klären, ob unentgeltliche Verträge unter die einen „Verbrauchervertrag" voraussetzenden Schutzvorschriften fallen. Mit der Omnibus-RL von 2019[35] ergänzte er Art. 3 Abs. 1a Verbraucherrechte-RL,[36] wonach es für die geforderte Zahlung eines Preises durch den Verbraucher hinreichend ist, wenn er „dem Unternehmer personenbezogene Daten bereitstellt oder deren Bereitstellung zusagt". Im deutschen Recht sind diese Vorgaben in § 312 Abs. 1a BGB umgesetzt.

1.1.4 Exkurs: Weitere Regulierungsansätze

Neben den wettbewerblichen Risiken durch die Marktmacht großer Plattformbetreiber bestehen Risiken in Bezug auf Desinformation und Hassrede sowie für den demokratischen Willensbildungsprozess. Diese greift der Uniongesetzgeber mit dem Digital Services Act[37] auf. Auch im Vertragsrecht wird anerkannt, dass ein Plattformbetreiber Vertragsbedingungen ggfs. einseitig zulasten der Nutzer diktieren kann. Die Plattform-Verordnung[38] sieht u. a. eine AGB-Kontrolle für Verträge zwischen Plattformbetreiber und gewerblichem Nutzer vor.[39] Im Kontext des Urheberrechts etabliert die DSM-Richtlinie[40] Kontrollpflichten der Plattform für durch Nutzer hochgeladene Inhalte zugunsten des Urheberrechtsschutzes (sog. Uploadfilter).

---

35 Richtlinie (EU) 2019/2161 des Europäischen Parlaments und des Rates vom 27. November 2019 zur besseren Durchsetzung und Modernisierung der Verbraucherschutzvorschriften der Union, ABl. EU 2019 Nr. L 328/7.
36 Richtlinie 2011/83/EU des Europäischen Parlaments und des Rates vom 25. Oktober 2011 über die Rechte der Verbraucher, ABl. EU 2011 Nr. L 304/64.
37 Verordnung (EU) 2022/2065 des Europäischen Parlaments und des Rates vom 19. Oktober 2022 über einen Binnenmarkt für digitale Dienste und zur Änderung der Richtlinie 2000/31/EG (Gesetz über digitale Dienste), ABl. 2022 Nr. L 277/1.
38 Verordnung (EU) 2019/1150 des Europäischen Parlaments und des Rates vom 20. Juni 2019 zur Förderung von Fairness und Transparenz für gewerbliche Nutzer von Online-Vermittlungsdiensten, ABl. EU 2019 Nr. L 186/57.
39 Verbraucherverträge werden bereits von der Klauselrichtlinie erfasst.
40 Richtlinie (EU) 2019/790 des Europäischen Parlaments und des Rates vom 17. April 2019 über das Urheberrecht und die verwandten Schutzrechte im digitalen Binnenmarkt, ABl. EU 2019 Nr. L 130/92.

1.2 Daten

1.2.1 Begriff und Kategorien

Digitale Geschäftsmodelle beruhen regelmäßig auf der Erhebung und Verarbeitung großer Datenmengen. Unter den Begriff der Daten fallen jedwede Informationen, denen ein Bedeutungsgehalt zukommt.[41] Es kann zwischen verschiedenen Arten von Daten differenziert werden. Insbesondere im Datenschutzrecht werden **personenbezogene** von nicht-personenbezogenen Daten unterschieden. Personenbezug haben z. B. Informationen über den Aufenthaltsort von Internetnutzern sowie über deren persönliche Vorlieben.[42] Den Personenbezug verlieren Daten erst, wenn sie unumkehrbar anonymisiert und damit einer natürlichen Person nicht mehr zuordenbar sind.[43] Trotz der im Grundsatz bestehenden Einwilligungsabhängigkeit der Verarbeitung personenbezogener Daten gem. der DS-GVO und einem grundsätzlichen Verbraucherbewusstsein für Privatsphäre stellen Nutzer auf digitalen Märkten solche Daten häufig bereitwillig und umfangreich zur Verfügung (sog. *privacy paradox*).[44] Dies gilt zum einen im Hinblick auf die Registrierung bei Plattformen, wie Online-Marktplätzen oder sozialen Netzwerken. Zum anderen sammeln Unternehmen Informationen über das Verhalten der Nutzer während ihrer Verwendung des Plattformdienstes.[45] Dies ermöglicht es ihnen, Verbraucherpräferenzen im Hinblick auf die angebotenen Produkte oder bei den Nutzungszeiten zu ermitteln.

Rein wirtschaftliche Daten weisen dagegen keinen Personenbezug auf.[46] Schutz erfahren sie ggfs. als Geschäftsgeheimnisse oder durch das Datenbankherstellerrecht.[47] Daten können zudem auf verschiedenen Wegen **generiert** werden. Maschinengenerierte Daten werden durch Hard- oder Software bei Verwendung einer Maschine bzw. eines Geräts erzeugt.[48]

---

41 *Glöckner*, Kartellrecht, 3. Aufl. 2021, § 9 Rn. 866; *Körber*, NZKart 2016, 303, 304.
42 BKartA, Big Data und Wettbewerb, 2017, S. 2.
43 Ehmann/Selmayr/*Klabunde/Horváth*, 3. Aufl. 2024, Art. 4 DS-GVO Rn. 20.
44 BKartA, Big Data und Wettbewerb, 2017, S. 3 f.
45 BKartA, Big Data und Wettbewerb, 2017, S. 3 f.
46 Ebers/Quarch/*Stepanova/Veeck*, Rechtshandbuch ChatGPT, 2024, § 4 Rn. 6.
47 Ebers/Quarch/*Stepanova/Veeck*, Rechtshandbuch ChatGPT, 2024, § 4 Rn. 6.
48 BKartA, Big Data und Wettbewerb, 2017, S. 2 f.

1.2.2 Daten als Marktmachtfaktor

Aus wettbewerbsrechtlicher Perspektive ist ein Vorspring bei dem Zugang und der Nutzung von Daten ein Faktor für **Marktmacht**.[49] Marktmacht kann zwar bereits durch die Menge der Daten (*Big Data*) vermittelt werden, auf welche ein Unternehmen zugreifen kann.[50] Wichtiger sind aber deren **Verwertungsmöglichkeiten**.[51] Der Einsatz von KI hat dazu geführt, dass große Datenmengen vielfältig strukturiert und verarbeitet werden können. Die Verarbeitungsgeschwindigkeit hat sich erhöht. Unternehmen können so ihren Datenbestand gezielt nutzen, um Produkte und Dienstleistungen zu verbessern, sie auf die Bedürfnisse der Nutzer auszurichten und sich einen Wettbewerbsvorspring zu verschaffen.[52]

Dies gilt nicht nur für digitale Märkte. Jedoch hat der **Wettbewerb um Qualität und Innovationen** auf digitalen Märkten häufig besondere Bedeutung. Bei unentgeltlich angebotenen Vermittlungsleistungen gegenüber Endnutzern besteht kein Preiswettbewerb.[53] Endnutzer „bezahlen" vielmehr, indem sie dem Plattformbetreiber Daten zur Verfügung stellen – bei Anmeldung auf einer Plattform sowie während der späteren Nutzungsphase. Der mehrseitige Charakter digitaler Märkte erhellt, dass dieses Vorgehen der Plattformbetreiber gerichtet auf Sammlung von Nutzerdaten eine gewinnbringende Strategie ist. Durch ein kostenloses Leistungsangebot kann es einer Plattform gelingen, in kurzer Zeit eine große Nutzerzahl auf sich zu vereinen. Bestehen **indirekten Netzwerkeffekte**,[54] kann sich dadurch für weitere Nutzergruppen (z. B. Werbetreibende oder gewerbliche Verkäufer) an Attraktivität gewinnen.

> **Verweis**
>
> Zahlreiche Verhaltenspflichten des Digital Markets Act knüpfen an datenbezogene Strategien von Torwächtern an und schränken z. B. Datenkombinationspraktiken ein oder verbieten die Verwendung von Daten der gewerblichen Nutzer im Wettbewerb mit diesen. Dahinter steht das Ziel, dass mächtige Plattformbetreiber durch spezifische Datenverwertungsstrategien die Marktzutrittsschranken nicht weiter erhöhen. Den Nachweis eines wettbewerbsschädlichen Verhaltens verlangt der DMA insoweit nicht.

---

49 *Körber*, NZKart 2016, 303, 304 f.
50 *Glöckner*, Kartellrecht, 3. Aufl. 2021, § 9 Rn. 867.
51 *Weber*, ZWeR 2014, 169, 173.
52 *Weber*, ZWeR 2014, 169, 171.
53 *Körber*, NZKart 2016, 303, 305.
54 Siehe ▶ Abschn. 1.1.2.

1.2 · Daten

Charakteristisch für Daten ist, dass sie – im Gegensatz zu körperlichen Gegenständen – **nicht-rivalisierend** sind. Hat ein Unternehmen Zugriff auf bestimmte nutzergenerierte Daten, hindert dies Wettbewerber nicht daran, dieselben Daten zu erheben und zu verwenden. Deshalb erwächst ein Wettbewerbsvorteil vor allem dadurch, dass der Datenzugang eines Wettbewerbers dem des anderen überlegen ist.[55] Hat ein Wettbewerber beispielsweise ausschließlich Zugang zu bestimmten Daten, kann dies marktverschließend wirken. Betreiben Endnutzer dagegen typischerweise *Multi-Homing*, nutzen also z. B. mehrere Online-Handelsplätze parallel, so verringert dies den Wettbewerbsvorteil, den ein Plattformbetreiber durch die erhobenen Daten erlangt.[56] Mitunter hat ein Wettbewerber auch einen „Datenvorsprung", den andere Unternehmen nicht zeitnah aufholen können.[57]

> **Verweis**
> Das deutsche Kartellrecht berücksichtigt mit § 18 Abs. 3a Nr. 4 GWB den Zugang zu wettbewerbsrelevanten Daten als Faktor bei der Ermittlung von Marktbeherrschung auf mehrseitigen Märkten und in Netzwerken.

Datenverfügbarkeit kann unter Umständen auch wettbewerbsfördernd wirken, wenn sie die Markttransparenz erhöht. So ermöglichen es Preisvergleichsdienste den Verbrauchern, die Angebote am Markt besser zu überblicken. Dies kann den Preis- oder Qualitätswettbewerb beleben.[58]

1.2.3 Daten und Wettbewerbsbehinderung

Auf digitalen Märkten lassen sich verschiedene wettbewerbsbehindernde Verhaltensweisen mit Datenbezug beobachten. Die Errichtung von **Datenpools** kann ggfs. zum Austausch sensibler Informationen zwischen Wettbewerbern führen und gegen das Kartellverbot verstoßen.[59] Im Rahmen der Fusionskontrolle kann einzustellen sein, ob Unternehmen durch einen Zusammenschluss Zugriff auf eine größere Datenmenge haben werden. Mitunter kann dies marktabschottend wirken. Auch bei Zusammenschlüssen zwischen nicht in Wettbewerb stehenden Unternehmen ist zu erwägen, ob die fusionierte Einheit Wettbewerbern den Datenzugang erschweren könnte.[60]

---

55 Immenga/Mestmäcker/*Fuchs*, 6. Aufl. 2020, § 18 GWB Rn. 148a.
56 BKartA, Big Data und Wettbewerb, 2017, S. 5.
57 BKartA, Big Data und Wettbewerb, 2017, S. 7.
58 BKartA, Big Data und Wettbewerb, 2017, S. 8.
59 Im Detail ▶ Abschn. 2.2.2.2.3.
60 Siehe ▶ Abschn. 2.4.3.3.2.

Darüber hinaus wird diskutiert, ob aus dem Missbrauchsverbot Pflichten eines marktmächtigen Unternehmens folgen können, **Zugang zu Daten** zu gewähren.[61] Daten können unter den Begriff der „wesentlichen Einrichtung" im Sinne der Bronner-Kriterien fallen. Das deutsche Kartellrecht stellt dies in § 19 Abs. 2 Nr. 4 GWB ausdrücklich klar. Dennoch gilt es Zurückhaltung bei Datenzugangsansprüchen zu üben. Auch marktmächtige Unternehmen haben die Freiheit, ihre wettbewerbliche Position mit leistungsgerechten Mittel zu verbessern.[62]

1.2.4 Exkurs: Weitere Regulierungsansätze

Daten sind Anknüpfungspunkt zahlreicher weiterer Rechtsakte. Die **DS-GVO**[63] setzt an personenbezogenen Daten an und will natürlichen Personen Einfluss auf die Verarbeitung ihrer Daten gewähren. Auch wenn das Datenschutzrecht auf den Schutz der informationellen Selbstbestimmung zielt, sind in der Kartellrechtspraxis **Interdependenzen zum Wettbewerbsrecht** offenbar geworden. Dazu zählen die Fragen, ob Wettbewerbsbehörden Datenschutzrechtsverstöße prüfen dürfen und ob ein Verstoß gegen die DS-GVO einen Konditionenmissbrauch gem. § 19 Abs. 1 GWB begründen kann.[64]

Der **Data Governance Act**[65] soll die Verwendung von Daten optimieren.[66] Dabei wird auch die Rolle von Daten als Marktmachtfaktor einbezogen: Durch Datenvermittlungsdienste sollen es neben den großen Plattformbetreibern auch kleinen Unternehmen einfacher möglich sein, Zugang zu Daten zu erhalten. Ferner wurde Ende des Jahres 2023 der **Data Act**[67] verabschiedet. Darin sind u. a. Vorschriften zum Datenaustausch und -zugang vorgesehen. Insbesondere sollen Nutzer von hybriden Produkten einen Anspruch auf Zugang zu denen durch ihre Nutzung generierten Daten erhalten.[68]

---

61 *Schweitzer/Haucap/Kerber/Welker*, Modernisierung der Missbrauchsaufsicht für marktmächtige Unternehmen, 2018, S. 133.
62 Im Detail ▶ Abschn. 2.3.2.1.7. und 3.3.1.5.1.5.
63 Verordnung (EU) 2016/679 des Europäischen Parlaments und des Rates vom 27. April 2016 zum Schutz natürlicher Personen bei der Verarbeitung personenbezogener Daten, zum freien Datenverkehr, ABl. EU 2016 Nr. L 119/1.
64 BKartA v. 06.02.2019 – B6-22/16 – *Facebook*; OLG Düsseldorf, Beschl. v. 26.08.2019 – VI-Kart 1/19 (V), MMR 2019, 742 – *Facebook*; BGH, Beschl. v. 23.06.2020 – KVR 69/19, GRUR 2020, 1318, 1326 – *Facebook*; EuGH v. 04.07.2023 – C-252/21, ECLI:EU:C:2023:537 – *Meta (Facebook)*.
65 Verordnung (EU) 2022/868 des Europäischen Parlaments und des Rates vom 30. Mai 2022 über europäische Daten-Governance, ABl. EU 2022 Nr. L 152/1.
66 *Hennemann/Steinrötter*, NJW 2022, 1481, 1481; *Honer/Schöbel*, JuS 2024, 648, 650.
67 Verordnung (EU) 2023/2854 des Europäischen Parlaments und des Rates vom 13. Dezember 2023 über harmonisierte Vorschriften für einen fairen Datenzugang und eine faire Datennutzung, ABl. EU 2023 L 2023/2854.
68 *Hennemann/Steinrötter*, NJW 2022, 1481, 1484.

1.3 Künstliche Intelligenz

1.3.1 Begriff und Kategorien

Der technische Fortschritt hat dazu geführt, dass Unternehmen zunehmend Künstliche Intelligenz (im Folgenden: KI) einsetzen. Die Einsatzbereiche sind nicht auf innerbetriebliche Zwecke beschränkt.[69] Unternehmen bedienen sich KI-Systeme auch im Rahmen ihres Auftretens am Markt. Dies betrifft zum einen die angebotenen Leistungen.[70] Beispiele sind hybride Produkte des sog. Internet of Things. Intelligente Saugroboter oder Kühlschränke erfüllen ihre Funktionen nur gemeinsam mit den in ihnen verbauten digitalen Elementen bzw. infolge ihrer Verbindung zum Internet. Aus wettbewerblicher Perspektive führt dies zu einer größeren Produktvielfalt. Neue Angebote können den Wettbewerb intensivieren und Innovationen vorantreiben. Zum anderen verwenden Unternehmen KI-Systeme, um ihre Wettbewerbsparameter – z. B. die angebotene Menge oder den verlangten Preis – festzusetzen. Durch die Fähigkeit von KI-Systemen, in kurzer Zeit große Datenmengen zu verarbeiten, versprechen sich Unternehmen dadurch Vorteile im Wettbewerb (dazu sogleich).[71]

Es gibt **keine allgemein anerkannte Definition** von Künstlicher Intelligenz.[72] Häufig wird der Begriff mir maschinellen Lernverfahren in Verbindung gebracht.[73] Dabei wird die KI auf der Grundlage großer Datenmengen trainiert und lernt, konkrete Probleme zu lösen. Dies geschieht, indem sie anhand einer Vielzahl von Beispielen lernt, welche Eigenschaften eines Objekts auf Entscheidungen darüber beeinflussen.[74] Im Rahmen des maschinellen Lernens werden drei Verfahren unterschieden: das überwachte Lernen, das unüberwachte Lernen und das verstärkende Lernen.[75]

Art. 3 Abs. 1 KI-VO[76] definiert den Begriff weit.[77] Im Anwendungsbereich der KI-VO ist ein KI-System

---

[69] Ein Beispiel für einen innerbetrieblichen Einsatz von KI sind *Smart Factories*, in deren Rahmen Unternehmen darauf zielen, mithilfe von KI Produktionsabläufe zu optimieren.
[70] *Ballestrem/Bär/Gausling/Hack/von Oelffen*, Künstliche Intelligenz Rechtsgrundlagen und Strategien in der Praxis, 2020, S. 2.
[71] Im Detail ▶ Abschn. 1.3.2. und 1.3.3.
[72] Ebers/Heinze/Krügel/Steinrötter/*Niederée/Nejdl*, KI und Robotik, 2020, § 2 Rn. 1.
[73] *Lauscher/Legner*, ZfDR 2022, 367, 369 f.
[74] *Lauscher/Legner*, ZfDR 2022, 367, 369.
[75] Ebers/Quarch/*Glauner*, Rechtshandbuch ChatGPT, 2024, § 1 Rn. 3.
[76] Verordnung (EU) 2024/1689 des Europäischen Parlaments und des Rates vom 13. Juni 2024 zur Festlegung harmonisierter Vorschriften für künstliche Intelligenz, ABl. EU L 2024/1689.
[77] Kritisch *Chibanguza/Steege*, NJW 2024, 1769, 1170; *Ebers*, LTZ 2024, 1, 1.

> „ein maschinengestütztes System, das für einen in unterschiedlichem Grade autonomen Betrieb ausgelegt ist und das nach seiner Betriebsaufnahme anpassungsfähig sein kann und das aus den erhaltenen Eingaben für explizite oder implizite Ziele ableitet, wie Ausgaben wie etwa Vorhersagen, Inhalte, Empfehlungen oder Entscheidungen erstellt werden, die physische oder virtuelle Umgebungen beeinflussen können."

ErwG 12 KI-VO ergänzt, dass „einfachere herkömmliche Softwaresysteme und Programmierungsansätze" nicht unter den KI-Begriff fallen. Systeme, „die auf ausschließlich von natürlichen Personen definierten Regeln für das automatische Ausführen von Operationen beruhen", werden von der KI-VO nicht umfasst. Ein Kernelement der Definition ist damit die Autonomie des Systems. Welcher Grad diesbezüglich zu fordern ist, bleibt jedoch vage.[78]

▶ **Beispiele**

Unter die KI-Definition der KI-VO fallen u. a. Chatbots, Lügendetektoren und Systeme zur Emotionserkennung am Arbeitsplatz. Andere in der wettbewerblichen Diskussion relevant gewordene Systeme – z. B. Marktüberwachungssoftware – fallen mangels der Fähigkeit zu autonomem Handeln nicht unter diese Definition. ◀

KI-Systeme werden bisweilen anhand ihres **Autonomiegrads** unterschieden. Geläufig sind die Bezeichnungen von schwacher und starker KI.[79] Während schwache KI darauf beschränkt sei, vordefinierte Aufgaben zu lösen, ziele die Entwicklung von starker KI darauf, Systeme zu schaffen, die Aufgaben selbständig definieren könne.[80] Die für das Wettbewerbsrecht relevant gewordenen KI-Systeme – z. B. Webcrawler und Preisbeobachtungssoftware – sind nach diesem Verständnis überwiegend als schwache KI zu qualifizieren. Teilweise wird in ähnlicher Weise zwischen teilautomatisierten, automatisierten und autonomen KI-Systemen differenziert.[81] Auch insoweit bestehen Unterschiede bei Handlungsspielräumen und Aufgabenbereichen. Eine einheitliche Differenzierung bzw. Begriffsbildung ist aktuell nicht erkennbar.[82]

Eine an **Risiken für Grundrechte** orientierte Kategorisierung von KI-Systemen findet sich in der KI-Verordnung.[83] Sie unterscheidet zwischen KI-Systemen mit minimalem Risiko (z. B. Webcrawler), KI-Systemen mit geringem Risiko

---

78 *Chibanguza/Steege*, NJW 2024, 1769, 1170.
79 Chibanguza/Kuß/Steege/*Nida-Rümelin*, Künstliche Intelligenz, 2022, § 1 E. Rn. 1; *Steege*, MMR 2022, 926, 927.
80 Schwache vs. Starke KI – eine Definition, ▶ https://ki.thws.de/thematik/starke-vs-schwache-ki-eine-definition/ (6.6.2024).
81 *Specht/Herold*, MMR 2018, 40, 41 ff.
82 *Steege*, MMR 2022, 926, 927.
83 *Frank/Heine*, NZA 2023, 1281, 1282; *Müller-Peltzer/Tanczik*, RDi 2023, 452, 454.

(z. B. Chatbots), Hochrisiko-KI-Systemen (z. B. KI-Systeme im Bereich der Strafverfolgung) und verbotenen KI-Systemen mit unannehmbaren Risiken (z. B. KI-System zum „Social Scoring").

1.3.2 KI und Marktstrukturen

Unternehmen nutzen KI-Systeme, um ihr wettbewerbliches Handeln strategisch auszurichten. Dies betrifft u. a. den Einsatz von Wettbewerbsparamatern, also Entscheidungen zur Preissetzung oder angebotenen Menge.

▶ **Beispiele**

Webcrawler ermöglichen es, große Datenbestände automatisiert zu durchsuchen, und die Preise der Wettbewerber am Markt zu beobachten. Durch den Einsatz von Preisalgorithmen können Unternehmen zeitnah auf das wettbewerbliche Verhalten der Konkurrenten reagieren und ihre eigenen Preise daran anpassen. ◀

In ihrer Sektoruntersuchung zum elektronischen Handel hat die Kommission berichtet, dass rund zwei Drittel der Einzelhändler, die die Preissetzung ihrer Wettbewerber im Internet beobachteten, *"Softwareprogramme [nutzten], mit denen ihre eigenen Preise auf Basis der beobachteten Preise der Wettbewerber angepasst werden."*[84] Über 30 % der Händler verwendeten nach Angaben der Kommission Algorithmen, um ihre Preise automatisch an das Marktgeschehen anzupassen.[85]

Solche Einsatzszenarien von KI-Systemen können die Marktstrukturen beeinflussen. Die **Markttransparenz** kann erhöht werden, wenn KI-Systeme große Datenmengen in kürzester Zeit verarbeiten und so einen verlässlichen Überblick über das Verhalten der Konkurrenten am Markt bieten.[86] Hinzu kommt die **Reaktionsgeschwindigkeit**: Algorithmen können regelmäßig schneller als menschliche Akteure auf Marktbeobachtungen mit entsprechenden Preisanpassungen reagieren. Welche Auswirkungen dies auf den Wettbewerb hat, kann nicht pauschal beantwortet werden. Ggfs. wird der Wettbewerb intensiviert, wenn Preisanpassungen eines Unternehmens zügige Reaktionen der Wettbewerber zeitigen.[87] Unter Umständen wird der Wettbewerb jedoch geschwächt, wenn die erhöhte Markttransparenz es Unternehmen ermöglicht, sich über den Markt abzustimmen (sog. *tacit collusion*).[88] Auf diese Weise steigt das Preisniveau, obwohl keine verbotene Kartellabsprache vorliegt.

---

84 Kommission, Abschlussbericht über die Sektoruntersuchung zum elektronischen Handel, COM(2017) 229 final, 2017, Rn. 13.
85 Kommission, Commission Staff Working Document Accompanying the document Report from the Commission to the Council and the European Parliament Final report on the E-commerce Sector Inquiry, COM(2017) 229 final, Rn. 603 f.
86 *Künstner*, GRUR 2019, 36, 37.
87 Ebers/Heinze/Krügel/Steinrötter/*König*, KI und Robotik, 2020, § 17 Rn. 73.
88 Hierzu im Detail ▶ Abschn. 2.2.1.3.

Darüber hinaus besteht die Gefahr, dass KI-Systeme genutzt werden, um verbotene **Kartellabsprachen umzusetzen**.[89] Ihr Einsatz kann die Kartelldisziplin erhöhen und so den volkswirtschaftlichen Schaden verbotener Absprachen vergrößern.

> ▶ Beispiel
>
> Lieferant L vereinbart mit seinen Händlern, dass diese bei dem Vertrieb an Endkunden einen vereinbarten Mindestpreis nicht unterschreiten dürfen. Um sicherzugehen, dass alle Händler sich an diese Absprache halten, setzt L Preisüberwachungsalgorithmen ein, die die Preise der Händler ständig beobachten und L Abweichungen unverzüglich melden. ◀

Darüber hinaus wird die Rolle von **Blockchain** und **Smart Contracts** für das Wettbewerbsrecht diskutiert.[90] Mit dem Schlagwort des Smart Contracts wird – letztlich in Fortentwicklung altbekannter Waren- und Geldautomaten – die computergestützte automatisierte Abwicklung von Verträgen beschrieben.[91] Anwendungsbeispiele liefert u. a. die Versicherungsbranche: Einige Versicherungsunternehmen haben zeitweilig Flugverspätungsversicherungen über eine Blockchain abgewickelt.[92]

Die auch als *Distributed Ledger* bezeichnete Blockchain-Technologie ist durch die Kryptowährung *Bitcoin* bekannt geworden. Mit ihr wird vor allem die Eigenschaft der Manipulationssicherheit in Verbindung gebracht.[93] Daten werden dezentral auf den am Netzwerk beteiligten Rechnern gespeichert.[94] Dadurch wird eine zentrale Stelle überflüssig. Die Bezeichnung als Blockchain rührt daher, dass Transaktionen in sog. Blöcken abgespeichert werden, die miteinander verkettet sind.[95]

Durch die Verbreitung der Blockchain-Technologie sind zahlreiche Einsatzszenarien für Smart Contracts entstanden.[96] Die deutsche Rechtsprechung hat sich mit der Zulässigkeit der Sperrung der Auflademöglichkeit einer gemieteten Batte-

---

89 Kommission, Abschlussbericht über die Sektoruntersuchung zum elektronischen Handel, COM(2017) 229 final, 2017, Rn. 13.
90 OECD, Blockchain Technology and Competition Policy, 2018, ▶ https://one.oecd.org/document/DAF/COMP/WD(2018)47/en/pdf; *Louven/Saive*, NZKart 2018, 348; BeckOK InfoMedienR/*Kumkar*, 40. Ed. 2023, Art. 101 AEUV Rn. 132.
91 *Legner*, VuR 2023, 213, 213 f.
92 ▶ https://www.de-hub.de/blog/post/eine-hassliebe-blockchain-und-die-versicherungsbranche/ (25.6.2024).
93 *Mik*, European Review of Private Law 2019, 853, 857.
94 *Kaulartz*, CR 2016, 474, 476.
95 Hoeren/Sieber/Holznagel/*Möllenkamp*, Handbuch Multimedia-Recht, 60. EL 2023, Teil 13.6. Rn. 4.
96 *Hohn-Hein/Bart*, GRUR 2018, 1089, 1090; *Leichsenring*, Finanzbranche zeigt wenig Begeisterung für Blockchain, 20.9.2021, ▶ https://www.der-bank-blog.de/finanzbranche-begeisterung-blockchain/studien/37680695/, spricht von der Blockchain als „*eine der wichtigsten Zukunftstechnologien*".

rie für geleaste Elektrofahrzeuge per Fernzugriff nach Kündigung des Vertrags befasst.[97] Die Gerichte thematisierten Verstöße gegen § 858 BGB (verbotene Eigenmacht) und gegen § 307 BGB (AGB-Kontrolle). Aus kartellrechtlicher Perspektive können u. a. die **Konsensanforderungen** der Blockchain problematisch werden: Um neue Informationen in die Blockchain zu integrieren, muss die Mehrheit der Teilnehmer zustimmen. Es wird zu klären sein, ob diese eine verbotene Verhaltensweise gem. dem europäischen und deutschen Kartellverbot wirklichen kann.[98] Auch die Kartelldisziplin könnte durch den Einsatz von Smart Contracts vergrößert werden.[99]

1.3.3 KI und Preissetzung

Der Einsatz von KI steht im Zusammenhang mit der Bedeutung von Daten als Wettbewerbsfaktor auf digitalen Märkten. Plattformbetreiber sammeln zahlreiche **Daten** über ihre Nutzer. KI-Anwendungen erleichtern deren Verarbeitung und Verwendung.

Auf diese Weise gelingt es Plattformbetreibern, Nutzerprofile zu erstellen, die sie u. a. verwenden, um passgenaue Angebote zu unterbreiten. Eine Erscheinungsform solcher individualisierten Angebote sind **personalisierte Preise**. Aus ökonomischer Perspektive werden drei Formen der Preisdiskriminierung unterschieden.[100] Bei der Preisdiskriminierung des ersten Grades setzen Anbieter den Preis, der der persönlichen **Zahlungsbereitschaft des Verbrauchers** entspricht. Bislang ist dies mangels Kenntnis der Anbieter von der individuellen Zahlungsbereitschaft nicht realisierbar – langfristig erscheint eine Annäherung daran aber infolge der wachsenden Datenverfügbarkeit nicht ausgeschlossen.[101] Bei der Preisdiskriminierung des zweiten Grades differenzieren Anbieter anhand der Zahlungsbereitschaften unterschiedlicher Kundengruppen.[102] Ein Beispiel sind Mengenrabatte. Kennzeichend ist, dass Verbraucher selbst entscheiden können, welcher Kundengruppe sie sich zuordnen. Der Mengenrabatt kommt beispielsweise nur solchen Verbrauchern zugute, die sich entschließen, eine entsprechend große Produktmenge zu erwerben.

---

97 BGH, Urt. v. 26.10.2022 – XII ZR 89/21, SVR 2023, 58; OLG Düsseldorf, Urt. v. 7.10.2021 – 20 U 116/20, MMR 2022, 403; LG Düsseldorf, Urt. v. 11.12.2019 – 12 O 63/19, BeckRS, 51046.
98 *Louven/Saive*, NZKart 2018, 348, 348.
99 *Hoffer/Mirtchev*, NZKart 2019, 239, 242.
100 *Hofmann*, WRP 2016, 1074, 1082; *Locher*, ZWeR 2018, 292, 296–297.
101 *Wagner/Eidenmüller*, ZfPW 2019, 220, 225.
102 *Legner*, KritV 104 (2021), 34, 36.

Bei der Preisdiskriminierung des dritten Grades unterscheiden Anbieter die divergierende Zahlungsbereitschaft ebenfalls anhand verschiedener Kundengruppen. Dabei können Verbraucher sich jedoch nicht selbst einer Gruppe zuordnen – stattdessen erfolgt die Zuordnung durch den Anbieter selbst.[103] Bei einem Seniorenrabatt im Theater obliegt es beispielsweise nicht dem Verbraucher zu entscheiden, ob er den Rabatt erhalten will. Stattdessen hat der Anbieter entschieden, dass dieser nur solchen Verbrauchern zukommen soll, die ein bestimmtes Lebensalter erreicht haben. Aus unternehmerischer Sicht bieten Preispersonalisierungen die Chance, einen größeren Teil der Konsumentenrente abzuschöpfen und Gewinne zu maximieren.

> **Merke**
> Preisdiskriminierung des ersten Grades: Anbieter berücksichtigen die individuelle Zahlungsbereitschaft jedes Verbrauchers. Beispiel: Individuelle Preisverhandlungen
> Preisdiskriminierung des zweiten Grades: Anbieter teilen die Verbraucher anhand unterschiedlicher Zahlungsbereitschaften in Gruppen ein. Verbraucher können sich dabei den Gruppen selbst zuordnen. Beispiel: Mengenrabatt
> Preisdiskriminierung des dritten Grades: Anbieter teilen die Verbraucher anhand unterschiedlicher Zahlungsbereitschaften in Gruppen ein. Die Zuordnung zur Gruppe erfolgt durch den Anbieter. Beispiel Rabatt für Studierende

Personalisierte Preise sind zwar weder eine moderne Erscheinung noch eine Besonderheit auf digitalen Märkten. Bereits auf mittelalterlichen Märkten zahlten Gutsherren mitunter mehr für dieselbe Ware.[104] In stationären Supermärkten werden ebenfalls Mengenrabatte gewährt. An Museumskassen gibt es seit langem Studentenrabatte. Dennoch hat das Phänomen auf digitalen Märkten besondere Aufmerksamkeit erlangt. Zunächst führt die algorithmengestützte Datenverarbeitung dazu, dass es für Verbraucher schwer nachvollziehbar ist, wie der personalisierte Preis zustande kommt (sog. **Black box-Charakter** der KI).[105] Hinzu kommt, dass Verbrauchern ein **Ausweichen vor den Personalisierungsstrategien** der Anbieter kaum oder nur mit ungleich höheren Aufwand möglich ist.[106] Umfragen zeigen, dass Verbraucher personalisierte Angebote regelmäßig als unfair wahrnehmen.[107]

---

103 *Legner*, KritV 104 (2021), 34, 36.
104 *Golland*, CR 2020, 186, 187.
105 *Golland*, CR 2020, 186, 187.
106 *Golland*, CR 2020, 186, 187.
107 ConPolicy, Was Verbraucherinnen und Verbraucher in NRW über individualisierte Preise im Online-Handel denken, Abschlussbericht einer Umfrage im Auftrag des Ministeriums für Klimaschutz, Umwelt, Landwirtschaft, Natur- und Verbraucherschutz des Landes Nordrhein-Westfalen v. 21.01.2016, 8 f.; *Tillmann/Vogt*, Personalisierte Preise – Diskriminierung 2.0?, AB-IDA-Dossier, 2018, S. 4.

Gesamtwirtschaftlich betrachtet ist das Ergebnis weniger eindeutig. Theoretisch ermöglichen es Preispersonalisierungen, Angebote einer bereiteren Masse zugänglich zu machen, indem die Preise z. B. für einkommensschwache Verbraucher entsprechend gesenkt werden.[108] Ob dies dem Vorgehen der Anbieter auf digitalen Märkten entspricht, ist jedoch bislang unklar.

Der Einsatz von KI-Systemen erleichtert zudem **Preisdynamisierungen**. Dabei werden Preise zeitnah an die aktuelle Marktlage – etwa an die steigende Nachfrage an bestimmten Wochentagen oder infolge nahenden Zeitablaufs eines Angebots – angepasst.[109]

> ▶ **Beispiele**
>
> Bahn- und Flugtickets werden mit herannahendem Reisetermin teurer. Dasselbe gilt, wenn nur noch wenige Resttickets für eine Reise verfügbar sind.[110] ◀

Algorithmen erleichtern es Unternehmen, dynamische Preise zu setzen, da sie relevante Daten zügig analysieren und zeitnah mit Preissetzungsentscheidungen reagieren können.[111]

1.3.4 KI und Kartellrechtsdurchsetzung

Der unternehmerische Einsatz von KI wirft **Zurechnungsfragen** auf. Adressaten der kartellrechtlichen Verbote sind Unternehmen.[112] Algorithmen selbst sind keine Rechtssubjekte. Insoweit müssen Sorgfaltspflichten in Gestalt von Beobachtungs- und Interventionspflichten konkretisiert werden, um die Preissetzung und ein damit ggfs. verbundener Kartellrechtsverstoß dem Unternehmen, das den Algorithmus einsetzt, zuzurechnen.[113] Ähnlich gelagerte Fragen stellen sich in anderen Rechtsgebieten. Dazu zählen u. a. die Rechtsgeschäftslehre[114] (Vertragsschluss durch KI) sowie das vertragliche und deliktische Schadensersatzrecht (Schädigung durch KI).[115]

---

108 *Tillmann/Vogt*, VuR 2018, 447, 448 f.
109 *Hofmann*, WRP 2016, 1074, 1077; Spindler/Schuster/*Micklitz/Namysłowska*, 4. Aufl. 2019, § 5 UWG Rn. 130.
110 *Künstner*, GRUR 2019, 36, 37.
111 *Künstner/Franz*, K&R 2017, 688, 689.
112 Siehe ▶ Abschn. 2.1.4.1 und 3.1.4.1.
113 *Lübke*, ZHR 185 (2021), 723, 751 ff.
114 *Keßler*, MMR 2017, 589, 592; *Kumkar*, K&R 2020, 801 ff.; *Specht/Herold*, MMR 2018, 40 ff.
115 *Günther*, Roboter und rechtliche Verantwortung, 2014, S. 45 ff.; *Hanisch*, in: Hilgendorf, Robotik im Kontext von Recht und Moral, S. 27 ff.; *Schirmer*, JZ 2016, 660, 664 ff.

1.3.5 Exkurs: Weitere Regulierungsansätze

Die Regulierung von KI-Systemen beschäftigt die Rechtswissenschaften **intra- und interdisziplinär**. Neben dem Kartellrecht werden personalisierte und dynamische Preise im **Lauterkeitsrecht** diskutiert.[116] Im Grundsatz herrscht Preisgestaltungsfreiheit der Händler. Es wird daher allenfalls über Aufklärungspflichten nachgedacht. Dabei werden als Anknüpfungspunkte die Verbrauchergeneralklausel des § 3 Abs. 2 UWG sowie das Verbot aggressiver geschäftlicher Handlungen gem. § 4a UWG vorgeschlagen.

Das **europäische Verbraucherrecht** sieht seit Inkrafttreten der Omnibus-RL[117] vor, dass gem. Art. 6 Abs. 1 ea) Verbraucherrechte-RL der Verbraucher bei außerhalb von Geschäftsräumen geschlossenen Verträgen und bei Fernabsatzverträgen darauf hinzuweisen ist, falls der Preis auf der Grundlage einer automatisierten Entscheidungsfindung personalisiert worden ist. Diese Vorgabe hat der deutsche Gesetzgeber in § 312d Abs. 1 BGB iVm Art. 246a § 1 Abs. 1 Nr. 6 EGBGB umgesetzt.[118] Ein Verbot der Preispersonalisierung ist damit nicht verbunden.

Ebenfalls dem Privatrecht angehörig ist der **Vorschlag einer KI-Haftungsrichtlinie**, mit dem die Kommission darauf zielt, Nachweisschwierigkeiten in Bezug auf die Rechtsdurchsetzung von KI-bedingten Schädigungen abzubauen.[119]

Preisdiskriminierungen nach dem Geschlecht können gegen das **Antidiskriminierungsrecht**, vor allem gegen das Benachteiligungsverbot des § 19 AGG, verstoßen.[120] Ein Verstoß kommt freilich nur in Betracht, wenn Preisunterschiede nicht auf Divergenzen in den Produktionskosten beruhen oder aus anderen Gründen gerechtfertigt sind. So ist zu berücksichtigen, dass Händler häufig männliche und weibliche Produktversionen – z. B. bei Kleidungsstücken oder Drogerieartikeln – produzieren, die sich zwar oft, aber keinesfalls immer ausschließlich in der Farb- oder Formgebung unterscheiden.

---

116 *Hofmann*, WRP 2016, 1074 ff.
117 Richtlinie (EU) 2019/2161 des Europäischen Parlaments und des Rates vom 27. November 2019 zur besseren Durchsetzung und Modernisierung der Verbraucherschutzvorschriften der Union, ABl. EU 2019 Nr. L 328/7.
118 Dazu *Legner*, ZEuP 2024, 649 ff.
119 Kommission, Vorschlag für eine Verordnung des Europäischen Parlaments und des Rates zur Festlegung harmonisierter Vorschriften für Künstliche Intelligenz (Gesetz über Künstliche Intelligenz) und zur Änderung bestimmter Rechtsakte der Union, COM(2021) 206 final.
120 *Legner*, KritV 104 (2021), 34 ff.

1.3 · Künstliche Intelligenz

Die Europäische Union hat im Jahr 2021 den Entwurf für eine **KI-Verordnung** veröffentlicht.[121] Die Verordnung wurde im Jahr 2024 verabschiedet. Sie verfolgt einen horizontalen Regulierungsansatz. Ihr Fokus liegt auf Hochrisiko-KI-Systemen. Dies sind gem. Art. 6 KI-VO solche KI-Systeme, die in besonders grundrechtssensiblen Bereichen zum Einsatz kommen. Beispiele sind der KI-Einsatz bei der biometrischen Fernidentifizierung (Art. 6 Abs. 1 iVm Anhang III Nr. 1 KI-VO) oder im Recruiting (Art. 6 Abs. 1 iVm Anhang III Nr. 4 KI-VO). Der gewählte Regulierungsansatz ist an das Produktsicherheitsrecht angelehnt. Es werden umfassende Sorgfaltsanforderungen in Art. 8 ff. KI-VO etabliert, die die Anbieter von Hochrisiko-KI-Systemen im Grundsatz vor deren Inverkehrbringen zu erfüllen haben. Die im Kontext des Wettbewerbsrechts relevanten KI-Systeme zum Einsatz von Preisbildungen fallen grundsätzlich nicht unter den Begriff der Hochrisiko-KI-Systeme. Ihr Einsatz wird insoweit keinen Einschränkungen entworfen. Für KI-Systeme mit minimalem grundrechtlichen Risiko sieht die KI-VO in. Art. 95 KI-VO lediglich die Entwicklung von Verhaltenskodizes vor.

---

121 Kommission, Vorschlag für eine Richtlinie des Europäischen Parlaments und des Rates zur Anpassung der Vorschriften über außervertragliche zivilrechtliche Haftung an künstliche Intelligenz, COM(2022) 496 final.

Europäisches Kartellrecht

Inhaltsverzeichnis

2.1 Grundlagen – 25
2.1.1 Überblick – 25
2.1.2 Entwicklung – 26
2.1.3 Ziele – 29
2.1.4 Anwendungsbereich – 32

2.2 Kartellverbot – 35
2.2.1 Verbotene Verhaltensweisen – 35
2.2.2 Wettbewerbsbeschränkung – 44
2.2.3 Geeignetheit zur Beeinträchtigung des zwischenstaatlichen Handels – 63
2.2.4 Tatbestandsrestriktionen – 64
2.2.5 Freistellung – 69

2.3 Missbrauchsverbot – 86
2.3.1 Marktbeherrschende Stellung – 86
2.3.2 Missbrauch – 99

2.4 Zusammenschlusskontrolle – 118
2.4.1 Systematik und Überblick – 118
2.4.2 Formelle Zusammenschlusskontrolle – 119
2.4.3 Materielle Zusammenschlusskontrolle – 124
2.4.4 Zusammenschlusskontrollverfahren – 137

© Der/die Autor(en), exklusiv lizenziert an Springer-Verlag GmbH, DE, ein Teil von Springer Nature 2025
S. Legner, *Digitales Wettbewerbsrecht*, Springer-Lehrbuch, https://doi.org/10.1007/978-3-662-70492-9_2

2.5	**Rechtsfolgen – 141**	
2.5.1	Verwaltungsrechtliche Folgen – 141	
2.5.2	Bußgeldrechtliche Folgen – 142	
2.5.3	Zivilrechtliche Folgen – 144	
2.6	**Verfahren – 145**	
2.6.1	Verwaltungsverfahren – 145	
2.6.2	Bußgeldverfahren – 146	
2.6.3	Zivilverfahren – 147	

2.1 Grundlagen

2.1.1 Überblick

Das europäische Kartellrecht ist im Vertrag über die Arbeitsweise der Europäischen Union (nachfolgend: AEUV) und in der Fusionskontrollverordnung[1] (nachfolgend: FKVO) niederlegt. Es untergliedert sich in drei Teile (◘ Abb. 2.1). Art. 101 AEUV enthält das **Kartellverbot**. Art. 101 Abs. 1 AEUV verbietet Unternehmen kollusive Formen der Wettbewerbsbeschränkung, also solche, die durch ein Zusammenwirken zwischen konkurrierenden Unternehmen (horizontale Wettbewerbsbeschränkung) oder zwischen Unternehmen, die auf verschiedenen Marktstufen agieren, (vertikale Wettbewerbsbeschränkung) entstehen. Dazu gehören z. B. Hardcore-Kartelle, bei welchen Wettbewerber Preise unmittelbar absprechen oder Gebiete aufteilen. Aber auch vertikale Absprachen, z. B. Preisbindungen zweiter Hand, unterfallen dem Kartellverbot. Sollte das Zusammenwirken zwischen Unternehmen den Verbotstatbestand erfüllen, ist anschließend zu prüfen, ob die Voraussetzungen einer Freistellung gem. Art. 101 Abs. 3 AEUV erfüllt sind. Dies ist nur dann der Fall, wenn das Kartell positive Auswirkungen für die Marktgegenseite mit sich bringt, welche die nachteiligen Folgen der Wettbewerbsbeschränkung ausgleichen. Das kommt vor allem – aber nicht ausschließlich – bei vertikalen Wettbewerbsbeschränkungen in Betracht, vgl. Art. 2 Abs. 1 Vertikal-GVO

Das **Verbot des Missbrauchs einer marktbeherrschenden Stellung** gem. Art. 102 AEUV verbietet es marktbeherrschenden Unternehmen, ihre Stellung zur Behinderung anderer Unternehmen oder Ausbeutung der Marktgegenseite auszunutzen. Das Missbrauchsverbot adressiert einseitige Verhaltensweisen. Marktbeherrschende Unternehmen, die über einen vom Wettbewerb nicht kontrollierten unabhängigen Verhaltensspielraum verfügen, dürfen diesen nicht missbrauchen. Der Tatbestand des Behinderungsmissbrauchs bezieht sich auf die missbräuchliche Verdrängung von Wettbewerbern, z. B. durch Lieferverweigerungen oder den Abschluss von Ausschließlichkeitsbindungen. Der Ausbeutungsmissbrauchstatbestand schützt die Marktgegenseite. Er ist beispielsweise verwirklicht, wenn das

Kartellverbot	Missbrauchsverbot	Fusionskontrolle
• Art. 101 AEUV • Unternehmen • kollusives Zusammenwirken	• Art. 102 AEUV • Marktbeherrschende Unternehmen • einseitige Verhaltensweisen	• FKVO • Zusammenschlussvorhaben • SIEC-Test

◘ Abb. 2.1 Die Säulen des europäischen Kartellrechts

---

[1] Verordnung (EG) Nr. 139/2004 des Rates vom 20. Januar 2004 über die Kontrolle von Unternehmenszusammenschlüssen, ABl. EG 2004 Nr. L 24/1.

marktbeherrschende Unternehmen Preise von Verbrauchern fordert, die deutlich über dem Niveau auf vergleichbaren Märkten liegen.

Die europäische **Zusammenschlusskontrolle** – niedergelegt in der FKVO – knüpft an Zusammenschlussvorhaben von Unternehmen iSv Art. 3 FKVO an, denen gemeinschaftsweite Bedeutung zukommt, weil die beteiligten Unternehmen die in Art. 1 FKVO niedergelegten Schwellenwerte – in erster Linie spezifische Umsatzschwellen – überschreiten. Zu den Zusammenschlüssen zählt neben der klassischen Fusion auch der Kontrollerwerb. Die Zusammenschlusskontrolle ist ein präventives System. Die beteiligten Unternehmen dürfen den anmeldepflichtigen Zusammenschluss erst vollziehen, wenn die Kommission ihn freigegeben hat. Materieller Prüfungsmaßstab ist gemäß Art. 2 Abs. 3 FKVO der SIEC-Test: Wird der Zusammenschluss zu einer erheblichen Behinderung wirksamen Wettbewerbs führen, hat die Kommission ihn zu untersagen. Eine erhebliche Behinderung wirksamen Wettbewerbs ist vor allem zu erwarten, wenn die beteiligten Unternehmen durch den Zusammenschluss eine marktbeherrschende Stellung erlangen – z. B. weil ihr Marktanteil nach Vollzug des Vorhabens hoch, sein wird, und zudem hohe Marktzutrittsschranken, z. B. in Gestalt des Vorsprungs bei technischem Wissen, für potenzielle Wettbewerber bestehen.

2.1.2 Entwicklung

Europäische Vorschriften zum Wettbewerbsschutz waren erstmals im **EGKS-Vertrag**[2] von **1952** verankert.[3] Im Jahr **1957** trat der **EWG-Vertrag**[4] in Kraft, der ebenfalls ein Kartellverbot, Art. 86 EWGV, und ein Verbot des Missbrauchs einer marktbeherrschenden Stellung, Art. 90 EWGV, enthielt. Anders als im EGKS-Vertrag, der bis zum Jahr 2002 parallel galt, war im EWG-Vertrag jedoch keine Zusammenschlusskontrolle vorgesehen. Im Jahr 1999 trat an die Stelle des EWG-Vertrags der Vertrag von Amsterdam (**EG-Vertrag**), der die Wettbewerbsregeln in **Artt. 81, 82 EGV** übernahm.

Die heutigen Vorschriften in Artt. 101, 102 AEUV bestehen in ihrer geltenden Fassung seit dem Vertrag von Lissabon aus dem Jahr 2009. Die **Fusionskontrollverordnung** gilt in ihrer heutigen Fassung seit dem Jahr 2004. Die Urfassung der Verordnung war **1989** in Kraft getreten und sah noch den Marktbeherrschungstest für die materielle Bewertung von Zusammenschlussvorhaben vor.[5] Seit 2004 gilt der SIEC-Test. Vor 1989 wurden Zusammenschlüsse gelegentlich als Marktstrukturmissbrauch unter dem Verbot des Missbrauchs einer marktbeherrschenden Stellung geprüft.[6] Die Möglichkeit, nicht-anmeldepflichtige Zusammenschlussvor-

---

2 Vertrag über die Gründung der Europäischen Gemeinschaft für Kohle und Stahl.
3 Wiedemann/*Wiedemann*, Handbuch des Kartellrechts, 4. Aufl. 2020, § 1 Rn. 29–31.
4 Vertrag über die Europäische Wirtschaftsgemeinschaft.
5 Verordnung (EWG) Nr. 4064/89 des Rates vom 21. Dezember 1989 über die Kontrolle von Unternehmenszusammenschlüssen, ABl. EG 1989 Nr. L 395/1.
6 EuGH v. 21.2.1973 – C-6/72, ECLI:EU:C:1973:22 – *Continental Can.*

haben **ex post** anhand des **Missbrauchsverbots** aus Art. 102 AEUV zu überprüfen, ist jüngst in der Rechtssache *Towercast* wieder praktisch relevant geworden.[7] Dies ist auch für den Wettbewerbsschutz auf digitalen Märkten bedeutsam, da dort Zusammenschlüsse infolge des häufig innovationsgetriebenen Wettbewerbsdrucks auch unterhalb der Aufgreifschwellen wettbewerbsrechtliche Relevanz haben können. Ein Beispiel bietet Übernahme von *WhatsApp* durch *Facebook* im Jahr 2014, die infolge Nichterreichens der Umsatzschwellen aus Art. 1 FKVO nicht bei der Kommission angemeldet werden musste.[8]

Artt. 101, 102 AEUV sowie die Vorschriften der FKVO haben **keine digitalisierungsspezifischen Novellierungen** erfahren. Soweit der Unionsgesetzgeber Herausforderungen auf digitalen Märkten aufgegriffen hat, so hat er dies – neben dem Digital Markets Act (dazu ▶ Kapitel 4) – in Sekundärrechtsakten getan. Insbesondere die seit dem Jahr 2022 geltende Neufassung der **Vertikal-GVO**[9] berücksichtigt mehrseitige Geschäftsmodelle und neuartige Wettbewerbsbeschränkungen im Digitalkontext. Neben neuen Formen der Wettbewerbsbeschränkungen – etwa enge und weite Bestpreisklauseln – hat sich der Unionsgesetzgeber der Rolle von Plattformen in der Vertriebsstruktur angenommen. Dabei stellt er klar, dass der Betreiber eines Online-Vermittlungsdienstes als Anbieter iSd Vertikal-GVO qualifiziert wird. Folglich werden Vereinbarungen mit Unternehmen, die Waren und Dienstleistungen auf der Plattform anbieten, als vertikale Vereinbarungen qualifiziert.[10] Ferner wurden die horizontalen Gruppenfreistellungsverordnungen (FuE-GVO[11] und Spezialisierungs-GVO[12]) im Jahr 2023 neu gefasst.

Die Entwicklung des europäischen digitalen Wettbewerbsrechts wird vorrangig von der **Entscheidungspraxis** der Kommission und der europäischen Gerichte vollzogen. In den letzten zwei Jahrzehnten haben die Gerichte den sog. **more economic approach** ausgebildet, der durch eine Abkehr von Per-se-Regeln hinzu zu auswirkungsbezogenen Einzelfallanalysen bei der Ermittlung einer wettbewerbswidrigen Praktik gekennzeichnet ist. Zudem hat sich als weiteres Schutzziel die Verbraucherwohlfahrt herausgebildet.[13] Auch wenn die Gerichte insoweit zurückhaltend von einer bloßen „Konkretisierung" der Auslegung der Wettbewerbsregeln sprechen, sind im Verständnis der Rechtsprechung von den wettbewerbsrechtlichen Generalklauseln echte Kehrtwenden erkennbar.

---

7 EuGH v. 16.3.2023 – C-449/21, ECLI:EU:C:2023:207 – *Towercast*.
8 Kommission v. 3.10.2014 – COMP/M.7217 – *WhatsApp/Facebook*.
9 Verordnung (EU) 2022/720 vom 10. Mai 2022 über die Anwendung des Artikels 101 Absatz 3 des Vertrags über die Arbeitsweise der Europäischen Union auf Gruppen von vertikalen Vereinbarungen und abgestimmten Verhaltensweisen, ABl. EU 2022 Nr. L 134/4.
10 Dazu ▶ Abschn. 2.2.5.2.1.
11 Verordnung (EU) 2023/1066 der Kommission vom 1. Juni 2023 über die Anwendung des Artikels 101 Absatz 3 des Vertrags über die Arbeitsweise der Europäischen Union auf bestimmte Gruppen von Vereinbarungen über Forschung und Entwicklung, ABl. EU 2023 Nr. L 143/9.
12 Verordnung (EU) 2023/1067 der Kommission vom 1. Juni 2023 über die Anwendung des Artikels 101 Absatz 3 des Vertrags über die Arbeitsweise der Europäischen Union auf bestimmte Gruppen von Spezialisierungsvereinbarungen, ABl. EU 2023 Nr. L 143/20.
13 Dazu ▶ Abschn. 2.1.3.2.

> **Beispiel**
> Treuerabatte marktbeherrschender Unternehmen wurden von der älteren Rechtsprechung als per se missbräuchlich eingestuft.[14] Davon hat sich der EuGH im Jahr 2017 abgewandt. Nunmehr bedarf es einer Auswirkungsanalyse – z. B. anhand des sog. As-Efficient-Competitor-Tests, bei welchem zu klären ist, ob der Marktbeherrscher durch seine Rabattgewährung einen ebenso effizienten Wettbewerber verdrängen könnte, – um die Wettbewerbsschädlichkeit zu ermitteln.[15] ◄

Diese Entwicklung betrifft zwar nicht ausschließlich, aber auch den Wettbewerbsschutz auf digitalen Märkten. Sie hat dazu geführt, dass Verfahren länger dauern und die Durchsetzung der wettbewerbsrechtlichen Verbote auf digitalen Märkten regelmäßig mit der Schnelllebigkeit dieser Märkte nicht Schritt halten kann.

Schließlich passt die Kommission ihre **Mitteilungen und Leitlinien** in regelmäßigen Abständen an, um neuere Entwicklungen der Entscheidungspraxis aufzunehmen und die Rechtssicherheit zugunsten der Unternehmen zu erhöhen. Das betraf im Jahr 2022 die **Vertikal-Leitlinien**, in welchen die Kommission darlegt, wie sie vertikale Absprachen gem. Art. 101 AEUV bewertet.[16] Im Jahr 2023 wurden die **Horizontal-Leitlinien**, die sich mit der Entscheidungspraxis zu horizontalen Absprachen befassen, novelliert.[17] In beiden Fällen war es u. a. Anliegen der Kommission, neuere Entwicklungen in der Digitalwirtschaft aufzugreifen. Bei der Novellierung der Horizontal-Leitlinien stand zudem das Anliegen, Rechtssicherheit für die Beurteilung von Nachhaltigkeitsvereinbarungen zu schaffen, im Vordergrund.[18]

> **Beispiel**
> Im Kapitel zum Informationsaustausch stellt die Kommission klar, dass dieser auch *„über einen Dritten (z. B. einen Dienstleister, eine Plattform, ein Online-Tool oder einen Algorithmus)"*[19] erfolgen kann. ◄

Zu **Art. 102 AEUV** hat die Kommission angekündigt, bis zum Jahr 2025 erstmals Leitlinien zu erarbeiten.[20] Zu ihrem im Jahr 2008 veröffentlichten Durchsetzungsprioritäten[21] hat sie Ende 2023 eine **Änderungsmitteilung** veröffentlicht.[22] Sie ent-

---

14 EuGH v. 13.2.1979 – C-85/79, ECLI:EU:C:1979:36, Rn. 90 – *Hoffmann-La Roche*.
15 EuGH v. 6.9.2017 – C-413/14 P, ECLI:EU:C:2017:632, Rn. 139 – *Intel/Kommission*.
16 Leitlinien für vertikale Beschränkungen, ABl. EU 2022 Nr. C 248/1.
17 Leitlinien für horizontale Beschränkungen, ABl. EU 2023 Nr. C 259/1.
18 Dazu *Legner*, EYIEL 2023, 233 ff.
19 Kommission, Horizontal-LL, 2023, Rn. 408.
20 ► https://germany.representation.ec.europa.eu/news/kartellrecht-kommission-kundigt-leitlinien-zu-behinderungsmissbrauch-und-andert-erlauterungen-zu-2023-03-27_de (25.6.2024).
21 Mitteilung der Kommission, Erläuterungen zu den Prioritäten der Kommission bei der Anwendung von Artikel 82 des EG-Vertrags auf Fälle von Behinderungsmissbrauch durch marktbeherrschende Unternehmen, ABl. EG 2009 Nr. C 45/7.
22 Änderung der Mitteilung der Kommission — Erläuterungen zu den Prioritäten der Kommission bei der Anwendung von Artikel 82 des EG-Vertrags auf Fälle von Behinderungsmissbrauch durch marktbeherrschende Unternehmen, ABl. EU 2023 Nr. C 116/1.

hält u. a. Ausführungen zu dem oben erwähnten As-Efficient-Competitor-Test. Mit Blick auf die Zusammenschlusskontrolle wurde Anfang des Jahres 2023 eine neue Durchführungsverordnung[23] erlassen, die die Anmeldung von Zusammenschlussvorhaben vereinfachen soll.

2.1.3 Ziele

2.1.3.1 Wettbewerbsprozess

Das europäische Kartellrecht zielt in erster Linie auf den Schutz des Wettbewerbs als Institution.[24] Der Wettbewerb wird um seiner selbst willen geschützt. Die kartellrechtlichen Vorschriften schaffen „Spielregeln", die eine Art des *level playing field* für das Streben von Wettbewerbern um Geschäftsbindungen mit Dritten errichten.[25] Ein freier Wettbewerbsprozess bedingt es, die Handlungsfreiheit der Unternehmen zu schützen.[26] Dies reicht aber nicht so weit, dass Wettbewerber vor einem Ausscheiden aus dem Markt zu bewahren wären. Vielmehr ist es das Wesen des Wettbewerbs, wenn unterlegene Unternehmen Kunden verlieren, während andere Marktanteile hinzugewinnen. Ideengeschichtlich rekurrierten die Gründungsväter der Europäischen Wirtschaftsgemeinschaft – ebenso wie der historische Gesetzgeber des GWB[27] – auf **ordoliberales Gedankengut**. Die wettbewerbstheoretischen Aussagen im Verhandlungsprozess zum EWG-Vertrag sind jedoch weitaus weniger umfassend als jene zur Entstehung des deutschen Kartellrechts.[28]

Mit dem Schutz der wettbewerblichen Institution ist eine **strukturbezogene Sicht** auf den Wettbewerb verbunden. Insbesondere der Marktanteil und die damit verbundene Marktkonzentration werden als wichtige Anhaltspunkte dafür betrachtet, ob funktionsfähiger Wettbewerb vorherrscht. Eine hohe **Marktkonzentration** ist indes nicht gleichbedeutend mit geschwächtem Wettbewerb. Vielmehr – und dies anerkennen auch die Wettbewerbsregeln – kann der Wettbewerbsprozess als „*Entdeckungsverfahren*"[29] zu Ergebnissen führen, die nicht vorhersehbar sind. Mit Blick auf die digitalen Märkte wird die infolge indirekter Netzwerk-

---

23 Durchführungsverordnung (EU) 2023/914 der Kommission vom 20. April 2023 zur Durchführung der Verordnung (EG) Nr. 139/2004 des Rates über die Kontrolle von Unternehmenszusammenschlüssen, ABl. EU 2023 Nr. L 119/22.
24 EuGH v. 4.6.2009 – C-8/08, ECLI:EU:C:2009:343, Rn. 38 – *T-Mobile Netherlands*: „*Art. 81 EG [ist], wie auch die übrigen Wettbewerbsregeln des Vertrags, nicht nur dazu bestimmt, die unmittelbaren Interessen einzelner Wettbewerber oder Verbraucher zu schützen, sondern auch die Struktur des Marktes und damit den Wettbewerb als solchen.*"
25 *Hoppmann*, ZBJV 1966, 249, 267 ff.
26 *Thomas*, NZKart 2017, 92, 93.
27 Siehe ▶ Abschn. 3.1.2.1.
28 Dazu *Kling/Thomas*, Kartellrecht, 2. Aufl. 2016, § 2 Rn. 36.
29 *Von Hayek*, Freiburger Studien, 2. Aufl. 1994, S. 250.

effekte vorhandene hohe Marktkonzentration kritisch betrachtet. Der wettbewerbliche Prozess schlägt sich weniger durch das Konkurrieren am Markt als durch das Wetteifern *um* den Markt nieder. Es sind die spezifischen Bedingungen auf mehrseitigen Plattformmärkten, die dazu führen, dass sich das wettbewerbliche Geschehen in diesen Bahnen abspielt.

2.1.3.2 Verbraucherwohlfahrt

Die Entwicklung des europäischen Kartellrechts ist seit rund zwei Jahrzehnten durch den *more economic approach* geprägt.[30] Damit sind im Wesentlichen zwei Entwicklungen verbunden. Die erste Entwicklung betrifft die Schutzziele des europäischen Kartellrechts. Um im Rahmen einer Auswirkungsanalyse zu ermitteln, wann unternehmerisches Handeln wettbewerbswidrig ist, bedarf es eines Maßstabs. In der europäischen Rechtspraxis ist dies die **Verbraucherwohlfahrt**.[31] Die Verbraucherwohlfahrt ist ein der Ökonomie entlehntes Konzept. In statischer Perspektive wird sie durch die sog. **Konsumentenrente** gemessen. Diese ergibt sich aus der Differenz des Preises, den ein Verbraucher tatsächlich für den Kauf eines spezifischen Produkts gezahlt hat, und dem Preis, den er maximal bereit gewesen wäre, zu bezahlen (sog. Reservationspreis). In dynamischer Perspektive wird die Verbraucherwohlfahrt durch eine größere **Produktauswahl** und verbesserte **Produktqualität** vergrößert. Eine höhere Qualität kann Verbraucher dazu veranlassen, für das Produkt einen höheren Preis zu bezahlen.

In der europäischen Kartellrechtspraxis liegt der Fokus auf preis- und mengenbezogenen Auswirkungen für Verbraucher. Die Kommission ermittelt diese nicht nur mit qualitativen Methoden. Auch quantitative Methoden, z. B. der UPP-Test (*upward pricing pressure*-test) haben Eingang in Entscheidungen gefunden.[32] Auf digitalen Märkten stehen preisbezogene Auswirkungen hingegen nicht immer im Vordergrund. Die asymmetrischen Preisstrukturen führen dazu, dass Verbrauchern Leistungen häufig gegen nur geringes Entgelt oder gar kostenlos angeboten werden.[33] Der Fokus verschiebt sich auf die Auswirkungen unternehmerischen Verhaltens auf Innovationen, Produktauswahl und -qualität. Dies geht nicht ohne Schwierigkeiten bei der Quantifizierung von Verbrauchervorteilen und -nachteilen einher.[34] Ferner wird auf digitalen Märkten als ein die Verbraucherwohlfahrt vergrößernder Faktor die Markttransparenz hervorgehoben, die Plattformen durch ihre Vermittlungsleistungen generieren.[35] Für Verbraucher kann es so leichter werden, verschiedene Produkte und Preise miteinander zu vergleichen. Zudem sinken

---

30 Siehe bereits ▶ Abschn. 2.1.2.
31 Kommission v. 26.4.2006 – COMP/M.3916, Rn. 125 – *T-Mobile Austria/tele.ring*; Kommission v. 12.3.2009 – COMP/M.5355, Rn. 21 – *BASF/Ciba*.
32 Kommission v. 12.12.2012 – COMP/M.6497, Rn. 312 ff. – *Hutchison 3G Austria/Orange Austria*.
33 Siehe ▶ Abschn. 1.1.3.
34 *Bostoen*. Abuse of Platform Power, 2023, S. 90.
35 BKartA, Big Data und Wettbewerb, 2017, S. 8; LMRKM/*Bergmann/Fiedler*, 4. Aufl. 2020, Art. 102 AEUV Rn. 44a.

die Transaktionskosten, wenn Verbraucher unmittelbar über die Plattform Verträge mit gewerblichen Nutzern abschließen können.[36] Mit dem überlegenen Zugang marktmächtiger Plattformbetreiber zu Nutzerdaten kann es zudem schneller gelingen, Produkte weiterzuentwickeln und an Verbraucherpräferenzen anzupassen. Ferner üben Plattformbetreiber eine Form der Qualitätskontrolle bezüglich der von den gewerblichen Nutzern vertriebenen Produkte aus.[37] Auch dies vergrößert im Grundsatz die Wohlfahrt der Verbraucher.

Mit dem Schutz der Verbraucherwohlfahrt ist eine **auswirkungsbezogene Sicht** auf den Wettbewerb verbunden. Die zweite mit dem *more economic approach* verbundene Entwicklung betrifft daher die Rechtsanwendung. Die Kommission und die europäischen Gerichte analysieren die Wettbewerbskonformität kollusiver und einseitiger Verhaltensweisen sowie die Folgen von Zusammenschlussvorhaben zunehmend mit Blick auf Marktergebnisse. Es wird anhand der Ergebnisse – etwa der Preishöhe oder der Produktqualität – bewertet, welche unternehmerischen Verhaltensweisen die Verbraucherwohlfahrt fördern und welche Handlungen den Verbrauchern schaden und somit wettbewerbsschädlich sind.

Der Schutz des Wettbewerbs und der Verbraucherwohlfahrt stehen grundsätzlich in Einklang miteinander. Freier Wettbewerb führt zu geringeren Preisen und vergrößert daher im Grundsatz die Verbraucherwohlfahrt. Es sind aber auch Zielkonflikten möglich, die eine Abwägung erfordern. Im Rahmen des Kartellverbots übernehmen die Freistellungsvoraussetzungen gem. Art. 101 Abs. 3 AEUV diese Aufgabe. Das Missbrauchsverbot und die Fusionskontrolle anerkennen jeweils Rechtfertigungsgründe auf Basis von Effizienzgewinnen (sog. *efficiency defense*).

2.1.3.3 Europäische Integration

Das europäische Kartellrecht dient ferner der Realisierung eines einheitlichen Binnenmarktes.[38] Innerhalb der Europäischen Union soll ein einheitlicher Wirtschaftsraum bestehen, in welchem nationale Märkte sich nicht abschotten. Die Wettbewerbsregeln sollen zu einem funktionsfähigen zwischenstaatlichen Handel beitragen.[39]

---

36 *Bostoen.* Abuse of Platform Power, 2023, S. 210.
37 Siehe jedoch EuG v. 12.12.1991 T-30/89, ECLI:T:1991:70, Rn. 118 – *Hilti*: „Wie die Kommission dargetan hat, gelten im Vereinigten Königreich Rechtsvorschriften, nach denen der Verkauf gefährlicher Erzeugnisse sowie falsche Behauptungen über Eigenschaften eines bestimmten Erzeugnisses geahndet werden können. Auch gibt es Behörden, die für die Anwendung dieser Gesetze zuständig sind. Unter diesen Umständen kommt es einem Unternehmen in beherrschender Stellung eindeutig nicht zu, aus eigener Initiative Maßnahmen zu ergreifen, um Produkte zu eliminieren, die es zu Recht oder zu Unrecht im Vergleich zu eigenen Erzeugnissen für qualitativ minderwertig hält."
38 EuGH v. 13.7.1966 – C-56/64, ECLI:EU:C:1966:41 – *Consten und Grundig*.
39 Zu aktuellen Entwicklungen mit Blick auf dieses Ziel Schwarze/Becker/Hatje/Schoo/*Brinker*, 4. Aufl. 2019, Art. 101 AEUV Rn. 11.

2.1.4 Anwendungsbereich

2.1.4.1 Persönlicher Anwendungsbereich

Die Tatbestände des europäischen Kartellrechts adressieren **Unternehmen**. Der Begriff des Unternehmens wird **kartellrechtsautonom** ausgelegt.[40] Er ist nicht zwingend deckungsgleich mit dem Unternehmensbegriff in anderen Rechtsgebieten, etwa im Handels- oder im Gesellschaftsrecht.

Der kartellrechtliche Unternehmensbegriff ist **funktional** zu verstehen.[41] Er umfasst jede Einheit, welche eine **wirtschaftliche Tätigkeit** am Markt ausübt (sog. wirtschaftliche Einheit).[42] Er ist rechtsformunabhängig.[43] Die Unternehmenseigenschaft kann sowohl natürlichen Personen (Kaufmann), Personen(-handels-)gesellschaften (GbR, oHG, KG) als auch juristischen Personen (GmbHG, AG) zufallen. Entscheidend ist einzig, dass eine nicht nur gelegentliche Teilnahme am wirtschaftlichen Leben stattfindet.[44] Dies geschieht durch das Anbieten oder Nachfragen von Produkten oder Dienstleistungen.[45] Ein nur mittelbarer Bezug zu diesen Aktivitäten am Markt ist hinreichend.[46] Forschungs- und Entwicklungstätigkeiten zur Verbesserung der Produktqualität oder zur Reduktion der Emissionen im Produktionsprozess können ebenfalls die Unternehmenseigenschaft begründen.

> **Definition**
>
> Der kartellrechtsautonome Unternehmensbegriff umfasst jede am Markt wirtschaftlich tätige Einheit. Rechtssubjektivität bedarf es nicht. Auf die Rechtsform und die Art der Finanzierung kommt es ebenfalls nicht an.

> ▶ **Beispiele**
>
> freiberuflich tätige Rechtsanwälte,[47] Banken,[48] Digitalkonzerne[49] ◀

---

40 *Kling/Thomas*, Kartellrecht, 2. Aufl. 2016, § 5 Rn. 4.
41 *Mestmäcker/Schweitzer*, Europäisches Wettbewerbsrecht, 3. Aufl. 2014, § 9 Rn. 6; Wiedemann/*Wiedemann*, Handbuch des Kartellrechts, 4. Aufl. 2020, § 4 Rn. 1.
42 EuGH v. 23.4.1991 – C-41/90, ECLI:EU:C:1991:161, Rn. 21 – *Höfner und Else*; EuGH v. 16.11.1995 – C-244/94, ECLI:EU:C:1995:392, Rn. 14 – *FFSA u. a.* Zu den Konsequenzen auf Rechtsfolgenseite siehe ▶ Abschn. 2.5.2.
43 Schwarze/Becker/Hatje/Schoo/*Brinker*, 4. Aufl. 2019, Art. 101 AEUV Rn. 29.
44 Wiedemann/*Wiedemann*, Handbuch des Kartellrechts, 4. Aufl. 2020, § 4 Rn. 1.
45 *Mestmäcker/Schweitzer*, Europäisches Wettbewerbsrecht, 3. Aufl. 2014, § 9 Rn. 6 Dazu auch EuGH v. 12.9.2000 – C-180/98, ECLI:EU:C:2000:428, Rn. 75 – *Pavlov u. a.*
46 *Mestmäcker/Schweitzer*, Europäisches Wettbewerbsrecht, 3. Aufl. 2024, § 9 Rn. 6.
47 EuGH v. 19.2.2001 – C-309/99, ECLI:EU:C:2002:98 – *Wouters*.
48 EuGH v. 2.4.2020 – C-228/18, ECLI:EU:C:2020:265 – *Budapest Bank Nyrt*.
49 EuG v. 10.11.2021 – T-612/17, ECLI:EU:T:2021:763 – *Google Shopping*.

2.1 · Grundlagen

Die wirtschaftliche Einheit muss nicht rechtsfähig sein.[50] Besteht sie beispielsweise aus mehreren juristischen Personen, die unter einheitlicher Leitung stehen, ist der nicht-rechtsfähige **Konzern** selbst – neben den einzelnen juristischen Personen – Unternehmen.[51] Zwischen den konzernangehörigen Gesellschaften besteht kein Konkurrenzverhältnis, wenn sie nicht selbstständig über ihr Handeln am Markt entscheiden (sog. Selbstständigkeitspostulat).[52] Aus kartellrechtlich-funktionaler Sicht können sie daher in ihrer Gesamtheit als *eine* wirtschaftliche Einheit, also als *ein* Unternehmen anzusehen sein.[53] Die fehlende Rechtssubjektivität des Konzerns steht dem nicht entgegen. Die funktionale Gesamtbetrachtung gilt auch für die Rechtsfolgen der Kartellrechtsverstöße.[54] Konzernangehörige juristische Personen können als Gesamtschuldnerinnen haften, wenn eine Gesellschaft einen Kartellrechtsverstoß begangen hat.[55] In der Rechtssache *Akzo* hat der EuGH ausgesprochen, dass die Muttergesellschaft für einen Kartellrechtsverstoß der Tochtergesellschaft haftet, wenn diese „*trotz eigener Rechtspersönlichkeit ihr Marktverhalten nicht autonom bestimmt, sondern im Wesentlichen Weisungen der Muttergesellschaft befolgt.*"[56]

Dem kartellrechtlichen Unternehmensbegriff unterfallen keine **Verbraucher**.[57] Sie treten am Markt als Nachfrager zur Befriedigung ihres persönlichen Gebrauchs in Erscheinung.[58] Sie üben keine wirtschaftliche Tätigkeit aus. Unselbstständige Arbeitnehmer sind ebenfalls keine Adressaten der kartellrechtlichen Verbotstatbestände.[59] Sie handeln nach Weisungen und entscheiden nicht autonom über ihr Auftreten am Markt.

Handelt der **Staat** hoheitlich, ist er kein Unternehmen.[60] Anders ist dies, soweit er eine wirtschaftliche Tätigkeit ausübt. Der Staat kann nicht nur als Anbieter, sondern auch als Nachfrager agieren. Nach den Entscheidungen der europäischen Gerichte in der Rechtssache *Fenin* erstreckt sich der Anwendungsbereich des Kartell-

---

50 EuGH v. 8.5.2013 – C-508/11 P, ECLI:EU:C:2013:289, Rn. 82 – *ENI*; EuGH v. 28.6.2005 – C-189/02 P, ECLI:EU:C:2005:408, Rn. 113 – *Dansk Rørindustri u. a.*
51 EuGH v. 14.3.2019 – C-724/17, ECLI:EU:C:2019:204, Rn. 37 – *Skanska*; EuGH v. 11.7.2013 – C-440/11 P, ECLI:EU:C:2013:514, Rn. 36 – *Stichting A. Portielje*; *Glöckner*, Kartellrecht, 3. Aufl. 2021, § 4 Rn. 380.
52 *Glöckner*, Kartellrecht, 3. Aufl. 2021, § 4 Rn. 380.
53 Infolge des sog. Konzernprivilegs verstoßen Vereinbarungen zwischen konzernangehörigen Gesellschaften nicht gegen das Kartellverbot, vgl. EuGH v. 10.9.2009 – C-97/08, ECLI:EU:C:2009:536 – *Akzo Nobel*.
54 *Mestmäcker/Schweitzer*, Europäisches Wettbewerbsrecht, 3. Aufl. 2014, § 9 Rn. 3–5.
55 *Mestmäcker/Schweitzer*, Europäisches Wettbewerbsrecht, 3. Aufl. 2014, § 9 Rn. 23.
56 EuGH v. 11.7.2013 – C-440/11 P, ECLI:EU:C:2013:514, Rn. 38 – *Gosselin*; EuGH v. 10.9.2009 – C-97/08 P, ECLI:EU:C:2009:536, Rn. 58 – *Akzo Nobel*.
57 *Kling/Thomas*, Kartellrecht, 2. Aufl. 2016, § 5 Rn. 7.
58 Immenga/Mestmäcker/*Zimmer*, 6. Aufl. 2019, Art. 101 Abs. 1 AEUV Rn. 10.
59 EuGH v. 4.12.2014 – C-413/13, ECLI:EU:C:2014: 2411, Rn. 42 – *FNV Kunsten Informatie en Media*.
60 *Jennert*, WuW 2004, 37, 40 f.

rechts jedoch nicht eine staatliche Beschaffungstätigkeit, welche einem nichtwirtschaftlichen Zweck dient.[61] Insoweit bestehen Unterschiede zum Unternehmensbegriff im deutschen Kartellrecht.[62] Dort fällt die staatliche Beschaffungstätigkeit ungeachtet ihres Zwecks in den Anwendungsbereich des GWB.

Adressat des europäischen Kartellverbots sind ferner **Unternehmensvereinigungen**. Darunter ist ein Verband aus mindestens zwei Unternehmen zu verstehen, dessen Zweck darin besteht, die Interessen seiner Mitglieder zu wahren.[63]

2.1.4.2 Sachlicher Anwendungsbereich

Das Kartellverbot und das Missbrauchsverbot finden nur auf solche wettbewerbswidrigen Praktiken Anwendung, die geeignet sind, den Handel zwischen den Mitgliedsstaaten der Europäischen Union zu beeinträchtigen (sog. **Zwischenstaatlichkeitsklausel**). Ist dies zu verneinen, so findet ausschließlich die Kartellrechtsordnung des betroffenen Mitgliedsstaats Anwendung.[64] Der Begriff der Beeinträchtigung wird weit ausgelegt. Es genügt, wenn die Handelsbeeinträchtigung potenziell oder mittelbar ist.[65]

Als weitere ungeschriebene Voraussetzung wird verlangt, dass die Beeinträchtigung des zwischenstaatlichen Handels **spürbar** ist. Die Kommission hat diese Voraussetzung durch Leitlinien konkretisiert. Nach der NAAT-Regel[66] ist davon auszugehen, dass es an der Spürbarkeit fehlt, wenn der gemeinsame Marktanteil der Beteiligten 5 % nicht überschreitet und der gemeinsame EU-Umsatz bei horizontalen Wettbewerbsbeschränkungen bzw. der EU-Umsatz des Lieferanten bei vertikalen Wettbewerbsbeschränkungen 40 Mio. EUR nicht übersteigt.[67]

Der sachliche Anwendungsbereich der Fusionskontrolle bestimmt sich danach, ob das Zusammenschlussvorhaben **gemeinschaftsweite Bedeutung** hat. Dies wird anhand der in Art. 1 FKVO niedergelegten Schwellenwerte ermittelt.[68]

Der DMA schließt die Anwendung des Kartellrechts gem. Art. 1 Abs. 6 DMA nicht aus.[69] Auch wenn ein Unternehmen von der Kommission gem. Art. 3 DMA als Torwächter benannt wurde,[70] bleibt es Adressat der kartellrechtlichen Verbotstatbestände.

---

61 EuGH v. 11.7.2006 – C-205/03 P, ECLI:EU:C:2006:453 – *FENIN*; EuG v. 4.3.2003 – T-319/99, ECLI:EU:T:2003:50 – *FENIN*.
62 Siehe ▶ Abschn. 3.1.4.1.
63 BeckOK InfoMedienR/*Kumkar*, 38. Ed. 2022, Art. 101 AEUV Rn. 10.
64 EuGH v. 30.6.1966 – 56-65, ECLI:EU:C:1966:38 – *Maschinenbau Ulm*; EuGH v. 13.7.2006 – C-295/04 u. a., ECLI:EU:C:2006:67, Rn. 41 – *Manfredi*.
65 *Kling/Thomas*, Kartellrecht, 2. Aufl. 2016, § 5 Rn. 248.
66 NAAT steht für no appreciable affectation of trade, vgl. Kommission, Leitlinien über den Begriff der Beeinträchtigung des zwischenstaatlichen Handels, ABl. 2004 Nr. C 101/81 Rn. 3.
67 Kommission, Leitlinien über den Begriff der Beeinträchtigung des zwischenstaatlichen Handels, ABl. 2004 Nr. C 101/81 Rn. 52.
68 Siehe ▶ Abschn. 2.4.2.2.
69 Dazu ▶ Abschn. 4.1.1.
70 Dazu ▶ Abschn. 4.2.

2.1.4.3 Räumlicher Anwendungsbereich

Den räumlichen Anwendungsbereich des europäischen Kartellrechts bestimmt das **Auswirkungsprinzip**.[71] Danach ist es ausreichend, wenn sich eine wettbewerbswidrige Praktik im gemeinsamen Binnenmarkt auswirkt. Das europäische Kartellrecht kann demnach auch anwendbar sein, wenn alle beteiligten Unternehmen in Drittstaaten ansässig sind.[72]

Ältere Entscheidungen der europäischen Gerichte deuten noch in die Richtung des Durchführungsprinzips. Danach war relevant, dass die wettbewerbswidrige Praktik im Binnenmarkt durchgeführt wurde. Die Gerichte verstehen dieses Erfordernis jedoch weit. So genügt der Rechtsprechung zur Bejahung der Durchführung, wenn nicht in der EU-ansässige Unternehmen von der wettbewerbswidrigen Praktik betroffene Produkte in den Binnenmarkt liefern.[73] Daher ergibt sich zumeist dasselbe Ergebnis wie bei Anwendung des Auswirkungsprinzips.

2.2 Kartellverbot

2.2.1 Verbotene Verhaltensweisen

2.2.1.1 Vereinbarung
Grundsätze

Das Kartellverbot verbietet Wettbewerbsbeschränkungen, die auf koordiniertem Zusammenwirken mehrerer Unternehmen beruhen. Art. 101 Abs. 1 AEUV konkretisiert dies durch die Nennung dreier verbotener Verhaltensweisen. Unternehmen können sich abstimmen, indem sie eine **Vereinbarung** schließen, einen **Beschluss** fassen oder eine **aufeinander abgestimmte Verhaltensweise** verwirklichen. Dies sind die Mittel der Wettbewerbsbeschränkung.

Eine Vereinbarung liegt vor, wenn die Parteien über ein **bestimmtes Auftreten am Markt** übereinkommen.[74] Sie wird jedenfalls durch den Abschluss eines Vertrags im zivilrechtlichen Sinne verwirklicht.[75] Rechtliche Bindungswirkung ist aber nicht erforderlich. Der Vereinbarungsbegriff erfasst auch sog. *gentlemen's agreements*, bei welchen es an einem Rechtsbindungswillen fehlt.[76] Eine **faktische**

---

71 *Mestmäcker/Schweitzer*, Europäisches Wettbewerbsrecht, 3. Aufl. 2014, § 7 Rn. 50.
72 Kommission v. 13.5.2009 – COMP/37.990, Rn. 1749–1753 – *Intel*.
73 EuGH v. 9.3.2017 – C-615/15 P, ECLI:EU:C:2017:190, Rn. 53 ff. – *Bildschirmröhren*.
74 EuGH v. 13.7.2006 – C-74/04 P, ECLI:EU:C:2006:460, Rn. 37 – *Volkswagen II*.
75 Immenga/Mestmäcker/*Zimmer*, 6. Aufl. 2019, Art. 101 Abs. 1 AEUV Rn. 69. Ein Vertrag, mit welchen Unternehmen eine Wettbewerbsbeschränkung nach Art. 101 AEUV realisieren, ist nach Art. 101 Abs. 2 AEUV nichtig.
76 LMRKM/*Gravel/Nyberg*, 4. Aufl. 2020, Art. 101 Abs. 1 AEUV Rn. 196.

Willensübereinstimmung genügt. Die Unternehmen müssen sich daran nicht gebunden fühlen.

Eine Vereinbarung kann auch konkludent zustande kommen. Nicht erfasst sind jedoch einseitige Maßnahmen.[77]

> ▶ Beispiel
>
> In der Rechtssache *Adalat* urteilte der EuGH, dass das Unterlassen von Händlern, Medikamente nach Spanien und Frankreich zu exportieren, nachdem der Hersteller zu diesem Zweck die Liefermenge reduziert hatte, keine Vereinbarung zwischen den Händlern und dem Hersteller sei. Vielmehr handele es sich bei der Lieferkürzung um eine einseitige Maßnahme des Herstellers.[78] Der Umstand, dass die Händler den Export unterließen, könne nicht als Zustimmung gedeutet werden. Sehe der Hersteller bei einem Verstoß gegen seine Forderungen jedoch Sanktionen vor, so könne das Folgeleisten der Händler eine konkludente Zustimmung darstellen. ◀

Das Beispiel verdeutlicht, dass das Motiv für die Zustimmung von Unternehmen unerheblich für den Vereinbarungsbegriff ist. Eine faktische Willensübereinstimmung ist auch dann ausreichend, wenn sie auf der Grundlage von wirtschaftlichem Druck erfolgt.[79]

Anders als bei einer aufeinander abgestimmten Verhaltensweise[80] ist es bei einer Vereinbarung nicht erforderlich, dass der Inhalt der Absprache auch tatsächlich realisiert wird.[81] Das geplante Auftreten am Markt ist bereits durch die Willensübereinkunft konkretisiert. Davon unterscheidet sich die Vereinbarung von der aufeinander abgestimmten Verhaltensweise. Letztere wird ggfs. bereits durch den Austausch strategischer Informationen verwirklicht.[82]

Vereinbarung mithilfe und durch Algorithmen

Algorithmen können es Unternehmen erleichtern, zu **überwachen**, ob die anderen Kartellanten sich an eine getroffene Vereinbarung halten. Gerade bei vertikalen Wettbewerbsbeschränkungen, etwa in Form von Preisbindungen der zweiten Hand,[83] können Lieferanten durch den Einsatz von Preisalgorithmen zeitnah aufdecken, ob Händler von dem vereinbarten Fest- oder Mindestpreis abweichen.[84]

---

77 EuGH v. 6.1.2004 – C-2/01 P u. a., ECLI:EU:C:2004:2 – *Bayer/Kommission*.
78 EuGH v. 6.1.2004 – C-2/01 P u. a., ECLI:EU:C:2004:2 – *Bayer/Kommission*.
79 Grabitz/Hilf/Nettesheim/*Stockenhuber*, 78. EL 2023, Art. 101 AEUV Rn. 93.
80 Dazu ▶ Abschn. 2.2.1.3.
81 Immenga/Mestmäcker/*Zimmer*, 6. Auflage 2019, Art. 101 Abs. 1 AEUV Rn. 68.
82 Siehe ▶ Abschn. 2.2.1.3.
83 Dazu ▶ Abschn. 2.2.2.3.1.
84 Kommission, Horizontal-LL, 2023, Rn. 379; *Dohrn/Huck*, DB 2018, 173, 174.

2.2 · Kartellverbot

> ▶ **Beispiel**
>
> In den USA[85] und in Großbritannien[86] hatten sich laut Fallberichten der Wettbewerbsbehörden Online-Händler über ein bestimmtes Niveau für die Preise der Poster, die sie über den Online-Marktplatz *Amazon* vertrieben, geeinigt. Um die Umsetzung dieser Vereinbarung zu realisieren, erwarben die Wettbewerber Preisanpassungssoftware. Sie programmierten die Software dergestalt, dass diese die Posterpreise entsprechend der getroffenen Absprache festlegte. Das US-amerikanische *Department of Justice* und die britische *Competition and Markets Authority* sahen darin eine kartellrechtswidrige Absprache, die mithilfe von Software umgesetzt wurde. ◀

Ferner wird diskutiert, ob Algorithmen zukünftig **selbständig Absprachen eingehen** können.[87] Wenn Unternehmen jeweils Algorithmen nutzen, die nicht nur die Preise der anderen Wettbewerber bzw. Händler überwachen, sondern zugleich autonom über die Preissetzung im eigenen Unternehmen entscheiden, ist denkbar, dass KI-Systeme die Preise gleichsam autonom anpassen. In solchen Fällen muss den Unternehmen der Einsatz des Systems zugerechnet werden können, um einen Kartellrechtsverstoß zu bejahen.[88] Dafür kann sowohl an dem Einsatzzweck als auch der Programmierung des Algorithmus angesetzt werden.[89]

Darüber hinaus wird eine **Blockchain** als geeignetes Mittel bewertet, um die Einhaltung kartellrechtswidriger Vereinbarungen zu überwachen.[90] Bei einer Blockchain handelt es sich um ein dezentrales Netzwerk, dessen Datensätze als „Blöcke" miteinander verbunden sind. Es gilt als manipulationssicher und transparent.[91] In Verbindung mit sog. **Smart Contracts** – Programme, die Transaktionen entsprechend ihrem Code automatisiert vollziehen,[92] – können zudem Zahlungen nachvollzogen werden.

2.2.1.2 Beschluss

Im Gegensatz zur Vereinbarung kommt ein Beschluss einer Unternehmensvereinigung durch gleichgerichtete Willensäußerungen zustande.[93] Ebenso wie bei einer Vereinbarung kommt es für das Vorliegen eines Beschlusses nicht auf dessen

---

85 DOJ, Pressemitteilung v. 6.4.2015, ▶ https://www.justice.gov/opa/pr/former-e-commerce-executive-charged-price-fixing-antitrust-divisions-first-online-marketplace (24.8.2024).
86 Entscheidung der CMA Case No. 50223, ▶ https://assets.publishing.service.gov.uk/media/57ee7c2740f0b606dc000018/case-50223-final-non-confidential-infringement-decision.pdf (6.6.2024).
87 *Dohrn/Huck*, DB 2018, 173, 174.
88 Dazu ▶ Abschn. 2.5.2.
89 *Dohrn/Huck*, DB 2018, 173, 175.
90 OECD, Blockchain Technology and Competition Policy, 2018, ▶ https://one.oecd.org/document/DAF/COMP/WD(2018)47/en/pdf (6.6.2024); BeckOK InfoMedienR/*Kumkar*, 40. Ed. 2023, Art. 101 AEUV Rn. 132; *Louven/Saive*, NZKart 2018, 348.
91 *Hoffer/Mirtchev*, NZKart 2019, 239, 242.
92 Zum Begriff von Smart Contracts *Legner*, VuR 2023, 213, 213 f.
93 Immenga/Mestmäcker/*Zimmer*, 6. Aufl. 2019, Art. 101 Abs. 1 AEUV Rn. 79.

zivilrechtliche Wirksamkeit an.[94] Im Unterschied zu Vereinbarungen können Beschlüsse – wenn nichts anderes durch die Verbandsform gefordert wird – auch durch eine Mehrheit gefasst werden. Dabei verstoßen sämtliche Mitglieder, die die Mehrheitsentscheidung anerkannt haben, gegen das Kartellverbot, selbst wenn sie nicht für den Beschluss gestimmt haben.[95]

2.2.1.3 Aufeinander abgestimmte Verhaltensweise
Grundsätze

Art. 101 AEUV verbietet es Unternehmen, ihr Verhalten bereits im Vorfeld einer Vereinbarung aufeinander abzustimmen. Die aufeinander abgestimmte Verhaltensweise dient als Auffangtatbestand und wird relevant, wenn Unternehmen kein spezifisches gemeinsames Auftreten am Markt festlegen.[96] Mit einem freien Wettbewerb unvereinbar ist bereits jede

> „unmittelbare oder mittelbare **Fühlungnahme** zwischen Unternehmen […], die bezweckt oder bewirkt, daß Wettbewerbsbedingungen entstehen, die […] nicht den normalen Bedingungen dieses Marktes entsprechen."[97]

Koordinieren Wettbewerber ihr Auftreten am Markt, sind sie in geringerem Maße den mit Wettbewerb verbundenen Risiken und Unsicherheiten ausgesetzt. Eine Abstimmung verringert die dem wettbewerblichen Streben immanente Unsicherheit über das künftige Verhalten der Konkurrenten.[98]

Eine Abstimmung erfolgt vor allem durch den **Austausch von Informationen** über künftiges Marktverhalten.[99] Tauschen Wettbewerber Informationen über geplante Preiserhöhungen oder Verkaufsmengen aus, können sie ihr eigenes Verhalten hieran anpassen.[100] Auf oligopolistischen Märkten wird eine Abstimmung ggfs. bereits durch **einseitige Ankündigungen** zum Marktverhalten (sog. *Signalling*) verwirklicht.[101] Ist die Ankündigung zum Preissetzungsverhalten detailliert ausgestaltet oder erfolgt sie besonders frühzeitig, können Wettbewerber sie bei künftigen Preissetzungsentscheidungen einbeziehen. Entscheidet sich ein Unternehmen infolge einseitiger Ankündigung eines Konkurrenten, die eigenen Preise ebenfalls anzuheben, realisieren beide Unternehmen eine Abstimmung.[102] Die Ankündigung muss dabei nicht gezielt an Wettbewerber adressiert sein. Auch eine **öffentliche Äußerung** kann hinreichend sein.[103]

---

94 *Mestmäcker/Schweitzer*, Europäisches Wettbewerbsrecht, 3. Aufl. 2014, § 10 Rn. 27.
95 EuGH v. 29.10.1980 – C-209/78, ECLI:EU:C:1980:248, Rn. 91 – *Van Landewyck*.
96 EuGH v. 4.6.2009 – C-8/08, ECLI:EU:C:2009:343, Rn. 26 – *T-Mobile Netherlands*.
97 EuGH v. 28.5.1998 – C-7/95, ECLI:EU:C:1998:256, Rn. 87 – *Deere*.
98 *Pohlmann*, FS Schroeder, 2018, S. 633, 646.
99 EuGH v. 28.5.1998 – C-7/95, ECLI:EU:C:1998:256, Rn. 85 – *Deere*.
100 EuGH v. 14.7.1972 – C-48/69, ECLI:EU:C:1972:70, Rn. 64 – *ICI*.
101 MüKO-WettbR/*Wagner-von Papp*, 4. Aufl. 2022, Art. 101 AEUV Rn. 353.
102 Immenga/Mestmäcker/*Zimmer*, 6. Aufl. 2019, Art. 101 Abs. 1 AEUV Rn. 91.
103 Kommission v. 7.7.2016 – AT.39850 – *Container Shipping* (Das Verfahren wurde mit der Verbindlicherklärung der Verpflichtungszusagen der Parteien beendet).

2.2 · Kartellverbot

Anders als bei einer Vereinbarung bedarf es für eine aufeinander abgestimmte Verhaltensweise im Grundsatz zusätzlich eines **tatsächlichen Marktverhaltens**, das auf der Fühlungnahme beruht.[104] Ein tatsächliches Parallelverhalten wiederum ist ein Indiz dafür, dass es zu einer vorherigen Fühlungnahme zwischen den Wettbewerbern kam.[105] Die Anforderungen an ein auf der Abstimmung beruhendes Marktverhalten hat die europäische Rechtsprechung in jüngeren Entscheidungen gering gehalten.[106] Sie verlangt nicht, dass das Marktverhalten sich in einer Beschränkung des Wettbewerbs niederschlägt. Es ist hinreichend, wenn durch die Abstimmung eine Wettbewerbsbeschränkung bezweckt wird.[107]

Merke
Die aufeinander abgestimmte Verhaltensweise fungiert als Auffangtatbestand, wenn keine konkrete Willensübereinkunft für eine Vereinbarung nachgewiesen werden kann. Anders als beim Tatbestandsmerkmal der Vereinbarung wird der Nachweis einer Durchführungshandlung verlangt.

Erlaubt bleibt den Unternehmen **implizite Kollusion** (*tacit collusion*).[108] Unter spezifischen Marktbedingungen können Wettbewerber ohne verbotene Fühlungnahme ihr Verhalten über den Markt abstimmen.[109] Ein Beispiel bieten die oligopolistischen Tankstellenmärkte. Infolge **hoher Marktkonzentration, Transparenz und homogener Produkte** ist es den Wettbewerbern möglich, Reaktionsverbundenheit durch schlichte Beobachtung des Verhaltens ihrer Konkurrenten herzustellen. Sie passen ihr Verhalten zwar weiterhin selbstständig an das aktuelle Marktgeschehen an.[110] Dabei gelingt es ihnen aber, ein kollusives Gleichgewicht zu realisieren mit der Folge, dass der Preis über dem wettbewerblichen Niveau liegt. Dies geschieht, weil die Unternehmen erkennen, dass sie durch Parallelverhalten gemeinsam einen höheren Gewinn erwirtschaften können.[111] Zwar wäre der Gewinn des individuellen Unternehmens kurzzeitig höher, wenn es seinen Preis unter den der anderen Unternehmen senkte. Lassen die Marktstrukturen aber zeitnahe Reaktionen der Wettbewerber erwarten, so sinkt der Gewinn, den das aus dem kollusiven Gleichgewicht ausbrechende Unternehmen durch die Preissenkung erwirtschaften kann.

---

104 EuGH v. 4.9.2009 – C-8/08, ECLI:EU:C:2009:343, Rn. 51 f. – *T-Mobile Netherlands*.
105 EuG v. 12.4.2023 – T-442/08, ECLI:EU:T:2013:188, Rn. 137 – *CISAC*.
106 EuGH v. 4.6.2009 – C-8/08, C-8/08, ECLI:EU:C:2009:343, Rn. 58 – *T-Mobile Netherlands*.
107 EuGH v. 8.7.1999 – C-199/92 P, ECLI:EU:C:1999:358, Rn. 164 – *Hüls*.
108 *Böni/Palzer*, WuW 2009, 477, 479.
109 MüKo-WettbR/*Wagner-von Papp*, 4. Aufl. 2022, Art. 101 AEUV. Rn. 358.
110 *Ulmer*, Abgestimmte Verhaltensweisen im Kartellrecht, 1972, S. 13.
111 Wiedemann/*Ewald*, Handbuch des Kartellrechts, 4. Aufl. 2020, § 7 Rn. 88.

Die ökonomischen Hintergründe der *tacit collusion* erläutert das **Gefangenendilemma** der Spieltheorie.[112] Es zeigt auf, dass der **gemeinsame Gewinn** der Spieler (im Beispiel des Gefangenendilemmas: die Kürze der zu verbüßenden Haftstrafe) höher ist, wenn sie kooperieren (im Beispiel des Gefangendilemmas: Beide schweigen und gestehen die Straftat nicht). Jedoch besteht für jeden Spieler ein Anreiz, aus dem kooperativen Gleichgewicht auszubrechen. Er stünde dann individuell besser (im Beispiel des Gefangenendilemmas: Gesteht nur einer von zwei Spielern, hat der Geständige keine Haftstrafe zu verbüßen, der Nicht-Geständige dagegen eine deutlich längere zu verbüßen); gemeinsam stünden die Spieler aber schlechter. Deswegen wird eine implizite Kollusion langfristig nur gelingen, wenn die anderen Spieler denjenigen, der von dem kollusiven Gleichgewicht abweicht, bestrafen können.[113] Dies geschieht durch die sog. **Tit-for-Tat-Strategie**. Sie folgt dem Grundsatz „Wie du mir, so ich dir". Entscheidet sich ein Spieler dazu, die individuell gewinnbringendste Lösung zu wählen, die zulasten des anderen Spielers geht, so „bestraft" ihn der andere Spieler, indem er sich ebenfalls gegen eine Kooperation entscheidet. Im Beispiel des Gefangenendilemmas bedeutet dies, dass das Geständnis des einen Spielers auch das Geständnis des anderen nach sich zieht mit der Folge, dass beide eine Haftstrafte zu verbüßen haben, die länger ist als in dem Fall, in welchem beide geschwiegen hätten. Für den Kontext des unternehmerischen Marktverhaltens bedeutet dies, dass die Preissenkung eines Unternehmens Preissenkungen der Wettbewerber nach sich zieht. Konsequenz ist, dass die zusätzlichen Gewinne des aus dem kollusiven Gleichgewicht ausbrechenden Unternehmens geschmälert werden. Auf Tankstellenmärkten kann dies etwa dadurch geschehen, dass die Wettbewerber wegen der bereits von der Straße gut sichtbar angeschlagenen Kraftstoffpreise die Preissetzung der Konkurrenten wachsam beobachten und den eigenen Preis hieran anpassen.

Ein Parallelverhalten verstößt nicht gegen Art. 101 AEUV. Im Rahmen des Kartellverbots werden verbotene Verhaltensweisen **formbezogen**, nicht jedoch auswirkungsbezogen ermittelt. Die Abgrenzung zwischen einer verbotenen Abstimmung und einem erlaubten Parallelverhalten erfolgt anhand des Selbständigkeitspostulats.

> **❗ Merke**
>
> Die Abstimmung über den Markt ist kein mangels Verstoßes gegen das Selbständigkeitspostulats keine verbotene Verhaltensweise gem. Art. 101 AEUV. Im Rahmen des Missbrauchsrechts, Art. 102 AEUV, kann die Abstimmung über den Markt eine kollektive Marktbeherrschung begründen.[114]

---

112 Zu den Grundlagen der Spieltheorie MüKo-WettbR/*Kerber*/*Schwalbe*, 2. Aufl. 2015, Einl. Rn. 182 ff.
113 *Legner*, Freilaw 2014, 1, 3.
114 Abschn. 2.3.1.3.

Kollusion mithilfe von Algorithmen

Der Einsatz von Algorithmen kann es Unternehmen nicht nur erleichtern, die Einhaltung einer Vereinbarung zu überwachen.[115] Sie können auch die **Umsetzung** einer **aufeinander abgestimmten Verhaltensweise** erleichtern. Beispiele bieten die gemeinsame Nutzung desselben Algorithmus oder derselben Software eines Drittanbieters durch die Kartellanten.[116] Der Algorithmus dient in diesem Fall dazu, die Abstimmung umzusetzen.

> ▶ **Beispiel nach EuGH v. 21.1.2016 – C-74/14 –** *Eturas* **(vereinfacht)**
>
> Der Anbieter des Online-Reisebuchungssystems E versendet an die Reisebüros eine Mitteilung, wonach Preisnachlässe in Höhe von maximal 3 % zulässig sind. Die Reisebüros können zwar weiterhin einen höheren Rabatt gewähren. Der Anbieter hat jedoch zusätzlich technische Änderungen am Buchungssystem vorgenommen. Um einen höheren Rabatt zu gewähren, müssen die Reisebüros daher zuvor „technische Formalitäten" abwickeln.
>
> Der EuGH nahm eine aufeinander abgestimmte Verhaltensweise zwischen den Reisebüros an. Die Reisbüros hätten sich nach Auffassung der Rechtsprechung öffentlich von der Verhaltensweise distanzieren müssen, nachdem sie von der Mitteilung des E Kenntnis erlangt hatten. Da sie dies nicht getan hatten, ging der EuGH von einer mittelbaren, stillschweigenden Abstimmung aus. Diese kam über den Anbieter des Online-Reisebuchungssystems E zustande. Es handelt also um eine Hub-and-Spoke Konstellation. Das Buchungssystem des E diente den Wettbewerbern zur Umsetzung ihrer Abstimmung. Indem die Reisebüros dieselbe Software eines Dritten genutzt haben, konnten sie die Preisanpassung realisieren. ◀

Kollusion durch Algorithmen?
Algorithmische Reaktionsverbundenheit

Einige prognostizieren, dass jeweils eigenständig von Unternehmen verwendete Algorithmen künftig autonom Reaktionsverbundenheit herstellen werden mit der Konsequenz, dass **implizite Kollusion** ein häufig anzutreffenden Phänomen sein wird. In diesem Fall dienen Algorithmen nicht lediglich als „Werkzeug" zur Realisierung einer zuvor erfolgten Abstimmung. Stattdessen sind es die Algorithmen, die eine implizite – und daher grundsätzlich erlaubte – Kollusion autonom realisieren.

---

115 Siehe ▶ Abschn. 2.2.1.1.
116 *Dohrn/Huck*, DB 2018, 173, 177

🔁 Wiederholung

Die implizite Kollusion (*tacit collusion*) ist von der aufeinander abgestimmten Verhaltensweise zu unterscheiden. Die Abstimmung über den Markt unterfällt nicht den verbotenen Verhaltensweisen des Art. 101 AEUV. Sie ist dennoch ebenso wie die explizite Kollusion wohlfahrtsschädlich.

Wie praxisrelevant diese Befürchtung auf absehbare Zeit werden wird, wird unterschiedlich beurteilt.[117] Bislang ist Wettbewerbern eine kartellrechtlich zulässige Abstimmung über den Markt nur unter besonderen Marktbedingungen (Konzentration, Transparenz, Homogenität) möglich.[118] Einige vertreten jedoch, dass Algorithmen infolge ihrer Fähigkeit, große Datenmengen zügig zu verarbeiten, das Marktgeschehen auch auf weniger transparenten und geringer konzentrierten Märkten beobachten und die Preise daran anpassen können.[119] Bei einem solchen algorithmischen Monitoring der Preise bestehe für die Unternehmen ggfs. kein Anreiz, in Preiswettbewerb zu treten: Sobald ein Wettbewerber den Preis senkte, würden die anderen ebenfalls mit Preissenkungen reagieren. Eine solche *Tit-for-Tat*-Strategie führt dazu, dass das in den Preiskampf eintretende Unternehmen durch die Preissenkungen der Konkurrenten seine Gewinne nicht oder kaum maximieren kann. Vielmehr werden die Wettbewerber ein kollusiven Gleichgewicht bevorzugen, das zu einem höheren Preisniveau führt.[120] Gegenwärtig kann nicht davon ausgegangen werden, dass der Einsatz von Algorithmen flächendeckend das Marktgeschehen verändern wird. Insoweit bedarf es weiterer empirischer Forschung.[121]

In diesem Zusammenhang wird auch über den bislang hypothetischen Einsatz der Blockchain-Technologie diskutiert.[122] Da auf der Blockchain sämtliche Transaktionen gespeichert würden, fördere ihr Einsatz Transparenz und erleichtere das „algorithmische" Beobachten der Wettbewerber.[123]

Rechtliche Bewertung

Implizite Kollusion ist dem Grunde nach nicht von den verbotenen Verhaltensweisen des Kartellverbots erfasst. Unternehmen verstoßen nicht gegen das Selbständigkeitspostulat, wenn sie sich lediglich über den Markt abstimmen. Dennoch fordern einige Stimmen angesichts des gestiegenen Risikos für eine implizite Kollusion durch Algorithmen eine kartellrechtliche Intervention. Insbesondere wird

---

117 Siehe *Künstner*, GRUR 2019, 36, 37; BeckOK InfoMedienR/*Kumkar*, 40. Ed. 2023, Art. 101 AEUV Rn. 134; *Mundt*, ZVertriebsR 2021, 69, 70.
118 Siehe ▶ Abschn. 2.2.1.3.1.
119 *Gössl*, WuW 2018, 121, 121.
120 Siehe ▶ Abschn. 2.2.1.3.1.
121 *Picht/Freund*, European Competition Law Review 39(9), 2018, 403, 406.
122 *Hoffer/Mirtchev*, NZKart 2019, 239, 241 ff.; *Reimers/Brack/Modest*, WuW 2020, 64.
123 BeckOK InfoMedienR/*Kumkar*, 40. Ed. 2023, Art. 101 AEUV Rn. 132.

2.2 · Kartellverbot

vorgeschlagen, implizite Kollusion **auswirkungsbezogen** zu bewerten und für den Fall, dass sie zu einer Minderung der Verbraucherwohlfahrt führt, **unter das Kartellverbot zu fassen**.[124] Art. 101 Abs. 1 AEUV verfolgt jedoch einen formbezogenen Ansatz, der nur Verstöße gegen das Selbständigkeitspostulat erfasst. Die Auswirkungen erlangen erst im Rahmen der Freistellung gem. Art. 101 Abs. 3 AEUV Bedeutung.[125] Zudem besteht die Gefahr, dass ein auswirkungsbezogenes Verbot einer Preiskontrolle gleichkommt, die auch wettbewerbskonformes Verhalten erfasst.[126]

Es sollte daher an dem formbezogenen Ansatz des Kartellverbots festgehalten und das **Selbständigkeitspostulat** für den Kontext der Kollusion durch Algorithmen fortentwickelt werden.[127] So kann es für eine verbotene abgestimmte Verhaltensweise hinreichend sein, wenn die eingesetzte Software so programmiert wurde, dass sie ein kollusives Gleichgewicht favorisiert.[128] Testet ein Algorithmus durch kurzzeitige Preiserhöhungen die Reaktion anderer Unternehmen und nimmt er sie unverzüglich zurück, wenn die Wettbewerber ihre Preise nicht ebenfalls erhöhen, spricht dies bereits für eine Kommunikation zwischen den Unternehmen und damit für eine verbotene aufeinander abgestimmte Verhaltensweise.[129]

Die algorithmengesteuerte Preissetzung ist dem Unternehmen bei der Verletzung von **Sorgfaltspflichten** zuzurechnen.[130] Unternehmen treffen Beobachtungs- und Interventionspflichten.[131] Der unionsrechtliche Effektivitätsgrundsatz gebietet es, dass Unternehmen sich nicht hinter dem Einsatz von Algorithmen „verstecken" dürfen.[132] Für eine bessere Verfolgung von aufeinander angestimmten Verhaltensweisen bei Algorithmeneinsatz, gilt es zu überlegen, die Befugnisse der Wettbewerbsbehörden auf eine ex ante Marktbeobachtung auszudehnen, um Gefahren algorithmischer Oligopolisierung frühzeitig entgegenzuwirken.[133]

---

124 *Thomas*, Journal of Competition Law & Economics, 15(2-3), 2019, 159–203.
125 *Lübke*, ZHR 185 (2021), 723, 746.
126 Ebers/Heinze/Krügel/Steinrötter/*König*, KI und Robotik, 2020, § 17 Rn. 49; OECD, Algorithms and Collusion: Competition Policy in the Digital Age, 2017, S. 49 f.
127 Autorité de la concurrence/BKartA, Algorithms and Competition, 2019, S. 53.
128 *Wolf*, NZKart 2019, 2, 9; *Ylinen*, NZKart 2018, 19, 22.
129 Autorité de la concurrence/BKartA, Algorithms and Competition, 2019, S. 53: „*algorithmic communication*".
130 *Ballestrem/Bär/Gausling/Hack/von Oelffen*, Künstliche Intelligenz Rechtsgrundlagen und Strategien in der Praxis, 2020, S. 1331; *Müller-Graff*, FS Kronke, 2020, S. 1145, 1151; *Ylinen*, NZKart 2018, 19, 22.
131 *Heinemann*, Algorithmen als Anlass für einen neuen Absprachebegriff?, working paper, 2019, S. 15.
132 *Müller-Graff*, FS Kronke, 2020, S. 1145, 1151.
133 *Lorenzoni*, Yearbook of Antitrust and Regulatory Studies 2022, 15(26), 33, 44.

2.2.2 Wettbewerbsbeschränkung

2.2.2.1 Grundsätze

Das Kartellverbot untersagt es Unternehmen, Wettbewerb zu verhindern, einzuschränken oder zu verfälschen. Zwischen diesen drei Varianten wird praktisch nicht unterschieden. Sie werden vielmehr unter dem Begriff der Wettbewerbsbeschränkung zusammengefasst.[134] Die Regelbeispiele in Art. 101 lit. a) bis e) AEUV normieren praxisrelevante Formen von Wettbewerbsbeschränkungen.[135] Sie sind nicht abschließend zu verstehen.

Eine Wettbewerbsbeschränkung kennzeichnet, dass sie die **Handlungsfreiheit der beteiligten Unternehmen** einschränkt.[136] In einigen Entscheidungen wird zudem auf die Handlungsfreiheit von Dritten abgestellt.[137] Während das Verbot von Kernbeschränkungen bereits mit dem Selbständigkeitspostulat begründet wird,[138] thematisiert die europäische Praxis bei anderen Fallgruppen (z. B. Einkaufskooperationen oder FuE-Vereinbarungen) der Wettbewerbsbeschränkungen auch die **Auswirkungen auf Dritte und auf den Binnenmarkt**. Dabei wird vor allem das Erreichen einer gewissen Marktmacht der Kartellanten als nachteilig bewertet.

Zweckmäßig ist es, bei der Prüfung des Kartellverbots zwischen horizontalen und vertikalen Wettbewerbsbeschränkungen zu differenzieren. Beide sind wesensmäßig verschieden.

- **Horizontale Wettbewerbsbeschränkungen** betreffen Unternehmen in ihrem Verhältnis als Wettbewerber. Beispiele sind Preisabsprachen oder Gebietsaufteilungen zwischen Wettbewerbern. Auch der Austausch sensibler Informationen oder die Vereinbarung von Normen und Standards können horizontale Wettbewerbsbeschränkungen realisieren. Absprachen zwischen potenziellen Wettbewerbern sind ebenfalls als horizontale Beschränkungen zu qualifizieren.[139]
- **Vertikale Wettbewerbsbeschränkungen** werden von Unternehmen auf verschiedenen Wirtschaftsstufen realisiert. Beispiele sind Preisbindungen der zweiten Hand, bei welchen der Hersteller den Händlern vorgibt, zu welchen Preisen diese die Waren an Endverbraucher weiterzuverkaufen haben. Durch weite Bestpreisklauseln untersagt ein Plattformbetreiber den Händlern, auf anderen Vertriebskanälen – also vor allem auf Plattformen Dritter – ihre Leistungen zu besseren Konditionen als auf seiner Plattform anzubieten.

---

134 *Emmerich/Lange*, Kartellrecht, 15. Aufl. 2021, § 4 Rn. 26; *Mestmäcker/Schweitzer*, Europäisches Wettbewerbsrecht, 3. Aufl. 2024, § 11 Rn. 1.
135 Siehe hierzu *Lettl*, Kartellrecht, 5. Aufl. 2021, § 2 Rn. 74–94.
136 EuGH v. 24.10.1995 – C-70/93, ECLI:EU:C:1995:344, Rn. 19 – *Bayerische Motorenwerke/ALD*: „Zum anderen schränkt die Vereinbarung die geschäftliche Handlungsfreiheit der Händler ein, […]."
137 EuGH v. 18.7.2006 – C-519/04 P, ECLI:EU:C:2006:492, Rn. 42 ff. – *Meca Medina*.
138 Siehe ▶ Abschn. 2.2.2.2.1 und 2.2.2.3.1.
139 MüKo-WettbR/*Wagner-von Papp*, 4. Aufl. 2022, Art. 101 AEUV Rn. 301.

2.2 · Kartellverbot

Der beschränkte Wettbewerb ist streng genommen stets horizontaler Natur. Eine vertikale Wettbewerbsbeschränkung kann demnach den Wettbewerb auf der vor- bzw. der nachgelagerten Marktstufe verfälschen.[140] Zwischen Unternehmen, soweit sie die Absprache im Hinblick auf ihre Tätigkeiten auf verschiedenen Marktstufen treffen, besteht kein Wettbewerbsverhältnis. Jeder Vertriebsvereinbarung wohnt ein Nichtwiederholbarkeitseffekt inne.[141] Dieser ist für eine vertikale Wettbewerbsbeschränkung aber nicht hinreichend. Vielmehr müssen Bindungen vorliegen, die über den bloßen Leistungsaustausch hinausreichen.

Die Bewertung vertikaler Wettbewerbsbeschränkungen ist **ambivalent**. Es ist stets zu klären, ob durch sie zugleich Effizienzen generiert werden. Vertriebssysteme tragen ggfs. zur Aufrechterhaltung der Produktqualität bei.[142] Preisbindungen können einem Trittbrettfahrerproblem entgegenwirken.[143] Die Kommission beschreibt dieses in ihren Vertikal-Leitlinien wie folgt[144]:

> „Wenn beispielsweise nachfrageförderde Kundenbetreuungsleistungen vor dem Verkauf, wie individuelle Beratung zu bestimmten Waren oder Dienstleistungen, von einem Händler erbracht werden, kann dies zu Absatzsteigerungen konkurrierender Händler führen, die dieselben Waren oder Dienstleistungen anbieten, und somit unter Händlern Anreize zum „Trittbrettfahren" schaffen, bei dem Händler von den kostspieligen Leistungen anderer profitieren."

Hinzu kommt die Möglichkeit, dem Problem der *double marginalization* (Problem der doppelten Gewinnmarginalisierung) durch vertikale Absprachen zu begegnen. Dieses besteht darin, dass ein gleichsam „doppelter Gewinnaufschlag" zu höheren Marktpreisen zulasten der Verbraucher führt, wenn sowohl der Lieferant als auch der Händler Aufschläge auf ihre Kosten erheben. Durch vertikale Absprachen können die Unternehmen die Auswirkungen ihrer Preissetzung auf das jeweils andere berücksichtigen, sodass sich ggfs. geringere Verkaufspreise einstellen.

❗ Merke
Bei der Prüfung der Wettbewerbsbeschränkung ist zwischen horizontalen (= zwischen Wettbewerbern) und vertikalen (= zwischen Unternehmen auf verschiedenen Marktstufen) Beschränkungen zu differenzieren.

Die Unterscheidung zwischen vertikalen und horizontalen Wettbewerbsbeschränkungen beruht auf einem traditionellen Verständnis einer zwei- oder dreistufigen Vertriebsstruktur. Mit **Plattformbetreibern** sind auf digitalen Märkten jedoch Unternehmen präsent, die sich darin nicht integrieren lassen. Plattformbetreiber bieten Händlern Vermittlungsleistungen an. Oft nehmen sie zugleich Einfluss auf die Inhalte der Verträge, die Nutzer über die Plattform schließen.

---

140 *Thomas*, ZHR 184 (2020), 222, 225: „*mittelbare horizontale Effekte*".
141 *Glöckner*, Kartellrecht, 3. Aufl. 2021, § 5 Rn. 438.
142 *Buccirossi*, Journal of Competition Law & Economics, 11(3), 2015, 747, 749.
143 Kommission, Vertikal-LL, 2022, Rn. 14.
144 Kommission, Vertikal-LL, 2022, Rn. 14.

Auch die Funktionsverteilung ist im Online-Vertrieb eine andere: Plattformbetreiber übernehmen Aufgaben, die teilweise sowohl dem Vertrieb als auch der Produktion zuzuordnen sind.[145] Ferner sind einige Plattformen vertikal integriert. Sie treten mit den Händlern auf der nachgelagerten Marktstufe in Wettbewerb.

▶ **Beispiel**

Der Betreiber der Handelsplattform *Amazon* bietet Händlern zum einen Zugang zu seinem virtuellen Marktplatz. Zum anderen tritt er in Konkurrenz mit den Händlern, da er selbst als Anbieter Waren auf der eigenen Plattform verkauft. ◀

Gem. **Art. 1 Abs. 1 lit. d) Vertikal-GVO** sind Plattformbetreiber, soweit sie Vermittlungsdienste anbieten, als Anbieter zu qualifizieren. Absprachen zwischen einem Plattformbetreiber und einem Händler, der Waren oder Dienstleistungen über die Plattform anbietet, sind folglich als vertikale Vereinbarungen zu qualifizieren.[146] Treffen vertikal integrierte Plattformen Vereinbarungen mit Händlern, ändert dies grundsätzlich nichts an der Qualifikation der Absprache als vertikale Vereinbarung. Der Anwendungsbereich der Vertikal-GVO ist gem. Art. 2 Abs. 4, 5, 6 aber ggfs. nicht eröffnet: Betroffen ist der Informationsaustausch zwischen Anbietern und Abnehmern, soweit er entweder nicht direkt die Umsetzung der vertikalen Vereinbarung betrifft oder nicht zur Verbesserung der Produktion oder des Vertriebs der Vertragswaren oder -dienstleistungen erforderlich ist. Ferner gilt die Vertikal-GVO auch für vertikale Vereinbarungen in Bezug auf die Bereitstellung von Online-Vermittlungsdiensten.[147]

Im Folgenden werden nicht abschließend zu verstehende Beispiele von horizontalen und vertikalen Wettbewerbsbeschränkungen dargestellt. Neben **klassischen Formen** der Wettbewerbsbeschränkungen werden solche betrachtet, die auf **digitalen Märkten** in der Entscheidungspraxis der Kommission und der europäischen Gerichte relevant geworden sind.

Die von der Kommission erlassen **Horizontal-Leitlinien** (zu horizontalen Wettbewerbsbeschränkungen) von 2023[148] und die **Vertikal-Leitlinien** (zu vertikalen Wettbewerbsbeschränkungen) von 2022[149] fassen die Entscheidungspraxis zusammen und vermitteln Unternehmen dergestalt Rechtssicherheit.

---

145 *Thomas*, ZHR 184 (2020), 222, 238.
146 Im Detail ▶ Abschn. 2.2.5.2.1.
147 Dazu im Detail ▶ Abschn. 2.2.5.2.
148 Kommission, Leitlinien für horizontale Beschränkungen, ABl. 2023 Nr. C 259/1.
149 Kommission, Leitlinien für vertikale Beschränkungen, ABl. 2022 Nr. C 248/1.

2.2.2.2 Horizontale Wettbewerbsbeschränkungen
Hardcore-Kartelle

Horizontale Wettbewerbsbeschränkungen umfassen sog. Hardcore-Kartelle. Hierbei kartellieren die Unternehmen **einen Wettbewerbsparameter unmittelbar**.[150] Sie setzen z. B. die Verkaufspreise fest oder teilen Märkte oder Kundengruppen auf. Sprechen sich mehrere Anbieter bei dem Verkauf von Postern für einen Online-Marktplatz über den Preis ab,[151] so ist dies ein verbotenes Hardcore-Kartell.

Die Einhaltung solcher Absprachen kann **durch den Einsatz von KI ggfs. besser überwacht** werden. Dies fördert die Stabilität des Kartells. Hardcore-Kartelle sind bezweckte Wettbewerbsbeschränkungen und damit stets spürbar. Sie sind grundsätzlich **nicht freistellungsfähig** und werden regelmäßig mit hohen Geldbußen geahndet.

Vereinbarungen über Forschung und Entwicklung

Vereinbarungen von Wettbewerbern, die im Bereich der Forschung und Entwicklung zusammenarbeiten, (FuE-Vereinbarungen) können den Wettbewerb – auch hinsichtlich Innovationen – beschränken. Zugleich können mit ihnen wettbewerbsfördernde Wirkungen verbunden sein. Es ist daher zunächst zu prüfen, ob eine FuE-Vereinbarung dem Verbotstatbestand des Art. 101 Abs. 1 AEUV unterfällt. Kein Verstoß gegen Art. 101 AEUV ist jedenfalls anzunehmen, wenn die Zusammenarbeit der Wettbewerber es ihnen erst ermöglicht, ein neues Produkt am Markt anzubieten.[152] Auch eine gewisse Marktferne der gemeinsamen Aktivitäten – z. B. Grundlagenforschung – spricht dafür, dass die Kooperation nicht den Wettbewerb beschränkt.[153]

FuE-Vereinbarungen nehmen in der Praxis höchst unterschiedliche Inhalte und Formen an. Die Kommission konkretisiert dies in ihre Horizontal-Leilinien folgendermaßen:

> „Sie [FuE-Vereinbarungen] reichen von Vereinbarungen, bei denen eine Partei die von einer anderen Partei durchgeführte FuE finanziert (im Folgenden „Auftragsforschung und -entwicklung"), über Vereinbarungen über die gemeinsame Verbesserung bestehender Produkte und Technologien bis hin zu Vereinbarungen über die Entwicklung von Produkten und Technologien, durch die eine völlig neue Nachfrage geschaffen würde. Die FuE-Zusammenarbeit kann im Rahmen einer Vereinbarung über Zusammenarbeit oder im Rahmen eines Gemeinschaftsunternehmens, d. h. eines gemeinsam kontrollierten Unternehmens, erfolgen. Unternehmen können auch in lockerer Form zusammenarbeiten, z. B. im Rahmen technischer Zusammenarbeit in Arbeitsgruppen."[154]

---

150 MüKO-WettbR/*Wagner-von Papp*, 4. Aufl. 2022, Art. 101 AEUV Rn. 330.
151 Zu diesem Beispiel bereits ▶ Abschn. 2.2.1.1.1.
152 EuGH v. 4.6.2009 – C-8/08, ECLI:EU:C:2009:343, Rn. 43 – *T-Mobile Netherlands*.
153 Kommission, Horizontal-LL, 2023, Rn. 133 f.
154 Kommission, Horizontal-LL, 2023, Rn. 52. Eckiger Klammerzusatz nur hier.

Wettbewerbliche Bedenken bestehen, wenn FuE-Vereinbarungen dazu verwendet werden, um eine Kartellabsprache – etwa Preisabsprachen oder Produktionsbeschränkungen – zu verdecken.[155] Wettbewerbsbeschränkende Auswirkungen sind ferner zu prüfen, wenn die Vereinbarung die gemeinsame Vermarktung oder Produktion umfasst.[156] Ist dies nicht der Fall, ist zu betrachten, ob der Innovationswettbewerb beschränkt wird.[157] Soweit FuE-Vereinbarungen den Wettbewerb beschränken und daher Art. 101 Abs. 1 AEUV unterfallen, ist zu klären, ob sie gem. Art. 2 Abs. 1 FuE-GVO[158] von dem Kartellverbot freigestellt sind.[159]

▶ **Beispiel**

Im Jahr 2021 hat die Kommission mehrere Automobilhersteller in der Sache *Pkw-Emissionen* wegen eines Verstoßes gegen das Kartellverbot bebußt.[160] Sie hatten sich bei der Entwicklung von SCR-Systemen für Diesel-Pkw dergestalt abgesprochen, dass sie kleinere AdBlue-Tanks für den Europäischen Wirtschaftsraum verwenden wollten. Dies hatte positive Auswirkungen auf die CO_2-Bilanz der Pkw. Die Kommission konstatierte jedoch eine Beschränkung des Innovationswettbewerbs. Ohne die Absprache der Wettbewerber wären ggfs. noch weitere Fortschritte bei der Abgasreinigung erzielt worden. ◀

In den letzten Jahren sind zahlreiche Kooperationen mit Digitalisierungsbezug auszumachen, die darauf zielen, Innovationen voranzutreiben. Hierzu zählen Vereinbarungen im Bereich der **Industrie 4.0** und in Bezug auf **Internet of Things**-Technologien.[161] Da nicht sämtliche dieser Kooperationen unter die von den Horizontal-Leitlinien der Kommission aufgegriffenen Fallgruppen (u. a. FuE-Vereinbarungen, Informationsaustausch) fallen, besteht Rechtsunsicherheit bei ihrer kartellrechtlichen Bewertung. Dies betrifft sowohl ihre Bewertung gem. Art. 101 Abs. 1 AEUV auch die Voraussetzungen einer Freistellung gem. Art. 101 Abs. 3 AEUV. Fallen neuartige Kooperationen nicht in den Anwendungsbereich einer Gruppenfreistellungsverordnung, bedarf es der Prüfung einer Einzelfreistellung.[162]

---

155 Kommission, Horizontal-LL, 2023, Rn. 141.
156 Kommission, Horizontal-LL, 2023, Rn. 144.
157 Kommission, Horizontal-LL, 2023, Rn. 144.
158 Verordnung (EU) 2023/1066 der Kommission vom 1. Juni 2023 über die Anwendung des Artikels 101 Absatz 3 des Vertrags über die Arbeitsweise der Europäischen Union auf bestimmte Gruppen von Vereinbarungen über Forschung und Entwicklung, ABl. EU 2023 Nr. L 143/9.
159 Siehe ▶ Abschn. 2.2.5.2.2.
160 Kommission v. 8.7.2021 – AT.40178, ABl. C 458, 16, Rn. 7 ff. – *Pkw-Emissionen*.
161 *Schallbruch/Schweitzer/Wambach/Kirchhoff/Langeheine/Schneider/schnitzer/Seeliger/Wagner/Durz/Heider/Mohrs*, Ein neuer Wettbewerbsrahmen für die Digitalwirtschaft, Bericht der Kommission Wettbewerbsrecht 4.0, 2019, S. 59.
162 Im Detail ▶ Abschn. 2.2.5.3.

2.2 · Kartellverbot

> ▶ **Beispiel**
>
> Unternehmen entschließen sich, auf der Grundlage vorhandener Produkte neue Geschäftsideen zu entwickeln.[163] Das Begriffsverständnis der Kommission von FuE-Vereinbarungen knüpft hingegen an die Entwicklung neuer oder verbesserter Produkte und Technologien an.[164] ◀

Betroffene Unternehmen fordern, dass die Kommission verstärkt von den ihr zur Verfügung zustehenden Instrumenten der Negativatteste nach Art. 10 VO 1/2003 und der informellen Beratungsschreiben Gebrauch macht, um darzulegen, welche Kooperationen mit Art. 101 AEUV (un-)vereinbar sind.[165] Herausfordernd ist insoweit die Dynamik digitaler Märkte. Die hohe Innovationsgeschwindigkeit führt ggfs. dazu, dass kartellrechtliche Beurteilungen zügig überholt sind.[166]

> ▶ **Beispiel**
>
> Kooperieren Unternehmen, die in keinem Wettbewerbsverhältnis stehen, um neue Einsatzbereiche von IoT-Anwendungen zu erforschen, kann aus ihrer Forschungstätigkeit ein (potenzielles) Wettbewerbsverhältnis erwachsen, das es erfordert, ihre Zusammenarbeit einer erneuten kartellrechtlichen Bewertung zu unterziehen.[167] Die Kommission geht davon aus, dass ein potenzielles Wettbewerbsverhältnis besteht, wenn ein Unternehmen *„innerhalb kurzer Zeit die notwendigen Zusatzinvestitionen durchführen bzw. sonstige notwendige Umstellungskosten auf sich nehmen würde, um in den relevanten Markt, auf dem das andere Unternehmen tätig ist, einzutreten."*[168] Auf digitalen Märkten können diese Voraussetzungen schnell erfüllt sein, wenn es für neue digitale Produkte lediglich einer Idee bedarf, deren Umsetzung investitionsarm möglich ist.[169] ◀

Informationsaustausch

Tauschen Wettbewerber Informationen über ihr Verhalten am Markt aus, kann dies den Wettbewerb beschränken. In **Marktinformationssystemen** koordinieren Wettbewerber ihren Informationsaustausch mithilfe von Meldeverfahren.[170] Für die wettbewerbsrechtliche Bewertung ist relevant, ob die ausgetauschten Informationen geeignet sind, Unsicherheiten über das künftige Verhalten der Konkurren-

---

163 *Ecker/van Geerenstein/Gronemeyer/Janka/Jansen/Kiparski/Lau/Polley/Scheibel/Suchsland/Wegner*, Industrie 4.0 – Kartellrechtliche Betrachtungen, 2. Aufl. 2021, S. 42.
164 Kommission, Horizontal-LL, 2023, Rn. 52.
165 *Schallbruch/Schweitzer/Wambach/Kirchhoff/Langeheine/Schneider/schnitzer/Seeliger/Wagner/Durz/Heider/Mohrs*, Ein neuer Wettbewerbsrahmen für die Digitalwirtschaft, Bericht der Kommission Wettbewerbsrecht 4.0, 2019, S. 60.
166 *Ecker/van Geerenstein/Gronemeyer/Janka/Jansen/Kiparski/Lau/Polley/Scheibel/Suchsland/Wegner*, Industrie 4.0 – Kartellrechtliche Betrachtungen, 2. Aufl. 2021, S. 41.
167 *Ecker/van Geerenstein/Gronemeyer/Janka/Jansen/Kiparski/Lau/Polley/Scheibel/Suchsland/Wegner*, Industrie 4.0 – Kartellrechtliche Betrachtungen, 2. Aufl. 2021, S. 41.
168 Kommission, Horizontal-LL, 2023, Rn. 16.
169 *Ecker/van Geerenstein/Gronemeyer/Janka/Jansen/Kiparski/Lau/Polley/Scheibel/Suchsland/Wegner*, Industrie 4.0 – Kartellrechtliche Betrachtungen, 2. Aufl. 2021, S. 41.
170 Immenga/Mestmäcker/*Zimmer*, 6. Aufl. 2019, Art. 101 Abs. 1 AEUV Rn. 244.

ten zu schmälern.[171] Dies liegt nahe, wenn **sensible Informationen**, z. B. über die Art der Produkte und Dienstleistungen oder die Preisgestaltung, ausgetauscht werden.[172] Wettbewerbsrechtlich unbedenklich ist hingegen der Austausch von Informationen zum Zustand eines Wirtschaftszweigs, von nicht-vertraulichen technischen Informationen oder von Angaben zu Normen.[173] In solchen Fällen erhöht der Austausch vielmehr die Transparenz über die Marktbedingungen und intensiviert so ggfs. den Wettbewerb.[174]

Neben dem Inhalt der ausgetauschten Informationen sind die **Strukturen der betroffenen Märkte** in die wettbewerbsrechtliche Beurteilung einzubeziehen. Auf konzentrierten Märkten führt die durch den Informationsaustausch erhöhte Transparenz eher dazu, dass der Geheimwettbewerb beeinträchtigt wird.[175] Denn Unternehmen wird es ggfs. gelingen, die bereitgestellten Informationen einzelnen Wettbewerbern zuzuordnen.[176] Zwar kann auch der Austausch von sensiblen Informationen auf zersplitterten Märkten den Wettbewerb beschränken.[177] Dazu bedarf es aber einer gesteigerten Häufigkeit des Informationsaustauschs.[178]

Die Neufassung der Horizontal-Leitlinien von 2023 erwähnt erstmals, dass der Informationsaustausch auch über einen **Algorithmus** realisiert werden kann.[179] Die oben dargestellte[180] Entscheidung des EuGH in der Sache *Eturas*[181] bietet ein Beispiel: Wettbewerber hatten durch die gemeinsame Verwendung der Software eines Dritten eine aufeinander abgestimmte Verhaltensweise in Bezug auf die Preissetzung realisiert. Die Kommission bezeichnet dies in ihren Horizontal-Leitlinien als Form des **indirekten Informationsaustauschs**.[182] Zum Informationsaustausch können sich ferner Optimierungsalgorithmen eignen.[183] Diese treffen für das Unternehmen Entscheidungdn über den zu verlangenden Preis und verwenden sensible Informationen über Konkurrenten als Entscheidungsgrundlage.

Die dargelegten Grundsätze sollten auch auf die Bewertung des Austausches von Informationen auf **Online-Plattformen** gelten.[184] Online-Marktplätze werden von Unternehmen verwendet, um ihren Vertrieb zu effektiven. Dabei existieren

---

171 EuGH v. 19.3.2015 – C-286/13 P, ECLI:EU:C:2015:184, Rn. 121 – *Dole Food und Dole Fresh Fruit Europe*.
172 Kommission, Horizontal-LL, 2023, Rn. 384 f.; *Lettl*, Kartellrecht, 5. Aufl. 2021, § 2 Rn. 38.
173 Kommission, Horizontal-LL, 2023, Rn. 386.
174 Bunte/*Krauß*, 14. Aufl. 2021, § 1 GWB Rn. 251.
175 Kommission, Horizontal-LL, 2023, Rn. 412.
176 *Emmerich/Lange*, Kartellrecht, 15. Aufl. 2021, § 4 Rn. 53.
177 EuGH v. 2.10.2003 – C-194/99 P, ECLI:EU:C:2003:527, Rn. 86 – *Thyssen Stahl*.
178 Kommission, Horizontal-LL, 2023, Rn. 405.
179 Kommission, Horizontal-LL, 2023, Rn. 368.
180 Siehe ▶ Abschn. 2.2.1.3.2.
181 EuGH v. 21.1.2016 – C-74/14, ECLI:EU:C:2016:42 – *Eturas*.
182 Kommission, Horizontal-LL, 2023, Rn. 368.
183 Kommission, Horizontal-LL, 2023, Rn. 402.
184 Immenga/Mestmäcker/*Zimmer*, 6. Aufl. 2019, Art. 101 Abs. 1 AEUV Rn. 250.

nicht nur solche Plattformen, die den Verkauf an Endverbraucher ermöglichen. Auf **Business-to-Business**-Plattformen vertreiben Unternehmen ihre Leistungen an andere Unternehmen. Zugleich werden über die Plattform ggfs. vertrauliche Informationen zwischen den gewerblichen Nutzern ausgetauscht.[185] So bieten B2B-Plattformen Unternehmen auch die Möglichkeit, Produktionsprozesse zu vernetzen.[186] Dies bedeutet indes nicht, dass ein Informationsaustausch auf B2B-Plattformen per se den Geheimwettbewerb beschränkt. Vielmehr sind auch positive Auswirkungen durch eine größere Markttransparenz sowie ein verstärkter internationaler Handel möglich.[187]

Es handelt sich insoweit um Fälle der **kooperativen Datennutzung**.[188] Sie sollten grundsätzlich ebenso wie der physische Austausch von Informationen bewertet werden[189]: Enthalten Daten sensible Informationen über das Marktverhalten und die Strategie der Wettbewerber, kann dies einen wettbewerbsbeschränkenden Informationsaustausch verwirklichen.[190] Ist dies nicht der Fall, kann ein Datenpool Innovationen fördern und zu einer besseren Nutzung vorhandener Daten beitragen. Es stehen daher auch wettbewerbsfördernde Auswirkungen im Raum.[191] Die Kommission erwähnt in ihren Horizontal-Leitlinien als Beispiele für Effizienzen infolge kooperativer Datennutzung Kosteneinsparungen, die Entwicklung neuer Produkte sowie ein verbessertes Training von Algorithmen.[192] Dass der Datenaustausch auch über Marktgrenzen hinweg das Potenzial hat, die Wettbewerbsfähigkeit zu stärken, zeigt die von der Kommission verfolgte „europäische Datenstrategie".[193] Sie zielt darauf, die Datennutzung u. a. zu Zwecken der Gesundheitsversorgung und Nachhaltigkeit zu verbessern.

Um keine sensiblen Geschäftsinformationen mit Wettbewerbern zu teilen, ist es sinnvoll, wenn andere Unternehmen nur zu den endgültigen, aggregierten Informationen Zugang erhalten.[194] Dies erschwert es, einzelne Informationen konkreten Wettbewerbern zuzuordnen. Zugleich erleichtert es der Zugang zu solchen Daten

---

185 *Meyer/Müller*, WuW 2007, 117, 123.
186 *Podszun/Bongartz*, BB 2020, 2882, 2282.
187 *Meyer/Müller*, WuW 2007, 117, 124.
188 *Lundqvist*, EuCML 2018, 146 ff.
189 Siehe auch den Grundsatz zur Beurteilung eines Informationsaustauschs mithilfe von Algorithmen bei Kommission, Horizontal-LL, 2023, Rn. 379: „*Sind Preisbildungspraktiken rechtswidrig, wenn sie offline angewendet werden, ist die Wahrscheinlichkeit groß, dass sie auch rechtswidrig sind, wenn sie online angewendet werden.*"
190 BeckOK InfoMedienR/*Kumkar*, 40. Ed. 2023, Art. 101 AEUV Rn. 153; *Lundqvist*, EuCML 2018, 146, 150.
191 BeckOK InfoMedienR/*Kumkar*, 40. Ed. 2023, Art. 101 AEUV Rn. 153.
192 Kommission, Horizontal-LL, 2023, Rn. 373.
193 ▶ https://commission.europa.eu/strategy-and-policy/priorities-2019-2024/europe-fit-digital-age/european-data-strategy_de (28.6.2024). Im Rahmen dieser Strategie hat die Kommission den Data Governance Act (in Kraft getreten am 23.6.2022) und den Data Act (in Kraft getreten am 11.1.2024) vorgeschlagen, siehe ▶ Abschn. 1.2.4.
194 Kommission, Horizontal-LL, 2023, Rn. 408.

kleineren Wettbewerbern, die Marktlage zu überblicken.[195] Auch kann die Verwaltung des Datenpools einem *Trustee* anvertraut werden, welcher verpflichtet ist, die Informationen vertraulich zu behandeln.[196] Bei **verteilten Systemen**, z. B. auf einer Blockchain, lässt sich der Informationsaustausch ohne zentrale Instanz realisieren.[197] Um Rechtsunsicherheit und Innovationen zu fördern, wird gefordert, dass die Kommission von den ihr zur Verfügung zustehenden Instrumenten der Negativatteste nach Art. 10 VO 1/2003 und der informellen Beratungsschreiben Gebrauch macht.[198]

Normenvereinbarungen

Mit Vereinbarungen über Normen legen Wettbewerber technische oder qualitative Anforderungen an Produkte und Dienstleistungen fest.[199] Neuere europäische Rechtsakte im Bereich der Digitalregulierung legen einen besonderen Fokus auf ergänzende Selbstregulierung. Verhaltenskodizes und Normen dienen dazu, in Kooperation mit staatlichen Behörden gemeinsam und einvernehmlich Sorgfaltspflichten zu konkretisieren. Dies gilt z. B. für den Digital Services Act.[200] Art. 45–47 DSA sehen die Entwicklung von Verhaltenskodizes zur Minderung systemischer Risiken im digitalen Umfeld – etwa der Desinformation und der Hassrede – vor. Art. 44 DSA setzt ergänzend auf die Ausarbeitung von Normen, um den verpflichteten Diensteanbietern die technische Realisierung der Verhaltensvorgaben zu erleichtern. Auch die KI-VO[201] setzt auf die Entwicklung technischer Normen zur Konkretisierung der Sorgfaltsanforderungen für Hochrisiko-KI-Systeme. Art. 40 KI-VO knüpft an deren Einhaltung eine Konformitätsvermutung.

Für die Vereinbarkeit von Normen mit dem Kartellverbot aus Art. 101 AEUV ist zu klären, ob sie den Wettbewerb zwischen Unternehmen beschränken. In ihren Horizontal-Leitlinien stellt die Kommission klar, dass sich Normenvereinbarungen im Grundsatz positiv auf den Wettbewerb auswirken.[202] Sie tragen zur Vereinheitlichung des europäischen Binnenmarktes bei, indem sie dessen Durchdringung erleichtern. Zudem fördern sie die Produktqualität und -sicherheit.[203] Hinzu kommt, dass Normen in der Regel freiwilligen Charakter haben. Sie binden Unternehmen also nicht. Vielmehr bleibt es Unternehmen selbst überlassen, ob sie die Normen

---

195 Kommission, Horizontal-LL, 2023, Rn. 391.
196 Kommission, Horizontal-LL, 2023, Rn. 408.
197 *Louven/Saive*, NZKart 2018, 348, 350.
198 *Schallbruch/Schweitzer/Wambach/Kirchhoff/Langeheine/Schneider/schnitzer/Seeliger/Wagner/Durz/Heider/Mohrs*, Ein neuer Wettbewerbsrahmen für die Digitalwirtschaft, Bericht der Kommission Wettbewerbsrecht 4.0, 2019, S. 59.
199 Kommission, Horizontal-LL, 2023, Rn. 465.
200 Siehe ▶ Abschn. 1.1.4.
201 Siehe ▶ Abschn. 1.3.4.
202 Kommission, Horizontal-LL, 2023, Rn. 465, 501.
203 Kommission, Horizontal-LL, 2023, Rn. 465.

einhalten wollen.²⁰⁴ Die Kommission stellt ferner darauf ab, ob es jedem Unternehmen möglich gewesen ist, am Normungsprozess mitzuwirken.²⁰⁵

Beschränken Normenvereinbarungen jedoch den Innovationswettbewerb, verstoßen sie gegen das Kartellverbot.²⁰⁶ Dies kommt in Betracht, wenn Unternehmen den Normen zwingenden Charakter geben und dadurch ihre Handlungsfreiheit beschränken. Eine Wettbewerbsbeschränkung nahm der EuGH ferner bezüglich einer Vereinbarung an, mit der sich Wettbewerber verpflichteten, nur solche Produkte herzustellen, die den einschlägigen Normen entsprachen.²⁰⁷ Ggfs. sind solche Vereinbarungen aber durch Effizienzvorteile gem. Art. 101 Abs. 3 AEUV freigestellt.²⁰⁸

Einkaufs- und Verkaufsvereinbarungen

Sowohl das Zusammenwirken von Wettbewerbern beim Verkauf als auch beim Einkauf von Produkten kann den Wettbewerb beschränken. Die Kommission hebt in ihren Horizontal-Leitlinien hervor, dass der Inhalt solcher Vereinbarungen sehr unterschiedlich ausfallen kann:

> „Am einen Ende des Spektrums steht die gemeinsame Verkaufsvereinbarung, die zur gemeinsamen Festlegung sämtlicher mit dem Verkauf eines Produkts verbundenen geschäftlichen Gesichtspunkte einschließlich des Preises führt. Am anderen Ende stehen Vereinbarungen, die nur ganz bestimmte Vermarktungsfunktionen wie Vertrieb, Kundendienst oder Werbung regeln."²⁰⁹

> „Sie [= Einkaufsvereinbarungen] können darin bestehen, die tatsächlichen Einkäufe im Rahmen der gemeinsamen Einkaufsregelung zusammen zu tätigen. Sie können sich auch darauf beschränken, gemeinsam den Kaufpreis, bestimmte Preiselemente oder andere Bedingungen auszuhandeln, während die tatsächlichen Einkäufe zu dem gemeinsam ausgehandelten Preis und den gemeinsam ausgehandelten Bedingungen den einzelnen Parteien überlassen werden. Eine gemeinsame Einkaufsregelung kann ferner zusätzliche Tätigkeiten wie den gemeinsamen Vertrieb, die gemeinsame Qualitätskontrolle und die gemeinsame Lagerung umfassen, wodurch doppelte Lieferkosten vermieden werden."²¹⁰

Wettbewerbsrechtlich bedenklich sind Einkaufs- und Verkaufsvereinbarungen, wenn sie zur Festsetzung von Preisen oder Mengen führen.²¹¹ Auch der Austausch von sensiblen Informationen kann dazu führen, dass sie den Wettbewerb beschrän-

---

204 Kommission, Horizontal-LL, 2023, Rn. 490.
205 Kommission, Horizontal-LL, 2023, Rn. 451.
206 Kommission, Horizontal-LL, 2023, Rn. 468.
207 EuGH v. 13.12.2012 – C-226/11, ECLI:EU:C:2012:795, Rn. 36 – *Expedia*.
208 Kommission, Horizontal-LL, 2023, Rn. 501 ff.
209 Kommission, Horizontal-LL, 2023, Rn. 355.
210 Kommission, Horizontal-LL, 2023, Rn. 312.
211 Kommission, Horizontal-LL, 2023, Rn. 277, 322.

ken.[212] Bei Einkaufsgemeinschaften begründet ferner ein Bezugszwang ihren wettbewerbsbeschränkenden Charakter.[213] Entsprechendes gilt für Verkaufsgemeinschaften mit Andienungszwang.

Bezweckt die Vereinbarung keine Wettbewerbsbeschränkung, sind bei deren Beurteilung die konkreten Marktgegebenheiten einzustellen. Dazu zählt die Marktmacht der beteiligten Wettbewerber. Die Kommission geht davon aus, dass eine Einkaufs- bzw. Verkaufsvereinbarung bedenklich ist, wenn die Beteiligten einen gemeinsamen Marktanteil von mehr als 15 % haben.[214] Bei Einkaufsvereinbarungen gilt es zu bedenken, dass sowohl die Marktanteile auf der vorgelagerten Beschaffungs- als auch der nachgelagerten Absatzstufe einzustellen sind.

2.2.2.3 Vertikale Wettbewerbsbeschränkungen
Preisbindungen

Zu den vertikalen Kernbeschränkungen gehören **Preisbindungen der zweiten Hand**. Hierbei verpflichten sich Händler gegenüber dem Hersteller von den eigenen Kunden einen bestimmten Preis zu fordern.[215] Als verbotene Kernbeschränkung sind **Festpreis-** und **Mindestpreisbindungen** anzusehen. Dies ergibt sich aus Art. 4 lit. a) Vertikal-GVO, wonach diese Wettbewerbsbeschränkungen nicht freistellungsfähig sind.

Bei **Höchstpreisbindungen** – Vereinbarungen mit dem Inhalt, dass Händler einen bestimmten Verkaufspreis nicht überschreiten dürfen, – ist die europäische Praxis großzügiger: Solche Preisbindungen sind im Anwendungsbereich der Vertikal-GVO freigestellt. Dies gilt jedoch nur, wenn sich die Vereinbarung faktisch aufgrund der Ausübung von Druck nicht wie eine Fest- oder Mindestpreisbindung auswirkt. **Unverbindliche Preisempfehlungen** stellen daher im Grundsatz keine Preisbindung der zweiten Hand dar. Etwas anderes gilt, wenn sich der Händler faktisch dazu gezwungen sieht, der Preisempfehlung Folge zu leisten. Der Einsatz von Algorithmen kann es dem Hersteller erleichtern, Druck auf die Händler auszuüben.[216]

> ▶ **Beispiel**
> Lieferant A spricht gegenüber seinen Händlern eine unverbindliche Preisempfehlung in Höhe von 2,50 EUR pro Produkt für den Weiterverkauf an Endkunden aus. Händler B hält sich nicht daran und verkauft die Produkte zu einem Preis von nur 1,99 EUR weiter. A bemerkt dies, weil er einen *Webcrawler* einsetzt, um die Preise der Händler zu überwachen. Daraufhin bittet er B, seine Preise auf 2,50 EUR anzuheben. Für den Fall, dass B dem nicht nachkommt, droht A mit einer Lieferverweigerung. ◀

---

212 Kommission, Horizontal-LL, 2023, Rn. 281, 325.
213 *Säcker/Mohr*, WRP 2011, 793, 795.
214 Kommission, Horizontal-LL, 2023, Rn. 291, 339.
215 Streinz/Eilmansberger/*Kruis*, 3. Aufl. 2018, Art. 101 AEUV Rn. 183; Immenga/Mestmäcker/*Zimmer*, 6. Aufl. 2019, Art. 101 Abs. 1 AEUV Rn. 254.
216 Kommission, Sektoruntersuchung Elektronischer Handel, SWB(2017), 154 final, Rn. 13; *Dohrn/Hack*, DB 2018, 173, 175.

Der bloße Einsatz von **Preisüberwachungssoftware** verstößt nicht gegen das Kartellverbot.[217] Sollte der Lieferant auf entdeckte Preisabweichungen aber mit der Androhung eines Lieferstopps reagieren, ist die Preisempfehlung nicht mehr als unverbindlich anzusehen.[218] Es handelt sich vielmehr um eine Festpreisbindung, die als Kernbeschränkung dem Kartellverbot unterfällt. Druck erzeugt der Hersteller auch, wenn er die Preisempfehlung unmittelbar auf die Ware aufdruckt. Dasselbe gilt für eine Ankündigung des Herstellers, er werde den Vertrag kündigen, wenn der Händler die empfohlenen Preise nicht übernimmt.[219]

Verbote des Internetvertriebs

Verbietet ein Hersteller den Händlern, seine Produkte oder Dienstleistungen über das Internet zu vertreiben, stellt dies eine vertikale Wettbewerbsbeschränkung dar.[220] Dies ergibt sich aus **Art. 4 lit. e) Vertikal-GVO**, wonach die Verhinderung der wirksamen Nutzung des Internets zum Verkauf der Vertragswaren oder -dienstleistungen eine Kernbeschränkung darstellt. Die Kommission hat in einer Entscheidung aus dem Jahr 2018 klargestellt, dass es einem Internetvertriebsverbot gleichsteht, wenn der Hersteller den Internetvertrieb unter Erlaubnisvorbehalt stellt und ihm bei dessen Ausübung ein weiter Ermessensspielraum zufällt.[221]

> ▶ **Beispiel nach EuGH v. 13. 10.2011 – C-439/09 –** *Pierre Fabre* **(vereinfacht)**
>
> Der Kosmetikhersteller PF gab seinen Händlern im Rahmen eines selektiven Vertriebssystems vor, dass seine Kosmetikprodukte ausschließlich in physischen Verkaufsstellen vertrieben werden durften. Zudem wurde gefordert, dass ein Pharmazeut in der Verkaufsstelle anwesend ist. Als Begründung führte PF an, dass nur so der Prestigecharakter seiner Produkte geschützt werde.
>
> Der EuGH entschied anders: Das Vertriebsverbot stellt eine vertikale Wettbewerbsbeschränkung dar: *„Das Ziel, den Prestigecharakter zu schützen, kann kein legitimes Ziel zur Beschränkung des Wettbewerbs sein und kann es daher nicht rechtfertigen, dass eine Vertragsklausel, mit der ein solches Ziel verfolgt wird, nicht unter Art. 101 I AEUV fällt."*[222] ◀

---

217 Kommission, Vertikal-LL, 2022, Rn. 191.
218 Beispiel für den Einsatz einer Preisüberwachungssoftware bei einer Preisbindung der zweiten Hand: Kommission v. 24.7.2018 – AT.40182, Rn. 136, 155 – *Pioneer*.
219 Kommission, Vertikal-LL, 2022, Rn. 188.
220 EuGH v. 13. 10.2011 – C-439/09, ECLI:EU:C:2011:649, Rn. 47 – *Pierre Fabre Dermo-Cosmétique*; von Hülsen, ZVertriebsR 2012, 299, 302; Peeperkorn/Heimann, GRUR 2014, 1175, 1176.
221 Kommission v. 17.12.2018 – COMP/AT.40428, Rn. 62 ff. – *Guess*.
222 EuGH v. 13. 10.2011 – C-439/09, ECLI:EU:C:2011:649, Rn. 46 – *Pierre Fabre Dermo-Cosmétique*.

Die Rechtsprechung des EuGH zeigt, dass produktspezifische Kriterien grundsätzlich nicht in Betracht kommen, um ein Internetvertriebsverbot zu rechtfertigen. Dies dürfte nur auf Grundlage einer gesetzlichen Regelung möglich sein. Freistellungsfähig bleiben gem. Art. 4 lit. e) Vertikal-GVO demgegenüber andere Beschränkungen des Internetvertriebs (z. B. Plattformverbote[223]) sowie Beschränkungen der Online-Werbung, die nicht darauf abzielen, die Nutzung eines ganzen Online-Werbekanals zu verhindern.

Plattformverbote

Bei einem Plattformverbot vereinbart der Hersteller mit den Händlern, dass seine Produkte oder Dienstleistungen nicht über Online-Plattformen Dritter – z. B. *Amazon* oder *eBay* – vertrieben werden dürfen. Das Bundeskartellamt und die nationalen Gerichte hatten solche Fälle bereits früh zu entscheiden.[224] Der EuGH hat in der Rechtssache *Coty* im Jahr 2017 ausgesprochen, dass ein Plattformverbot in **selektiven Vertriebssystemen von Luxuswaren** mit dem Kartellverbot vereinbar sein kann.[225] Es handele sich insoweit um ein zulässiges objektiv-qualitatives Kriterium, das geeignet sei, den Qualitätswettbewerb zu intensivieren. In Übereinstimmung damit führt die Kommission in ihren Vertikal-Leitlinien von 2022 aus, dass es verhältnismäßig ist, wenn

» „ein Anbieter von Luxuswaren seinen zugelassenen Händlern die Nutzung von Online-Marktplätzen untersagt, solange dies einen zugelassenen Händler nicht indirekt an einer wirksamen Nutzung des Internets für den Verkauf der Waren in bestimmte Gebiete oder an bestimmte Kunden hindert."[226]

Eine Beschränkung von Verkäufen in bestimmte Gebiete oder an bestimmte Kunden geht nach Auffassung der Kommission vor allem dann nicht mit einem Plattformverbot einher, wenn es den Händlern möglich bleibt, eigene Online-Shops zu betreiben.[227]

Offen bleibt, wie mit Waren umzugehen ist, die **nicht dem Luxussegment** angehören. Das Bundeskartellamt hat sich zurückhaltend geäußert und die Ansicht vertreten, dass die Rechtsprechung zu Waren mit Luxuscharakter nicht auf jedwede Markenartikel zu übertragen sei.[228] Qualitätsanforderungen im Hinblick auf den Plattformvertrieb seien hinreichend, um das Markenimage zu schützen. Eines

---

223 Siehe sogleich ▶ Abschn. 2.2.2.3.3.
224 BKartA v. 24.10.2013 – B7-1/13-35 – *Sennheiser* – „*Amazon Marketplace*"; OLG Schleswig, Urt. v. 5.6.2014 – 16 U (Kart) 154/13, NZKart 2014, 364 – *Digitalkameras*, OLG Frankfurt a.M., Urt. v. 22.12.2015 – 11 U 84/14 (Kart), NZKart 2016, 84 – *Funktionsrucksäcke*; KG Berlin, Urt. v. 19.9.2013 – 2 U 8/09 Kart, NZKart 2014, 72 – *Schulranzen*.
225 EuGH v. 6.12.2017 – C-230/16, ECLI:EU:C:2017:941, Rn. 58 – *Coty Germany*.
226 Kommission, Vertikal-LL, 2022, Rn. 150.
227 Kommission, Vertikal-LL, 2022, Rn. 150.
228 BKartA, Wettbewerbsbeschränkungen im Internetvertrieb nach Coty und Asics – wie geht es weiter?, 2018, S. 5.

2.2 · Kartellverbot

vollständiges Plattformverbots bedürfe es grundsätzlich nicht.[229] Das OLG Hamburg vertritt hingegen die Auffassung, dass Plattformverbote auch bei anderen als Luxuswaren **mit dem Kartellverbot vereinbar** sein können.[230] In seiner Entscheidung von 2018 führt es aus, dass ein Plattformverbot im selektiven Vertriebssystem nicht gegen Art. 101 AEUV verstößt,

» „wenn die vertriebenen Waren von hoher Qualität sind und der Vertrieb auf begleitende Beratungs- und Betreuungsleistungen für den Kunden ausgerichtet ist, mit denen unter anderem das Ziel verfolgt wird, dem Kunden ein in der Summe anspruchsvolles, qualitativ hochwertiges und höherpreisiges Endprodukt zu verdeutlichen und ein besonderes Produktimage aufzubauen oder zu erhalten."[231]

Dem hat sich der Unionsgesetzgeber in der novellierten **Vertikal-GVO** von 2022 angeschlossen: Gem. **ErwG 15 Vertikal-GVO** kann bei der Qualifizierung einer Wettbewerbsbeschränkung als Kernbeschränkung gem. Art. 4 lit. e) Vertikal-GVO der

» „Inhalt und Kontext der Beschränkung berücksichtigt werden, sie sollte jedoch nicht von den marktspezifischen Umständen oder den individuellen Eigenschaften der beteiligten Unternehmen abhängen."

Doppelpreissysteme

Ein Doppelpreissystem meint die herstellerseitige Aufforderung an Händler, für online verkaufte Produkte einen anderen Preis zu fordern als für dieselben im stationären Handel verkauften Produkte (sog. *dual pricing*).[232] Ein solches Doppelpreissystem ist mit dem Kartellverbot vereinbar, wenn dadurch **Investitionsanreize** gesetzt werden.[233] So kann es im Interesse des Herstellers sein, den **stationären Vertrieb zu fördern**, um Anreize für Händler zum Erhalt ihrer lokalen Geschäfte zu schaffen. Dies geschieht, indem der Hersteller einen niedrigeren Preis für diejenigen Produkte fordert, die die Händler im stationären Handel weiterverkaufen.

Vor Geltung der neuen Vertikal-Leitlinien wurden Doppelpreissysteme grundsätzlich als kartellrechtswidrig betrachtet: Sie wurden nach der alten Fassung der Vertikal-Leitlinien[234] als Beschränkung des passiven Vertriebs über das Internet bewertet und waren daher nicht freistellungsfähig.[235] Die Kommission erkannte zwar das Interesse an, den stationären Handel zu fördern. Dies war Herstellern aber nur dergestalt möglich, dass sie Händlern feste Beträge als Subventionen gewährten. Diese Rechtslage war zunehmend in Kritik geraten.[236]

---

229 BKartA, Wettbewerbsbeschränkungen im Internetvertrieb nach Coty und Asics – wie geht es weiter?, 2018, S. 5. Ebenso *Kumkar*, ZWeR 2018, 119, 138.
230 OLG Hamburg, Urt. v. 22.3.2018 – 3 U 250/16, NZKart 2018, 590, 592 f. – *Aloe Vera-Produkte*.
231 OLG Hamburg, Urt. v. 22.3.2018 – 3 U 250/16, NZKart 2018, 590 l. LS – *Aloe Vera-Produkte*.
232 Kommission, Vertikal-LL, 2022, Rn. 209; Grabitz/Hilf/Nettesheim/*Schuhmacher/Holzweber*, 80. EL August 2023, Art. 101 AEUV Rn. 893.
233 Kommission, Vertikal-LL, 2022, Rn. 209.
234 Kommission, Leitlinien für vertikale Beschränkungen, ABl. EU Nr. C 130/1, Rn. 52.
235 *Emde*, ZVertriebsR 2019, 69, 85.
236 *Klauß/Seeliger*, GWR 2010, 233, 236.

Nach der Neufassung der Vertikal-GVO aus dem Jahr 2022 ist das *dual pricing* nicht mehr ohne weiteres eine Kernbeschränkung dar. Dies ergibt sich zwar nicht unmittelbar aus dem Verordnungstext, wird von der Kommission aber in ihren Vertikal-Leitlinien klargestellt. Dahinter steht die Erkenntnis, dass sich das Internet als Verkaufskanal mittlerweile gut etabliert hat und **keines besonderen Schutzes gegenüber offline-Verkaufskanälen** bedarf. Ihre Vereinbarkeit mit dem Kartellverbot hängt davon ab, ob die Preisunterschiede zwischen Online- und Offline-Vertrieb **angemessen** sind.[237] Die Kommission fordert hierfür keine komplexe Kostenberechnung.

Nutzungsbeschränkungen von Preisvergleichsdiensten und -suchmaschinen

Preisvergleichsdienste ermöglichen es Händlern nicht, direkt an Kunden zu verkaufen. Sie werden vielmehr ergänzend zum Vertrieb genutzt.[238] Ihr Zweck besteht darin, die Angebote des Händlers im Internet für Kunden leichter auffindbar und vergleichbar zu gestalten.

Vereinbart ein Hersteller mit seinen Händlern im Rahmen eines selektiven Vertriebssystems ein generelles Verbot, Preisvergleichsdienste und -suchmaschinen zu nutzen, stellt dies eine wettbewerbswidrige Kernbeschränkung gem. **Art. 4 lit. e) Vertikal-GVO** dar.[239] Hintergrund dieser Bewertung ist, dass

> „[s]olche Beschränkungen zum Ziel haben, die wirksame Nutzung des Internets durch den Abnehmer für den Verkauf der Vertragswaren oder -dienstleistungen an Kunden in bestimmten Gebieten oder an bestimmte Kunden zu verhindern."[240]

Durch die steigende Anzahl an Angeboten im Internet kommt der Möglichkeit der Verbraucher, sich einen zuverlässigen Überblick zu verschaffen, große Bedeutung zu. Aus Sicht der Händler ist mit der Nutzung von Preisvergleichsdiensten und -suchmaschinen die Chance verbunden, ihre Sichtbarkeit für Verbraucher zu erhöhen.[241]

Mit dem Kartellverbot vereinbar kann es jedoch sein, wenn der Hersteller lediglich die Nutzung ausgewählter Dienste verbietet.[242] In diesem Fall bleibt es Händlern möglich, andere Dienste zu verwenden, um ihre Angebote zu bewerben.

---

237 Kommission, Vertikal-LL, 2022, Rn. 209.
238 BeckOK InfoMedienR/*Kumkar*, 42. Ed. 2023, Art. 101 AEUV Rn. 145.
239 Kommission, Vertikal-LL, 2022, Rn. 206; Kommission v. 17.12.2018, AT.40428 – *Guess*, Rn. 118: „The objective of the online search advertising restriction was to reduce competitive pressure by authorised retailers on Guess' own online retail activities and to keep down its own advertising costs."
240 Kommission, Vertikal-LL, 2022, Rn. 206.
241 BeckOK InfoMedienR/*Kumkar*, 42. Ed. 2023, Art. 101 AEUV Rn. 146.
242 Kommission, Vertikal-LL, 2022, Rn. 206.

Geoblocking-Praktiken

Werden **Angebote im Internet für bestimmte Regionen gesperrt**, sodass z. B. Internetnutzer aus anderen Ländern sie nicht erwerben können, liegt eine Kernbeschränkung gem. Art. 4 lit. b)-e) Vertikal-GVO vor.[243] Sie führt zur Aufteilung von Märkten und zielt darauf, Paralleleinfuhren zu verhindern.[244] Zudem kann sie zur Folge haben, dass es Abnehmern entgegen Art. 4 lit. e) Vertikal-GVO versagt bleibt, das Internet als Vertriebskanal wirksam zu nutzen.[245]

> ▶ **Beispiel nach EuG v. 27.9.2023 – T-172/21 –** *Valve Geoblocking* **(vereinfacht)**
> Eine Online-Spieleplattform und mehrere Spielerverleger sahen vor, dass die Aktivierungscodes für Spiele, die über die Plattform vertrieben wurden, nur innerhalb bestimmter Länder funktionierten. Das EuG sah darin eine wettbewerbsverfälschende Geoblocking-Praktik. ◀

Hinweis
Um Geoblocking zu unterbinden, hat der Unionsgesetzgeber die Geoblocking-Verordnung verabschiedet.[246] Gem. 3 Abs. 1 Geoblocking-VO ist es einem Anbieter untersagt, den Zugang von Kunden zu der Online-Benutzeroberfläche des Anbieters aus Gründen der Staatsangehörigkeit, des Wohnsitzes oder des Ortes der Niederlassung zu sperren oder zu beschränken. Zudem dürfen aus den genannten Gründen keine unterschiedlichen AGB gegenüber Kunden verwendet werden, vgl. Art. 4 Abs. 1 Geoblocking-VO. Anders als Art. 101 AEUV knüpft die Verordnung bereits an einseitige Beschränkungen an.[247]

Ausschließlichkeitsvereinbarungen

Eine weitere Form vertikaler Wettbewerbsbeschränkungen stellen Ausschließlichkeitsvereinbarungen dar. Beispiele sind **Alleinbezugsverpflichtungen**, bei welchen Händlern zusagen, ausschließlich von einem Lieferanten zu beziehen. Solche Vereinbarungen sind nicht ohne Weiteres wettbewerbsbeschränkend. Sie können sich positiv auswirken, wenn sie zur Aufrechterhaltung von Qualität und Service beitragen. Nach Ansicht des EuGH bedarf es daher einer Betrachtung des **wirtschaftlichen Gesamtzusammenhangs** einer Alleinbezugsverpflichtung, um zu klären, ob sie den Wettbewerb beschränkt.[248] Insbesondere parallele Vertragsnetze, also die Vereinbarung von Alleinbezugsverpflichtungen mit mehreren Händlern, können

---

243 BeckOK InfoMedienR/*Kumkar*, 40. Ed. 2023, Art. 101 AEUV Rn. 150.
244 EuG v. 27.9.2023 – T-172/21, ECLI:EU:T:2023:587 – *Valve Geoblocking*.
245 BeckOK InfoMedienR/*Kumkar*, 40. Ed. 2023, Art. 101 AEUV Rn. 150a.
246 Verordnung (EU) 2018/302 des Europäischen Parlaments und des Rates vom 28. Februar 2018 über Maßnahmen gegen ungerechtfertigtes Geoblocking und andere Formen der Diskriminierung aufgrund der Staatsangehörigkeit, des Wohnsitzes oder des Ortes der Niederlassung des Kunden innerhalb des Binnenmarkts, ABl. EU 2018 Nr. LI 60/1.
247 *Bernhard*, NJW 2019, 472, 472.
248 EuGH v. 28.2.1991 – C-234/89, ECLI:EU:C:1991:91, Rn. 19 ff. – *Delimitis/Henninger Bräu*.

den Markt abschotten (sog. **Bündeltheorie**).[249] Zu betrachten sind der Grad der Marktabdeckung des Vertragsnetzes, die Laufzeit der Verträge und die Marktanteile der am Vertragsnetz beteiligten Lieferanten und Händler.

Die Vertikal-GVO greift Alleinbezugsverpflichtungen in **Art. 5 Abs. 1 lit. a)** auf. In Zusammenschau mit den Anwendungsvoraussetzungen aus Art. 1, 3 Vertikal-GVO ergibt sich, dass jedenfalls solche Vereinbarungen nicht freistellungsfähig sind, die insgesamt einen Marktanteil von über 30 % abdecken (vgl. Art. 3 Vertikal-GVO), auf dem relevanten Markt mehr als 80 % des Gesamtbezugs der Vertragswaren oder -dienstleistungen betreffen (vgl. Art. 1 lit. f) Vertikal-GVO) und eine Laufzeit von mehr als 5 Jahren (vgl. Art. 5 Abs. 1 lit. a) Vertikal-GVO) haben.

Für die Prüfung der **Spürbarkeit**[250] der Wettbewerbsbeschränkung greift die De-minimis-Bekanntmachung[251] der Kommission die Bündeltheorie auf: Die Schwelle für die Spürbarkeit der Wettbewerbsbeschränkung wird bei Vorliegen einer Bündelwirkung auf 5 % herabgesetzt. Im Grundsatz liegt die Spürbarkeit bei vertikalen Vereinbarungen (erst) ab einer Marktanteilshöhe von 15 % vor.[252]

Bei **Alleinvertriebsvereinbarungen** sichert der Lieferant dem Händler zu, auf einem bestimmten Gebiet keine anderen Händler zu beliefern. Dadurch kann es zur Marktabschottung kommen, insbesondere wenn die Vereinbarung auch Parallelimporte verhindert.[253] Wettbewerblich unbedenklich sind Alleinvertriebsvereinbarungen, wenn sie die Erschließung neuer Märkte ermöglichen (sog. Markterschließungsdoktrin).[254] Erweist sich *„die Vereinbarung gerade für das Eindringen eines Unternehmens in ein Gebiet, in dem es bisher nicht tätig war, als notwendig"*,[255] beschränkt sie den Wettbewerb nicht.

Meistbegünstigungsklauseln

Meistbegünstigungsklauseln haben auf digitalen Märkten u. a. in Gestalt von Bestpreisklauseln Relevanz erlangt.[256] Dabei fordert ein Plattformbetreiber von den Händlern, dass sie beim Vertrieb über seine Plattform die im Vergleich zu anderen Vertriebskanälen besten Leistungskonditionen anbieten.[257] Für die kartellrechtliche Bewertung sind **enge und weite Bestpreisklauseln** zu differenzieren.

---

249 Grabitz/Hilf/Nettesheim/*Schuhmacher/Holzweber*, 81. EL 2024, Art. 101 AEUV Rn. 1001.
250 Siehe ▶ Abschn. 2.2.2.5.
251 Kommission, Bekanntmachung über Vereinbarungen von geringer Bedeutung, die im Sinne des Artikels 101 Absatz 1 des Vertrags über die Arbeitsweise der Europäischen Union den Wettbewerb nicht spürbar beschränken, ABl. EU 2019 Nr. C 291/1.
252 Siehe ▶ Abschn. 2.2.2.5.
253 Wiedemann/*Seeliger*, Handbuch des Kartellrechts, 4. Aufl. 2020, § 11 Rn. 298.
254 Grabitz/Hilf/Nettesheim/*Stockenhuber*, 81. EL 2024, Art. 101 AEUV Rn. 153.
255 EuGH v. 30.6.1966 – C-56/65, ECLI :EU:C:1966:38, Slg. 1966, 284, 304 – *Société Technique Minière/Maschinenbau Ulm*.
256 Grabitz/Hilf/Nettesheim/*Schuhmacher/Holzweber*, 80. EL 2023, Art. 101 AEUV Rn. 902.
257 Wiedemann/*Kirchhoff*, Handbuch des Kartellrechts, 4. Aufl. 2020, § 11 Rn. 279 f.

- Enge Bestpreisklauseln untersagen Händlern, bei dem Vertrieb über eigene Kanäle, z. B. die eigene Website, bessere Bedingen zu offerieren.[258]
- Weite Bestpreisklauseln verbieten es Händlern auch, auf Drittplattformen günstigere Preise anzubieten.

Diese Unterscheidung haben zunächst nationale Gerichte vorgenommen.[259] Nunmehr findet sie sich auch in der Vertikal-GVO: Seit 2022 greift **Art. 5 Abs. 1 lit. d) Vertikal-GVO** weite Bestpreisklauseln auf und erklärt sie für nicht freistellungsfähig. Mit weiten Bestpreisklauseln kann ein Plattformbetreiber den **Markt für die Vermittlungsleistung abschotten**: Verbraucher haben keine Anreize, auf anderen Plattformen aktiv zu werden, wenn Händler dort keine besseren Angebote offerieren. Die Marktzutrittsschranken für konkurrierende Plattformbetreiber steigen. Zugleich wird der Wettbewerb zwischen den Händlern eingeschränkt[260]: Zwar können sie die konkrete Höhe ihrer Preise weiterhin frei festsetzen. Dennoch schränkt eine weite Bestpreisklausel ihre **Preisgestaltungsfreiheit** ein.[261] Da sie auf anderen Vertriebskanälen keine günstigeren Preise verlangen können, sind sie faktisch gezwungen, die Provision, die sie bei ihrer Preiskalkulation auf der Plattform berücksichtigen, auch bei dem Vertrieb über andere Kanäle einzustellen, obwohl diese dort ggfs. nicht anfällt.[262]

Enge Bestpreisklauseln beschränken ebenfalls den Wettbewerb. Sie bleiben – vorbehaltlich der Voraussetzungen aus Art. 1, 3 Vertikal-GVO – aber **freistellungsfähig**. Ihr Marktabschottungseffekt ist insofern geringer, als es Händlern möglich bleibt, über konkurrierende Plattformdienste bessere Preise zu offerieren. Die Kommission hat gem. Art. 6 Abs. 1 Satz 1 Vertikal-GVO die Möglichkeit, den Freistellungsvorteil zu entziehen. Voraussetzung dafür ist, dass eine enge Bestpreisklausel Wirkungen entfaltet, die mit Art. 101 Abs. 3 AEUV unvereinbar sind. Gem. Art. 6 Abs. 1 Satz 2 Vertikal-GVO ist dies anzunehmen, wenn der relevante Markt für die Bereitstellung von Online-Vermittlungsdiensten stark konzentriert ist und der Wettbewerb zwischen den Plattformbetreibern durch die kumulative Wirkung paralleler Netze ähnlicher Vereinbarungen beschränkt wird.

2.2.2.4 Bezwecken oder bewirken

Die oben dargestellten verbotenen Verhaltensweisen müssen eine Wettbewerbsbeschränkung entweder bezwecken oder bewirken. Ob eine Wettbewerbsbeschränkung bezweckt wird, hängt nicht von der Willensrichtung der an der Absprache beteiligten Unternehmen ab. Stattdessen ist der **Zweck** objektiv zu ermitteln.[263]

---

258 *Alfter/Hunold*, WuW 2016, 525, 527.
259 BGH, Beschl. v. 18.5.2021 – KVR 54/20, NZKart 2021, 499 – *Booking.com*; OLG Düsseldorf, BKartA v. 22.12.2015 – B9-121/13 – *Booking.com*; Beschl. v. 9.1.2015 – VI-Kart 1/14 (V), NZKart 2015, 148 – *HRS*; BKartA v. 20.12.2013 – B9-66/10 – *HRS*.
260 *Mörsdorf/Schäfer*, NZKart 2019, 659, 660.
261 BGH, Beschl. v. 18.5.2021 – KVR 54/20, NZKart 2021, 499, 500 – *Booking.com*.
262 BGH, Beschl. v. 18.5.2021 – KVR 54/20, NZKart 2021, 499, 500 – *Booking.com*.
263 EuGH v. 19.3.2015 – C-286/13 P ECLI:EU:C:2015:184, Rn. 114 – *Dole Food und Dole Fresh Fruit Europe*; BeckOK InfoMedienR/*Kumkar*, 40. Ed. 2023, Art. 101 AEUV Rn. 49.

Eine Wettbewerbsbeschränkung wird bezweckt, wenn sie bereits **ihrer Natur nach schädlich** für einen unverfälschten Wettbewerb ist.[264] Dies ist der Fall, wenn negative Auswirkungen aufgrund der Wettbewerbsbeschränkung so wahrscheinlich sind, dass es keiner Überprüfung ihrer Effekte bedarf.[265] Wird eine Wettbewerbsbeschränkung bezweckt, fällt sie ungeachtet ihrer Auswirkungen unter das Kartellverbot.[266] Bezweckte Wettbewerbsbeschränkungen sind in jedem Fall spürbar.[267]

▶ **Beispiele**

Horizontale Hardcore-Kartelle – etwa Preisabsprachen oder Gebietsaufteilungen – sowie vertikale Kernbeschränkungen – z. B. Preisbindungen der zweiten Hand – stellen bezweckte Wettbewerbsbeschränkungen dar.[268] ◀

Ist eine Wettbewerbsbeschränkung nicht bezweckt, fällt sie nur unter das Kartellverbot, wenn ihr **Bewirken** festgestellt werden kann. Dafür sind alle Umstände des Einzelfalls einzubeziehen, insbesondere die **Marktbedingungen**.[269] Um ein Bewirken zu klären, sind ggfs. die betroffenen Märkte abzugrenzen und die Marktanteile der kartellbeteiligten Unternehmen zu ermitteln.[270] Dabei ist das Geschehen am Markt mit demjenigen zu vergleichen, das ohne die Absprache stattfinden würde.[271]

2.2.2.5 Spürbarkeit

Nur spürbare Wettbewerbsbeschränkungen fallen unter das europäische Kartellverbot.[272] Nach der **De-mininis-Bekanntmachung**[273] der Kommission ist davon auszugehen, dass es bei horizontalen Vereinbarungen an der Spürbarkeit fehlt, wenn die Kartellanten gemeinsam auf keinem der kartellbefangenen Märkte einen Marktanteil von mehr als 10 % erreichen.[274] Bei vertikalen Vereinbarungen fehlt es grundsätzlich an der Spürbarkeit, wenn keines der an der Absprache beteiligten

---

264 EuGH v. 2.4.2020 – C-228/18, ECLI:EU:C:2020:265, Rn. 76 – *Budapest Bank u. a.*
265 EuGH v. 11.9.2014 – C-67/13 P, ECLI:EU:C:2014:2204, Rn. 57 – *CB*; Immenga/Mestmäcker/*Zimmer*, 6. Aufl. 2019, Art. 101 Abs. 1 AEUV Rn. 130.
266 Immenga/Mestmäcker/*Zimmer*, 6. Aufl. 2019, Art. 101 Abs. 1 AEUV Rn. 128.
267 Siehe ▶ Abschn. 2.2.2.5.
268 EuGH v. 25.10.1977 – C-26/76, ECLI:EU:C:1977:167, Rn. 21 f. – *Metro*.
269 EuGH v. 28.2.2013 – C-1/12, ECLI:EU:C:2013:127, Rn. 70 – *Ordem dos Técnicos Oficiais de Contas*.
270 MüKo-WettbR/*Säcker/Zorn*, 4. Aufl. 2022, Art. 101 AEUV Rn. 295. Zur Marktabgrenzung ▶ Abschn. 2.3.1.1.
271 EuG v. 17.10.1994 – T-34/92, ECLI:EU:T:1994:258, Rn. 49 – *Fiatagri und New Holland Ford*.
272 EuGH v. 30.6.1966 – C-56/65, ECLI:EU:C:1966:38, S. 304 – *Société Technique Minière/ Maschinenbau Ulm*.
273 Kommission, Bekanntmachung über Vereinbarungen von geringer Bedeutung, die im Sinne des Artikels 101 Absatz 1 des Vertrags über die Arbeitsweise der Europäischen Union den Wettbewerb nicht spürbar beschränken, ABl. EU 2019 Nr. C 291/1.
274 Kommission, De-mininis-Bekanntmachung, 2019, Rn. 8 a).

Unternehmen auf einer der betroffenen Marktstufen einen Marktanteil von mehr als 15 % innehat.[275] Die Marktanteilsschwellen begründen **Vermutungen**. Insbesondere bezweckte Wettbewerbsbeschränkungen sind grundsätzlich auch unterhalb der Vermutungsschwellen als spürbar zu qualifizieren.[276]

Bei vertikalen Wettbewerbsbeschränkungen ist ferner zu berücksichtigen, dass die Bündeltheorie bei Ermittlung der Spürbarkeit Anwendung findet.[277] Wettbewerb durch eine Vielzahl gleichartiger Verträge beschränkt, so werden diese als Gesamtheit betrachtet. Dies hat zur Folge, dass eine vertikale Vereinbarung die Spürbarkeitsschwelle bereits bei einem Marktanteil von 5 % erreicht, wenn mindestens 30 % des Marktes durch das Bündel gleichartiger Verträge abgedeckt wird.

2.2.3 Geeignetheit zur Beeinträchtigung des zwischenstaatlichen Handels

Das europäische Kartellrecht dient der Herstellung eines einheitlichen Binnenmarktes. Daher verstoßen Wettbewerbsbeschränkungen, die ausschließlich das Gebiet eines Mitgliedsstaates betreffen, nicht gegen Art. 101 AEUV. Vielmehr ist Voraussetzung, dass die Wettbewerbsbeschränkung geeignet ist, den zwischenstaatlichen Handel zu beeinträchtigen (sog. **Zwischenstaatlichkeitsklausel**).

Die Anforderungen an die Zwischenstaatlichkeit sind vergleichsweise gering.[278] Die Kommission hat sie in ihren Leitlinien über den Begriff der Beeinträchtigung des zwischenstaatlichen Handels mit der **NAAT-Regel** konkretisiert.[279] Danach ist die Eignung zur Beeinträchtigung des zwischenstaatlichen Handelns zu verneinen, wenn die Kartellbeteiligten einen gemeinsamen Marktanteil von höchstens 5 % innehaben und bei horizontalen Vereinbarungen der gemeinsame Umsatz der Unternehmen bzw. bei vertikalen Vereinbarungen der Umsatz der Lieferanten in Bezug auf die kartellbefangenen Waren einen Betrag von 40 Mio. EUR nicht übersteigt.[280]

---

275 Kommission, De-minimis-Bekanntmachung, 2019, Rn. 8 b).
276 EuGH v. 13.12.2012 – C-226/11, ECLI:EU:C:2012:795, Rn. 16. – *Expedia*.
277 Kommission, De-minimis-Bekanntmachung, 2019, Rn. 10.
278 Immenga/Mestmäcker/*Zimmer*, 6. Aufl. 2019, Art. 101 Abs. AEUV 1 Rn. 173; BeckOK InfoMedienR/*Kumkar*, 40. Ed. 2023, Art. 101 AEUV Rn. 54.
279 NAAT steht für „no appreciable affectation of trade", vgl. Leitlinien über den Begriff der Beeinträchtigung des zwischenstaatlichen Handels in den Artikeln 81 und 82 des Vertrags, ABl. EG 2004 Nr. C 101/81 Rn. 3.
280 Kommission, Leitlinien über den Begriff der Beeinträchtigung des zwischenstaatlichen Handels in den Artikeln 81 und 82 des Vertrags, ABl. EG 2004 Nr. C 101/81 Rn. 52.

2.2.4 Tatbestandsrestriktionen

2.2.4.1 Gemeinwohlgründe

Der Tatbestand des Kartellverbots ist weit gefasst. Der Schutz der Wettbewerbsfreiheit kann daher mit anderen Unionszielen konfligieren. Die Rechtsprechung hat daher in unterschiedlichen Konstellationen ungeschriebene Ausnahmen von dem Kartellverbot anerkannt. Eine erste Fallgruppe betrifft Ausnahmen zugunsten (anderer) Belange des Gemeinwohls.

Der EuGH anerkannt in ständiger Rechtsprechung eine Ausnahme vom Kartellverbot zunächst zugunsten von **Tarifverträgen** zwischen Arbeitgebern und Arbeitnehmern.[281] Das Kartellverbot soll nicht den in Art. 153, 155 AEUV verankerten Ziele der Sozialpolitik sowie der Tarifautonomie entgegenstehen.[282] Daher sind wettbewerbsbeschränkende Vereinbarungen in Tarifverträgen von Art. 101 Abs. 1 AEUV ausgenommen.

In der Rechtssache *Meca Medina* anerkannte der EuGH ferner eine Ausnahme zugunsten von **Belangen des Sports**.[283] Er hat Regelungen rein sportlichen Charakters von dem Kartellverbot ausgenommen.[284] Hierzu können z. B. Antidoping-Bestimmungen zählen. Grund dieser Ausnahme ist, dass solche Regelungen keine wirtschaftlichen Belange, sondern einzig die sportliche Organisation betreffende Ziele – etwa die Sicherstellung der Gemeinnützigkeit des Sports – verfolgen.[285] In der Entscheidung in der Rechtssache *Wouters* befürwortete die Rechtsprechung eine weitere ungeschriebene Ausnahme. Es ging es um eine von der niederländischen Rechtsanwaltskammer erlassene Verordnung, die gemischte Sozietäten verbot.[286] Der EuGH nahm die (an sich wettbewerbsbeschränkende) Vereinbarung von dem Kartellverbot aus. Dies kann dahingehend verstanden werden, dass er **Belangen der Rechtspflege** den Vorzug vor dem Schutz der Wettbewerbsfreiheit gab.[287] Denn mit dem Verbot gemischter Sozietäten zielte die Rechtsanwaltskammer darauf, die Unabhängigkeit der Rechtsberatung zu sichern und Interessenskonflikte zu vermeiden.

Schließlich berücksichtigte der EuGH in der Sache *API* **Belange des Straßenverkehrs**. Gegenstand des Urteils waren Entscheidungen eines überwiegend aus Industrievertretern zusammengesetzten Gremiums über die Mindestbetriebskosten im Straßengüterverkehr und zugleich – infolge italienischer gesetzlicher Vorgaben – indirekt über die Preise für Straßengüterverkehrsdienste. Der EuGH bewertete die im Rahmen des Gremiums zwischen den Industrievertretern getroffenen Entscheidungen als vereinbar mit dem Kartellverbot. Dies wird dahin-

---

281 EuGH v. 21.6.1999 – C-67/96, ECLI:EU:C:1999:430 – *Albany*.
282 Grabitz/Hilf/Nettesheim/*Schuhmacher*, 80. EL 2023, AEUV Art. 101 Rn. 27.
283 EuGH v. 18.7.2006 – C-519/04 P, ECLI:EU:C:2006:492 – *Meca-Medina*.
284 *Podszun*, NZKart 2021, 138, 142.
285 Schauhoff/Kirchhain/*Haus*, Handbuch der Gemeinnützigkeit, 4. Aufl. 2023, § 22 Rn. 22.
286 EuGH v. 19.2.2002 – C-309/99, ECLI:EU:C:2002:98 – *Wouters*.
287 FK-KartellR/*Roth/Ackermann*, 108. EL 2024, Art. 101 AEUV Rn. 23.

gehend gedeutet, dass er die wettbewerbsbeschränkenden Absprachen zugunsten des Gemeinwohlbelangs der Sicherheit im Straßenverkehr ausnahm.[288] Andere deuten die Entscheidung dagegen in ähnlicher Weise wie die Rechtssache *Wouters*. Es gehe um die Anerkennung staatlicher Delegation von Rechtssetzungsbefugnissen.[289]

Aktuell wird diskutiert, ob die Förderung von Nachhaltigkeitsbelangen durch Kartelle eine Tatbestandsrestriktion des Art. 101 Abs. 1 AEUV rechtfertigen kann.[290] Dagegen spricht, dass das Ziel der Nachhaltigkeitsförderung – gemessen an den UN-Zielen[291] – denkbar weit zu verstehen ist. Es würde die Wettbewerbsfreiheit unterlaufen, wenn die Förderung von Nachhaltigkeit bereits eine ungeschriebene Ausnahme von Art. 101 Abs. 1 AEUV ermöglichte. Die Förderung von Wettbewerb und Nachhaltigkeit stehen im Grundsatz nicht in Konflikt. Wettbewerbsdruck wird Unternehmen langfristig dazu anhalten, in Nachhaltigkeit zu investieren.[292] Es überzeugt, Nachhaltigkeitsbelange erst im Rahmen der Freistellung zu berücksichtigen. Diesen Weg schlägt auch die Kommission in ihren Horizontal-Leitlinien von 2023 ein.[293]

2.2.4.2 Nebenabreden

Die europäische Rechtsprechung nimmt solche wettbewerbsbeschränkenden Vereinbarungen von dem Tatbestand des Art. 101 Abs. 1 AEUV aus, die notwendiger Bestandteil einer umfassenderen Abrede mit **kartellrechtsneutralem Hauptzweck** sind.[294] Ein Beispiel bieten Wettbewerbsverbote in Subunternehmer- oder Unternehmensveräußerungsverträgen. Voraussetzung ist, dass die Nebenabrede **objektiv notwendig** und **verhältnismäßig** mit Blick auf den verfolgten Hauptzweck ist.[295] Ein Wettbewerbsverbot im Unternehmensäußerungsvertrag darf sich daher nur auf einen solchen Zeitraum erstrecken, der notwendig ist, damit der Erwerber den Kundenstamm erhalten und binden kann.[296] In ihren Horizontal-Leitlinien führt die Kommission aus, dass die Durchführung der Zusammenarbeit für die Unternehmen ohne die Nebenabrede „unmöglich"[297] sein muss. Der Umstand, dass die

---

288 *Kokott/Dittert*, in: Tagungsband 40 Jahre Monopolkommission, 2014, S. 15, 18.
289 *Schweitzer*, in: Tagungsband 40 Jahre Monopolkommission, 2014, S. 21, 36.
290 Siehe nur *Haucap/Podszun/Rüdiger/Kreuter-Kirchhof/Rohner/Rösner/Offergeld/May*, Wettbewerb und Nachhaltigkeit in Deutschland und der EU, 2023, S. 68–92; *Inderst/Thomas*, Legal Design in Sustainable Antitrust, ZBW – Leibniz Information Centre for Economics, 2022, ► https://www.econstor.eu/handle/10419/253671 (7.6.2024); *Nowag*, Competition Law's Sustainability Gap? Tools for an Examination and a Brief Overview, LundLawCompWP 3/2019, Lund University Legal Research Paper Series, 2019, S. 8.
291 Agenda 2030 für nachhaltige Entwicklung, abrufbar unter: ► https://unric.org/de/17ziele/ (2.7.2024).
292 *Legner*, EYIEL 2023, 233 ff.
293 Kommision, Horizontal-LL, 2023, Rn. 556 ff.
294 EuG v. 18.9.2001 – T-112/99, ECLI:EU:T:2001:215, Rn. 115 – *M6 u. a.*; LMRKM/*Gravel/Nyberg*, 4. Aufl. 2020, Art. 101 Abs. 1 AEUV Rn. 279.
295 EuG v. 18.9.2001 – T-112/99, ECLI:EU:T:2001:215, Rn. 104 – *M6 u. a.*
296 vgl. EuGH v. 11.7.1985 – C-42/48, ECLI:EU:C:1985:327, Rn. 28 – *Remia*.
297 Kommission, Horizontal-LL, 2023, Rn. 34.

Zusammenarbeit „*nur schwerer durchführbar oder weniger rentabel*"[298] wäre, ist nicht hinreichend, um die Wettbewerbsbeschränkung von Art. 101 Abs. 1 AEUV auszunehmen.

Das OLG Düsseldorf hat im Jahr 2019 vertreten, dass **enge Bestpreisklauseln** eines Hotelbuchungsportals als notwendige Nebenabreden bereits nicht unter Art. 101 Abs. 1 AEUV fallen.[299] Dies begründete das Gericht damit, dass

» „es den ausgewogenen Leistungsaustausch und das Gleichgewicht zwischen der Portaldienstleistung der Beteiligten und der Vergütungspflicht des vertragsgebundenen Hotels nachhaltig stört, wenn die Hotels in der Lage wären, das Entstehen des Vergütungsanspruchs dadurch zu verhindern, dass sie die Hotelkunden, die sich unter Nutzung des booking-Portals für ihr Hotel entschieden haben, vor einer Buchung durch einen niedrigeren Zimmerpreis oder bessere Vertragskonditionen auf die hoteleigenen Buchungsmöglichkeiten umleiten."[300]

Dem hat sich weder der BGH[301] noch der europäische Gesetzgeber in der Vertikal-GVO angeschlossen. Eine bloße Gefährdung des Geschäftsmodells des Plattformbetreibers durch die Unterbreitung besserer Angebote auf unternehmenseigenen Websites kann nicht ausreichen, um eine enge Bestpreisklausel als notwendige Nebenabrede einzustufen.[302] Der BGH ergänzt, dass

» „die Eignung oder auch Erforderlichkeit einer Vertragsbestimmung zur Sicherung eines fairen und ausgewogenen Leistungsaustauschs im bilateralen Verhältnis der Vertragsparteien nicht aus[reicht], um eine Nebenabrede vom Verbot des Art. 101 I AEUV auszunehmen."[303]

Der Zweck des Kartellrechts besteht nicht darin, Vertragsparität zu sichern. Die vom OLG Düsseldorf angesprochene Trittbrettfahrerproblematik kann im Rahmen der Freistellungsvoraussetzungen aus Art. 101 Abs. 3 AEUV Berücksichtigung finden. In diesem Rahmen hat eine umfassende Abwägung mit den Verbrauchervorteilen, die mit der Möglichkeit eines günstigeren Verkaufs über eigene Websites der Hotelanbieter verbunden sind, zu erfolgen. Auch die Vertikal-GVO erwähnt in Art. 6 Abs. 1 enge Bestpreisklauseln als dem Grunde nach freistellungsfähige Wettbewerbsbeschränkungen. Der Freistellungsvorteil kann im Einzelfall von der Kommission jedoch entzogen werden.

---

298 Kommission, Horizontal-LL, 2023, Rn. 34.
299 OLG Düsseldorf, Beschl. v. 4.6.2019 – VI-Kart 2/16 (V), NZKart 2019, 379 – *Enge Bestpreisklausel II*.
300 OLG Düsseldorf, Beschl. v. 4.6.2019 – VI-Kart 2/16 (V), NZKart 2019, 379, 381 – *Enge Bestpreisklausel II*.
301 BGH, Beschl. v. 18.5.2021 – KVR 54/20, NZKart 2021, 499 – *Booking.com*.
302 Grabitz/Hilf/Nettesheim/*Schuhmacher*/*Holzweber*, 80. EL 2023, Art. 101 AEUV Rn. 906.
303 BGH, Beschl. v. 18.5.2021 – KVR 54/20, NZKart 2021, 499, 501 – *Booking.com*.

2.2.4.3 Markterschließungsdoktrin

Wettbewerbsbeschränkungen, die es den beteiligten Unternehmen erst ermöglichen, neue Märkte zu erschließen, sind infolge ihrer im Ergebnis wettbewerbsfördernden Auswirkungen von dem Kartellverbot ausgenommen.[304]

Dies betrifft **Arbeitsgemeinschaften**. Ein Beispiel bieten mehrere Bauunternehmen, die sich gemeinsam um einen Bauauftrag bewerben, weil sie jeweils eigenständig das Auftragsvolumen nicht bewältigen, also gar kein Angebot unterbreiten könnten.[305] Auch bei **Alleinvertriebsvereinbarungen** kann die Markterschließungsdoktrin greifen, etwa wenn absoluter Gebietsschutz für Händler notwendig ist, um auf einem neuen Markt überhaupt Fuß fassen zu können.[306] Mit Blick auf digitale Innovationen sind FuE-Vereinbarungen vom Kartellverbot ausgenommen, wenn es den Unternehmen allein nicht gelänge, die erforderlichen Investitionen zu tätigen, oder sie nicht über die technischen Möglichkeiten für die erforderlichen Forschungsanstrengungen verfügten.[307]

2.2.4.4 Handelsvertreterprivileg

Nach dem Handelsvertreterprivileg fallen Vereinbarungen aus dem Tatbestand des Art. 101 Abs. 1 AEUV, wenn sie zwischen Handelsvertreter und Geschäftsherrn zustande kommen. Kennzeichnend für einen Handelsvertreter ist, dass er am Markt die Interessen des Geschäftsherrn vertritt.[308] Er ist – mit den Worten der Kommission – *„nicht mehr als unabhängiger Marktteilnehmer"*[309] anzusehen. Stattdessen tritt er als bloßer Absatzmittler auf, der kein geschäftliches Risiko am Markt übernimmt.[310]

In der Entscheidung *Voestalpine* spricht das EuG von dem Handelsvertreter als *„eingegliederte[m] Hilfsorgan"*.[311] Dies verweist auf die beiden Voraussetzungen des Handelsvertreterprivilegs. Erstens bedarf es der Eingliederung des Handelsvertreters in die Organisation des Geschäftsherrn. Zweitens hat er ausschließlich auf dessen Rechnung zu handeln. Der echte Handelsvertreter ist vom sog. unechten Handelsvertreter, der von keiner teleologischen Reduktion des Kartellverbots profitiert, zu unterscheiden.[312] Darunter fällt z. B. der selbständige Vertriebshändler, der ein eigenes wirtschaftliches Risiko beim Absatz trägt.[313] Die Einstufung eines

---

304 Grabitz/Hilf/Nettesheim/*Stockenhuber*, 80. EL 2023, Art. 101 AEUV Rn. 153.
305 MüKo-WettbR/*Wagner-von Papp*, 4. Aufl. 2022, Art. 101 AEUV Rn. 306.
306 EuGH v. 30.6.1966 – C-56/65, ECLI:EU:C:1966:38, S. 304 – *Société Technique Minière/Maschinenbau Ulm*.
307 Kommission, Horizontal-LL, 2023, Rn. 138.
308 Dauses/Ludwigs/*Hoffmann*, Handbuch des EU-Wirtschaftsrecht, 60. EL 2024, I. Kartellrecht § 2 Rn. 196.
309 Kommission, Vertikal-LL, 2022, Rn. 30.
310 Grabitz/Hilf/Nettesheim/*Stockenhuber*, 80. EL 2023, Art. 101 AEUV Rn. 171.
311 EuG v. 15.7.2015 – T-418/10, ECLI:EU:T:2015:516, Rn. 158 – *voestalpine und voestalpine Wire Rod Austria*.
312 *Kling/Thomas*, Kartellrecht, 2. Aufl. 2016, § 5 Rn. 172.
313 Vgl. EuGH v. 16.12.1975 – C-40/73 u. a., ECLI:EU:C:1975:174 – *Suiker Unie u. a.*

Handelsvertreters nach den nationalen Vorschriften der §§ 84 ff. HGB ist nicht entscheidend für die kartellrechtliche Differenzierung zwischen echtem und unechtem Handelsvertreter.[314]

Im Rahmen der Digitalwirtschaft hat das OLG Düsseldorf vertreten, dass die von einem **Hotelbuchungsportal** mit den auf der Plattform aktiven Hotelunternehmen vereinbarten Bestpreisklauseln bereits deshalb nicht unter das Kartellverbot fielen, weil das Buchungsportal als Handelsvertreter zu bewerten sei.[315] Zur Begründung führte das Gericht aus, dass sich die Leistung der Plattform darauf beschränke, *„mit Hilfe des Hotelportals Zimmerbuchungen für die vertragsgebundenen Hotelunternehmen abschlussreif vorzubereiten."*[316] Im Übrigen habe die Plattform *„keinen Einfluss auf die Buchungskonditionen."*[317]

Dem ist der BGH zu Recht entgegengetreten.[318] Zur Begründung verweist er auf die Ziele der vereinbarten Bestpreisklausel, die darin bestehen, ein *„Trittbrettfahrerproblem durch einen den bedeutendsten Wettbewerbsparameter, den Preis, in nicht unerheblichem Umfang"*[319] zu bekämpfen. Bereits dies zeige, dass die Plattform keinesfalls ohne wirtschaftliches Risiko am Markt agiere.

In ihren Vertikal-Leitlinien von 2022 stellt auch die Kommission heraus, dass *„Vereinbarungen zwischen Unternehmen, die in der Online-Plattformwirtschaft tätig sind, [...] in der Regel nicht die Voraussetzungen für eine Einstufung als Handelsvertreterverträge"*[320] erfüllen. Dies begründet sie wie folgt[321]: Plattformbetreiber schließen Verträge mit einer großen Zahl von Unternehmen ab. Dies erschwert es, den Betreiber als unselbstständigen Teil eines dieser Unternehmen zu bewerten. Hinzu kommt, dass die Marktmacht, die eine Plattform als Vermittlerin zwischen den verschiedenen Marktseiten ausübt, es ihr ermöglicht, erheblichen Einfluss auf die Konditionen zu nehmen, zu denen gewerbliche Nutzer Leistungen auf der Plattform anbieten. Nicht zuletzt leisten Plattformbetreiber regelmäßig Investitionen für den Betrieb ihres Vermittlungsdienstes, sodass sie selbst wirtschaftliche Risiken tragen.

2.2.4.5 Konzernprivileg

Vom Kartellverbot ausgenommen sind Vereinbarungen zwischen Gesellschaften, die ein- und derselben wirtschaftlichen Einheit angehören und damit ein einheitliches Unternehmen im Sinne des Art. 101 AEUV bilden.[322] Grund hierfür ist, dass im Verhältnis dieser Gesellschaften von vornherein keine Handlungsautonomie besteht, die durch Vereinbarungen beschränkt werden könnte. Vielmehr treten sie

---

314 Kommission, Vertikal-LL, 2022, Rn. 63.
315 OLG Düsseldorf, Urt. v. 4.12.2017 – VI-U (Kart) 5/17, NZKart 2018, 54, 55 – *Expedia*.
316 OLG Düsseldorf, Urt. v. 4.12.2017 – VI-U (Kart) 5/17, NZKart 2018, 54, 55 – *Expedia*.
317 OLG Düsseldorf, Urt. v. 4.12.2017 – VI-U (Kart) 5/17, NZKart 2018, 54, 55 – *Expedia*.
318 BGH, Beschl. v. 18.5.2021 – KVR 54/20, NZKart 2021, 499, 502 – *Booking.com*.
319 BGH, Beschl. v. 18.5.2021 – KVR 54/20, NZKart 2021, 499, 502 – *Booking.com*.
320 Kommission, Vertikal-LL, 2022, Rn. 46.
321 Kommission, Vertikal-LL, 2022, Rn. 46.
322 Zum Unternehmensbegriff siehe ▶ Abschn. 2.1.4.1.

2.2 · Kartellverbot

als Einheit am Markt auf.[323] Für eine wirtschaftliche Einheit bedarf es eines **einheitlichen Auftretens am Markt** von Mutter- und Tochtergesellschaft.[324] Es bedarf daher der **tatsächlichen Einflussnahme** der Muttergesellschaft, die bloße Möglichkeit genügt grundsätzlich nicht.[325] Zur Ermittlung einer wirtschaftlichen Einheit stellt die Rechtsprechung in erster Linie auf die Höhe der Beteiligungsverhältnisse ab.[326] Ergänzend können weitere Umstände, z. B. personelle Verflechtungen, berücksichtigt werden. Die Rechtsprechung vermutet das Vorliegen einer wirtschaftlichen Einheit, wenn die Muttergesellschaft **100 % oder fast 100 %** an der Tochtergesellschaft hält.[327] Die Tochtergesellschaft hat die Möglichkeit, die Vermutung zu widerlegen. In der Praxis erscheint dies aber nahezu unmöglich.

> **Vertiefung**
>
> An einigen Stellen gibt es im EU-Kartellrecht explizite Vorschriften zum Grundsatz der wirtschaftlichen Einheit, die vorrangig anzuwenden sind. Im Anwendungsbereich der Vertikal-GVO ist dies Art. 1 Abs. 2 UAbs. 2 Vertikal-GVO, der den Begriff des verbundenen Unternehmens definiert. Im Rahmen der Zusammenschlusskontrolle sind die Vorschrift zur Umsatzberechnung aus Art. 5 Abs. 4 FKVO sowie die Vorgaben zur nur anteiligen Zurechnung der Anteile an Gemeinschaftsunternehmen in Art. 5 Abs. 5 FKVO zu beachten.
>
> Ferner hat das Vorliegen einer wirtschaftlichen Einheit für die bußgeld- und zivilrechtlichen Rechtsfolgen Relevanz. Mutter- und Tochtergesellschaft haften als Gesamtschuldnerinnen.

2.2.5 Freistellung

2.2.5.1 Allgemeines

Verstößt eine Absprache gegen Art. 101 Abs. 1 AEUV, so können die beteiligten Unternehmen von einer Freistellung gemäß Art. 101 Abs. 3 AEUV profitieren. Greifen die Freistellungsvoraussetzungen, ist die Absprache im Ergebnis **mit dem Kartellverbot vereinbar**, verstößt also nicht gegen Art. 101 AEUV.

Im Gegensatz zur formbezogenen Perspektive des Art. 101 Abs. 1 AEUV, fokussieren die Freistellungsvoraussetzungen die **Auswirkungen** einer Wettbewerbsbeschränkung. Kurz gesagt sollen solche Wettbewerbsbeschränkungen freigestellt sein, bei welchen die positiven Auswirkungen für die Marktgegenseite die negati-

---

[323] EuGH v. 24.10.1975 – C-73/95 P, ECLI:EU:C:1996:405 – *Viho*; EuGH v. 11.4.1989 – C-66/86, ECLI:EU:C:1989:140 – *Ahmed Saeed Flugreisen u. a.*
[324] EuGH v. 24.10.1975 – C-73/95 P, ECLI:EU:C:1996:405, Rn. 50 – *Viho*.
[325] EuGH v. 10.9.2009 – C-97/08 P, ECLI:EU:C:2009:536, Rn. 60 – *Akzo Nobel u. a.*
[326] Grabitz/Hilf/Nettesheim/*Stockenhuber*, 80. EL 2023, AEUV Art. 101 Rn. 167.
[327] EuGH v. 29.3.2011 – C-201/09 P, ECLI:EU:C:2011:190, Rn. 97 – *ArcelorMittel Luxembourg*.

ven Auswirkungen für den Wettbewerb überwiegen. Die Freistellungsvoraussetzungen verdeutlichen, dass das Kartellverbot – neben der wettbewerblichen Institution – die **Verbraucherwohlfahrt** schützt.[328] Art. 101 Abs. 3 AEUV normiert vier kumulativ zu erfüllende Freistellungsvoraussetzungen. Danach greift das Kartellverbot nicht, wenn

- die Wettbewerbsbeschränkung zur **Verbesserung der Warenerzeugung oder -verteilung** oder zur **Förderung des technischen oder wirtschaftlichen Fortschritts** beiträgt, und
- die **Verbraucher** an diesem Gewinn angemessen beteiligt werden.
- Ferner darf die Absprache keine Beschränkungen erhalten, die für die Verwirklichung dieser Ziele nicht **unerlässlich** sind, und
- den Unternehmen darf es **nicht** möglich sein, für einen wesentlichen Teil der betreffenden Ware den **Wettbewerb auszuschalten**.[329]

Die Freistellungsvoraussetzungen gelten **ipso jure**, ohne dass die Kommission sie für anwendbar erklären müsste (sog. **System der Legalausnahme**). Dies stellt Art. 1 Abs. 2 VO 1/2003 klar.[330] Das bedeutet, dass Unternehmen selbst bewerten müssen, ob ihre Absprache die Freistellungsvoraussetzungen erfüllt. Ihnen obliegt gem. Art. 2 Satz 2 VO Nr. 1/2003 die Darlegungs- und Beweislast. Da die Voraussetzungen des Art. 101 Abs. 3 AUEV weit gefasst sind, geht mit ihnen Rechtsunsicherheit einher. Die Kommission hat daher durch **Gruppenfreistellungsverordnungen (GVOen)** die Freistellungsvoraussetzungen für jeweils bestimmte Gruppen von Wettbewerbsbeschränkungen konkretisiert.

❶ Merke

Ist eine Gruppenfreistellungsverordnung (GVO) einschlägig, sind deren Voraussetzungen vorrangig zu prüfen. Ist die Vereinbarung nach der einschlägigen GVO nicht freigestellt, ist im Anschluss zu klären, ob eine Freistellung ausnahmsweise direkt nach Art. 101 Abs. 3 AEUV in Betracht kommt. Dies ist aber selten der Fall, da die GVOen den Zweck haben, die allgemeinen Freistellungsvoraussetzungen zu konkretisieren.

❂ Vertiefung

Neben den GVOen gibt es sektorspezifische Ausnahmen vom Kartellverbot. Dies betrifft z. B. die Landwirtschaft, vgl. Art. 42 AEUV. Wettbewerbsregeln für diesen Wirtschaftsbereich finden sich in Spezialbestimmungen, u. a. in der GMO-Verordnung.[331] Art. 101 AEUV ist insoweit von vornherein nicht anwendbar. Es kommt weder auf Tatbestandrestriktionen[332] noch auf Freistellungsvoraussetzungen an.

---

328 Siehe ▶ Abschn. 2.1.3.2.
329 Siehe ▶ Abschn. 2.2.5.3.
330 Zuvor wurde die Freistellung als Verbot mit Erlaubnisvorbehalt ausgestaltet, sodass die Kommission die Freistellungsentscheidungen treffen musste.
331 Verordnung (EU) Nr. 1308/2013 des Europäischen Parlaments und des Rates vom 17. Dezember 2013 über eine gemeinsame Marktorganisation für landwirtschaftliche Erzeugnisse, ABl. EU 2013 Nr. L 347/671.
332 Siehe ▶ Abschn. 2.2.4.

Nachfolgend werden einige Gruppenfreistellungsverordnungen dargestellt. Der wesensmäßige Unterschied zwischen horizontalen und vertikalen Beschränkungen[333] hat auf Ebene der Freistellung zur Folge, dass mit der Vertikal-GVO eine Verordnung existiert, die gem. Art. 2 Abs. 1 im Grundsatz alle vertikalen Beschränkungen vom Kartellverbot ausgestellt. Eine ebenso umfassende Freistellung existiert für horizontale Beschränkungen nicht. Es ist nach dem Inhalt der Absprache zu prüfen, ob sie unter eine der Verordnungen fällt, die spezifische horizontale Beschränkungen umfassen. Dazu zählen u. a. die FuE-GVO und die Spezialisierungs-GVO. Sollte keine einschlägige Verordnung existieren, ist eine Einzelfreistellung gem. Art. 101 Abs. 3 AEUV zu prüfen.

2.2.5.2 Gruppenfreistellungsverordnungen
Vertikal-GVO
Überblick

Gem. Art. 2 Abs. 1 Vertikal-GVO[334] sind im Grundsatz **alle vertikalen Vereinbarungen** freigestellt. Dies gilt jedoch nur, soweit der Anwendungsbereich der Vertikal-GVO eröffnet ist. Dazu müssen die an der Vereinbarung beteiligten Unternehmen die doppelte Marktanteilsschwelle des Art. 3 Vertikal-GVO wahren. Ferner darf die vertikale Vereinbarung weder eine Kernbeschränkung gem. Art. 4 Vertikal-GVO noch eine sonstige nicht freigestellte Beschränkung gem. Art. 5 Vertikal-GVO enthalten. Liegt eine Kernbeschränkung vor, ist die gesamte Vereinbarung von der Freistellung des Art. 2 Abs. 1 Vertikal-GVO ausgenommen. Bei einer sonstigen nicht freigestellten Beschränkung bleibt der Freistellungsvorteil für die übrigen Inhalte der Vereinbarung erhalten.

> **Merke**
>
> Art. 2 Abs. 1 Vertikal-GVO stellt – im Anwendungsbereich der GVO – im Grundsatz alle vertikalen Vereinbarungen frei.

Die weite Freistellungsmöglichkeit vertikaler Wettbewerbsbeschränkungen verdeutlicht, dass sie wesensmäßig anders sind als horizontale. Sie sind grundsätzlich weniger wettbewerbsschädlich, da sie lediglich die wettbewerbliche Handlungsfreiheit einer Partei beschränkten und ggfs. Effizienzen generieren. Ein bekanntes Beispiel ist das Problem der doppelten Marginalisierung, wonach es in der Vertriebskette zu einem doppelten Preisaufschlag und damit zu einem höheren Verkaufspreis zulasten der Verbraucher kommen kann, wenn Hersteller und Händler ihre Preise unabhängig voneinander setzen.[335] Dies kann durch vertikale Vereinbarungen vermieden werden.

---

333 Siehe ▶ Abschn. 2.2.2.1.
334 Verordnung (EU) 2022/720 der Kommission vom 10. Mai 2022 über die Anwendung des Artikels 101 Absatz 3 des Vertrags über die Arbeitsweise der Europäischen Union auf Gruppen von vertikalen Vereinbarungen und abgestimmten Verhaltensweisen, ABl. EU 2022 Nr. L 134/4.
335 Kommission, Vertikal-LL, 2022, Rn. 201.

Jedoch können vertikale Wettbewerbsbeschränkungen auch nachteilige marktabschottende Effekte mit sich bringen. Dies hängt vor allem von der Marktmacht der an der Vereinbarung beteiligten Unternehmen ab. Die Vertikal-GVO berücksichtigt diesen Umstand dadurch, dass sie ihre Freistellungsanordnung in Art. 2 Abs. 1 Vertikal-GVO an die doppelte Marktanteilsschwelle aus Art. 3 Vertikal-GVO knüpft.[336] Zudem können vertikale Vereinbarungen Anbietern bzw. Abnehmern erleichtern, horizontale Absprachen untereinander zu treffen.

Die Vertikal-GVO wurde im Jahr 2022 umfassend überarbeitet. Dabei wurden zahlreiche **Sondervorschriften für die Digitalökonomie** aufgenommen.

— Sie betreffen zum einen neue **Geschäftsmodelle**. Die Vermittlungsleistungen der Plattformbetreiber fügen sich nicht in den klassischen zwei- oder dreistufigen Vertriebsaufbau ein, auf den die alte Fassung der Vertikal-GVO von 2010 rekurrierte. Es ist letztlich nicht möglich, einem Plattformbetreiber die Rolle des Anbieters oder des Abnehmers eindeutig zuzuordnen. Vielmehr liegen die Aufgaben, die ein Plattformbetreiber übernimmt, an der Schnittstelle von Produktion und Vertrieb.[337] Hinzu kommt, dass einige Plattformbetreiber eine hybride Rolle einnehmen. Sie bieten nicht nur Vermittlungsleistungen an, sondern treten auf nachgelagerter Marktstufe zugleich in Wettbewerb mit ihren Abnehmern.

— Zum anderen konnten im Digitalsektor neue **Formen vertikaler Wettbewerbsbeschränkungen** beobachtet werden, deren Vereinbarkeit mit dem Kartellverbot kontrovers diskutiert wurde. Dazu zählen u. a. Internetvertriebsverbote, Plattformverbote und Bestpreisklauseln.[338] Die Vertikal-GVO greift diese neuen Formen nun teilweise explizit auf und schafft so Rechtssicherheit.

Anwendungsbereich
Vertikale Vereinbarung
Auch wenn das europäische Kartellverbot horizontale und vertikale Wettbewerbsbeschränkungen gleichbehandelt, sind beide wesensmäßig verschieden. Dies zeigt die weite Freistellungsmöglichkeit vertikaler Vereinbarungen in Art. 2 Abs. 1 Vertikal-GVO. Für die Reichweite des Freistellungstatbestands ist relevant, wie die Verordnung den Begriff der vertikalen Vereinbarung definiert. Gem. Art. 1 Abs. 1 lit. a) Vertikal-GVO fällt darunter eine Absprache zwischen zwei oder mehr Unternehmen, die für die Zwecke der Absprache **jeweils auf einer anderen Stufe der Produktions- oder Vertriebskette tätig** sind und die die Bedingungen betrifft, zu denen die beteiligten Unternehmen Waren oder Dienstleistungen beziehen, verkaufen oder weiterverkaufen dürfen. Die Vertikal-GVO bezeichnet diese Unternehmen typischerweise als „Anbieter" und „Abnehmer".

---

336 Siehe ▶ Abschn. 2.2.5.2.1.2., Abschnitt Marktanteilsschwellen.
337 *Thomas*, ZHR 184 (2020), 222, 238.
338 Siehe ▶ Abschn. 2.2.2.3.

▶ Beispiele

Vereinbarungen zwischen Herstellern und Händlern oder zwischen Groß- und Einzelhändlern sind vertikaler Natur. ◀

Art. 1 Abs. 1 lit. d) Vertikal-GVO befasst sich mit der schwierigen Frage, wie ein **Plattformbetreiber** – von der Vertikal-GVO bezeichnet als „Unternehmen, das Online-Vermittlungsdienste erbringt" – in die Vertriebsstruktur zu integrieren ist. Es wird angeordnet, dass er **als Anbieter** in Bezug auf die Unternehmen zu qualifizieren ist, die seine Vermittlungsleistungen in Anspruch nehmen. Dadurch wird klargestellt, dass Vereinbarungen zwischen einem Plattformbetreiber und der auf der Plattform aktiven Unternehmen vertikale Vereinbarungen sind.

Eine Ausnahme sieht die Vertikal-GVO in Art. 2 Abs. 4, 6 für **hybride Plattformen** vor. Sie treten auf nachgelagerter Marktstufe mit den Unternehmen, denen sie auf vorgelagerter Marktstufe ihre Vermittlungsleistung anbieten, in Wettbewerb.

▶ Beispiel

Der Betreiber der Handelsplattform *Amazon* bietet Händlern zum einen Zugang zur Plattform an. Zum anderen tritt er in Konkurrenz mit diesen Händlern, da er selbst als Anbieter von Waren auf seiner Plattform agiert. ◀

Nach Art. 2 Abs. 6 Vertikal-GVO werden vom Anwendungsbereich der Vertikal-GVO Vereinbarungen in Bezug auf die Bereitstellung von Online-Vermittlungsdiensten ausgenommen, wenn der Anbieter der Online-Vermittlungsdienste auf dem nachgelagerten Markt als Wettbewerber tätig ist. Die Vereinbarungen sind zwar weiterhin als vertikale zu qualifizieren; sie werden aber von der Freistellung des Art. 2 Abs. 1 Vertikal-GVO ausgeschlossen. Hintergrund ist, dass in solchen Konstellationen das Risiko horizontaler Kollusion besteht, welches die Vertikal-GVO nicht privilegieren will.

Eine weitere Ausnahme sieht Art. 2 Abs. 4, 5 Vertikal-GVO für den Informationsaustausch vor. Er wird nicht von der Vertikal-GVO erfasst, wenn er entweder nicht direkt die Umsetzung der vertikalen Vereinbarung betrifft oder nicht zur Verbesserung der Produktion oder des Vertriebs der Vertragswaren oder -dienstleistungen erforderlich ist. Demnach bleiben von der Vertikal-GVO z. B. der Austausch von technischen Informationen zu Vertragswaren oder von logistischen Informationen zum Vertrieb erfasst.[339] Im Szenario des dualen Vertriebs ist es dagegen unwahrscheinlich, dass die Vertikal-GVO greift, wenn die Parteien Informationen über künftige Preise oder individuelle Verbraucher austauschen.[340]

---

339 Kommission, Vertikal-LL, 2022, Rn. 99.
340 Kommission, Vertikal-LL, 2022, Rn. 100.

Marktanteilsschwellen

Art. 3 Abs. 1 Vertikal-GVO knüpft die Freistellungsfolge der Verordnung an eine doppelte Marktanteilsschwelle. Voraussetzung ist, dass weder der Marktanteil des Anbieters noch der Marktanteil des Abnehmers mehr als 30 % beträgt. Dadurch wird – freilich stark pauschaliert – berücksichtigt, dass die wettbewerblichen Auswirkungen vertikaler Vereinbarungen von der Marktmacht der beteiligten Unternehmen abhängen.[341]

Wie der Marktanteil zu ermitteln ist, legt Art. 8 Vertikal-GVO dar. Mit Blick auf Plattformbetreiber besteht die Schwierigkeit, die Märkte zutreffend abzugrenzen und die Marktanteile zu ermitteln. So bilden Plattformen in der Regel mehrseitige Märkte.[342] Dabei stellt sich die Frage, ob jede Nutzergruppe, also Marktseite, einen eigenständigen kartellrechtlich relevanten Markt bildet oder ob mehrere Nutzergruppen bei der Marktabgrenzung zusammenzufassen sind. Bei Bewertung des Zusammenschlussvorhabens von *Microsoft/LinkedIn* hat die Kommission einen einheitlichen Markt für Online-Rekrutierungsdienste angenommen, der sowohl Arbeitsuchende als auch Personalverantwortliche umfasst.[343] Anders entschied sie in der Sache *Mastercard*. Mit Blick auf Zahlungskartensysteme nahm die Kommission zwei getrennte Märkte für das *Issuing* und das *Acquiring* an.[344]

Hinzu kommt, dass Plattformbetreiber einer Nutzergruppe – zumeist privaten Endnutzern – eine Leistung bisweilen ohne monetäre Gegenleistung anbieten.[345] Beispiele sind die Bereitstellung sozialer Netzwerke durch *Instagram* oder *Facebook*. Insoweit ist eine Marktanteilsberechnung anhand der Umsätze nicht geeignet. Der grundsätzlichen Annahme eines Marktes steht das Fehlen einer monetären Gegenleistung aber nicht entgegen.[346]

Kernbeschränkungen

Art. 4 Vertikal-GVO listet sechs Kernbeschränkungen auf, für die die Freistellung des Art. 2 Vertikal-GVO nicht gilt. Auch wenn der Anwendungsbereich der Verordnung eröffnet ist, sind Kernbeschränkungen daher nicht freigestellt. Erfüllen sie nicht ausnahmsweise unmittelbar die Voraussetzungen des Art. 101 Abs. 3 AEUV (sog. Einzelfreistellung),[347] verstoßen sie gegen das Kartellverbot. In diesem Fall ist die gesamte vertikale Vereinbarung kartellrechtswidrig und gem. Art. 101 Abs. 2 AEUV nichtig.

---

341 Dazu bereits ▶ Abschn. 2.2.5.2.1.1.
342 Dazu im Detail ▶ Abschn. 2.3.1.1.4.
343 Kommission v. 6.12.2016 – M.8124 – *Microsoft/LinkedIn*.
344 Kommission v. 19.12.2017 – AT.34579 – *Mastercard*.
345 Dazu im Detail ▶ Abschn. 2.3.1.1.4.2.
346 Kommission v. 7.10.2011 – COMP/M.6281 – *Microsoft/Skype*.
347 Siehe ▶ Abschn. 2.2.5.3.

2.2 · Kartellverbot

Art. 4 lit. a) Vertikal-GVO adressiert **Preisbindungen der zweiten Hand**.[348] Von der Freistellung ausgenommen sind Fest- und Mindestpreisbindungen. Vom Anwendungsbereich erfasst bleiben Höchstpreisbindungen und unverbindliche Preisempfehlungen, es sei denn sie wirken sich infolge der Ausübung von Druck oder der Gewährung von Anreizen tatsächlich wie Fest- oder Mindestverkaufspreise aus.

Art. 4 lit. b) Vertikal-GVO umfasst **Gebiets- und Kundenbeschränkungen** im **Alleinvertriebssystem**, in welchem ein Gebiet bzw. eine Kundengruppen einem Händler exklusiv zugewiesen wurde.

> **Definition**
>
> Ein Alleinvertriebssystem ist gem. Art. 1 Abs. 1 lit. h) Vertikal-GVO ein Vertriebssystem, in denen der Anbieter ein Gebiet oder eine Kundengruppe sich selbst oder höchstens fünf Abnehmern exklusiv zuweist und allen anderen Abnehmern Beschränkungen in Bezug auf den aktiven Verkauf in das exklusiv zugewiesene Gebiet oder an die exklusiv zugewiesene Kundengruppe auferlegt.

Art. 4 lit. b) Vertikal-GVO nennt in lit. i)–v) fünf Rückausnahmen, die teilweise unmittelbar mit dem Charakter eines Alleinvertriebssystems in Verbindung stehen. Ausgenommen und damit von Art. 2 Abs. 1 Vertikal-GVO erfasst sind:
– die Beschränkung des aktiven Verkaufs durch den Alleinvertriebshändler und durch seine Direktkunden **in ein Gebiet oder an eine Kundengruppe**, das bzw. die dem Anbieter vorbehalten ist oder von dem Anbieter höchstens fünf weiteren Alleinvertriebshändlern **exklusiv zugewiesen wurde**,
– die Beschränkung des aktiven oder passiven Verkaufs durch den Alleinvertriebshändler und durch seine Kunden **an nicht zugelassene Händler** in einem Gebiet, in dem der Anbieter ein selektives Vertriebssystem für die Vertragswaren oder -dienstleistungen betreibt,
– die Beschränkung des **Niederlassungsorts** des Alleinvertriebshändlers,
– die Beschränkung des aktiven oder passiven Verkaufs an Endverbraucher durch einen Alleinvertriebshändler, der **auf der Großhandelsstufe tätig** ist,
– die Beschränkung der Möglichkeit des Alleinvertriebshändlers, Teile, die zur Weiterverwendung geliefert werden, aktiv oder passiv **an Kunden zu verkaufen, die diese Teile für die Herstellung derselben Art von Waren verwenden würden**, wie sie der Anbieter herstellt.

Gem. Art. 4 lit. c) Vertikal-GVO sind **Gebiets- und Kundenbeschränkungen** in **selektiven Vertriebssystemen** Kernbeschränkungen. Dies betrifft auch Beschränkungen von **Querlieferungen** sowie des Verkaufs an Endverbraucher durch auf der Einzelhandelsstufe tätige Mitglieder des selektiven Vertriebssystems.

---

348 Siehe ▶ Abschn. 2.2.2.3.1.

> **Definition**
>
> Ein selektives Vertriebssystem ist gem. Art. 1 Abs. 1 lit. g) Vertikal-GVO ein Vertriebssystem, in welchem nur ausgewählte Händler, die anhand qualitativer und/oder quantitativer Kriterien ausgesucht wurden, zugelassen werden.

Rückausnahmen sind für Gebiets- und Kundenbeschränkungen in Art. 4 lit. c) Nr. 1–5 Vertikal-GVO vorgesehen. Sie sind denen des Art. 4 lit. b) Vertikal-GVO nachgebildet.

Art. 4 lit. d) Vertikal-GVO erfasst **Gebiets- und Kundenbeschränkungen** in **freien Vertriebssystemen**. Die Rückausnahmen entsprechen denen des Art. 4 lit. b), c) Vertikal-GVO.

Art. 4 lit. e) Vertikal-GVO betrifft die Verhinderung der wirksamen **Nutzung des Internets zum Verkauf** der Vertragswaren oder -dienstleistungen.[349] Erfasst wird nicht nur das unmittelbare Verbot des Internetvertriebs. Auch andere Verpflichtungen, die mittelbar darauf hinauslaufen, dass Händler über das Internet die Waren nicht an bestimmte Kunden bzw. in bestimmten Gebieten verkaufen können, sind nicht freistellungsfähig.[350] Dazu gehört die Vereinbarung, dass ein Händler vor Abschluss einer Online-Transaktion die Genehmigung des Herstellers einzuholen hat oder das Verbot des Händlers, eigene Online-Shops einzurichten.[351] Ein Doppelpreissystem fällt nur dann unter Art. 4 lit. e) Vertikal-GVO, wenn der Preisunterschied zwischen offline und online vertriebenen Waren unverhältnismäßig ist und in keiner Beziehung zu den Investitionen steht, die mit der Nutzung der Vertriebskanäle verbunden sind.[352]

Als Rückausnahmen nennt Art. 4 lit. e) Vertikal-GVO „**andere Beschränkungen des Online-Verkaufs**" sowie „Beschränkungen der **Online-Werbung**," die nicht darauf abzielen, die Nutzung eines ganzen Online-Werbekanals zu verhindern. Zu „anderen Beschränkungen des Online-Verkaufs" zählen Vorgaben, bestimmte Online-Vertriebskanäle (z. B. Online-Marktplätze) nicht zu nutzen.[353] Auch bleibt es dem Hersteller möglich, qualitative Anforderungen an die vom Händler zu nutzenden Online-Vertriebskanäle aufzustellen. Ferner ist es zulässig, den Händlern Vorgaben zur Repräsentation der Waren in ihren Online-Shops zu machen.

Art. 4 lit. f) Vertikal-GVO erfasst Beschränkungen des **Verkaufs von Ersatzteilen**.

---

349 Siehe ▶ Abschn. 2.2.2.3.2.
350 Kommission, Vertikal-LL, 2022, Rn. 206.
351 Kommission, Vertikal-LL, 2022, Rn. 206.
352 Kommission, Vertikal-LL, 2022, Rn. 209.
353 Kommission, Vertikal-LL, 2022, Rn. 207.

Andere nicht freistellungsfähige Beschränkungen

Art. 5 Vertikal-GVO zählt weitere Beschränkungen auf, die nicht unter die Freistellung des Art. 2 Abs. 1 Vertikal-GVO fallen. Soweit sie nicht ausnahmsweise die Voraussetzungen des Art. 101 Abs. 3 AEUV (sog. Einzelfreistellung) erfüllen,[354] verstoßen sie gegen das Kartellverbot. Die wettbewerbsbeschränkende Vereinbarung ist in diesem Fall nichtig, lässt das Schicksal der übrigen Absprache aber unberührt.

Art. 5 Abs. 1 lit. a) Vertikal-GVO adressiert **Ausschließlichkeitsvereinbarungen**[355] mit einer Dauer von **mindestens fünf Jahren**.[356] Die Vorschrift spricht zwar von „Wettbewerbsverbot". Damit sind aber nicht die oben unter diesem Begriff behandelten Fälle des Konkurrenzschutzes bei Subunternehmer- oder Unternehmensveräußerungsverträgen gemeint.[357] Vielmehr definiert Art. 1 Abs. 1 lit. f) Vertikal-GVO das Wettbewerbsverbot als Verpflichtung des Abnehmers, **mehr als 80 %** seines Gesamtbezugs an Vertragswaren vom Anbieter zu beziehen. Erfasst sind u. a. Mindestabnahmeverpflichtungen und Alleinbezugsverpflichtungen.[358]

Art. 5 Abs. 1 lit. b) Vertikal-GVO regelt **nachvertragliche Wettbewerbsverbote**. Nicht freistellungsfähig sind Verpflichtungen des Abnehmers, Waren nach Vertragsbeendigung nicht herzustellen, zu beziehen, zu verkaufen oder weiterzuverkaufen. Eine enge Rückausnahme, die bei vier kumulativ erfüllten Voraussetzungen greift, ist in Art. 5 Abs. 3 Vertikal-GVO niedergelegt. Bedingung ist insbesondere, dass das Wettbewerbsverbot nur für die Dauer von einem Jahr nach Vertragsbeendigung vorgesehen ist.

> **Beachte**
> Nachvertragliche Wettbewerbsverbote können bereits vom Tatbestand des Art. 101 Abs. 1 AEUV auszunehmen sein, wenn sie notwendige Nebenabreden zur Durchführung eines kartellrechtsneutralen Vertragszwecks sind.[359] Ist dies der Fall, bedürfen sie keiner Freistellung. Die Vertikal-GVO ist dann nicht zu prüfen.

Art. 5 Abs. 1 lit. c) Vertikal-GVO nimmt Verpflichtungen von der Freistellung aus, durch die die Mitglieder eines selektiven Vertriebssystems veranlasst werden, Marken bestimmter konkurrierender Anbieter nicht zu verkaufen. Dadurch soll der Intrabrand-Wettbewerb gefördert werden.[360]

Art. 5 Abs. 1 lit. d) Vertikal-GVO betrifft **weite Bestpreisklauseln**.[361] Nicht freistellungsfähig ist eine Vereinbarung zwischen einem Plattformbetreiber und den über die Plattform vertreibenden Unternehmen, wonach Letzteren untersagt wird,

---

354 Siehe ▶ Abschn. 2.2.5.3.
355 Siehe ▶ Abschn. 2.2.2.3.7.
356 Eine Rückausnahme findet sich in Art. 5 Abs. 2 Vertikal-GVO für Waren, die vom Abnehmer in Räumlichkeiten und auf Grundstücken im Eigentum des Anbieters verkauft werden.
357 Siehe ▶ Abschn. 2.2.4.2.
358 *Kling/Thomas*, Kartellrecht, 2. Aufl. 2016, § 5 Rn. 394.
359 Siehe ▶ Abschn. 2.2.4.2.
360 Kommission, Vertikal-LL, 2022, Rn. 252.
361 Zur Differenzierungen zwischen engen und weiten Bestpreisklauseln siehe ▶ Abschn. 2.2.2.3.8.

über konkurrierende Online-Vermittlungsdienste zu günstigeren Bedingungen anzubieten, zu verkaufen oder weiterzuverkaufen. Nicht von Art. 5 Vertikal-GVO erfasst werden enge Bestpreisklauseln. Sie bleiben freistellungsfähig. Die Kommission hat gem. Art. 6 Vertikal-GVO aber die Möglichkeit, die Freistellung im Einzelfall zu entziehen.

> **Merke**
> Sowohl enge als auch weite Bestpreisklauseln verstoßen gegen Art. 101 Abs. 1 AEUV, da sie den Wettbewerb zwischen Plattformbetreibern und gewerblichen Plattformnutzern beschränken. Sie sind als vertikale Wettbewerbsbeschränkungen zu qualifizieren. Das Handelsvertreterprivileg greift bei engen Bestpreisklauseln nach überzeugender Auffassung nicht. Im Anwendungsbereich der Vertikal-GVO sind enge Bestpreisklauseln nach Art. 2 Abs. 1 grundsätzlich freigestellt. Weite Bestpreisklauseln sind gegen gem. Art. 5 Abs. 1 lit. d) Vertikal-GVO nicht freistellungsfähig.

FuE-GVO
Überblick

Die FuE-GVO[362] konkretisiert die Freistellungsvoraussetzungen des Art. 101 Abs. 3 AEUV für **Forschungs- und Entwicklungskooperationen**. Gem. Art. 2 Abs. 1 FuE-GVO werden Forschungs- und Entwicklungsvereinbarungen von dem Kartellverbot freigestellt. Dies setzt voraus, dass der Anwendungsbereich der Verordnung eröffnet ist. Anders als die Vertikal-GVO greift die FuE-GVO im Grundsatz **auch bei horizontalen Wettbewerbsbeschränkungen**. Die Freistellungsvoraussetzungen sind aber höher als bei vertikalen Wettbewerbsbeschränkungen. Dies zeigen die Marktanteilsschwellen des Art. 6 Vertikal-GVO. Zudem ist die **Freistellung** zeitlich auf die Dauer der Forschungs- und Entwicklungstätigkeit beschränkt, vgl. Art. 6 Vertikal-GVO.

> **Beachte**
> Bereits die Beurteilung von Forschungs- und Entwicklungsvereinbarungen unter Art. 101 Abs. 1 AEUV ist ambivalent. Beschränkt die Vereinbarung nicht den Wettbewerb, kommt es auf eine Freistellung nicht an. Sie fällt dann bereits nicht unter den Tatbestand des Kartellverbots.[363]

Hinter der weiten Freistellungsmöglichkeit von Forschungs- und Entwicklungsvereinbarungen steht die Erkenntnis, dass die Zusammenarbeit von Unternehmen zur Entwicklung neuer oder zur Verbesserung bestehender Produkte und Verfahren Effizienzen generieren und so positive Auswirkungen für Wettbewerb und Verbraucher haben kann.[364]

---

[362] Verordnung (EU) 2023/1066 der Kommission vom 1. Juni 2023 über die Anwendung des Artikels 101 Absatz 3 des Vertrags über die Arbeitsweise der Europäischen Union auf bestimmte Gruppen von Vereinbarungen über Forschung und Entwicklung, ABl. EU 2023 Nr. L 143/9.
[363] Siehe ▶ Abschn. 2.2.2.2.2.
[364] Kommission, Horizontal-LL, 2023, Rn. 37.

Die FuE-GVO wurde **im Jahr 2023 neu gefasst**. Auch wenn die Verordnung weiterhin zwischen horizontalen und vertikalen Vereinbarungen differenziert, sind die Freistellungsvoraussetzungen für horizontale FuE-Vereinbarungen großzügiger geworden. Zudem erfasst die nun geltende Fassung auch Vereinbarungen in frühen Phasen gemeinsamer Forschung und Entwicklung, vgl. ErwG 16 FuE-GVO. Der Zugang zu bereits bestehendem Know-How ist gem. Art. 4 FuE-GVO nur noch Freistellungsvoraussetzung, wenn die Parteien die gemeinsame Verwertung ausgeschlossen haben.

Anwendungsbereich
Forschungs- und Entwicklungsvereinbarung

Den Begriff der Forschungs- und Entwicklungsvereinbarung definiert Art. 1 Abs. 1 Nr. 1 FuE-GVO. Erfasst sind die gemeinsame (Auftrags-)Forschung und Entwicklung von **Vertragsprodukten und Vertragstechnologien**. Eine sich anschließende gemeinsame Verwertung der Forschungsergebnisse wird ebenfalls umfasst.

Keine Erwähnung findet die gemeinsame Forschung und Entwicklung zugunsten neuer **Geschäftsmodelle oder Geschäftsideen**, die auf bereits vorhandenen Produkten oder Technologien aufsetzt.[365] Dies birgt rechtliche Unsicherheit für Forschungs- und Entwicklungsvereinbarungen in der Digitalökonomie. Möglich bleibt eine Einzelfreistellung gem. Art. 101 Abs. 3 AEUV.

Marktanteilsschwellen

Aus Art. 6 Vertikal-GVO ergeben sich Marktanteilsschwellen, die davon abhängen, ob die an der FuE-Vereinbarung beteiligten Unternehmen Wettbewerber sind oder nicht: Stehen die Beteiligten in einem **Wettbewerbsverhältnis**, sieht Art. 6 Abs. 1 lit. a) FuE-GVO vor, dass der gemeinsame Marktanteil der Parteien der Vereinbarung auf den relevanten Produkt- und Technologiemärkten **höchstens 25 %** betragen darf, wenn die Vereinbarung die gemeinsame Forschung und Entwicklung von Vertragsprodukten oder -technologie zum Gegenstand hat. Geht es um Auftragsforschung und -entwicklung, ist gem. Art. 6 Abs. 1 lit. b) FuE-GVO auf den gemeinsamen Marktanteil der finanzierenden Partei und aller weitere Vertragsparteien abzustellen. Der Begriff des Wettbewerbers ist in Art. 1 Nr. 15 FuE-GVO niedergelegt. Potenzieller Wettbewerber ist ein Unternehmen, bei dem realistisch davon ausgegangen werden kann, dass es ohne die Forschungs- und Entwicklungsvereinbarung wahrscheinlich innerhalb von höchstens 3 Jahren auf dem Markt aktiv werden würde.

Für **vertikale FuE-Vereinbarungen** nennt Art. 6 Abs. 2 FuE-GVO **keine Marktanteilsschwellen**. Der Gesetzgeber geht davon aus, dass solche Vereinbarungen den Innovationswettbewerb grundsätzlich nicht beschränken.[366]

---

365 *Ecker/van Geerenstein/Gronemeyer/Janka/Jansen/Kiparski/Lau/Polley/Scheibel/Suchsland/Wegner*, Industrie 4.0 – Kartellrechtliche Betrachtungen, 2. Aufl. 2021, S. 42.
366 ErwG 21 FuE-GVO.

Die Freistellung gilt im Grundsatz **nur für die Dauer der Forschungs- und Entwicklungstätigkeit**. Bei gemeinsamer **Verwertung** der Forschungsergebnisse verlängert sich die Freistellung um **weitere 7 Jahren**, vgl. Art. 6 Abs. 3 Vertikal-GVO. Eine abermalige Verlängerung um unbestimmte Zeit ist gem. Art. 6 Abs. 4 Vertikal-GVO möglich; es gilt bei horizontalen Vereinbarungen erneut die Marktanteilsschwelle von 25 %.

Voraussetzungen aus Art. 3–5 FuE-GVO

Art. 3–5 FuE-GVO stellen weitere Voraussetzungen für die Freistellung auf. Nach Art. 3 FuE-GVO haben die Parteien für die Zwecke weiterer Forschung und Entwicklung sowie für deren Verwertung **uneingeschränkten Zugang zu den Endergebnissen** vorzusehen.

Art. 4 Vertikal-GVO betrifft Forschungs- und Entwicklungsvereinbarungen, die **nicht die gemeinsame Verwertung** der Ergebnisse zum Gegenstand haben. In diesem Fall wird die Freistellung nur gewährt, wenn jede Partei Zugang zum bereits vorhandenen Know-How der anderen Parteien hat, das für die Verwertung der Ergebnisse unerlässlich ist. Art. 5 Vertikal-GVO erfasst den gegenteiligen Fall, in welchem die Parteien die **gemeinsame Verwertung** vorsehen: Die Freistellung ist in diesem Fall an die Voraussetzung geknüpft, dass die Freistellung ausschließlich Ergebnisse betrifft, die für die Produktion der Vertragsprodukte oder die Anwendung der Vertragstechnologien unerlässlich sind und durch Rechte des geistigen Eigentums geschützt sind oder Know-How darstellen.

Kernbeschränkungen

Zu den nicht-freistellungsfähigen Kernbeschränkungen zählen gem. Art. 8 lit. a) FuE-GVO Beschränkungen der Freiheit der Parteien in anderen Bereichen als denen, auf die sich die FuE-Vereinbarung bezieht, zu forschen. Nach Abschluss der gemeinsamen Forschung liegt eine Kernbeschränkung nur noch bei einem Forschungsverbot vor, das sich auf denselben Bereich erstreckt.

Darüber hinaus erfasst Art. 8 FuE-GVO diverse Beschränkungen in Bezug auf die Verwertung der Forschungsergebnisse. So dürfen gem. Art. 8 lit. c) FuE-GVO grundsätzlich nicht die Preise für den Verkauf der Vertragsprodukte festgesetzt werden. Auch Beschränkungen des Gebiets und der Kundengruppen sind gem. Art. 8 lit. d) FuE-GVO unzulässig.

Andere nicht freistellungsfähige Beschränkungen

Art. 9 FuE-GVO enthält weitere nicht freistellungsfähige Beschränkungen. Hierzu zählen **Verpflichtungen der Nichtanfechtung**, vgl. Art. 9 Abs. 1 lit. a) FuE-GVO. Gemeint ist die Vorgabe, nach Abschluss der Forschung und Entwicklung die Gültigkeit von Rechten des geistigen Eigentums anderer Parteien (etwa Patente oder Urheberrechte) nicht anzufechten, die für die Forschung bedeutsam waren oder deren Ergebnisse schützen. Hintergrund dieser Einschränkung ist, dass die (ehemaligen) Beteiligten der FuE-Kooperation regelmäßig über Informationen verfügen, die es ihnen ermöglichen, fälschlicherweise erteilte Patente oder andere Schutzrechte zu identifizieren.³⁶⁷ Deshalb sollen sie nicht davon abgehalten werden dürfen, diese Schutzrechte anzufechten.

Ebenfalls nicht freistellungsfähig ist gem. Art. 9 Abs. 1 lit. b) FuE-GVO die **Verpflichtung, Dritten keine Lizenzen** für die Produktion der Vertragsprodukte oder für die Anwendung der Vertragstechnologien zu erteilen. Anderes gilt nur dann, wenn die Ergebnisverwertung durch eine oder mehrere Parteien in der Vereinbarung vorgesehen ist und im Binnenmarkt gegenüber Dritten erfolgt.

Spezialisierungs-GVO
Überblick
Die Spezialisierungs-GVO³⁶⁸ konkretisiert die Freistellungsvoraussetzungen des Art. 101 Abs. 3 AEUV für Spezialisierungsvereinbarungen. Sie sind nach Art. 2 Abs. 1 Spezialisierungs-GVO im Grundsatz freigestellt. Spezialisierungsvereinbarungen werden **zwischen Wettbewerbern** geschlossen und beinhalten entweder, dass die Produktion eines oder mehrerer Produkte jeweils einer Partei übertragen wird oder dass die Parteien gemeinsam ein Produkt produzieren werden. Solche Vereinbarungen haben Potenzial für Rationalisierung.³⁶⁹ Werden Fähigkeiten und Vermögenswerte mehrerer Wettbewerber zusammengelegt, kann dies sowohl quantitative als auch qualitative Effizienzen generieren.³⁷⁰

Art. 3 Abs. 1 Spezialisierungs-GVO sieht für die Anwendbarkeit der Verordnung vor, dass der **gemeinsame Marktanteil** der Parteien **höchstens 20 %** betragen darf. Ausgeschlossen von der Freistellung sind die in Art. 5 Spezialisierungs-GVO aufgelisteten Kernbeschränkungen.

Die Spezialisierungs-GVO wurde **im Jahr 2023 neu gefasst** und ist an einigen Stellen großzügiger als ihre Vorgängerversion von 2010. Während die Spezialisierungs-GVO 2010 nur Vereinbarungen zwischen zwei Parteien als mögliche einseitige Spezialisierungsvereinbarungen betrachtete, bezieht die Neufassung Vereinbarungen „zwischen zwei oder mehr Parteien" ein.

Anwendungsbereich
Die Spezialisierungs-GVO greift für **horizontale Wettbewerbsbeschränkungen**. Art. 1 Abs. 1 Spezialisierungs-GVO differenziert zwischen drei Fallgruppen von Spezialisierungsvereinbarungen.
- Bei **einseitigen Spezialisierungsvereinbarungen** verpflichtet sich eine Partei, ein spezifisches Produkt herzustellen.

---

367 Kommission, Horizontal-LL, 2032, Rn. 175.
368 Verordnung (EU) 2023/1067 der Kommission vom 1. Juni 2023 über die Anwendung des Artikels 101 Absatz 3 des Vertrags über die Arbeitsweise der Europäischen Union auf bestimmte Gruppen von Spezialisierungsvereinbarungen, ABl. EU 2023 Nr. L 143/20.
369 *Kling/Thomas*, Kartellrecht, 2. Aufl. 2016, § 5 Rn. 433.
370 Kommission, Horizontal-LL, 2023, Rn. 37.

– Bei **gegenseitigen Spezialisierungsvereinbarungen** verpflichten sich die Parteien zur Herstellung je eines spezifischen Produkts bzw. zum Verzicht der Herstellung des Produkts, zu dessen Produktion sich eine andere Partei verpflichtet hat.
– Erfasst werden schließlich Vereinbarungen über die **gemeinsame Produktion**.

Die Freistellungsfolge aus Art. 2 Abs. 1 Spezialisierungs-GVO setzt voraus, dass die Marktanteilsschwelle aus Art. 3 Abs. 1 Spezialisierungs-GVO gewahrt ist. Die Freistellung greift nur, wenn der gemeinsame Anteil der Parteien auf den relevanten Märkten **höchstens 20 %** beträgt. Für den Fall, dass es sich bei den Spezialisierungsprodukten um Zwischenprodukte handelt, greift die doppelte Marktanteilsschwelle des Art. 3 Abs. 2 Spezialisierungs-GVO.

Kernbeschränkungen
Gem. Art. 5 Spezialisierungs-GVO sind von der Freistellung Verpflichtungen ausgenommen, die die Festsetzung der Preise für den Verkauf der Spezialisierungsprodukte zum Gegenstand haben, Produktion und Absatz beschränken oder Märkte und Kunden zuweisen.

2.2.5.3 Einzelfreistellung

Existiert für die zu prüfende Wettbewerbsbeschränkung keine GVO oder greift zwar eine GVO, sind deren Freistellungsvoraussetzungen aber nicht erfüllt, ist eine Einzelfreistellung gem. Art. 101 Abs. 3 AEUV zu prüfen. Hierfür müssen vier Freistellungsvoraussetzungen kumulativ erfüllt sein.

Verbesserung der Warenerzeugung oder -verteilung oder Förderung des technischen oder wirtschaftlichen Fortschritts
Erste Voraussetzung für eine Einzelfreistellung ist, dass die wettbewerbsbeschränkende Vereinbarung Effizienzen generiert. Der Wortlaut des Art. 101 Abs. 3 AEUV umschreibt Effizienzen mit „der Verbesserung der Warenerzeugung oder -verteilung" und „der Förderung des technischen oder wirtschaftlichen Fortschritts". Zu einer Verbesserung der Warenerzeugung kommt es z. B., wenn es den Kartellanten gelingt, ihre **Produktionskosten** zu **senken**, indem sie vorhandene Produktionskapazitäten umfassender nutzen[371] oder kostengünstigere Herstellungsverfahren entwickeln.[372]

Mit dem technischen und wirtschaftlichen Fortschritt verweist Art. 101 Abs. 3 AEUV auf **dynamische Effizienzen**. Zu denken ist an eine schnellere Entwicklung neuer Produkte oder Qualitätsverbesserungen bestehender Leistungen.[373] Insbesondere Forschungs- und Entwicklungsvereinbarungen können hierzu beitragen. Insoweit sind vorrangig die Freistellungsvoraussetzungen der FuE-GVO zu prüfen.[374]

---

371 Kommission v. 21.12.1994 – IV/34.252, Rn. 25 – *Philips-Osram*.
372 Kommission v. 18.5.1994 – IV/33.640, Rn. 67 – *Exxon/Shell*.
373 Kommission, Leitlinien zu Art. 81 Abs. 3 EGV, 2004, Rn. 70.
374 Siehe ▶ Abschn. 2.2.5.2.2.

Mit Blick auf Wettbewerbsbeschränkungen, die Plattformbetreiber mit Händlern vereinbaren, – z. B. **Bestpreisklauseln** oder **Ausschließlichkeitsbindungen** – stehen als Effizienzen ein **Transparenzgewinn** und ein **verminderter Transaktionsaufwand** zugunsten der Verbraucher im Raum.[375] Bei der Vereinbarung von Beschränkungen der Nutzung von Online-Marktplätzen ist zu diskutieren, ob dadurch der Verkauf von gefälschten Produkten verhindert, der Kundenservice aufrechterhalten oder das Image der Marke geschützt wird.[376]

Inwieweit darüber hinaus **außer-ökonomische Vorteile** berücksichtigungsfähig sind, ist umstritten. In älteren Entscheidungen sind die Kommission und Gerichte u. a. auf die Sicherung von Arbeitsplätzen[377] und den Umweltschutz[378] eingegangen. Die Kommission verfolgt in ihren Horizontal-Leitlinien von 2023 einen strengen Ansatz und verlangt, dass sich Vorteile in wirtschaftlichen Effizienzen niederschlagen müssen, um gem. Art. 101 Abs 3 AEUV Berücksichtigung zu finden. Insbesondere im neu eingeführten Kapitel zu Nachhaltigkeitsvereinbarungen führt die Kommission aus, dass die durch ein Kartell generierten Umweltvorteile nur für die Freistellung relevant sind, soweit sie von den Verbrauchern auf den kartellbefangenen Märkten wertgeschätzt werden, ihnen die Realisierung dieser Vorteile also ein individuelles Anliegen ist.[379] Im Kontext der Digitalwirtschaft hat dies soweit ersichtlich keine besondere Bedeutung erlangt.

Verbraucherbeteiligung

Die Effizienzgenerierung ist nicht hinreichend für eine Freistellung. Vielmehr müssen Verbraucher an den Effizienzen angemessen beteiligt werden. Diese Voraussetzung verweist auf die **Verbraucherwohlfahrt** als weiteres Schutzziel des europäischen Kartellrechts.[380]

Verbraucher sind

> „Nutzer der Produkte, auf die sich die Vereinbarung bezieht, einschließlich Produzenten, die die Ware als Vorprodukt benötigen, Großhändler, Einzelhändler und Endkunden."[381]

---

375 BGH, Beschl. v. 18.5.2021 – KVR 54/20, NZKart 2021, 499, 501 – *Booking.com*.
376 Kommission, Vertikal-LL, 2022, Rn. 334.
377 EuGH v. 25.10.1977 – C-26/76, ECLI:EU:C:1977:100, Rn. 75 – *Metro*.
378 Kommission v. 24.1.1999, IV.F.1/36.718, Rn. 55 ff. – *CECED*.
379 Kommission, Horizontal-LL, 2023, Rn. 582 ff.
380 Siehe ▶ Abschn. 2.1.3.2.
381 Kommission, Leitlinien zu Art. 81 Abs. 3 EGV, 2004, Rn. 84.

> **Merke**
> Der Verbraucherbegriff des Kartellrechts ist nicht identisch mit dem in anderen Rechtsgebieten, insbesondere nicht mit dem des europäischen Privatrechts. Während dort der (End-)Verbraucher als natürliche Person, die weder zu gewerblichen noch freiberuflichen Zwecken handelt, verstanden wird, meint „Verbraucher" in Art. 101 Abs. 3 AEUV die **Marktgegenseite** und umfasst damit ggfs. weitere Personen als den Endverbraucher iSd europäischen Privatrechts.

Eine Verbraucherbeteiligung an quantitativen Effizienzen kann z. B. dadurch erreicht werden, dass die Kosteneinsparungen, die die Kartellanten bei der Produktion realisieren, durch verringerte Verkaufspreise weitergereicht werden.[382] Bei qualitativen Effizienzen besteht die Beteiligung z. B. darin, dass Verbraucher qualitativ höherwertige Produkte erwerben und verwenden können.[383]

Angemessen ist die Beteiligung, wenn die positiven Auswirkungen die negativen, wettbewerbsbeschränkenden Folgen des Kartells für Verbraucher zumindest ausgleichen.[384] Es bedarf also keines Überwiegens der Vorteile. Bei qualitativen Effizienzgewinnen kann in Abhängigkeit von dem Ausmaß der Qualitätsverbesserung eines Produkts eine angemessene Beteiligung auch dann zu bejahen sein, wenn die Kartellanten einen höheren Preis fordern.[385] Dies ist eine Frage der Quantifizierung der Effizienzen.

Unerlässlichkeit der Beschränkung

Ferner muss die Wettbewerbsbeschränkung unerlässlich zur Realisierung der Effizienzgewinne sein. Diese Voraussetzung ist Ausdruck des **Verhältnismäßigkeitsgrundsatzes**.[386] Dabei ist nicht nur zu prüfen, ob die Effizienzgewinne ohne Wettbewerbsbeschränkung ebenfalls eingetreten wären, sondern auch, ob es weniger wettbewerbsbeschränkende Absprachen gibt, die deren Realisierung ebenfalls ermöglicht hätten.[387] Vor allem bei dem Vorliegen von Wettbewerbsbeschränkungen, die in den GVOen als Kernbeschränkungen qualifiziert werden, liegt der Schluss nahe, dass sie nicht unerlässlich sind, um die dargelegten Effizienzen zu realisieren.[388]

---

382 Kommission, Leitlinien zu Art. 81 Abs. 3 EGV, 2004, Rn. 95.
383 Kommission, Leitlinien zu Art. 81 Abs. 3 EGV, 2004, Rn. 102.
384 Grabitz/Hilf/Nettesheim/*Schuhmacher*, 80. EL 2023, Art. 101 AEUV Rn. 327.
385 Kommission, Leitlinien zu Art. 81 Abs. 3 EGV, 2004, Rn. 102.
386 *Kling/Thomas*, Kartellrecht, 2. Aufl. 2016, § 5 Rn. 290.
387 Kommission, Leitlinien zu Art. 81 Abs. 3 EGV, 2004, Rn. 76.
388 EuGH v. 7.12.2013 – C-68/12, ECLI:EU:C:2013:72, Rn. 35 – *Slovenská sporiteľňa*.

2.2 · Kartellverbot

▶ **Beispiel nach BGH, Beschl. v. 18.5.2021 – KVR 54/20 –** *Booking.com* **(vereinfacht)**

Mit Blick auf die wettbewerbsbeschränkende Vereinbarung von engen Bestpreisklauseln trägt der Plattformbetreiber vor, dass der Betrieb seiner Hotelbuchungsplattform zu *„einem erheblichen Transparenzgewinn, geringeren Unterkunftskosten und vermindertem Transaktionsaufwand bei den Verbrauchern"*[389] führt. Der BGH kommt indes zu dem Ergebnis, dass hierfür die Vereinbarung einer engen Bestpreisklausel nicht unerlässlich ist. So bestehen keinerlei Anhaltspunkte, dass *„ohne die enge Bestpreisklausel eine wettbewerblich relevante Verschlechterung des Leistungsangebots bei der Bereitstellung der Funktionen Suchen, Vergleichen und Buchen für Endverbraucher oder bei der Reichweitenerhöhung für die der Plattform angeschlossenen Hotels eintritt."*[390] Das von dem Plattformbetreiber vorgebrachte Trittbrettfahrerproblem, wonach Hotelanbieter dazu übergehen würden, über die Plattform zu werben, den eigentlichen Vertragsschluss aber über die eigene Website zu vollziehen, kommt nach Ansicht des BGH *„nur marginale Bedeutung zu."*[391] Denn *„nach dem Ergebnis der in seinem Auftrag durchgeführten Verbraucherbefragung würden 99 % der Verbraucher, die eine Unterkunft erstmals bei booking.com finden, sie dort auch buchen."*[392] ◀

Keine Ausschaltung des Wettbewerbs

Eine Freistellung scheitert, wenn die Wettbewerbsbeschränkung zur Ausschaltung des Wettbewerbs in einem wesentlichen Teil des betroffenen Marktes führt. Diese Voraussetzung verweist auf den Schutz des Wettbewerbsprozesses.[393] Langfristig sind statische und dynamische Effizienzen nur bei funktionsfähigem Wettbewerb realisierbar. Ihm kommt Anreiz- und Steuerungsfunktion zu.[394] Demnach *„bleibt der Schutz des Wettbewerbsprozesses das eigentliche Ziel"*.[395] Hinzu kommt, dass eine angemessene Verbraucherbeteiligung unwahrscheinlich ist, wenn der Wettbewerb auf wesentlichen Teilen des Marktes ausgeschaltet wird. Es besteht dann in der Regel kein hinreichender Wettbewerbsdruck, der Kartellanten dazu veranlassen würde, Produktionseinsparungen in Form von Senkungen der Verkaufspreise weiterzureichen.

Wichtiges Kriterium ist die Marktanteilshöhe. Die Kommission geht davon aus, dass ab einem kumulierten Marktanteil der Kartellanten von 50 % eine Freistellung in der Regel ausscheidet.[396] Haben die Unternehmen einen gemeinsamen Marktanteil von weniger als 30 %, kann eine Freistellung gelingen.[397]

---

389 BGH, Beschl. v. 18.5.2021 – KVR 54/20, NZKart 2021, 499, 504 – *Booking.com*.
390 BGH, Beschl. v. 18.5.2021 – KVR 54/20, NZKart 2021, 499, 504 – *Booking.com*.
391 BGH, Beschl. v. 18.5.2021 – KVR 54/20, NZKart 2021, 499, 505 – *Booking.com*.
392 BGH, Beschl. v. 18.5.2021 – KVR 54/20, NZKart 2021, 499, 505 – *Booking.com*.
393 Siehe ▶ Abschn. 2.1.3.1.
394 EuGH v. 25.10.1977 – C-26/76, ECLI:EU:C:1977:167, Rn. 20 – *Metro*.
395 Kommission, Leitlinien zu Art. 81 Abs. 3 EGV, 2004, Rn. 105.
396 Kommission v. 22.12.1976 – IV/24.510, ABl. EG 1977 Nr. L 16/8, 12 – *Gerofabriek*.
397 Immenga/Mestmäcker/*Ellger*, 6. Aufl. 2019, Art. 101 Abs. 3 AEUV Rn. 295.

> **Prüfungsaufbau: Kartellverbot des Art. 101 AEUV**
> 1. Verbotene Verhaltensweise
>   Vereinbarung, Beschluss oder aufeinander abgestimmte Verhaltensweise
> 2. Wettbewerbsbeschränkung
>   a) Horizontale oder vertikale Wettbewerbsbeschränkung
>   b) Bezwecken oder bewirken
>   c) Spürbarkeit der Wettbewerbsbeschränkung
> 3. Keine Tatbestandsrestriktion
> 4. Beeinträchtigung des zwischenstaatlichen Handelns
> 5. Keine Freistellung
>   a) Einschlägige GVO
>   b) Einzelfreistellung gem. Art. 101 Abs. 3 AEUV

2.3 Missbrauchsverbot

2.3.1 Marktbeherrschende Stellung

2.3.1.1 Marktabgrenzung

Sachlich relevanter Markt

Das Missbrauchsverbot des Art. 102 AEUV verbietet es marktbeherrschenden Unternehmen, ihre Stellung zu missbrauchen. Damit sind nicht sämtliche Unternehmen Adressat des Verbotstatbestands, sondern nur solche, die über einen bestimmten Grad an Marktmacht verfügen. Die Marktmacht des Unternehmens wird **marktbezogen** ermittelt. Bevor also dargelegt werden kann, anhand welcher Kriterien die marktbeherrschende Stellung ermittelt wird,[398] gilt es, die Grundsätze der **kartellrechtlichen Marktabgrenzung** zu erläutern. Die Marktabgrenzung dient dazu, die Wettbewerbskräfte zu filtern, die für den Handlungsspielraum eines Unternehmens von Bedeutung sind.[399] Der Markt ist *„der räumliche Bereich, in dem Unternehmen sachlich austauschbare Leistungen als Wettbewerber anbieten oder nachfragen."*[400] Märkte sind daher sachlich, räumlich und ggfs. zeitlich abzugrenzen.

Der sachlich relevante Markt wird anhand des **Bedarfsmarktkonzepts** abgegrenzt.[401] Zum sachlich relevanten Markt gehört *„die Palette der Produkte, die die Kunden des/der beteiligten Unternehmen(s) als wirksame und unmittelbare Substitute ansehen."*[402] Es ist daher aus Sicht der Marktgegenseite – auf Angebots-

---

[398] Siehe ▶ Abschn. 2.3.1.2.
[399] *Mestmäcker/Schweizer*, Europäisches Wettbewerbsrecht, 3. Aufl. 2014, § 17 Rn. 17.
[400] *Legner*, JURA 2023, 175, 175.
[401] EuG v. 9.9.2009 – T-301/04, ECLI:EU:T:2009:317, Rn. 48 – *Clearstream*.
[402] Kommission, Bekanntmachung zum relevanten Markt, 2024, Rn. 26.

2.3 · Missbrauchsverbot

märkte sind dies die Abnehmer – zu ermitteln, welche Produkte sie als austauschbar bewertet (sog. Nachfragesubstituierbarkeit).[403] Dafür sind u. a. *"Kundenpräferenzen in Bezug auf Produktmerkmale, Preise, Produktfunktionen und Verwendungszweck sowie Hindernisse für einen Anbieterwechsel und die Kosten eines Anbieterwechsels"*[404] zu ermitteln. Als Leitfrage stellt die Kommission dieser Prüfung voran:

» *"In welchem Umfang und zu welchen leicht verfügbaren Substituten (falls vorhanden) würden die Kunden des/der beteiligten Unternehmen(s) bei einer Verschlechterung der Angebotsbedingungen für die Produkte des/der beteiligten Unternehmen(s) im Vergleich zu anderen Produkten wechseln?"*[405]

In seiner Entscheidung in der Sache *United Brands* hat der EuGH den Markt für Frischobst abgegrenzt und dazu u. a. Äpfel, Apfelsinen, Weintrauben, Pfirsiche und Erdbeeren gezählt.[406] Bananen hat er jedoch ausgenommen. Hierzu erläutert er die begrenzte Austauschbarkeit der Obstsorte mit Frischobst[407]: Zunächst verweist der EuGH darauf, dass Bananen im Gegensatz zu Frischobst ganzjährig für Verbraucher zur Verfügung stünden. Ferner geht er auf die spezifischen Eigenschaften der Banane in Abgrenzung zu anderen Obstsorten ein:

» *"Die Banane ist durch ihr Aussehen, ihren Geschmack, ihre weiche Beschaffenheit, das Fehlen von Kernen, eine einfache Handhabung und ein gleichbleibendes Produktionsniveau geeignet, den gleichbleibenden Bedarf einer bedeutenden, sich aus Kindern, Alten und Kranken zusammensetzenden Bevölkerungsgruppe zu befriedigen."*[408]

Ergänzend wendet die europäische Rechtsprechung den **SSNIP-Test** als quantitative Methode zur Marktabgrenzung an.[409] SSNIP steht für *Small but Significant Non-transitory Increase in Price* – dies beschreibt bereits grob, wie bei Anwendung des SSNIP-Tests vorzugehen ist: Bei Durchführung des Tests ist zunächst von dem denkbar engsten Markt auszugehen, auf dem das Unternehmen hypothetisch betrachtet Monopolist ist.[410] Sodann wird das Verhalten der Nachfrager beobachtet, wenn das Unternehmen seine Preise geringfügig, aber nicht nur vorübergehend, um 5–10 % anhebt. Wandern so viele Nachfrager auf ein anderes Produkt ab, dass die Preiserhöhung für den hypothetischen Monopolisten nicht rentabel ist, ergibt

---

403 EuGH v. 11.12.1980 – C-31/80, ECLI :EU :C :1980 :289, Rn. 25 – *L'Oréal/De Nieuwe AMCK*, EuG v. 30.3.2000 – T-65/96, ECLI:EU:EU:T:2000:93, Rn. 62 – *Kish Glass*.
404 Kommission, Bekanntmachung zum relevanten Markt, 2024, Rn. 26.
405 Kommission, Bekanntmachung zum relevanten Markt, 2024, Rn. 27.
406 EuGH v. 14.2.1978 – C-27/76, ECLI:EU:C:1978:22, Rn. 23/33 – *United Brands*.
407 EuGH v. 14.2.1978 – C-27/76, ECLI:EU:C:1978:22, Rn. 23/33 – *United Brands*.
408 EuGH v. 14.2.1978 – C-27/76, ECLI:EU:C:1978:22, Rn. 23/33 – *United Brands*.
409 Kommission v. 20.1.2008, COMP/M.4734, Rn. 95 – *Ineos/Kerling*.
410 Kommission, Entwurf einer überarbeiteten Bekanntmachung zum relevanten Markt, 2024, Rn. 29, 59 ff.

der SSNIP-Test, dass das Substitut ebenfalls zum sachlich relevanten Markt gehört. Der Test ist so lange zu wiederholen, bis die Preiserhöhung gewinnbringend wird. Dann sind die Grenzen des sachlich relevanten Marktes abgesteckt. Damit stellt der SSNIP-Test auf die **Kreuzpreiselastizität** ab. Gemeint ist die Korrelation von Preisänderungen bei verschiedenen Produkten und eine Betrachtung ihrer Austauschbeziehung.[411]

Modifiziert wird das Konzept der Nachfragesubstituierbarkeit durch die sog. **Angebotsumstellungsflexibilität.** Danach gehören auch solche Produkte bzw. Dienstleistungen zum sachlich relevanten Markt, die die Unternehmen ohne nennenswerten Aufwand am Markt anbieten könnten.[412] Ein Beispiel ist die Umstellung der Papierherstellung auf andere Sorten – etwa von normalem Schreibpapier zu hochwertigem Papier. Ist die Umstellung der Produktion innerhalb kurzer Zeit und ohne bedeutende Zusatzkosten möglich, gehört auch die aktuell nicht produzierte Papiervariante zum sachlich relevanten Markt.

▶ **Beispiele**

Im Kontext der Digitalökonomie nimmt die Kommission einen Markt für **soziale Netzwerke** mit privater Ausrichtung – dazu zählen u. a. *Facebook* und *Instagram* – sowie einen Markt für soziale Netzwerke mit beruflicher Ausrichtung – hierzu gehören z. B. *LinkedIn* und *Xing* – an.[413] Sie stellt hierfür auch die fehlende Austauschbarkeit der Dienste aus Verbrauchersicht ab: Während private soziale Netzwerke zum Austausch mit Freunden und Bekannten verwendet würden, dienten berufliche soziale Netzwerke dazu, berufliche Kontakte zu knüpfen, das berufliche Fortkommen zu fördern und nach Karriereoptionen zu suchen.[414]

Bei der Abgrenzung eines Marktes für **Kommunikationsanwendungen für Smartphones** – dazu gehören u. a. *WhatsApp* und *Facebook Messenger* – setzte sich die Kommission mit der Austauschbarkeit der Anwendungen im Verhältnis zu elektronischen Kommunikationsdiensten, wie Sprachanrufe, SMS, MMS und E-Mails, auseinander[415]: Während beide Arten von Diensten denselben Kommunikationszwecken dienten, böten Kommunikationsanwendungen für Verbraucher weitere Funktionen: Sie könnten z. B. einsehen, wann ihre Kontakte zuletzt online waren und die Anwendung benutzt hätten.[416] Auch gebe es Unterschiede bei der Bepreisung: Messengerdienste wie *WhatsApp* seien grundsätzlich kostenlos; ihr Preis werde jedenfalls nicht anhand der Anzahl der versendeten Nachrichten berechnet. Dies könne bei SMS und MMS anders sein. Gerade Nachrichten, die in andere Länder versandt würden, würden trotz Flatrate-Angeboten der Telekommunikationsanbietern oft noch gesondert berechnet.[417] ◀

---

411 Immenga/Mestmäcker/*Fuchs*, 6. Aufl. 2019, Art. 102 AEUV Rn. 50.
412 EuGH v. 21.2.1973 – C-6/72, ECLI:EU:C:1973:22, Rn. 33 – *Continental Can*; Kommission v. 24.3.2004 – COMP/C-3/37.792, Rn. 334 ff. – *Microsoft*; *Frenz*, NZKart 2013, 285, 286.
413 Kommission v. 6.12.2016, M.8124, Rn. 116 – *Microsoft/Linkedin*.
414 Kommission v. 6.12.2016, M.8124, Rn. 106 ff. – *Microsoft/Linkedin*.
415 Im Ergebnis hat sie die Marktabgrenzung offen gelassen, Kommission v. 3.10.2014, COMP/M.7217, Rn. 33 – *Facebook/Whatsapp*.
416 Kommission v. 3.10.2014, COMP/M.7217, Rn. 30 – *Facebook/Whatsapp*.
417 Kommission v. 3.10.2014, COMP/M.7217, Rn. 31 – *Facebook/Whatsapp*.

2.3 · Missbrauchsverbot

ⓘ Aktuelles

Die Kommission hat die Grundsätze zur Marktabgrenzung in einer Bekanntmachung „über die Definition des relevanten Marktes im Sinne des Wettbewerbsrechts der Gemeinschaft" zusammengefasst. Die Bekanntmachung stammte ursprünglich von 1997.[418] Im Jahr 2021 wurde ein Novellierungsprozess der Bekanntmachung eingeleitet. Die Kommission hat im November 2022 einen Entwurf und im Februar 2024 die endgültige Fassung der überarbeiteten Bekanntmachung veröffentlicht.[419] Darin sieht die Kommission erstmals Ausführungen zur Marktabgrenzung bei mehrseitigen Plattformen vor.[420]

Räumlich relevanter Markt

Einen gesetzlichen Anhaltspunkt für die bei der räumlichen Marktabgrenzung zu berücksichtigenden Kriterien bietet **Art. 9 Abs. 7 FKVO**.[421] Danach ist der räumliche Markt ein

> „Gebiet, auf dem die beteiligten Unternehmen als Anbieter oder Nachfrager von Waren oder Dienstleistungen auftreten, in dem die Wettbewerbsbedingungen hinreichend homogen sind und das sich von den benachbarten Gebieten unterscheidet."

Die Rechtsprechung stellt ebenfalls darauf ab, ob es sich um ein räumliches Gebiet mit *„hinreichend homogenen"*[422] Wettbewerbsbedingungen handelt. Da die räumliche Marktabgrenzung dieselbe Zielsetzung wie die sachliche Marktabgrenzung verfolgt – es geht um Filterung der auf ein Unternehmen einwirkenden Wettbewerbskräfte –, ist ebenfalls auf die **Nachfragesubstituierbarkeit** abzustellen. Dabei kann auch der SSNIP-Test zur Anwendung kommen. Referenz ist das räumliche Gebiet: Für den Fall, dass ein hypothetischer Monopolist seine Preise geringfügig, aber dauerhaft anhebt, ist zu fragen, ob die Nachfrager dieselben Produkte in einem anderen räumlichen Gebiet erwerben würden. Falls dies zu bejahen ist, gehört das räumliche Ausweichgebiet ebenfalls zum relevanten Markt.

Der räumlich relevante Markt kann lokal, regional, national, europaweit oder global sein. Auf digitalen Märkten, auf welchen ähnliche Leistungen mitunter weltweit von Plattformbetreibern zur Verfügung gestellt werden, ist ggfs. von einem weltweiten Markt auszugehen. Ein Beispiel bietet die Entscheidung der Kommission zu dem Zusammenschlussvorhaben *Facebook/Whatsapp*. Darin führte die Kommission aus, dass der Markt für Kommunikationsanwendungen für Smartphones „*EWR-weit, wenn nicht weltweit*"[423] abzugrenzen ist. Ebenso entschied die

---

418 Kommission, Bekanntmachung über die Definition des relevanten Marktes im Sinne des Wettbewerbsrechts der Gemeinschaft, ABl. WG 1997 Nr. C 372/5.
419 Kommission, Bekanntmachung zum relevanten Markt, ABl. EU 2024 Nr. C/2024/1645.
420 Hierzu 2.3.1.1.
421 von der Groeben/Schwarze/*Hirsbrunner*, 7. Aufl. 2015, Art. 9 FKVO Rn. 40
422 EuGH v. 14.2.1978 – C-27/76, ECLI:EU:C:1978:22, Rn. 10/11 – *United Brands*; EuG v. 7.5.2009 – T-151/05, ECLI:EU:T:2009:144, Rn. 52 – *NVV u. a.*
423 Kommission v. 3.10.2014, COMP/M.7217, Rn. 44 – *Facebook/Whatsapp*.

Kommission für den Markt für soziale Netzwerke.[424] Zur Begründung führte sie an, dass die meisten sozialen Netzwerke (nahezu) weltweit verfügbar seien und sich die Angebote der Dienste in unterschiedlichen Ländern oder Regionen nicht unterschieden. Preise, Funktionalität und die verwendeten Betriebssysteme seien grundsätzlich dieselben.[425]

> **Hinweis**
> Das Bundeskartellamt ist in seiner *Facebook*-Entscheidung dagegen von nationalen Märkten für soziale Netzwerke ausgegangen.[426]

In ihrer Missbrauchsentscheidung *Google Android* grenzte die Kommission u. a. einen weltweiten Markt (mit Ausnahme Chinas) für die Lizenzierung von Betriebssystemen für intelligente Mobilgeräte sowie einen weltweiten Markt (mit Ausnahme Chinas) für Android-App-Stores ab.[427] Für den Markt für Online-Werbeanzeigen hat sie anders entschieden: Infolge Sprachbarrieren spreche vieles dafür, dass die Märkte national abzugrenzen seien.[428]

Zeitlich relevanter Markt

Die zeitliche Marktabgrenzung betrifft den Zeitraum, in welchem ein Markt in seiner sachlichen und räumlichen Ausdehnung besteht. Dabei ist es für die Anwendung des Missbrauchsverbots nicht immer erforderlich, diesen Zeitraum präzise abzustecken.[429] Verändern sich die Marktbedingungen aber in absehbarer Zeit, ist es wichtig, die Wettbewerbskräfte zu einem bestimmten Zeitpunkt zu ermitteln. Klassische Beispiele sind der Verkauf von Karten zu sportlichen Ereignissen wie den olympischen Spielen.[430] Aber auch in der Digitalökonomie können sich die Wettbewerbsbedingungen zeitnah ändern, wenn disruptive Innovationen neue Märkte entstehen lassen oder die Wettbewerbskräfte verschieben.

Besonderheiten in der Digitalwirtschaft
Unentgeltliche Leistungen

Auf digitalen Märkten werden Leistungen gegenüber Endverbrauchern gelegentlich unentgeltlich angeboten. Das heißt, Verbraucher müssen für die Nutzung eines Vermittlungsdienstes kein monetäres Entgelt als Gegenleistung zahlen.

---

424 Kommission v. 3.10.2014, COMP/M.7217, Rn. 68 – *Facebook/Whatsapp*.
425 Kommission v. 3.10.2014 – COMP/M.7217, Rn. 65 – *Facebook/Whatsapp*.
426 BKartA v. 6.2.2019, B6-22/16, Rn. 344 – *Facebook*.
427 Kommission v. 18.7.2018 – AT.40099, Rn. 217 ff. – *Google Android*.
428 Kommission v. 3.10.2014 – COMP/M.7217, Rn. 83 – *Facebook/Whatsapp*; Kommission v. 18.2.2010 – COMP/M.5727, Rn. 91 ff. – *Microsoft/Yahoo! Search Business*.
429 LMRK M/*Kühnen*, 4. Aufl. 2020, § 18 GWB Rn. 68.
430 *Legner*, JURA 2023, 175, 178.

2.3 · Missbrauchsverbot

▶ **Beispiele**

Soziale Netzwerke, für deren Zugang lediglich eine Registrierung erforderlich ist, verlangen keine Geldzahlungen von Verbrauchern; Transaktionsplattformen (z. B. Hotelbuchungsplattformen oder Online-Marktplätze) sind kostenlos zugänglich. Es finden sich jedoch auch andere Geschäftsmodelle: Bei Dating-Plattformen oder Musikstreamingdiensten ist der Zugang der Endverbraucher zur Plattform regelmäßig kostenpflichtig. ◀

Werden Endverbrauchern Leistungen kostenlos angeboten, stellen sich besondere Fragen bei der kartellrechtlichen Marktabgrenzung. Zunächst ist zu klären, ob eine unentgeltliche Leistungsbeziehung überhaupt Teil eines kartellrechtlich-relevanten Marktes sein kann. Grundsätzlich meint ein Markt ein Ort, an dem es zum **Austausch von Gütern** kommt. Auf ihm treffen Angebot und Nachfrage aufeinander.[431]

Kostenlose Angebote an Endverbraucher infolge dieses Grundverständnisses von dem Marktbegriff auszunehmen, überzeugt im Ergebnis dennoch nicht. Die unentgeltliche Leistungsbereitstellung bildet stets nur eine Seite der mehrseitigen Geschäftsmodelle der Plattformbetreiber. Ein Blick auf die Nutzergruppen in ihrer Gesamtheit zeigt, warum es für Plattformbetreiber **gewinnmaximierend** ist, Endverbrauchern eine Leistung ggfs. kostenlos anzubieten.[432] Eine steigende Zahl der auf der Plattform aktiven Endverbraucher lässt den Plattformbetreiber zu einem attraktiveren Geschäftspartner für andere Kundengruppen werden. Ein Beispiel sind Werbetreibende, die auf sozialen Medien gezielt Werbeanzeigen schalten. Erreichen sie über die Plattform eine größere Zahl an Endverbrauchern, werden Werbetreibenden bereit sein, höhere Beträge für die Möglichkeit der Anzeigenschaltung zu bezahlen. Von diesen positiven **indirekten Netzwerkeffekten**[433] profitiert der Plattformbetreiber. Infolgedessen überzeugt es, auch unentgeltliche Leistungsbeziehungen als Bestandteil sachlich relevanter Märkte zu begreifen.

Der deutsche Gesetzgeber hat dies für das deutsche Kartellrecht in **§ 18 Abs. 2a GWB** explizit klargestellt.[434] Auf EU-Ebene vertritt die Kommission in ihrer novellierten Bekanntmachung zur Marktabgrenzung dieselbe Auffassung:

» *„Monetäre Nullpreise können integraler Bestandteil der Geschäftsstrategie mehrseitiger Plattformen sein. Die Bereitstellung eines Produkts zum Nullpreis bedeutet nicht, dass es für dieses Produkt keinen relevanten Markt gibt."*[435]

---

431 *Legner*, JURA 2023, 175, 178.
432 *Legner*, JURA 2023, 175, 178.
433 Siehe ▶ Abschn. 1.1.
434 Siehe ▶ Abschn. 3.3.1.2.4.
435 Kommission, Bekanntmachung zur Marktabgrenzung, 2024, Rn. 97.

▶ **Beispiele**

Die Kommission hat in ihrer Beurteilung des Zusammenschlussvorhabens von *Facebook/WhatsApp* zu Recht angenommen, dass die Bereitstellung von Messenger-Diensten Bestandteil eines Marktes für Kommunikationsanwendungen für Smartphones ist, obwohl sie unentgeltlich angeboten werden.[436] Dazu hatte sie bereits im Jahr 2010 in ihrer Entscheidung *Microsoft/Yahoo!* im Hinblick auf die Nutzung von Suchmaschinen tendiert[437] und dies später in ihrer Entscheidung *Google Shopping* bestätigt.[438] ◀

Vertiefung

Auch andere Rechtsgebiete haben auf die kostenlose Leistungserbringung gegenüber Endverbrauchern reagiert. Im neuen digitalen Vertragsrecht findet sich in **§ 312 Abs. 1a BGB** die Anordnung, dass die Vorschriften für Verbraucherverträge auch dann anwendbar sind, wenn der Verbraucher dem Unternehmen keinen monetären Preis zahlt, stattdessen aber personenbezogene Daten zur Verfügung stellt oder sich dazu verpflichtet.

Sollte eine Nutzergruppe eine Leistung kostenlos erhalten, hat dies **Folgen für das Vorgehen bei der Marktabgrenzung**: Die Anwendung des SSNIP-Tests zur Ermittlung von Substitutionsbeziehungen scheidet aus.[439] In ihrer Entscheidung *Google Shopping*, in der die Kommission u. a. einen Markt für allgemeine Suchdienste – für Endnutzer typischerweise ohne monetäres Entgelt nutzbar – abgrenzte, stellte sie ausschließlich auf **nichtpreisliche Parameter**, vor allem auf den Verwendungszweck, ab.[440] Zur Abgrenzung allgemeiner Suchdienste zu anderen Onlinediensten (z. B. *Wikipedia* oder *IMDb*) führt sie aus, dass es das Anliegen allgemeiner Suchdienste sei, die Nutzer auf andere Seiten, die ihnen Informationen darböten, weiterzuleiten, während Inhaltsseiten den Nutzern direkt Informationen zu Produkten darlegten.[441] Ferner seien Inhaltsseiten nicht zur allgemeinen Suche geeignet.[442]

Mit Blick auf die sachliche Abgrenzung allgemeiner Suchdienste zu spezialisierten Suchdiensten (z. B. *Shopzilla, LeGuide* oder *Idealo*) führt die Kommission aus, dass zweitere sich darauf beschränkten, spezifische Informationen oder Einkaufsmöglichkeiten in ihrer jeweiligen Inhaltekategorie (z. B. Bekleidung oder Consumer Electronics) bereitzustellen.[443] Während allgemeine Suchdienste darauf

---

436 Kommission v. 3.10.2014 – COMP/M.7217, Rn. 20–34 – *Facebook/WhatsApp*.
437 Kommission v. 18.2.2010 – COMP/M.5727, Rn. 85 f. – *Microsoft/Yahoo!*.
438 Kommission v. 27.6.2017 – AT.39740, Rn. 152 – *Google Search (Shopping)*: „*The fact that a product or service is provided free of charge does not prevent the offering of such a service from constituting an economic activity for the purposes of the competition rules of the Treaty.*"
439 Kommission, Bekanntmachung zum relevanten Markt, 2024, Rn. 96–98.
440 Kommission v. 27.6.2017 – AT.39740, Rn. 163 ff. – *Google Search (Shopping)*.
441 Kommission v. 27.6.2017 – AT.39740, Rn. 164 – *Google Search (Shopping)*.
442 Kommission v. 27.6.2017 – AT.39740, Rn. 165 – *Google Search (Shopping)*.
443 Kommission v. 27.6.2017 – AT.39740, Rn. 167 – *Google Search (Shopping)*.

2.3 · Missbrauchsverbot

ausgelegt seien, das gesamte Internet als Datenquelle zu nutzen, verwendeten spezialisierte Suchdienste häufig nur spezifische Informationsquellen.[444] Neben divergierenden Verwendungszwecken stützte die Kommission ihre sachliche Marktabgrenzung auf unterschiedliche Monetarisierungsstrategien der Diensteanbieter: Spezialisierte Suchdienste seien nicht nur werbefinanziert, sondern erzielten Einnahmen auch durch die bezahlte Aufnahme von Produkten sowie durch Servicegebühren und Provisionen.[445]

Die Kommission schlägt den **SSNDQ-Test** (*small but signifcant non-transitory decrease of quality*) als Abwandlung des SSNIP-Tests vor. Danach ist das Verhalten der Verbraucher bei einer geringfügigen, aber dauerhaften Qualitätsverschlechterung der kostenlosen Leistung zu beobachten und daraus Rückschlüsse auf Substitutionsbeziehungen zu ziehen.[446] Jedoch besteht insoweit (zu) viel Bewertungsspielraum. Qualitätsverschlechterungen sind anders als Preiserhöhungen ungleich schwieriger objektiv zu quantifizieren.[447]

▶ **Beispiel**

In ihrer Entscheidung in der Sache *Google Android* stellte die Kommission zur Abgrenzung der Märkte für Android App-Stores und für App Stores für andere mobile Betriebssysteme u. a. auf das zu erwartende Verhalten ab für den Fall, dass es zu einer geringfügigen, aber erheblichen und nicht nur vorübergehenden Qualitätsverschlechterung des Android App Stores (z. B. im Hinblick auf Suchfunktionen, die Präsentation der Ergebnisse oder die Aktualisierungsfunktionen) käme.[448] ◀

Mehrseitige Märkte
In einem weiteren Schritt ist zu betrachten, wo die Grenzen mehrseitiger Märkte verlaufen. Es geht um die Frage, ob mehrere **Nutzergruppen** zu einem sachlich relevanten Markt zusammenzufassen sind oder ob die einzelnen Marktseiten jeweils eigenständige Märkte bilden. Die Kommission stellt darauf ab, ob die Leistungen, die der Plattformbetreiber verschiedenen Nutzergruppen anbietet, **substituierbar** sind.[449] Maßgeblich ist also, inwieweit die Leistungen aus Nachfragersicht austauschbar sind. Dies bestimmt sich nach den **Eigenschaften** der Leistungen, aber auch anhand von **verhaltensbezogenen Faktoren**.[450] Zu berücksichtigen ist z. B., ob Nutzer zu *Multi-Homing*, also der parallelen Nutzung mehrere Plattformen, neigen oder typischerweise ihre Aktivitäten auf einer Plattform bündeln.

---

444 Kommission v. 27.6.2017 – AT.39740, Rn. 168 – *Google Search (Shopping)*.
445 Kommission v. 27.6.2017 – AT.39740, Rn. 168 – *Google Search (Shopping)*.
446 Kommission, Bekanntmachung zum relevanten Markt, 2024, Rn. 98.
447 *Bostoen*, Abuse of Platform Power, 2023, S. 71.
448 Kommission v. 18.7.2018 – AT.400999, Rn. 286 – *Google Android*.
449 Kommission, Bekanntmachung zum relevanten Markt, 2024, Rn. 95.
450 Kommission, Bekanntmachung zum relevanten Markt, 2024, Rn. 95.

▶ **Beispiele**

Zwei getrennte Märkte sind für das Angebot der sozialen Netzwerke an Endverbraucher sowie das Angebot, Werbeanzeigen auf dieser Plattform zu schalten, anzunehmen. Es handelt sich um jeweils unterschiedliche Leistungen, die den Nutzergruppen angeboten werden. Sie sind aus deren Sicht nicht substituierbar. Während die Nutzung eines sozialen Netzwerks zum Teilen von Inhalten und Austausch mit Freunden dient, fungiert die Schaltung von Werbeanzeigen den Werbekunden als Mittel zur Kundengewinnung und Umsatzsteigerung. Bei Zahlungssystemen hat die Kommission ebenfalls zwei getrennte sachlich relevante Märkte für das *Issuing* und das *Acquiring* angenommen.[451]

Dagegen hat die Kommission einen einheitlichen mehrseitigen Markt für Online-Rekrutierungsdienste angenommen, welcher die Nutzergruppen der Arbeitsuchenden und Personalverantwortlichen umfasst.[452] ◀

Die Kommission will bei der Marktabgrenzung auch die **Plattformart** einbeziehen. Sie unterscheidet in ihrer Bekanntmachung zur Marktabgrenzung zwischen Transaktions- und Matching-Plattformen.[453] Auch in der Literatur wird vorgeschlagen, bei zweiseitigen Transaktions-Plattformen grundsätzlich einen einheitlichen Markt abzugrenzen,[454] bei Nicht-Transaktions-Plattformen hingegen für die Nutzergruppen getrennte sachlich relevante Märkte anzunehmen.

Wiederholung

Die gebildeten Plattformkategorien sind nicht einheitlich. Das Bundeskartellamt versteht die Begrifflichkeiten anders (siehe ▶ Abschn. 1.1.1).

2.3.1.2 Einzelmarktbeherrschung
Begriff

Anders als § 18 GWB[455] für das deutsche Kartellrecht kennt das europäische Recht keine Definition der Marktbeherrschung. Die Rechtsprechung hat mittlerweile aber ein gefestigtes Begriffsverständnis entwickelt. Danach meint eine marktbeherrschende Stellung eine

» *„wirtschaftliche Machtstellung eines Unternehmens [. . .], die dieses in die Lage versetzt, die Aufrechterhaltung eines wirksamen Wettbewerbs auf dem relevanten Markt zu verhindern, indem sie ihm die Möglichkeit verschafft, sich seinen Wettbewerbern, seinen Abnehmern und letztlich den Verbrauchern gegenüber in einem nennenswerten Umfang unabhängig zu verhalten."*[456]

---

451 Kommission v. 19.12.2007 – AT.34579 – *Mastercard*.
452 Kommission v. 6.12.2016 – M.8124 – *Microsoft/LinkedIn*.
453 Kommission, Bekanntmachung zum relevanten Markt, 2024, Rn. 95.
454 *Filistrucchi/Geradin/van Damme/Affeldt*, Journal of Competition Law & Economics 2014, 293, 301 ff.
455 Siehe ▶ Abschn. 3.3.1.2.
456 EuGH v. 13.2.1979 – C-85/76, ECLI:EU:C:1979:36, Rn. 38 f. – *Hoffmann-La Roche*.

2.3 · Missbrauchsverbot

> **Merke**
> Nach der europäischen Praxis sind **zwei Elemente kennzeichnend** für eine Marktbeherrschung: Erstens muss das Unternehmen in der Lage sein, wirksamen **Wettbewerb zu verhindern**. Zweitens muss es über einen **unabhängigen Verhaltensspielraum** gegenüber seinen Wettbewerbern und der Marktgegenseite verfügen.

Ob diese Voraussetzungen verwirklicht sind, wird anhand einer Vielzahl einzelner Kriterien ermittelt. Eine Gesamtschau muss ergeben, dass das Unternehmen einen gewissen Grad an Marktmacht erreicht. Eine Monopolstellung wird nicht verlangt. Vielmehr vermittelt auch ein deutlich geringerer Marktanteil eine marktbeherrschende Stellung, wenn weitere Struktur- und Verhaltenskriterien hinzukommen, die einen unabhängigen Verhaltensspielraum konstituieren.

Das Innehaben einer Marktbeherrschung wird von Art. 102 AEUV **nicht verboten**. Vielmehr anerkannt das Kartellrecht, dass ein Unternehmen infolge überlegener Leistungsfähigkeit sich diese Position erkämpft hat. Art. 102 AEUV verbietet dem Unternehmen aber, den mit seiner Stellung verbundenen Verhaltensspielraum auszunutzen. Die marktbeherrschende Stellung ist damit eine rein objektive Voraussetzung. Es ist kein Unwerturteil mit ihrer Feststellung verbunden.[457]

Kriterien

Marktanteil

Das mit Abstand wichtigste Kriterium zur Ermittlung einer Marktbeherrschung ist der **Marktanteil**. Die europäische Praxis geht davon aus, dass ab einem Marktanteil von *„deutlich über 40 %"*[458] eine Marktbeherrschung besteht. Bei Marktanteilen zwischen 25 % und 40 % bedarf es weiterer Kriterien, die für einen unabhängigen Verhaltensspielraum sprechen.[459] Bei einem Marktanteil von unter 25 % ist eine marktbeherrschende Stellung dagegen unwahrscheinlich.[460] Neben der absoluten Marktanteilshöhe nehmen auch die relativen Marktanteile, also der **Marktanteilsabstand** zum nächstgrößeren Wettbewerber, Einfluss.[461] Hat ein Unternehmen etwa einen Marktanteil von 40 %, konkurriert es jedoch mit einem weiteren Unternehmen, das einen ähnlich hohen Marktanteil inne hat, kann eine Marktbeherrschung abzulehnen sein.

Auch bei den zu digitalen Märkten entschiedenen Missbrauchsfällen hatten Unternehmen regelmäßig hohe Marktanteile inne. In ihrer Entscheidung *Google Shopping*[462] ging die Kommission etwa davon aus, dass *Google* auf dem Markt für Suchmaschinen einen Marktanteil von über 90 % inne habe. Mit Blick auf das mo-

---

[457] Grabitz/Hilf/Nettesheim/*Jung*, 79. EL 2023, Art. 102 AEUV Rn. 62.
[458] EuGH v. 13.2.1979 – C-85/76, ECLI:EU:C:1979:36, Rn. 50 f. – *Hofmann-La Roche*.
[459] Immenga/Mestmäcker/*Fuchs*, 6. Aufl. 2019, Art. 102 AEUV Rn. 92.
[460] LMRKM/*Bergmann/Fiedler*, 4. Aufl. 2020, Art. 102 AEUV Rn. 126.
[461] EuG v. 25.3.1999 – T-102/96, ECLI:EU:T:1999:65, Rn. 201 – *Gencor*.
[462] Kommission v. 27.6.2017 – AT.39740 – *Google Search (Shopping)*.

bile Betriebssystem *Android* konnte im Jahr 2014 von einem Marktanteil von nahezu 85 % ausgegangen werden.[463] Im Jahr 2004 nahm die Kommission einen Marktanteil von über 90 % von *Microsoft* auf dem Markt für PC-Betriebssysteme an.[464]

Dennoch ist zu bedenken, dass die Aussagekraft des Marktanteils geschwächt ist, wenn sich die betroffenen digitalen Märkte durch besondere **Innovationsdynamiken** auszeichnen.[465] Bereits von marktanteilsschwachen Wettbewerbern kann Wettbewerbsdruck ausgehen, der einen unabhängigen Verhaltensspielraum des marktanteilsstarken Unternehmens einschränkt. Ein Beispiel bietet die Marktbeherrschungsprüfung (im Bereich der Zusammenschlusskontrolle[466]) im Fall *Microsoft/Skype*.[467] Die Kommission argumentierte, dass ein Marktanteil von 90 % nicht dazu führe, dass der Markt unangreifbar sei. Dies betraf den Kontext der Videotelefonie.

Weitere Kriterien

Ferner ist bei der Prüfung der Marktbeherrschung die Höhe der **Marktzutrittsschranken** einzustellen.[468] Marktzutrittsschranken beziehen sich auf den Aufwand, den ein Unternehmen tätigen muss, um am Markt als Wettbewerber aktiv zu werden. Er kann in umfassenden Investitionen in Produktionsanlagen oder im Zugang zu Know-How bestehen. Mit der Höhe der Marktzutrittsschranken hängt der Wettbewerbsdruck, der von **potenziellem Wettbewerb** ausgeht, zusammen. Auch Unternehmen, die aktuell noch nicht am Markt tätig sind, können disziplinierenden Einfluss auf ein marktmächtiges Unternehmen nehmen, wenn dieses damit rechnen muss, dass weitere Wettbewerber alsbald am Markt aktiv werden. Auf digitalen Märkten können Marktzutrittsschranken z. B. aus erforderlichen Investitionen in Forschung und Entwicklung folgen. Jedoch ist auch zu sehen, dass der Betrieb einiger Plattformen kaum Investitionen voraussetzt und es bei einer kostenlosen Zurverfügungstellung eines Dienstes gegenüber Endnutzern regelmäßig einfach möglich sein wird, Werbekunden zu gewinnen.[469]

Auch die **Nachfrageelastizität** hat Einfluss: Weichen Verbraucher bei geringfügigen Preiserhöhungen schnell auf das Angebot der Konkurrenten aus, verkleinert dies den Spielraum eines Unternehmens. Nachfragemacht ist als *contervailing power* geeignet, die Marktmacht auf Anbieterseite einzudämmen. Dies ist beispielsweise im Lebensmittelsektor der Fall: Die Lebensmitteleinzelhändler sind infolge ihrer Nachfragemacht mitunter gar in der Lage, Herstellern die Bedingungen zu „digitieren", zu denen sie bereit sind, ihre Waren einzukaufen.[470]

---

463 *Körber*, NZKart 2014, 378, 380.
464 Kommission v. 24.3.2004 – COMP/C-3/37.792 – *Microsoft*.
465 *Körber*, NZKart 2014, 378, 380 ff.
466 Dazu ▶ Abschn. 2.4.3.2.
467 EuG v. 11.12.2013 – T-79/12, ECLI:EU:T:2013:635, Rn. 65 – *Cisco Systems und Messagenet*.
468 Immenga/Mestmäcker/*Fuchs*, 6. Aufl. 2019, Art. 102 AEUV Rn. 98.
469 BKartA v. 22.10.2015 – B6-57/15, Rn. 186 – *Online-Datingplattform*.
470 BKartA, Sektoruntersuchung Lebensmitteleinzelhandel, 2014; *Legner*, Schadenstheorien bei Nachfragemacht, 2019, S. 20 ff.

Die **Finanzkraft** eines Unternehmens kann dessen unabhängigen Verhaltensspielraum vergrößern, insbesondere wenn Innovationen ein wichtiger Wettbewerbsparameter auf dem Markt sind.[471] Weitere Unternehmensstrukturkriterien – etwa die Verflechtung mit anderen Unternehmen[472] und die vertikale Integration[473] – sind ebenfalls bedeutsam.

Digitalmarktspezifische Kriterien

Auf mehrseitigen digitalen Märkten sind weitere Kriterien bei der Marktbeherrschungsprüfung maßgeblich. Dazu zählen **direkte und indirekte Netzwerkeffekte**.[474]

Zur Wiederholung

> **Direkte Netzwerkeffekte** entstehen zwischen den Nutzern derselben Gruppe. Der Nutzen einer Plattform steigt für den Nutzer dabei, wenn die Anzahl weiterer Nutzer aus derselben Gruppe wächst.[475] Ein Beispiel sind soziale Netzwerke: Der Austausch von Texten, Fotos oder Videos gewinnt an Nutzen, je mehr Personen die geteilten Inhalte sehen können. **Indirekte Netzwerkeffekte** betreffen die Wechselwirkungen zwischen unterschiedlichen Nutzergruppen. So wächst der Nutzen für Unternehmen, auf einem sozialen Netzwerk Werbeanzeigen zu schalten, mit der Anzahl der privaten Nutzer. Im Beispiel handelt es sich um positive indirekte Netzwerkeffekte. Möglich sind auch negative indirekte Netzwerkeffekte.[476]

Bestehen direkte Netzwerkeffekte, werden Nutzer eine Plattform wählen, auf der sich bereits viele andere Nutzer befinden. In diesem Fall haben es Wettbewerber, die z. B. ein konkurrierendes soziales Netzwerk anbieten wollen, schwer, am Markt Fuß zu fassen.

Bedeutsam ist in diesem Zusammenhang, ob Nutzer bereit sind, **mehrere Dienste parallel zu nutzen** (sog. *Multi-Homing*).[477] Sind Verbraucher dazu in der Regel nicht bereit, so fördert dies die Marktmacht des etablierten Plattformbetreibers. Die Bereitschaft der Nutzer zum *Multi-Homing* hängt auch von dem Wechselaufwand ab. Wollen Nutzer mehrere soziale Netzwerke verwenden, können sie die Kontakte und Daten aus dem bereits benutzten Netzwerk nicht einfach auf ein neues Netzwerk übertragen.[478] Dies schafft *Lock-in-Effekte*.[479]

---

471 Grabitz/Hilf/Nettesheim/*Jung*, 81. EL 2024, Art. 102 AEUV Rn. 101.
472 EuGH v. 9.11.1983 – C322/81, ECLI:EU:C:1983:313, Rn. 55 – *Michelin*.
473 EuGH v. 14.2.1978 – C-27/76, ECLI:EU:C:1978:22, Rn. 69/71 – *United Brands*.
474 Zum Begriff ▶ Abschn. 1.1.
475 Immenga/Mestmäcker/*Körber*, 6. Aufl. 2020, Art. 2 FKVO Rn. 24.
476 BKartA v. 23.11.2017 – B6–35/17, Rn. 70 – *CTS EVENTIM/Medusa Music/Four Artists*.
477 Siehe bereits ▶ Abschn. 1.1.
478 Siehe dazu Art. 7 DMA, der das *Multi-Homing* bei Messenger-Diensten fördern will.
479 *Podszun/Schwalbe*, NZKart 2017, 98, 100.

Der **Zugang zu wettbewerbsrelevanten Daten** kann ebenfalls Marktmacht vermitteln. Durch die Auswertung von nutzerbezogenen Daten können Unternehmen ihre Angebote entsprechend weiterentwickeln. Daten sind anders als körperliche Gegenstände im Grundsatz nicht-rivalisierend. Es gilt daher zu bedenken, dass es insbesondere der **Vorsprung** bei dem Zugang zu Daten ist, der Marktmacht vermittelt. Das überlegene Unternehmen wird besser über die Vorlieben der Verbraucher Bescheid wissen und kann ihnen maßgeschneiderte Leistungen anbieten bzw. diese entsprechend fortentwickeln.[480] Verbundvorteile entstehen, wenn ein Unternehmen mehrere Plattformdienste anbietet und die Daten aus diesen zusammenführt.[481]

Schließlich kann **innovationsgetriebener Wettbewerbsdruck** auf digitalen Märkten die Bedeutung der Marktanteilshöhen für die Marktbeherrschungsprüfung verändern.[482] Die in der Vergangenheit zu beobachtenden Entwicklungen auf digitalen Märkten legen nahe, dass immer wieder disruptive Innovationen aufkommen können, die die Wettbewerbskräfte verschieben und einst marktmächtige Unternehmen zu Fall bringen.

2.3.1.3 Kollektive Marktbeherrschung

Ein Markt kann von mehreren Unternehmen gemeinsam beherrscht werden. In diesem Fall sind sie kollektiv marktbeherrschend. Art. 102 AEUV definiert den Begriff nicht. Die Rechtsprechung hat ihn anhand der sog. **Airtours-Kriterien**[483] konkretisiert.

> **❶ Merke**
>
> Kollektive Marktbeherrschung liegt vor, wenn mehrere Unternehmen **im Außenverhältnis wettbewerbliche Unabhängigkeit** genießen und **kein Wettbewerb im Binnenverhältnis** zwischen ihnen herrscht.

Ob die Unternehmen im Außenverhältnis wettbewerblich unabhängig sind, wird in erster Linie anhand des **gemeinsamen Marktanteils** bestimmt. Zudem können die gerade zur Einzelmarktbeherrschung erläuternden Kriterien Anwendung finden.

Für den fehlenden Binnenwettbewerb ist zu klären, ob **Markttransparenz** vorliegt und **Koordinierungsdisziplin** gegeben ist. Ist der Markt transparent, kann ein Wettbewerber das Preissetzungsverhalten seiner Konkurrenten vergleichsweise gut beobachten.[484] Das ist z. B. der Fall, wenn auf dem Markt homogene Produkte verkauft werden und auch im Übrigen das Preissetzungsverhalten transparent ist. Ein Beispiel sind die Tankstellenmärkte, auf denen Preise auf gut sichtbaren Tafeln angeschlagen werden. Unternehmen können sich daher erlaubterweise „über den Markt" abstimmen. Es kommt zu keiner gem. Art. 101 AEUV verbotenen Fühlungnahme, sondern zu **impliziter Kollusion**.

---

480 *Tamke*, NZKart 2018, 503, 507.
481 Siehe für Torwächter das entsprechende Verbot in Art. 5 Abs. 2 DMA.
482 *Tamke*, NZKart 2018, 503, 507.
483 EuG v. 6.6.2002 – T-342/99, ECLI:EU:T:2002:146 – *Airtours*.
484 *Legner*, Freilaw 2014, 1, 3.

Damit das kollusive Gleichgewicht in Gestalt höherer Verkaufspreise auch stabil ist, bedarf es der Koordinierungsdisziplin. Im Grundsatz besteht für jedes Unternehmen eon Anreiz, aus dem höheren, kollusiven Preisgleichgewicht auszubrechen und einen geringfügig niedrigeren Preis zu setzen. So wird es einen größeren Teil der Nachfrage auf sich ziehen und seinen Gewinn vergrößern können. Werden solche Alleingänge jedoch „bestraft", gewinnt das kollusive Gleichgewicht an Stabilität. Eine Bestrafung erfolgt durch die sog. **Tit-for-Tat-Strategie**: Dabei reagieren Wettbewerber, sobald sie die Preissenkung des „ausbrechenden" Unternehmens bemerken, ebenfalls mit Preissenkungen. Der Ausbruch wird für das initiierende Unternehmen dadurch weniger lukrativ.

> **Wiederholung**
>
> Eine kollektiv marktbeherrschende Stellung ist nicht verboten. Art. 102 AEUV sanktioniert erst den Missbrauch dieser Stellung. Unter die verbotenen Verhaltensweisen des Art. 101 AEUV fällt die implizite Kollusion ebenfalls nicht. Eine von Art. 101 AEUV erfasste aufeinander abgestimmte Verhaltensweise verlangt vielmehr eine Fühlungnahme zwischen den Unternehmen, die bei einer Abstimmung über den Markt nicht realisiert wird.[485]

Auf **Plattformmärkten** hat die kollektive Marktbeherrschung bislang **keine besondere Bedeutung** erlangt. Die Koordinierung wird durch die Mehrseitigkeit der Märke erschwert: Implizite Kollusion müsste zeitgleich auf mehrere Markseiten realisiert werden. Es ist aber denkbar, dass auf nachgelagerten Märkten der **Einsatz von Algorithmen** die Markttransparenz erhöht und so die Stabilität kollusiver Gleichgewichte verstärken kann. Im Rahmen des Kartellverbots wird daher derzeit diskutiert, ob zukünftig auch Formen der impliziten Kollusion untersagt werden sollten, sofern sie die Verbraucherwohlfahrt verringern.[486]

2.3.2 Missbrauch

2.3.2.1 Behinderungsmissbrauch
Grundsätze

Einem marktbeherrschenden Unternehmen ist es untersagt, seine Wettbewerber **unbillig zu behindern**. Dahinter steht die Überlegung, dass der Wettbewerb auf dem Markt infolge der bestehenden Verhaltensspielräume zugunsten des marktbeherrschenden Unternehmens bereits geschwächt ist. Der Marktbeherrscher darf weiterhin gewinnmaximierend agieren und Effizienzen nutzen.[487] Deshalb kann

---

485 Dazu ▶ Abschn. 2.2.1.3.
486 Dazu ▶ Abschn. 2.2.1.3.3.
487 Immenga/Mestmäcker/*Fuchs*, 6. Aufl. 2019, Art. 102 AEUV Rn. 199.

nicht jedwede durch das Verhalten des Marktbeherrschers erzeugte Verdrängungswirkung zulasten der Wettbewerber als missbräuchlich eingestuft werden.[488] Dies liefe im Ergebnis auf ein mit Art. 102 AEUV nicht zu vereinbarendes Verbot der Marktbeherrschung hinaus.

Jedoch darf ein marktbeherrschendes Unternehmen seine Marktmacht nicht missbrauchen, um den Restwettbewerb mit „*Mitteln [zu] behindern, welche von den Mitteln eines normalen Produkt- oder Dienstleistungswettbewerbs [...] abweichen*".[489] Ihm wird also eine „*besondere Verantwortung*"[490] für die Aufrechterhaltung des Restwettbewerbs zugeschrieben.[491] Der Missbrauchsbegriff ist **objektiv** zu verstehen.[492] Es bedarf grundsätzlich keiner Verdrängungsabsicht. In der Rechtspraxis hat sich der unbestimmte Missbrauchsbegriff in Gestalt von **Fallgruppen** konkretisiert.

> **Merke**
>
> Folgender Obersatz eignet sich als Einstieg in die Fallprüfung des Missbrauchs: Bei Ermittlung der Missbräuchlichkeit sind die **Interessen der Beteiligten** einzustellen sowie der auf die Freiheit des Wettbewerbs gerichtete **Schutzzweck** des Art. 102 AEUV zu berücksichtigen.[493]

Je größer die Marktmacht des Marktbeherrschers ist, desto geringer ist im Grundsatz der Verhaltensspielraum, der ihm zuzugestehen ist. Es bestehen Wechselwirkungen zwischen dem **Grad der Marktmacht** und der Missbrauchsprüfung. So kann ein Unternehmen mit 40 % Marktanteil gerade so die Schwelle zur Marktbeherrschung überschreiten, während ein Quasi-Monopolist ebenfalls marktbeherrschend ist, aber einen ungleich größeren Handlungsspielraum vereinnahmt.

Die Anforderungen an die Darlegung einer unbilligen Behinderung durch die Kommission wurden von der europäischen Rechtsprechung in den letzten Jahren sukzessive verstärkt. Dabei fordern die Gerichte immer häufiger, die **tatsächlichen Auswirkungen** des Verhaltens des Marktbeherrschers darzulegen und zu beweisen (sog. *effects-based approach*). Dies stellt eine Abkehr von der früheren Entscheidungspraxis zum Missbrauchsrecht dar. Der einst vorherrschende *form-based approach* entschied anhand der „Form" des Verhaltens über die Missbräuchlichkeit.

---

488 EuGH v. 6.9.2017 – C-413/14 P, ECLI:EU:C:2017:632, Rn. 134 – *Intel*.
489 EuGH v. 13.2.1979 – 85/76, ECLI:EU:C:1979:36, Rn. 91 – *Hoffmann-La Roche*.
490 EuGH v. 6.9.2017 – C-413/14 P, ECLI:EU:C:2017:632, Rn. 135 – *Intel*.
491 FK-KartellR/*Brand*, 108. EL 2024, Art. 102 AEUV Rn. 141.
492 EuGH v. 13.2.1979 – C-85/76, ECLI:EU:C:1979:36, Rn. 91 – *Hoffmann-La Roche*.
493 Immenga/Mestmäcker/*Fuchs*, 6. Aufl. 2019, Art. 102 AEUV Rn. 201.

2.3 · Missbrauchsverbot

> ▶ **Beispiel für die Rechtsprechungsentwicklung**
>
> Die frühere Rechtsprechung betrachtete **Treuerabatte**, mit denen das marktbeherrschende Unternehmen seine Abnehmer dafür „belohnte", dass diese überwiegend oder ausschließlich bei ihm einkauften, per se – also ungeachtet ihrer tatsächlichen Auswirkungen auf das Marktgeschehen – als missbräuchlich.[494] Im Jahr 2017 entscheid der EuGH in der **Rechtssache Intel**[495] jedoch, dass es einer *„Analyse der Eignung zur Verdrängung"*[496] durch die Rabattgewährung bedürfe. ◀

Vor allem der **As-Efficient-Competitor-Test** hat als Methode zum Nachweis von behindernden Auswirkungen des Verhaltens des Marktbeherrschers an Bedeutung gewonnen.[497] Dabei gilt es zu betrachten, ob die Verhaltensweise des marktbeherrschenden Unternehmens geeignet ist, einen ebenso effizienten Wettbewerber (*as efficient competitor*) zu verdrängen.[498] Dahinter steht die Überlegung, dass das Wettbewerbsrecht zwar ebenso effizient agierende Wettbewerber schützen, aber anderen Konkurrenten keine Garantie für ihren Fortbestand am Markt verschaffen will.[499] Die Nachweisanforderungen für die Kommission im Rahmen des As-Efficient-Competitor-Tests sind sehr hoch. In jüngerer Vergangenheit sind Bußgeldentscheidungen[500] auf der Grundlage des Art. 102 AEUV wiederholt infolge unzureichender Auswirkungsanalyse von den Gerichten aufgehoben worden.[501]

Die europäische Rechtsprechung anerkennt – gleichsam ungeschrieben – eine **Rechtfertigungsmöglichkeit** für Unternehmen im Rahmen des Art. 102 AEUV.[502] Die Rechtfertigungsvoraussetzungen sind inhaltlich denen des Art. 101 Abs. 3 AEUV für die Freistellung vom Kartellverbot[503] nachgebildet. Voraussetzung ist, dass die wettbewerblich schädigende Verdrängungswirkung durch **Effizienzgewinne zumindest ausgeglichen** wird. Zudem müssen die Effizienzen den Verbrauchern zugutekommen und die Verhaltensweise des Marktbeherrschers zur Generierung der Effizienzen erforderlich sein.[504] Die Voraussetzungen sind als hoch

---

494 EuGH v. 13.2.1979 – C-85/76, ECLI:EU:C:1979:36, Rn. 89 – *Hoffmann-La Roche*.
495 EuGH v. 6.9.2017 – C-413/14 P, ECLI:EU:C:2017:632 – *Intel*. Dazu *Legner*, GPR 2023, 26, 31.
496 EuGH v. 6.9.2017 – C-413/14 P, ECLI:EU:C:2017:632, Rn. 140 – *Intel*.
497 Dazu *Rohner*, Art. 102 AEUV und die Rolle der Ökonomie, 2023.
498 EuGH v. 27.3.2012 – C-209/10, ECLI:EU:C:2012:172, Rn. 21 – *Post Danmark*.
499 *Barthelmeß*, NZKart 2014, 492, 493.
500 Zu den Rechtsfolgen siehe ▶ Abschn. 2.5.
501 EuGH v. 6.9.2017 – C-413/14 P, ECLI:EU:C:2017:632 – *Intel*; EuG v. 15.6.2022 – T-235/18, ECLI:EU:T:2022:358 – *Qualcomm*; EuG v. 14.9.2022 – T-604/18, ECLI:EU:T:2022:541 – *Google Android*.
502 EuGH v. 15.3.2007 – C-95/04 P, ECLI:EU:C:2007:166, Rn. 69 – *British Airways*; EuGH v. 17.2.2011 – C-52/09, ECLI:EU:C:2011:83, Rn. 76 – *TeliaSonera*; EuGH v. 27.3.2012 – C-209/10, ECLI:EU:C:2012:172, Rn. 40 f. – *Post Danmark*.
503 Siehe ▶ Abschn. 2.2.5.
504 EuGH v. 15.3.2007 – C-95/04 P, ECLI:EU:C:2007:166, Rn. 86 – *British Airways*.

zu bewerten. Zudem liegt die Darlegungs- und Beweislast bei dem Marktbeherrscher. Das ist eine weitere Hürde, sodass abzuwarten bleibt, ob die *efficiency defense* praktisch relevant werden wird.[505]

🛈 **Merke**
Der Missbrauch wird zweistufig prüft: Zunächst ist die missbräuchliche Verhaltensweise unter Berücksichtigung ihrer Auswirkungen zu prüfen. Im Anschluss ist zu klären, ob die Rechtfertigungsvoraussetzungen erfüllt sind.

Um die Voraussetzungen des Missbrauchsverbots zugunsten der betroffenen Unternehmen zu konkretisieren, hat die Kommission im Jahr 2008 zu der Vorgängervorschrift des Art. 102 AEUV **„Erläuterungen zu den Prioritäten** der Kommission bei der Anwendung von Art. 82 EGV"[506] veröffentlicht. Sie plant nun, **im Jahr 2025 erstmals Leitlinien** zu Art. 102 AEUV zu erlassen.[507] Ende 2023 hat sie bereits eine Änderungsmitteilung zu den Erläuterungen aus dem Jahr 2008 veröffentlicht.[508] Im Jahr 2024 hat sie einen Entwurf für *„Leitlinien für die Anwendung von Artikel 102 des Vertrags über die Arbeitsweise der Europäischen Union auf Fälle von Behinderungsmissbrauch durch marktbeherrschende Unternehmen"* vorgelegt.[509] Darin kommt teilweise eine Abkehr von dem *more economic approach* zum Ausdruck. Es bleibt abzuwarten, wie die endgültigen Leitlinien verfasst sein werden.

Nachfolgend werden einige Konstellationen des Behinderungsmissbrauchs aus der europäischen Fallpraxis aufgegriffen. Der Fokus liegt auf Fallbeispielen aus digitalen Märkten. In jüngerer Vergangenheit sind einige Missbrauchsverfahren gegen Digitalunternehmen geführt worden. Dies überrascht insofern nicht, als die Märkte infolge der oben dargestellten Besonderheiten[510] regelmäßig stark ver-

---

505 FK-KartellR/*Brand*, 108. EL 2024, Art. 102 AEUV Rn. 159; Immenga/Mestmäcker/*Fuchs*, 6. Aufl. 2019, Art. 102 AEUV Rn. 163: *„Insgesamt drängt sich der Eindruck auf, dass die Ergänzung der objektiven Rechtfertigung des potenziell missbräuchlichen Verhaltens um eine „efficiency defense" im Rahmen des Missbrauchstatbestands eine mehr rhetorische als inhaltliche Bedeutung hat."*
506 Mitteilung der Kommission, Erläuterungen zu den Prioritäten der Kommission bei der Anwendung von Artikel 82 des EG-Vertrags auf Fälle von Behinderungsmissbrauch durch marktbeherrschende Unternehmen, ABl. EG 2009 Nr. C 45/7.
507 ▶ https://germany.representation.ec.europa.eu/news/kartellrecht-kommission-kundigt-leitlinien-zu-behinderungsmissbrauch-und-andert-erlauterungen-zu-2023-03-27_de (24.6.2024). Dazu *Higer*, NZKart 2023, 385.
508 Änderung der Mitteilung der Kommission — Erläuterungen zu den Prioritäten der Kommission bei der Anwendung von Artikel 82 des EG-Vertrags auf Fälle von Behinderungsmissbrauch durch marktbeherrschende Unternehmen, ABl. EU 2023 Nr. C 116/1.
509 Kommission, Pressemitteilung „Behinderungsmissbrauch durch marktbeherrschende Unternehmen: Kommission startet Konsultation" v. 2.8.2024, ▶ https://germany.representation.ec.europa.eu/news/behinderungsmissbrauch-durch-marktbeherschende-unternehmen-kommission-startet-konsultation-2024-08-02_de (24.8.2024).
510 Siehe ▶ Abschn. 1.1.; ▶ Abschn. 2.3.1.2.

machtet sind und wenige große Digitalunternehmen die Märkte beherrschen. Auf **digitalen Märkten** hat das Missbrauchsverbot daher **besondere praktische Bedeutung** erlangt. Die im Folgenden dargebotenen Fallgruppen des Marktbeherrschungsmissbrauchs sind indes auch für andere Sektoren praktisch bedeutsam.[511]

Ausschließlichkeitsbindung

Neben dem Kartellverbot des Art. 101 AEUV[512] setzt auch das Missbrauchsverbot **Ausschließlichkeitsbindungen** rechtliche Grenzen. Vereinbart ein marktbeherrschendes Unternehmen Alleinbezugsverträge mit seinen Abnehmern, erreichen diese aufgrund des regelmäßig hohen Marktanteils des Marktbeherrschers eine entsprechend große Marktabdeckung. Die Rechtsprechung hat eine missbräuchliche Behinderung bereits bei **kurzen Vertragslaufzeiten** von zwei Jahren bejaht.[513] Jüngere Kommissionsentscheidungen haben marktbeherrschende Unternehmen dazu verpflichtet, keine Verträge mit einer längeren Laufzeit als fünf Jahren abzuschließen.[514]

Aus dem Bereich der Digitalökonomie bietet die Entscheidung der Kommission in der Sache *Google Search (Adsense)*[515] ein Beispiel für missbräuchliche Ausschließlichkeitsbindungen: Nach den Ausführungen der Kommission stellte der Digitalkonzern den Betreibern von „Publisher"-Websites seine Online-Vermittlungsplattform für Suchmaschinenwerbung (*AdSense*) zur Verfügung. Darauf konnten Websitebetreiber mit Werbetreibenden in Kontakt treten. Die Kommission führte aus, dass *Google* in den Verträgen mit den Websitebetreibern Beschränkungen zulasten konkurrierender Anbieter von Suchmaschinen vorgesehen habe, die deren Möglichkeit, für diese Websitebetreiber ebenfalls tätig zu werden, einschränkten.[516] Das EuG hat die Entscheidung im September 2024 wegen Mängeln in der Begründung aufgehoben.[517]

In ihrer Entscheidung in der Sache *Google Android* von 2018 hat die Kommission dem Digitalkonzern u. a. vorgeworfen, Verdrängungswirkung zulasten seiner Wettbewerber zu erzeugen, indem er mit Herstellern von Mobilfunkgeräten vereinbart hatte, dass sie nur dann einen Teil ihrer Werbeeinnahmen erhielten, wenn sie sich bereit erklärten, keinen konkurrierenden allgemeinen Suchdienst vorzuinstallieren.[518] Das EuG hat die Kommissionsentscheidung in dieser Hinsicht im Jahr 2022 jedoch aufgehoben. Die Kommission hat nach Ansicht des Gerichts nicht **alle relevanten Umstände bei Prüfung der Verdrängungswirkung** eingestellt.[519]

---

511 Eine Ausnahme mag die Fallgruppe der Selbstbevorzugung darstellen, deren Entwicklung vorrangig mit digitalen Märkten in Verbindung gebracht wird.
512 Siehe ▶ Abschn. 2.2.2.3.7.
513 EuGH v. 13.2.1979 – C-85/76, ECLI:EU:C:1979:36, Rn. 89 – *Hoffmann-La Roche*.
514 Kommission v. 11.10.2007 – COMP/B-1/37966, Rn. 27 – *Distrigaz*.
515 Kommission v. 20.3.2019 – AT.40411 – *Google Search (Adsense)* (aufgehoben durch EuG v. 18.9.2024 – T-334/19 P, ECLI:EU:T:2024:634 – *Google AdSense for Search*).
516 Kommission v. 20.3.2019 – AT.40411, Rn. 329 ff. – *Google Search (Adsense)*.
517 EuG v. 18.9.2024 – T-334/19 P, ECLI:EU:T:2024:634 – *Google AdSense for Search*.
518 Kommission v. 18.7.2018 – AT.40099, Rn. 1188 ff. – *Google Android*.
519 EuG v. 14.9.2022 – T-604/18, ECLI:EU:T:2022:541, Rn. 698 ff.– *Google Android*.

Auch die Entscheidung in der Sache *Qualcomm*,[520] mit der die Kommission den Marktbeherrscher infolge Anreizzahlungen bebußt hatte, aufgrund derer nach Feststellungen der Kommission *Apple* seinen Bedarf an LTE-Chipsätzen ausschließlich durch den Einkauf bei *Qualcomm* habe decken sollen, wurde später vom EuG aufgehoben.[521]

Die jüngere Praxis zu Ausschließlichkeitsbindungen ist Ausdruck des oben angesprochenen *more economic approach* im Missbrauchsrecht,[522] womit hohe Anforderungen an den Nachweis der Verdrängungswirkung einhergehen.

Lieferverweigerung

Eine Lieferverweigerung durch einen Marktbeherrscher kann eine ungerechtfertigte Diskriminierung gem. **Art. 102 Satz 2 lit. c) AEUV** darstellen. Danach missbraucht ein marktbeherrschendes Unternehmen seine Stellung durch die Anwendung unterschiedlicher Bedingungen bei gleichwertigen Leistungen gegenüber Handelspartnern, wodurch diese im Wettbewerb benachteiligt werden.

Im Grundsatz steht es einem Marktbeherrscher frei zu entscheiden, mit welchen Unternehmen er kontrahieren will. Ausnahmsweise können aus Art. 102 AEUV aber Pflichten zur Geschäftsaufnahme bzw. -fortführung folgen.[523] Bei der Frage, ob eine Lieferverweigerung missbräuchlich ist, sind die vorhandenen **Ausweichmöglichkeiten** der Abnehmer einzustellen.[524] Je stärker sie von der Belieferung des Marktbeherrschers abhängig sind, desto eher lässt Art. 102 AEUV einen Belieferungsanspruch zu. Im Ergebnis bedarf es einer **umfassenden Interessenabwägung**. Einen Sonderfall der Lieferverweigerung stellt die Essential-Facilities-Doktrin dar.[525]

Online-Plattformen haben regelmäßig große Marktmacht. Auf wenn es sich bei ihnen grundsätzlich nicht um *essential facilities* handelt,[526] ist im Einzelfall zu prüfen, ob der Geschäftsabbruch oder die Weigerung der Geschäftsaufnahme einen Marktbeherrschungsmissbrauch verwirklicht. Zu denken ist an Suchmaschinen oder soziale Netzwerke mit einem Marktanteil von teilweise über 90 %, welcher eine entsprechend große Abhängigkeit gewerblicher Nutzer zur Folge haben kann.[527] Werden Werbetreibende oder Händler ausgelistet, senkt dies ihre Chancen, Endverbraucher zu erreichen, signifikant.[528]

---

520 Kommission, 24.1.2018 – AT.40220 – *Qualcomm*.
521 EuG v. 15.6.2022 – T-235/18, ECLI:EU:T:2022:358 – *Qualcomm*.
522 Siehe ▶ Abschn. 2.3.2.1.1.
523 BeckOK InfoMedienR/*Paal*, 43. Ed. 2022, Art. 102 AEUV Rn. 41.
524 Kommission v. 2.6.2004 – COMP/38.096, Rn. 224 – *Clearstream*.
525 Siehe ▶ Abschn. 2.3.2.1.7.
526 Siehe ▶ Abschn. 2.3.2.1.7.
527 Vgl. BeckOK InfoMedienR/*Paal*, 43. Ed. 2022, Art. 102 AEUV Rn. 42b.
528 *Bostoen*, Absue of Platform Power, 2023, S. 161.

2.3 · Missbrauchsverbot

> ▶ **Beispiel**
>
> In seiner Entscheidung in der Sache *Microsoft* hat das EuG im Jahr 2004 entscheiden, dass das den Markt für PC-Betriebssysteme beherrschende Unternehmen seine Stellung u. a. dadurch missbrauche, dass es sich weigere, Wettbewerbern im Markt für Betriebssysteme für Arbeitsgruppenserver Interoperabilitätsinformationen offenzulegen.[529] ◀

Selbstbevorzugung

Die Kommission und das EuG haben in der Rechtssache *Google Search (Shopping)* einen Missbrauch des marktbeherrschenden Suchmaschinenbetreibers infolge Selbstbevorzugung bejaht.[530] Nach den Feststellungen der Kommission hatte *Google* seinen eigenen Preisvergleichsdienst *Google Search* **in den Suchergebnissen an höherer Stelle platziert**, um so die Suchmaschinennutzer zu dessen Nutzung zu bewegen. Konkurrierende Preisvergleichsdienste rankte die Suchmaschine dagegen an weniger prominenten Stellen, was dazu führte, dass Nutzer diese Websites seltener aufriefen. Praktiken der Selbstbevorzugung können Marktbeherrscher verwirklichen, die auf vorgelagerter Marktstufe eine Vermittlungsleistung (hier: Suchmaschine) anbieten und auf nachgelagerter Marktstufe zugleich mit gewerblichen Nutzern in Wettbewerb (hier: Angebot eines Preisvergleichsdienstes) treten. Der Missbrauch besteht nach Auffassung des EuG darin, dass

> » *„Google ihre beherrschende Stellung auf dem Markt für allgemeine Suchdienste als Hebel genutzt [habe], um ihren eigenen Preisvergleichsdienst auf dem Markt für die spezialisierte Preisvergleichssuche zu begünstigen, indem sie die Positionierung und Präsentation dieses Preisvergleichsdienstes und seiner Ergebnisse auf ihren allgemeinen Ergebnisseiten im Vergleich zu den konkurrierenden Preisvergleichsdiensten aufgewertet habe, deren Ergebnisse aufgrund ihrer Wesensmerkmale dafür anfällig gewesen seien, durch die Anpassungsalgorithmen herabgestuft zu werden."*[531]

Die Selbstbevorzugung lässt sich nicht unter eine der bisher anerkannten Fallgruppen des Marktmachtmissbrauchs fassen. Insbesondere handelt es sich nach Auffassung des EuG[532] nicht um einen Fall der Zugangsverweigerung zu wesentlichen Einrichtungen (Essential Facilities-Doktrin).[533] Gewisse Parallelen bestehen vor allem zur Diskriminierung. Denn die Selbstbevorzugung besteht darin, dass eigene Dienste bzw. Produkte besser behandelt werden als vergleichbare Angebote der Wettbewerber.[534] Ob auf das Regelbeispiel des Art. 102 Satz 2 lit. c) AEUV zurückgegriffen werden kann, ist allerdings zweifelhaft. Danach hat der Marktbeherrscher unterschiedliche Bedingungen bei gleichwertigen Leistungen ge-

---

529 Kommission v. 24.5.2004 – COMP/C-3/37.792 – *Microsoft*.
530 EuG v. 10.11.2021 – T-612/17, ECLI:EU:T:2021:763 – *Google Shopping*; Kommission v. 27.6.2017 – AT.39740 – *Google Search (Shopping)*.
531 EuG v. 10.11.2021 – T-612/17, ECLI:EU:T:2021:763, Rn. 167 – *Google Shopping*.
532 EuG v. 10.11.2021 – T-612/17. ECLI:EU:T:2021:763, Rn. 212 ff. – *Google Shopping*.
533 Siehe ▶ Abschn. 2.3.2.1.7.
534 *Bostoen*, Abuse of Platform Power, 2023, S. 97.

genüber Handelspartnern anzuwenden. Im Fall der Selbstbevorzugung geht es jedoch um unterschiedliche Bedingungen im Vergleich zu seinem eigenen Leistungsangebot.[535] Nach Ansicht des EuG handelt es sich bei der Selbstbevorzugung um *„eine eigenständige Form des Missbrauchs durch Hebelwirkung.“*[536] Einem Marktbeherrscher ist es nicht per se untersagt, seine Marktmacht mittels Hebelwirkung auf weitere Märkte auszudehnen.[537] Es müssen spezifische Umstände hinzutreten, damit das Verhalten nicht mehr als Ausdruck von Leistungswettbewerb zu bewerten ist.[538] Das EuG bejaht solche besonderen Umstände im Fall *Google Search (Shopping)* und führt zur Begründung u. a. die

> *„Daseinsberechtigung und [den] Wert einer allgemeinen Suchmaschine [an], [die] in ihrer Fähigkeit, für von außen, d. h. aus dritten Quellen, stammende Ergebnisse offen zu sein und diese vielfältigen und unterschiedlichen Quellen auf ihren allgemeinen Ergebnisseiten anzuzeigen.“*[539]

lägen. Es handelt sich damit um eine auf allgemeine Suchdienste zugeschnittene Begründung des Marktbeherrschungsmissbrauchs. Dies gebietet es, Zurückhaltung bei Schlussfolgerungen für die Bewertung von Selbstbevorzugungspraktiken hinsichtlich andere Vermittlungsdienste zu üben.[540]

Die europäische Kartellrechtspraxis verfolgt Selbstbevorzugungspraktiken in weiteren Verfahren. In der Sache *Apple – App Store Practices (e-books/audiobooks)* untersucht die Kommission, die unterschiedliche Behandlung von *Apples* eigenen Apps zu denen von konkurrierenden E-Book- und Hörbuchhändlern.[541] In der Sache *Amazon Buy Box* beschäftigte sich die Kommission u. a. mit den Konditionen, zu denen die sog. *Buy Box* auf der Verkaufsplattform vergeben wird.[542] Produkte der Händler, die dieses Kauffeld gewinnen, können für Kunden durch ein direktes Klicken auf das Feld besonders einfach erworben werden. Das Verfahren wurde durch Verpflichtungszusagen beendet. Der Marktbeherrscher sagte u. a. zu, alle Verkäufer bei der Vergabe der *Buy Box* gleich zu behandeln.

> **Querverweise**
> Der Digital Markets Act greift die Selbstbevorzugung beim Ranking in **Art. 6 Abs. 5 DMA** auf. Torwächter haben – anders als marktbeherrschende Unternehmen bei Art. 102 AEUV – keine Möglichkeit, Rechtfertigungsgründe vorzubringen, sondern müssen das Ranking anhand transparenter, fairer und diskriminierungsfreier Bedingungen vornehmen.[543]

---

535 *Akmann*, Jorunal of Law and Technology 2017, 302, 330 f.
536 EuG v. 10.11.2021 – T-612/17, ECLI:EU:T:2021:763, Rn. 240 – *Google Shopping*.
537 EuG v. 10.11.2021 – T-612/17, ECLI:EU:T:2021:763, Rn. 164 – *Google Shopping*.
538 EuG v. 10.11.2021 – T-612/17, ECLI:EU:T:2021:763, Rn. 165 – *Google Shopping*.
539 EuG v. 10.11.2021 – T-612/17, ECLI:EU:T:2021:763, Rn. 178 – *Google Shopping*.
540 *Achleitner*, EuR 2022, 253, 260.
541 Kommission – AT.40437 – *Apple – App Store Practices (e-books/audiobooks)* (Verfahren eingeleitet am 16.6.2020).
542 Kommission v. 20.12.2022 – AT.40703 – *Amazon Buy Box*.
543 Siehe ▶ Abschn. 4.3.2.4.

2.3 · Missbrauchsverbot

Art. 7 P2B-VO greift Selbstbegünstigungspraktiken ebenfalls auf, etabliert für Anbieter von Online-Vermittlungsdiensten und Online-Suchmaschinen aber lediglich Transparenzpflichten. Die Selbstbevorzugung bleibt nach dieser Vorschrift erlaubt.[544]

Rabatte

Für eine missbräuchliche Behinderungsmissbrauch durch Rabatte muss zwischen verschiedenen Rabattkategorien differenziert werden. Kartellrechtlich zulässig sind **Mengen- und Funktionsrabatte**.[545] Bei diesen Formen der Rabattgewährung gibt der Marktbeherrscher an seine Abnehmer lediglich Effizienzgewinne weiter. Solche Rabatte, die in Bezug zu finanziellen Einsparungen stehen, sind missbrauchsrechtlich unbedenklich.

Treuerabatte gewährt der Marktbeherrscher dafür, dass ein Abnehmer seinen Bedarf insgesamt oder weit überwiegend bei ihm deckt. Damit zielt der Marktbeherrscher auf eine „Belohnung" der Loyalität der Abnehmer und deren zukünftige Bindung an ihn. Seit der Entscheidung des EuGH in der Sache *Hoffmann-La Roche* aus dem Jahr 1979 galten sie als per se missbräuchlich.[546] Sie wurden bereits ihrer Art nach als wettbewerbsbeschränkend betrachtet.[547] In der Entscheidung in der Rechtssache *Intel* von 2017 führte der EuGH nunmehr aber aus, dass es einer Bewertung der Verdrängungswirkung anhand der tatsächlichen Auswirkungen am Markt bedürfe, um Treuerabatte als missbräuchlich einzustufen.[548] Zu prüfen sei insbesondere, ob ein ebenso effizienter Wettbewerber wie der Marktbeherrscher durch die Rabattpraxis vom Markt gedrängt werde.[549] Dazu bedürfe es einer Betrachtung der Umstände des Einzelfalls. Sie müsse u. a. die Bedingungen der Rabattgewährung, die Dauer der Rabattgewährung sowie deren Höhe einstellen.[550]

Zielrabatte werden daran geknüpft, dass der Abnehmer vereinbarte Umsatz- oder Mengenziele realisiert.[551] Ähnlich wie bei Treuerabatten bedarf es einer Würdigung aller Umstände des Einzelfalls, um zu klären, ob Zielrabatte missbräuchlich sind.[552]

Kopplung

Missbräuchliche Kopplungspraktiken werden von dem Regelbeispiel des **Art. 102 Satz 2 lit. d) AEUV** aufgegriffen. Danach darf ein Marktbeherrscher nicht fordern, dass seine Vertragspartner zusätzliche Leistungen annehmen, die weder sachlich noch nach Handelsbrauch in Beziehung zum Vertragsgegenstand stehen.

---

544 Siehe ▶ Abschn. 5.3.4.
545 *Kling/Thomas*, Kartellrecht, 2. Aufl. 2016, § 6 Rn. 168 f.
546 EuGH v. 13.2.1979 – 85/79, ECLI:EU:C:1979:36, Rn. 89 – *Hoffmann-La Roche*.
547 *Griem*, NZKart 2022, 119, 120.
548 EuGH v. 6.9.2017 – C-413/14 P, ECLI:EU:C:2017:632, Rn. 138 ff. – *Intel*.
549 EuGH v. 6.9.2017 – C-413/14 P, ECLI:EU:C:2017:632, Rn. Rn. 136 – *Intel*.
550 EuGH v. 6.9.2017 – C-413/14 P, ECLI:EU:C:2017:632, Rn. 138 ff. – *Intel*.
551 *Griem*, NZKart 2022, 119, 120.
552 EuG v. 17.6.2014 – T-286/09, ECLI:EU:T:2014:547 – *Intel*.

> **Beispiel**
>
> Marktbeherrscher M verkauft eine Software-Lizenz nur, wenn der Erwerber zugleich eine bestimmte Hardware abnimmt.[553] ◄

Bei Prüfung einer Kopplungspraktik ist zunächst herauszuarbeiten, welche Produkte gekoppelt werden.[554] Voraussetzung ist, dass die Produkte jeweils eigenständig nachgefragt werden. Der Markt für das **Hauptprodukt** ist derjenige, auf dem das Unternehmen marktbeherrschend ist. Hintergrund des Verbots missbräuchlicher Kopplungen ist, dass ein Marktbeherrscher durch die Verknüpfung mehrerer Produkte seine Marktmacht auf weitere Märkte auszudehnen bestrebt ist (sog. **Hebelwirkung**, *leveraging*). Neben dem Umstand, dass Verbraucher die gekoppelten Produkte nicht separat erwerben können, ist weitere Voraussetzung für einen Marktmachtmissbrauch, dass die Kopplung Verdrängungswirkung erzeugt.[555]

In der Sache *Microsoft* entschied die Kommission, dass das Unternehmen seine marktbeherrschende Stellung durch die Kopplung von Betriebssystem und Mediaplayer missbrauche.[556] Das EuG bestätigte die Entscheidung und betonte, dass

» *„dem Windows Media Player die Omnipräsenz des genannten Betriebssystems bei Client-PCs zugute kommt, die die anderen Vertriebswege der Medienabspielprogramme nicht ausgleichen können."*[557]

In ihrer Entscheidung in der Sache *Google Android* warf die Kommission dem Unternehmen – neben der oben erwähnten Ausschließlichkeitsbindung[558] – auch vor, dass es seine Apps und Dienste für Mobilfunkgeräte als Bündel darbot. Der Marktbeherrscher hatte nach den Feststellungen der Kommission von den Mobilfunkgeräteherstellen für den Erhalt einer Lizenz sowie die Nutzung seines AppStores verlangt, dass zugleich seine allgemeine Such-App sowie sein Browser auf den Geräten vorinstalliert werden.[559]

Kopplungspraktiken können objektiv gerechtfertigt sein. In Betracht kommen technische Notwendigkeiten. In der Entscheidung in der Sache *Microsoft* verneinte dies das EuG in Bezug auf die Kopplung des Media Players mit dem Betriebssystem.[560] Im Fall *Google Android* sah es das Gericht nicht als erwiesen an, dass der Marktbeherrscher durch die Kopplung die Ausgaben, die er für die Entwicklung und Wartung getätigt hatte, wieder erwirtschaften konnte.[561]

---

553 Schuster/Grützmacher/*Hempel*, IT-Recht, 2020, Art. 101 AEUV Rn. 53
554 *Glöckner*, Kartellrecht, 3. Aufl. 2021, § 6 Rn. 623.
555 EuGH v. 14.11.1996 – C-333/94 P, ECLI:EU:C:1996:436, Rn. 27 ff. – *Tetra Pak II*; Mestmäcker/*Schweitzer*, Europäisches Wettbewerbsrecht, 3. Aufl. 2014, § 18 Rn. 32.
556 Kommission v. 24.3.2004 – COMP/C-3/37.792 – *Microsoft*.
557 EuG v. 17.9.2007 – T-201/04, ECLI:EU:T:2007:289, Rn. 1036 – *Microsoft*.
558 Siehe ▶ Abschn. 2.3.2.1.2.
559 EuG v. 14.9.2022 – T-604/18, ECLI:EU:T:2022:541, Rn. 274 ff. – *Google Android*; Kommission v. 18.7.2018 – AT.40099, Rn. 714 ff. – *Google Android*.
560 EuG v. 17.9.2007 – T-201/04, ECLI:EU:T:2007:289, Rn. 1098 – *Microsoft*.
561 EuG v. 14.9.2022 – T-604/18, ECLI:EU:T:2022:541, Rn. 614 – *Google Android*.

2.3 · Missbrauchsverbot

ⓘ Aktuelles
Im Juni 2024 hat die Kommission laut Pressemitteilung ein Verfahren gegen *Microsoft* zur Untersuchung von Kopplungspraktiken bei *Teams* eingeleitet.[562]

Zugang zu wesentlichen Einrichtungen

Ein Marktbeherrscher kann seine Stellung dadurch missbrauchen, dass er konkurrierenden Unternehmen den Zugang zu wesentlichen Einrichtungen verweigert (sog. **Essential-Facilities-Doktrin**). Der Begriff der Einrichtung ist weit zu verstehen. Es können auch Produkte, Dienstleistungen, Schutzrechte oder Informationen darunter fallen.[563] Wesentlich ist eine Einrichtung nur, wenn es sich bei ihr um eine nicht-duplizierbare Ressource handelt, die für den Zugang zu einem vor- oder nachgelagerten Markt unverzichtbar ist.[564] Die Anforderungen an einen Zugangsanspruch sind zu Recht hoch, da die Essential-Facilites-Doktrin die Eigentums- und Vertragsfreiheit des Marktbeherrschers einschränkt.[565] Zudem ist ein Unternehmen im Grundsatz nicht gezwungen, fremden Wettbewerb zu fördern.[566] Der EuGH spricht daher von „*außergewöhnlichen Umständen*",[567] die ausnahmsweise dazu führen, dass die Zugangsverweigerung einen Missbrauch realisiert.

Zugangsansprüche hat die Kommission in der Vergangenheit u. a. bei **Häfen** als wesentlichen Einrichtungen bejaht. Sie wurden verpflichtet, konkurrierende Fährbetriebe aufzunehmen.[568] Auch im Bereich der **Energie-, Telekommunikations- und Verkehrsmärkte** hat die Essential-Facilites-Doktrin praktische Relevanz erlangt.[569]

Die Rechtsprechung hat die Voraussetzungen der Essential-Facilities-Doktrin durch die sog. **Bronner-Kriterien** konkretisiert.[570] Dabei bestehen hohen Anforderungen an die **Wesentlichkeit** der Einrichtung. Voraussetzung ist, dass ihre Duplizierbarkeit ausgeschlossen ist und alle Unternehmen darauf angewiesen sind, Zugang zu erhalten, um auf einem bestimmen Markt tätig zu werden.[571] Der Zugang zur Einrichtung muss für den Wettbewerber zudem **unentbehrlich** sein. Hierfür ist zu klären, ob es ihm wirtschaftlich zumutbar ist, auf andere Weise am Markt aktiv zu werden. Maßstab ist insoweit ein Wettbewerber, dessen Absatz mit dem des Marktbeherrschers vergleichbar ist.[572]

---

562 Kommission, AT.4073 – Microsoft Teams II (Verfahren eingeleitet am 25.6.2024), ▶ https:// ec.europa.eu/commission/presscorner/detail/de/ip_24_3446 (8.7.2024).
563 Grabitz/Hilf/Nettesheim/*Deselaers*, 80. EL 2023, Art. 102 AEUV Rn. 466.
564 Dauses/Ludwigs/*Hoffmann*, Handbuch des EU-Wirtschaftsrechts, 60. EL 2024, H. I. § 3 Rn. 105.
565 MünchKomm WettbR/*Eilmansberger/Bien*, 4. Aufl. 2022, Art. 102 AEUV Rn. 341.
566 *Körber*, WRP 2012, 761, 765 f.
567 EuGH v. 6.4.1995 – C-241/91 P u. a., ECLI:EU:C:1995:98, Rn. 50 – *RTE und ITP*.
568 Kommission v. 21.12.1993, IV/34.689 — *Sea Containers gegen Stena Sealink*; Kommission v. 21.12.1993 – 94/119/EG – *Hafen von Rodby*.
569 Kommission v. 3.12.2009 – COMP/39.316, Rn. 37–40 – *Gaz de France*.
570 EuGH v. 26.11.1998 – C-7/97, ECLI:EU:C:1998:569 – *Bronner*.
571 EuGH v. 26.11.1998 – C-7/97, ECLI:EU:C:1998:569, Rn. 40 – *Bronner*.
572 EuGH v. 26.11.1998 – C-7/97, ECLI:EU:C:1998:569, Rn. 46 – *Bronner*.

Auf digitalen Märkten fragt sich, ob **Suchmaschinen** als wesentliche Einrichtung qualifizieren werden können. Dies hätte nach Maßgabe der dargelegten Bronner-Kriterien zur Folge, dass ein marktbeherrschender Suchmaschinenbetreiber missbräuchlich handelte, wenn er Wettbewerber ohne Rechtfertigung vom Suchmaschinenindex ausschließt oder Suchergebnisse konkurrierender Unternehmen bei Rankingpositionen ungerechtfertigt benachteiligt.[573] Gegen eine Anwendung der Bronner-Kriterien auf Suchmaschinen spricht jedoch, dass sie nicht als wesentliche Einrichtungen qualifiziert werden können. Erfasst werden nur solche, die für den Markteintritt „*wirklich der einzige Weg*"[574] sind. Trotz des nach Kommissionsfeststellungen hohen Marktanteils der Suchmaschine von *Google* existieren weitere Anbieter, auf die Nutzer ohne hohen Wechselaufwand zurückgreifen können.[575] Hinzu kommt, dass Suchmaschinen keine nicht-duplizierbaren Ressourcen sind.[576] Vielmehr kann ein Unternehmen, das Marktzugang begehrt, selbst eine solche Einrichtung herstellen. Es überzeugt daher, die Essential-Facilities-Doktrin nicht anzuwenden.

> **Wiederholung**
>
> Für die Darbietung von Suchergebnissen können sich für einen marktbeherrschenden Betreiber aber rechtliche Grenzen aus Art. 102 AEUV nach den Grundsätzen der missbräuchlichen Selbstbevorzugung ergeben.[577] Ist der Suchmaschinenbetreiber als Torwächter benannt, muss er zudem die Verhaltenspflicht aus Art. 6 Abs. 5 DMA wahren.[578]

Mit Blick auf die wettbewerbliche Bedeutung von Daten auf digitalen Märkten fragt sich, ob aus Art. 102 AEUV auf Grundlage der Essential-Facilities-Doktrin **Datenzugangsansprüche** folgen. Daten können zwar unter den Begriff der Einrichtung fallen. Jedoch werden die nach den Bronner-Kriterien konkretisierten Zugangsanforderungen nur schwer nachzuweisen sein.[579] Daten sind nicht-rivalisierende Güter und lassen sich auf vielerlei Wegen beschaffen.[580] Zudem ergibt sich aus datenschutzrechtlichen Wertungen, dass es bei personenbezogenen Daten im Grundsatz die betroffene Person selbst sein muss, die darüber entscheidet, wer Zugriff erlangt.[581]

---

573 BeckOK InfoMedienR/*Paal*, 43. Ed. 2022, Art. 102 AEUV Rn. 67.
574 *Körber*, WRP 2012, 761, 766.
575 *Körber*, WRP 2012, 761, 766.
576 *Kersting/Dworschak*, NZKart 2013, 46, 48.
577 Siehe ▶ Abschn. 2.3.2.1.4.
578 Siehe unten ▶ Abschn. 4.3.2.4.
579 *Schweitzer/Haucap/Kerber/Welker*, Modernisierung der Missbrauchsaufsicht für marktmächtige Unternehmen, 2018, S. 133.
580 *Schweitzer/Haucap/Kerber/Welker*, Modernisierung der Missbrauchsaufsicht für marktmächtige Unternehmen, 2018, S. 133.
581 *Schweitzer/Haucap/Kerber/Welker*, Modernisierung der Missbrauchsaufsicht für marktmächtige Unternehmen, 2018, S. 133.

2.3 · Missbrauchsverbot

> **Querverweis**
> Im deutschen Missbrauchsrecht hat der Gesetzgeber mit der 10. GWB-Novelle „Daten" explizit als Beispiel für eine wesentliche Einrichtung, zu der unter hohen Voraussetzungen Zugang begehrt werden kann, in § 19 Abs. 2 Nr. 4 GWB aufgenommen.[582] Daraus ergeben sich aber keine inhaltlichen Abweichungen zu der Rechtslage bei Art. 102 AEUV. Auch das deutsche Missbrauchsrecht gewährt keinen allgemeinen Datenzugangsanspruch.

2.3.2.2 Ausbeutungsmissbrauch
Grundsätze

Der Ausbeutungsmissbrauch bildet neben dem Behinderungsmissbrauch die zweite Form des Missbrauchs. Eine missbräuchliche Ausbeutung liegt vor, wenn der Marktbeherrscher **unangemessene Einkaufs- oder Verkaufspreise** oder sonstigen Geschäftsbedingungen erzwingt, vgl. **Art. 102 Satz 2 lit. a) AEUV**. Damit zielt das Verbot des Ausbeutungsmissbrauchs auf den Schutz der Marktgegenseite, also der Verbraucherwohlfahrt.

Der Ausbeutungsmissbrauch hat vergleichsweise geringere Praxisrelevanz im europäischen Recht erlangt. Hintergrund ist, dass hohe Anforderungen an die Ermittlung unangemessen hoher (Verkaufs-)Preise bestehen.[583] Wettbewerb ist im Grundsatz ein ergebnisoffener Prozess. Eine strenge Preiskontrolle ist dem Kartellrecht daher fremd. Vielmehr dürfen auch marktmächtige Unternehmen im Grundsatz ihre Preise frei setzen.

Um die Abweichung der Preise von dem wettbewerbsanalogen Niveau zu ermitteln, greifen die europäischen Gerichte vorrangig auf die **Vergleichsmarktmethode** zurück.[584] Dabei wird das Preisniveau auf einem Markt, der mit dem beherrschten Markt vergleichbar ist, als Referenz genommen, um zu klären, ob der Marktbeherrscher die Preise missbräuchlich überhöht.[585] In der europäischen Praxis steht die räumliche Vergleichsmarktmethode im Vordergrund.[586] Dabei zieht die Rechtsprechung in der Regel einen Markt heran, der sich auf einen anderen Teil der Europäischen Union erstreckt. Zentral für die Auswahl des Vergleichsmarktes ist, dass er dem beherrschten Markt möglichst ähnlich ist. Dies kann der Fall sein, wenn auf dem räumlichen Vergleichsmarkt dasselbe Produkt veräußert wird und auch im Übrigen parallele Strukturen vorhanden sind.

---

582 Siehe ▶ Abschn. 3.3.1.5.1.4.
583 LMRKM/*Huttenlauch*, 4. Aufl. 2020, Art. 102 AEUV Rn. 180: „*Preishöhenkontrolle als Notbehelf*".
584 EuGH v. 29.2.1968 – C-24/67, ECLI:EU:C:1968:11, S. 113 – *Parke, Davis & Co. v Probel and Others*; EuG v. 16.12.1999 – T-198/98, ECLI:EU:T:1999:341, Rn. 51 f. – *Micro Leader Business*.
585 Zu den Vergleichsmarktmethoden im Kontext der Schadensberechnung bei § 33a GWB *Legner*, KSzW 2012, 218, 220.
586 EuGH v. 8.6.1971 – C-78/70, ECLI:EU:C:1971:59, Rn. 19 – *Deutsche Grammophon/Metro SB*; EuGH v. 27.2.2014 – C-351/12, ECLI:EU:C:2014:110, Rn. 87 – *OSA*.

Die zeitliche Vergleichsmarktmethode stellt auf das Preisniveau ab, das früher auf dem relevanten Markt vorherrschte. Bei einem sachlichen Vergleichsmarkt wird ein Markt herangezogen, auf dem andere Leistungen verkauft werden. Hierbei ist die Vergleichbarkeit mit dem beherrschten Markt von vornherein gering. Daher zieht die Rechtsprechung einen sachlichen Vergleichsmarkt allenfalls ergänzend heran.[587]

Es darf nicht ohne Weiteres auf einen Ausbeutungsmissbrauch geschlossen werden, wenn die Preise des Marktbeherrschers über denen auf dem Vergleichsmarkt liegen. Vielmehr müssen seine Preise „*stark überhöht*"[588] sein. Wie groß der Abstand der Preise von denen auf dem Vergleichsmarkt zu sein hat, um einen Ausbeutungsmissbrauch bejahen zu können, ist einzelfallabhängig zu bestimmen. Eine Rolle spielt der Grad der Vergleichbarkeit des Marktes. Auch das Ausmaß der Marktmacht des Marktbeherrschers ist einzustellen. In jedem Fall ein „Sicherheitsabstand" von den Vergleichspreisen zu fordern, um nicht vorschnell eine Preiskontrolle zu etablieren.

Darüber hinaus nutzen die Gerichte vereinzelt das **Konzept der Gewinnspannenbegrenzung** zur Berechnung des wettbewerbsanalogen Preises.[589] Hierbei werden – vereinfacht gesagt – die Gewinne des Marktbeherrschers betrachtet und geklärt, ob diese „unangemessen" hoch sind. Ein solches Vorgehen ist abzulehnen. Es beruht auf der Vorstellung, dass der wirtschaftliche Wert einer Leistung abstrakt bestimmt werden könnte. Dem ist nicht so. Der Wert bildet sich immer wieder neu durch das Zusammenspiel von Angebot und Nachfrage heraus. Es gibt insoweit keinen „angemessenen" Gewinn.[590]

> **Merke**
>
> Ob Preise (ausnahmsweise) missbräuchlich überhöht sind, ist durch die Vergleichsmarktmethode zu ermitteln. Als Maßstab für den wettbewerbsanalogen Preis ist das Preisniveau auf einem mit dem beherrschten Markt vergleichbaren Markt heranzuziehen. Nicht jede Abweichung von dem so ermittelten wettbewerbsanalogen Preis ist missbräuchlich. Es bedarf zusätzlich eines Sicherheitszuschlags.

Einige Formen des Preishöhenmissbrauchs finden – neben Art. 102 Satz 2 lit. a) AEUV – auch in den weiteren Regelbeispielen des Art. 102 Satz 2 AEUV Erwähnung.[591] Art. 102 Satz 2 lit. b) AEUV erfasst z. B. die Beschränkung des Absatzes zulasten der Verbraucher. Die Bedeutung der Regelbeispiele ist aber praktisch gering. In der europäischen Rechtspraxis nehmen sie keinen hohen Stellenwert ein. Die Prüfung erfolgt zumeist losgelöst von einer Zuordnung des Falls zu einem kon-

---

587 EuGH v. 11.11.1986 – C- 226/84, ECL:EU:C:1986:421, Rn. 28 – *British Leyland*.
588 EuGH v. 13.11.1975 – C-26/75, ECLI:EU:C:1975:150, Rn. 15/16 – *General Motors Continental*.
589 EuGH v. 14.2.1978 – C-27/76, ECLI:EU:C:1978:22, Rn. 248/257 – *United Brands*.
590 Immenga/Mestmäcker/*Fuchs*, 6. Aufl. 2019, Art. 102 AEUV Rn. 176
591 Immenga/Mestmäcker/*Fuchs*, 6. Aufl. 2019, Art. 102 AEUV Rn. 132.

2.3 · Missbrauchsverbot

kreten Regelbeispiel. Als Regelbeispiele sind die aufgeführten Fälle nicht abschließend zu verstehen.[592] Viele der praktisch bedeutsamen Konstellationen zum Behinderungsmissbrauch finden keine Erwähnung.

Nachfolgend gilt es, einige Besonderheiten bei Ausbeutungsmissbräuchen auf digitalen Märkten zu betrachten. Mit Blick auf den Preishöhenmissbrauch ist auf die Eigenschaften mehrseitiger Märkte und die Dynamik digitaler Geschäftsmodelle einzugehen (▶ Abschn. 2.3.2.2.2). Auch werden Preise im E-Commerce häufig **individualisiert**, um Divergenzen bei der Zahlungsbereitschaft der Verbraucher auszunutzen, sowie **dynamisiert**, also zeitnah an die aktuelle Nachfrage angepasst. Diese Phänomene sollen mit Blick auf einen Verstoß gegen das Verbot des Ausbeutungsmissbrauchs näher betrachtet werden (▶ Abschn. 2.3.2.2.3 und 2.3.2.2.4).

Darüber hinaus bieten einige Plattformbetreiber Verbrauchern Leistungen an, ohne ein monetäres Entgelt als Gegenleistung zu fordern. Beispiele bieten Messenger-Dienste oder soziale Netzwerke. In Gestalt des Preishöhenmissbrauchs hat der Tatbestand des Ausbeutungsmissbrauchs insoweit keine Relevanz. Vielmehr gilt es zu klären, ob die Bedingungen des Plattformbetreibers einen **Konditionenmissbrauch** begründen (▶ Abschn. 2.3.2.2.5). Dies ist eine weitere Spielart des Ausbeutungsmissbrauchs, die die Vertragsbedingungen, insbesondere die AGB, in den Blick nimmt. Für den Zutritt zu einem sozialen Netzwerk werden Verbraucher z. B. in diverse Datenverarbeitungspraktiken der Plattformbetreiber einwilligen. So ist der Konditionenmissbrauch bislang vorrangig mit Blick auf die Verletzung außerwettbewerblicher Vorschriften im Datenschutzrecht[593] und im AGB-Recht[594] praktisch relevant geworden.[595]

Preishöhe

Die Anwendung des zur Ermittlung missbräuchlicher Preishöhen eingesetzten **Vergleichsmarktkonzepts** bereitet bei mehrseitigen Plattformmärkten **Schwierigkeiten**. Die hohe Dynamik digitaler Märkte verringert die Aussagekraft des zeitlichen Vergleichsmarktkonzepts.[596] Dies betrifft zum einen die Tendenz digitaler Märkte zum „Kippen". Was ein Plattformbetreiber als *Newcomer* verlangt hat, mag kein geeigneter Vergleichsmaßstab für den Preis sein, den er einige Jahre später als marktmächtiges Unternehmen fordert. Hinzu kommt, dass Angebote häufig technologischen Veränderungen unterworfen sind und fortentwickelt werden.[597] Werden spätere Produkte höher bepreist, ist dies nicht ohne weiteres Ausdruck der überlegenen Marktmacht des Plattformbetreibers, sondern kann – wettbewerbs-

---

592 EuGH v. 14.10.2010 – C-280/08 P, ECLI:EU:C:2010:212, Rn. 173 – *Deutsche Telekom*.
593 EuGH v. 4.7.2023 – C-252/21, ECLI:EU:C:2023:537 – *Meta (Facebook)*; BGH, Beschl. v. 23.6.2020 – KVR 69/19, NZKart 2020, 473 – *Facebook*; OLG Düsseldorf, Beschl. v. 26.8.2019 – VI-Kart 1/19 (V), NZKart 2019, 495 – *Facebook*.
594 BGH, Urt. v. 6.11.2013 – KZR 58/11, NZKart 2014, 31, 34 – *VBL-Gegenwert I*; BGH, Urt. v. 24.1.2017 – KZR 47/14, NZKart 2017, 242 – *VBL Gegenwert II*.
595 Für das deutsche Kartellrecht siehe ▶ Abschn. 3.3.1.5.3.
596 *Richter/Zorn*, NZKart 2023, 521, 530.
597 *Richter/Zorn*, NZKart 2023, 521, 530.

rechtlich unbedenklich – auf Qualitätsverbesserungen beruhen. Ein räumlicher Vergleichsmarkt ist ggfs. schwer aufzufinden, wenn der marktbeherrschende Plattformbetreiber global agiert.[598]

Am ehesten verfügbar können sachliche Vergleichsmärkte sein.[599] Bei ihnen ist die Vergleichbarkeit mit dem beherrschten Markt aber von vornherein dadurch geschmälert, dass andere – wenn auch ähnliche – Leistungen auf ihm angeboten werden. Bei in den USA geführten Kartellverfahren wurde die von dem *Apple App Store* erhobene Kommission bei In-App-Zahlungen mit den Kommissionen anderer Plattformbetreiber (u. a. *Paypal, Epic Games Store*) verglichen.[600]

Preispersonalisierung

Bei Preispersonalisierungen differenziert der Anbieter zwischen verschiedenen Kundengruppen und verlangt von ihnen unterschiedliche Preise für dieselbe Leistung.

Zur Wiederholung[601]

Preisdiskriminierung des ersten Grades: Anbieter berücksichtigen die individuelle Zahlungsbereitschaft jedes Verbrauchers. Beispiel: Individuelle Preisverhandlungen

Preisdiskriminierung des zweiten Grades: Anbieter teilen die Verbraucher anhand unterschiedlicher Zahlungsbereitschaften in Gruppen ein. Verbraucher können sich dabei den Gruppen selbst zuordnen. Beispiel: Mengenrabatt

Preisdiskriminierung des dritten Grades: Anbieter teilen die Verbraucher anhand unterschiedlicher Zahlungsbereitschaften in Gruppen ein. Die Zuordnung zur Gruppe erfolgt durch den Anbieter. Beispiel: Rabatt für Studierende

Personalisiert ein marktbeherrschendes Unternehmen seine Preise, begründet dies **nicht** ohne Weiteres einen **Ausbeutungsmissbrauch**.[602] Die individuelle Zahlungsbereitschaft von Abnehmern auszunutzen, ist im Grundsatz zulässig und muss einem Marktbeherrscher erlaubt bleiben. Preispersonalisierungen werden auch von weniger marktmächtigen Unternehmen regelmäßig – auch im analogen Kontext – eingesetzt. Soweit vorgebracht wird, dass der Einsatz von Algorithmen zu einer Verbreitung des Phänomens und passgenaueren Ermittlung der Zahlungsbereitschaft führe, ändert dies an der kartellrechtlichen Bewertung grundsätzlich nichts. Sollte es für Verbraucher beim Online-Einkauf weniger offensichtlich sein, dass Anbieter die Preise individualisieren, ist *de lege ferenda* zugunsten des Schutzes einer selbstbestimmten Verbraucherentscheidung über Informationspflichten zu diskutieren.

---

598 *Richter/Zorn*, NZKart 2023, 521, 530.
599 *Richter/Zorn*, NZKart 2023, 521, 530.
600 Pars pro toto *Cameron v. Apple Inc.*, 4:19-cv-03074, (N. D. Cal.), Complaint v. 4.6.2019, Rn. 74 ff.; *In re Google Play Developer Antitrust Litigation*, 3:20-cv-05792, (N. D. Cal.); Match Group, LLC v. Google LLC, 3:22-cv-02746, (N. D. Cal.); State of Utah v. Google LLC, 3:21-cv-05227, (N. D. Cal.), Complaint v. 7.7.2021, Rn. 191.
601 Siehe bereits ▶ Abschn. 1.3.3.
602 *Körber*, NZKart 2016, 303, 308; *Paal*, GRUR 2091, 43, 49.

2.3 · Missbrauchsverbot

Mit der Omnibus-Richtlinie[603] hat der Unionsgesetzgeber jüngst Informationspflichten im Verbraucherrecht, § 312d Abs. 1 BGB, Art. 246a § 1 Abs. 1 Satz 1 Nr. 6 EGBGB, und in das Lauterkeitsrecht, §§ 5a, 5b Abs. 4 UWG, integriert.

Was die kartellrechtliche Bewertung anbelangt, sind die Auswirkungen personalisierter Preise auf die Verbraucherwohlfahrt zu betrachten. Dabei zeigt sich ein ambivalentes Bild. Einige vertreten, dass Preispersonalisierungen dazu führten, dass Leistungen auch finanzschwächeren Abnehmern zugänglich würden, die, wenn ein Einheitspreis verlangt würde, sich das Produkt nicht leisten könnten.[604] Andere fürchten wiederum die Benachteiligung finanzschwacher Abnehmer, da diesen in der Praxis selten Preisvorteile gewährt würden.[605]

Preisdynamisierung

Die Dynamisierung von Preisen[606] begründet im Grundsatz **keinen Ausbeutungsmissbrauch**.[607] Die zügige Anpassung der Preise an die wandelnde Nachfrage ist auch Marktbeherrschern gestattet. Ein Ausbeutungsmissbrauch kommt nur dann in Betracht, wenn der Marktbeherrscher die Preise zu hoch setzt, nicht aber, wenn er deren Höhe häufig verändert. Kommt es im Rahmen der Preisdynamisierung zu einer zu hohen Preissetzung, greifen die oben dargestellten Grundsätze. Ob Preise „zu" hoch sind, ergibt eine Betrachtung des Preisniveaus auf (räumlichen) Vergleichsmärkten. Insoweit bestehen keine Besonderheiten bei der Prüfung eines Ausbeutungsmissbrauchs bei dynamisierter Preissetzung.[608]

Konditionen

Die Marktgegenseite kann nicht nur durch missbräuchlich überhöhte Preise ausgebeutet werden. Auch sonstige Konditionen des Marktbeherrschers sind grundsätzlich geeignet, den Missbrauchstatbestand zu verwirklichen. Das Regelbeispiel des **Art. 102 Satz 2 lit. a) AEUV** erstreckt sich neben Preisen auf „sonstige Geschäftsbedingungen". Danach ist ein Ausbeutungsmissbrauch auch verwirklicht, wenn ein Marktbeherrscher anderen *„unangemessene Bedingungen aufzwingt"*.[609] Art. 102 AEUV etabliert aber keine Inhaltskontrolle von Verträgen. Eine bloß einseitige Vertragsgestaltung zulasten einer Partei ist nicht ausreichend, um einen Konditionenmissbrauch zu bejahen. Es bedarf eines Bezugs zu den Schutzzwecken des Kartellrechts.

In der Sache *Apple App Store Practices (music streaming)* hat die Kommission im März 2024 eine Geldbuße in Höhe von 1,8 Mrd. EUR verhängt, da nach ihren Feststellungen das Unternehmen *„seine beherrschende Stellung auf dem Markt für*

---

603 Richtlinie (EU) 2019/2161 des Europäischen Parlaments und des Rates vom 27. November 2019 zur besseren Durchsetzung und Modernisierung der Verbraucherschutzvorschriften der Union, ABl. EU 2019 Nr. L 328/7.
604 *Tietjen/Flöter*, GRUR-Prax 2017, 546, 546.
605 *Hofmann*, WRP 2016, 1074, 1076.
606 Zur Beschreibung des Phänomens ▶ Abschn. 1.3.3.
607 *Paal*, GRUR 2019, 43, 48.
608 *Paal*, GRUR 2019, 43, 48.
609 EuGH v. 27.3.1974 – C-127/73, ECLI:EU:C:1974:25, Rn. 6/8 – *BRT/SABAM*.

den Vertrieb von Musikstreaming-Apps über seinen App Store missbraucht"⁶¹⁰ hat. Dabei stellte die Kommission auf einen Konditionenmissbrauch ab. Sie führte aus, dass *Apple* die Entwickler von Musikstreamingapps daran gehindert habe, Nutzer über alternative Musikabonnements zu informieren, die außerhalb des *Apple App Store* verfügbar gewesen seien.⁶¹¹ Diese Geschäftsbedingungen seien weder notwendig noch angemessen gewesen, um die wirtschaftlichen Interessen des Marktbeherrschers zu realisieren. Zudem hätten sie zur Folge, dass Nutzer höhere Preise für das Abonnement einer Musikstreaming-App zahlen müssten.⁶¹²

In seiner **Entscheidung** *Meta (facebook)* vom Juli 2023 befasste sich der EuGH infolge eines Vorabentscheidungsersuchens des OLG Düsseldorf mit dem Verhältnis von Kartell- und Datenschutzrecht.⁶¹³ Das OLG Düsseldorf legte dem EuGH u. a. die Frage vor, ob es mit dem Datenschutzrecht vereinbar sei, wenn eine nationale Wettbewerbsbehörde für die kartellrechtliche Missbrauchsaufsicht (gem. § 19 GWB) einen **Verstoß von Vertragsbedingungen gegen die DS-GVO** feststellt und eine Verfügung zur Abstellung dieses Verstoßes erlässt. Es ging also darum, ob es das Datenschutzrecht grundsätzlich zulässt, dass die Wettbewerbsbehörde Geschäftsbedingungen eines Marktbeherrschers als ausbeuterisch und daher missbräuchlich einstuft, weil sie gegen die Vorschriften der DS-GVO verstoßen.

Der EuGH bejaht die Möglichkeit, den Konditionenmissbrauch auf einen Datenschutzrechtsverstoß zu stützen. Er rekurriert auf die **unterschiedlichen Zielsetzungen** von Kartellrecht einerseits und Datenschutzrecht andererseits. Entscheide eine Wettbewerbsbehörde, dass ein Verstoß gegen die DS-GVO vorliege, trete sie nicht an die Stelle der Datenaufsichtsbehörde. Denn Letztere werde nicht zum Schutz des Wettbewerbs tätig, sondern ziele darauf, Grundrechte und Grundfreiheiten natürlicher Personen bei der Datenverarbeitung zu wahren sowie den freien Verkehr personenbezogener Daten in der Union zu fördern.⁶¹⁴ Der EuGH betont, dass die Wettbewerbsbehörde den Datenschutzrechtsverstoß **allein zu Zwecken des Wettbewerbsschutzes** feststelle und dazu befugt sei. Um widersprüchliche Entscheidungen zu vermeiden, sei sie aber verpflichtet, „*sich abzustimmen und loyal mit den betreffenden nationalen [Datenschutz-]Aufsichtsbehörden […] zusammenzuarbeiten.*"⁶¹⁵

Auch wenn dem Vorabentscheidungsersuchen des OLG Düsseldorf ein Verfahren nach deutschem Missbrauchsrecht zugrunde liegt,⁶¹⁶ ist zu erwarten, dass die Aussagen des EuGH auch für die Auslegung des im Wesentlichen gleichlautenden europäischen Missbrauchsverbots aus Art. 102 AEUV Relevanz haben werden.

---

610 Kommission v. 4.3.2024 – AT.40437 – *Apple App Store Practices (music streaming)*.
611 Kommission v. 4.3.2024 – AT.40437 – *Apple App Store Practices (music streaming)*.
612 Kommission v. 4.3.2024 – AT.40437 – *Apple App Store Practices (music streaming)*.
613 EuGH v. 4.7.2023 – C-252/21, ECLI:EU:C:2023:537 – *Meta (Facebook)*.
614 EuGH v. 4.7.2023 – C-252/21, ECLI:EU:C:2023:537, Rn. 49 – *Meta (Facebook)*.
615 EuGH v. 4.7.2023 – C-252/21, ECLI:EU:C:2023:537, Rn. 54 – *Meta (Facebook)*.
616 Siehe dazu im Detail ▶ Abschn. 3.3.1.5.3.

2.3.2.3 Geeignetheit zur Beeinträchtigung des zwischenstaatlichen Handels

Das Missbrauchsverbot des Art. 102 AEUV setzt voraus, dass die missbräuchliche Verhaltensweise geeignet ist, den Handel zwischen den Mitgliedsstaaten zu beeinträchtigen. Dadurch wird der Anwendungsbereich des Art. 102 AEUV von den Missbrauchsverboten der mitgliedstaatlichen Kartellrechtsordnungen abgegrenzt.[617] §§ 19 ff. GWB greifen ungeachtet des Umstands, ob der Missbrauch den zwischenstaatlichen Handel beeinträchtigen kann. An die Zwischenstaatlichkeit sind – ebenso wie bei Art. 101 AEUV[618] – keine hohen Anforderungen zu stellen. Sie ist – mit den Worten der Kommission – bereits zu bejahen, wenn

> *„anhand objektiver rechtlicher oder tatsächlicher Umstände mit hinreichender Wahrscheinlichkeit voraussehen lässt, dass die Vereinbarung oder Verhaltensweise den Warenverkehr zwischen Mitgliedstaaten unmittelbar oder mittelbar, tatsächlich oder potenziell beeinflussen kann."*[619]

Zwischenstaatlichkeit ist in der Regel gegeben, wenn das missbräuchliche Verhalten in mehr als einem Mitgliedsstaat stattfindet. Aber auch bei einem Handeln, das sich nur auf einen Teil eines Mitgliedsstaates erstreckt, wird der zwischenstaatliche Handel beeinträchtigt, wenn dadurch der Zugang von Wettbewerbern aus anderen Staaten erschwert wird.[620]

Prüfungsaufbau: Missbrauchsverbot des Art. 102 AEUV
1. Marktbeherrschende Stellung
   a) Marktabgrenzung
      aa) sachlich
      bb) räumlich
      ggfs. cc) zeitlich
   b) Marktbeherrschung
      Einzelmarktbeherrschung oder Kollektive Marktbeherrschung
2. Missbrauch
   Ausbeutungs- oder Behinderungsmissbrauch
3. Geeignetheit zur Beeinträchtigung des zwischenstaatlichen Handels

---

617 Immenga/Mestmäcker/*Fuchs*, 6. Aufl. 2019, Art. 102 AEUV Rn. 22.
618 Abschn. 2.2.3.
619 Kommission, Leitlinien über den Begriff der Beeinträchtigung des zwischenstaatlichen Handels in den Artikeln 81 und 82 des Vertrags, ABl. EG 2004 Nr. C 101/81, Rn. 23.
620 Kommission, Leitlinien über den Begriff der Beeinträchtigung des zwischenstaatlichen Handels in den Artikeln 81 und 82 des Vertrags, ABl. EG 2004 Nr. C 101/81, Rn. 97.

2.4 Zusammenschlusskontrolle

2.4.1 Systematik und Überblick

Die europäische Zusammenschlusskontrolle ist in der **Fusionskontrollverordnung**[621] (FKVO) geregelt. Sie etabliert eine **ex ante Kontrolle** von Zusammenschlussvorhaben mit gemeinschaftsweiter Bedeutung. Dazu sieht sie eine Anmeldepflicht der Zusammenschlussbeteiligten vor, vgl. Art. 4 FKVO. Das Vorhaben darf gem. Art. 7 Abs. 1 FKVO vor Genehmigung durch die Kommission nicht vollzogen werden.

Anders als das Missbrauchsrecht setzt die Untersagungsbefugnis der Kommission bereits an der Entstehung von Marktmacht an. Sie untersagt ein Vorhaben, wenn es gem. Art. 2 Abs. 3 FKVO eine erhebliche Behinderung wirksamen Wettbewerbs erwarten lässt (**SIEC-Test**). *SIEC* steht für *significant impediment to effective competition*. Dies ist in der Regel anzunehmen, wenn zu erwarten ist, dass der Zusammenschluss eine marktbeherrschende Stellung entstehen lässt oder verstärkt. Die Fusionskontrollentscheidung der Kommission ist damit eine **Prognoseentscheidung** gerichtet auf zukünftige Marktentwicklungen.

Anders als bei Art. 101, 102 AEUV finden nationale Kontrollregime gem. Art. 21 Abs. 3 FKVO keine Anwendung, wenn der Anwendungsbereich der europäischen Zusammenschlusskontrolle eröffnet ist. Es gilt das **one-stop-shop Prinzip**. Für die Prüfung der nationalen Zusammenschlusskontrolle aus §§ 35 ff. GWB[622] ist nur Raum, wenn entweder die Umsatzschwellen aus Art. 1 FKVO oder der Zusammenschlussbegriff aus Art. 3 FKVO nicht erfüllt sind.

Die erste Fassung der FKVO wurde im Jahr 1989[623] verabschiedet. Seitdem wurde die FKVO im Jahr 2004 einmal umfassend novelliert. Vor Inkrafttreten der FKVO nahm die europäische Rechtsprechung gelegentlich eine ex post Kontrolle von Zusammenschlüssen auf der Grundlage des Art. 102 AEUV vor.[624] So könne ein Marktstrukturmissbrauch verwirklicht sein,

> „wenn ein Unternehmen in beherrschender Stellung diese dergestalt verstärkt, daß der erreichte Beherrschungsgrad den Wettbewerb wesentlich behindert, daß also nur noch Unternehmen auf dem Markt bleiben, die in ihrem Marktverhalten von dem beherrschenden Unternehmen abhängen."[625]

---

621 Verordnung (EG) Nr. 139/2004 des Rates vom 20. Januar 2004 über die Kontrolle von Unternehmenszusammenschlüssen, ABl. EG 2004 Nr. L 24/1.
622 Siehe ▶ Abschn. 3.4.
623 Verordnung (EWG) Nr. 4064/89 des Rates vom 21. Dezember 1989 über die Kontrolle von Unternehmenszusammenschlüssen, ABl. EG 1989 Nr. L 395/13.
624 EuGH v. 21.2.1973 – C-6/72 ECLI:EU:C:1973:22, Rn. 26 – *Continental Can*.
625 EuGH v. 21.2.1973 – C-6/72 ECLI:EU:C:1973:22, Rn. 26 – *Continental Can*.

2.4 · Zusammenschlusskontrolle

Dieses Vorgehen hat durch die Entscheidung des EuGH in der Rechtssache *Towercast*[626] erneut an Aktualität gewonnen. Darin hat der EuGH ausgesprochen, dass Zusammenschlüsse, die weder dem europäischen noch einem mitgliedstaatlichen Zusammenschlusskontrollregime unterliegen, am Maßstab des Art. 102 AEUV überprüft werden können.[627]

> **Prüfungsaufbau**
> Die Prüfung der europäischen Zusammenschlusskontrolle erfolgt zweistufig. Im Rahmen der formellen Kontrolle sind zunächst **die Aufgreifkriterien** zu prüfen. Sie ergeben, ob das Vorhaben der Anmeldepflicht unterliegt. Dazu muss es dem Zusammenschlussbegriff des Art. 3 FKVO sowie den Umsatzschwellen in Art. 1 FKVO unterfallen. Im Anschluss folgt die materielle Prüfung anhand des SIEC-Tests aus Art. 2 Abs. 3 FKVO als **Eingriffskriterium**. Hiernach richtet sich die Entscheidung der Kommission, den Zusammenschluss zu untersagen oder freizugeben.

2.4.2 Formelle Zusammenschlusskontrolle

2.4.2.1 Zusammenschlussbegriff

Fusion

Unter den Zusammenschlussbegriff des Art. 3 FKVO fallen dauerhafte Veränderungen der Unternehmensstruktur.[628] Art. 3 FKVO unterscheidet zwischen der **Fusion** (Art. 3 Abs. 1 lit. a) FKVO) und dem **Kontrollerwerb** (Art. 3 Abs. 1 lit. b) FKVO).

Der Begriff der Fusion in Art. 3 Abs. 1 lit. a) FKVO ist enger zu verstehen als die ebenfalls geläufige Bezeichnung der „Fusionskontrolle" für die europäische Zusammenschlusskontrolle: Eine Fusion liegt nur vor, wenn zwei oder mehr bisher voneinander unabhängige Unternehmen oder Unternehmensteile fusionieren. Dies kann durch eine **Verschmelzung** geschehen. Art 3 Abs. 1 lit. a) FKVO erfasst auch die **wirtschaftliche Fusion**.[629] Bei ihr geben Unternehmen zwar nicht ihre Rechtspersönlichkeit, doch aber ihre wirtschaftliche Unabhängigkeit auf.[630] Ein Beispiel ist die Gründung eines Gleichordnungskonzerns.

---

626 EuGH v. 25.3.2023 – C-449/21, ECLI:EU:C:2023:207 – *Towercast*.
627 EuGH v. 25.3.2023 – C-449/21, ECLI:EU:C:2023:207 – *Towercast*.
628 *Glöckner*, Kartellrecht, 3. Aufl. 2021, § 7 Rn. 715.
629 Kommission v. 7.12.1995 – M.660, Rn. 5 ff. – *RTZ/CTA*.
630 Immenga/Mestmäcker/*Körber*, 6. Aufl. 2020, Art. 3 FKVO Rn. 15.

Kontrollerwerb

Während das Verhältnis der Unternehmen bei einer Fusion durch Gleichordnung geprägt ist, stehen die Unternehmen bei einem Kontrollerwerb in einem Über- bzw. Unterordnungsverhältnis.[631] Kontrolle zeichnet sich durch die Möglichkeit aus, einen **bestimmenden Einfluss** auf die Tätigkeit des Zielunternehmens auszuüben. Der Einfluss hat sich auf unternehmerische, personelle sowie auf strategische Entscheidungen im Zielunternehmen zu beziehen.[632] Kontrolle kann durch Rechte, Verträge oder andere Mittel begründet werden. Erworben werden kann sie durch Anteilserwerb (Aktien oder Geschäftsanteile). Auch personelle Verflechtungen oder Unternehmensverträge nach §§ 291 ff. AktG können Kontrolle vermitteln.[633]

Kontrolle kann einzeln oder gemeinsam erworben werden. **Alleinige Kontrolle** ist gegeben, wenn *ein* anderes Unternehmen Kontrolle über das Zielunternehmen erlangt. Bei **gemeinsamer Kontrolle** erlangen zwei oder mehr Unternehmen einen bestimmenden Einfluss auf das Zielunternehmen. Ein Beispiel ist die paritätische Beteiligung zweier Unternehmen (jeweils 50 %) an einem dritten.[634] Denn in diesem Fall sind die Unternehmen gezwungen, sich bei der Einflussnahme auf das Zielunternehmen zu einigen. Gemeinsame Kontrolle kann auch bei disparitätischer Beteiligung vorliegen. Dazu bedarf es Vetorechten in Bezug auf das strategische Verhalten des Gemeinschaftsunternehmens.[635]

Gemeinsame Kontrolle fällt nur dann unter den Zusammenschlusstatbestand des Art. 3 Abs. 1 lit. b) FKVO, wenn es sich bei dem gegründeten Gemeinschaftsunternehmen um ein **Vollfunktionsgemeinschaftsunternehmen**, Art. 3 Abs. 4 FKVO, handelt. Dies setzt voraus, dass das Gemeinschaftsunternehmen auf Dauer alle Funktionen einer selbständigen wirtschaftlichen Einheit erfüllt. Dies ist ein Unterschied zur deutschen Zusammenschlusskontrolle, die auch die Gründung von Teilfunktionsgemeinschaftsunternehmen umfasst.[636]

2.4.2.2 Gemeinschaftsweite Bedeutung
Umsatzschwellen

Ein Zusammenschluss ist nur anmeldepflichtig, wenn er gemeinschaftsweite Bedeutung, Art. 1 Abs. 1 FKVO, aufweist. Dies bestimmt sich anhand der in Art. 1 Abs. 2, 3 FKVO niedergelegten **Umsatzschwellen**.

---

631 Immenga/Mestmäcker/*Körber*, 6. Aufl. 2020, Art. 3 FKVO Rn. 14.
632 LMRKM/*Riesenkampff/Steinbarth*, 4. Aufl. 2020, Art. 3 FKVO Rn. 17; *Glöckner*, Kartellrecht, 3. Aufl. 2021, § 7 Rn. 718.
633 *Kling/Thomas*, Kartellrecht, 2. Aufl. 2016, § 8 Rn. 30.
634 LMRKM/*Riesenkampff/Steinbarth*, 4. Aufl. 2020, Art. 3 FKVO Rn. 34.
635 *Kling/Thomas*, Kartellrecht, 2. Aufl. 2016, § 8 Rn. 46.
636 Siehe ▶ Abschn. 3.4.2.1.2

2.4 · Zusammenschlusskontrolle

Ein Zusammenschluss hat gemeinschaftsweite Bedeutung, wenn alle beteiligten Unternehmen zusammen einen **weltweiten Gesamtumsatz von mehr als 5 Mrd. EUR** sowie mindestens zwei der beteiligten Unternehmen einen **gemeinschaftsweiten Gesamtumsatz** von **jeweils mehr als 250 Mio. EUR** erwirtschaften (**Art. 1 Abs. 2 FKVO**). Eine Ausnahme besteht, wenn die beteiligten Unternehmen jeweils mehr als zwei Drittel ihres gemeinschaftsweiten Gesamtumsatzes in ein und demselben Mitgliedstaat erzielen (sog. Zwei-Drittel-Klausel).[637] In diesem Fall hat der Zusammenschluss in erster Linie nationalen Charakter und ist daher von den sachnäheren mitgliedsstaatlichen Behörden zu prüfen.

Ein Zusammenschluss hat ferner gemeinschaftsweite Bedeutung, wenn er zwar die Schwellenwerte aus Art. 1 Abs. 2 FKVO nicht erfüllt, aber die vier in **Art. 1 Abs. 3 FKVO** niedergelegten Kriterien kumulativ erfüllt. Art. 1 Abs. 3 FKVO fungiert als eine Art der Auffangnorm. Die geforderten Kriterien lauten:

— Der weltweite Gesamtumsatz aller beteiligten Unternehmen beträgt zusammen mehr als 2,5 Mrd. EUR (lit. a)).
— Der Gesamtumsatz aller beteiligten Unternehmen in mindestens drei Mitgliedstaaten übersteigt jeweils 100 Mio. EUR (lit. b)).
— In jedem von mindestens drei von lit. b) erfassten Mitgliedstaaten beträgt der Gesamtumsatz von mindestens zwei beteiligten Unternehmen jeweils mehr als 25 Mio. EUR (lit. c)).
— Der gemeinschaftsweite Gesamtumsatz von mindestens zwei beteiligten Unternehmen übersteigt jeweils 100 Mio. EUR (lit. d)).

Die Zwei-Drittel-Klausel stellt auch bei Art. 1 Abs. 3 FKVO eine Ausnahme dar.

> **Merke**
> Ein Zusammenschlussvorhaben hat gemeinschaftsweite Bedeutung, wenn es entweder die Umsatzschwellen des Art. 1 Abs. 2 FKVO oder die des Art. 1 Abs. 3 FKVO erfüllt.

Wie die Umsätze zu berechnen sind, ergibt sich aus **Art. 5 FKVO**. Aus Art. 5 Abs. 4 FKVO folgt, dass die Umsätze verbundener Unternehmen hinzuzurechnen sind. Ferner ist der gesamte Umsatz eines Unternehmens relevant. Es erfolgt also keine Begrenzung auf den Umsatz bezüglich bestimmter Produkte, die von dem Zusammenschlussvorhaben betroffen sind.[638]

Welche Unternehmen als **„beteiligte Unternehmen"** zu qualifizieren und daher bei der Umsatzberechnung zu berücksichtigen sind, richtet sich nach dem einschlägigen Zusammenschlussbegriff. Bei einer Fusion gem. Art. 3 Abs. 1 lit. a) FKVO sind die fusionierenden Unternehmen die beteiligten Unternehmen. Bei einem Kontrollerwerb gem. Art. 3 Abs. 1 lit. b) FKVO sind grundsätzlich der bzw.

---

637 Beispiele aus der Praxis: EuG v. 14.7.2006 – T-417/05, ECLI:EU:T:2006:219 – *Endesa*; Kommission v. 15.11.2005 – M.3986 – *Gas Natural/Endesa*.
638 *Kling/Thomas*, Kartellrecht, 2. Aufl. 2016, § 8 Rn. 82.

die Unternehmen, der bzw. die die Kontrolle erwerben, sowie das Zielunternehmen beteiligt.[639] Die Umsätze des Veräußerers sind dagegen nicht einzustellen. Anders ist dies, wenn der Veräußerer weiterhin Mitkontrolle hält.[640]

Umsätze im digitalen Sektor

Auf digitalen Märkten kam es in der Vergangenheit mehrfach zu Zusammenschlüssen, die weder die Umsatzschwellen aus Art. 1 Abs. 2 FKVO noch die aus Art. 1 Abs. 3 FKVO erfüllten und damit von der Kommission im Grundsatz nicht aufgegriffen werden konnten. Trotzdem schienen diese Zusammenschlüsse von strategischer Relevanz für die Entwicklung des Wettbewerbsgeschehens im digitalen Sektor. Ein Beispiel ist der Erwerb von *WhatsApp* durch *Facebook* im Jahr 2014.[641] Das Unternehmen *WhatsApp* wies damals zu geringe Umsätze sowohl für Art. 1 FKVO als auch für § 35 GWB[642] auf. Dennoch war *Facebook* bereit, einen Kaufpreis von rund 19 Mrd. USD zu bezahlen. Werden junge Unternehmen oder **Start ups** erworben, sind deren **Umsätze häufig zu gering**, um dem Zusammenschluss gemeinschaftsweite Bedeutung gem. Art. 1 FKVO zuzumessen.[643] Dennoch kann von solchen „kleinen" Unternehmen erhebliche Wettbewerbskraft ausgehen, wenn sie ihre Nutzerzahlen alsbald erhöhen können und künftig in der Lage sein werden, etablierten Wettbewerbern Konkurrenz zu machen. Mit sog. *killer aquisitions* zielen etablierte Wettbewerber daher darauf, mögliche zukünftige Konkurrenz bereits frühzeitig zu „ersticken". Die wettbewerbliche Bedeutung eines Unternehmens einerseits und seine Umsatzgrößen andererseits korrelieren aufgrund der besonderen Strukturen digitaler Märkte nicht ohne weiteres.[644]

Um diese Schutzlücken bereits *de lege lata* zu schließen, können mitgliedstaatliche Wettbewerbsbehörden von ihrer gem. **Art. 22 FKVO** bestehenden Möglichkeit, Zusammenschlussvorhaben, die nicht die Schwellenwerte des Art. 1 FKVO erreichen, zur Prüfung an die Kommission zu verweisen, Gebrauch machen.[645] Der EuGH hat in der Rechtssache *Illumina* kürzlich ausgesprochen, dass den nationalen Behörden jedoch kein Verweisungsrecht zusteht, wenn das konkrete Vorhaben nicht in den Anwendungsbereich ihres nationalen Kontrollregimes fällt.[646] Die Initiative zur Prüfung durch die Kommission kann gem. **Art. 4 Abs. 5 FKVO** auch von den beteiligten Unternehmen ausgehen.[647] Die Unternehmen können eine Prüfung durch die Kommission beantragen, wenn ihr Vorhaben in mindestens drei Mitgliedstaaten geprüft werden müsste. Die Mitgliedstaaten haben der Verweisung zuzustimmen.

Auch die bereits erwähnte Möglichkeit, Zusammenschlüsse ex post als **Marktstrukturmissbrauch gem. Art. 102 AEUV** aufzugreifen, mag Schutzlücken schlie-

---

639 LMRKM/*Ablasser-Neuhuber*, 4. Aufl. 2020, Art. 5 FKVO Rn. 31.
640 *Kling/Thomas*, Kartellrecht, 2. Aufl. 2016, § 8 Rn. 92.
641 Kommission v. 3.10.2014 – M.7217 – *Facebook/WhatsApp*.
642 Zu den Umsatzschwellen der deutschen Zusammenschlusskontrolle ▶ Abschn. 3.4.2.2.
643 Vgl. *Argentesi/Buccirossi/Calvano/Dusol/Marrazzo/Nava*, Ex-post Assessment of Merger Control Decisions in Digital Markets, 2019, S. 2 f.
644 *Crémer/de Montjoye/Schweitzer*, Competition policy for the digital era, 2019, S. 111.
645 Siehe ▶ Abschn. 2.4.4.4.
646 EuGH v. 3.9.2024 – C-611/22 P, C-625/22 P, ECLI:EU:C:2024:677 – *Illumina*. Die gegenteilige Ansicht hatte das EuG v. 13.7.2022 – T-227/21, ECLI:EU:T:2022:447 – *Illumina* vertreten.
647 So lag es in dem erwähnten Fall der Kommission v. 3.10.2014 – M.7217 – *WhatsApp/Facebook*.

2.4 · Zusammenschlusskontrolle

ßen.⁶⁴⁸ Indes ist mit diesem Vorgehen erhebliche Rechtsunsicherheit für die beteiligten Unternehmen verbunden.⁶⁴⁹ Eine Entflechtung ist eingriffsintensiv. Zudem setzt ein Eingriff gem. Art. 102 AEUV voraus, dass bereits eine marktbeherrschende Stellung der fusionierten Einheit besteht. Die Entscheidung kann – anders als im Rahmen des Art. 2 Abs. 3 FKVO – nicht auf eine Prognose gestützt werden.

▶ Verhältnis zum DMA

Die von **Art. 14 DMA** vorgesehene Informationspflicht von Torwächtern in Bezug auf Zusammenschlüsse im Digitalsektor etabliert kein Kontrollregime, sondern erschöpft sich in der Pflicht der Unternehmen, die Kommission von dem Vorhaben in Kenntnis zu setzen.⁶⁵⁰

De lege ferenda wird vorgeschlagen, die **Umsatzschwellen** des Art. 1 FKVO **herabzusenken**.⁶⁵¹ Dagegen spricht, dass dadurch eine Vielzahl von Zusammenschlussvorhaben auch außerhalb des digitalen Sektors der Anmeldepflicht unterfielen, was nicht zweckmäßig wäre. Geringere Umsatzschwellen sind nicht unbedingt geeignet, diejenigen Vorhaben herauszufiltern, die über besondere Wettbewerbsrelevanz auf digitalen Märkten verfügen.⁶⁵² Darüber hinaus wird überlegt, die gemeinschaftsweite Bedeutung eines Zusammenschlusses nicht ausschließlich anhand von Umsatzwerten zu bestimmen, sondern ergänzend eine **transaktionsbezogene Schwelle** vorzusehen.⁶⁵³ Einige nationale Rechtsordnungen sind diesem Vorschlag bereits gefolgt. In der deutschen Zusammenschlusskontrolle findet sich in § 35 Abs. 1a GWB eine ergänzende Bestimmung zum Geltungsbereich, die neben Umsatzschwellen den Wert der Gegenleistung für den Zusammenschluss einstellt.⁶⁵⁴ Eine dahingehende Novellierung der FKVO ist derzeit nicht absehbar. Die Kommission hatte im Rahmen einer Evaluation im Jahr 2016 die Frage aufgegriffen, ob rein umsatzbezogene Schwellen den Anwendungsbereich der Fusionskontrolle unsachgemäß verkürzen.⁶⁵⁵ Später hat sich die ehemalige Wettbewerbskommissarin dazu zurückhaltend geäußert und praktische Schwierigkeiten bei der Anwendung einer wertbezogenen Umsatzschwelle hervorgehoben.⁶⁵⁶

---

648 Siehe ▶ Abschn. 2.4.1.
649 *Schweitzer/Schallbruch/Wambach*, Ein neuer Wettbewerbsrahmen für die Digitalwirtschaft, 2019, S. 68.
650 Siehe ▶ Abschn. 4.3.3.
651 *Apel/Polley*, ZWeR 2021, 273, 306; *Levy/Mostyn/Buzata*, Competition Law Journal 2020, 51, 57.
652 *Apel/Polley*, ZWeR 2021, 273, 306.
653 *Argentesi/Buccirossi/Calvano/Duso/Marrazzo/Nava*, Ex-post Assessment of Merger Control Decisions in Digital Markets, 2019, S. 45; *Motta/Peitz*, Big Tech Mergers, Discussion Paper Series CRC TR 224, 2020, S. 34.
654 Siehe ▶ Abschn. 3.4.2.2.
655 Kommission, Evaluation of procedural and jurisdictional aspects of EU merger control, 2016, S. 2, 5, ▶ https://ec.europa.eu/smart-regulation/roadmaps/docs/2017_comp_003_evaluation.pdf (9.7.2024).
656 *Vestager*, The future of EU merger control, Speech – International Bar Association 24th Annual Competition Conference, 11.9.2020, S. 3 f.: „*One solution could be a new threshold that's based on the value of the merger, not the sales of the companies. But it's not easy to set a threshold like that at the right level. If it's too high, it doesn't really help – you still end up missing a lot of the cases that matter. On the other hand, if you set it low enough to make sure that you see all those mergers, you risk making companies file a lot of cases that simply aren't relevant. So right now, changing the merger regulation, to add a new threshold like this, doesn't seem like the most proportionate solution.*"

2.4.3 Materielle Zusammenschlusskontrolle

2.4.3.1 Allgemeines

Im Rahmen der materiellen Zusammenschlusskontrolle prüft die Kommission, ob sie das Zusammenschlussvorhaben untersagen oder (unter Auflagen) freigeben wird. Maßstab dieser Prüfung ist der in Art. 2 Abs. 3 FKVO verankerte **SIEC-Test**. Danach ist ein Zusammenschluss zu untersagen, wenn zu erwarten ist, dass er zu einer erheblichen Behinderung wirksamen Wettbewerbs (*significant impediment to effective competition*) führen wird. Als Regelbeispiel sieht Art. 2 Abs. 3 FKVO den sog. **Marktbeherrschungstest** vor. Danach ist eine erhebliche Behinderung wirksamen Wettbewerbs jedenfalls zu erwarten, wenn der Zusammenschluss zur Entstehung oder Verstärkung einer Marktbeherrschung führen wird.[657]

Die Kommission prüfte früher vorrangig das Regelbeispiel. Für den Fall, dass es nicht verwirklicht war, wurden sog. *gap cases* angesprochen also Fälle, in denen das Marktbeherrschungsregelbeispiel zwar nicht erfüllt ist, aber dennoch eine erhebliche Wettbewerbsbehinderung zu erwarten ist. Heute geht die Kommission im Zuge einer verstärkt auswirkungsbezogenen Analyse dazu über, das SIEC-Kriterium unmittelbar zu prüfen.[658] Dies steht in Zusammenhang mit dem bereits zum Missbrauchsverbot erläuterten *more economic approach*.[659] Die Einzelmarktbeherrschung ist insoweit als unilateraler Effekt und die kollektive Marktbeherrschung als koordinierter Effekt zu qualifizieren. Es bestehen konzeptionelle Unterschiede zwischen Marktbeherrschungs- und SIEC-Test. Während Ersterem eine vorwiegend marktstrukturelle Perspektive zugrunde liegt, fokussiert das SIEC-Kriterium die Auswirkungen eines Zusammenschlussvorhabens für die Verbraucherwohlfahrt. Die nachfolgende Darstellung der materiellen Zusammenschlusskontrolle orientiert sich an der in Art. 2 Abs. 3 FKVO zum Ausdruck kommenden Systematik und erläutert vorab das Marktbeherrschungsregelbeispiel.[660]

Um die wettbewerblichen Auswirkungen eines Zusammenschlussvorhabens zu konkretisieren, ist es zielführend, zwischen drei **Zusammenschlussarten** zu differenzieren[661]:
- horizontale Zusammenschlüsse
- vertikale Zusammenschlüsse
- konglomerate Zusammenschlüsse

---

657 Vor der Novelle der FKVO im Jahr 2004 war der Marktbeherrschungstest anstelle des SIEC-Tests der Prüfungsmaßstab der europäischen Zusammenschlusskontrolle.
658 Kommission v. 26.4.2006 – COMP/M.3916, Rn. 125 ff. – T-*Mobile Austria/Tele.ring*; Kommission v. 13.7.2005 – COMP/M.3653, Rn. 326 ff. – *Siemens/VA Tech*.
659 Siehe ▶ Abschn. 2.3.2.1.1.
660 Siehe ▶ Abschn. 2.4.3.2.1.
661 Im Detail ▶ Abschn. 2.4.3.3.

2.4 · Zusammenschlusskontrolle

Bei einem horizontalen Zusammenschluss sind die beteiligten Unternehmen Wettbewerber und damit auf demselben sachlichen und räumlichen Markt aktiv.[662] Die Kommission bewertet darüber hinaus Zusammenschlüsse zwischen potenziellen Wettbewerbern als horizontal.[663] Ein vertikaler Zusammenschluss bezeichnet einen solchen, bei welchem die Beteiligten auf verschiedenen Marktstufen agieren, z. B. als Lieferant und als Abnehmer. Sie stehen einander demnach nicht als Wettbewerber, sondern als mögliche Vertragspartner gegenüber.[664] Bei konglomeraten Zusammenschlüssen sind die Beteiligten weder Wettbewerber noch in derselben Lieferkette tätig.[665] Beispiele bieten der Produkterweiterungszusammenschluss von Unternehmen, die auf räumlich unterschiedlichen Märkten sachlich austauschbare Produkte anbieten, oder der Zusammenschluss von Unternehmen, die komplementäre Produkte anbieten.[666] Ein- und derselbe Zusammenschluss kann zugleich verschiedene Wirkungen haben.[667]

2.4.3.2 Prüfungsmaßstab
Marktbeherrschungsregelbeispiel

Die Kommission hat einen Zusammenschluss zu untersagen, wenn durch ihn eine Marktbeherrschung entsteht oder verstärkt wird.

Für den **Begriff der Marktbeherrschung** kann auf die Ausführungen zum Missbrauchsverbot aus Art. 102 AEUV verwiesen werden.[668] Der Begriff entspricht im Grundsatz dem bei Art. 102 AEUV.[669] Maßgeblich ist daher, ob der fusionierten Einheit ein unabhängiger Verhaltensspielraum zukommen wird, der es ihr ermöglicht, sich gegenüber den Wettbewerbern und der Marktgegenseite in gewissem Maße unabhängig zu verhalten.[670]

❗ Beachte

Im Rahmen der Fusionskontrolle führt bereits die Entstehung einer Marktbeherrschung zu einer Untersagung des Vorhabens. Es handelt sich um eine Strukturkontrolle. Bei Art. 102 AEUV wird die Entstehung einer marktbeherrschenden Stellung (durch internes Unternehmenswachstum) nicht verboten. Eine Untersagungsverfügung ergeht erst, wenn das Unternehmen den mit seiner Marktbeherrschung verbundenen Verhaltensspielraum missbraucht. Es handelt sich um eine Verhaltenskontrolle.

---

662 Immenga/Mestmäcker/*Körber*, 6. Aufl. 2020, Art. 2 FKVO Rn. 401.
663 Kommission, Leitlinien horizontale Zusammenschlüsse, 2004, Rn. 5.
664 Kommission, Leitlinien horizontale Zusammenschlüsse, 2004, Rn. 4.
665 Kommission, Leitlinien horizontale Zusammenschlüsse, 2004, Rn. 5.
666 Immenga/Mestmäcker/*Körber*, 6. Aufl. 2020, Art. 2 FKVO Rn. 580.
667 LMRKM/*Riesenkampff/Steinbarth*, 4. Aufl. 2020, Art. 2 FKVO Rn. 118.
668 Siehe ▶ Abschn. 2.3.1.2.1; ▶ Abschn. 2.3.1.3.
669 LMRKM/*Riesenkampff/Steinbarth*, 4. Aufl. 2020, Art. 2 FKVO Rn. 67.
670 EuG v. 21.9.2005 – T-87/05, ECLI:EU:T:2005:333, Rn. 48 – *EDP*.

Für das **Vorgehen bei Ermittlung** einer Marktbeherrschung ist ebenfalls auf die Ausführungen zum Missbrauchsverbot aus Art. 102 EUV zu verweisen.[671] Zunächst sind die betroffenen **Märkte** in sachlicher, räumlicher und ggfs. zeitlicher Perspektive **abzugrenzen**. Sodann bedarf es der Ermittlung des unabhängigen Verhaltensspielraums anhand **marktstruktureller**, aber auch **verhaltens- und unternehmensbezogener Kriterien**. Der Höhe des Marktanteils kommt regelmäßig entscheidende Bedeutung zu. Auch die Verstärkung einer bereits zum Zeitpunkt des Zusammenschlussvorhabens bestehenden Marktbeherrschung ist anhand dieser Kriterien zu überprüfen. Maßgeblich ist, ob die Kommission prognostizieren kann, dass der unabhängige Verhaltensspielraum durch den Zusammenschluss wachsen wird.

Im Unterschied zum Missbrauchsverbot handelt es sich bei Art. 2 Abs. 3 FKVO um eine **Prognoseentscheidung**. Die Prüfung ist – anders als im Rahmen des Missbrauchsverbots – zukunftsgerichtet. Dabei ist auch zu prüfen, ob der zu prognostizierende Verhaltensspielraum nicht nur vorübergehend, sondern von gewisser Dauer sein wird.[672] Diese Prognose hat auf digitalen Märkten mit besonderer Sorgfalt zu erfolgen. Denn der häufig anzutreffende innovationsgetriebene Wettbewerbsdruck kann dazu führen, dass eine marktbeherrschende Stellung wenig stabil ist (*constable monopolies*).[673] In ihrer Fusionskontrollentscheidung in der Sache *Microsoft/Skype* führte die Kommission aus, dass Marktanteile nur begrenzte Aussagekraft betreffend die wettbewerbliche Stellung der Unternehmen auf den Märkten für Kommunikationsdienste für Verbraucher hätten.[674] Dies begründete sie mit der dynamischen Natur des Sektors, wodurch sich Marktanteile zügig verschieben könnten. So sei bereits in der Vergangenheit zu beobachten gewesen, dass Wettbewerbern der Markteintritt durch das Angebot innovativer Produkte zügig gelungen sei.[675]

> **Aktuelles**
> Um den besonderen Dynamiken digitaler Märkte Rechnung zu tragen, werden verschiedene Modifikationen des Prognosemaßstabs in der materiellen Zusammenschlusskontrolle diskutiert. Einige fordern, das Beweismaß abzusenken.[676] Andere votieren für Vermutungsregeln und damit für Veränderungen bei der Darlegungs- und Beweislast.[677] So wird vorgeschlagen, eine erhebliche Behinderung wirksamen Wettbewerbs bei einem Zusammenschluss eines marktbeherrschenden Unternehmens mit einem (potenziellen) Wettbewerber zu vermuten.[678]

---

671 Siehe ▶ Abschn. 2.3.1.2.2.
672 Kommission v. 12.11.1992 – IV/M.222, Rn. 91 – *Mannesmann/Hoesch*.
673 *Körber*, WRP 2012, 761, 765.
674 Kommission v. 7.10.2011 – COMP/M.6281, Rn. 78 – *Microsoft/Skype*.
675 Kommission v. 7.10.2011 – COMP/M.6281, Rn. 123 – *Microsoft/Skype*.
676 *Furman/Coyle/Fletcher/McAuley/Marsden*, Unlocking Digital Competition, 2019, Rn. 3.85-87.
677 Stigler Committee, Digital Platforms, 2019, S. 98.
678 Stigler Committee, Digital Platforms, 2019, S. 98.

2.4 · Zusammenschlusskontrolle

Das Marktbeherrschungsregelbeispiel ist nicht nur erfüllt, wenn die Entstehung oder Verstärkung einer Einzelmarktbeherrschung zu erwarten ist. Vielmehr umfasst das Marktbeherrschungsregelbeispiel – ebenso wie der Begriff in Art. 102 AEUV[679] – auch die **kollektive Marktbeherrschung**. Die ergibt sich zwar nicht unmittelbar aus dem Wortlaut des Art. 2 Abs. 3 FKVO, wird von der Rechtsprechung aber anerkannt.[680] Demnach ist ein Zusammenschluss auch zu untersagen, wenn zu erwarten ist, dass er zur Entstehung oder Verstärkung einer kollektiven Marktbeherrschung führen wird. Der Begriff entspricht dem bei Art. 102 AEUV: Voraussetzung ist zum einen fehlender Binnenwettbewerb zwischen den Unternehmen infolge Verhaltensabstimmung über den Markt und zum anderen kollektive wettbewerbliche Unabhängigkeit im Außenverhältnis.

> **Wiederholung**
>
> Die europäische Rechtsprechung hat die Voraussetzungen einer kollektiven Marktbeherrschung anhand der Airtours-Kriterien[681] konkretisiert. Danach bedarf es Markttransparenz, Koordinierungsdisziplin und wettbewerblicher Unabhängigkeit gegenüber den Wettbewerbern.

Die Entstehung einer kollektiven Marktbeherrschung durch Zusammenschluss bedingt, dass der Markt bereits zuvor konzentriert war, also wenige Wettbewerber auf ihm aktiv waren. Bei solchen oligopolistischen Marktstrukturen kann sich Reaktionsverbundenheit auch ohne explizite Kartellabsprache einstellen (sog. *tacit collusion*). Neben der Höhe des gemeinsamen Marktanteils ist hierfür zu klären, wie transparent und homogen der Markt ist.

SIEC-Kriterium

Unilaterale Effekte

Bei Prüfung des SIEC-Kriteriums unterscheidet die Kommission zwischen unilateralen und koordinierten Effekten.[682] **Unilaterale Effekte** kennzeichnet, dass durch den Zusammenschluss wichtiger Wettbewerbsdruck beseitigt wird und so die Marktmacht der fusionierten Einheit vergrößert wird, der Zusammenschluss ihr also einen **einseitigen Verhaltensspielraum** verschafft. Die Entstehung oder Verstärkung einer **Einzelmarktbeherrschung** ist ein solcher unilateraler Effekt.

---

679 Siehe ▶ Abschn. 2.3.1.3.
680 EuGH v. 31.3.1998 – C-68/94, ECLI:EU:C:1998:148, Rn. 152 ff. – *Kali + Salz*; EuG v. 6.6.2002 – T-342/99, ECLI:EU:T:2002:146, Rn. 58 ff. – *Airtours*.
681 EuG v. 6.6.2002 – T-342/99, ECLI:EU:T:2002:146, Rn. 58 ff. – *Airtours*. Im Detail ▶ Abschn. 2.3.1.3.
682 Kommission, Leitlinien horizontale Zusammenschlüsse, 2004, Rn. 22.

Zur Wiederholung

Während die Kommission früher das Marktbeherrschungsregelbeispiel regelmäßig zuerst prüfte und nur in Fällen, in denen es zu verneinen war, das SIEC-Kriterium anwendete (sog. *gap cases*), stellt sie heute häufig direkt auf das SIEC-Kriterium ab.

Darüber hinaus ist anerkannt, dass es weitere Fälle, sog. ***gap cases***, gibt, in denen zwar keine Einzelmarktbeherrschung entsteht, aber dennoch eine erhebliche Behinderung wirksamen Wettbewerbs zu erwarten ist, und daher die Untersagungsvoraussetzungen aus Art. 2 Abs. 3 FKVO erfüllt sind.[683] Es geht um Fälle, in denen die fusionierte Einheit einen einseitigen Handlungsspielraum erhält, ohne zugleich marktbeherrschend zu werden. Dass solche *gap cases* anzuerkennen sind, macht ErWG 25 FKVO deutlich. Danach ist der Begriff der erheblichen Behinderung wirksamen Wettbewerbs dahingehend auszulegen,

» „dass er sich über das Konzept der Marktbeherrschung hinaus [...] auf diejenigen wettbewerbsschädigenden Auswirkungen eines Zusammenschlusses erstreckt, die sich aus nicht koordiniertem Verhalten von Unternehmen ergeben, die auf dem jeweiligen Markt keine beherrschende Stellung haben würden."

Unilaterale Effekte jenseits der Einzelmarktbeherrschung kommen vorrangig auf **oligopolistischen Märkten** in Betracht.[684] Gemeint sind Märkte, auf denen wenige Wettbewerber mit hohen Marktanteilen agieren. Sodann ist zu prüfen, ob durch den Zusammenschluss „**wichtige Wettbewerbszwänge***, die von den fusionierenden Parteien vorher gegeneinander ausgeübt wurden*,"[685] beseitigt werden und zudem „*eine* **Verringerung des Wettbewerbsdrucks** *auf die verbleibenden Wettbewerber*"[686] zu erwarten ist. Bei der Prüfung dieser Kriterien können dieselben Umstände herangezogen werden, die auch für die Marktbeherrschungsprüfung relevant sind. Die in ErwG 25 FKVO genannten Kriterien der Beseitigung eines beträchtlichen Wettbewerbsdrucks sowie die Minderung des Wettbewerbsdrucks auf die verbleibenden Wettbewerber sind aber nicht als abschließende zu verstehen.[687] Dies widerspräche der Ratio des Zusammenschlusskontrolle. Vielmehr kommen als *gap cases* im Grundsatz jedwede Fälle in Betracht, in denen eine wesentliche Beeinträchtigung des Wettbewerbs zu erwarten ist. So kann es ausreichen, wenn zugunsten der Zusammenschlussbeteiligten infolge Beseitigung beträchtlichen Wettbewerbsdrucks einseitige Preiserhöhungsspielräume entstehen.[688]

Nachfolgend sollen einige Fallbeispiele dargestellt werden, in welchen eine erhebliche Behinderung wirksamen Wettbewerbs außerhalb der Einzelmarktbeherrschung bejaht wurde. Der EuGH hat in der Rechtssache *Fusion Hutchison/*

---

683 Kommission, Leitlinien horizontale Zusammenschlüsse, 2004, Rn. 25.
684 Kommission, Leitlinien horizontale Zusammenschlüsse, 2004, Rn. 25.
685 Kommission, Leitlinien horizontale Zusammenschlüsse, 2004, Rn. 25.
686 Kommission, Leitlinien horizontale Zusammenschlüsse, 2004, Rn. 25.
687 EuGH v. 13.7.2023 – C-376/20 P, ECLI:C:EU: 2023:561, Rn. 114 – *Hutchison/Telefónica UK*.
688 EuGH v.13.7.2023 – C-376/20 P, ECLI:C:EU: 2023:561, Rn. 112 – *Hutchison/Telefónica UK*.

Telefónica UK kürzlich klargestellt, dass auch für die Prognose eines *gap case*s eine überwiegende Wahrscheinlichkeit der zu erwartenden Wettbewerbsbehinderung hinreichend ist.[689]

Eine spürbare Wettbewerbsbehinderung kommt u. a. bei dem Zusammenschluss **naher Wettbewerber** in Betracht. Handelt es sich um einen differenzierten Markt, sind die Produkte der am Zusammenschluss Beteiligten Wettbewerber hingegen in besonderem Maße austauschbar, können daraus einseitige Preiserhöhungsspielräume der fusionierten Einheit erwachsen – auch wenn sie keine marktbeherrschende Stellung erlangt, weil z. B. ein dritter Wettbewerber einen höheren Marktanteil inne hat.[690] Als quantitative Methode zur Berechnung eines zu erwartenden Preiserhöhungsspielraums kommt u. a. der UPP-Test (*upward pricing pressure-test*) in Betracht.[691]

Auf homogenen Märkten sind unilaterale Effekte außerhalb der Einzelmarktbeherrschung möglich, wenn der Zusammenschluss es den Wettbewerbern erlaubt, durch **Verringerung der Kapazität** die Preise anzuheben, da sie die einzigen Wettbewerber mit Überkapazitäten sind.[692] In der Rechtssache *T-Mobile Austria/tele.ring* hat die Kommission einen *gap case* durch die **Beseitigung eines Maverick**, also eines (noch) kleinen, aber bereits sehr potenten Wettbewerbers, bejaht, und den Zusammenschluss daher nur unter Auflagen freigegeben[693]: Auch wenn die fusionierte Einheit – insbesondere gemessen an ihren Marktanteilen – nicht marktbeherrschend werde, beseitige der Zusammenschluss eine wichtige Wettbewerbskraft und verschaffe der fusionierten Einheit so einseitige Handlungsspielräume.

Koordinierte Effekte

Koordinierte Effekte eröffnen Unternehmen einseitige Verhaltensspielräume durch Abstimmung in Form der Koordinierung.[694] Der praxisrelevanteste Fall ist die kollektive Marktbeherrschung. *Gap cases* sind soweit ersichtlich bislang nicht relevant geworden. Es wird in der Literatur aber diskutiert, koordinierte Effekte außerhalb der kollektiven Marktbeherrschung anzunehmen, wenn kollektive Verhaltensspielräume entstehen, obwohl die Voraussetzungen der Marktbeherrschung nicht erfüllt sind, etwa weil die Wettbewerber über keine ausreichenden Sanktionsmöglichkeiten verfügen, um stillschweigende Koordinierung (*tacit collusion*) zu realisieren.[695]

---

689 EuGH v. 13.7.2023 – C-376/20 P, ECLI:C:EU: 2023:561, Rn. 88 – *Hutchison/Telefónica UK*. Damit widerspricht er dem EuG v. 28.5.2020 – T-399/16, ECLI:EU:T: 2020:217 – *Hutchison/ Telefónica UK*, das eine hohe Wahrscheinlichkeit gefordert hatte.
690 LMRKM/*Riesenkampff/Steinbarth*, 4. Aufl. 2020, Art. 2 FKVO Rn. 163.
691 Zu der weiteren Methode des GUPPI (*gross upward pricing pressure index*) siehe Kommission v. 12.12.1012 – COMP/M.6497, Rn. 314 – *Hutchison 3G Austria/Orange Austria*.
692 *Glöckner*, Kartellrecht, 3. Aufl. 2021, § 7 Rn. 737.
693 Kommission v. 26.4.2006, COMP/M.3916 – *T-Mobile Austria/Tele.ring*.
694 Kommission, Leitlinien horizontale Zusammenschlüsse, 2004, Rn. 39.
695 *Kling/Thomas*, Kartellrecht, 2. Aufl. 2016, § 8 Rn. 248.

2.4.3.3 Zusammenschlusstypen
Horizontaler Zusammenschluss

Um die wettbewerblichen Wirkungen eines Zusammenschlussvorhabens zu konkretisieren, ist zwischen den oben dargestellten Zusammenschlusstypen (siehe ▶ Abschn. 2.4.3.1) zu differenzieren.

Die Prüfung des Marktbeherrschungsregelbeispiels bei horizontalen Zusammenschlüssen, also Zusammenschlüssen zwischen Wettbewerbern, kennzeichnet, dass es zu einer **Marktanteilsaddition** kommt. Zur Beurteilung der durch den Zusammenschluss veränderten Marktkonzentration wird ergänzend der **Herfindhal-Hirschman-Index (HHI)** herangezogen.[696] Er errechnet sich aus den Quadraten der Marktanteile sämtlicher Unternehmen auf dem relevanten Markt.[697]

> ▶ **Beispiel**
>
> Vor dem Zusammenschluss halten A 30 %, B 20 %, C 20 % und D, E und F jeweils 10 %. Der *pre merger*-HHI beträgt demnach $30^2 + 20^2 + 20^2 + 10^2 + 10^2 + 10^2 = 2000$. Wenn die Wettbewerber A und B fusionieren (gemeinsamer Marktanteil = 50 %), so beträgt der *post merger*-HHI $50^2 + 20^2 + 10^2 + 10^2 + 10^2 = 3200$. ◀

Neben der absoluten Höhe des HHI betrachtet die Kommission das Delta, also die Differenz zwischen *pre merger*-HHI und *post merger*-HHI. Im Beispielsfall beträgt der *post-merger* HHI 3200; der Deltawert ist größer als 150. Dies spricht nach den Horizontalleitlinien der Kommission für wettbewerbliche Bedenken im Hinblick auf das Zusammenschlussvorhaben[698] – im Beispielsfall des Zusammenschlusses von A und B. Dennoch begründen die HHI-Werte keine Vermutung dahingehend, dass der Zusammenschluss zu untersagen ist. Vielmehr bedarf es einer qualitativen Betrachtung anhand marktstruktureller Kriterien, um zu ermitteln, ob der Zusammenschluss zur Entstehung oder Verstärkung einer Marktbeherrschung führen würde.

Neben den bereits zu Art. 102 AEUV erörterten Kriterien können im Rahmen der Fusionskontrolle Auswirkungen auf den **Innovationswettbewerb** bedeutsam werden. Dies gilt gerade für digitale Märkte, da disruptive Innovationen in der Vergangenheit marktmächtige Unternehmen wiederholt zu Fall gebracht haben. So wurde die Freigabe des Zusammenschlusses von *Facebook/WhatsApp* durch die Kommission[699] dahingehend kritisiert, dass *WhatsApp* zum Entscheidungszeitpunkt zwar ein nicht umsatzstarker Wettbewerber gewesen sei, von ihm als innovatives Start-up jedoch bereits erheblicher Wettbewerbsdruck ausgegangen sei, der durch den Zusammenschluss zulasten des Innovationswettbewerbs eliminiert wurde. Dahinter steht die Strategie marktführender Unternehmen, Wettbewerber

---

696 EuG v. 22.6.2022 – T-584/19, ECLI:EU:T:2022:386, Rn. 375 ff. – *thyssenkrupp*.
697 Kommission, Leitlinien horizontale Zusammenschlüsse, 2004, Rn. 16.
698 Kommission, Leitlinien horizontale Zusammenschlüsse, 2004, Rn. 20.
699 Kommission v. 3.10.2014, Case M.7217 – *Facebook/WhatsApp*.

2.4 · Zusammenschlusskontrolle

mit Wachstumspotenzial frühzeitig aufzukaufen.[700] Dies gelingt den Unternehmen auch wegen ihrer teilweisen erheblichen Finanzkraft. Im Rahmen von Zusammenschlusskontrollentscheidungen wurden Kriterien des Innovationswettbewerbs u. a. im Bereich der Pharmazie[701] und bei Pflanzenschutzmitteln[702] aufgegriffen.[703] Jedoch sollte nicht jeder Aufkauf innovativer Start-ups als wettbewerbsbeschränkend bewertet werden. Mitunter können aufgekaufte Unternehmen von den Ressourcen und der Finanzstärke großer Plattformen profitieren, um ihre Geschäftsideen voranzutreiben.[704]

Ferner prüfte die Kommission bei horizontalen Zusammenschlussvorhaben im digitalen Sektor **datenbezogene Schadenstheorien**. Es ist zu erwägen, ob Zusammenschlussbeteiligte durch die Kombination von Datenbeständen einen unabhängigen Handlungsspielraum erlangen.[705] Ein überlegener Datenzugang ermöglicht es der fusionierten Einheit ggfs., Marktzutrittsschranken zu errichten. Dies betrifft zum einen den Markteintritt neuer Wettbewerber. Aber auch die Chancen bereits auf dem Markt aktiver Wettbewerber können sich durch die Kombination von Datenbeständen der Zusammenschlussbeteiligten verschlechtern.[706] Zugleich kann der Datenzugang es der fusionierten Einheit – in Abhängigkeit von der Vielfalt der Daten – erleichtern, durch umfassende Analysen neue Daten zu gewinnen.[707]

▶ **Beispiele**

In der Sache *Meta/Kustomer*, die die Kommission unter Auflagen freigab, prüfte sie u. a., welche Daten *Meta* von *Kustomer post merger* erhalten könnte und klärte, ob dies *Meta* in seiner Rolle als Anbieter von Online-Werbediensten wettbewerbliche Vorteile verschaffen würde.[708] Sie vereinte dies im Ergebnis.

In der Sache *Facebook/WhatsApp* prüfte die Kommission Ausschlusseffekte infolge des Zugriffs von *Facebook* auf die von *WhatsApp* gesammelten Nutzerdaten.[709] Die Kommission lehnte dies im Ergebnis ab, da an den Zugriff hohe Anforderungen bestünden. U. a. müssten die Nutzungsbedingungen von *WhatsApp* geändert werden.[710] Zudem sei nicht ersichtlich, dass ein etwaiger Datenzugriff die Stellung von *Facebook* auf den Märkten für Onlinewerbedienste deutlich verbessern würde.[711] ◀

---

700 *Schweitzer/Haucap/Kerber/Welker*, Modernisierung der Missbrauchsaufsicht für marktmächtige Unternehmen, 2018, S. 122 f.
701 Kommission v. 4.8.2015 – M.7559, Rn. 58 ff. – *Pfizer/Hospira*.
702 Kommission v. 27.3.2017 – M.7932, Rn. 1975 ff. – *Dow/DuPont*.
703 Zu weiteren Sektoren Immenga/Mestmäcker/*Körber*, 6. Aufl. 2020, Art. 2 FKVO Rn. 345.
704 *Bostoen*, Abuse of Platform Power, 2023, S. 238; *Crémer/de Montjoye/Schweitzer*, Competition Policy for the Digital Era, 2019, S. 110.
705 *Holzweber*, NZKart 2016, 104, 108.
706 *Holzweber*, NZKart 2016, 104, 108.
707 *Holzweber*, NZKart 2016, 104, 109.
708 Kommission v. 27.1.2022 – M.10262, Rn. 533 ff. – *Meta/Kustomer*.
709 Kommission v. 3.10.2014 – M.7217, Rn. 180 ff. – *Facebook/WhatsApp*.
710 Kommission v. 3.10.2014 – M.7217, Rn. 185 – *Facebook/WhatsApp*.
711 Kommission v. 3.10.2014 – M.7217, Rn. 187 ff. – *Facebook/WhatsApp*.

Vertikaler Zusammenschluss

Bei **vertikalen Zusammenschlüssen** kommt es nicht zu einer Marktanteilsaddition. Eine marktbeherrschende Stellung kann dadurch begründet oder verstärkt werden, dass **Marktausschlusseffekte** entstehen.[712] Dies ist z. B. der Fall, wenn die fusionierte Einheit Einsatzmittel abschotten kann und so Wettbewerbern das Bestehen am bzw. den Eintritt auf den Markt erschwert.[713] Die Kommission prüft nach ihren Leitlinien für nichthorizontale Zusammenschlüsse zunächst die Fähigkeit der fusionierten Einheit zur Marktabschottung und sodann, ob das Unternehmen wirtschaftliche Anreize dazu hat, den Markt abzuschotten.[714]

Auch bei vertikalen Zusammenschlüssen kann die **Zusammenführung von personenbezogenen Daten** Ausschlusseffekte erzeugen.[715] Dies ist zu erwägen, wenn die fusionierte Einheit einen erheblichen Vorsprung bei dem Zugang zu Daten gegenüber ihren Wettbewerbern hat.[716] Abschottungswirkung kommt dagegen nicht in Betracht, wenn die Daten auch von anderen Unternehmen gesammelt werden können.[717] In ihrer Freigabeentscheidung in der Sache *Google/Doubleklick* hat die Kommission ausgeführt, dass Daten über das Verhalten bei Internetnutzung auch von Konkurrenten gesammelt werden könnten und somit das Unternehmen *DoubleClick* „über kein einzigartiges Leistungsangebot verfügen würde."[718] Sie betonte, dass „*andere Unternehmen, die im Bereich Online-Werbung tätig sind, [...] große Mengen mehr oder weniger ähnlicher Informationen sammeln [könnten], die potenziell für die genaue Zielgruppenausrichtung nützlich*"[719] sei.

Ferner wird diskutiert, inwieweit auch der Zugang zu **nicht-personenbezogenen Daten** das wettbewerbliche Geschehen auf einzelnen Märkten prägt.[720]

> ▶ **Beispiel**
>
> In der Sache *TomTom/Tele Atlas* hat die Kommission geprüft, ob es zu einer Abschottung von nicht-personenbezogenen Daten als Einsatzmittel kommt.[721] Es ging um Kartendatenbanken, die für den Betrieb von Navigationsgeräten benötigt werden.[722] Die Kommission prüfte, ob „*das fusionierte Unternehmen in der Lage wäre, durch Preiserhöhungen, minderwertige Karten oder verzögerte Aktualisierungen am Wettbewerb teilnehmende PND-Hersteller und Softwarehäuser auszugrenzen.*"[723] Sie bejahte die Möglichkeit des Unternehmens zur Abschottung, verneinte aber diesbezügliche Anreize.[724] ◀

---

712 Kommission, Leitlinien nichthorizontaler Zusammenschlüsse, 2008, Rn. 18.
713 Dauses/Ludwigs/*Wilson*, Handbuch des EU-Wirtschaftsrechts, 60. EL 2024, H.I.§ 4 Rn. 114.
714 Kommission, Leitlinien nichthorizontaler Zusammenschlüsse, 2008, Rn. 33 ff., 40 ff.
715 Dauses/Ludwigs/*Wilson*, Handbuch des EU-Wirtschaftsrechts, 60. EL 2024, H.I.§ 4 Rn. 115.
716 *Holzweber*, NZKart 2016, 104, 109.
717 Kommission v. 9.1.2014, COMP/M.7023, Rn. 626 – *Publicis/Omnicom*.
718 Kommission v. 11.3.2008 – COMP/M.4731, Rn. 268 – *Google/DoubleClick*.
719 Kommission v. 11.3.2008 – COMP/M.4731, Rn. 269 – *Google/DoubleClick*.
720 *Holzweber*, NZKart 2016, 104, 108.
721 Kommission v. 14.5.2008 – COMP/M.4854 – *TomTom/Tele Atlas*.
722 Kommission v. 14.5.2008 – COMP/M.4854, Rn. 190 ff. – *TomTom/Tele Atlas*.
723 Kommission v. 14.5.2008 – COMP/M.4854, Rn. 193 – *TomTom/Tele Atlas*.
724 Kommission v. 14.5.2008 – COMP/M.4854, Rn. 210, 230 – *TomTom/Tele Atlas*.

Auch der **Innovationswettbewerb** kann bei vertikalen Zusammenschlüssen ein Kriterium für die Prognose unilateraler Effekte sein.

> ▶ Beispiel
>
> In der Rechtssache *Intel/McAfee* prüfte die Kommission, ob der Zusammenschluss zu einer verringerten Innovationsfähigkeit der Hersteller führen würde, weil die durch den Zusammenschluss erzeugte vertikale Integration sich nachteilig auf die Interoperabilität von Drittprodukten auswirkte.[725] So hätte *Intel* nach Feststellungen der Kommission Wettbewerbern *post merger* verweigern können, Informationen für die Softwareentwicklung zu erlangen mit der Folge, dass die Produkte von *Intel* (Prozessoren und Chipsätze) von ihnen nicht in gleicher Weise hätten genutzt werden können wie von *McAfee*. ◀

Konglomerater Zusammenschluss

Die Auswirkungen **konglomerater Zusammenschlüsse** fallen sehr unterschiedlich aus. Die Kommission bewertet sie grundsätzlich als weniger problematisch als horizontale Zusammenschlüsse.[726] Dennoch sind verschiedene Effekte zu prüfen, bei deren Eintreten es ggfs. zur Entstehung oder Verstärkung einer marktbeherrschenden Stellung der fusionierten Einheit kommt. Zu ihnen gehören Kopplungs- und Bindungspraktiken, die abschottend zulasten von Wettbewerbern wirken können.[727] Hierbei zielt die fusionierte Einheit darauf, ihre Marktmacht, die sie auf einem der vom Zusammenschluss betroffenen Märkte innehat, auf weitere Märkte zu „hebeln" (sog. *leveraging*). Dies ist sowohl bei komplementären als auch bei substituierbaren Produkten möglich.[728] Auch im digitalen Kontext hat die Kommission diese Effekte bereits geprüft.

> ▶ Beispiel
>
> In der Sache *Microsoft/LinkedIn* prüfte die Kommission, ob es der fusionierten Einheit durch den Zusammenschluss möglich würde, ihre starke Stellung in Bezug auf *sales intelligence solutions*-Software auf andere Softwaremärkte zu übertragen.[729] Die Kommission verneinte eine zu erwartende Hebelwirkung.[730] Die Markstellung von *LinkedIn* auf dem Markt für *sales intelligence solutions*-Software sei nicht stark genug. Zudem handele es sich um einen differenzierten Markt. Eine andere Hebelwirkung bejahte die Kommission dagegen: Sie war der Ansicht, dass der Zusammenschluss es *Microsoft* ermöglichen werde, seine Marktmacht, die das Unternehmen auf dem Markt für PC-Betriebssysteme hat, auf den Markt für berufliche soziale Netzwerke zu hebeln.[731] ◀

---

725 Kommission v. 26.1.2011 – COMP/M.5984 – *Intel/McAfee*.
726 Kommission, Leitlinien nichthorizontaler Zusammenschlüsse, 2008, Rn. 92.
727 Kommission, Leitlinien nicht-horizontaler Zusammenschlüsse, 2008, Rn. 96, 97.
728 *Kling/Thomas*, Kartellrecht, 2. Aufl. 2016, § 8 Rn. 282.
729 Kommission v. 6.12.2016 – COMP/M.8124, Rn. 218 ff. – *Microsoft/LinkedIn*.
730 Kommission v. 6.12.2016 – COMP/M.8124, Rn. 222 ff. – *Microsoft/LinkedIn*.
731 Kommission v. 6.12.2016 – COMP/M.8124, Rn. 295 ff. – *Microsoft/LinkedIn*.

Zu beachten ist, dass nicht jedwede Kopplungs- oder Bündelungsstrategie dazu führt, dass der Zusammenschluss zu untersagen ist. Vielmehr ist zu prüfen, ob die fusionierte Einheit auf einem der von der Praktik betroffenen Märkte bereits über Marktmacht verfügt.[732] Hinzu kommen muss ein Anreiz zur Kopplung bzw. Bündelung. Dazu bedarf es einer Strategie, die für die beteiligten Unternehmen gewinnsteigernd ist.[733]

Weitere Folgen konglomerater Zusammenschlüsse sind **Portfolio-Effekte**. Damit ist gemeint, dass die fusionierte Einheit ihre Marktmacht durch eine Erweiterung ihres Produktportfolios stärken kann. Ein bloß breites Portfolio reicht dafür im Grundsatz nicht aus.[734] Es kann aber einen Vorteil gegenüber Wettbewerbern begründen, wenn diese eine kleinere Produktpalette anbieten,[735] und für Nachfrager der Anreiz besteht, alle Produkte bei ein- und demselben Unternehmen zu beziehen.[736] Ggfs. kann die fusionierte Einheit Abnehmer zur Abnahme des gesamten Portfolios „zwingen", soweit darin Produkte enthalten sind, auf die die Abnehmer angewiesen sind.[737]

Spill-Over-Effekte entstehen, wenn die fusionierte Einheit davon profitiert, vorhandenes Know-How oder bereits etablierte Infrastruktur *post merger* auch auf anderen Märkten zu nutzen.[738]

▶ **Beispiel**

Bei der Beurteilung des Zusammenschlusses von *Boeing/McDonnell Douglas*[739] ging die Kommission auf den verbesserten Zugang der fusionierten Einheit zu Forschungsmittel ein, die dem Unternehmen *Boeing*, das bereits vor dem Zusammenschluss im zivilen Luftfahrtsektor marktbeherrschend war, zugutegekommen wäre. ◀

Als Schadenstheorie bei konglomeraten Zusammenschlüssen kommt ferner eine **Ressourcenstärkung** in Betracht.[740] Ist die fusionierte Einheit besonders finanzstark, kann ihr dies Quersubventionierungen oder Rabattgewährungen ermöglichen.[741] Dadurch werden ggfs. neue Wettbewerber abgeschreckt, in den Markt einzutreten.

---

732 Kommission, Leitlinien nichthorizontale Zusammenschlüsse, 2008, Rn. 99.
733 Kommission, Leitlinien nichthorizontale Zusammenschlüsse, 2008, Rn. 105 ff.
734 Kommission v. 18.10.2001 – COMP/M.2608, Rn. 34 – *INA/FAG*.
735 Kommission v. 15.10.1997 – COMP/M.938, Rn. 100 ff. – *Guinness/Grand Metropolitan*.
736 Kommission v. 15.7.2005 – COMP/M.3732, Rn. 131 – *Procter & Gamble/Gillette*.
737 Kommission v. 17.7.2009 – COMP/M.5547, Rn. 99 ff. – *Koninklijke Philips Electronics/Saeco International Groups*.
738 Immenga/Mestmäcker/*Körber*, 6. Aufl. 2020, Art. 2 FKVO Rn. 606.
739 Kommission v. 30.7.1997 – IV/M.877, Rn 83 ff. – *Boeing/McDonnell Douglas*.
740 EuG v. 14.12.2005 – T-210/01, ECLI:EU:T:2005:456, Rn. 201 ff. – *General Electric*.
741 Immenga/Mestmäcker/*Körber*, 6. Aufl. 2020, FKVO Art. 2 Rn. 605.

2.4.3.4 *Efficiency defense*

Wettbewerbsbehindernde Auswirkungen eines Zusammenschlusses können durch Effizienzgewinne gerechtfertigt werden.[742] Ob und welche Effizienzgewinne zu erwarten sind, wird im Rahmen der *efficiency defense* geprüft. Die beteiligten Unternehmen sind insoweit darlegungs- und beweisbelastet.[743]

Einen gesetzlichen Anhaltspunkt für die *efficiency defense* findet sich in ErwG 29 FKVO:

» „Um die Auswirkungen eines Zusammenschlusses auf den Wettbewerb im Gemeinsamen Markt bestimmen zu können, sollte begründeten und wahrscheinlichen Effizienzvorteilen Rechnung getragen werden, die von den beteiligten Unternehmen dargelegt werden."

Ferner fordert Art. 2 Abs. 1 UAbs. 2 lit. b) FKVO, dass

» „die Interessen der Zwischen- und Endverbraucher sowie die Entwicklung des technischen und wirtschaftlichen Fortschritts, sofern diese dem Verbraucher dient und den Wettbewerb nicht behindert",

bei der Prüfung eines Zusammenschlussvorhabens berücksichtigt werden.

Die Voraussetzungen der *efficiency defense* konkretisiert die Kommission in ihren Leitlinien.[744] Danach bedarf es erstens **Effizienzvorteilen zugunsten der Verbraucher**.[745] Sie können darin bestehen, dass die fusionierte Einheit infolge Einsparung von Produktionskosten die Verkaufspreise senkt.[746] Es muss dabei wahrscheinlich sein, dass die Einsparungen tatsächlich weitergegeben werden.[747] Dies wird auch von dem Umfang der Marktmacht der fusionierten Einheit abhängen. Kommt ihr eine monopolartige Stellung zu, wird der Wettbewerbsdruck auf dem Markt nicht ausreichen, um sie zu Preissenkungen zu bewegen. Bei vertikalen Zusammenschlüssen kann sich der Anreiz zur Preissenkung auch aus der Vermeidung einer *double marginalization* ergeben. Das Problem der doppelten Gewinnmarginalisierung besteht darin, dass ein gleichsam „doppelter Gewinnaufschlag" zu höheren Marktpreisen führt, wenn sowohl der Lieferant als auch der Händler Aufschläge auf ihre Kosten erheben.[748] Auch dynamische Effizienzen sind berücksichtigungsfähig. Sie ergeben sich, wenn Verbraucher von neuen oder verbesserten Produkten profitieren.[749]

---

742 *Zimmer*, ZWeR 2004, 250, 262 f.; *Thomas*, Journal of Competition Law & Economics 2017, 13(2), 346, 366 ff.; andere Ansicht Immenga/Mestmäcker/*Körber*, 6. Aufl. 2020, Art. 2 FKVO Rn. 359.
743 EuG v. 6.7.2010 – T-342/07, ECLI:EU:T:2010:480, Rn. 403 – *Ryanair*.
744 Kommission, Leitlinien horizontale Zusammenschlüsse, 2004, Rn. 76 ff.; Kommission, Leitlinien nichthorizontale Zusammenschlüsse, 2008, Rn. 53.
745 Kommission, Leitlinien horizontale Zusammenschlüsse, 2004, Rn. 79 ff.
746 Kommission, Leitlinien horizontale Zusammenschlüsse, 2004, Rn. 80.
747 Kommission, Leitlinien horizontale Zusammenschlüsse, 2004, Rn. 84.
748 Wiedemann/*Ewald*, Handbuch des Kartellrechts, 4. Aufl. 2020, § 7 Rn. 64.
749 Kommission, Leitlinien horizontale Zusammenschlüsse, 2004, Rn. 81.

Wichtig ist, dass Effizienzen nur berücksichtigungsfähig sind, soweit sie den Verbrauchern zugutekommen. Dies steht in Einklang mit dem Schutzziel der Verbraucherwohlfahrt.[750] Auch die Freistellungsvoraussetzungen aus Art. 101 Abs. 3 AEUV[751] sowie die im Rahmen des Art. 102 AEUV anerkannte Rechtfertigungsmöglichkeit[752] bedingen Effizienzen zugunsten der Verbraucher. Die Kommission bemisst Effizienzen ein umso höheres Gewicht bei, je zeitnaher sie sich einstellen.[753] Zudem fordert sie, dass sie den Verbrauchern auf den Märkten zugutekommen, auf denen das Vorhaben zugleich wettbewerbliche Bedenken begründet.[754]

Auf digitalen Märkten stehen preisbezogene Vorteile ggfs. weniger im Vordergrund, da Leistungen gegenüber Verbrauchern häufig unentgeltlich angeboten werden. Dagegen können positive Auswirkungen auf Verbraucher in Gestalt von Innovationen, Produktqualität oder -vielfalt zu verzeichnen sein. Diese Verschiebung des Fokus auf dynamische Auswirkungen geht mit Schwierigkeiten bei der Quantifizierung einher.

Zweitens muss es sich um **fusionsspezifische Vorteile** handeln.[755] Dies bedingt, dass der Zusammenschluss kausal für den Eintritt der Effizienzen ist, die Effizienzen also nicht auf andere Weise, z. B. durch Abschluss einer Lizenzvereinbarung, erzielt werden könnten. Zudem müssen sie sich als unmittelbare Folge des Zusammenschlusses darstellen.

Drittens müssen die Effizienzen **nachprüfbar** sein.[756] Die Nachprüfbarkeit ist in der Fusionskontrollpraxis eine hohe Hürde. Der Nachweis obliegt den Zusammenschlussbeteiligten. Sie haben darzulegen, ob und in welchem Umfang Effizienzen eintreten werden. Die Kommission fordert insoweit „Zahlenangaben".[757] Im Formblatt CO wird von den Unternehmen verlangt, Effizienzgewinne in Zahlen anzugeben und die Art ihrer Berechnung darzulegen.[758]

Schließlich müssen die Effizienzvorteile geeignet sein, die Fähigkeit und den Anreiz des fusionierten Unternehmens zu verstärken, den **Wettbewerb zum Vorteil für die Verbraucher zu beleben** und so den nachteiligen Wirkungen des Zusammenschlussvorhabens auf den Wettbewerb entgegenzuwirken.[759] So erkannte die Kom-

---

750 Siehe ▶ Abschn. 2.1.3.2.
751 Siehe ▶ Abschn. 2.2.5.
752 EuGH v. 27.3.2012 – C-209/10, ECLI:EU:C:2012:172, Rn. 40 – *Post Danmark*; EuGH v. 17.2.2011 – C-52/09, ECLI:EU:C:2011:83, Rn. 75 ff. – *TeliaSonera Sverige*.
753 Kommission, Leitlinien horizontale Zusammenschlüsse, 2004, Rn. 79.
754 Kommission, Leitlinien horizontale Zusammenschlüsse, 2004, Rn. 79.
755 Kommission, Leitlinien horizontale Zusammenschlüsse, 2004, Rn. 85.
756 Kommission, Leitlinien horizontale Zusammenschlüsse, 2004, Rn. 86.
757 Kommission, Leitlinien horizontale Zusammenschlüsse, 2004, Rn. 86.
758 Verordnung (EG) Nr. 802/2004 der Kommission vom 7. April 2004 zur Durchführung der Verordnung (EG) Nr. 139/2004 des Rates über die Kontrolle von Unternehmenszusammenschlüssen, ABl. EG 2004 Nr. L 133/1, 20, Rn. 9.3, i)–iv).
759 Kommission, Leitlinien horizontale Zusammenschlüsse, 2004, Rn. 77.

mission in der Sache *UPS/TNT Express* zwar die von den Beteiligten vorgebrachte Qualitätssteigerung als Effizienzvorteil an. Jedoch war diese nicht geeignet, um die zu erwartende Wettbewerbsbehinderung auf allen betroffenen Märkten auszugleichen.[760]

Die Anforderungen an die Darlegung der Voraussetzungen einer *efficiency defense* sind hoch. Die Praxis verzeichnet viele Fälle, in welchen die Zusammenschlussbeteiligten zwar Effizienzvorteile vorgebracht hatten, diese von der Kommission jedoch als nicht hinreichend für eine Rechtfertigung der zu erwartenden Wettbewerbsbehinderung bewertet wurden.[761]

2.4.4 Zusammenschlusskontrollverfahren

2.4.4.1 Anmeldung

Zusammenschlussvorhaben, die die Aufgreifkriterien der formellen Zusammenschlusskontrolle aus Art. 3, 1 FKVO erfüllen, unterliegen gem. **Art. 4 FKVO** der **Anmeldepflicht**. Für die Anmeldung nutzen Unternehmen das **Formblatt CO**.[762] Die Anmeldepflicht entsteht nach Vertragsabschluss, Veröffentlichung des Übernahmeangebots oder Erwerb einer die Kontrolle begründenden Beteiligung, vgl. Art. 4 Abs. 1 FKVO. Vor der eigentlichen Anmeldung erfolgt häufig eine formlose Sondierungsphase mit der Kommission.[763]

Mit der Anmeldepflicht eines Vorhabens korrespondiert das **Vollzugsverbot** aus Art. 7 FKVO. Danach darf ein Zusammenschluss weder vor der Anmeldung noch so lange vollzogen werden, bis er aufgrund einer Entscheidung der Kommission freigegeben wurde. Der Vollzugsbegriff wird weit verstanden. Auch ein teilweiser Vollzug kann bereits gegen Art. 7 FKVO verstoßen.[764] Ein Verstoß gegen das Vollzugsverbot (sog. *gun jumping*) ist bußgeldbewehrt. Von dieser Befugnis hat die Kommission jüngst mehrfach Gebrauch gemacht.[765]

---

760 Kommission v. 30.1.2013 – COMP/M.6570 – *UPS/TNT Express*.
761 Z. B. Kommission v. 6.10.2004 – COMP/M.3099 – *Areva/Urenco/ETC JV*; Kommission v. 26.4.2006 – COMP/M.3916 – *T-Mobile Austria/Telering*; Kommission v. 22.6.2009 – COMP/M.5335 – *Lufthansa/SN Airholdings*; Kommission v. 4.9.2012 – COMP/M.6314 – *Telefónica UK/Vodafone UK/Everything Everywhere/JV*; Kommission v. 28.5.2014 – COMP/M.6992 – *Hutchison 3G UK/Telefonica Ireland*; Kommission v. 2.7.2014 – COMP/M.7002 – *M&G/Alliance Medical*.
762 Verordnung (EG) Nr. 802/2004 der Kommission vom 7. April 2004 zur Durchführung der Verordnung (EG) Nr. 139/2004 des Rates über die Kontrolle von Unternehmenszusammenschlüssen, ABl. EG 2004 Nr. L 133/1.
763 *Kling/Thomas*, Kartellrecht, 2. Aufl. 2016, § 8 Rn. 368.
764 zum Warehousing siehe EuG v. 18.5.2022 – T-609/19, ECLI:EU:T:2022:299, Rn. 53 ff. – *Canon*.
765 Kommission v. 6.9.2022 – COMP/M.10188 – *Illumina/Grail*; Kommission v. 27.6.2019 – COMP/M.8179 – *Canon/Toshiba Medical Systems Corporation*.

2.4.4.2 Vorprüfverfahren (Phase I)

Mit der Anmeldung eines Vorhabens tritt die Kommission in die Vorprüfphase gem. **Art. 6 FKVO** ein. In dieser Phase ergehen Entscheidungen der Kommission nach maximal **25 Arbeitstagen**. Ausnahmsweise beträgt die Dauer bis zu 35 Tagen, wenn die Kommission infolge Verweisung eines Mitgliedstaats[766] zuständig wurde oder ein Unternehmen Verpflichtungszusagen anbietet, vgl. Art. 10 Abs. 1 FKVO.

Im Vorprüfverfahren klärt die Kommission, ob das Zusammenschlussvorhaben die Aufgreifkriterien erfüllt. Ist dies nicht der Fall, stellt sie dies gem. Art. 6 Abs. 1 lit. a) FKVO fest und beendet damit das Verfahren. Das Vorprüfverfahren kann ferner dadurch beendet werden, dass die Kommission zu dem Ergebnis gelangt, dass das Vorhaben keinen Anlass zu ernsthaften wettbewerblichen Bedenken gibt. In diesem Fall gibt sie es gem. Art. 6 Abs. 1 lit. b) FKVO frei. Die **Freigabe** kann auch unter Auflagen und Bedingungen erfolgen.

Gelangt die Kommission jedoch zu dem Ergebnis, dass der angemeldete Zusammenschluss Anlass zu ernsthaften wettbewerblichen Bedenken gibt, **leitet** sie gem. Art. 6 Abs. 1 lit. c) FKVO **das Hauptprüfverfahren ein**. Trifft die Kommission innerhalb der Frist des Art. 10 Abs. 1 FKVO keine Entscheidung, so gilt das Vorhaben gem. Art. 10 Abs. 6 FKVO als freigegeben (sog. **Genehmigungsfiktion**).

Es besteht zudem die Möglichkeit eines **vereinfachten Verfahrens**, bei dem die Freigabe des Zusammenschlussvorhabens durch eine Kurzformentscheidung erfolgt.[767] Dieses Verfahren wählt die Kommission für vergleichsweise einfach gelagerte Fälle, die offensichtlich keinen Anlass für wettbewerbliche Bedenken geben. Im Jahr 2023 wurden über 70 % der angemeldeten Vorhaben auf diese Weise genehmigt.[768]

2.4.4.3 Hauptprüfverfahren (Phase II)

Erfüllt das angemeldete Zusammenschlussvorhaben die Aufgreifkriterien und hat die Kommission im Vorprüfverfahren ermittelt, dass es ernsthafte wettbewerbliche Bedenken veranlasst, leitet sie gem. **Art. 8 FKVO** das Hauptprüfverfahren ein. Die Entscheidungsfrist beläuft sich auf maximal **90 Arbeitstage**, vgl. Art. 10 Abs. 3 FKVO. Sie verlängert sich auf 105 Arbeitstage, wenn die Zusammenschlussbeteiligten Verpflichtungszusagen anbieten. Trifft die Kommission innerhalb dieser Frist keine Entscheidung, greift die **Genehmigungsfiktion** des Art. 10 Abs. 6 FKVO.

Verfestigen sich innerhalb des Hauptprüfverfahrens die ernsthaften Bedenken hinsichtlich der Vereinbarkeit des Zusammenschlussvorhabens mit Art. 2 Abs. 3 FKVO, formuliert die Kommission ihre Beschwerdepunkte. Den Beteiligten ist gem. Art. 18 FKVO Gelegenheit zur Stellungnahme zu gewähren.

---

[766] Siehe ▶ Abschn. 2.4.4.4.
[767] Bekanntmachung der Kommission über die vereinfachte Behandlung bestimmter Zusammenschlüsse gemäß der Verordnung (EG) Nr. 139/2004 des Rates über die Kontrolle von Unternehmenszusammenschlüssen, ABl. EU 2023 Nr. C 160/1.
[768] ▶ https://competition-policy.ec.europa.eu/mergers/statistics_en (24.5.2024).

Das Hauptprüfverfahren kann die Kommission durch eine Freigabe des Vorhabens beenden, wenn sich die wettbewerblichen Bedenken nicht erhärtet haben. Die **Freigabeentscheidung** kann unter **Bedingungen und Auflagen** ergehen, vgl. Art. 8 Abs. 2 FKVO. Kommt die Kommission zu dem Ergebnis, dass der Zusammenschluss zu einer erheblichen Behinderung wirksamen Wettbewerbs führen wird, untersagt sie ihn gem. Art. 8 Abs. 3 FKVO (**Untersagungsentscheidung**).

2.4.4.4 Verweisung

Die Zuständigkeit der Kommission zur Prüfung eines Zusammenschlusses bestimmt sich im Grundsatz nach den Aufgreifkriterien der Art. 1, 3 FKVO.[769] Darüber hinaus bestehen diverse Verweisungsmöglichkeiten für Vorhaben, die nicht die Umsatzschwellen des Art. 1 FKVO erfüllen. Vor Anmeldung haben die beteiligten **Unternehmen** gem. **Art. 4 Abs. 5 FKVO** die Möglichkeit, die Prüfung durch die Kommission zu beantragen, obwohl ihrem Vorhaben keine gemeinschaftsweite Bedeutung zukommt. Voraussetzung ist, dass das Vorhaben unter das Zusammenschlusskontrollregime von **mindestens drei Mitgliedstaaten** fällt und daher von diesen Mitgliedstaaten zu prüfen wäre. Widerspricht keiner der betroffenen Mitgliedstaaten der Verweisung, wird gem. Art. 4 Abs. 5 UAbs. 5 FKVO die gemeinschaftsweite Bedeutung des Zusammenschlussvorhabens vermutet. Von dieser Verweisungsmöglichkeit haben die Beteiligten z. B. in der Sache *Facebook/WhatsApp* Gebrauch gemacht, die sodann von der Kommission trotz Nichterreichens der Umsatzschwellen geprüft und im Vorprüfverfahren nach Art. 6 Abs. 1 lit. b) FKVO freigegeben wurde.[770] Dadurch entgehen Unternehmen der Notwendigkeit, aufwendige Mehrfachanmeldungen innerhalb vieler Mitgliedstaaten zu tätigen.

Umgekehrt können die Unternehmen bei Vorliegen der Umsatzschwellen des Art. 1 FKVO beantragen, dass das Vorhaben nicht von der Kommission, sondern von einem Mitgliedstaat geprüft wird, vgl. Art. 4 Abs. 4 FKVO. Voraussetzung ist, dass „der Zusammenschluss den Wettbewerb in einem Markt innerhalb eines Mitgliedstaats, der alle Merkmale eines gesonderten Marktes aufweist, erheblich beeinträchtigen könnte".

Nach Anmeldung eines Zusammenschlusses besteht für die **nationalen Wettbewerbsbehörden** die Möglichkeit, das Vorhaben gem. **Art. 22 FKVO** an die Kommission zu verweisen. Voraussetzung für einen Verweisungsantrag ist, dass trotz Nichterreichens der Umsatzschwellen aus Art. 1 FKVO das Vorhaben den **Handel zwischen Mitgliedstaaten beeinträchtigt** sowie den Wettbewerb im Hoheitsgebiet des bzw. der antragstellenden Mitgliedstaaten erheblich zu beeinträchtigen droht. Das EuG hatte in der Sache *Illumina/Grail* im Jahr 2022 vertreten, dass ein Verweisungsantrag nicht voraussetze, dass das konkrete Vorhaben von dem verweisenden Mitgliedstaat aufgegriffen werden könnte.[771] Der EuGH hat im Jahr

---

769 Siehe ▶ Abschn. 2.4.2.
770 Kommission v. 3.10.2014, COMP/M.7212 – *Facebook/WhatsApp*.
771 EuG v. 13.7.2022 – T-227/21, ECLI:EU:T:2022:447 – *Illumina*.

2024 jedoch gegenteilig entscheiden.[772] Mit seiner Auslegung des Verweisungsrechts hat der EuGH den Spielraum der Mitgliedsstaaten für Verweisungen eingeschränkt. Mit Blick auf die eingangs geschilderten **killer acquisitions** als Strategie großer Digitalunternehmen, um aufkommende Konkurrenz möglichst frühzeitig zu „ersticken", eröffnet das Verweisungsrecht dennoch die Möglichkeit, auch solche Zusammenschlussvorhaben ggfs. zu untersagen, die die Schwellenwerte des Art. 1 FKVO nicht erreichen, aber wettbewerbsbehinderndes Potenzial haben. Die erwähnten Prognoseschwierigkeiten bei der wettbewerblichen Beurteilung bleiben hingegen bestehen.[773]

Hinzu kommt die gem. **Art. 14 DMA** bestehende Informationspflicht der Torwächter[774]: Torwächter müssen die Kommission über jeden geplanten Zusammenschluss im digitalen Sektor, an dem sie beteiligt sind, informieren. Die auf diese Weise gesammelten Informationen können genutzt werden, um die Kommission kraft Verweisung gem. Art. 22 FKVO die Prüfung des Vorhabens ungeachtet des Erreichens der Schwellenwerte aus Art. 1 FKVO zu ermöglichen.

Merke

Das Verweisungsrecht ermöglicht eine umfassendere Prüfung von Zusammenschlussvorhaben, da die Kommission durch Verweisung auch solche Vorhaben prüfen kann, die nicht die Schwellenwerte des Art. 1 FKVO erfüllen. Die weite Auslegung des EuG in der Sache *Illumina/Grail*, wonach ein Verweisungsantrag einer nationalen Wettbewerbsbehörde nicht voraussetze, dass diese das Vorhaben aufgreifen könne, hat der EuGH hingegen nicht mitgetragen.

2.4.4.5 Rechtsschutz

Gem. Art. 21 Abs. 2 FKVO können die Beteiligten fusionskontrollrechtliche Entscheidungen gerichtlich nachprüfen lassen. Statthaft ist grundsätzlich die **Nichtigkeitsklage aus Art. 263 AEUV**. Zuständig ist das EuG. Die Klagefrist beträgt zwei Monate. Anfechtungsgegenstand können u. a. Untersagungsentscheidungen, Entflechtungsentscheidungen infolge Verstoßes gegen das Vollzugsverbot oder belastende Bedingungen und Auflagen in Freigabeentscheidungen sein.[775]

Gem. Art. 263 Abs. 4 AEUV können zur Klage auch Dritte befugt sein, die nicht am Verfahren beteiligt waren, aber dennoch „unmittelbar und individuell" betroffen sind. Das kann z. B. auf Wettbewerber der Zusammenschlussbeteiligten, Abnehmer oder Lieferanten zutreffen.[776] Gegen Entscheidungen des EuG kann **Rechtsmittel zum EuGH**, vgl. **Art. 256 Abs. 1 AEUV**, eingelegt werden.

---

772 EuGH v. 3.9.2024 – C-611/22 P, C-625/22 P, ECLI:EU:C:2024:677 – *Illumina*.
773 Dazu ▶ Abschn. 2.4.3.2.1.
774 Siehe ▶ Abschn. 4.3.3.
775 *Glöckner*, Kartellrecht, 3. Aufl. 2021, § 7 Rn. 768.
776 *Glöckner*, Kartellrecht, 3. Aufl. 2021, § 7 Rn. 767.

> **Prüfungsaufbau: Europäische Zusammenschlusskontrolle**
> 1. Formelle Zusammenschlusskontrolle
>   a) Zusammenschluss, Art. 3 FKVO
>   b) Gemeinschaftsweite Bedeutung, Art. 1 FKVO
> 2. Materielle Zusammenschlusskontrolle (1. Variante)
>   a) Marktbeherrschungsregelbeispiel
>   b) falls a) (-): Gap Cases anhand SIEC-Kriteriums direkt
>   c) Efficiency defense
> 3. Materielle Zusammenschlusskontrolle (2. Variante)
>   a) Unilaterale Effekte
>   Einzelmarktbeherrschung; falls (-): Gap Cases
>   b) Koordinierte Effekte
>   Kollektive Marktbeherrschung; falls (-): Gap Cases
>   c) Efficiency defense

2.5 Rechtsfolgen

2.5.1 Verwaltungsrechtliche Folgen

Der verwaltungsrechtliche Vollzug des europäischen Kartellrechts obliegt neben den nationalen Wettbewerbsbehörden der Kommission, vgl. Art. 4 VO 1/2003.[777] Sie ist gem. **Art. 7 Satz 1 VO 1/2003** dazu befugt, **Abstellungsverfügungen** zu treffen. Darin verpflichtet sie das betroffene Unternehmen, die festgestellte Zuwiderhandlung gegen die kartellrechtlichen Vorschriften abzustellen. Daneben ist die Kommission befugt, **Abhilfemaßnahmen** festzulegen, vgl. Art. 7 Satz 2 VO 1/2003. Abhilfemaßnahmen können struktureller Art sein. Dazu gehört z. B. die Anordnung, Abnehmern den Zugang zu einer bestimmten Technologie zu gewähren.[778] Verhaltensorientierte Abhilfemaßnahmen können z. B. in einer Anordnung bestehen, bestimmte Verhaltensweisen (z. B. AGB) zu ändern.[779] Bei der Wahl der Abhilfemaßnahmen hat die Kommission den Verhältnismäßigkeitsgrundsatz zu wahren. Daher dürfen strukturelle Abhilfemaßnahmen grundsätzlich nur ergehen, wenn keine ebenso wirksamen verhaltensorientierten Abhilfemaßnahmen vorhanden sind.

---

[777] Verordnung (EG) Nr. 1/2003 des Rates vom 16. Dezember 2002 zur Durchführung der in den Artikeln 81 und 82 des Vertrags niedergelegten Wettbewerbsregeln, ABl. EG 2003 Nr. L 1/1.
[778] Immenga/Mestmäcker/*Ritter/Wirtz*, 6. Aufl. 2019, Art. 7 VO 1/2003 Rn. 48.
[779] LMRKM/*Anweiler*, 4. Aufl. 2020, Art. 7 VerfVO Rn. 50.

Die Befugnis, bereits bei einem einmaligen Kartellrechtsverstoß Abhilfemaßnahmen zu treffen, unterscheidet Art. 7 VO 1/2003 von dem **Rechtsfolgenregime des DMA**: Gem. Art. 18 DMA ist die Kommission gegenüber Torwächtern infolge Verstoßes gegen Art. 5, 6, 7 DMA nur befugt, Abhilfemaßnahmen zu bestimmen, wenn eine **systematische Zuwiderhandlung** gegen den DMA vorliegt, vgl. Art. 18 Abs. 1 DMA. Dies setzt gem. Art. 18 Abs. 3 DMA mindestens drei Verstöße innerhalb von acht Jahren voraus.[780]

Die Kommission hat gem. **Art. 9 VO 1/2003** ferner die Befugnis, **Verpflichtungszusagen** für verbindlich zu erklären. Unternehmen, denen ein Kartellrechtsverstoß zur Last gelegt wird, können der Kommission Verpflichtungen vorschlagen, die ihrer meiner Meinung nach geeignet sind, die Zuwiderhandlung abzustellen. Die Kommission überprüft, ob die vorgeschlagenen Maßnahmen ihre Bedenken ausräumen. Ist dies der Fall, erklärt sie die Maßnahmen für verbindlich. Sie äußert dadurch zugleich, dass sie keinen weiteren Anlass zum Tätigwerden in Bezug auf die abgestellte Verhaltensweise sieht.[781]

▶ Beispiel

In Missbrauchsfällen aus dem digitalen Sektor haben marktbeherrschende Unternehmen wiederholt verfahrensbeendende Verpflichtungszusagen angeboten. Im Jahr 2015 hatte die Kommission ein Verfahren gegen *Amazon* wegen E-Book-Vertriebsvereinbarungen eingeleitet. Es warf dem Unternehmen gem. Art. 102 AEUV u. a. vor, infolge der Vereinbarung diverser „Paritätsklauseln", die Verlage dazu zu verpflichten, auf *Amazon* stets die besten Angebote ihrer E-Books einzustellen.[782] *Amazon* sagte der Kommission u. a. zu, bereits vereinbarte Paritätsklauseln nicht durchzusetzen und in künftigen Verträgen mit E-Book-Anbietern keine Paritätsklauseln zu vereinbaren.[783] Diese Zusagen erklärte die Kommission mit Beschluss für verbindlich.[784] Damit war das Verfahren beendet. ◀

2.5.2 Bußgeldrechtliche Folgen

Bei Zuwiderhandlungen gegen das Kartellverbot oder das Missbrauchsverbot verhängt die Kommission gem. **Art. 23 Abs. 2 VO 1/2003** eine Geldbuße. Die Höhe der in den letzten Jahren verhängten Bußen ist sukzessive gestiegen. Die bußgeldrechtlichen Folgen stellen für Unternehmen eine sehr einschneidende Folge von Kartellrechtsverstößen dar.

---

780 Siehe ▶ Abschn. 4.4.1.
781 Immenga/Mestmäcker/*Ritter/Wirtz*, 6. Aufl. 2019, VO 1/2003 Art. 9 Rn. 29.
782 Zu der Beurteilung dieser Klauseln im europäischen Kartellrecht im Detail ▶ Abschn. 2.2.2.3.8.
783 Kommission v. 4.5.2017 – AT.40153, Rn. 17 – *E-Book-Vertriebsvereinbarungen*.
784 Kommission v. 4.5.2017 – AT.40153, Rn. 1 – *E-Book-Vertriebsvereinbarungen*.

2.5 · Rechtsfolgen

> ▶ **Beispiele**
>
> Im März 2024 hat die Kommission gegen *Apple* wegen den im App Store vorgesehenen Vertriebsbedingungen für Musikstreaming-Anbieter eine Geldbuße in Höhe von 1,4 Mrd. EUR infolge Verstoßes gegen Art. 102 AEUV verhängt.[785] In der Entscheidung *Google Shopping* hat die Kommission den Digitalkonzern wegen Selbstbevorzugungspraktiken mit einer Geldbuße in Höhe von 2,4 Mrd. EUR belegt.[786] ◀

Voraussetzung für die Verhängung einer Geldbuße ist, dass das Unternehmen **schuldhaft** gegen das Kartellrecht verstößt. **Vorsatz** bedingt, dass das Unternehmen den Rechtsverstoß erkannt hat.[787] Irrelevant ist hingegen, ob ihm die Zuwiderhandlung tatsächlich bewusst gewesen ist.[788] Ein etwaiger Verbotsirrtum ist grundsätzlich unbeachtlich.[789] **Fahrlässigkeit** liegt vor, wenn das Unternehmen hätte erkennen können, dass es kartellrechtlichen Verboten zuwiderhandelt.[790] Der Einsatz von KI zur Preissetzung führt nicht dazu, dass ein etwaiger Verstoß gegen das Kartellverbot nicht zu verschulden wäre. So treffen ein Unternehmen spezifische Sorgfaltspflichten bei dem Einsatz von KI. Ein „Verstecken" hinter der Künstliche Intelligenz ist nicht möglich.[791]

Die Höhe der Buße kann bis zu **10 % des Unternehmensgesamtumsatzes** betragen. Dabei handelt es sich nicht um einen Bußgeldbemessungsrahmen, sondern um eine **Kappungsgrenze**.[792] Unter dem in Art. 23 VO 1/2003 in Bezug genommenen Unternehmensbegriff versteht die Rechtsprechung die **wirtschaftliche Einheit**.[793] Auch wenn Adressat eines Bußgeldbescheids nur eine juristische Person als Rechtsträger sein kann,[794] haften grundsätzlich alle der wirtschaftlichen Einheit angehörende Gesellschaften als Gesamtschuldner.[795] Die Rechtsprechung hat dies zunächst für die Haftung der Muttergesellschafte für Kartellrechtsverstöße ihrer Tochtergesellschaft ausgesprochen.[796] Eine wirtschaftliche Einheit bedingt, dass die Tochtergesellschaft ihr Handeln am Markt nicht autonom bestimmt, sondern Weisungen der Muttergesellschaft befolgt.[797] Dies wird vermutet, wenn die Muttergesellschaft 100 % oder nahezu 100 % der Anteile der Tochtergesellschaft hält.[798]

---

785 Kommission v. 4.3.2024 – AT.40437 – *Apple App Store Practices (music streaming)*.
786 Kommission v. 27.6.2017 – AT.39740 – *Google Search (Shopping)*.
787 EuGH v. 8.11.1983 – C-96/82 u. a., ECLI:EU:C:1983:310, S. 3429 – *IAZ u. a.*
788 EuG v. 6.4.1995 – T-143/89, ECLI:EU:T:1995:64, Rn. 41 – *Ferriere Nord.*
789 EuGH v. 18.6.2013 – C-681/11, ECLI:EU:C:2013:404 – *Schenker & Co. u. a.*
790 EuGH v. 14.2.1978 – C-27/76, ECLI:EU:C:1978:22, Rn. 299/301– *United Brands.*
791 Siehe bereits ▶ Abschn. 2.2.1.3.3.
792 EuGH v. 8.12.2011 – C-389/10, ECLI:EU:C:2011:816, Rn. 99 – *KME Germany u. a.*
793 Siehe bereits ▶ Abschn. 2.1.4.1.
794 *Kling/Thomas*, Kartellrecht, 2. Aufl. 2016, § 9 Rn. 62.
795 EuGH v. 10.4.2014 – C-231/11 P u. a., ECLI:EU:C:2014:256 – *Kommission/Siemens Österreich u. a.*
796 EuGH v. 14.7.1972 – C-48/69, ECLI:EU:C:1972:70, Rn. 132/135 – *ICI.*
797 EuG v. 27.6.2012 – T-372/10, ECLI:EU:T:2012:325, Rn. 41 – *Bolloré.*
798 EuGH v. 16.11.2000 – C-286/98, ECLI:EU:C:2000:630, Rn. 24 – *Stora Kopparbergs Bergslags.*

Hält die Mutter weniger Anteile, sind sog. Plus-Faktoren zu prüfen. Auch umgekehrt haftet die Tochtergesellschaft für Verstöße der Muttergesellschaft.[799] Schwestergesellschaften haften ebenfalls, wenn sie ein- und derselben wirtschaftlichen Einheit angehören.[800]

Bei der **Bußgeldbemessung** wird zunächst ein Grundbetrag ermittelt. Hierfür betrachtet die Kommission u. a. die Art des Kartellrechtsverstoßes und seine Auswirkungen auf den Binnenmarkt.[801] Anschließend wird der Grundbetrag bei Vorliegen erschwerender oder mildernder Umstände angepasst. Erschwerend wirkt eine lange Dauer der Zuwiderhandlung. Dasselbe gilt für vorsätzliches Handeln des Unternehmens oder für Behinderungsversuche der behördlichen Ermittlungen.[802] Mildernd zu berücksichtigen ist die Bereitschaft eines Unternehmens, mit den Behörden bei Aufdeckung des Rechtsverstoßes zu kooperieren. In ihrer Kronzeugenmitteilung konkretisiert die Kommission, unter welchen Voraussetzungen sie die Geldbuße erlässt bzw. mindert.[803] Auch Vergleichsverfahren[804] sollen kooperationswilliges Verhalten der Unternehmen honorieren.

2.5.3 Zivilrechtliche Folgen

Verträge, die gegen das Kartellverbot aus Art. 101 Abs. 1 AEUV verstoßen, sind gem. Art. 101 Abs. 2 AEUV nichtig. Für Verträge, die dem Missbrauchsverbot aus Art. 102 AEUV zuwiderlaufen, folgt dies aus § 134 BGB iVm Art. 102 AEUV.[805]

Das europäische Kartellrecht enthält keine zivilrechtlichen Anspruchsgrundlagen. Der EuGH hat in den Rechtssachen *Courage*[806] und *Manfredi*[807] aber ausgesprochen, dass jedermann Ersatz seines Schadens, den er infolge kartellrechtswidrigen Verhaltens erlitten hat, verlangen können muss. Die Anspruchsgrundlagen finden sich in den **nationalen Rechtsordnungen**.[808] Aus dem **Äquivalenzgrundsatz** folgt, dass die Modalitäten der Schadensersatzgeltendmachung infolge Verstoßes gegen das EU-Kartellrecht nicht ungünstiger ausgestaltet sein dürfen als für entsprechende Begehren bei nationalen Rechtsverstößen. Der **Effektivitätsgrundsatz** verlangt, dass die Rechtsausübung nicht praktisch unmöglich oder übermäßig erschwert wird.

---

799 EuGH v. 6.10.2021 – C-882/19, ECLI:EU:C:2021:800 – *Sumal*.
800 EuGH v. 6.10.2021 – C-882/19, ECLI:EU:C:2021:800 – *Sumal*.
801 Kommission, Leitlinien für das Verfahren zur Festsetzung von Geldbußen gemäß Artikel 23 Absatz 2 Buchstabe a) der Verordnung (EG) Nr. 1/2003, ABl. EU 2006 Nr. C 201/2, Rn. 12 ff.
802 LMRK M/*Nowak*, 4. Aufl. 2020, Art. 23 VerfVO Rn. 33.
803 Kommission, Mitteilung über die Nichtfestsetzung oder niedrigere Festsetzung von Geldbußen in Kartellsachen, ABl. EU 2016, Nr. C 298/17.
804 Verordnung (EG) Nr. 622/2008 vom 30.6.2008 zur Änderung der Verordnung (EG) Nr. 773/2004 hinsichtlich der Durchführung von Vergleichsverfahren in Kartellfällen, ABl. EG 2008 Nr. L 171/3.
805 *Kling/Thomas*, Kartellrecht, 2. Aufl. 2016, § 9 Rn. 34.
806 EuGH v. 20.9.2001 – C-453/99, ECLI:EU:C:2001:465, Rn. 19 ff. – *Courage/Crehan*.
807 EuGH v. 13.7.2006 – C-295/04 u. a., ECLI:EU:C:2006:461, Rn. 58 ff. – *Manfredi*.
808 Siehe für das deutsche Recht ▶ Abschn. 3.5.3.

Um Schadensersatzklagen in den Mitgliedstaaten zur Durchsetzung zu verhelfen, hat der Unionsgesetzgeber im Jahr 2014 die **Kartellschadensersatzrichtlinie**[809] verabschiedet. Der von der Kartellschadensersatzrichtlinie verwendete Unternehmensbegriff entspricht dem zu Art. 101 AEUV und zu der VO 1/2003 dargelegten Verständnis[810]: Adressiert wird die wirtschaftliche Einheit.[811] Auf ihre Rechtsfähigkeit kommt es nicht an. Die der wirtschaftlichen Einheit angehörenden Gesellschaften haften als Gesamtschuldner. Da Richtlinien im Grundsatz keine unmittelbare Geltung in den Mitgliedsstaaten erfahren (vgl. Art. 288 Abs. 3 AEUV), hat der deutsche Gesetzgeber die Vorgaben der Kartellschadensersatzrichtlinie in **§§ 33 ff. GWB** umgesetzt. Die Umsetzungsvorschriften werden im Kapitel zum deutschen Kartellrecht dargestellt.[812]

2.6 Verfahren

2.6.1 Verwaltungsverfahren

Die Kommission kann ein Verwaltungsverfahren wegen des Verdachts eines Verstoßes gegen Art. 101 AEUV oder Art. 102 AEUV einleiten. Die Einleitung erfolgt von Amts wegen. Sie steht im **pflichtgemäßen Ermessen** der Kommission (Opportunitätsprinzip).[813] Die Kommission kann dabei auch infolge Beschwerde tätig werden. Ein Anspruch des Beschwerdeführers auf Einschreiten der Kommission besteht grundsätzlich nicht.[814] Mit der Verfahrenseinleitung entfällt gem. Art. 11 Abs. 6 VO 1/2003 die Zuständigkeit der nationalen Wettbewerbsbehörden, ein Verfahren wegen derselben Verhaltensweise gem. Art. 101, 102 AEUV einzuleiten.

Für Ermittlungsmaßnahmen bedarf es eines **Anfangsverdachts**.[815] Gem. Art. 18 VO 1/2003 kann die Kommission alle erforderlichen Auskünfte einholen. Sie kann gem. Art. 19 VO 1/2003 zudem Befragungen durchführen. Nach Art. 20, Art. 21 VO 1/2003 kann sie zur Durchführung von Nachprüfungen Unternehmensräumlichkeiten und andere Räumlichkeiten betreten. Dadurch soll die Kommission ggfs. noch unbekannte Beweise ausfindig machen können. Bei den Ermittlungsmaßnahmen, vor allem bei Auskunftsverlangen und Nachprüfungen, sind die betroffenen Unternehmen zur Mitwirkung verpflichtet.[816]

---

809 Richtlinie 2014/104/EU des Europäischen Parlaments und des Rates vom 26. November 2014 über bestimmte Vorschriften für Schadensersatzklagen nach nationalem Recht wegen Zuwiderhandlungen gegen wettbewerbsrechtliche Bestimmungen der Mitgliedstaaten und der Europäischen Union, ABl. EU 2014 Nr. L 349/1.
810 Siehe ▶ Abschn. 2.1.4.1 und 2.5.2.
811 EuGH v. 14.3.2019 – C-724/17, ECLI:EU:C:2019:204, Rn. 47 ff. – *Skanska*.
812 Siehe ▶ Abschn. 3.5.3.2.
813 Immenga/Mestmäcker/*Ritter/Wirtz*, 6. Aufl. 2019, Art. 7 VO 1/2003 Rn. 10.
814 Wiedemann/*Dieckmann*, Handbuch des Kartellrechts, 4. Aufl. 2020, § 41 Rn. 8.
815 Wiedemann/*Dieckmann*, Handbuch des Kartellrechts, 4. Aufl. 2020, § 42 Rn. 4.
816 Wiedemann/*Dieckmann*, Handbuch des Kartellrechts, 4. Aufl. 2020, § 42 Rn. 8.

Neben Abstellungsverfügungen, Art. 7 VO 1/2003, und der Verbindlicherklärung von Verpflichtungszusagen, Art. 9 VO 1/2003, besteht für die Kommission die Möglichkeit, **einstweilige Maßnahmen gem. Art. 8 VO 1/2003** zu erlassen. Die Anforderungen sind hoch. Voraussetzung ist die Gefahr eines ernsten, nicht wieder gutzumachenden Schadens für den Wettbewerb. Der Schaden muss zudem mit hinreichender Wahrscheinlich vorauszusehen sein. Im Vergleich zur europäischen Rechtslage hat der deutsche Gesetzgeber die Voraussetzungen für den Erlass einstweiliger Maßnahmen gem. § 32a GWB herabgesenkt.[817]

Mit Blick auf die starke Vermachtung digitaler Märkte sowie die Schwierigkeiten, bei Kollusion mit KI-Beteiligung, Rechtsverstöße aufzudecken, wird über Erweiterungen behördlicher Befugnisse diskutiert.[818] Z. B. wird eine Kontrolle von Algorithmen vorgeschlagen.[819] Ferner wird überlegt, der Kommission proaktiv die ex ante Beobachtung des Marktgeschehens aufzugeben, um die Auswirkungen des KI-Einsatzes auf die Marktstrukturen zu bewerten.[820] Dies ist bereits in Gestalt von Sektoruntersuchungen gem. Art. 17 VO 1/2003 möglich. Danach kann die Kommission Wirtschaftszweige untersuchen, in welchen Preisstarrheit oder andere Umstände vermuten lassen, dass der Wettbewerb eingeschränkt oder verfälscht ist. Ferner wird überlegt, der Kommission Ermittlungen mithilfe des behördlichen Einsatzes von KI zu erleichtern.[821] Es wurde z. B. berichtet, dass die schweizerische Wettbewerbsbehörde durch Verwendung von Algorithmen wettbewerbsbeschränkende Absprachen zwischen Bauunternehmern aufgedeckt habe.[822]

2.6.2 Bußgeldverfahren

Bei Bußgeldverfahren geht der förmlichen Verfahrenseinleitung regelmäßig eine Phase der **Voruntersuchung** voraus.[823] Darin zielt die Kommission auf Sachverhaltsermittlung und macht ggfs. bereits von ihren Ermittlungsbefugnissen Gebrauch. Im Anschluss teilt sie den betroffenen Unternehmen ihre Beschwerdepunkte mit. Daraus ergeben sich die rechtlichen und tatsächlichen Umstände, auf

---

817 Siehe ▶ Abschn. 3.6.1.
818 *Künstner*, GRUR 2019, 36, 42.
819 OECD, Algorithms and Collusion: Competition Policy in the Digital Age, 2017, 2; http://www.oecd.org/daf/competition/Algorithms-and-colllusion-competition-policy-in-the-digital-age.pdf (9.6.2024).
820 *Künstner*, GRUR 2019, 36, 42.
821 *Künstner*, GRUR 2019, 36, 42; *Lorenzi*, Yearbook of Antitrust and Regulatory Studies 2022, 15(26), 33, 40 ff.
822 Wettbewerbskommission, Fallbericht der zur Analyse von Geboten bei Bauausschreibungen, ▶ https://www.weko.admin.ch/weko/de/home/aktuell/medieninformationen/nsb-news.msg-id-64011.html (9.6.2024).
823 Grabitz/Hilf/*Feddersen*, 40. Aufl. 2009, Art. 23 VO 1/2003 Rn. 2.

die die Kommission eine Geldbuße stützen wird.[824] Hierzu können sich die betroffenen Unternehmen äußern.[825] Im Ergebnis ergehen Bußgeldbescheide auf europäischer Ebene in einem schlichten Verwaltungsverfahren.[826] Dies ist ein Unterschied zum deutschen Kartellverfahrensrecht, das ein an den Voraussetzungen des Ordnungswidrigkeitenrechts zu messendes Bußgeldverfahren vorschreibt.[827]

Bußgeldentscheidungen der Kommission können gem. **Art. 263 Abs. 4 AEUV** mit der **Nichtigkeitsklage** angefochten werden. Zuständig ist das **EuG**. Es hat die Befugnis, die Entscheidung der Kommission gem. Art. 31 VO 1/2003 uneingeschränkt nachzuprüfen. Es steht dem EuG frei, die Geldbuße aufzuheben oder herabzusenken. Es kann die verhängte Buße auch erhöhen. Gegen die Entscheidung des EuG steht dem Unternehmen der Rechtsweg zum EuGH offen. Dieser führt nur eine Rechtskontrolle durch.

2.6.3 Zivilverfahren

Zivilverfahren werden ausschließlich vor den nationalen Zivilgerichten geführt. Das Verfahren wird im Kapitel zum deutschen Kartellrecht erläutert.[828] Die europäische Rechtsprechung nimmt auf die Auslegung der §§ 33 ff. GWB dadurch Einfluss, dass nationale Gerichte **Vorabentscheidungsersuchen** an den EuGH gem. **Art. 267 AEUV** stellen, soweit es um die Auslegung der Bestimmungen der Kartellschadensersatzrichtlinie geht. So hat der EuGH in den Rechtssachen *Skanska*[829] und *Sumal*[830] z. B. zu dem Unternehmensbegriff der Richtlinie Stellung genommen. Dieser ist nach dem Gebot der richtlinienkonformen Auslegung auch den Umsetzungsvorschriften in den nationalen Kartellrechtsordnungen zugrunde zu legen.

---

824 Grabitz/Hilf/*Feddersen*, 40. Aufl. 2009, Art. 23 VO 1/2003 Rn. 26.
825 Im Detail EuG v. 15.3.2000 –T-25/95, ECLI:EU:T:2000:77, Rn. 653 – *Cimenteries CBR*.
826 FK-KartellR/*Meyer*, 108. EL 2024, Art. 101 AEUV Rn. 205.
827 Siehe ▶ Abschn. 3.6.2.
828 Siehe ▶ Abschn. 3.6.3.
829 EuGH v. 14.3.2019 – C-724/17, ECLI:EU:C:2019:204 – *Skanska*.
830 EuGH v. 6.10.2021 – C-882/19, ECLI:EU:C:2021:298 – *Sumal*.

Wiederholungsfragen

❓ 1. Was sind mehrseitige Märkte? Nennen Sie Beispiele.

✅ Mehrseitige Märkte kennzeichnet, dass Anbieter mehreren Nutzergruppen Leistungen anbieten. Zugleich bestehen typischerweise Wechselbeziehungen zwischen den Nutzergruppen (**zur Vertiefung:** ▶ Abschn. 1.1). In der Digitalökonomie bilden mehrseitige Märkte den Regelfall: Plattformbetreiber bieten Vermittlungsleistungen regelmäßig mehreren Nutzergruppen an und begründen dadurch mehrseitige Märkte. Beispiele sind soziale Medien, die privaten Endnutzern die Nutzung des Netzwerks und Werbekunden das Schalten von Anzeigen anbieten. Auch in anderen Wirtschaftsbereichen finden sich gelegentlich mehrseitige Märkte. Ein Beispiel sind Zeitungen und Zeitschriften, die sowohl Leser als auch Werbekunden Leistungen anbieten.

❓ 2. Was wird unter Netzwerkeffekten verstanden? Nennen Beispiele aus der Digitalökonomie.

✅ Mit Netzwerkeffekten werden Interdependenzen innerhalb derselben sowie zwischen verschiedenen Nutzergruppen eines mehrseitigen Plattformmarktes beschrieben (**zur Vertiefung:** ▶ Abschn. 1.1). Direkte Netzwerke entstehen z. B. zwischen den privaten Nutzern von sozialen Medien: Der Nutzen der Plattform steigt mit der Anzahl der weiteren auf der Plattform aktiven Endnutzer. Indirekte Netzwerkeffekte meinen, dass eine Nutzergruppe mittelbar davon profitiert, dass die Zahl der Nutzer einer anderen Gruppe wächst (positive indirekte Netzwerkeffekte) oder sinkt (negative indirekte Netzwerkeffekte). Positive indirekte Netzwerkeffekte bestehen z. B. auf Handelsplattformen zwischen den verkaufenden Händlern und den privaten Kunden: Der Nutzen, seine Produkte auf der Plattform anzubieten, wächst für den Händler mit der Zahl der einen Account unterhaltenden Endnutzer.

❓ 3. In welchen Rollen können Algorithmen im Rahmen der Kartellierung in Erscheinung treten?

✅ Algorithmen können erstens zur Überwachung, ob Unternehmen die getroffenen Kartellabsprachen einhalten, eingesetzt werden (**zur Vertiefung:** ▶ Abschn. 2.2.1.1; ▶ Abschn. 2.2.1.3). Auf diese Weise erhöhen Algorithmen die Kartelldisziplin und – bei Aufdeckung und Ahndung des Kartells – ggfs. die zu verhängenden Bußgelder. Zweitens wird die Umsetzung einer Absprache erleichtert, wenn die Kartellanten denselben Algorithmus bzw. dieselbe Software eines Drittanbieters nutzen. Drittens wird diskutiert, ob Algorithmen gleichsam autonom Kollusion verwirklichen können. Dieser Fall ist (bislang) hypothetischer Natur, also in der Praxis nicht beobachtet worden.

2.6 · Verfahren

? 4. Welches Problem wird mit dem Schlagwort „algorithmische Oligopolisierung" beschrieben?

✓ Unter dem Schlagwort „algorithmische Oligopolisierung" wird das Problem diskutiert, ob der Einsatz von Algorithmen Marktstrukturen dergestalt verändern kann, dass den Unternehmen eine an sich erlaubte Abstimmung über den Markt (sog. *tacit collusion*) möglich wird (**zur Vertiefung:** ▶ Abschn. 2.2.1.3.3). Dies ist Unternehmen im Prinzip nur ausnahmsweise möglich, wenn der Markt konzentriert, homogen und transparent ist. In diesem Fall können sie durch schnelle Reaktionen auf das Verhalten ihrer Wettbewerber die Preise über das wettbewerbsanaloge Niveau anheben, ohne dabei eine verbotene Verhaltensweise gem. Art. 101 AEUV zu verwirklichen. Die Frage, inwieweit *tacit collusion* durch den Einsatz von Algorithmen zu einem flächendeckenden Phänomen werden wird, wird unterschiedlich beurteilt. Die Reaktionsgeschwindigkeit kann der Algorithmeneinsatz zwar erhöhen. Dennoch erscheint bislang nicht nachgewiesen, dass dies auf nichtkonzentrierten Märkten hinreichend ist, um stillschweigende Kollusion zu realisieren.

? 5. Hersteller H verbietet den Händlern im Rahmen seines selektiven Vertriebssystems, das Internet als Vertriebskanal zu nutzen. Ist diese Vereinbarung mit dem europäischen Kartellverbot vereinbar? Abwandlung: Wie wäre der Fall zu beurteilen, wenn H den Vertrieb sowohl offline als auch online im Grundsatz gestattet, den Händlern aber geringere Preise bei einem Weiterverkauf im stationären Handel verspricht?

✓ Die Vereinbarung des Herstellers H mit seinen Händlern verstößt gegen Art. 101 AEUV. Es handelt sich um eine vertikale Wettbewerbsbeschränkung, die die Handlungsfreiheit der Händler einschränkt (**zur Vertiefung:** ▶ Abschn. 2.2.2.3.2). Eine Freistellung scheidet ungeachtet der Marktanteile der beteiligten Unternehmen gem. Art. 4 lit. e) Vertikal-GVO aus. Danach stellt es eine nichtfreistellungsfähige Kernbeschränkung dar, wenn der Hersteller die wirksame Nutzung des Internets zum Verkauf der Vertragswaren oder -dienstleistungen durch den Abnehmer verbietet. Auch bei Prüfung einer Einzelfreistellung aus Art. 101 Abs. 3 AEUV ergibt sich grundsätzlich nichts anderes.

✓ Das in der Abwandlung vereinbarte System der Doppelpreise (*dual pricing*) stellt nicht ohne weiteres eine Wettbewerbsbeschränkung dar. Dahinter steht die Erkenntnis, dass sich das Internet als Verkaufskanal mittlerweile gut etabliert hat und keines besonderen Schutzes gegenüber offline-Verkaufskanälen bedarf. Die Vereinbarkeit mit dem Kartellverbot hängt davon ab, dass die Preisunterschiede zwischen Online- und Offline-Vertrieb angemessen sind. Die Kommission verlangt keine komplexen Kostenberechnungen von den Parteien, um diese Voraussetzung darzulegen (**zur Vertiefung:** ▶ Abschn. 2.2.2.3.4).

? 6. Wie werden Bestpreisklauseln gem. Art. 101 AEUV bewertet? Nennen Sie auch die einschlägigen Vorschriften in der Vertikal-GVO.

✓ Eine Bestpreisklausel liegt vor, wenn ein Plattformbetreiber mit gewerblichen Nutzern vereinbart, dass diese auf der eigenen Website (enge Bestpreisklausel) bzw. zudem auf Plattformen von Drittanbietern (weite Bestpreisklausel) ihre Leistungen nicht zu günstigeren Konditionen anbieten dürfen. Beide Formen von Bestpreisklauseln stellen eine vertikale Wettbewerbsbeschränkung dar (**zur Vertiefung:** ▶ Abschn. 2.2.2.3.8). Bestpreisklauseln beschränken die Preisgestaltungsfreiheit der Händler. Zudem schotten sie den Markt für die Vermittlungsleistung des Plattformbetreibers ab. Enge Bestpreisklauseln sind im Anwendungsbereich der Vertikal-GVO freigestellt. Weite Bestpreisklauseln stellen eine nicht freistellungsfähige Beschränkung gem. Art. 5 Abs. 1 lit. d) Vertikal-GVO dar.

? 7. Kann eine vertikale Vereinbarung zwischen einem Plattformformbetreiber und gewerblichen Nutzern nach dem Handelsvertreterprivileg von Art. 101 AEUV ausgenommen sein?

✓ Das Handelsvertreterprivileg nimmt Vereinbarungen zwischen Geschäftsherrn und Handelsvertreter von dem Tatbestand des Kartellverbots aus, wenn Letzterer nicht als wirtschaftlich selbständiger Akteur am Markt agiert, sondern lediglich als in die Organisation des Geschäftsherrn eingegliederte Hilfsperson auftritt (**zur Vertiefung:** ▶ Abschn. 2.2.4.4). Dies trifft auf Plattformbetreiber, die die Angebote des Unternehmens an potenzielle Kunden vermitteln, in der Regel nicht zu. Sie sind vielmehr eigenständige Akteure, deren Tätigkeit wirtschaftliche Risiken birgt. Plattformbetreiber schließen Verträge mit einer großen Zahl an Unternehmen. Dies erschwert es, sie als unselbständiger Teil eines dieser Unternehmen anzusehen. Auch nehmen sie infolge ihrer Marktmacht regelmäßig Einfluss auf die Konditionen, zu denen Unternehmen über die Plattform Leistungen anbieten.

? 8. Wie werden Plattformbetreiber in die Vertikal-GVO integriert?

✓ Plattformbetreiber passen nicht zum klassischen zwei- oder dreistufigen Vertriebsaufbau, auf den die Vertikal-GVO im Grundsatz abstellt. Vielmehr übernehmen sie regelmäßig Aufgaben an der Schnittstelle von Produktion und Vertrieb. Art. 1 Abs. 1 lit. d) Vertikal-GVO ordnet an, dass Plattformbetreiber („Unternehmen, das Online-Vermittlungsdienste erbringt") als Anbieter in Bezug auf die Unternehmen zu qualifizieren sind, die seine Vermittlungsleistung in Anspruch nehmen (**zur Vertiefung:** ▶ Abschn. 2.2.5.2.1.2). Dadurch wird klargestellt, dass Vereinbarungen zwischen einem Plattformbetreiber und den auf der Plattform offerierenden Unternehmen, also den gewerblichen Nutzern, vertikale Vereinbarungen sind.

2.6 · Verfahren

❓ 9. Plattformbetreiber bieten Leistungen gegenüber privaten Endverbrauchern gelegentlich unentgeltlich an. Welche Folgen hat dies für die kartellrechtliche Marktabgrenzung?

✅ Auf den ersten Blick steht in Frage, ob überhaupt ein Markt gegeben ist. Einen Markt kennzeichnet nämlich der Austausch von Gütern. Die mehrseitigen Geschäftsmodelle der Plattformen verdeutlichen indes, dass es infolge positiver indirekter Netzwerkeffekte gewinnbringend ist, privaten Endnutzern ggfs. kostenlos Zugang zur Plattform zu gewähren. Die unentgeltliche Leistungserbringung rechtfertigt es daher nicht ohne weiteres, das Vorliegen eines Marktes abzulehnen (**zur Vertiefung:** ▶ Abschn. 2.3.1.1.4). Im deutschen Kartellrecht stellt § 18 Abs. 2a GWB diesen Umstand klar. Der Sache nach gilt das auch im europäischen Kartellrecht. Dies erähnt die Kommission in ihrer Bekanntmachung zur Marktabgrenzung.

❓ 10. Welche Kriterien sind bei der Abgrenzung der sachlich relevanten Märkte im digitalen Sektor zu beachten?

✅ Plattformmärkte sind regelmäßig mehrseitige Märkte. Es stellt sich bei der Marktabgrenzung die Frage, ob mehrere Nutzergruppen einen einheitlichen sachlich relevanten Markt bilden oder ob sie jeweils eigenständigen Märkten zuzuordnen sind. Die Kommission stellt darauf ab, ob die Leistungen, die der Plattformbetreiber verschiedenen Nutzergruppen anbietet, substituierbar sind. Zudem bezieht sie die Plattformart ein und unterscheidet in ihrer Bekanntmachung zur Marktabgrenzung zwischen Transaktions- und Matching-Plattformen (**zur Vertiefung:** ▶ Abschn. 2.3.1.1.4.2).

❓ 11. Kann die Essential-Facilities-Doktrin auf marktbeherrschende Suchmaschinenbetreiber angewendet werden?

✅ Gegen eine Anwendung der Essential-Facilites-Doktrin spricht, dass eine Einrichtung nur als wesentlich anzusehen ist, wenn sie für den Markteintritt der einzige Weg ist. Trotz häufig vorhandener hoher Marktanteile vereinzelter Suchmaschinen (z. B. *Google Search*) existieren weitere Anbieter, auf die Nutzer ohne hohen Wechselaufwand zurückgreifen können. Hinzu kommt, dass Suchmaschinen nicht als nicht-duplizierbare Ressource bewertet werden können. Vielmehr kann ein Unternehmen, das Marktzugang begehrt, selbst eine solche Einrichtung herstellen (**zur Vertiefung:** ▶ Abschn. 2.3.2.1.7).

? 12. Was versteht die europäische Rechtsprechung unter einer missbräuchlichen Selbstbevorzugung?

✓ Unter einer Selbstbevorzugung versteht die europäische Rechtsprechung ein Verhalten, bei welchem der Marktbeherrscher, der auf vorgelagerter Marktstufe eine Vermittlungsleistung anbietet und auf nachgelagerter Marktstufe zugleich mit den gewerblichen Nutzern in Wettbewerb tritt, seine eigenen Angebote z. B. beim Ranking bevorzugt, und dadurch seine Marktmacht auf vorgelagerter Stufe nutzt, um sie auf weitere Märkte zu hebeln. Die Kommission und die Gerichte haben diese Praktik im Fall *Google Shopping* (EuGH v. 10.9.2024 – C-48/22 P, ECLI:EU:C:2024:726; EuG v. 10.11.2021 – T-612/17 ECLI:EU:T:2021:763; Kommission v. 27.6.2017 – AT.39740) untersucht (**zur Vertiefung:** ▶ Abschn. 2.3.2.1.4).

? 13. Begründen personalisierte oder dynamisierte Preise einen Ausbeutungsmissbrauch?

✓ Weder personalisierte noch dynamisierte Preise begründen grundsätzlich einen Ausbeutungsmissbrauch gem. Art. 102 AEUV. Die individuelle Zahlungsbereitschaft von Abnehmern zu nutzen, ist im Grundsatz zulässig und muss einem Marktbeherrscher erlaubt bleiben. Auch die zügige Anpassung der Preise an die wandelnde Nachfrage ist Marktbeherrschern gestattet. Ein Ausbeutungsmissbrauch kommt aber in Betracht, wenn der Marktbeherrscher die Preise zu hoch setzt (**zur Vertiefung:** ▶ Abschn. 2.3.2.2.3; 2.3.2.2.4).

? 14. Welche Herausforderungen bergen die umsatzbezogenen Aufgreifschwellen aus Art. 1 FKVO für die Kontrolle von Zusammenschlüssen im digitalen Sektor?

✓ Im digitalen Sektor wurden in den letzten Jahren „Aufkaufstrategien" beobachtet, die sich dadurch auszeichnen, dass innovative und potente Wettbewerber bereits frühzeitig übernommen werden. Dadurch soll Konkurrenz, die die Marktstellung der großen Digitalkonzerne gefährden könnte, vermieden werden (sog. *killer aquisitions*). Aus fusionskontrollrechtlicher Sicht führt dies zu dem Problem, dass solche Zusammenschlüsse regelmäßig nicht die Umsatzschwellen des Art. 1 FKVO erfüllen (**zur Vertiefung:** Abschn. **2.4.2.2.2**). Eine Möglichkeit der Kommission, dennoch die Prüfung solcher Vorhaben zu ermöglichen, besteht in der Verweisung durch mitgliedstaatliche Behörden gem. Art. 22 FKVO oder durch die beteiligten Unternehmen gem. Art. 4 Abs. 5 FKVO.

2.6 · Verfahren

? 15. Welche datenbezogenen Schadenstheorien werden im Rahmen des SIEC-Tests diskutiert?

✓ Sowohl bei horizontalen als auch bei vertikalen Zusammenschlüssen kann ein überlegener Datenzugang Abschottungswirkung zulasten von Wettbewerbern erzeugen, z. B. wenn durch die Analyse der Daten Produktverbesserungen möglich werden. Abschottungswirkung setzt aber voraus, dass Wettbewerber keine vergleichbaren Möglichkeiten zur Datensammlung haben. Zudem bedarf es Anreize zur Ausübung von Abschottungsstrategien (**zur Vertiefung:** ▶ Abschn. 2.4.3.3.1; 2.4.3.3.2).

Deutsches Kartellrecht

Inhaltsverzeichnis

3.1 Grundlagen – 157
3.1.1 Überblick – 157
3.1.2 Ziele – 158
3.1.3 Entwicklung – 161
3.1.4 Anwendungsbereich – 164
3.1.5 Verhältnis zum europäischen Kartellrecht – 167

3.2 Kartellverbot – 168
3.2.1 Allgemeines – 168
3.2.2 Verbotene Verhaltensweisen – 169
3.2.3 Wettbewerbsbeschränkung – 172
3.2.4 Tatbestandsrestriktionen – 182
3.2.5 Freistellung – 184

3.3 Missbrauchsverbot – 186
3.3.1 Missbrauch einer marktbeherrschenden Stellung, § 19 GWB – 186
3.3.2 Missbräuchliches Verhalten von Unternehmen mit überragender marktübergreifender Bedeutung für den Wettbewerb, § 19a GWB – 215
3.3.3 Missbräuchliches Verhalten von Unternehmen mit relativer oder überlegener Marktmacht, § 20 GWB – 225

3.4 Zusammenschlusskontrolle – 232
3.4.1 Systematik und Überblick – 232
3.4.2 Formelle Zusammenschlusskontrolle – 233
3.4.3 Materielle Zusammenschlusskontrolle – 240
3.4.4 Zusammenschlusskontrollverfahren – 247

© Der/die Autor(en), exklusiv lizenziert an Springer-Verlag GmbH, DE, ein Teil von Springer Nature 2025
S. Legner, *Digitales Wettbewerbsrecht*, Springer-Lehrbuch, https://doi.org/10.1007/978-3-662-70492-9_3

3.5　Rechtsfolgen – 249
3.5.1　Verwaltungsrechtliche Folgen – 249
3.5.2　Bußgeldrechtliche Folgen – 253
3.5.3　Zivilrechtliche Folgen – 255

3.6　Verfahren – 259
3.6.1　Verwaltungsverfahren – 259
3.6.2　Bußgeldverfahren – 261
3.6.3　Zivilverfahren – 261

3.1 Grundlagen

3.1.1 Überblick

Das deutsche Kartellrecht ist im Gesetz gegen Wettbewerbsbeschränkungen[1] (nachfolgend: GWB) geregelt. In Parallele zum europäischen Kartellrecht gliedert es sich in drei Säulen (Abb. 3.1).

Das **Kartellverbot** in §§ 1, 2 GWB ist weitgehend parallel zu Art. 101 AEUV im europäischen Kartellverbot gefasst. Nach § 2 Abs. 2 GWB greifen die vom Unionsgesetzgeber erlassenen Gruppenfreistellungsverordnungen auch für § 1 GWB. Die Anwendung des deutschen Kartellverbots setzt im Unterschied zu Art. 101 AEUV keine Beeinträchtigung des zwischenstaatlichen Handels voraus.

Die **Missbrauchsverbote** des deutschen Kartellrechts finden sich in §§ 19, 19a, 20 GWB. Neben dem zum europäischen Verbot des Missbrauchs einer marktbeherrschenden Stellung aus Art. 102 AEUV grundsätzlich inhaltsgleichen Tatbestand des **§ 19 GWB** enthält das deutsche Kartellrecht weitere Verbote. Zum einen sieht **§ 20 GWB** Verbotstatbestände vor, die Unternehmen bereits unterhalb der Schwelle der Marktbeherrschung adressieren. Unternehmen mit relativer Marktmacht werden spezifische einseitige Verhaltensweisen untersagt. Gemäß Art. 3 Abs. 2 Satz 2 VO 1/2003 (sog. **Deutschenklausel**) ist dies unionsrechtskonform. Danach dürfen Mitgliedsstaaten in ihrem Hoheitsgebiet strengere innerstaatliche Vorschriften zur Unterbindung oder Ahndung einseitiger Handlungen von Unternehmen erlassen. Mit **§ 19a GWB** hat der deutsche Gesetzgeber im Rahmen der 10. GWB-Novelle im Jahr 2021 einen Verbotstatbestand für **Unternehmen mit überragender marktübergreifender Bedeutung für den Wettbewerb** geschaffen. Mit diesem neuartigen Tatbestand will der deutsche Gesetzgeber in erster Linie große Digitalkonzerne in den Blick nehmen.[2] Die Systematik des Verbots ist eine andere

Kartellverbot	Missbrauchsverbot	Fusionskontrolle
• §§ 1, 2 GWB • Unternehmen • kollusives Zusammenwirken	• §§ 18-21 GWB • Marktbeherrschende Unternehmen, relativ marktmächtige Unternehmen und Unternehmen mit überragender marktübergreifender Bedeutung für den Wettbewerb • einseitige Verhaltensweisen	• § 35-42 GWB • Zusammenschlussvorhaben • SIEC-Test

 Abb. 3.1 Die Säulen des deutschen Kartellrechts

---

[1] Aktuelle Fassung: BGBl. 2023 I Nr. 405 (Stand: 9.6.2024).
[2] Regierungsbegründung zur 10. GWB-Novelle, BT-Drs. 19/2342, S. 56: *„Drittens wird ein neuer § 19a eingeführt, der dem Bundeskartellamt eine effektivere Kontrolle derjenigen großen Digitalkonzerne ermöglichen soll, denen eine überragende marktübergreifende Bedeutung für den Wettbewerb zukommt"*.

als die der §§ 19, 20 GWB. Ein Unternehmen wird erst Adressat der Verhaltensverbote, wenn das Bundeskartellamt dies festgestellt hat. Im Oktober 2023 hatte das Amt bereits 12 Verfahren auf Grundlage des § 19a GWB eingeleitet.[3] § 21 GWB beinhaltet mit dem Boykottverbot und weiteren speziell gefassten Tatbeständen weitere besondere nationale Verbote.[4]

Die deutsche **Zusammenschlusskontrolle** findet sich in §§ 35–43a GWB. Die umsatzbezogenen Aufgreifschwellen aus § 35 GWB liegen unterhalb derer des europäischen Regimes. Mit der 9. GWB-Novelle aus dem Jahr 2017 hat der Gesetzgeber in **§ 35 Abs. 1a GWB** eine neuartige, transaktionsbezogene Aufgreifschwelle integriert. Danach ist neben den Umsätzen der beteiligten Unternehmen der Wert der Gegenleistung für den Zusammenschluss für die Eröffnung des Geltungsbereichs der deutschen Zusammenschlusskontrolle relevant. Anlass der Änderung war das gesetzgeberische Anliegen, mit der Zusammenschlusskontrolle ein Institut aufrechtzuerhalten, das *„mit den immer schnelleren wirtschaftlichen Zyklen auch vor dem Hintergrund der fortschreitenden Digitalisierung und Vernetzung von Wirtschaft und Gesellschaft Schritt halten kann."*[5] Aufgrund der Wettbewerbsbedingungen in digitalen Märkten kann auch ein (noch) kleines Unternehmen infolge hohen Innovationspotenzials wettbewerbliche Relevanz haben. Diese schlägt sich jedoch nicht in Umsatzhöhen nieder, sondern vielmehr in der Höhe des Kaufpreises, den der Erwerber bereit ist, zu zahlen.[6] Der Maßstab der materiellen Zusammenschlusskontrolle entspricht seit dem Inkrafttreten der 8. GWB-Novelle im Jahr 2013[7] dem SIEC-Test der europäischen Zusammenschlusskontrolle aus Art. 2 Abs. 3 FKVO: Nach § 36 Abs. 1 GWB hat das Bundeskartellamt einen Zusammenschluss zu untersagen, wenn er zu einer erheblichen Behinderung wirksamen Wettbewerbs führt.

3.1.2 Ziele

3.1.2.1 Wettbewerbsprozess

Das deutsche Kartellrecht gründet geistesgeschichtlich auf dem **Ordoliberalismus**. Die Freiburger Schule um *Walter Eucken* und *Franz Böhm* erklärte in den 1930er-Jahren die Theorie des vollständigen Wettbewerbs zum Leitbild.[8] Angelehnt an das Konzept der vollständigen Konkurrenz wurde **Marktmacht** als kritisch für einen freien Wettbewerbsprozess betrachtet. *Böhm*s berühmter Ausspruch bringt dies auf den Punkt: *„Wettbewerb ist das genialste Entmachtungsinstrument der Geschichte."*[9] Das Gedankengut ist bis heute in der Konzeption des deutschen Kartell-

---

3 ▶ https://www.bundeskartellamt.de/SharedDocs/Publikation/DE/Downloads/Liste_Verfahren_Digitalkonzerne.pdf?__blob=publicationFile&v=8 (Stand: April 2024).
4 Zu diesen Tatbeständen *Lettl*, Kartellrecht, 5. Aufl. 2021, § 9 Rn. 198 ff.
5 Regierungsbegründung zur 9. GWB-Novelle, BT-Drs. 18/10207, S. 70.
6 Regierungsbegründung zur 9. GWB-Novelle, BT-Drs. 18/10207, S. 71.
7 BGBl. I 2013, 1738.
8 *Möschel*, NZKart 2014, 42, 44 ff.
9 *Böhm*, Universitas – Zeitschrift für Wissenschaft, Kunst und Literatur 1963, 37, 46.

rechts – wenn auch nicht in Reinform – verankert. Deutlich wird dies mit dem Verbot kollusiven Zusammenwirkens (Kartellverbot), den verschärften Verhaltensanforderungen an marktmächtige Unternehmen (§§ 19–21 GWB) sowie dem Marktbeherrschungsregelbeispiel der materiellen Fusionskontrolle (§ 36 Abs. 1 GWB), wonach bei externem Unternehmenswachstum bereits das bloße (künftige) Innehaben einer marktbeherrschenden Stellung die Untersagung des Zusammenschlusses rechtfertigt. Dass der Zustand der vollkommenen Konkurrenz ein unerreichbarer Idealzustand ist, erkannte der historische Gesetzgeber.[10] Insoweit konkurriert die Theorie mit anderen, die ebenfalls Anklang im GWB finden. Zu diesen zählt z. B. das Konzept des funktionsfähigen Wettbewerbs.[11] Dieses rückt die Marktergebnisse in den Vordergrund, die Wettbewerb hervorbringen kann. Optimale Intensität des Wettbewerbs setzt nach diesem Verständnis nicht unbedingt eine polypolistische Struktur voraus. Kennzeichnend für den Schutz des Wettbewerbsprozesses ist die bereits angesprochene **strukturbezogene Sicht** auf das Marktgeschehen. Viele Tatbestände knüpfen an unternehmerische Marktmacht an. Einer der wichtigsten Faktoren zur Ermittlung von Marktmacht ist die Höhe des Marktanteils.

3.1.2.2 Verbraucherwohlfahrt

Dem deutschen Kartellrecht und der deutschen Rechtsprechung lassen sich **keine ebenso deutlichen Aussagen** wie dem europäischen Kartellrecht zum Schutz der Verbraucherwohlfahrt entnehmen. Dennoch dürfte heute davon auszugehen sein, dass die **Verbraucherwohlfahrt** – entsprechend dem EU-Kartellrecht – **weiteres Schutzziel des GWB** ist. Die mit dem Konzept der Verbraucherwohlfahrt verbundene ergebnisbezogene Perspektive auf das Marktgeschehen findet nicht nur in den mit Art. 101 Abs. 3 AEUV wortgleich lautenden Freistellungsvoraussetzungen, **§ 2 GWB**, Anklang. Auch der im Zuge der 8. GWB-Novelle im Jahr 2013[12] in **§ 36 Abs. 1 GWB** zum Maßstab der materiellen Fusionskontrolle erhobene SIEC-Test illustriert den zunehmenden Auswirkungsbezug. Danach ist ein Zusammenschluss zu untersagen, wenn er zu einer erheblichen Behinderung wirksamen Wettbewerbs führen würde. Der Marktbeherrschungstest bleibt als Regelbeispiel erhalten, ist aber nicht letztentscheidend. Hinzu kommt das bereits in der 7. GWB-Novelle von 2005 zum Ausdruck gekommene Anliegen des deutschen Gesetzgebers, das deutsche Kartellrecht an die entsprechenden europäischen Vorschriften anzugleichen.[13]

Für den Begriff der Verbraucherwohlfahrt kann auf die Ausführungen zum europäischen Recht verwiesen werden.[14] In statischer Hinsicht ist die Konsumentenrente anhand der Differenz zwischen dem Reservationspreis (gemessen an der Zahlungsbereitschaft) und dem Preis, den der Verbraucher tatsächlich für die Leistung gezahlt hat, zu ermitteln. In dynamischer Hinsicht vergrößern Fortschritt

---

10 *Rittner*, Liber amicorum für Riesenkampff, 2006, S. 125, 131.
11 *Kantzenbach*, Die Funktionsfähigkeit des Wettbewerbs, 2. Aufl. 1967, S. 16 f.
12 BGBl. I 2013, 1738.
13 Regierungsbegründung zur 7. GWB-Novelle, BT-Drs. 15/3640, S. 1.
14 Siehe ▶ Abschn. 2.1.3.2.

und Entwicklung, die sich in einer größeren Produktvielfalt oder besseren Produktqualität niederschlagen, die Verbraucherwohlfahrt. Für digitale Märkte wird ferner betont, dass eine erhöhte Markttransparenz und sinkende Transaktionskosten durch die Vermittlungsleistungen von Plattformen – z. B. von Suchdiensten oder Online-Marktplätzen – den Verbrauchern zugutekommen.

3.1.2.3 Weitere Ziele

Daneben kommen in vereinzelten Vorschriften des deutschen Kartellrechts weitere Ziele zum Ausdruck. Dazu zählt der **Mittelstandsschutz**. § 3 GWB konkretisiert die Freistellungsvoraussetzungen des Kartellverbots zugunsten kleiner und mittlerer Unternehmen und will so Kooperationsanreize fördern.[15] § 20 GWB beinhaltet ein spezielles Missbrauchsverbot, das Unternehmen schützen will, die von anderen mit relativer oder überlegener Marktmacht abhängig sind. Vorausgesetzt wird keine Marktbeherrschung wie bei Art. 102 AEUV, § 19 GWB. Es ist ausreichend, wenn ein bilaterales Machtgefälle zwischen den Vertragspartnern vorherrscht.[16] Dass dadurch auch Mittelstandsschutz angestrebt wird, zeigt § 20 Abs. 3 GWB, der Unternehmen mit gegenüber kleinen und mittleren Wettbewerbern überlegener Marktmacht adressiert und spezielle Behinderungstatbestände aufstellt.

Seit der 9. GWB-Novelle hat das Bundeskartellamt gem. **§ 32e Abs. 6 GWB** Kompetenzen im Bereich des **Verbraucherschutzes**. Danach kann das Bundeskartellamt eine **Sektoruntersuchung** durchführen, wenn es den begründeten Verdacht im Blick auf erhebliche, dauerhafte oder wiederholte Verstöße gegen verbraucherrechtliche Vorschriften hat, die nach ihrer Art oder ihrem Umfang die Interessen einer Vielzahl von Verbrauchern beeinträchtigen.[17] Damit gehen umfangreiche Ermittlungsbefugnisse (nicht jedoch Befugnisse zur Abstellung etwaiger festgestellter Verstöße) einher. Der Verbraucherschutz ist von dem oben thematisierten Ziel der Verbraucherwohlfahrt zu differenzieren. Vielmehr geht es bei § 32e Abs. 6 GWB um den Verbraucherschutz wie er auch von dem Lauterkeitsrecht und dem Europäischen Privatrecht verfolgt wird. Ihn kennzeichnet, dass der Verbraucher als die dem Unternehmer an Informationen und Erfahrenheit unterlegene Partei angesehen wird, deren Verhandlungsposition es zu stärken gilt. Ob der Verbraucherschutz im Kartellrecht noch stärker verankert werden sollte, wird aktuell diskutiert. Im Rahmen der derzeit anvisierten 12. GWB-Novelle hat das Bundesministerium für Wirtschaft und Klimaschutz in einer Konsultation Interessensvertreter dazu befragt, ob das Bundeskartellamt zukünftig Befugnisse zur Abstellung von Verbraucherschutzrechtsverstößen erhalten sollte.[18]

---

15 LMRKM/*J. B. Nordemann/Grave*, 4. Aufl. 2020, § 3 GWB Rn. 3.
16 BeckOK InfoMedienR/*Paal*, 42. Ed. 2022, § 20 GWB Rn. 9.
17 Ein Beispiel bietet die im Jahr 2023 abgeschlossene Sektoruntersuchung Messenger- und Video-Dienste, V-28/20, ▶ https://www.bundeskartellamt.de/SharedDocs/Publikation/DE/Sektoruntersuchungen/Sektoruntersuchung_MessengerVideoDienste.html (9.6.2024).
18 ▶ https://www.bmwk.de/Redaktion/DE/Artikel/Service/Gesetzesvorhaben/20231004-konsultation-reform-kartellrecht.html (22.1.2024).

Im deutschen Missbrauchsrecht können weitere außerwettbewerbliche Erwägungen, etwa des **AGB-Rechts**, Berücksichtigung finden. Dies hat zuletzt in der Entscheidung des Bundeskartellamts in der Sache *Facebook* aus dem Jahr 2019 Relevanz erlangt, in der **datenschutzrechtliche Wertungen** bei der Interessenabwägung zur Begründung des Missbrauchs eingeflossen sind.[19] Der EuGH hat die Befugnis des Bundeskartellamts, Verstöße gegen das Datenschutzrecht zum Zwecke der Untersuchung eines Marktmachtmissbrauchs zu prüfen, bestätigt.[20] Dies darf nicht dahingehend missverstanden werden, dass diese außerwettbewerblichen Zwecke zu eigenständigen Zielen des Kartellrechts erhoben werden.

3.1.3 Entwicklung

Das am 1.1.1958 in Kraft getretene GWB wurde bis zum Beginn des Jahres 2024 insgesamt elf Novellen unterzogen.

Die **7. GWB-Novelle** von 2005[21] **glich** das deutsche Kartellrecht in weiten Teilen **den Regeln des europäischen Kartellrechts an**. Mit der **8. GWB-Novelle** von 2013[22] wurde die materielle Zusammenschlusskontrolle in § 36 Abs. 1 GWB an die FKVO angeglichen. Auch das deutsche Fusionskontrollregime orientiert sich nun – wie der in seiner heutigen Fassung im Jahr 2004 in Kraft getretene Art. 2 Abs. 3 FKVO – an dem **SIEC-Test**. Der Marktbeherrschungstest ist als Regelbeispiel erhalten geblieben.

Mit der **9. GWB-Novelle** von 2017[23] hat der Gesetzgeber spezifische Vorschriften für digitale Märkte in das Missbrauchsrecht und die Fusionskontrolle integriert. Erklärtes Ziel war es, *„im Hinblick auf die zunehmende Digitalisierung der Wirtschaft eine wirksame Fusionskontrolle und de[n] Schutz vor Missbrauch von Marktmacht"*[24] sicherzustellen. Eingefügt wurde § **18 Abs. 2a GWB,** der darauf hinweist, dass es der Annahme eines Marktes nicht entgegensteht, wenn eine Leistung unentgeltlich erbracht wird. Dahinter steht die Erkenntnis, dass auf mehrseitigen digitalen Märkten eine Nutzergruppe die Vermittlungsleistung der Plattform ggfs. ohne monetäres Entgelt nutzen kann. Beispiele sind die sozialen Medien oder Online-Handelsplätze, bei welchen private Nutzer in vielen Fällen kostenlos einen Account anlegen und nutzen können.[25] Angesichts der indirekten Netzwerkeffekte, die zwischen Endnutzern und gewerblichen Nutzern auf diesen Plattformen bestehen, ist dies ein für den Plattformbetreiber gewinnbringendes Geschäftsmodell.[26] Daher überzeugt es nicht, einen Markt ohne Weiteres abzulehnen, weil es zu keinem (monetären) Leistungsaustausch mit Endnutzern kommt. Dies

---

19 BKartA v. 6.2.2019 – B6-22/16 – *Facebook*.
20 EuGH v. 4.7.2023 – C-252/21, ECLI:EU:C:2023:537 – *Meta Platforms*.
21 BGBl. I 2005, 1954.
22 BGBl. I 2013, 1738.
23 BGBl. I 2017, 1416.
24 Regierungsbegründung zur 9. GWB-Novelle, BT-Drs. 18/10207, 1.
25 Regierungsentwurf zur 9. GWB-Novelle, BT-Drs. 18/10207, 48.
26 *Legner*, JURA 2023, 175, 178.

stellt § 18 Abs. 2a GWB klar. Zu den Kriterien, die vorliegen müssen, damit trotz unentgeltlicher Leistungserbringung ein Markt anzunehmen ist, schweigt die Vorschrift hingegen. Diese zu entwickeln, obliegt der Rechtspraxis.

Um die Ermittlung einer marktbeherrschenden Stellung auf digitalen Märkten zu erleichtern, wurde der Kriterienkatalog um die in **§ 18 Abs. 3a GWB** genannten Umstände ergänzt. Erwähnung finden u. a. direkte und indirekte Netzwerkeffekte, der Zugang zu wettbewerbsrelevanten Daten und innovationsgetriebener Wettbewerbsdruck. Dabei handelt es sich um *„spezielle Faktoren, die insbesondere für mehrseitige Märkte und Netzwerke kennzeichnend sind und sie von traditionellen Märkten unterscheiden."*[27] Mehrseitige Märkte und Netzwerke sind keinesfalls auf den Digitalsektor beschränkt, bilden dort aber gleichsam den Regelfall. Die Tendenz digitaler Märkte zu „kippen", beruht maßgeblich auf den zwischen Nutzern derselben Gruppe wirkenden direkten und zwischen unterschiedlichen Nutzergruppen wirkenden indirekten Netzwerkeffekten. Mit dem Zugang zu wettbewerbsrelevanten Daten verweist der Gesetzgeber auf einen der wichtigsten Wettbewerbsfaktoren im digitalen Umfeld: *„Marktmacht muss sich nicht zwangsläufig in Preissetzungsspielräumen spiegeln, sondern kann beispielsweise auch mit dem (exklusiven) Zugang zu Daten einhergehen."*[28] Die wettbewerbliche Bedeutung von Innovationen gründet auf den Strukturen digitaler Märkte, die ein „the winner takes it all" begünstigen.[29] Unternehmen wetteifern um ihre Innovationskraft: Einem Wettbewerber, dem es gelingt, ein innovatives Produkt anzubieten, wird den Wettbewerb um den Markt für sich entscheiden können. Preiswettbewerb hat bei unentgeltlichen Leistungsangeboten gegenüber Endnutzern dagegen keine Relevanz. Einst marktmächtige Unternehmen wurden in der Vergangenheit durch innovative Geschäftsideen ihrer Wettbewerber zu Fall gebracht. Daher hat Wettbewerbsdruck, der von Forschungs- und Entwicklungstätigkeit ausgeht, große Relevanz für die Entwicklung digitaler Märkte.[30]

In der Fusionskontrolle wurde eine die „Gegenleistung" für den Zusammenschluss berücksichtigende Aufgreifschwelle in **§ 35 Abs. 1a GWB** ergänzt. Hintergrund war der Zusammenschluss von *Facebook/WhatsApp*, der wettbewerbliche Relevanz hatte, aber angesichts der geringen Umsätze von *WhatsApp* weder unter das europäische noch das deutsche Fusionskontrollregime fiel.[31] Der Kaufpreis betrug 19 Mrd. US-Dollar.[32] Die wirtschaftliche Relevanz solcher Zusammenschlüsse ergibt sich aus der *„Disproportionalität zwischen fehlendem oder geringem Umsatz, der zunächst eine fehlende oder geringe Marktbedeutung vermuten lässt, und dem*

---

27 Regierungsentwurf zur 9. GWB-Novelle, BT-Drs. 18/10207, 48.
28 Regierungsentwurf zur 9. GWB-Novelle, BT-Drs. 18/10207, 49.
29 *Schweitzer/Haucap/Kerber/Welker*, Modernisierung der Missbrauchsaufsicht für marktmächtige Unternehmen, 2018, S. 12.
30 Regierungsentwurf zur 9. GWB-Novelle, BT-Drs. 18/10207, 51: *„disruptive [...] Veränderungen"*.
31 Die Kommission prüfte den Zusammenschluss im Ergebnis, weil es in drei Mitgliedsstaaten anmeldepflichtig war und Facebook die Prüfung durch die Kommission beantragt hatte; im Ergebnis sah die Kommission keine wettbewerblichen Bedenken.
32 Regierungsentwurf zur 9. GWB-Novelle, BT-Drs. 18/10207, 71.

3.1 · Grundlagen

gleichwohl auffällig hohen Kaufpreis".[33] Der Aufkauf von (noch) umsatzschwachen Unternehmen zeigt, dass Wettbewerber disruptives Potenzial in ihrem Geschäftsmodell sehen und innnovationsgetriebenen Wettbewerbsdruck durch einen frühzeitigen Aufbau unterbinden wollen. Dies führt zu einer weiteren Verfestigung bestehender Marktmacht auf digitalen Märkten. Ferner wurde mit der 9. GWB-Novelle die Kartellschadensersatzrichtlinie[34] in §§ 33a ff. GWB umgesetzt.

Die **10. GWB-Novelle**, die auch als „GWB-Digitalisierungsgesetz" bezeichnet wird, ist am 19.1.2021 in Kraft getreten.[35] Der deutsche Gesetzgeber schuf einige weitere Vorschriften für die besonderen Marktbedingungen im Digitalsektor.

Mit **§ 19a GWB** wurde eine spezielle Missbrauchsaufsicht für **Unternehmen mit überragender marktübergreifender Bedeutung für den Wettbewerb** geschaffen. Auch wenn es der Wortlaut der Norm nicht verrät, hatte der Gesetzgeber explizit „*große Digitalkonzerne*"[36] als Adressaten dieser Missbrauchsaufsicht im Sinn. Die Missbrauchsaufsicht ist – im Unterschied zu §§ 19, 20 GWB – zweistufig konzipiert. In einem ersten Schritt hat die Behörde die Adressatenstellung des Unternehmens durch Verfügung festzustellen. In einem zweiten Schritt klärt sie, welche einseitigen Verhaltensweisen gem. § 19a Abs. 2 GWB sie dem Unternehmen in einer weiteren Verfügung untersagen will. Die Regelbeispiele des § 19a Abs. 2 GWB erinnern an Praktiken, die im digitalen Sektor bereits beobachtet wurden – etwa die Selbstbevorzugung vertikal integrierter Plattformen (§ 19a Abs. 2 Nr. 1 GWB) oder die Erschwerung der Interoperabilität von Produkten oder der Portabilität von Daten (§ 19a Abs. 2 Nr. 5 GWB).

Ferner wurde das Verbot des Missbrauchs relativer und überlegener Marktmacht um einen **Datenzugangsanspruch** in **§ 20 Abs. 1a GWB** sowie um die **Anti-Tipping-Regel** in **§ 20 Abs. 3a GWB** ergänzt. Zudem hat der nationale Gesetzgeber die ECNplus-Richtlinie,[37] die die behördliche Kartellrechtsverfolgung durch die nationalen Wettbewerbsbehörden effektivieren soll, in §§ 50a ff. GWB umgesetzt.

Die **11. GWB-Novelle** ist am 7.11.2023 in Kraft getreten.[38] Mit ihr wurde ein viel beachtetes **neues kartellrechtliches Instrument** in **§ 32f Abs. 3 GWB** eingeführt. Es ermöglicht dem Bundeskartellamt, nach Abschluss einer Sektoruntersuchung weitreichende Abhilfemaßnahmen bis hin zur Entflechtung vorzunehmen. Erklärtes Ziel ist es, solche Wettbewerbsstörungen zu adressieren, die

---

33 Regierungsentwurf zur 9. GWB-Novelle, BT-Drs. 18/10207, 71.
34 Richtlinie 2014/104/EU des Europäischen Parlaments und des Rates vom 26. November 2014 über bestimmte Vorschriften für Schadensersatzklagen nach nationalem Recht wegen Zuwiderhandlungen gegen wettbewerbsrechtliche Bestimmungen der Mitgliedstaaten und der Europäischen Union, ABl. EU 2014 Nr. L 349/1.
35 BGBl. I 2021, 2.
36 Regierungsbegründung zur 10. GWB-Novelle, BT-Drs. 19/23492, 73.
37 Richtlinie (EU) 2019/1 des Europäischen Parlaments und des Rates vom 11. Dezember 2018 zur Stärkung der Wettbewerbsbehörden der Mitgliedstaaten im Hinblick auf eine wirksame Durchsetzung der Wettbewerbsvorschriften und zur Gewährleistung des reibungslosen Funktionierens des Binnenmarkts, ABl. EU 2019 Nr. L 11/3.
38 BGBl. I 2023, Nr. 294.

> „weder im Rahmen der Fusionskontrolle aufgegriffen werden konnten noch ihren wettbewerbsbeschränkenden Charakter aus wettbewerbsbeschränkenden Vereinbarungen bzw. abgestimmten Verhaltensweisen oder Marktmachtmissbrauch ziehen."[39]

Eine Zuwiderhandlung gegen kartellrechtliche Verbote ist keine Voraussetzung, um Maßnahmen zur Verbesserung der Marktbedingungen zu ergreifen. Vielmehr genügt es, wenn das Bundeskartellamt auf Grundlage einer Sektoruntersuchung zu dem Ergebnis kommt, dass eine **erhebliche und fortwährende Störung des Wettbewerbs** auf mindestens einem bundesweiten Markt, mehreren einzelnen Märkten oder marktübergreifend vorliegt. Als Abhilfemaßnahmen kommen gem. § 32f Abs. 3 Satz 7 GWB u. a. in Betracht, Zugang zu Daten zu gewähren, die Verpflichtung zur Etablierung transparenter, diskriminierungsfreier und offener Normen und Standards durch Unternehmen oder die organisatorische Trennung von Unternehmens- oder Geschäftsbereichen. Zur Begründung dieses „New Competition Tool" des Bundeskartellamts verweist der Gesetzgeber auch auf die Wettbewerbsprobleme im digitalen Sektor. In der Regierungsbegründung erwähnt er europäische Studien, die zur Fortentwicklung der wettbewerblichen Regulierung von Digitalmärkten *„ein marktstrukturbasiertes Wettbewerbsinstrument"*[40] vorgeschlagen haben. Dem ähnelt der nun eingeführte § 32f GWB. Seinem Wortlaut nach beschränkt sich sein Anwendungsbereich aber nicht auf digitale Märkte.

Ferner wurden in § 32g GWB Befugnisse des Bundeskartellamts zur **Untersuchung von Zuwiderhandlungen gegen den Digital Markets Act** (DMA),[41] die sich in Deutschland auswirken, ergänzt. Die Durchsetzung des DMA obliegt gem. Art. 20 ff. DMA ausschließlich der Kommission. Das Bundeskartellamt kann der Kommission lediglich ein *„vorläufiges Ermittlungsergebnis"*[42] übermitteln, die Verordnung aber nicht durchsetzen.

Derzeit wird die 12. GWB-Novelle ausgearbeitet. Es wird u. a. um die Bedeutung von Nachhaltigkeitsbelangen für die Beurteilung von Kartellen, den Verbraucherschutz, die Ministererlaubnis sowie das *private enforcement* gehen.

3.1.4 Anwendungsbereich

3.1.4.1 Persönlicher Anwendungsbereich

Das deutsche Kartellrecht knüpft ebenso wie das europäische Recht[43] an das **Unternehmen als wirtschaftliche Einheit** an. Es kommt weder auf die Rechtsform noch auf die Dauer der Tätigkeit oder auf eine Gewinnerzielungsabsicht an. Entscheidend ist, dass eine wirtschaftliche Tätigkeit am Markt ausgeübt wird. Auch für das deutsche Recht gilt es zu betonen, dass der Unternehmensbergriff

---

39 Regierungsentwurf zur 10. GWB-Novelle, BT-Drs. 20/6824, 27.
40 Regierungsentwurf zur 10. GWB-Novelle, BT-Drs. 20/6824, 19.
41 Siehe ▶ Abschn. 4.3.
42 Regierungsentwurf zur 10. GWB-Novelle, BT-Drs. 20/6824, 38.
43 Siehe ▶ Abschn. 2.1.4.1.

3.1 · Grundlagen

kartellrechtlich-funktional auszulegen ist. Der Unternehmensbegriff findet sich zwar auch in anderen Gesetzen wieder. Beispiele sind das Handelsrecht (z. B. § 2 HGB), das Gesellschaftsrecht (z. B. § 15 AktG) oder das Vertragsrecht (z. B. § 14 BGB). Das dort jeweils vorherrschende Begriffsverständnis ist für die kartellrechtliche Begriffsauslegung jedoch nicht von Belang.

> **Merke**
> Der Unternehmensbegriff des deutschen Kartellrechts entspricht grundsätzlich dem des europäischen Kartellrechts. Er ist kartellrechtlich-funktional auszulegen.

Im deutschen Kartellrecht existieren leicht abweichende Vorgehensweisen bei der Konkretisierung eines Unternehmens, ohne dass damit inhaltliche Unterschiede zum unionskartellrechtlichen Begriff verbunden wären. Im deutschen Recht wird zwischen **absoluten und relativen Unternehmen** differenziert.[44] Während absolute Unternehmen bereits infolge ihrer Rechtsform unter den Unternehmensbegriff fallen, ist bei relativen Unternehmen auf die konkrete Tätigkeit abzustellen.

> ▶ **Beispiel für ein relatives Unternehmen**
> Handwerker sind im Rahmen ihrer freiberuflichen Tätigkeit als Unternehmen zu bewerten, nicht jedoch, wenn sie zu privaten Zwecken am Wochenende Einkäufe tätigen. ◀

Der **Staat** ist kein Unternehmen iSd Kartellrechts, solange er hoheitlich tätig ist. Agiert er jedoch als Wirtschaftsteilnehmer auf dem Markt, gilt anderes. Dies stellt **§ 185 Abs. 1 GWB** klar. Danach sind die kartellrechtlichen Vorschriften auch auf Unternehmen anzuwenden, die ganz oder teilweise im Eigentum der öffentlichen Hand stehen oder die von ihr verwaltet oder betrieben werden. Dazu zählt im deutschen Recht auch die **Beschaffungstätigkeit** des Staates, sofern sie mit Mitteln des Privatrechts erfolgt.[45] Erwirbt der Staat beispielsweise Büromaterial oder Ausrüstung für Polizeibeamte, tritt er als Unternehmen am Markt auf. Die europäische Rechtsprechung nimmt Beschaffungstätigkeiten, welche einem nichtwirtschaftlichen Zweck, z. B. einen sozialen oder militärischen Zweck, dienen, dagegen vom Unternehmensbegriff aus.[46] **Der deutsche Unternehmensbegriff ist an dieser Stelle weiter.**

Fraglich ist, ob diese in der Rechtsprechung zum Ausdruck gekommene Divergenz aufrechterhalten werden kann oder sich der deutsche Unternehmensbegriff dem des europäischen Kartellrechts „unterzuordnen" hat. Gegen die Aufrechterhaltung des weiten deutschen Unternehmensbegriffs könnte der in Art. 3 VO 1/2003 verankerte Vorrang des Unionsrechts sprechen.[47] Danach dürfen die Mit-

---

44 *Kling/Thomas*, Kartellrecht, 2. Aufl. 2016, § 16 Rn. 6–9.
45 BGH, Urt. v. 26.5.1987 – KZR 13/85, NJW 1988, 772, 773 – *Krankentransporte*; BGH, Beschl. v. 18.1.2000 – KVR 23/98, NJW-RR 1999, 342, 343 – *Tariftreueerklärung*; OLG Düsseldorf, Urt. v. 12.2.1980, NJW 1981, 585, 586 – *Gleichbehandlung aller Anbieter bei öffentlichen Aufträgen*.
46 EuGH v. 11.7.2006 – C-205/03 P, ECLI:EU:C:2006:453 – *Fenin*; EuG v. 4.3.2003 – T-319/99, ECLI:EU:T:2003:50 – *Fenin*.
47 Kölner Komm KartellR/*Klees*, 2017, § 130 GWB Rn. 15 ff.

gliedstaaten lediglich im Rahmen des Missbrauchsrechts strengere Vorschriften erlassen als das europäische Kartellrecht. Der BGH hat die Frage bislang nicht entschieden. Jüngeren Entscheidungen kann aber die Tendenz entnommen werden, an der bisherigen deutschen Rechtsprechung festhalten zu wollen.[48]

3.1.4.2 Sachlicher Anwendungsbereich

Mit Blick auf den sachlichen Anwendungsbereich gibt es heute nur noch wenige Wirtschaftsbereiche, die von dem allgemeinen Kartellrecht ausgenommen sind. Dies zeigen §§ 28–31b GWB. Ein Beispiel sind Zeitungen, Zeitschriften und Bücher. § 30 GWB erlaubt die vertikale Preisbindung bei Zeitschriften und Büchern. Für Bücher schreibt sie das Buchpreisbindungsgesetz zwingend vor. Auch für die Landwirtschaft gibt es in § 28 GWB eine Sonderbestimmung.

3.1.4.3 Räumlicher Anwendungsbereich

Der internationale Anwendungsbereich des deutschen Kartellrechts wird – ebenso wie im EU-Kartellrecht – durch das **Auswirkungsprinzip** bestimmt. Bei **§ 185 Abs. 2 GWB** handelt es sich um eine **spezielle Kollisionsnorm**.[49] Danach sind die deutschen kartellrechtlichen Vorschriften auf alle Wettbewerbsbeschränkungen anzuwenden, die sich in Deutschland auswirken, auch wenn sie außerhalb des Bundesgebiets veranlasst werden.[50] Irrelevant ist auch, wo die an der Wettbewerbsbeschränkung beteiligten Unternehmen ihren Sitz haben oder wo ihre Absprachen getroffen wurden.[51] Umgekehrt bedeutet dies, dass der räumliche Anwendungsbereich des deutschen Kartellrechts nicht bereits deshalb eröffnet ist, weil ein an der Wettbewerbsbeschränkung beteiligtes Unternehmen seinen Sitz in Deutschland hat. Maßgeblich ist allein, ob sich die Wettbewerbsbeschränkung im deutschen Hoheitsgebiet auswirkt.

> ▶ **Beispiele für Wettbewerbsbeschränkungen mit Auswirkungen in Deutschland**
>
> Eine in den USA ansässige Online-Spieleplattform vereinbart mit in anderen Ländern beheimateten Spieleverlegen, dass die Aktivierungscodes für die Spiele, die über die Plattform vertrieben werden, nur innerhalb bestimmter Länder funktionieren, also z. B. ein in Frankreich erworbenes Spiel in Deutschland nicht verwendet werden kann.
>
> Zwei französische Unternehmen teilen ihre Liefergebiete dargestellt auf, dass eines ausschließlich den Norden von Deutschland beliefert, während das andere seine Aktivitäten auf den Süden von Deutschland konzentriert. ◀

---

48 BGH, Urt. v. 6.11.2013 – KZR 61/11, NZKart 2014, 31, 32 f. – *VBL-Gegenwert I*; BGH, Urt. v. 24.1.2017 – KZR 47/14, NZKart 2017, 242 – *VBL-Gegenwert II*. Ebenso Immenga/Mestmäcker/*Emmerich*, 7. Aufl. 2024, § 185 GWB Rn. 26.
49 Wiedemann/*Wiedemann*, Handbuch des Kartellrechts, 4. Aufl. 2020, § 5 Rn. 23.
50 Immenga/Mestmäcker/*Rehbinder/von Kalben*, 6. Aufl. 2020, § 185 GWB Rn. 107.
51 Wiedemann/*Wiedemann*, Handbuch des Kartellrechts, 4. Aufl. 2020, § 5 Rn. 23.

3.1.5 Verhältnis zum europäischen Kartellrecht

Das deutsche **Kartellverbot** in §§ 1, 2 GWB und das deutsche Missbrauchsverbot in § 19 GWB finden neben dem europäischen Kartellverbot aus Art. 101 AEUV und dem europäischen Missbrauchsverbot aus Art. 102 AEUV **Anwendung**. Die nationalen Wettbewerbsbehörden wenden sowohl die deutschen als auch die europäischen Verbotsnormen an. Dies ist in Art. 3 Abs. 1 VO 1/2003 niedergelegt und wird von § 22 Abs. 1 GWB klarstellend wiederholt.

Zum **inhaltlichen Verhältnis** ordnen Art. 3 Abs. 2 Satz 1 VO 1/2003, § 22 Abs. 2 GWB an, dass bei kollusivem Zusammenwirken keine strengeren Regeln als im europäischen Kartellrecht gelten dürfen. Für das **Missbrauchsrecht** ist in Art. 3 Abs. 2 Satz 2 VO 1/2003 (sog. Deutschen-Klausel), § 22 Abs. 3 GWB eine Ausnahme vorgesehen: **Strengere nationale Regelungen sind erlaubt**. Das deutsche Kartellrecht macht davon mit **§ 20 GWB** Gebrauch: Die Vorschrift sieht Missbrauchsverbote für Unternehmen vor, die lediglich relativ marktmächtig sind, die Schwelle zur Marktbeherrschung also nicht erreichen. Da die von § 19a GWB adressierte überragende marktübergreifende Bedeutung eines Unternehmens für den Wettbewerb nicht zwingend mit einer marktbeherrschenden Stellung einhergeht,[52] kann auch darin eine strengere nationale Vorschrift erblickt werden.

> **Vertiefung**
>
> (Scheinbar) konfliktträchtig ist das Verhältnis des § 19a GWB zu den Verboten des Digital Markets Acts. Art. 1 Abs. 5 DMA sieht eine Sperrwirkung für mitgliedstaatliche Vorschriften vor, die darauf zielen, Torwächtern weitere Verpflichtungen aufzuerlegen, um bestreitbare und faire Märkte zu gewährleisten. Überwiegend wird in § 19a GWB jedoch ein Anwendungsfall des Art. 1 Abs. 6 DMA gesehen. Danach lässt die Verordnung Vorschriften des Wettbewerbsrechts unberührt.[53]

Für die **Zusammenschlusskontrolle** gilt das **one-stop-shop Prinzip**: Wenn der Anwendungsbereich der europäischen Zusammenschlusskontrolle gem. Art. 1 FKVO eröffnet ist, kann das Bundeskartellamt einen Zusammenschluss nicht aufgreifen. Dies ergibt sich aus Art. 21 Abs. 3 UAbs. 1 FKVO. Sind die Aufgreifschwellen nicht verwirklicht oder liegt kein Zusammenschluss gem. Art. 3 FKVO vor, so besteht Raum zu prüfen, ob die deutsche Zusammenschlusskontrolle der §§ 35 ff. GWB greift.[54]

Art. 22 FKVO ermöglicht der Kommission kraft **Verweisung** auch solche Zusammenschlüsse zu prüfen, die mangels Erreichens der Umsatzschwellen aus Art. 1 FKVO keine gemeinschaftsweite Bedeutung haben. Voraussetzung ist, dass mindestens ein Mitgliedstaat die Verweisung beantragt und der Zusammenschluss

---

52 Regierungsbegründung zur 10. GWB-Novelle, BT-Drs. 19/23492, 75: „*Die Kriterien [des § 19a Abs. 1 Satz 2 GWB] müssen nicht kumulativ erfüllt sein und mit ihrer Reihenfolge ist keine Vorgabe einer Gewichtung intendiert*".
53 *Achleitner*, NZKart 2022, 359, 364; Podszun/*Käseberg/Gappa*, 2023, Art. 1 DMA Rn. 28.
54 LMRKM/*K. Westermann*, 4. Aufl. 2020, Art. 21 FKVO Rn. 4.

den Handel zwischen Mitgliedstaaten beeinträchtigt sowie den Wettbewerb im Hoheitsgebiet der antragstellenden Mitgliedstaaten erheblich zu beeinträchtigen droht. Umgekehrt kann die Kommission einen Zusammenschluss zur Prüfung gem. **Art. 9 FKVO** an einen mitgliedstaatliche Wettbewerbsbehörde verweisen. Dazu muss der betreffende Zusammenschluss den Wettbewerb auf einem Markt in diesem Mitgliedstaat, der einen gesonderten Markt darstellt, erheblich zu beeinträchtigen drohen.

3.2 Kartellverbot

3.2.1 Allgemeines

Seit der 7. GWB-Novelle von 2005 ist der Wortlaut des Kartellverbots aus §§ 1, 2 GWB **nahezu identisch mit dem europäischen Kartellverbots** aus Art. 101 AEUV. Dies ermöglicht, die zur Konkretisierung der Voraussetzungen des Art. 101 AEUV herangezogenen Leitlinien und Mitteilungen der Kommission der Sache nach auch für die Auslegung des § 1 GWB heranzuziehen.

Es bestehen lediglich zwei Unterschiede zwischen § 1 GWB und Art. 101 AEUV. Erstens bedarf es für einen Verstoß gegen das deutsche Kartellverbot **keiner Beeinträchtigung des zwischenstaatlichen Handels**. Die sog. Zwischenstaatlichkeitsklausel[55] ist kein Tatbestandsmerkmal des § 1 GWB. Dies hat zur Folge, dass das deutsche Kartellverbot auch rein lokal wirkende wettbewerbswidrige Absprachen, die z. B. nur Auswirkungen auf eine Region oder Stadt haben, umfasst.[56] Sollte ein Kartell den zwischenstaatlichen Handel beeinträchtigen, steht dies der Anwendung des § 1 GWB aber nicht entgegen. Zweitens enthält § 1 GWB anders als Art. 101 Abs. 1 AEUV **keine Regelbeispiele** für Wettbewerbsbeschränkungen. Damit gehen jedoch keine inhaltlichen Divergenzen einher. Die Tatbestandsmerkmale der verbotenen Verhaltensweise und der Wettbewerbsbeschränkung werden entsprechend ausgelegt.

Ein systematischer, aber kein inhaltlicher Unterschied erwächst daraus, dass der deutsche Gesetzgeber die Freistellungsvoraussetzungen in einer von dem eigentlichen Verbotstatbestand getrennten Norm, nämlich **§ 2 GWB**, niedergelegt hat. § 2 Abs. 1 GWB ist mit dem Wortlaut des Art. 101 Abs. 3 AEUV identisch. § 2 Abs. 2 GWB erklärt die **Gruppenfreistellungsverordnungen** für das deutsche Kartellverbot für anwendbar – ungeachtet des Umstands, ob das Kartell den zwischenstaatlichen Handel zu beeinträchtigen geeignet ist. Auch insoweit kann auf die Ausführungen zum europäischen Kartellrecht verwiesen werden.[57] Es handelt sich bei § 2 Abs. 2 GWB um eine sog. **dynamische Verweisung**.[58] Zum Zwecke

---

55 Siehe ▶ Abschn. 2.2.3.
56 *Kling/Thomas*, Kartellrecht, 2. Aufl. 2016, § 19 Rn. 2.
57 Siehe ▶ Abschn. 2.2.5.2.
58 *Glöckner*, Kartellrecht, 3. Aufl. 2021, Rn. 433.

des Mittelstandsschutzes werden die Freistellungsvoraussetzungen für Mittelstandskartelle in § 3 GWB konkretisiert. Auf diese Weise soll Rechtssicherheit zugunsten kleiner und mittlerer Unternehmen erhöht und ihre Bereitschaft zur Kooperation gefördert werden.[59]

Bei der nachfolgenden Darstellung von Tatbestandsmerkmalne, die identisch mit denen in Art. 101 AEUV sind, werden nicht alle Grundsätze in derselben Detailtiefe wie zum europäischen Kartellverbot erläutert. Vielmehr soll der Schwerpunkt auf Entscheidungen des Bundeskartellamts und der nationalen Gerichte mit Bezug zu digitalen Märkten liegen.

3.2.2 Verbotene Verhaltensweisen

Das Kartellverbot aus § 1 GWB setzt kollusives Verhalten voraus. Wortgleich mit Art. 101 AEUV nennt § 1 GWB die Vereinbarung, die aufeinander abgestimmte Verhaltensweise und den Beschluss als verbotene Verhaltensweisen. Inhaltlich sind die Begriffe ebenso wie im europäischen Recht auszulegen.[60] Bei Wettbewerbsbeschränkungen, die den zwischenstaatlichen Handel beeinträchtigen, ordnet Art. 3 Abs. 2 VO 1/2003 den Gleichlauf zwingend an.

Für eine **Vereinbarung** ist jede **rechtliche oder wirtschaftliche Willensübereinkunft** hinreichend.[61] Eines Rechtsbindungswillens der Parteien bedarf es nicht. Sollte die Vereinbarung einen Vertrag im Rechtssinne darstellen, ist dieser gem. § 134 BGB iVm § 1 GWB nichtig.[62] Nicht unter den Vereinbarungsbegriff fallen einseitige Maßnahmen. Dazu zählen **unverbindliche Preisempfehlungen**. Das Bundeskartellamt legt den Vereinbarungsbegriff jedoch sehr weit aus. In der Sache *Kontaktlinsen* hat das Amt vertreten, dass die Unverbindlichkeit einer Preisempfehlung bereits in Frage zu stellen sei, wenn sie „*nachträglich und erneut*" thematisiert und ihr so „*Nachdruck*" verliehen werde.[63] In diesem Fall sei eine Vereinbarung verwirklicht. In seinen Hinweisen zum Preisbindungsverbot im Bereich des stationären Lebensmitteleinzelhandels von 2017 betont das Bundeskartellamt ebenfalls, dass „*Drohungen für den Fall der Nichtbeachtung der Unverbindlichkeit der Preisempfehlung im Übrigen auch dann entgegen[stehen], wenn sie subtil zum Ausdruck gebracht werden.*"[64] Diese weite Auslegung hat das Bundeskartellamt in seiner Entscheidung in der Sache *Pfanner* jüngst bestätigt.[65] Darin bewertete das Amt „Preisempfehlungen" als Vereinbarungen, da der Hersteller bei Abweichungen mit Liefersperren drohte. In einigen Fällen brach er die Lieferbeziehung als Sank-

---

59 Immenga/Mestmäcker/*Ellger*, 7. Aufl. 2024, § 3 GWB Rn. 8.
60 Siehe ▶ Abschn. 2.2.1.
61 Immenga/Mestmäcker/*Zimmer*, 7. Aufl. 2024, § 1 GWB Rn. 36.
62 Wiedemann/*Wiedemann*, Handbuch des Kartellrechts, 4. Aufl, 2020, § 3 Rn. 2.
63 BKartA v. 25.9.2009 – B3-123/08, Rn. 44 – *Kontaktlinsen*.
64 BKartA, Hinweise zum Preisbindungsverbot im Bereich des stationären Lebensmitteleinzelhandels, 2017, Rn. 66.
65 BKartA v. 19.2.2024 – B10-21/12 – *Pfanner*.

tion für Preissenkungen in Gänze ab. Der BGH hat bislang offengelassen, ob er dieser weiten Auslegung des Amts folgt.[66]

Das Bundeskartellamt hat sich in einem im Jahr 2020 veröffentlichen Papier mit Schnittstellen von **Algorithmen und Kollusion** auseinandergesetzt.[67] Darin unterschiedet das Amt **drei verschiedene Szenarien** des Algorithmeneinsatzes:[68] Ebenso wie zum Vereinbarungsbegriff im europäischen Kartellrecht beschrieben,[69] kommt in einem Szenario der Algorithmus *„als Unterstützer einer im Vorfeld etablierten wettbewerbswidrigen Praktik"*[70] zum Einsatz. Als Beispiel verweist das Bundeskartellamt auf den Poster-Fall aus Großbritannien,[71] in welchem Unternehmen eine Preissetzungssoftware verwendeten, um eine zuvor zwischen Wettbewerbern getroffene Vereinbarung umzusetzen. Als zweites Szenario bezeichnet das Bundeskartellamt die *„[d]urch Algorithmen gestützte Kollusion zwischen Wettbewerbern unter Einbeziehung eines Dritten.*"[72] Es unterscheidet *„zwischen einer Verhaltensangleichung auf der Ebene des Algorithmus' (Code-Ebene) und einer Angleichung über die Ebene der verwendeten Input-Daten (Daten-Ebene)"*.[73] Das Amt ist der Meinung, dass einzelfallbezogen zu entscheiden sei, wann es in diesen Fällen zu einer verbotenen Verhaltensangleichung komme.[74] Einzustellen sei, welche Informationen über den Einsatz des Algorithmus ausgetauscht würden und über welche Marktmacht die beteiligten Unternehmen verfügten.

Vertiefung
Zu diesem zweiten Einsatzszenario gibt es erste Praxisbeispiele. Hierzu zählt u. a. der Sachverhalt, der der Entscheidung des EuGH in der Sache *Eturas*[75] zugrunde lag.[76]

Das dritte Szenario, die *„[d]urch den parallelen Einsatz individueller Algorithmen herbeigeführte Kollusion"*, betrachtet das Bundeskartellamt zutreffend als hypothetischen Fall.[77] Hierbei wird überlegt, ob Algorithmen sich gleichsam selbstständig abstimmen können, sodass sie ein verbotenes kollusives Verhalten realisieren, welches den Unternehmen zuzurechnen ist. Zu Recht hebt das Bundeskartellamt hervor, dass ein Algorithmeneinsatz zur bloßen Marktbeobachtung als transparenzerhöhendes Instrument erlaubt bleiben muss.

---

66 BGH, Beschl. v. 6.11.2012 – KZR 13/12, NZKart 2013, 84 – *UVP für Rucksäcke*.
67 BKartA, Algorithmen und Wettbewerb, 2020.
68 BKartA, Algorithmen und Wettbewerb, 2020, S. 5 ff.
69 Siehe ▶ Abschn. 2.2.1.1.
70 BKartA, Algorithmen und Wettbewerb, 2020, S. 6.
71 Entscheidung der CMA Case No. 50223, abrufbar unter: ▶ https://assets.publishing.service.gov.uk/media/57ee7c2740f0b606dc000018/case-50223-final-non-confidential-infringement-decision.pdf (10.6.2024). Zu weiteren Details des Falls ▶ Abschn. 2.2.1.1.
72 BKartA, Algorithmen und Wettbewerb, 2020, S. 7.
73 BKartA, Algorithmen und Wettbewerb, 2020, S. 7.
74 BKartA, Algorithmen und Wettbewerb, 2020, S. 8.
75 EuGH v. 21.1.2016 – C-74/14, ECLI:EU:C:2016:42 – *Eturas*.
76 Siehe im Detail ▶ Abschn. 2.2.1.3.2.
77 BKartA, Algorithmen und Wettbewerb, 2020, S. 8.

3.2 · Kartellverbot

Vertiefung

Für weitere Einzelheiten wird auf die Ausführungen zum europäischen Kartellverbot verwiesen.[78] Dort wird auch erläutert, wie es Algorithmen (theoretisch) gelingen kann, Reaktionsverbundenheit über den Markt herzustellen und so eine an sich erlaubte implizite Kollusion zu realisieren.

Die **aufeinander abgestimmte Verhaltensweise** dient als Auffangtatbestand. Sie erfasst Konstellationen, in welchen die Koordination der Parteien nicht so weit gediehen ist, dass es zu einer Willensübereinkunft über ein bestimmtes Marktverhalten kommt. Für eine aufeinander abgestimmte Verhaltensweise ist es hinreichend, wenn Unternehmen

> *„bewusst eine praktische Zusammenarbeit an die Stelle des mit Risiken verbundenen Wettbewerbs treten [lassen] und damit dem Grundgedanken des Wettbewerbsrechts [zuwiderhandeln], wonach jeder Unternehmer selbständig über sein Marktverhalten zu bestimmen hat."*[79]

Ebenso wie im europäischen Kartellrecht hat die aufeinander abgestimmte Verhaltensweise bei § 1 GWB für den Informationsaustausch praktische Relevanz erlangt.[80] Der BGH betont, dass es sich bei der aufeinander abgestimmten Verhaltensweise um einen zweigliedrigen Tatbestand handelt. Neben der Fühlungnahme bedarf es eines entsprechenden Verhaltens am Markt.[81]

Erlaubt bleibt dagegen die **bloße Abstimmung über den Markt**, bei welcher die Wettbewerber einander lediglich aufmerksam beobachten, ohne tatsächliche Zusammenarbeit zu praktizieren. Davon geht das Bundeskartellamt beispielsweise auf den Tankstellenmärkten aus.[82] Da die Märkte homogen und transparent sind, gelingt es den Unternehmen auch ohne Absprachen oder anderweitige Zusammenarbeit ein höheres Preisniveau zu „kommunizieren". § 1 GWB greift nicht. Gem. § 47k GWB hat das Bundeskartellamt eine Markttransparenzstelle errichtet, um dem Kollusionsrisiko ein Gegengewicht zu setzen. Die gesammelten Preisdaten werden zeitnah den Verbrauchern zur Verfügung gestellt.

Ein **Beschluss** einer Unternehmensvereinigung liegt nach der Rechtsprechung des BGH vor, wenn sie *„ihren ernsthaften Willen zum Ausdruck bringt, das Verhalten ihrer Mitglieder auf einem bestimmten Markt zu koordinieren."*[83] Dies entspricht

---

78 Im Detail ▶ Abschn. 2.2.1.3.3.
79 BGH, Urt. v. 12.4.2016 – KZR 31/14, NZKart 2016, 371, 372 – *Gemeinschaftsprogramme*.
80 BGH, Urt. v. 12.4.2016 – KZR 31/14, NZKart 2016, 371, 372 – *Gemeinschaftsprogramme*; BGH, Beschl. v. 13.7.2020 – KRB 99/19, NZKart 2020, 602, 603 – *Bierkartell*; OLG Düsseldorf v. 12.7.2017 – VI-U Kart 16/13, NZKart 2017, 481 – *Einspeisung von Fernsehprogrammsignalen III*.
81 BGH, Beschl. v. 13.7.2020 – KRB 99/19, NZKart 2020, 602, 603 – *Bierkartell*.
82 BKartA, Sektoruntersuchung Kraftstoffmärkte, 2011.
83 BGH, Beschl. v. 14.8.2008 – KVR 54/07, NJOZ 2008, 4318, 4318 – *Lottoblock*.

dem Begriffsverständnis zu Art. 101 AEUV.[84] Auf die zivil- oder gesellschaftsrechtliche Wirksamkeit des Beschlusses kommt es für § 1 GWB nicht an.[85]

3.2.3 Wettbewerbsbeschränkung

3.2.3.1 Grundsätze

Ebenso wie iRv Art. 101 AEUV ist bei der Prüfung des deutschen Kartellverbots zwischen **horizontalen und vertikalen Wettbewerbsbeschränkungen** zu unterscheiden. Beide sind wesensmäßig verschieden. Dies verdeutlichen zum einen die erleichterten Freistellungsvoraussetzungen für vertikale Vereinbarungen. Zum anderen erhellt eine historisch-genetische Auslegung des deutschen Kartellrechts den unterschiedlichen Charakter. Vor Inkrafttreten der 7. GWB-Novelle im Jahr 2005 kannte das deutsche Recht eine separate Norm für das Verbot vertikaler Absprachen. Es war in **§ 14 GWB a. F.** enthalten und erfasste nur vertikale Preisbindungen. Für andere vertikale Vereinbarungen griff gem. § 16 GWB a. F. nur eine Missbrauchsaufsicht. § 1 GWB a. F. erstreckte sich ausschließlich auf horizontale Vereinbarungen.[86] Die Wertungen des deutschen Kartellrechts, vertikale Absprachen nunmehr auch unter § 1 GWB zu fassen, überzeugen auch mit Blick auf digitale Märkte. Plattformbetreiber, deren Vereinbarungen mit gewerblichen Nutzern als vertikal eingestuft werden, verfügen regelmäßig über beträchtliche Marktmacht, sodass der wettbewerbsbeschränkende Charakter der vertikalen Absprache naheliegt.

Nachfolgend werden in Ergänzung zu den Ausführungen zu Art. 101 AEUV einige Fallgruppen horizontaler und vertikaler Wettbewerbsbeschränkungen konkretisiert. Prinzipiell gelten die zum europäischen Kartellrecht dargelegten Grundsätze auch für § 1 GWB.[87]

3.2.3.2 Horizontale Wettbewerbsbeschränkungen

Hardcore-Kartelle

In Parallele zur Rechtslage bei Art. 101 AEUV fallen unter § 1 GWB Hardcore-Kartelle. Dies sind Absprachen, bei denen Unternehmen einen Wettbewerbsparameter unmittelbar kartellieren. Die verhängten Bußgelder fallen regelmäßig hoch aus.

> ▶ Beispiele
>
> Preisabsprachen, Gebiets- oder Kundenaufteilungen, Quotenvereinbarungen. ◀

---

84 Siehe ▶ Abschn. 2.2.1.2.
85 Immenga/Mestmäcker/*Zimmer*, 7. Aufl. 2024, § 1 GWB Rn. 39.
86 Dazu im Detail *Glöckner*, Kartellrecht, 3. Aufl. 2021, Rn. 493–497.
87 Siehe ▶ Abschn. 2.2.2.

Vereinbarungen über Forschung und Entwicklung

Für die Bewertung von Forschungs- und Entwicklungsvereinbarungen gem. § 1 GWB ist auf die Horizontal-Leitlinien der Kommission zurückzugreifen.[88] Danach kommt es vor allem auf die Marktnähe der Zusammenarbeit an. Relevant ist ferner, inwiefern die Vereinbarung sich auf die gemeinsame Vermarktung oder Produktion erstreckt. Die Historie des deutschen Kartellrechts zeigt, dass Forschungs- und Entwicklungskooperationen seit jeher ambivalent bewertet wurden. So wurde einerseits betont, dass Zusammenarbeit, die ausschließlich der Forschung diene, wahrscheinlich nicht den Wettbewerb beschränke, während andererseits darauf hingewiesen wurde, dass FuE-Kooperationen auch geeignet seien, die Marktbedingungen zu verändern.[89] Beschränkt eine FuE-Kooperation den Wettbewerb, ist anschließend zu prüfen, ob sie gem. § 2 Abs. 2 GWB iVm FuE-GVO freigestellt ist.

Auf digitalen Märkten betrifft die Zusammenarbeit zu Zwecken der Forschung und Entwicklung u. a. Technologien der Industrie 4.0, des „Internets der Dinge" oder Forschungsfragen mit KI-Bezug.[90] Sollte es sich um **neuartige Kooperationen** handeln, deren kartellrechtliche Bewertung für die Unternehmen mit Unsicherheit behaftet ist, können sie gem. **§ 32c Abs. 2 GWB** ein sog. „Vorsitzendenschreiben" vom Bundeskartellamt fordern. Dies meint die informelle Mitteilung des Amtes, dass es von einer Verfahrenseinleitung absehen wird. Einen Anspruch auf eine solche Mitteilung haben Unternehmen jedoch nicht.[91] Es steht im Ermessen des Bundeskartellamts, ein Vorsitzendenschreiben zu verfassen. Weisen die beteiligten Unternehmen ein „erhebliches rechtliches und wirtschaftliches Interesse" nach, haben sie gem. § 32c Abs. 4 GWB jedoch einen Anspruch darauf, dass die Behörde förmlich darüber befindet, ob sie Anlass zum Tätigwerden sieht.

Informationsaustausch

Fälle zum Informationsaustausch iRv § 1 GWB haben bislang überwiegend sog. **Preismeldeverfahren** betroffen. Unternehmen nutzen eine Meldestelle, um sich darüber zu informieren, welche Preise ihre Wettbewerber verlangen und zu welchen Bedingungen sie diese Verträge abgeschlossen haben.[92] Der BGH hat ausgesprochen, dass solche Meldeverfahren – trotz der fehlenden Verbindlichkeit der gemeldeten Konditionen (es handelt sich nicht um ein Hardcore-Kartell) – den **Geheimwettbewerb** beschränken können.[93] Dies ist jedenfalls zu bejahen, wenn das Preismeldeverfahren es zulässt, zu identifizieren, welcher Wettbewerber welche Preise gemeldet hat.[94] Aber auch nicht-identifizierende Preismeldeverfahren sind ggfs. kartellrechtlich bedenklich: Obwohl sie unmittelbar keinen Rückschluss da-

---

88 Kommission, Horizontal-LL, 2023, Rn. 133 ff.
89 Immenga/Mestmäcker/*Zimmer*, 7. Aufl. 2024, § 1 GWB Rn. 146.
90 Siehe im Detail ▶ Abschn. 2.2.2.2.2.
91 Immenga/Mestmäcker/*Bach*, 7. Aufl. 2024, § 32c GWB Rn. 36.
92 Immenga/Mestmäcker/*Zimmer*, 7. Aufl. 2024, § 1 GWB Rn. 163.
93 BGH, Beschl. v. 29.1.1975 – KRB 4/74, NJW 1975, 1599 – *Aluminium-Halbzeug*.
94 OLG Düsseldorf, Beschl. v. 26.7.2002 – Kart 37/01 (V), WuW 2002, 1091 – *Transportbeton Sachsen*.

rauf zulassen, welches Unternehmen die gemeldeten Konditionen fordert, kann das Meldesystem bei konzentrierten Märkten Reaktionsverbundenheit zwischen den Unternehmen fördern.[95]

Ähnliche Grundsätze sollten gelten, wenn Informationen mithilfe von Algorithmen ausgetauscht werden.[96] In der von dem EuGH entschiedenen Rechtssache *Eturas* wurde dies relevant, als Wettbewerber denselben Algorithmus nutzten.[97]

Das Bundeskartellamt hat sich mit Fällen der **kooperativen Datennutzung** auf Plattformen als Unterfall des Informationsaustauschs befasst.[98] Es betont, dass *„die Beteiligten und andere, unabhängig voneinander und mit der notwendigen Abschirmung der Information über die getätigten Transaktionen gegenüber Dritten"*[99] zu agieren haben. Dies deutet in dieselbe Richtung wie die Horizontal-Leitlinien der Kommission:

» *„Die Beteiligten an einer Vereinbarung über den gegenseitigen Datenaustausch, z. B. einem Datenpool, sollten in der Regel nur Zugang zu ihren eigenen Informationen und zu den endgültigen, aggregierten Informationen der anderen Beteiligten haben. Durch technische und praktische Maßnahmen kann sichergestellt werden, dass ein Beteiligter nicht in der Lage ist, sensible Geschäftsinformationen von anderen Beteiligten einzeln zu erhalten."*[100]

▶ Beispiel

Hinsichtlich des Aufbaus einer elektronischen Handelsplattform für Stahlprodukte hatte das Bundeskartellamt keine kartellrechtlichen Bedenken.[101] Die Plattform diene dem Zweck, *„einem größeren Kreis auch kleinerer Anbieter und Kunden de[n] Zugang zu digitalen Vertriebswegen [zu] eröffne[n] und das Finden passender Vertragspartner"* zu erleichtern. Das Bundeskartellamt prüfte, ob die durch den Plattformbetrieb erhöhte Markttransparenz den Wettbewerb beschränkt. Es kam zu dem Ergebnis, dass die Plattform so konzipiert sei, dass *„ein Zugriff von Anbietern auf Daten, die Rückschlüsse auf das wettbewerbliche Verhalten ihrer Wettbewerber erlaubten, ausgeschlossen"* sei. Ferner sei die Plattform so gestaltet, dass *„für Bestands- und für Neukunden auf der Plattform selbst außerhalb des Login-Bereichs weder konkrete Preise noch Verfügbarkeiten angezeigt"* würden. ◀

---

95 BKartA v. 11.4.2007 – B3-578/06 – *Phonak/GN Store Nord*.
96 Siehe ▶ Abschn. 2.2.2.2.3.
97 EuGH v. 21.1.2016 – C-74/14, ECLI:EU:C2016 :42 – *Eturas*.
98 BKartA v. 25.9.2000, B5-40/00 – *Covisint*; BKartA v. 26.1.2001 – B3-110/00 – *RubberNetwork*,
99 BKartA v. 23.10.2000 – B 3-76/0.
100 Kommission, Horizontal-LL, 2023, Rn. 408.
101 BKartA v. 27.2.2018 – B5-1/18-001.

3.2 · Kartellverbot

Normenvereinbarungen

Wie zum europäischen Kartellverbot erläutert, können Normenvereinbarungen den Wettbewerb intensivieren und die Markttransparenz erhöhen.[102] Ggfs. beschränken sie aber den Innovationswettbewerb. Es können die zum europäischen Recht dargestellten Leitlinien der Kommission sinngemäß Anwendung finden.[103] Bis zum Inkrafttreten der 7. GWB-Novelle gab es im deutschen Kartellrecht Sonderbestimmungen zu Normen-, Typen- und Konditionenkartellen. Nunmehr sind sie anhand des allgemeinen Kartellverbots aus §§ 1, 2 GWB zu prüfen.

Einkaufs- und Verkaufsvereinbarungen

Einkaufsgemeinschaften können den **Nachfragewettbewerb** beschränken. Das steht u. a. bei Bezugsbindungen im Raum.[104] Sie müssen nicht auf einer rechtlichen Vereinbarung beruhen, sondern können auch durch die Ausübung wirtschaftlichen Drucks entstehen, infolgedessen Nachfrager ihre individuelle Bezugstätigkeit einstellen. Ermöglicht die Kooperation den Nachfragern dagegen erst, am Markt tätig zu werden und Produkte einzukaufen, beschränkt die Einkaufsvereinbarung nicht den Wettbewerb. Der Arbeitsgemeinschaftsgedanke lässt es zu, solche Konstellationen vom Kartellverbot auszunehmen.[105]

> **Wiederholung**
>
> Im Unterschied zu den europäischen Gerichten geht der BGH davon, dass die Beschaffungstätigkeit der öffentlichen Hand auch dann unter den kartellrechtlich-funktionalen Unternehmensbegriff fällt, wenn sie nicht-wirtschaftlichen Zwecken dient.[106]

Mit Blick auf Verkaufsgemeinschaften sind die Auswirkungen auf den Wettbewerb zu ermitteln. Eine Wettbewerbsbeschränkung liegt nahe, wenn die kooperierenden Unternehmen verpflichtet werden, ihre Produkte über eine gemeinsame Organisation (sog. **Syndikate**) abzusetzen.[107] Auch ohne Andienungszwang können wettbewerbsrechtliche Bedanken bestehen, wenn die Unternehmen darauf verzichten, ihre Produkte außerhalb der Organisation zu vertreiben.[108] Dies ist z. B. bei Meistbegünstigungspflichten des Syndikats gegenüber den beteiligten Unternehmen zu erwägen.[109]

---

102 *Kling/Thomas*, Kartellrecht, 2. Aufl. 2016, § 19 Rn. 124.
103 Siehe ▶ Abschn. 2.2.2.2.4.
104 BGH, Urt. v. 12.11.2002 – KZR 11/01, NJW 2003, 1748 – *Ausrüstungsgegenstände für Feuerlöschzüge*.
105 Siehe ▶ Abschn. 3.2.3.3.
106 Im Detail ▶ Abschn. 3.1.4.1.
107 *Kling/Thomas*, Kartellrecht, 2. Aufl. 2016, § 19 Rn. 99.
108 Immenga/Mestmäcker/*Zimmer*, 7. Aufl. 2024, § 1 GWB Rn. 131.
109 BGH, Beschl. v. 19.6.1975 – KVR 2/74, NJW 1975, 1837 – *Zementverkaufsstelle Niedersachsen*.

3.2.3.3 Vertikale Wettbewerbsbeschränkungen

Preisbindungen

Ebenso wie das europäische Kartellrecht verbietet § 1 GWB **Fest- und Mindestpreisbindungen**.[110]

> ▶ Bespiele

„Der Weiterverkaufspreis beträgt 25,00 EUR."; „Der Weiterverkaufspreis beträgt mindestens 49,95 EUR." ◀

Die Beurteilung von **Höchstpreisbindungen** ist demgegenüber umstritten. Den Händlern bleibt es unbenommen, die Preise zu senken. Dies kommt Verbrauchern grundsätzlich zugute. Jedoch steht im Raum, dass es den Innovationswettbewerb beeinträchtigt, wenn Händler daran gehindert werden, die Preise über einen bestimmten Höchstbetrag zu heben.[111] Vor allem wird die wettbewerbliche Handlungsfreiheit des Händlers beschränkt. In der Regel stellt eine Höchstpreisbindung daher eine Wettbewerbsbeschränkung dar. Heute fällt sie unter § 1 GWB; vor Inkrafttreten der 7. GWB-Novelle war sie gem. § 14 GWB a. F. verboten.

> ▶ Beispiel

„Der Weitverkaufspreis beträgt maximal 15,00 EUR." ◀

Im Rahmen der Freistellung ist kraft dynamischer Verweisung gem. § 2 Abs. 2 GWB die Vertikal-GVO anzuwenden, wonach Höchstpreisbindungen im Anwendungsbereich der GVO gem. Art. 2 Abs. 1 Vertikal-GVO freigestellt sind.

Unverbindliche Preisempfehlungen sind ebenfalls zulässig, es sei denn sie wirken faktisch wie Fest- oder Mindestpreisbindungen. Das Bundeskartellamt verfolgt einen strengen Ansatz.[112] Es stellt die Unverbindlichkeit der Preisempfehlung bereits in Frage, wenn sie „*nachträglich und erneut*" thematisiert wird und ihr so „*Nachdruck verliehen*" wird.[113] Druck kann auch dadurch erzeugt werden, dass der Hersteller unmittelbar gegenüber den Endkunden mit dem „empfohlenen" Preis wirbt.[114]

Verbote des Internetvertriebs

Der vollständige Ausschluss des Vertriebs über das Internet verstößt gegen das deutsche Kartellverbot.[115] Eine qualitative Selektion erfolgt hierdurch nicht.[116] Dies ergibt sich aus den Wertungen der Vertikal-GVO, wonach der vollständige Ausschluss des Internetvertriebs gem. Art. 4 lit. e) Vertikal-GVO als Kern-

---

110 Vgl. BGH, Urt. v. 15.3.1973 – KZR 11/72, NJW 1973, 1238 – *Bremsrollen*; OLG Düsseldorf, Beschl. v. 13.9.2006 – VI-Kart 2/06 (OWi), BeckRS 2006, 12713 – *OTC-Präparate*.
111 Immenga/Mestmäcker/*Zimmer*, 7. Aufl. 2024, § 1 GWB Rn. 95.
112 Siehe ▶ Abschn. 3.2.1.
113 BKartA v. 25.9.2009 – B3-123/08.
114 BGH, Urt. v. 8.4.2003 – KZR 3/02, NJW 2003, 2682 – *1 Riegel extra*.
115 Immenga/Mestmäcker/*Zimmer*, 7. Aufl. 2024, GWB § 1 Rn. 214.
116 *Dethof*, ZWeR 2012, 503, 514.

beschränkung anzusehen ist.[117] Das Bundeskartellamt hat in der Entscheidung in der Sache *Kontaktlinse* bereits im Jahr 2009 das vollständige Verbot des Internetvertriebs als unzulässig erachtet.[118] Der Hersteller hatte mit Erwägungen des Gesundheitsschutzes argumentiert.

Plattformverbote

Ob Plattformverbote – also das Verbot des Herstellers, Produkte über Handelsplattformen im Internet zu verkaufen, – gegen § 1 GWB verstoßen, wurde **von deutschen Gerichten uneinheitlich beurteilt.**

Das LG Berlin erachtete den Ausschluss des Vertriebs über die Handelsplattform *ebay* als kartellrechtswidrig.[119] Die Vorgaben des Herstellers stellten

» *„jedenfalls nicht auf objektive Gesichtspunkte qualitativer Art ab, wenn sie den Verkauf über die Internethandelsplattform eBay „nach dem derzeitigen Stand" generell ausschließ[en], weil dadurch der Verkauf über eBay unabhängig von der Einhaltung irgendwelcher Standards untersagt ist.*"[120]

„Das generelle Verbot des Warenabsatzes über eBay" stelle *„kein qualitatives Merkmal für die Auswahl der Wiederverkäufer"*[121] dar. Dies bestätigte das KG Berlin.[122]

Sachverhalt nach LG Berlin, Urt. v. 5.8.2008 – 16 O 287/08 (vereinfacht) zu den **Schulranzen-Entscheidungen**: Ein Hersteller hochwertiger Schulrucksäcke und -ranzen hat für den Vertrieb durch Händler spezifische Auswahlkriterien etabliert. Zu den Kriterien für den Internetvertrieb zählten auch, dass der *„Verkauf über ebay und vergleichbare Auktionsplattformen im Internet nach dem derzeitigen Stand der Ausgestaltung dieser Formate"*[123] nicht gestattet ist. Als Argument brachte der Hersteller vor, dass dadurch der *„hohe Standard der Service- und Beratungsleistungen"*[124] gefördert werde. Dagegen sei die *„Auktionsplattform [...] in der öffentlichen Wahrnehmung zu einem ‚Flohmarkt' verkommen, auf dem nur ‚Schnäppchen' erhältlich seien."*[125]

---

117 Siehe ▶ Abschn. 2.2.2.3.2.
118 BKartA v. 25.9.2009 – B3-123/08 – *Kontaktlinsen*.
119 LG Berlin, Urt. v. 5.8.2008 – 16 O 287/08, GRUR-RR 2009, 115 – *eBay-Verbot*.
120 LG Berlin, Urt. v. 5.8.2008 – 16 O 287/08, GRUR-RR 2009, 115, 116 – *eBay-Verbot*.
121 LG Berlin, Urt. v. 21.4.2009 – 16 O 729/07 Kart, BB 2009, 1381, 1381– *eBay-Verbot*.
122 KG Berlin, Urt. v. 19.9.2013 – 2 U 8/09 Kart, NZKart 2014, 72 – *Schulranzen*.
123 LG Berlin, Urt. v. 5.8.2008 – 16 O 287/08, GRUR-RR 2009, 115, 115 – *eBay-Verbot*.
124 KG Berlin, Urt. v. 19.9.2013 – 2 U 8/09 Kart, NZKart 2014, 72 juris-Rn. 14 (in NZKart-Fundstelle nicht abgedruckt) – *Schulranzen*.
125 LG Berlin, Urt. v. 21.4.2009 – 16 O 729/07 Kart, BB 2009, 1381, juris-Rn. 23 (in BB-Fundstelle nicht abgedruckt) – *eBay-Verbot*.

In einem parallel gelagerten Fall, der ebenfalls den Vertrieb von Schulränzen und -säcken zum Gegenstand hatte, entschied das OLG Karlsruhe anders.[126] Das Plattformverbot verstoße nicht gegen § 1 GWB, Art. 101 AEUV. Dazu führte das Gericht aus, dass

> » *„die Anforderungen an den Vertrieb der Markenprodukte über das Internet [...] ebenso wie die Anforderungen an ein Einzelhandelsgeschäft die sachliche Ausstattung des Wiederverkäufers [betreffen]. Wenn er über das Internet vertreiben will, muss er über einen Internetauftritt verfügen, der den gestellten Anforderungen genügt. Ein Vertrieb über eBay und vergleichbare Auktionsplattformen erfüllt nach den Auswahlkriterien diese Anforderungen nicht; auch insoweit wird daher an die sachliche Ausstattung, nämlich an die Ausgestaltung des Internetvertriebs, angeknüpft."*[127]

Insoweit wertete das OLG Karlsruhe das Plattformverbot als **taugliches qualitatives Kriterium** für ein selektives Vertriebssystem. In diesem Sinne entschied auch das LG Mannheim.[128]

Für den Fall des Vertriebs von **Luxusparfüms** in einem selektiven Vertriebssystem urteilte das OLG Frankfurt a. M. dass, ein

> » *„Verbot, bei Vertrieb der Vertragsprodukte im Internet nach außen erkennbar Dritte (Verkaufsplattformen) einzuschalten, [...] keine Kernbeschränkung [...] [darstelle], wenn der Hersteller gleichzeitig die Nutzung von Suchmaschinen/Preisvergleichsseiten"*[129]

zulasse. Auch aus der europäischen Rechtsprechung hatte sich bislang ergeben, dass Plattformverbote zumindest bei dem Vertrieb von Luxusgütern ein taugliches Selektionskriterium sind.[130] Das OLG Hamburg ging 2018 davon aus, dass Plattformverbote auch dann zulässig seien, wenn *„es sich bei den vertriebenen Waren nicht um technisch hochwertige Waren und/oder Luxusgüter"*[131] handele. In dem der Entscheidung zugrunde liegenden Sachverhalt ging es um den Verkauf von Nahrungsergänzungsmitteln und Kosmetika.

Für die zukünftige Beurteilung von Plattformverboten nach § 1 GWB sind die **Wertungen der Vertikal-GVO von 2022** bedeutsam. Danach können Plattformverbote auch bei dem selektiven Vertrieb von **Markenwaren** zulässig sein. Gem. ErwG 15 sind bei der Qualifizierung einer Wettbewerbsbeschränkung als Kernbeschränkung gem. Art. 4 lit. e) Vertikal-GVO „Inhalt und Kontext der Beschränkung [zu berücksichtigen], sie sollte jedoch nicht von den marktspezifischen Umständen oder den individuellen Eigenschaften der beteiligten Unternehmen abhängen." Auch in den Vertikal-Leitlinien von 2022 sind *„hochwertige oder hoch-*

---

126 OLG Karlsruhe, Urt. v. 25.11.2009 – 6 U 47/08 Kart, GRUR-RR 2010, 109 – *Schulranzen*.
127 OLG Karlsruhe, Urt. v. 25.11.2009 – 6 U 47/08 Kart, GRUR-RR 2010, 109, 111 – *Schulranzen*.
128 LG Mannheim, Urt. v. 14.3.2008 – 7 O 263/07 Kart, GRUR-RR 2008, 253 – *Schulranzen*.
129 OLG Frankfurt a. M., Urt. v. 12.7.2018 – 11 U 96/14 (Kart), GRUR 2018, 1171 – *Luxusparfüm im Internet II*.
130 EuGH v. 6.12.2017 – C-230/16, ECLI:EU:C:2017:941– *Coty Germany*, siehe ▶ Abschn. 2.2.2.3.3.
131 OLG Hamburg, Urt. v. 22.3.2018 – 3 U 250/16, NZKart 2018, 590 – *Aloe Vera-Produkte*.

technologische Produkte"[132] als Beispiel für Waren genannt, die einen selektiven Vertrieb unter Ausschluss von Plattformen rechtfertigen.

Nutzungsbeschränkungen von Preisvergleichsdiensten und eigenen Websites

Das Verbot, Preisvergleichsdienste zu nutzen, hat die deutsche Rechtsprechung als unzulässige, **nicht freigestellte vertikale Wettbewerbsbeschränkung** bewertet.[133] Zur Begründung führte das OLG Düsseldorf aus, dass ein generelles Verbot, Preisvergleichsdienste zu nutzen, „*die wettbewerblichen Handlungsspielräume [der] Händler [beeinträchtige]*".[134] Es bedeute „*in erster Linie eine Beschränkung des markeninternen Wettbewerbs, darüber hinaus aber auch des markenübergreifenden Wettbewerbs.*"[135] Dies hatte der BGH bereits 2017 in der Rechtssache *Asics* in diesem Sinne entscheiden.[136] Das Verständnis entspricht den Wertungen des nun geltenden **Art. 4 lit. e) Vertikal-GVO**.[137]

Zulässig bleiben jedenfalls spezifische **Vorgaben an die Präsentation der Waren** auf der händlereigenen Website.[138] Ein Beispiel ist das Erfordernis, bei der Warenpräsentation Fotos einer bestimmten Mindestqualität einzusetzen.[139] Auch kann der Hersteller verlangen, dass Händler telefonische Beratungsleistungen anbieten.[140]

Meistbegünstigungsklauseln

Das Bundeskartellamt und die deutsche Rechtsprechung haben sich mehrfach mit Bestpreisklauseln von Hotelbuchungsplattformen auseinandergesetzt. Für deren kartellrechtliche Beurteilung ist zwischen **engen und weiten Bestpreisklauseln** zu unterscheiden. Während der Plattformbetreiber durch enge Bestpreisklauseln den Anbietern verbietet, auf ihrer eigenen Website günstigere Preise und bessere Konditionen zu verlangen, erfasst die weite Bestpreisklausel andere alternative Vertriebskanäle, insbesondere den Vertrieb über andere Plattformen.

Das Bundeskartellamt sieht sowohl enge als auch weite Bestpreisklauseln als **unvereinbar mit § 1 GWB** an.[141] Beide Klauselarten beschränken die wettbewerbliche Handlungsfreiheit der Händler. Ihnen wird die Möglichkeit genommen, auf ihrer eigenen Website bzw. in anderen Vertriebskanälen bessere Preise anzubieten. Dies wirkt marktabschottend. Der Plattformbetreiber festigt so auf dem Markt für

---

132 Kommission, Vertikal-LL, 2022, Rn. 149.
133 OLG Düsseldorf, Urt. v. 5.4.2019 – VI-Kart 2/16 (V), NZKart 2019, 503 – *Preisvergleichsportale*.
134 OLG Düsseldorf, Urt. v. 5.4.2019 – VI-Kart 2/16 (V), NZKart 2019, 503, 505 – *Preisvergleichsportale*.
135 OLG Düsseldorf, Urt. v. 5.4.2019 – VI-Kart 2/16 (V), NZKart 2019, 503, 505 – *Preisvergleichsportale*.
136 BGH, Beschl. v. 12.12.2017 – KVZ 41/17, NZKart 2018, 96 – *Asics*.
137 Siehe ▶ Abschn. 2.2.2.3.5.
138 LG Mannheim, Urt. v. 14.3.2008 – 7 O 263/07, GRUR-RR 2008, 253, 256 – *Schulranzen* (zu § 20 GWB).
139 Immenga/Mestmäcker/*Zimmer*, 7. Aufl. 2024, § 1 GWB Rn. 214.
140 *Dreyer/Lemberg*, BB 2012, 2004, 2008.
141 BKartA v. 20.12.2013 – B9-66/10, Rn. 153 ff. – *HRS Bestpreisklausel*; BKartA v. 22.12.2015 – B9--121/13, Rn. 159 ff. – *Booking.com*.

die Vermittlungsdienstleistungen seine Marktstellung. Denn Endnutzer werden dazu neigen, die Angebote der Händler vorrangig über die Plattform nachzufragen, auf denen die besten Konditionen angeboten werden. Es bestehen keine Anreize, alternative Absatzwege zu nutzen. Bei engen Bestpreisklauseln sind diese Effekte insoweit abgeschwächt, als es den Händlern nur untersagt wird, über die eigene Website günstiger anzubieten.

Das OLG Düsseldorf beurteilte im Jahr 2019 enge Bestpreisklauseln als **notwendige Nebenabrede** zum Plattformnutzungsvertrag zwischen Hotelanbietern und Plattformbetreiber. Das Gericht nahm sie infolge teleologischer Reduktion von § 1 GWB aus.[142] Ohne die Vereinbarung einer engen Bestpreisklausel bestünde ein Trittbrettfahrerrisiko zulasten der Plattform: Die Hotelbetreiber könnten die auf der Plattform akquirierten Kunden zum Vertragsschluss auf die eigene Website umleiten.[143] Dem widersprach der BGH.[144] Die Vereinbarung einer engen Bestpreisklausel sei nicht objektiv notwendig für das Geschäftsmodell einer Hotelbuchungsplattform. Vielmehr gehe es darum, *„ein Trittbrettfahrerproblem durch eine den bedeutendsten Wettbewerbsparameter, den Preis, in nicht unerheblichem Umfang regelnde Klausel [zu] bekämpfen."*[145] Der BGH sieht daher ebenfalls sowohl enge als auch weite Bestpreisklauseln als unvereinbar mit § 1 GWB, Art. 101 AEUV an.

Was die Freistellung gem. § 2 GWB anbelangt, sind die Vorschriften der Vertikal-GVO auch für das deutsche Kartellverbot maßgeblich. Danach sind weite Bestpreisklauseln eine nicht freistellungsfähige Beschränkung gem. Art. 5 Abs. 1 lit. d) Vertikal-GVO. Enge Bestpreisklauseln stellen zwar eine vertikale Wettbewerbsbeschränkung dar, sind im Anwendungsbereich der Vertikal-GVO im Grundsatz aber freigestellt. Es besteht gem. Art. 6 Vertikal-GVO die Möglichkeit, die Freistellung im Einzelfall zu entziehen.

Ausschließlichkeitsvereinbarungen

Ausschließlichkeitsvereinbarungen liegen z. B. vor, wenn Abnehmer sich gegenüber dem Lieferanten dazu verpflichten, ausschließlich oder weit überwiegend nur von ihm zu beziehen (**Alleinbezugsverpflichtung**) oder – umgekehrt – Lieferanten sich verpflichten, ausschließlich oder ganz überwiegend einen spezifischen Abnehmer zu beliefern (**Alleinbelieferungsverpflichtung**). Solche Ausschließlichkeitsvereinbarungen können marktabschottend wirken und gegen § 1 GWB verstoßen. Ob dies der Fall ist, ist anhand der bereits zu Art. 101 AEUV erläuternden Grundsätze zu entscheiden.[146] Danach kommt es vor allem auf die Marktabdeckung der Ver-

---

142 OLG Düsseldorf, Beschl. v. 4.6.2019 – VI-Kart 2/16 (V), NZKart 2019, 379 – *Enge Bestpreisklausel II*. In einer Eilentscheidung im Jahr 2016 hatte das OLG Düsseldorf die enge Bestpreisklausel demgegenüber noch als kartellrechtswidrig erachtet, vgl. OLG Düsseldorf, Beschl. v. 4.5.2016 – VI-Kart 1/16 (V), NZKart 2016, 291 – *Booking.com* (Eilentscheidung zu enger Bestpreisklausel).
143 OLG Düsseldorf, Beschl. v. 4.6.2019 – VI-Kart 2/16 (V), NZKart 2019, 379, 382 – *Enge Bestpreisklausel II*.
144 BGH, Beschl. v. 18.5.2021 – KVR 54/20, GRUR 2021, 1213 – *Booking.com*.
145 BGH, Beschl. v. 18.5.2021 – KVR 54/20, GRUR 2021, 1213, 1216 – *Booking.com*.
146 Siehe ▶ Abschn. 2.2.2.3.7.

träge, die Verpflichtungsdauer und die Marktanteile der beteiligten Unternehmen an. Nach den Wertungen der Vertikal-GVO sind jedenfalls solche Vereinbarungen nicht freistellungsfähig, die insgesamt einen Marktanteil von über 30 % abdecken (vgl. Art. 3 Vertikal-GVO), auf dem relevanten Markt mehr als 80 % des Gesamtbezugs der Vertragswaren oder -dienstleistungen betreffen (vgl. Art. 1 lit. f) Vertikal-GVO) und eine Laufzeit von mehr als 5 Jahren (vgl. Art. 5 Abs. 1 lit. a) Vertikal-GVO) haben.

Dies entspricht den Grundsätzen, die die deutsche Rechtsprechung anwendet. In der Sache *Gaslieferverträge* hat der BGH ausgesprochen, dass die Laufzeit von Verträgen, mit welchen Abnehmer rund 80–100 % ihres Bedarf bei ein- und demselben Lieferanten decken, maximal zwei Jahre betragen dürfen.[147] Bei einer Liefermenge von über 50–80 % sei eine Vertragslaufzeit von bis zu vier Jahren kartellrechtlich unbedenklich.[148] Zu diesem Ergebnis kam der BGH unter Berücksichtigung der Marktmacht des Lieferanten und der Marktzutrittsschranken.[149] Unter Anwendung der Bündeltheorie berücksichtigte er, welche Marktabdeckung die vom Lieferanten vereinbarten Verträge erreichten.

▶ **Beispiel**

In der Rechtssache *Eventim* sah das Bundeskartellamt eine Exklusivvereinbarung als unvereinbar mit § 1 GWB an, wonach die Vertragspartner gegenüber dem Betreiber des größten Ticketsystems in Deutschland sich verpflichtet hatten, ausschließlich oder überwiegend ihre Tickets über die Plattform zu vertreiben.[150] Die marktabschottende Wirkung der Vereinbarung war darauf zurückzuführen, dass *Eventim* zugleich marktbeherrschend war. Es lag zudem ein Verstoß gegen § 19 GWB vor.[151] An dem hohen Marktanteil der Plattform scheiterte zudem eine Freistellung gem. Art. 2 Abs. 1 Vertikal-GVO. ◀

3.2.3.4 Bezwecken oder bewirken

Ein Verstoß gegen § 1 GWB setzt voraus, dass die Wettbewerbsbeschränkung bezweckt oder bewirkt ist. Es gelten die zu Art. 101 AEUV dargelegten Grundsätze.[152] Danach ist eine Wettbewerbsbeschränkung bezweckt, wenn sie bereits ihrer Natur nach schädlich für den Wettbewerb ist. Falls dies abzulehnen ist, ist zu prüfen, ob die Wettbewerbsbeschränkung bewirkt wurde. Dies ist anhand ihrer tatsächlichen und potenziellen Auswirkungen auf den Markt zu ermitteln.

---

147 BGH, Beschl. v. 10.2.2009 – KVR 67/07, NJW-RR 2009, 1635, 1638 – *Gaslieferverträge*.
148 BGH. Beschl. v. 10.2.2009 – KVR 67/07, NJW-RR 2009, 1635, 1638 – *Gaslieferverträge*.
149 BGH, Beschl. v. 10.2.2009 – KVR 67/07, NJW-RR 2009, 1635, 1638 f. – *Gaslieferverträge*.
150 OLG Düsseldorf, Beschl. v. 3.4.2019 – Kart 2/18 (V), NZKart 2019, 282 – *Ticketvertrieb II*; BKartA v. 4.12.2017 – B6-132/14-2 – *Eventim*.
151 BKartA v. 4.12.2017 – B6-132/14-2, Rn. 71 ff. – *Eventim*.
152 Siehe ▶ Abschn. 2.2.2.4.

3.2.3.5 Spürbarkeit

Zur Voraussetzung der Spürbarkeit hat das Bundeskartellamt die sog. **Bagatellbekanntmachung** veröffentlicht.[153] In Parallele zu der De-minimis-Bekanntmachung der Kommission[154] führt das Bundeskartellamt darin aus, wann wegen Geringfügigkeit von einer Verfahrenseinleitung regelmäßig absehen wird.[155] Bei einer horizontalen Vereinbarung wird das Bundeskartellamt von einer Verfahrensableitung auf der Grundlage von § 1 GWB, Art. 101 AEUV Abstand nehmen, wenn der Marktanteil der beteiligten Unternehmen auf keinem der betroffenen Märkte **10 %** überschreitet.[156] Bei einer vertikalen Vereinbarung liegt die Schwelle bei **15 %**.[157] Ausgenommen von der Bagatellbekanntmachung sind Kernbeschränkungen. Dazu zählt das Bundeskartellamt u. a. die Festsetzung von Preisen oder Preisbestandteilen im Hinblick auf Dritte sowie Beschränkungen bei der Produktion, dem Bezug und dem Absatz.

3.2.4 Tatbestandsrestriktionen

3.2.4.1 Allgemeines

Entsprechend zum europäischen Recht anerkannt die deutsche Rechtsprechung ungeschriebene Ausnahmen vom Kartellverbot. Es handelt sich um Fälle der **teleologischen Reduktion**, in denen zwar der Wortlaut des Kartellverbots erfüllt ist, die Absprache aber nicht von Sinn und Zweck des § 1 GWB erfasst wird. Infolge des Gleichlaufs von europäischem und deutschem Kartellverbot ist für die anerkannten Tatbestandsrestriktionen zunächst auf die Ausführungen zum europäischen Kartellverbot zu verweisen.[158] Zu Art. 101 AEUV wurde erläutert, dass die Rechtsprechung ausgewählte außerwettbewerbliche Belange – u. a. die Tarifvertragsfreiheit, Interessen des Sports und die Rechtssetzungsbefugnis von Rechtsanwaltskammern – herangezogen hat, um Absprachen von Art. 101 AEUV auszunehmen. Zudem wurden das Handelsvertreterprivileg, die Markterschließungsdoktrin und das Konzernprivileg dargestellt. Nachfolgend wird lediglich ergänzend auf Besonderheiten des deutschen Kartellrechts eingegangen. Diese führen *nicht* dazu, dass der Gleichlauf zwischen europäischem und deutschem Kartellverbot durchbrochen wird. Unterschiede bestehen vorrangig bei den für die Tatbestands-

---

153 BKartA, Bekanntmachung Nr. 18/2007 des Bundeskartellamtes über die Nichtverfolgung von Kooperationsabreden mit geringer wettbewerbsbeschränkender Bedeutung, 2007.
154 Bekanntmachung über Vereinbarungen von geringer Bedeutung, die im Sinne des Artikels 101 Absatz 1 des Vertrags über die Arbeitsweise der Europäischen Union den Wettbewerb nicht spürbar beschränken, ABl. EU 2019 Nr. C 291/1.
155 BKartA, Bekanntmachung Nr. 18/2007 des Bundeskartellamtes über die Nichtverfolgung von Kooperationsabreden mit geringer wettbewerbsbeschränkender Bedeutung, 2007, Rn. 1.
156 BKartA, Bekanntmachung Nr. 18/2007 des Bundeskartellamtes über die Nichtverfolgung von Kooperationsabreden mit geringer wettbewerbsbeschränkender Bedeutung, 2007, Rn. 8.
157 BKartA, Bekanntmachung Nr. 18/2007 des Bundeskartellamtes über die Nichtverfolgung von Kooperationsabreden mit geringer wettbewerbsbeschränkender Bedeutung, 2007, Rn. 9.
158 Siehe ▶ Abschn. 2.2.4.

restriktionen verwendeten Bezeichnungen sowie den von der Rechtsprechung angeführten Rechtfertigungen.

3.2.4.2 Immanenzgedanke

Nach dem Immanenzgedanken ist das Kartellverbot aus § 1 GWB teleologisch zu reduzieren, wenn die Wettbewerbsbeschränkung erforderlich ist, um den kartellrechtsneutralen Hauptzweck einer Vereinbarung zu realisieren.[159] Dies entspricht den zu Art. 101 AEUV dargestellten notwendigen Nebenabreden.[160]

Praxisrelevanz hat der Immanenzgedanke u. a. bei Wettbewerbsverboten in **Unternehmensveräußerungsverträgen** erlangt.[161] Ein Wettbewerbsverbot dient dazu, den Wert des Unternehmens – dazu zählen auch der *good will* und das vorhandene Know-How – zu sichern.[162] Auch in **Subunternehmerverträgen** werden nachvertragliche Wettbewerbsverbote und Kundenschutzklauseln vereinbart. Ein solches Verbot beschränkt den Wettbewerb, ist aber von § 1 GWB auszunehmen, wenn es erforderlich ist, um ein Abwandern der Kunden zu verhindern.[163] Das Wettbewerbsverbot ist nur mit § 1 GWB vereinbar, wenn es sich sachlich, räumlich und zeitlich auf das notwendige Maß beschränkt. Überschreitet das vereinbarte Wettbewerbsverbot das zeitlich Notwendige, ist eine geltungserhaltende Reduktion zu prüfen.[164]

3.2.4.3 Arbeitsgemeinschaftsgedanke

Der Arbeitsgemeinschaftsgedanke beruht auf der Überlegung, dass Wettbewerber, die nur gemeinsam in der Lage sind, am Markt tätig zu werden – z. B. durch Abgabe eines Angebots für ein ausgeschriebenes Bauprojekt[165] –, durch ihr Zusammenwirken nicht den Wettbewerb beschränken, sondern ihn vielmehr beleben.[166] Dies entspricht weitgehend der im europäischen Recht anerkannten Markterschließungsdoktrin.[167] Im Digitalkontext lässt sich der Arbeitsgemeinschaftsgedanke für Kooperationen fruchtbar machen. Ein Beispiel ist die Zusammenarbeit zur Entwicklung neuer Lösungen in der Industrie 4.0.[168] Der BGH bedient sich des Arbeitsgemeinschaftsgedankens bereits, wenn ein selbstständiges Tätigwerden der Wettbewerber „*wirtschaftlich [nicht] zweckmäßig und kaufmännisch*

---

159 BGH, Urt. v. 3.5.1988 – KZR 17/87, NJW 1988, 273 – *neuform-Artikel*; BGH, Urt. v. 19.10.1993 – KZR 3/92, NJW 1994, 384 – *Ausscheidender Gesellschafter*.
160 Siehe ▶ Abschn. 2.2.4.2.
161 BGH, Urt. v. 23.6.2009 – KZR 58/07, NZG 2010, 76 – *Gratiszeitung Hallo*; OLG Düsseldorf, Urt. v. 15.8.2007 – VI-U (Kart) 11/07, BeckRS 2008, 3524 – *Anzeigenblatt-GU*; *Dreher/Kulka*, Wettbewerbs- und Kartellrecht, 12. Aufl. 2023, Rn. 1048.
162 *Glöckner*, Kartellrecht, 3. Aufl. 2021, Rn. 429.
163 OLG Düsseldorf, Beschl. v. 15.5.2019 – VI-W (Kart) 4/19, NZKart 2019, 386, 388 – *Nachvertragliches Wettbewerbsverbot*.
164 *Dreher/Kulka*, Wettbewerbs- und Kartellrecht, 12. Aufl. 2023, Rn. 1052.
165 BGH, Urt. v. 13.12.1983 – KRB 3/83, BB 1984, 364 – *Bauvorhaben Schramberg*.
166 *Müller-Feldhammer*, NZKart 2019, 463, 464.
167 Siehe ▶ Abschn. 2.2.4.3.
168 *Ecker/van Geerenstein/Gronemeyer/Janka/Jansen/Kiparski/Lau/Polley/Scheibe/Suchsland/Wegner*, Industrie 4.0 – Kartellrechtliche Betrachtungen, 2. Aufl. 2021, S. 44.

[nicht] vernünftig"[169] wäre. Es bedarf daher nicht des Nachweises, dass ein Unternehmen *„für sich genommen nicht zur Leistung in der Lage"*[170] wäre.

3.2.5 Freistellung

3.2.5.1 Allgemeines

Die Voraussetzungen der Freistellung vom Kartellverbot sind in § 2 Abs. 1 GWB niedergelegt. Sie entsprechen den in Art. 101 Abs. 3 AEUV niedergelegten Voraussetzungen. Kraft der dynamischen Verweisung in § 2 Abs. 2 GWB finden die Gruppenfreistellungsverordnungen auch bei der Freistellung vom deutschen Kartellverbot Anwendung. Die Prüfungsreihenfolge entspricht der im europäischen Recht: Zunächst ist zu klären, ob eine Gruppenfreistellungsverordnung einschlägig ist. Ist dies nicht der Fall oder folgt aus ihr keine Freistellung, ist im Anschluss eine Einzelfreistellung gem. § 2 Abs. 1 GWB zu prüfen. Bei der Prüfung der Voraussetzungen der Einzelfreistellung gilt es zu bedenken, dass es Sinn und Zweck der GVOen ist, die allgemeinen Voraussetzungen für spezifische Kategorien von Wettbewerbsbeschränkungen zu konkretisieren.

3.2.5.2 Gruppenfreistellungsverordnungen

§ 2 Abs. 2 GWB verweist auf die Gruppenfreistellungsverordnungen in ihrer aktuell geltenden Fassung.[171] Dadurch hat der deutsche Gesetzgeber seine Regelungsbefugnis teilweise[172] dem europäischen Gesetzgeber übertragen. Durch den Verweis des § 2 Abs. 2 GWB ist auch bei einem Kartell, das nicht geeignet ist, den zwischenstaatlichen Handel zu beeinträchtigen, zunächst anhand der europäischen Gruppenfreistellungsverordnungen eine Freistellung zu prüfen. Einige erheben verfassungsrechtliche Einwände gegen die dynamische Verweisung.[173] Insbesondere aus dem Demokratieprinzip ergäben sich Einwände, da staatliche Gesetze auf den Volkswillen zurückzuführen sein müssten.[174] Jedoch erscheint die Verweisung hinreichend bestimmt. Zudem kann der deutsche Gesetzgeber sie jederzeit aufheben.[175]

---

169 BGH, Urt. v. 13.12.1983 – KRB 3/83, BB 1984, 364 – *Bauvorhaben Schramberg*; BGH, Urt. v. 5.2.2002 – KZR 3/01, GRUR 2002, 644, 646 – *Jugend- und Frauennachtfahrten*.
170 OLG Düsseldorf, Beschl. v. 17.1.2018 – VII-Verg 39/17, NZKart 2018, 153, 154 – *Bietergemeinschaft für Baggerarbeiten*.
171 *Ehrickel/Blask*, JZ 2003, 722, 724; Immenga/Mestmäcker/*Ellger*, 7. Aufl. 2024, § 2 GWB Rn. 233.
172 Greift keine GVO bzw. ergibt sich aus ihr keine Freistellung, bleibt die Möglichkeit der Einzelfreistellung gem. § 2 Abs. 1 GWB. Ergibt sich aus einer GVO die Freistellung, kann das Bundeskartellamt den Vorteil ausnahmsweise entziehen.
173 *Ehrickel/Blask*, JZ 2003, 722, 725–727; FK-KartellR/*Heyers*, 108. EL 2024, § 2 GWB Rn. 12 ff.
174 *Ehrickel/Blask*, JZ 2003, 722, 725.
175 Immenga/Mestmäcker/*Ellger*, 7. Aufl. 2024, § 2 GWB Rn. 234; Bunte/*Schneider*, 14. Aufl. 2021, § 2 GWB Rn. 66.

3.2.5.3 Einzelfreistellung

Die Voraussetzungen der Einzelfreistellung in § 2 Abs. 1 GWB **entsprechen denen des Art. 101 Abs. 3 AEUV**.[176] Es müssen demnach vier Voraussetzungen kumulativ erfüllt sein, damit eine Wettbewerbsbeschränkung freigestellt ist. Erstens muss das Kartell Effizienzgewinne erzeugen, an denen – zweitens – die Verbraucher auf der Marktgegenseite angemessen beteiligt werden. Drittens muss die Wettbewerbsbeschränkung unerlässlich für die Generierung der Effizienzen sein. Viertens darf sie nicht dazu führen, dass der Wettbewerb auf einem wesentlichen Teil der betroffenen Märkte ausgeschaltet wird.

Sowohl statische als auch dynamische **Effizienzgewinne** sind zu berücksichtigen. Beispiele sind Kosteneinsparungen durch Skalen- oder Verbundvorteile. Auch die Entwicklung neuer Produktvarianten, die die Vielfalt des Angebots am Markt vergrößert, erhöht die Verbraucherwohlfahrt. Eine **angemessene** Beteiligung der Verbraucher setzt voraus, dass die Effizienzen die negativen Folgen der Wettbewerbsbeschränkung zumindest aufwiegen. Ein Überwiegen wird nicht verlangt. Ob durch das Kartell der Wettbewerb auf einem wesentlichen Teil des Marktes ausgeschaltet wird, hängt vor allem von der Marktabdeckung des Kartells ab. Ist kein hinreichender Wettbewerbsdruck vorhanden, kann es bereits an einer angemessenen Verbraucherbeteiligung fehlen, da die Kartellanten sich nicht veranlasst sehen, Einsparungen bei Einkauf oder Produktion an die Marktgegenseite weiterzureichen.

> **Prüfungsaufbau: Kartellverbot des §§ 1, 2 GWB**
> 1. Verbotene Verhaltensweise
>   Vereinbarung, Beschluss oder aufeinander abgestimmte Verhaltensweise
> 2. Wettbewerbsbeschränkung
>   a) Horizontale oder vertikale Wettbewerbsbeschränkung
>   b) Bezwecken oder bewirken
>   c) Spürbarkeit der Wettbewerbsbeschränkung
> 3. Keine tatbestandsimmanente Ausnahme
> 4. Keine Freistellung
>   a) Einschlägige GVO gem. § 2 Abs. 2 GWB
>   b) Einzelfreistellung gem. § 2 Abs. 1 GWB

---

176 Siehe ▶ Abschn. 2.2.5.3 zu Art. 101 Abs. 3 AEUV.

3.3 Missbrauchsverbot

3.3.1 Missbrauch einer marktbeherrschenden Stellung, § 19 GWB

3.3.1.1 Allgemeines

§ 19 Abs. 1 GWB entspricht weitgehend dem Missbrauchsverbot des Art. 102 AEUV im europäischen Kartellrecht.[177] Im Unterschied zu Art. 102 AEUV setzt ein Verstoß gegen das deutsche Verbot aber keine Geeignetheit zur Beeinträchtigung des zwischenstaatlichen Handelns voraus. Die Regelbeispiele in § 19 Abs. 2 GWB entsprechen nicht denen in Art. 102 UAbs. 2 AEUV. Dies ist für die Reichweite der Verbotstatbestände jedoch nicht von Belang. In der deutschen Rechtspraxis haben die Regelbeispiele ungleich mehr Bedeutung erlangt als bei Anwendung des Art. 102 AEUV. Das Bundeskartellamt und die Gerichte unterscheiden bei Anwendung des deutschen Missbrauchsverbot regelmäßig zwischen einer Behinderung oder Diskriminierung (Nr. 1), einem Ausbeutungsmissbrauch (Nr. 2), einer Konditionenspaltung (Nr. 3), einem Fall der Essential-Facilites-Doktrin (Nr. 4) sowie einem Verstoß gegen das Anzapfverbot (Nr. 5).

> **Übersicht zu den Regelbeispielen des deutschen Missbrauchsverbots in § 19 Abs. 2 GWB:**
> Nr. 1: Unbillige Behinderung und sachlich ungerechtfertigte Diskriminierung
> Nr. 2: Ausbeutung durch das Fordern von Entgelten oder sonstigen Geschäftsbedingungen, die von denjenigen abweichen, die sich bei wirksamem Wettbewerb mit hoher Wahrscheinlichkeit ergeben würden
> Nr. 3: Konditionenspaltung durch ungünstigere Entgelte oder sonstige Geschäftsbedingungen, als sie das marktbeherrschende Unternehmen selbst auf vergleichbaren Märkten von gleichartigen Abnehmern fordert
> Nr. 4: Zugangsverweigerung zu wesentlichen Einrichtungen, die objektiv notwendig sind, um auf einem vor- oder nachgelagerten Markt tätig zu sein
> Nr. 5: Anzapfen durch Aufforderung eines anderen Unternehmens, dem Marktbeherrscher ohne sachlich gerechtfertigten Grund Vorteile zu gewähren

Darüber hinaus enthält das deutsche Missbrauchsrecht **weitere Verbote**, die keine Entsprechung im europäischen Kartellrecht finden. Dies betrifft zunächst § 19a GWB, der Unternehmen mit überragender marktübergreifender Bedeutung für den Wettbewerb adressiert.[178] Auf Unionsebene kommt – wenngleich mit erheblichen Unterschieden – der Digital Markets Act dem Verbot des § 19a GWB inhaltlich am nächsten. Zudem etabliert § 20 GWB Verbote, die Unternehmen mit relati-

---

177 Siehe ▶ Abschn. 2.3.
178 Siehe ▶ Abschn. 3.3.2.

3.3 · Missbrauchsverbot

ver Marktmacht unterhalb der Schwelle zur Marktbeherrschung erfassen.[179] Sie finden keine Entsprechung im europäischen Kartellrecht, sind infolge Art. 3 Abs. 2 Satz 2 VO 1/2003 aber unionsrechtskonform. Danach ist es Mitgliedsstaaten nicht verwehrt, für einseitiges unternehmerisches Handeln strengere Wettbewerbsvorschriften vorzusehen.

> **Merke**
> Das deutsche Missbrauchsverbot enthält anders als das europäische Kartellrecht nicht nur ein Missbrauchsverbot für marktbeherrschende Unternehmen. § 20 GWB adressiert marktstarke Unternehmen. § 19a GWB richtet sich an Unternehmen mit überragender marktübergreifender Bedeutung für den Wettbewerb.

3.3.1.2 Marktabgrenzung

Sachlich relevanter Markt

Das Missbrauchsverbot aus § 19 GWB adressiert nicht jedwede Unternehmen, sondern nur solche, die eine marktbeherrschende Stellung innehaben. Ebenso wie bei Art. 102 AEUV ist daher in einem ersten Schritt die Marktbeherrschung zu prüfen. Hierfür bedarf es zunächst der Abgrenzung des kartellrechtlich relevanten Marktes. Dies hat in sachlicher, räumlicher und ggfs. zeitlicher Dimension zu geschehen.

Der sachlich relevante Markt wird – ebenso wie im EU-Kartellrecht[180] – in erster Linie nach dem **Bedarfsmarktkonzept** abgegrenzt. Zur Ermittlung der **Nachfragesubstituierbarkeit** ist zu klären, welche Produkte aus Sicht der Marktgegenseite im Hinblick auf ihre Eigenschaften, ihre Verwendungszwecke und den Preis austauschbar sind.[181] Für die Austauschbarkeit kommt es auf das tatsächliche Verbraucherverhalten, nicht auf eine objektive oder wissenschaftliche Perspektive an.[182] Die deutsche Rechtsprechung stellt den Verwendungszweck der Produkte in den Vordergrund.[183] Preisunterschiede können auch eine Rolle spielen, sind aber tendenziell zweitrangig. Ebenso wie die europäische Praxis hat das Bundeskartellamt in einigen Fällen ergänzend den **SSNIP-Test**[184] zur Ermittlung der Nachfragesubstituierbarkeit herangezogen.[185] Der BGH betont, dass der Test „*eine Hilfestellung liefern, die Marktabgrenzung aber nicht als ausschließliches Kriterium bestimmen kann.*"[186] Das Bedarfsmarktkonzept wird durch die **Angebotsumstellungsflexibilität** modifiziert (sog. modifiziertes Bedarfsmarktkonzept): Produkte, die aktuell nicht angeboten werden, deren Herstellung aber

---

179 Siehe ▶ Abschn. 3.3.3.
180 Siehe ▶ Abschn. 2.3.1.1.
181 BGH, Urt. v. 19.3.1996 – KZR 1/95, WRP 1996, 905, 907 – *Pay-TV-Durchleitung*; BGH, Urt. v. 30.3.2011 – KZR 6/09, WRP 2011, 909, 910 – *MAN-Vertragswerkstatt*.
182 BGH, Beschl. v. 26.5.1987 – KVR 4/86, GRUR 1987, 928, 929 – *Gekoppelter Kartenverkauf*.
183 BGH, Beschl. v. 20.4.2010 – KVR 1/09, WRP 2010, 937, 941 – *Phonak/GN Store*.
184 Im Detail ▶ Abschn. 2.3.1.1.1.
185 BKartA v. 30.9.2005 – B9-50/05 – *Railion/RBH*.
186 BGH, Beschl. v. 4.3.2008 – KVR 21/07, NJW-RR 2008, 996.

kurzfristig und ohne nennenswerten wirtschaftlichen Aufwand für die Unternehmen möglich wäre, gehören ebenfalls zum sachlich relevanten Markt.[187]

> ▶ **Beispiele aus der Praxis**
>
> Bei Anwendung des modifizierten Bedarfsmarktkonzepts zur sachlichen Marktabgrenzung hat das Bundeskartellamt – in Übereinstimmung mit der europäischen Praxis[188] – bei sozialen Netzwerken jedenfalls zwischen Märkten für soziale Medien, Online-Werbemärkten sowie Märkten für soziale Plugins, zentrale Log-Ins und Mess- und Analysedienste unterschieden.[189]
>
> Hinsichtlich Online-Werbemärkten differenziert das Bundeskartellamt suchgebundene und suchungebundene Online-Werbung.[190] In seiner Entscheidung zu § 19a GWB in der Sache *Alphabet-Google*[191] hat das Amt einen Markt für allgemeine Suchdienste angenommen und ihn von Inhalteanbietern und spezialisierten Suchdiensten abgegrenzt.[192] Dies entspricht der Ansicht der Kommission.[193] Zur Begründung führte das Amt u. a. aus, dass *„der Nutzer [bei spezialisierten Suchdiensten] im Vergleich zu allgemeinen Suchdiensten von vornherein ausschließlich ein spezifisches Informationsbedürfnis (z. B. die Absicht, ein bestimmtes Produkt zu kaufen, oder einen Flug zu buchen) [habe] und [...] hierfür bestimmte Informationen [benötige], um eine Entscheidung treffen zu können (z. B. einen Vergleich der Preise)."*[194] Das Bundeskartellamt stellt ergänzend auf die Angebotsumstellungsflexibilität ab und führt aus, dass diese zwischen allgemeinen und speziellen Suchdiensten aus folgenden Gründen gering sei: *„Auf Grund der Notwendigkeit, Suchergebnisse für das gesamte Internet liefern zu müssen, basieren allgemeine Suchmaschinen auf erheblich komplexeren Strukturen bzw. Technologien. Im Gegensatz zur spezialisierten Suche muss eine allgemeine Suchmaschine in der Lage sein, die Suche eines Nutzers auch ohne die Anknüpfung und Beschränkung an bzw. auf den Themenbereich (etwa. Hotels, Flüge etc.) des jeweiligen spezialisierten Suchdienstes zutreffend zu interpretieren."*[195] ◀

Räumlich relevanter Markt

Der räumlich relevante Markt wird anhand derselben Methoden wie der sachlich relevante Markt abgegrenzt. Bezugspunkt der Austauschbarkeit sind jedoch unterschiedliche räumliche Gebiete.[196] Es gilt den räumlichen Bereich zu ermitteln, in welchem hinreichend homogene Wettbewerbsbedingungen vorherrschen. Dieser

---

187 BGH, Beschl. v. 16.1.2007 – KVR 12/06, GRUR 2007, 520, 520 – *National Geographic II*.
188 Kommission v. 3.10.2014, COMP/M.7217 – *Facebook/Whatsapp*.
189 BKartA v. 6.2.2019, B6-22/16 – Rn. 167 ff., 352 ff., 365 ff. – *Facebook*.
190 BKartA v. 6.2.2019, B6-22/16 – Rn. 353 – *Facebook*.
191 Siehe ▶ Abschn. 3.3.2.
192 BKartA v. 30.12.2021 – B7-61/21, Rn. 242 ff. – *Alphabet-Google*.
193 Vgl. Kommission v. 27.6.2017 – AT.39740, Rn. 154 ff. – *Google Search (Shopping)*; Kommission v. 18.7.2018 – AT.40099, Rn. 323 ff. – *Google Android*.
194 BKartA v. 30.12.2021 – B7-61/21 Rn. 250 – *Alphabet-Google*.
195 BKartA v. 30.12.2021 – B7-61/21 Rn. 252 – *Alphabet-Google*.
196 BGH v. 13.7.2004 – KVR 2/03, GRUR 2004, 1048, 1049 – *Sanacorp/ANZAG*.

kann über die Landesgrenzen von Deutschland hinausreichen. **§ 18 Abs. 2 GWB** stellt dies klar. Er verweist darauf, dass der räumlich relevante Markt weiter sein kann als der Geltungsbereich des GWB. Es kommt insoweit ausschließlich auf ökonomische Kriterien an.[197]

> ▶ **Beispiele aus der Praxis**
> Auch wenn die Angebote der internetbasierten Plattformmodelle regelmäßig weltweit zur Verfügung stehen, können die Märkte enger abzugrenzen sein. Zu ermitteln sind die räumlichen Bereiche, aus denen Wettbewerbskräfte einwirken. Das Bundeskartellamt hat einen nationalen Markt für soziale Netzwerke angenommen.[198] Es führt aus, dass die meisten sozialen Netzwerke zwar weltweit zugänglich seien. Jedoch verwendeten *„die Nutzer das Netzwerk ganz überwiegend zur Vernetzung mit ihren in Deutschland ansässigen Freunden."*[199] Hinzu komme, dass die international verfügbaren Dienste auch unter einer nationalen Domain angeboten werden (z. B. „facebook.de").[200] Aus dem Konzept der Angebotsumstellungsflexibilität ergäbe sich nichts anderes. Durch die direkten Netzwerkeffekte zwischen den privaten Nutzern sei es Anbieter weder kurzfristig noch mit geringem wirtschaftlichem Aufwand möglich, andere räumliche Märkte zu erschließen.[201]
>
> Auch bei Online-Datingportalen[202] sowie bei Suchmaschinen[203] geht das Amt von jeweils nationalen Märkten aus. Beim Dating würden vorrangig Bekanntschaften im eigenen Land nachgefragt.[204] Was Suchmaschinen betrifft, so gäbe es landesspezifische Suchergebnisse und Domains.[205] ◀

Zeitlich relevanter Markt

Der zeitlich relevante Markt meint die Zeitspanne, in welcher die in sachlicher und räumlicher Hinsicht ausgemachten Substitutionsbeziehungen bestehen. Werden Produkte regelmäßig angeboten, wird die zeitliche Marktabgrenzung grundsätzlich nicht relevant für die Anwendung des Missbrauchsverbots. Anders ist dies, wenn sich die Wettbewerbslage zeitnah verändert, z. B. bei dem Angebot von Karten für Sportveranstaltungen bei Olympischen Spielen.[206]

---

197 LMRKM/*Kühnen*, 4. Aufl. 2020, § 18 GWB Rn. 57.
198 BKartA v. 6.2.2019 – B6-22/16 – *Facebook*.
199 BKartA v. 6.2.2019 – B6-22/16, Rn. 346 – *Facebook*.
200 BKartA v. 6.2.2019 – B6-22/16, Rn. 348 – *Facebook*.
201 BKartA v. 6.2.2019 – B6-22/16, Rn. 350 – *Facebook*.
202 BKartA v. 22.10.2015 – B6-57/15, Rn. 126 – *Online-Datingplattform*.
203 BKartA v. 8.9.2015 – B6-126/14, Rn. 152 – *Google/VG Media*.
204 BKartA v. 22.10.2015 – B6-57/15, Rn. 126 – *Online-Datingplattform*.
205 BKartA v. 8.9.2015 – B-126/14, Rn. 152 – *Google/VG Media*.
206 Immenga/Mestmäcker/*Fuchs*, 7. Aufl. 2024, § 18 GWB Rn. 67.

Besonderheiten auf digitalen Märkten
Unentgeltliche Leistungen
Ebenso wie im EU-Kartellrecht[207] wurde im deutschen Kartellrecht diskutiert, ob unentgeltliche Leistungsbeziehungen Teil eines kartellrechtlich relevanten Marktes sein können. Mit der 9. GWB-Novelle von 2017 hat der Gesetzgeber klarstellend § 18 Abs. 2a GWB in das Missbrauchsrecht integriert. Danach steht der Annahme eines Marktes nicht entgegen, dass eine Leistung unentgeltlich erbracht wird. Davon war das Bundeskartellamt in einigen Entscheidungen bereits ausgegangenen;[208] einige ältere Ausführungen hatten noch in die gegenteilige Richtung gedeutet.[209]

❶ Merke
§ 18 Abs. 2 GWB lautet: *Der Annahme eines Marktes steht nicht entgegen, dass eine Leistung unentgeltlich erbracht wird.*

§ 18 Abs. 2a GWB stellt klar, dass eine unentgeltliche Leistung der Annahme eines Marktes *nicht entgegensteht*. Die Norm konkretisiert jedoch nicht, unter welchen **Voraussetzungen** eine unentgeltliche Leistungsbeziehung Teil eines ökonomischen Marktes ist. Dies wird der Rechtsprechung überlassen. Ausgangspunkt der Ermittlung, welche unentgeltlichen Leistungsbeziehungen Bestandteil eines Marktes sind, ist die Erkenntnis, dass das Kartellrecht darauf zielt, **wirtschaftliches Handeln** zu erfassen. Auch wenn die Gegenleistung auf entgeltlichen Märkten typischerweise in der Zahlung eines monetären Entgelts besteht, kann auf mehrseitigen Plattformmärkten wirtschaftlicher Wert zudem in dem Zurverfügungstellen von Daten[210] oder Aufmerksamkeit erblickt werden. Wirtschaftlicher Wert hat z. B. die Möglichkeit, gezielt Werbeanzeigen gegenüber Endnutzern auf einer Plattform schalten zu können. Mit wachsender Zahl der Endnutzer steigt der Nutzen der Plattform für Werbekunden (sog. **positive indirekte Netzwerkeffekte**). Auch auf Hotelbuchungsplattformen sind solche Wechselwirkungen zu beobachten: Je mehr Endnutzer auf der Plattform aktiv sind, desto größer ist die Chance für Hotelunternehmen, durch ihr Leistungsangebot Kunden zu gewinnen. Der Plattform wird es durch diese indirekten Netzwerkeffekte gelingen, ihren Umsatz zu erhöhen, den sie u. a. durch Provisionszahlungen der Hotelunternehmen generiert.[211] Diese

---

207 Siehe ▶ Abschn. 2.3.1.1.4.1.
208 BKartA v. 25.6.2015 – B6-39/15 – *Online-Immobilienplattformen*; BKartA v. 22.10.2015 – B6-57/15 – *Online-Datingplattform*. Siehe zudem nach Inkrafttreten des § 18 Abs. 2a GWB BKartA v. 6.2.2019 – B6-22/16, Rn. 246 – *Facebook*: „Der Umstand, dass die Nutzer für die private Nutzung von Facebook.com kein monetäres Entgelt zahlen, ändert nichts an der Tatsache, dass der Dienst zur Befriedigung eines bestimmten Bedarfs des Nutzers im ökonomischen Sinne genutzt wird und die Nutzer insoweit ökonomisch die Funktion der Nachfrager des Produktes innehaben."
209 BKartA v. 3.4.2008 – B7-200/07 – *Kabel Deutschland/Orion*: „Eine unentgeltliche Leistung kann [...] nicht als Marktleistung angesehen werden, da letztere begrifflich eine entgeltliche Austauschbeziehung voraussetzt".
210 LMRKM/*Kühnen*, 4. Aufl. 2020, § 18 GWB Rn. 67.
211 LMRKM/*Kühnen*, 4. Aufl. 2020, § 18 GWB Rn. 67.

Funktionsweise von digitalen Märkten verdeutlicht, warum es für Plattformbetreiber gewinnbringend sein kann, Endnutzern ihre Dienste unentgeltlich anzubieten. Ist die unentgeltliche Leistungsbeziehung Bestandteil des auf Gewinnmaximierung ausgelegten Geschäftsmodells der Plattform, so ist ihr wirtschaftlicher Wert beizumessen.[212] Sie kann daher als Markt im Sinne des Kartellrechts begriffen werden.

> ▶ **Beispiel aus der Praxis**
>
> Für die Qualifizierung der unentgeltlichen Leistungsbeziehung zwischen Verbrauchern und *Google* als Betreiber eines allgemeinen Suchdienstes als Markt stellt das Bundeskartellamt darauf ab, dass „*der Betrieb der Suchmaschine von Dritten, nämlich den Werbekunden von Google, finanziert wird und die Suchmaschine mit der Online-Werbung durch indirekte Netzwerkeffekte verknüpft ist.*"[213]
>
> Ferner betont das Amt, dass „*in dem Zugang zu den Daten der Suchnutzer, den Google durch die Suche auf seiner Webseite erlangt, ein wirtschaftlicher Gegenwert gesehen werden [kann ... Denn diese] Daten ermöglichen es Google, sowohl seine Suchfunktion für die Nutzer zu verbessern und diese damit attraktiver zu machen, als auch die Relevanz von Werbeanzeigen zu verbessern und so höhere Werbeerlöse zu erzielen.*"[214] ◀

Bei **Anwendung des Bedarfsmarktkonzepts** auf unentgeltliche Leistungsbeziehungen liegt der Fokus auf dem **Verwendungszweck** und den Funktionen der Plattformleistung. Da es keinen monetären Preis gibt, hilft der SSNIP-Test nicht weiter. Eine geringfügige prozentuale Erhöhung eines Nullpreises ist immer noch „null". Literaturstimmen weisen zu Recht darauf hin, dass die diskutierte Abwandlung, der sog. **SSNDQ-Test**, der auf das Verbraucherverhalten bei einer dauerhaften, aber geringfügigen Qualitätsverschlechterung[215] der kostenlosen Leistung abstellt,[216] auf praktische Anwendungsschwierigkeiten stößt. Es gestaltet sich herausfordernd, das Ausmaß einer Qualitätsverschlechterung objektiv zu messen.[217] Auch Daten, um das Verbraucherverhalten verlässlich zu prognostizieren, sind ggfs. schwierig zu ermitteln.[218] Auf innovationsgetriebenen Märkten können Datensätze zudem schnell veraltet sein.

Mehrseitige Märkte

Bei der Abgrenzung mehrseitiger Märkte stellt sich die Frage, ob mehrere **Nutzergruppen** demselben sachlich relevanten Markt angehören oder jede Nutzergruppe einem separaten Markt zuzuordnen ist. Das Bundeskartellamt wendet insoweit das **Bedarfsmarktkonzept** an. Entscheidend ist danach, ob die Leistungen, die die

---

212 *Legner*, Jura 2023, 175, 179.
213 BKartA v. 8.9.2015 – B6-124/14, Rn. 132 – *Google/VG Media*.
214 BKartA v. 8.9.2015 – B6-124/14, Rn. 134 – *Google/VG Media*.
215 In Betracht käme etwa die Einblendung mehr störender Werbeanzeigen bei der Nutzung sozialer Medien.
216 Im Detail ▶ Abschn. 2.3.1.1.4.1.
217 *Podszun/Schwalbe*, NZKart 2017, 98, 102.
218 Immenga/Mestmäcker/*Fuchs*, 7. Aufl. 2024, § 18 GWB Rn. 5.

Plattform den jeweiligen Nutzergruppen anbietet, aus Sicht der Nachfrager austauschbar sind.[219] Ist dies zu bejahen, sind die Nutzergruppen einem einheitlichen Markt zuzuordnen.

Für Immobilienplattformen[220] und Online-Datingportale[221] hat das Bundeskartellamt angenommen, dass die Nutzergruppen einem einheitlichen Markt angehören. Zu Dating-Plattformen führt das Amt aus, dass nicht zwischen einem „*Markt für Männer*" und einem „*Markt für Frauen*" zu differenzieren sei.[222] Vielmehr erbringe der Plattformbetreiber ein einheitliches „*Dating-Plattformprodukt*",[223] nämlich die Vermittlung des persönlichen und privaten Kontakts zwischen beiden Nutzergruppen über einen Matching-Prozess. Auch die Leistung, die Immobilienanbietende und -suchende von dem Plattformbetreiber nachfragen, lässt sich nach Ansicht des Bundeskartellamts einheitlich als Vermittlungsleistung qualifizieren.[224] Die zwischen den Nutzergruppen bestehenden indirekten Netzwerkeffekten rechtfertigen keine andere Grenzziehung.

In anderen Fällen sind die Leistungen des Plattformbetreibers nicht austauschbar. Dies liegt nahe, wenn einer Nutzergruppe die Leistung unentgeltlich zur Verfügung gestellt wird (z. B. Endnutzer von sozialen Medien oder Suchdiensten), eine andere Nutzergruppe dagegen ein Entgelt zu zahlen hat (z. B. Schaltung von Werbung).[225] Beide Leistungen sind aus Nachfragersicht nicht substituierbar. Sie erfüllen unterschiedliche Bedürfnisse. Indirekte Netzwerkeffekte zwischen den Nutzergruppen führen nicht dazu, dass der Markt einheitlich abzugrenzen ist. Sie sind aber bei der nachgelagerten Analyse der marktbeherrschenden Stellung des Plattformbetreibers einzustellen.[226]

Auch die Plattformart berücksichtigt das Bundeskartellamt bei der Marktabgrenzung. Es wird zwischen **Matching- und Aufmerksamkeitsplattformen** unterschieden.[227] Während bei Matchingplattformen mehrere Nutzergruppen einem einheitlichen Markt zugeordnet werden, nimmt das Bundeskartellamt bei Aufmerksamkeitsplattformen ggfs. getrennte sachliche Märkte an. Dies kann indes nicht als starre Vorgabe verstanden werden. So geht das Bundekartellamt auch bei Matchingplattformen von getrennten Märkte aus, wenn auf den Marktseiten unterschiedliche Wettbewerbsbedingungen vorherrschen, z. B. infolge *Multi-*

---

219 BKartA, Marktmacht von Plattformen und Netzwerken, 2016, S. 31.
220 BKartA v. 25.6.2015 – B6-39/15 – *Online-Immobilienplattformen*.
221 BKartA v. 22.10.2015 – B6-57/15, Rn. 71 – *Online-Datingplattform:* „Eine Abgrenzung von Märkten entlang der Plattformseiten – nämlich der Nutzergruppe der Frauen einerseits und der Nutzergruppe der Männer andererseits – ist nicht vorzunehmen".
222 BKartA v. 22.10.2015 – B6-57/15, Rn. 75 – *Online-Datingplattform.*
223 BKartA v. 22.10.2015 – B6-57/15, Rn. 75 – *Online-Datingplattform.*
224 BKartA v. 25.6.2015 – B6-39/15, Fallbericht S. 3 – *Online-Immobilienplattformen*; BKartA v. 24.7.2015 – B8-76/15, Fallbericht S. 2 f. – *Online-Vergleichsplattformen*; BKartA, Marktmacht von Plattformen und Netzwerken, 2016, S. 31.
225 BGH, Beschl. v. 23.6.2020 – KVR 69/19, NZKart 2020, 473 – *Facebook II*.
226 Immenga/Mestmäcker/*Fuchs*, 7. Aufl. 2024, § 18 GWB Rn. 73b.
227 BKartA, Marktmacht von Plattformen und Netzwerken, 2016, S. 23 f.

3.3 · Missbrauchsverbot

Homing einer Nutzergruppe.[228] Es ist also die Zielrichtung der Marktabgrenzung im Blick zu behalten: Es gilt, das unmittelbare wettbewerbliche Umfeld und die auf ein Unternehmen einwirkenden Wettbewerbskräfte zu filtern. Unterscheiden sich die Wettbewerbsbedingungen zwischen zwei Marktseiten, so sind ungeachtet der – ohnehin umstrittenen[229] – Plattformkategorisierung getrennte Märkte anzunehmen.

> **Wiederholung**
>
> Die Plattformkategorisierung erfolgt in der Kartellrechtspraxis uneinheitlich. Die von der Kommission in ihrer Bekanntmachung zur Marktabgrenzung erwähnten Plattformenarten decken sich nicht mit der von dem Bundeskartellamt vorgenommenen Kategorisierung.[230]

3.3.1.3 Einzelmarktbeherrschung

Begriff

Im Unterschied zum europäischen Kartellrecht definiert das deutsche Recht in **§ 18 GWB** den Marktbeherrschungsbegriff. Inhaltliche Unterschiede zum europäischen Recht sind damit grundsätzlich nicht verbunden. Das nationale Missbrauchsrecht versteht eine marktbeherrschende Stellung ebenfalls als einseitigen Verhaltensspielraum eines Unternehmens, der es diesem ermöglicht, sich in gewissem Maße unabhängig von den Wettbewerbern und der Marktgegenseite zu verhalten.[231]

§ 18 Abs. 1 GWB konkretisiert den Marktbeherrschungsbegriff durch drei Fallgruppen. § 18 Abs. 1 Nr. 1 GWB nennt den **Monopolisten**, der gänzlich ohne Wettbewerber ist und alle Marktanteile auf sich vereint. Große Digitalkonzerne – etwa *Google* auf dem Markt für allgemeine Suchdienste[232] oder *Facebook* auf dem Markt für soziale Netzwerke[233] – erreichen nach Behördenfeststellungen teilweise einen Marktanteil von über 90 %. Für eine Monopolstellung genügt dies jedoch nicht (lediglich von einer Quasi-Monopolstellung kann gesprochen werden). Beispiele für Monopole finden sich in den regulierten Industrien des Telekommunikations- oder Eisenbahnsektors. Auch die Inhaberschaft eines Patents kann eine Monopolstellung begründen.[234] Der BGH hat zudem die meisten Verwertungsgesellschaften als Monopolisten eingestuft.[235]

---

228 BKartA, Marktmacht von Plattformen und Netzwerken, 2016, S. 69 ff.
229 Siehe ▶ Abschn. 1.1.1.
230 Siehe ▶ Abschn. 1.1.1 und 2.3.1.2.1.
231 BGH, Beschl. v. 3.7.1976 – KVR 4/75, GRUR 1977, 169, 172 – *Vitamin-B-12*.
232 Kommission v. 27.6.2017, AT.39740, Rn. 273 ff. – *Google Search (Shopping)*.
233 BKartA v. 6.2.2019, B6-22/16, Rn. 389 ff. – *facebook*.
234 Wiedemann/*Wiedemann*, Handbuch des Kartellrechts, 4. Aufl. 2020, § 23 Rn. 27.
235 BGH, Urt. v. 30.1.1970 – KZR 3/69, GRUR 1970, 200, 200 – *Tonbandgeräte-Importeur*.

§ 18 Abs. 1 Nr. 2 GWB erfasst Unternehmen, die keinem wesentlichen Wettbewerb ausgesetzt sind, also sog. **Quasi-Monopolisten**.[236] Die Rechtsprechung geht von einem Quasi-Monopolisten ab einem Marktanteil von rund 90 % aus.[237] Hierfür finden sich auf digitalen Märkten einige Beispiele. Zu bedenken gilt es, dass die Bedeutung des Marktanteils für den unabhängigen Verhaltensspielraum geschwächt sein kann, wenn andere Parameter – z. B. Innovation oder Qualität – das Wettbewerbsgeschehen prägen. Dennoch ist es grundsätzlich nur schwer möglich, eine Marktbeherrschung bei einem Marktanteil eines Unternehmens von über 90 % abzulehnen.

§ 18 Abs. 1 Nr. 3 GWB erstreckt den Marktbeherrschungsbegriff auf Unternehmen mit einer **überragenden Marktstellung**. Eine Monopol- oder Quasi-Monopol-Stellung ist also keine Voraussetzung, um einen Markt zu beherrschen. Um eine überragende Marktstellung zu ermitteln, müssen typischerweise eine Vielzahl von Kriterien gewürdigt werden. Hierzu zählen neben den in § 18 Abs. 3 GWB aufgelisteten und nicht abschließend zu verstehenden Kriterien (u. a. Marktanteil, Marktzutrittsschranken, Zugang zu Absatz- und Beschaffungsmärkten) die speziell auf mehrseitige Märkte zugeschnittenen Kriterien in § 18 Abs. 3a GWB (u. a. Netzwerkeffekte, parallele Nutzung mehrerer Dienste, innovationsgetriebener Wettbewerbsdruck).

Die Praxis differenziert häufig nicht zwischen den dargestellten Fallgruppen.[238] Für die Annahme einer Marktbeherrschung bewertete es das Bundeskartellamt im Fall *Alphabet-Google* z. B. als hinreichend, dass *Google* auf dem Markt für allgemeine Suchdienste in Deutschland einen Anteil von über 80 % innehatte und die Marktanteilsabstände zu den Wettbewerbern, die weder einzeln noch gemeinsam einen Anteil von mehr als 20 % erreichten, groß waren.[239] Denn das Innehaben einer marktbeherrschenden Stellung zieht – ungeachtet der verwirklichten Fallgruppe in § 18 Abs. 1 GWB – stets dieselbe Rechtsfolge nach sich: Das betroffene Unternehmen ist Adressat des Missbrauchsverbots in § 19 GWB. Dennoch sollte bei der Missbrauchsprüfung der Grad der Marktbeherrschung (Erreicht das Unternehmen gerade so die Schwelle zur Marktbeherrschung? Oder ist das Unternehmen ein Quasi-Monopolist?) berücksichtigt werden. Denn je umfassender seine Marktmacht ist, desto höher sind die Anforderungen, die an sein wettbewerbskonformes Verhalten zu stellen sind.

Kriterien
Marktanteil, § 18 Abs. 3 Nr. 1, Abs. 4 GWB
Der Marktanteil ist in der Praxis der wichtigste Faktor zur Ermittlung der Marktbeherrschung. Trotz ihrer besonderen Strukturen gilt dies grundsätzlich auch für digitale Märkte. In seiner Entscheidung *Ticketvertrieb* führte das OLG Düsseldorf

---

[236] LMRKM/*Kühnen*, 4. Aufl. 2020, § 18 GWB Rn. 71.
[237] OLG Frankfurt a. M., Urt. v. 3.2.1972 – 6 U 68/71, GRUR 1973, 83, 85 – *Kunststoffkästen*; KG Berlin, Beschl. v. 18.2.1969 – Kart V 34/67, WuW 1969, 623 – *Handpreisauszeichner*.
[238] Siehe jedoch OLG Düsseldorf, Beschl. v. 5.12.2018, VI-Kart 3/18 (V), NZKart 2019, 53, 56 – *Ticketvertrieb*: „Das Unternehmen verfügt im Verhältnis zu seinen Konkurrenten über eine überragende Marktstellung (§ 18 Abs. 1 Nr. 3 GWB) [...]".
[239] BKartA v. 30.12.2021, B7-61/21, Rn. 264 – *Google-Alphabet*.

3.3 · Missbrauchsverbot

aus, dass „*der Marktanteil [...] der wesentliche Indikator für den Markterfolg eines Unternehmens [ist und dies] ganz allgemein [gelte], mithin auch in Bezug auf Plattformmärkte.*"[240]

Gem. § 18 Abs. 4 GWB wird eine marktbeherrschende Stellung vermutet, wenn das Unternehmen einen **Marktanteil von mindestens 40 %** innehat. Die Vermutung ist widerlegbar. Das betroffene Unternehmen kann den Beweis des Gegenteils führen.[241] Im Verwaltungsverfahren wird die Vermutung erst relevant, wenn der Fall des non liquet eintritt. Die formelle Beweislast liegt bei der Behörde.

Andere Marktstruktur- oder Marktverhaltenskriterien können die Aussagekraft der Marktanteilshöhe schmälern. Auf heterogenen Märkten geht von nahen Wettbewerbern ein höherer Wettbewerbsdruck aus als von Wettbewerbern, welche Produkte anbieten, die sich in ihren Eigenschaften von denen des Marktbeherrschers unterscheiden.[242] Auch potenzieller Wettbewerb oder Substitutionswettbewerb kann Verhaltensspielräume schmälern. Auf digitalen Märkten kann auch von Unternehmen mit (noch) geringen Marktanteilen innovationsgetriebener Wettbewerbsdruck ausgehen. Es konnten sog. *killer acquistions* beobachten werden, mit welchen marktstarke Unternehmen kleine Start-Ups aus Sorge der mit ihnen verbundenen Innovationskraft frühzeitig aufkaufen.

Neben der absoluten Marktanteilshöhe sind die **Marktanteilsabstände** bei der Marktbeherrschungsprüfung einzustellen.[243] Auf digitalen Märkten sind in vielen Fällen neben hohen absoluten Marktanteilen auch erhebliche Marktanteilsabstände vorhanden. Dies vergrößert den Verhaltensspielraum eines Unternehmens.

Bei unentgeltlicher Leistungsbereitstellung[244] kann die **Berechnung** der Marktanteile Schwierigkeiten bereiten. In der Rechtssache *Google/VG Media* knüpfte das Bundeskartellamt zur Berechnung des Marktanteils von *Google* auf dem Markt für allgemeine Suchdienste an den Anteil der Suchanfragen an, die auf *Google Search* in Deutschland entfielen.[245] Im Verfahren gegen *Facebook* stellte das Bundeskartellamt auf die Anzahl der täglichen Nutzer von *Facebook* auf dem Markt für soziale Netzwerke ab, um den Marktanteil zu bestimmen.[246]

Weitere Kriterien des § 18 Abs. 3 GWB

Die **Finanzkraft** von Unternehmen, § 18 Abs. 3 Nr. 2 GWB, beeinflusst ebenfalls die Wettbewerbsverhältnisse. Von überlegenen finanziellen Mitteln geht Abschreckungswirkung aus.[247] Gerade auf Märkten mit innovationsgetriebenem

---

240 OLG Düsseldorf, Beschl. v. 5.12.2018 – VI-Kart 3/18 (V), NZKart 2019, 53, 56 – *Ticketvertrieb*.
241 Wiedemann/*Wiedemann*, Handbuch des Kartellrechts, 4. Aufl. 2020, § 23 Rn. 41.
242 Das Bedarfsmarktkonzept stellt insoweit einen groben Filter dar. Innerhalb desselben Marktes können unterschiedliche wettbewerbliche Näheverhältnisse existieren.
243 BGH, Beschl. v. 4.3.2008 – KVR 21/07, NJW-RR 2008, 996, 999 – *Soda Club II*; BGH, Beschl. v. 16.1.2007 – KVR 12/06, GRUR 2007, 520, 523 – *National Geographic II*beck.
244 Siehe bereits ▶ Abschn. 3.3.1.2.4.1.
245 BKartA v. 8.9.2015, B6-126/14, Rn. 154 – *Google/VG Media*.
246 BKArtA v. 6.2.2019, B6-22/16, Rn. 389 ff. – *Facebook*.
247 BGH, Beschl. v. 25.6.1985 – KVR 3/84, NJW-RR 1986, 525, 526 – *Edelstahlbestecke*; BGH, Beschl. v. 21.2.1978 – KVR 4/77, GRUR 1978, 439, 442 – *Kfz-Kupplungen*.

Wettbewerbsdruck spielt die Finanzkraft eine mitunter wichtige Rolle. Sie beeinflusst, in welchem Umfang ein Unternehmen Forschung und Entwicklung betreiben kann.[248]

Im Zuge der 10. GWB-Novelle hat der Gesetzgeber in § 18 Abs. 3 Nr. 3 GWB den **Zugang zu wettbewerbsrelevanten Daten** als Kriterium für die Marktbeherrschungsprüfung ergänzt. § 18 Abs. 3a Nr. 3 GWB erwähnt den Datenzugang erneut und speziell für die Marktmachtermittlung auf mehrseitigen Märkten und Netzwerken.[249] Die Norm ist lex specialis. § 18 Abs. 3 Nr. 3 GWB stellt klar, dass der Zugang zu wettbewerbsrelevanten Daten auch auf anderen als den digitalen Märkten zu einer überragenden Marktstellung beitragen kann.[250]

Ein überlegener **Zugang zu den Beschaffungs- oder Absatzmärkten**, § 18 Abs. 3 Nr. 4 GWB, vermittelt einem Unternehmen ebenfalls Verhaltensspielräume. Besitzt es eigene Vertriebsfilialen oder hat (zulässige) Ausschließlichkeitsbindungen mit Lieferanten geschlossen, festigt dies seine Marktposition.[251] **Verflechtungen mit anderen Unternehmen**, § 18 Abs. 3 Nr. 5 GWB, können ebenfalls den Zugang zu Beschaffungs- und Absatzmöglichkeiten stärken.[252]

Rechtliche oder tatsächliche **Schranken für den Marktzutritt**, § 18 Abs. 3 Nr. 6 GWB, stärken die Marktmacht der bereits am Markt aktiven Wettbewerber. Zutrittsschranken ergeben sich z. B. aus für die Markttätigkeit notwendigem technischem Know-How oder aus Innovationskapazitäten.[253] Mit der Höhe der Marktzutrittsschranken verknüpft ist der **potenzielle Wettbewerb**, § 18 Abs. 3 Nr. 7 GWB. Potenzieller Wettbewerbsdruck geht von Unternehmen aus, die aktuell nicht am Markt tätig sind, aber zukünftig wahrscheinlich eintreten werden.[254] Die nur theoretische Möglichkeit, am Markt tätig zu werden, erzeugt noch keinen disziplinierenden Wettbewerbsdruck. Vielmehr muss der baldige Markteintritt realistisch sein.[255]

Die Fähigkeit, sein Angebot oder seine Nachfrage auf andere Waren oder gewerbliche Leistungen **umzustellen**, § 18 Abs. 3 Nr. 8 GWB, wird für die Marktabgrenzung in Gestalt der Angebotsumstellungsflexibilität relevant – ein Konzept, das das Bedarfsmarktkonzept modifiziert.[256] Inwieweit das Kriterium ergänzend bei der Marktmachtermittlung Bedeutung hat, ist dagegen fraglich. Die Möglichkeit der **Marktgegenseite**, auf andere Unternehmen auszuweichen, § 18 Abs. 3 Nr. 9 GWB, hängt nicht nur von der Anzahl der Wettbewerber ab. Auch die Höhe der Wechselaufwands beeinflusst das Ausweichverhalten der Abnehmer.[257] Zudem kann Nachfragemacht als *countervailing power* Angebotsmacht neutralisieren.

---

248 LMRKM/*Kühnen*, 4. Aufl. 2020, § 18 GWB Rn. 88.
249 Siehe ▶ Abschn. 3.3.1.3.2.3.
250 Regierungsbegründung zur 10. GWB-Novelle, BT-Drs. 19/23492, 69.
251 BKartA, Leitfaden zur Marktbeherrschung, 2012, Rn. 51.
252 Immenga/Mestmäcker/*Fuchs*, 7. Aufl. 2024, § 18 GWB Rn. 130.
253 Immenga/Mestmäcker/*Fuchs*, 7. Aufl. 2024, § 18 GWB Rn. 132.
254 LMRKM/*Kühnen*, 4. Aufl. 2020, § 18 GWB Rn. 94.
255 BGH, Urt. v. 15.12.2015 – KZR 92/13, NZKart 2016, 276, 278 – *Pelican/Pelikan*.
256 Siehe ▶ Abschn. 2.3.1.1.1.
257 Immenga/Mestmäcker/*Fuchs*, 7. Aufl. 2024, § 18 GWB Rn. 138.

Dies zeigt z. B. der Lebensmitteleinzelhandelssektor, in welchem den Herstellern marktmächtige Lebensmitteleinzelhändler gegenüberstehen, welche infolge ihrer Verhandlungsmacht teilweise in der Lage sind, die von ihnen gewünschten Einkaufsbedingungen einseitig durchzusetzen. Auf Endkundenmärkten ist die Marktgegenseite dagegen zersplittert; es besteht keine gegengewichtige Nachfragemacht.

Digitalmarktspezifische Kriterien des § 18 Abs. 3a GWB
Seit der 9. GWB-Novelle von 2017 sind in § 18 Abs. 3a GWB zusätzliche Marktstrukturkriterien genannt. Sie sind für die Ermittlung einer Marktbeherrschung auf mehrseitigen Märkten und in Netzwerken zu prüfen. Die Kriterien sind als Ergänzung zu verstehen. Der allgemeine Kriterienkatalog in § 18 Abs. 3 GWB wird durch § 18 Abs. 3a GWB nicht verdrängt, sondern ergänzt bzw. konkretisiert.

§ 18 Abs. 3a Nr. 1 GWB spricht zunächst **direkte und indirekte Netzwerkeffekte** an. Begriff und Wirkweise der Netzwerkeffekte wurden bereits im 1. Kapitel erläutert.[258]

> **Wiederholung**
> Direkte Netzwerkeeffekte betreffen Wechselwirkungen innerhalb derselben Nutzergruppe. Beispiel: Ein soziales Netzwerk gewinnt für private Nutzer mit der Anzahl der insgesamt aktiven Netzwerknutzer an Relevanz.
> Indirekte Netzwerkeffekte betrachten Wechselwirkungen zwischen verschiedenen Nutzergruppen. Beispiel: Werbetreibende, die Anzeigen auf der Plattform eines Suchmaschinenbetreibers schalten, profitieren von einer wachsenden Zahl der Endnutzer.

Ob Netzwerkeffekte Marktmacht verstärken oder Wettbewerbsdruck erzeugen, ist für jeden Einzelfall zu prüfen.[259] Netzwerkeffekte können Selbstverstärkungseffekte auslösen und dadurch in kurzer Zeit zur Erlangung von erheblicher Marktmacht und zum **„Kippen" des Marktes** (sog. *Tipping*) beitragen.[260] Vermachtungstendenzen sind insbesondere bei gegenseitigen indirekten Netzwerkeffekten zu beobachten.[261] Sie sind z. B. auf Matching-Plattformen, wie Hotelbuchungsportale oder Dating-Plattformen, vorhanden. Der Nutzen der Plattform für eine Marktseite steigt, wenn die jeweils andere Nutzergruppe wächst. Aber auch einseitige indirekte Netzwerkeffekte – z. B. auf Aufmerksamkeitsplattformen zwischen Endnutzern und Werbetreibenden – können zur Konzentration digitaler Märkte beitragen.[262]

Ergänzend zu prüfen ist, ob Umstände vorhanden sind, die der Vermachtungstendenz von Netzwerkeffekten entgegenwirken Hierzu gehören z. B. die Neigung der Nutzer, die Dienste mehrere Plattformen parallel zu nutzen (sog. *Multi-*

---

258 Siehe ▶ Abschn. 1.1.
259 BKartA, Marktmacht von Plattformen und Netzwerken, 2016, S. 54.
260 BKartA v. 24.7.2015 – B8-76/15, Fallbericht, S. 4 – *Online-Vergleichsplattformen*.
261 BKartA, Marktmacht von Plattformen und Netzwerken, 2016, S. 55; BKartA v. 24.7.2015 – B8-76/15, Fallbericht, S. 3 – *Online-Vergleichsplattformen*.
262 Immenga/Mestmäcker/*Fuchs*, 7. Aufl. 2024, § 18 GWB Rn. 144.

Homing), sowie eine ausgeprägte Differenzierung der Vermittlungsdienste unterschiedlicher Plattformen.[263] Ferner können Netzwerkeffekte die Dynamik digitaler Märkte begünstigen und so zu schnellen Veränderungen der Marktbedingungen beitragen.[264] Auch dies wirkt der Verfestigung von Machtpositionen entgegen.

> ▶ **Beispiele aus der Praxis**
>
> Bei Prüfung des Zusammenschlussvorhabens von *Verivox/ProSiebenSat.1* verneinte das Bundeskartellamt trotz wechselseitiger indirekter Netzwerkeffekte die Prognose eines Kippens des Marktes. Denn dies setze einen *„deutliche[n] Vorsprung der entsprechenden Plattform in Bezug auf Marktposition und Wettbewerbsfaktoren"*[265] voraus.
>
> In der Sache *OCPE II/Elite Medianet* lehnte das Bundeskartellamt das Tipping-Risiko ebenfalls ab. Der *„Markt für Online-Dating-Plattformen [sei] durch einen hohen Grad der Plattformdifferenzierung zur Befriedigung eines heterogenen Bedarfs gekennzeichnet, der eine Konzentration auf nur eine Plattform unwahrscheinlich"*[266] erscheinen lasse. Zudem verweist das Bundeskartellamt darauf, dass *„in beiden Nutzergruppen eine hohe Anzahl der Nutzer Multi-Homing im engeren Sinne betreib[e]. So zeig[e] die Auswertung der von den Anmeldern vorgelegten Daten, dass 72 % der Befragten mehrere Online-Datingplattformen gleichzeitig nutz[t]en."*[267] ◀

§ 18 Abs. 3a Nr. 2 GWB erwähnt die **parallele Nutzung mehrerer Dienste**. Gemeint ist die Neigung von Nutzern, mehrere Plattformdienste zeitgleich zu verwenden. *Multi-Homing* wirkt der Marktmacht von Plattformbetreibern entgegen und kann dazu führen, dass auch kleinere Anbieter am Markt bestehen. *Multi-Homing* wird wahrscheinlicher, wenn die Angebote der Plattformbetreiber differenziert sind und ihre Dienste kostenlos oder gegen ein nur geringes Entgelt nutzbar sind. Auch der **Wechselaufwand** zu anderen Diensten beeinflusst das Verhalten der Nutzer.[268] Aufwand kann nicht nur durch Entgeltzahlungen entstehen, sondern zudem in anderen Nachteilen eines Wechsels begründet liegen.[269] Auch eine durch lange Nutzungszeit entstandene Personalisierung des Diensts begründet Wechselaufwand.[270] Geschmälert wird der Wechselaufwand z. B. durch den Anspruch auf Datenportabilität aus Art. 20 DS-GVO. Der Anspruch betrifft jedoch nur personenbezogene Daten. Art. 6 Abs. 9 DMA sieht zudem einen Anspruch der Endnutzer auf kostenlose und effektive Übertragbarkeit der Daten vor, die sie im Zusammenhang mit der Nutzung des zentralen Plattformdienstes eines Torwächters generiert haben.[271] Der Torwächter hat permanenten Echtzeitzugang zu den Daten zu gewährleisten.

---

263 BKartA v. 22.10.2015 – B6-57/15, Rn. 147 ff. – *OCPE II/Elite Medianet*.
264 BKartA v. 22.10.2015 – B6-57/15, Rn. 143 – *OCPE II/Elite Medianet*.
265 BKartA v. 24.7.2015 – B8-76/15, Fallbericht, S. 4 – *Online-Vergleichsplattformen*.
266 BKartA v. 22.10.2015 – B6-57/15, Rn. 147 – *OCPE II/Elite Medianet*.
267 BKartA v. 22.10.2015 – B6-57/15, Rn. 153 – *OCPE II/Elite Medianet*.
268 Immenga/Mestmäcker/*Fuchs*, 7. Aufl. 2024, § 18 GWB Rn. 145.
269 LMRKM/*Kühnen*, 4. Aufl. 2020, § 18 GWB Rn. 108.
270 *Kühling/Gauß*, MMR 2007, 751, 752.
271 Siehe ▶ Abschn. 4.3.2.8.

3.3 · Missbrauchsverbot

Gem. § 18 Abs. 3a Nr. 3 GWB sind **Größenvorteile im Zusammenhang mit Netzwerkeffekten** bei der Marktbeherrschungsprüfung einzustellen. Das Kriterium ist gemeinsam mit § 18 Abs. 3a Nr. 1 GWB, also dem Vorliegen von Netzwerkeffekten, zu würdigen.[272] Größenvorteile können bereits als Marktzutrittsschranken gem. § 18 Abs. 3 Nr. 6 GWB relevant werden.[273] Ihre erneute Erwähnung in § 18 Abs. 3a GWB stellt klar, dass sie neben Netzwerkeffekten ein weiterer marktmachtbegünstigender Faktor sind. Auf Plattformmärkten sind die Fixkosten, die für den Aufbau einer Plattform anfallen, regelmäßig hoch.[274] Die variablen Kosten sind hingegen vergleichsweise niedrig. Größenvorteile ergeben sich daher mit wachsender Nutzerzahl.

§ 18 Abs. 3a Nr. 4 GWB erwähnt den **Zugang zu wettbewerbsrelevanten Daten** als Faktor für die Marktbeherrschungsprüfung. Dies steht in Einklang mit der dargelegten Bedeutung von Daten als Wettbewerbsparameter.[275] § 18 Abs. 3a Nr. 4 GWB ist lex specialis zu § 18 Abs. 3 Nr. 2 GWB. In der Fallpraxis spielt der Datenzugang vor allem auf mehrseitigen Plattformmärkten eine Rolle. Er kann aber auch in traditionellen Branchen Marktmacht vermitteln.[276] Datenzugang verhilft einem Unternehmen zu einem unabhängigen Verhaltensspielraum, wenn es insoweit einen Vorsprung zu verzeichnen hat. Daten sind nicht-rivalisierende Güter und können daher – anders als z. B. bewegliche Sachen – von mehreren Unternehmen zeitgleich verwendet werden. Stehen Daten jedoch nur einem Unternehmen zur Verfügung, erwachsen daraus Marktverschließungseffekte. Der Zugang zu den wettbewerbsrelevanten Daten ermöglicht es, Innovationen und Anpassungen der Produkte vorzunehmen, die im Interesse der Verbraucher sind. § 18 Abs. 3a Nr. 4 GWB erfasst nur Daten mit Wettbewerbsrelevanz; dies sind jedenfalls Nutzerdaten.[277]

§ 18 Abs. 3a Nr. 5 GWB vervollständigt den Kriterienkatalog um das Merkmal des **innovationsgetriebenen Wettbewerbsdrucks**. Auf digitalen Märkten erlangt Innovationswettbewerb regelmäßig große Bedeutung. Während *auf* dem Markt ggfs. wenig Wettbewerb vorherrscht, verschiebt sich das Geschehen zu Wettbewerb *um* den Markt – vorangetrieben durch disruptive Innovationen.[278] Die Marktanteilshöhe verliert dadurch an Aussagekraft für die Ermittlung der Marktbeherrschung. Disruptive Innovationen konnten in der Vergangenheit u. a. bei sozialen Netzwerken beobachtet werden. Aber auch die neue Technologie der generativen KI ist im Begriff, Marktstrukturen zu verändern. Inwieweit Wettbewerbsdruck infolge künftiger Innovationen bei der Marktbeherrschungsprüfung einzustellen ist, richtet sich danach, dass *„nicht nur eine abstrakte, in sachlicher wie in zeitlicher Hin-*

---

[272] BT-Drs. 18/10207, 51.
[273] BeckOK InfoMedienR/*Paal*, 42. Ed. 2022, § 18 GWB Rn. 12; *Podszun/Schwalbe*, NZKart 2017, 98, 100.
[274] LMRKM/*Kühnen*, 4. Aufl. 2020, § 18 GWB Rn. 109.
[275] Siehe ▶ Abschn. 1.2.
[276] Immenga/Mestmäcker/*Fuchs*, 7. Aufl. 2024, § 18 GWB Rn. 148.
[277] Immenga/Mestmäcker/*Fuchs*, 7. Aufl. 2024, § 18 GWB Rn. 148.
[278] BGH, Beschl. v. 23.6.20200 – KVR 69/19, GRUR 2020, 1318, 1323 – *Facebook*.

sicht zu vage Angreifbarkeit der Marktposition vorliegt."[279] Denn *„allein die Aussicht, dass eine marktbeherrschende Stellung irgendwann wegfallen könnte,"*[280] ist nicht hinreichend.

Intermediationsmacht des § 18 Abs. 3b GWB

Die **Intermediationsmacht** des § 18 Abs. 3b GWB ist ebenfalls ein auf digitale Märkte zugeschnittenes Kriterium. Bei Ermittlung der Marktmacht eines Unternehmens, das als Vermittler auf mehrseitigen Märkten tätig ist, ist die Bedeutung der von ihm erbrachten Vermittlungsdienstleistungen für den **Zugang zu Beschaffungs- und Absatzmärkten** einzustellen. Berücksichtigt werden die besonderen Strukturen digitaler Märkte. Klassische Vertriebsstrukturen gibt es nicht. Vielmehr treten Plattformen als Vermittler zwischen die Marktseiten auf. Sie haben die Rolle eines „Zugangstors"[281] und entscheiden – z. B. durch das Ranking von Suchergebnissen – über die Auffindbarkeit der Angebote gewerblicher Nutzer für Endnutzer.[282]

Herrscht auf dem Markt für die Vermittlungsleistung kaum Wettbewerb, vermittelt dies der Plattform Marktmacht. Inwieweit ein Plattformbetreiber den Marktzugang kontrollieren kann, ergibt nicht ausschließlich die Höhe seines Marktanteils. Das Nutzerverhalten nimmt ebenfalls Einfluss: Neigen Nutzer zur ausschließlichen Verwendung eines Vermittlungsdienstes (sog. *Single-Homing*), begünstigt dies Intermediationsmacht.[283] Ist der Plattformbetreiber vertikal integriert, tritt er also zugleich mit den gewerblichen Nutzern in Wettbewerb, kann dies seine Intermediationsmacht verstärken und ergänzen.[284]

3.3.1.4 Kollektive Marktbeherrschung

Begriff

Im Unterschied zu Art. 102 AEUV definiert das deutsche Missbrauchsrecht den Begriff der kollektiven Marktbeherrschung. Gem. **§ 18 Abs. 5 GWB** müssen zwei Voraussetzungen für eine kollektive Marktbeherrschung erfüllt sein. Erstens darf zwischen den gemeinsam marktbeherrschenden Unternehmen kein wesentlicher Wettbewerb bestehen (**fehlender Binnenwettbewerb**). Zweitens müssen die Unternehmen in ihrer Gesamtheit im Außenverhältnis einen unabhängigen Verhaltensspielraum gegenüber ihren Wettbewerbern und der Marktgegenseite innehaben (**fehlender Außenwettbewerb**).

An Binnenwettbewerb fehlt es, wenn zwischen den Unternehmen enge Reaktionsverbundenheit besteht. Ein Indiz dafür ist gleichförmiges Verhalten am Markt. Die Unternehmen treten in diesem Fall nicht in Wettbewerb zueinander,

---

279 BGH, Beschl. v. 23.6.20200 – KVR 69/19, GRUR 2020, 1318, 1323 – *Facebook*.
280 BGH, Beschl. v. 23.6.20200 – KVR 69/19, GRUR 2020, 1318, 1323 – *Facebook*.
281 *Volmar*, NZKart 2020, 170, 170 spricht von *„bottleneck"*.
282 *Körber*, MMR 2020, 290, 292 f.
283 *Volmar*, ZWeR 2017, 386, 391.
284 Regierungsbegründung zur 9. GWB-Novelle, BT-Drs. 18/10207, 70.

sondern stimmen sich – in einer nach Art. 101 AEUV, § 1 GWB zulässigen Weise – über den Markt ab. Eine hohe Marktkonzentration begünstigt Reaktionsverbundenheit. Kollektiv marktbeherrschende Unternehmen sind daher vor allem auf oligopolistisch strukturierten Märkten anzutreffen. Auch Homogenität der angebotenen Produkte sowie Markttransparenz fördern implizite Kollusion.[285] Beides erleichtert Unternehmen, das Verhalten ihrer Konkurrenten zu beobachten und zeitnah darauf zu reagieren. Wettbewerber, die aus dem kollusiven Gleichgewicht durch Preissenkungen ausbrechen, können wirksam „bestraft" werden, indem die anderen Unternehmen ihre Preise ebenfalls verringern (sog. Tit-for-Tat-Strategie).[286] Die Kriterien des § 18 Abs. 5 GWB entsprechen den von der europäischen Rechtsprechung zur Prüfung der kollektiven Marktbeherrschung entwickelten Airtours-Kriterien.[287]

▶ **Beispiel**

Auf den Tankstellenmärkten hat das Bundeskartellamt eine kollektive Marktbeherrschung bejaht.[288] ◀

Kriterien

Für die Ermittlung des fehlenden Außenwettbewerbs sind im Grundsatz dieselben Kriterien zu prüfen wie bei einer Einzelmarktbeherrschung. § 18 Abs. 6 GWB erleichtert die Prüfung durch zwei an Marktanteilshöhen knüpfende Vermutungstatbestände. Gem. § 18 Abs. 6 Nr. 1 GWB wird vermutet, dass eine Gesamtheit aus drei oder weniger Unternehmen kollektiv marktbeherrschend ist, wenn die Unternehmen zusammen einen **Marktanteil von 50 %** erreichen. Fünf oder weniger Unternehmen gelten als kollektiv marktbeherrschend, wenn sie zusammen einen **Marktanteil von 2/3** erreichen.

§ 18 Abs. 7 GWB konkretisiert, wie es Unternehmen gelingen kann, die Marktbeherrschungsvermutungen zu widerlegen. Die Unternehmen können zum einen darlegen, dass die Wettbewerbsbedingungen zwischen ihnen wesentlichen Wettbewerb erwarten lassen. Dafür ist es nicht hinreichend, wenn sie darlegen, dass aktuell Wettbewerb zwischen ihnen herrscht. Vielmehr müssen die Marktstrukturen mit hinreichender Wahrscheinlichkeit erwarten lassen, dass auch zukünftig Wettbewerb vorhanden sein wird.[289] Zum anderen können Unternehmen die Vermutung widerlegen, wenn sie darlegen, dass sie im Verhältnis zu den übrigen Wettbewerbern keine überragende Marktstellung innehaben. Dazu müssen sie die Bedeutung des Marktanteils für ihre Marktstellung entkräften. Dies kommt z. B. bei potenziellem Wettbewerb und geringen Marktzutrittsschranken in Betracht.

---

285 BGH, Beschl. v. 6.12.2011 – KVR 95/10, WM 2012, 2111, 2116 – *Total/OMV*; BGH, Beschl. v. 20.4.2010 – KVR 1/09, WM 2010, 1091, 1097 – *Phonak/GN Store*.
286 Siehe ▶ Abschn. 2.3.1.3.
287 Siehe ▶ Abschn. 2.3.1.3.
288 BKartA, Sektoruntersuchung Kraftstoffmärkte, 2011.
289 LMRKM/*Kühnen*, 4. Aufl. 2020, § 18 GWB Rn. 134.

Für digitale Märkte geht das Bundeskartellamt davon aus, dass bei „*Transaktionsplattformen mit ausgeprägten indirekten Netzwerkeffekten [infolge der] zahlreichen Wettbewerbsparameter eine eher geringe Kollusionswahrscheinlichkeit*"[290] gegeben ist. Mit Blick auf Matchingplattformen[291] kommt das Bundeskartellamt unter Verweis auf „*relativ ausgeprägte indirekte Netzwerkeffekte und [das] Vorliegen zahlreicher Wettbewerbsparameter*"[292] zu einem ähnlichen Ergebnis. Die Wahrscheinlichkeit einer impliziten Kollusion sei „*eher gering*".[293] Sie werde zudem dadurch erschwert, dass sich die Wettbewerber mit Blick auf mehrere Marktseiten koordinieren müssten.[294]

3.3.1.5 Missbrauch

Behinderungsmissbrauch

Grundsätze

Nach § 19 Abs. 2 Nr. 1 GWB ist es einem marktbeherrschenden Unternehmen verboten, andere Unternehmen unbillig zu behindern oder ohne sachliche Rechtfertigung zu diskriminieren. Der Begriff der Behinderung ist weit auszulegen. Er erfasst **jede nachteilige Beeinträchtigung der wettbewerblichen Betätigungsfreiheit** eines anderen Unternehmens.[295] Welche Mittel der Marktbeherrscher einsetzt, ist nicht von Belang. Insbesondere bedarf es keiner „wettbewerbsfremden" Mittel.[296] Auch eine tatsächliche Beeinträchtigung ist keine Voraussetzung; die Eignung ist hinreichend.[297] Der Schwerpunkt bei der Prüfung eines Behinderungsmissbrauchs liegt daher auf dem Tatbestandsmerkmal der Unbilligkeit (dazu sogleich).

Eine Diskriminierung liegt vor, wenn der Marktbeherrscher ein Unternehmen **anders behandelt als gleichartige Unternehmen**. Die Ungleichbehandlung unterfällt nur dann dem Tatbestand, wenn sie gleichartige Unternehmen betrifft. Grundsätzlich sind Unternehmen, die die gleiche Art von Leistung anbieten und auf derselben Marktstufe stehen, als gleichartig anzusehen.[298] Die Rechtsprechung fordert einschränkend, dass sich die Andersbehandlung „*nachteilig auf die Wettbewerbsposition*"[299] des Unternehmens auswirkt. Eine Ungleichbehandlung ist nur missbräuchlich, wenn es an einer sachlichen Rechtfertigung fehlt.

---

290 BKartA v. 20.4.2015 – B6-39/15, Fallbericht, S. 5 – *Online-Immobilienplattformen*; BKartA v. 24.7.2015 – B8-76/15, Fallbericht, S. 5 – *ProSiebenSat.1/Verivox*.
291 Zu den Plattformkategorien siehe ▶ Abschn. 1.1.
292 BKartA v. 22.10.2015 – B6-57/15, Rn. 200 – *Online-Datingplattform*.
293 BKartA v. 22.10.2015 – B6-57/15, Rn. 200 – *Online-Datingplattform*; BKartA v. 24.7.2015 – B8-76/15, Fallbericht S. 5 – *Online-Vergleichsplattformen*.
294 Immenga/Mestmäcker/*Thomas*, 6. Aufl. 2020, § 36 GWB Rn. 228.
295 BGH, Beschl. v. 22.9.1981 – KVR 8/80, GRUR 1982, 60 – *Original-VW-Ersatzteile II*; OLG Düsseldorf, Urt. v. 12.12.2001 – U (Kart) 4/01 GRUR 2002, 831, 831 – *Förderung der regionalen Wirtschaft*.
296 Immenga/Mestmäcker/*Fuchs*, 7. Aufl. 2024, § 19 GWB Rn. 84.
297 OLG Düsseldorf, Urt. v. 30.3.2016 – VI-U (Kart) 10/15, NJOZ 2016, 1161, 1173.
298 Immenga/Mestmäcker/*Fuchs*, 7. Aufl. 2024, § 19 GWB Rn. 92.
299 BGH, Urt. v. 24.10.2011 – KZR 7/10, GRUR 2012, 84, 87 – *Grossisten-Kündigung*.

Die Unbilligkeit einer Behinderung bzw. die (fehlende) sachlichn Rechtfertigung einer Diskriminierung ist anhand einer **umfassenden Interessenabwägung unter Berücksichtigung der auf die Freiheit des Wettbewerbs gerichteten Zielsetzung des GWB** zu ermitteln.[300] Dies bedeutet, dass die Individualinteressen der Betroffenen herauszuarbeiten und gegenüberzustellen sind. Maßstab der Abwägung bildet das Ziel des Kartellrechts, die wettbewerbliche Handlungsfreiheit der Unternehmen zu schützen. Einzustellen ist auch die Marktmacht des beherrschenden Unternehmens. Je umfassender sein Verhaltensspielraum ist, desto eher ist ihm abzuverlangen, Behinderungen und Ungleichbehandlungen anderer Unternehmen zu vermeiden.[301] Dennoch sollen auch Unternehmen in marktbeherrschender Stellung im Grundsatz autonom am Markt agieren, also z. B. darüber entscheiden, wen sie zu welchen Konditionen beliefern. Es besteht im Grundsatz nicht die Pflicht, fremden Wettbewerb zu fördern.[302] Neben der wettbewerblichen Zielrichtung des GWB können Belange des Allgemeinwohls[303] und des europäischen Kartellrechts in die Interessenabwägung einfließen.[304]

> **Merke**
> Zur Ermittlung, ob eine Behinderung unbillig bzw. eine Diskriminierung sachlich ungerechtfertigt ist, bedarf es einer umfassenden Interessenabwägung unter Berücksichtigung der auf die Freiheit des Wettbewerbs gerichteten Zielsetzung des GWB.

Ausschließlichkeitsbindung
Wie bereits zu Art. 102 AEUV dargestellt,[305] kann ein Marktbeherrscher Wettbewerber durch den Abschluss von Alleinbezugsverpflichtungen unbillig behindern. Die deutsche Praxis orientiert sich an den Richtwerten der Vertikal-GVO. Diese stellt auf eine Bezugsbindung von 80 % und eine Laufzeit von mehr als 5 Jahre ab, vgl. Art. 1 lit. f), Art. 5 Abs. 1 lit. a) Vertikal-GVO. Die Rechtsprechung erblickt z. B. in Lieferverträgen eines marktbeherrschenden Gasversorgers mit einer Laufzeit von bis zu 20 Jahren grundsätzlich eine unbillige Behinderung.[306] Ausschließlichkeitsbindungen können auch gegen das Kartellverbot verstoßen.[307] Ist die Ausschließlichkeitsbindung mit Art. 101 AEUV, § 1 GWB vereinbar, scheidet auch ein Verstoß gegen § 19 GWB aus.[308] **Bestpreisklauseln** können eine vergleichbare Wir-

---

300 BGH, Urt. v. 10.12.2019 – KZR 57/19, NZKart 2020, 141, 142 – *Werbeblocker IV*.
301 *Kling/Thomas*, Kartellrecht, 2. Aufl. 2016, § 20 Rn. 105.
302 BGH, Urt. v. 12.11.1991 – KZR 2/90, GRUR 1992, 199, 200 – *Aktionsbeiträge*.
303 BGH, Urt. v. 7.11.2006 – KZR 2/06, GRUR 2017, 616, 617 – *Bevorzugung einer Behindertenwerkstatt*: „Es ist weder der öffentlichen Hand als Normadressatin des § 20 I GWB noch einem anderen marktbeherrschenden Unternehmen grundsätzlich verwehrt, sich bei der Auswahl mehrerer Bewerber auch von Gemeinwohlbelangen leiten zu lassen".
304 BGH, Beschl. v. 11.11.2008 – KVR 17/08, GRUR 2009, 424, 435 – *Bau und Hobby*: „Jedenfalls ist die Wertung des Gemeinschaftsrechts in die Abwägung nach § 20 I GWB einzubeziehen".
305 Siehe ▶ Abschn. 2.3.2.1.2.
306 OLG Düsseldorf, Urt. v. 7.11.2001 – U (Kart) 31/00, WuW 2002, 494 – *Stadtwerke Aachen*.
307 Siehe ▶ Abschn. 2.2.2.3.7 und 3.3.1.5.1.2.
308 BGH, Urt. v. 8.4.2014 – KZR 53/12, NZKart 2014, 411, 413 – *VBL-Versicherungspflicht*.

kung wie Ausschließlichkeitsbindungen haben.³⁰⁹ Sie beschränken zum einen die Preissetzungsfreiheit der gewerblichen Plattformnutzer und verringern zum anderen den Anreiz dieser Unternehmen mit weiteren Plattformbetreibern zu kontrahieren.³¹⁰

Liefersperre

Ein Behinderungsmissbrauch kann sowohl durch die Verweigerung, Geschäftsbeziehungen aufzunehmen, als auch durch den Abbruch bestehender Lieferbeziehungen verwirklicht werden. Auf digitalen Märkten kann dies durch die **Sperrung von Konten** geschehen, welche gewerbliche Nutzer als Verkäufer **auf Plattformen** eröffnet haben.³¹¹

Grundsätzlich kann ein marktbeherrschendes Unternehmen nach seinem Belieben entscheiden, mit welchen Abnehmern es in eine Vertragsbeziehung tritt.³¹² Etwas anderes kann sich aber aus seiner gesteigerten Verantwortung für den Schutz des Restwettbewerbs auf dem beherrschten Markt ergeben. Der Marktbeherrscher hat ggfs. eine Kündigungsfrist zu wahren, damit der Abnehmer sich auf das Ende der Geschäftsbeziehung einstellen kann.³¹³ Im Kontext **selektiver Vertriebssysteme** ist anerkannt, dass ein marktbeherrschender Hersteller eine **qualitative Selektion** seiner Händler durchführen darf, soweit er dabei diskriminierungsfrei vorgeht.³¹⁴ Mögliche Kriterien können die fachliche Qualifikation der Händler oder die Erbringung bestimmter Zusatzleistungen, etwa eines Reparaturservices, sein.

Bei Luxusprodukten kann es gerechtfertigt sein, wenn ein Marktbeherrscher den Vertrieb seiner Produkte über Internetplattformen (sog. **Plattformverbot**) generell ausschließt.³¹⁵ Ob ein Plattformverbot bei anderen Produktkategorien gerechtfertigt ist, hat die deutsche Rechtsprechung bislang unterschiedlich beurteilt.³¹⁶ Das OLG Hamburg hat für den Vertrieb von Nahrungsergänzungsmittel und Kosmetika angenommen, dass die Interessen des marktbeherrschenden Herstellers an einer Einschränkung des Plattformvertriebs überwögen und die damit verbundene Behinderung nicht unbillig sei.³¹⁷ Um den Wertungen der seit 2022 geltenden Vertikal-GVO³¹⁸ auch im Missbrauchsrecht zu entsprechen, dürfte es überzeugen, Plattformverbote bei anderen hochwertigen oder hochtechnologischen Produkten zuzulassen.

Quantitative Selektion kann ebenfalls zulässig sein. Sie ist dadurch gekennzeichnet, dass der Marktbeherrscher nur eine bestimmte Anzahl an Händlern am

---

309 Immenga/Mestmäcker/*Fuchs*, 7. Aufl. 2024, § 19 GWB Rn. 181a.
310 BKartA 22.12.2015 – B 9-121/13, Rn. 313 – *Hotelportalmarkt*.
311 *Berghaus/Mekhalfia*, WuW 2021, 82, 83.
312 BGH, Urt. v. 24.6.2003 – KZR 32/01, GRUR 2003, 893, 895 – *Schülertransporte*.
313 BGH, Urt. v. 10.2.1987 – KZR 6/86, NJW 1987, 3197, 3200 – *Freundschaftswerbung*.
314 BGH, Beschl. v. 25.10.1988 – KVR 1/87, GRUR 1989, 220, 222 – *Lüsterbehangsteine*; *Bechtold*, NJW 2003, 3729 ff.
315 Immenga/Mestmäcker/*Fuchs*, 7. Aufl. 2024, § 19 GWB Rn. 134.
316 Siehe die Ausführungen zum deutschen Kartellverbot ▶ Abschn. 3.2.3.3.3.
317 OLG Hamburg, Urt. v. 22.3.2018 – 3 U 250/16, NZKart 2018, 590, 591 f. – *Aloe Vera-Produkte*.
318 Siehe im Detail ▶ Abschn. 2.2.2.3.3.

Vertriebssystem teilnehmen lässt.[319] Wegen des damit verbundenen Marktverschließungseffekts bestehen höhere Rechtfertigungsanforderungen.[320]

Ferner ist von dem Marktbeherrscher ggfs. zu fordern, **Transparenz** bei dem Auswahlverfahren seiner Geschäftspartner zu wahren. Es können ergänzend Wertungen anderer Gesetze herangezogen werden: Gem. Art. 3 Abs. 1 lit. c) **Plattform-VO** sind Anbieter von Online-Vermittlungsdiensten verpflichtet, in AGB die Gründe zu benennen, bei deren Vorliegen sie die Bereitstellung ihrer Dienste für gewerbliche Nutzer einschränken. Die Wertungen der Plattform-VO können im Rahmen der kartellrechtlichen Interessenabwägung zur Ermittlung der Unbilligkeit bzw. sachlich fehlenden Rechtfertigung einfließen.[321] So nehmen einige Gerichte an, dass die in Art. 4 Abs. 2, Abs. 5 UAbs. 1 Plattform-VO geforderte **Begründung bei Beendigung der Geschäftsbeziehung** im Rahmen der kartellrechtlichen Bewertung zu berücksichtigen sei. Das LG Hannover hat entschieden, dass in dem Fall, in dem

» „*der Betreiber einer Onlineverkaufsplattform als Begründung für eine Deaktivierung eines Verkäuferkontos lediglich vor[trägt, dass] der Verkäufer [...] gegen die Nutzungsbedingungen verstoßen [habe] [...] ein Anspruch auf Aktivierung des Verkäuferkontos nach § 33 Abs. 1 Alt. 2, § 19 Abs. 2 Nr. 1 GWB bestehen*"[322]

können. Andere sehen den Marktbeherrscher auch außerhalb des Anwendungsbereichs der Plattform-VO zur Begründung verpflichtet, wenn er sich entschließt, eine Geschäftsbeziehung zu beenden.[323]

Vertiefung zur Plattform-VO

Die Plattform-VO greift das bilaterale Verhältnis zwischen Anbietern von Online-Vermittlungsdiensten und deren gewerblichen Nutzern auf.[324] Sie etabliert verschiedene Transparenzanforderungen. Neben den oben erwähnten Angaben in Bezug auf die Beendigung von Vertragsbeziehungen, fordern Art. 5, 7 Plattform-VO Angaben zu Rankings sowie zu Selbstbevorzugungspraktiken. Materielle Verbote oder Beschränkungen enthält die Plattform-VO jedoch nicht.

Zugang zu wesentlichen Einrichtungen

Die im Regelbeispiel des **§ 19 Abs. 2 Nr. 4 GWB** niedergelegte Essential-Facilities-Doktrin ist ein Unterfall des Behinderungsmissbrauchs. Danach missbraucht ein marktbeherrschendes Unternehmen seine Stellung, wenn es sich weigert, ein ande-

---

319 *Kling/Thomas*, Kartellrecht, 2. Aufl. 2016, § 20 Rn. 119.
320 Immenga/Mestmäcker/*Fuchs*, 7. Aufl. 2024, § 19 GWB Rn. 136.
321 LG München I, Urt. v. 12.5.2021, Az. 37 O 32/21, BeckRS 2021, 10613, Rn. 75: „*Die VO (EU) 2019/1150, die am 12.07.2020 in Kraft getreten ist, verdrängt die kartellrechtlichen Vorschriften nicht, sondern steht selbstständig hierzu [...] Ihre Wertungen können mittelbar in der Kartellrechtsanwendung Berücksichtigung finden.*"; *Kohser/Jahn*, GRUR-Prax 2020, 273, 275.
322 LG Hannover, Beschl. v. 22.7.2021 – 25 O 221/21, GRUR-RS 2021, 24622.
323 LG München I, Urt. v. 12.5.2021 – 37 O 32/21, NZKart 2021, 370, 372 f. – *Amazon Kontensperrung II*; BKartA v. 17.7.2019 – B2-88/18, Rn. 5 – *Amazon Geschäftsbedingungen*.
324 Im Detail ► Abschn. 5.2.

res Unternehmen gegen angemessenes Entgelt zu beliefern, insbesondere ihm Zugang zu Infrastruktureinrichtungen zu gewähren, und die Belieferung oder die Gewährung des Zugangs objektiv notwendig ist, um auf einem vor- oder nachgelagerten Markt tätig zu sein. Weitere Voraussetzung ist, dass die Zugangsweigerung den Wettbewerb auf diesem Markt auszuschalten droht.

Durch die 10. GWB-Novelle von 2021 wurde der Wortlaut der Essential-Facilities-Doktrin erweitert. Während der Tatbestand zuvor auf „Netze und andere Infrastruktureinrichtungen" beschränkt war, erstreckt er sich nunmehr allgemein auf die Belieferung bestimmter Arten von Waren oder gewerblichen Leistungen.[325] Der Gesetzgeber begründet die Wortlautänderung damit, dass der Tatbestand bislang vorwiegend bei physischer Infrastruktur – z. B. Flug- und Seehäfen[326] oder Sportstätten[327] – und bei Immaterialgüterrechten relevant geworden sei, er aber auch *„eine Verweigerung des Zugangs zu Plattformen oder Schnittstellen"*[328] erfasse. Hinzu kommt, dass der Zugang zu Daten als Regelbeispiel in § 19 Abs. 2 Nr. 4 GWB aufgenommen wurde. Der Gesetzgeber sieht diese Tatbestandsänderung lediglich als deklaratorisch an.[329] Bereits zuvor wurde die Essential-Facilities-Doktrin gelegentlich auf Informationen angewendet.[330]

Ein Anspruch folgt aus § 19 Abs. 2 Nr. 4 GWB nur, wenn der Zugang **„objektiv notwendig"** ist, damit das Unternehmen auf dem vor- oder nachgelagerten Markt tätig werden kann. Der Zugangsgrund wurde durch die 10. GWB-Novelle ebenfalls neu gefasst. Zuvor sprach das Gesetz davon, dass es dem Unternehmen „ohne die Mitbenutzung nicht möglich ist, auf dem vor- oder nachgelagerten Markt als Wettbewerber des marktbeherrschenden Unternehmens tätig zu werden." Die Änderung soll lediglich klarstellender Natur sein und es erleichtern, die bei Art. 102 AEUV dargestellten Grundsätze zut **Substituierbarkeit** und **Duplizierbarkeit** entsprechend anzuwenden.[331] Voraussetzung ist also, dass dem Unternehmen der Zugang zum Markt nicht auf andere Weise, auch nicht aus eigener Anstrengung, möglich ist.[332] Da ein Zugangsanspruch die Wettbewerbs- und Eigentumsfreiheit des Marktbeherrschers nicht unerheblich einschränkt, sind an die objektive Notwendigkeit des Zugangs hohe Anforderungen zu stellen. Der Umstand, dass der Marktzutritt für ein Unternehmen bloß schwierig ist, etwa weil es wirtschaftlich nur gering leistungsfähig ist, reicht nicht aus. Vielmehr muss *„es unter kaufmännischen Gesichtspunkten absolut unvernünftig sein, eine weitere Infrastruktureinheit einzurichten."*[333] Objektive Notwendigkeit ist daher zu bejahen, wenn Infra-

---

325 Regierungsbegründung zur 10. GWB-Novelle, BT-Drs. 19/23492, 72.
326 BGH, Urt. v. 14.7.2011 – III ZR 200/10, WM 2012, 371, 375 – *Flughafen Berlin-Tegel*.
327 Siehe OLG Koblenz, Urt. v. 13.12.2012 – U 73/12 Kart, NZKart 2013, 164 – *Nürburgring*.
328 Regierungsbegründung zur 10. GWB-Novelle, BT-Drs. 19/23492, 72.
329 Regierungsbegründung zur 10. GWB-Novelle, BT-Drs. 19/23492, 72.
330 KG Berlin, Urt. v. 23.6.2003 – 2 U 20/02 Kart, WRP 2004, 112, 113 ff. – *Gera-Rostock*.
331 Immenga/Mestmäcker/*Fuchs*, 7. Aufl. 2024, § 19 GWB Rn. 328.
332 *Kling/Thomas*, Kartellrecht, 2. Aufl. 2016, § 20 Rn. 209.
333 LMRKM/*Loewenheim*, 4. Aufl. 2020, § 19 GWB Rn. 90. Siehe auch OLG Hamburg, Urt. v. 19.6.2002 – 5 U 28/02; WuW 2003, 514 – *Online-Ticketshop*.

struktur z. B. infolge rechtlicher Vorgaben – etwa bau- oder umweltrechtlicher Gründe – nicht dupliziert werden kann.[334]

Mit der Erweiterung des Tatbestands auf **Daten** ist angesichts der hohen Zugangsvoraussetzungen kein allgemeiner Datenzugangsanspruch verbunden. Vielmehr bildet ein Zugangsanspruch auch insoweit die begründungsbedürftige Ausnahme. Ein Marktbeherrscher ist grundsätzlich nicht dazu verpflichtet, fremden Wettbewerb zu fördern. Von dem Umstand, dass ein Marktbeherrscher über einen großen Datenbestand verfügt, kann nicht ohne weiteres darauf geschlossen werden, dass der Bestand eine wesentliche Einrichtung darstellt.[335] Vielmehr ist es im Grundsatz anderen Unternehmen ebenfalls möglich, Daten von Nutzern zu erheben. Auch wenn Daten ein wichtiger Wettbewerbsparameter auf digitalen Märkten sind, bedeutet dies nicht, dass der Zugang zu ihnen objektiv notwendig für den Marktzutritt wäre. Die Entwicklung digitaler Märkte zeigt, dass innovative Start-ups in der Lage waren, erhebliche Marktmacht zu gewinnen, ohne dass sie denselben Datenbestand zur Verfügung gehabt hätten wie die damals etablierten Wettbewerber.[336] Etwas anderes kann sich ausnahmsweise z. B. bei exklusiven Maschinendaten für das *Internet of Things* ergeben.[337] Bei dem Zugang zu personenbezogenen Daten sind die Wertungen der DSGVO zu berücksichtigen.[338]

Nicht unter den Begriff der wesentlichen Einrichtung fallen nach überzeugender Auffassung Suchmaschinen.[339] Auch wenn einige Suchmaschinenbetreiber auf nationalen Märkten innerhalb der EU einen Marktanteil von über 90 % innehaben, erscheint es für Unternehmen nicht objektiv notwendig, darin anhand fairer Kriterien gerankt zu werden, um Kunden zu erreichen.[340]

Weitere Verhaltensweisen

Unbillige Behinderungsstrategien können durch **Kopplungspraktiken** realisiert werden. Dabei bietet der Marktbeherrscher eine Leistung verbunden mit einer anderen an. Dies kann sog. **Hebelwirkung** erzeugen, wenn das Unternehmen auf dem Markt der zur Kopplung verwendeten Ware über seine sehr starke Marktstellung verfügt. Durch die Koppelung kann es dem Marktbeherrscher gelingen, seine Marktmacht auf den Markt des gekoppelten Produkts „zu hebeln" (sog. *leveraging*). Ein Beispiel aus der deutschen Praxis ist der mit dem Kauf einer Etikettiermaschine gekoppelte Bezug von Etiketten.[341] Kopplungspraktiken sind jedoch nicht per se unbillig. Sie sind nicht missbräuchlich, wenn die Konkurrenten nicht wesentlich beeinträchtigt werden. Eine Kopplung ist ferner gerechtfertigt, wenn sie auf funktionalen oder technischen Gründen beruht. Ein Beispiel ist die Koppelung

---

334 BGH, Beschl. v. 11.12.2012 – KVR 7/12, NZKart 2013, 160, 160 ff. – *Fährhafen Puttgarden II*.
335 *Körber*, MMR 2020, 290, 292: „*Pauschale Annahmen wie „großer Datenbestand = wesentliche Einrichtung" oder „Mehr Daten = mehr Macht" halten einer sorgfältigen Analyse nicht stand.*"
336 *Körber*, MMR 2020, 290, 292.
337 *Körber*, MMR 2020, 290, 292.
338 *Dreher/Kulka*, Wettbewerbs- und Kartellrecht, 12. Aufl. 2023, Rn. 1297.
339 Im Detail ▶ Abschn. 2.3.2.1.7.
340 *Kersting/Dworschak*, NZKart 2013, 46, 48; *Körber*, WRP 2012, 761, 766.
341 KG Berlin, Urt. v. 18.2.1969 – Kart V 34/67, WuW 1969, 623 – *Handpreisauszeichner*.

von Gerät und Materialien, wenn Materialien konkurrierender Hersteller die Funktionsfähigkeit des Geräts gefährden würden.[342]

Bei **Rabatten** ist – ebenso wie zu Art. 102 AEUV ausgeführt[343] – danach zu unterscheiden, ob es sich um kartellrechtlich undenkliche Mengen- und Funktionsrabatte handelt,[344] oder um Treue- oder Zielrabatte, die Verdrängungswirkung entfalten können. Die deutsche Praxis hat Treuerabatte bereits wegen ihrer Zielrichtung, Wettbewerber vom Markt zu drängen, als missbräuchlich betrachtet.[345] Es wird sich zeigen, inwieweit die durch die Entscheidung des EuGH in der Rechtssache *Intel* von 2017 geforderte einzelfallbezogene Auswirkungsanalyse im Rahmen des Art. 102 AEUV[346] auch die Bewertung von Treuerabatten gem. § 19 Abs. 1 GWB beeinflussen wird.

Ausbeutungsmissbrauch
Grundsätze

Das Regelbeispiel des **§ 19 Abs. 2 Nr. 2 GWB** thematisiert den Ausbeutungsmissbrauch. Danach ist es einem Marktbeherrscher untersagt, Entgelte oder sonstige Geschäftsbedingungen zu fordern, die von denjenigen abweichen, die sich bei wirksamem Wettbewerb mit hoher Wahrscheinlichkeit ergeben würden. Dem Ausbeutungsmissbrauch liegt das **Konzept des Als-Ob-Wettbewerbs** zugrunde.[347] Es bedarf der Analyse, welches Preisniveau sich hypothetisch für den Fall, dass auf dem Markt funktionierender Wettbewerb vorherrschen würde, ergeben hätte. Der Missbrauchsvorwurf liegt anders als bei der Behinderung nicht in der Verdrängung von Wettbewerbern begründet, sondern beruht auf der Ausbeutung der Marktgegenseite.[348]

Für die Schätzung des wettbewerbsanalogen Preisniveaus hat die Praxis sich verschiedener Methoden bedient. Im Vordergrund steht die von § 19 Abs. 2 Nr. 2 GWB explizit erwähnte **Vergleichsmarktmethode**.[349] Hierbei wird ermittelt, welche Preise auf Märkten verlangt werden, die mit dem beherrschten Markt strukturell vergleichbar sind. Die Aussagekraft der Methode hängt davon ab, dass Märkte gefunden werden, die dem beherrschten Markt ähnlich sind. Bei der zeitlichen Vergleichsmarktmethode werden die Preise, die vor der Zeit der Marktbeherrschung verlangt wurden, als Maßstab herangezogen.[350] Ein räumlicher Vergleichsmarkt ist ein Markt, auf dem dieselben Produkte vertrieben werden, der sich aber auf ein an-

---

342 Immenga/Mestmäcker/*Fuchs*, 7. Aufl. 2024, § 19 GWB Rn. 183.
343 Siehe ▶ Abschn. 2.3.2.1.5.
344 Siehe aber BGH, Beschl. v. 12.7.2013 – KVR 11/12, NZKart 2013, 462, 462 – *Laborchemikalien*: „*Maßgeblich ist stets eine Prüfung im Einzelfall. Diese kann auch ergeben, dass sich die Gewährung eines Mengenrabatts als wettbewerbswidrige Behinderung einzelner Unternehmen darstellt*".
345 OLG Düsseldorf, Beschl. v. 6.4.2016 – VI Kart 9/15 (V), BeckRS 2016, 9887 Rn. 81 ff.
346 EuGH v. 6.9.2017 – C-413/14 P, ECLI:EU:C:2017:632 – *Intel*.
347 LMRKM/*Loewenheim*, 4. Aufl. 2020, § 19 GWB Rn. 69.
348 Zu den weitgehend entsprechenden Grundsätzen bei Art. 102 AEUV siehe ▶ Abschn. 2.3.2.2.1.
349 Zu den Vergleichsmarktmethoden im Kontext der Schadensberechnung bei § 33a GWB *Legner*, KSzW 2012, 218, 220.
350 OLG Düsseldorf, Urt. v. 14.3.2018 – VI-U (Kart) 7/16, NZKart 2018, 238 – *Mitbenutzung von Kabelkanalanlagen*.

deres räumliches Einzugsgebiet erstreckt.[351] Dies kann ein anderer regionaler Markt sein. Wird ein Markt im Ausland herangezogen, ist zusätzlich zu klären, ob andere regulatorische Bedingungen vorherrschen, die die Vergleichbarkeit schmälern. Von vornherein schwach ausgeprägt ist die Vergleichbarkeit bei einem sachlichen Vergleichsmarkt, auf dem andere Produkte angeboten werden. Es sollten nur solche Märkte als Referenz dienen, auf denen die angebotenen Produkte mit denen des beherrschten Marktes sehr ähnlich sind.[352]

Ungeachtet der Wahl des Vergleichsmarktes stellt das dort vorzufindende Preisniveau nur eine Annäherung an den Preis dar, der hypothetisch auf dem beherrschten Markt verlangt würde. Denn die vorzufindenden Marktbedingungen sind selten vollkommen identisch.[353] Daher bedarf es in einem weiteren Schritt der Einpreisung von **Zu- bzw. Abschlägen**. Teilweise wird auf das auf dem zeitlichen Vergleichsmarkt vorzufindende Preisniveau als „Sockel" verwiesen, auf dessen Grundlage die Schätzung des hypothetischen Wettbewerbspreises erfolgt.[354] Ist auf diese Weise der Preis ermittelt, der auf dem Markt hypothetisch vorherrschen würde, fordert die Rechtsprechung ergänzend, dass der von dem Marktbeherrscher tatsächlich geforderte Preis hiervon **erheblich abweicht**.[355] Wie erheblich die Abweichung zu sein hat, wird auch durch den Grad der Marktbeherrschung bestimmt.[356]

Neben der Vergleichsmarktmethode hat die deutsche Kartellrechtspraxis einen Ausbeutungsmissbrauch gelegentlich anhand einer **Kostenkontrolle** ermittelt.[357] Dabei werden die preisbildenden Faktoren betrachtet und in Verhältnis zum verlangten Preis gesetzt.[358] Ein solches Vergehen ist ähnlichen Einwänden ausgesetzt wie das zum europäischen Missbrauchsrecht vorgestellte **Konzept der Gewinnspannenbegrenzung**,[359] das vereinzelt von dem Bundeskartellamt herangezogen wurde.[360] Das Konzept beruht auf Erwägungen zu „angemessenen" Kosten bzw. Gewinnspannen, die als feststehende Größen aber nicht existieren. Der Wert eines Produkts bildet sich stets neu durch Angebot und Nachfrage heraus und ist kein fester Faktor.[361]

---

351 BGH, Beschl. v. 19.6.2007 – KRB 12/07, WuW 2008, 457 – *Papiergroßhandel*.
352 OLG Düsseldorf, Urt. v. 14.3.2018 – VI-U (Kart) 7/16, NZKart 2018, 235, 238 – *Mitbenutzung von Kabelkanalanlagen*.
353 Wiedemann/*Wiedemann*, Handbuch des Kartellrechts, 4. Aufl. 2020, § 23 Rn. 202.
354 LMRKM/*Loewenheim*, 4. Aufl. 2020, § 19 GWB Rn. 73.
355 BGH, Beschl. v. 28.6.2005 – KVR 17/04, NJW 2006, 2333 – *Stadtwerke Mainz*.
356 BGH, Beschl. v. 28.6.2005 – KVR 17/04, NJW 2006, 2333 – *Stadtwerke Mainz*.
357 BGH, Urt. v. 14.12.2021 – KZR 23/18, NZKart 2022, 154, 155 – *Kabelkanalanlagen II*.
358 BGH, Beschl. v. 15.5.2012 – KVR 51/11, NZKart 2003, 34, 35 – *Wasserpreise Calw*.
359 BKartA v. 14.2.2003 – B11-45/01 – *TEAG*.
360 Kritisch auch OLG Düsseldorf, Beschl. v. 11.02.2004 – Kart 4/03, BeckRS 2004, 4812: „*Aufgrund dessen darf die Kartellbehörde die Preiskontrolle nicht auf die Überprüfung einzelner preisbildender Faktoren beschränken. Sie muss vielmehr auch und vor allem überprüfen, ob der geforderte Preis missbräuchlich übersetzt ist. In gleicher Weise darf sich eine kartellbehördliche Untersagungsverfügung nicht damit begnügen, einzelne Faktoren der Preisbildung zu verbieten. Untersagt werden kann alleine ein Preismissbrauch, d. h. das Fordern eines als kartellrechtswidrig überhöht festgestellten Preises*".
361 Immenga/Mestmäcker/*Fuchs*, 7. Aufl. 2024, § 19 GWB Rn. 232.

Der Ausbeutungsmissbrauch aus § 19 Abs. 2 Nr. 2 GWB hat in der deutschen Praxis keine große Relevanz erlangt. Grund sind praktische Nachweisschwierigkeiten. Daneben erfasst das Regelbeispiel die Ausbeutung durch „**sonstige Geschäftsbedingungen**" (sog. Konditionenmissbrauch). Der Konditionenmissbrauch wird im Anschluss an die preisbezogene Ausbeutung als separater Fall des Missbrauchs dargestellt.[362] Grund dafür ist, dass die jüngere Praxis zum Konditionenmissbrauch verstärkt auf den Grundtatbestand des § 19 Abs. 1 GWB zurückgreift, um die Nachweisschwierigkeiten, die mit der Ermittlung „sonstiger Geschäftsbedingungen" auf einem hypothetischen Wettbewerbsmarkt verbunden sind, zu umgehen.

Die **Preis- und Konditionenspaltung, § 19 Abs. 2 Nr. 3 GWB**, stellt einen weiteren Fall des Ausbeutungsmissbrauchs dar. Als Vergleichsmaßstab dient – anders als bei § 19 Abs. 2 Nr. 2 GWB – nicht ein hypothetischer (Wettbewerbs-)Preis, sondern der Preis, den der Marktbeherrscher auf vergleichbaren Märkten fordert. Einen speziell auf den Missbrauch von Nachfragemacht zugeschnittenen Fall des Ausbeutungsmissbrauchs erwähnt **§ 19 Abs. 2 Nr. 5 GWB**. Das sog. **Anzapfverbot** untersagt es einem marktbeherrschenden Nachfrager, andere Unternehmen dazu aufzufordern, ihm ohne sachlich gerechtfertigten Grund Vorteile zu gewähren.

Preishöhe

Ergänzend zu den dargestellten Grundsätzen zur Ermittlung missbräuchlich überhöhter Preise soll ein Beispiel aus dem Bereich der digitalen Märkte dargeboten werden. Das Bundeskartellamt hatte im November 2015 ein Verfahren wegen des Missbrauchs von Nachfragemacht gegen zwei Unternehmen eingeleitet, die bei dem digitalen Angebot von Hörbüchern in Deutschland über eine starke Marktposition verfügten.[363] Nach den Feststellungen des Amtes versuchten die Unternehmen, mit den Hörbuchverlegern neue Lizenzverträge auszuhandeln, wonach Endkunden gegen eine feste monatliche Gebühr eine spezifische Anzahl an Hörbüchern hören konnten. Die Verleger machten geltend, dass die Konditionen, die die marktbeherrschenden Nachfrager von ihnen forderten, nicht kostendeckend seien. Die Ausführungen lassen auf die Anwendung des **Konzepts der Gewinnspannenbegrenzung** schließen. Das Bundeskartellamt stellte das Verfahren ein, weil die Unternehmen bereit waren, ihre Geschäftsbedingungen ab Januar 2017 zu ändern.[364]

Die Anwendung des **Vergleichsmarktkonzepts** auf mehrseitigen Plattformmärkten kann mit besonderen Schwierigkeiten verbunden sein. Sie rühren sowohl von der Schnelllebigkeit digitaler Märkte als auch von der häufig anzutreffenden asymmetrischen Kostenstruktur.[365]

---

362 Siehe ▶ Abschn. 3.3.1.5.3.
363 BKartA, Pressemitteilung „Bundeskartellamt leitet Verfahren gegen Audible/Amazon und Apple ein" v. 16.11.2015, ▶ https://www.bundeskartellamt.de/SharedDocs/Meldung/DE/Pressemitteilungen/2015/16_11_2015_Audible.html (30.3.2024).
364 BKartA, Pressemitteilung „Bundeskartellamt stellt Verfahren gegen Audible/Amazon und Apple ein" v. 19.1.2017, ▶ https://www.bundeskartellamt.de/SharedDocs/Meldung/DE/Pressemitteilungen/2017/19_01_2017_Audible_Amazon.html (30.3.2024).
365 Im Detail ▶ Abschn. 2.3.2.2.2.

Preispersonalisierung und -dynamisierung

Die zu Art. 102 AEUV ausgeführten Grundsätze zu Preispersonalisierung und -dynamisierung[366] gelten sinngemäß für das deutsche Missbrauchsrecht. Personalisiert ein marktbeherrschendes Unternehmen seine Preise, stellt dies keine Ausbeutung dar.[367] Es bleibt dem Unternehmen grundsätzlich erlaubt, die individuelle Zahlungsbereitschaft der Abnehmer ausnutzen. Ebenso ist die zügige Anpassung der Preise an wandelnde Nachfrage dem Marktbeherrscher gestattet.[368]

Konditionenmissbrauch

Ausbeuterische Praktiken müssen nicht zwingend den Preis betreffen. Auch andere Geschäftsbedingungen können so gestaltet sein, dass sie den Missbrauch einer marktbeherrschenden Stellung verwirklichen. Das Regelbeispiel des **§ 19 Abs. 2 Nr. 2 GWB** erstreckt sich auf „**sonstige Geschäftsbedingungen**": Weichen diese von denjenigen ab, welche sich bei wirksamem Wettbewerb mit hoher Wahrscheinlichkeit ergeben hätten, begründet dies einen Konditionenmissbrauch. Das Bundeskartellamt stellt bei Prüfung eines Konditionenmissbrauchs gelegentlich direkt auf die **Generalklausel des § 19 Abs. 1 GWB** ab.[369] Hintergrund ist, dass § 19 Abs. 2 Nr. 2 GWB vorrangig die Anwendung der Vergleichsmarktmethode verlangt und es sich bei Geschäftsbedingungen jenseits des Preises besonders schwierig darstellt, ihre Inhalte für den hypothetischen Fall des wirksamen Wettbewerbs zu ermitteln.[370]

Für die Prüfung, ob Geschäftsbedingungen des Marktbeherrschers missbräuchlich sind, bedarf es grundsätzlich der „*Gesamtbetrachtung des Leistungsbündels*".[371] Wird auf § 19 Abs. 1 GWB abgestellt, ist zu ermitteln, ob die Geschäftsbedingungen einseitig zulasten des Geschäftspartners von den **Gerechtigkeitserwägungen**, wie sie im **dispositiven Recht** zum Ausdruck kommen, abweichen.[372] In der deutschen Kartellrechtspraxis standen vor allem AGB im Fokus des Konditionenmissbrauchs. Gerechtigkeitsvorstellungen ergeben sich insoweit aus den Vorschriften zur Inhaltskontrolle gem. §§ 307 ff. BGB. Ein Verstoß gegen das AGB-Recht ist für einen Marktmachtmissbrauch jedoch nicht hinreichend. Denn die Selbstbestimmung, die das Vertragsrecht den Parteien zugesteht, soll durch das Kartellrecht nicht „*in eine Fremdbestimmung um[ge]kehrt*"[373] werden. Vielmehr müssen die Geschäftsbedingungen „*Ausfluss der Marktmacht oder einer großen Machtüberlegenheit des Verwenders*"[374] sein. Es ist zu prüfen, ob die Ge-

---

366 Siehe ▶ Abschn. 2.3.2.2.3 und 2.3.2.2.4.
367 *Körber*, NZKart 2016, 303, 308.
368 *Paal*, GRUR 2019, 43, 48.
369 So z. B. im *Facebook*-Verfahren, siehe BKartA v. 6.2.2019, B6-22/16 – *Facebook*.
370 Immenga/Mestmäcker/*Fuchs*, 7. Aufl. 2024, § 19 GWB Rn. 211.
371 BGH, Beschl. v. 6.11.1983 – KVR 13/83, GRUR 1985, 318, 319 – *Favorit*.
372 BGH, Urt. v. 6.11.2013 – KZR 61/11, NZKart 2014, 31, 32 – *VBL-Gegenwert I*; Immenga/Mestmäcker/*Fuchs*, 7. Aufl. 2024, § 19 GWB Rn. 211c.
373 BGH, Urt. v. 7.6.2016 – KZR 6/15, NZKart 2016, 328 – *Pechstein*.
374 BGH, Urt. v. 6.11.2013 – KZR 61/11, NZKart 2014, 31, 34 – *VBL-Gegenwert I*. Siehe zudem BGH, Urt. v. 24.1.2017 – KZR 47/14, NZKart 2017, 242 – *VBL Gegenwert II*; BGH, Urt. v. 7.6.2016 – KZR 6/15, NZKart 2016, 328 – *Pechstein*.

schäftspartner durch die Verwendung der Geschäftsbedingungen „*in ihrer wettbewerblichen Betätigung […] erheblich gefährdet werden.*"[375] Auch grundrechtliche Wertungen können in die Interessenabwägung einfließen.[376]

> ▶ **Vertiefendes Beispiel**
>
> In der Sache *Amazon AGB* hat das Bundeskartellamt einen Konditionenmissbrauch geprüft.[377] Nach den Feststellungen des Amtes waren die AGB intransparent. Neben sehr umfassenden Haftungsbeschränkungen zugunsten des Marktbeherrschers sei ein sofortiges Kündigungsrecht des Marktbeherrschers ohne Begründungserfordernis vorgesehen gewesen. Das Verfahren wurde eingestellt, da der Marktbeherrscher bereit war, seine AGB (weltweit) zu ändern. In seiner Begründung, warum das Amt die AGB als Konditionenmissbrauch aufgegriffen hatte, führt es aus: „*Auf dieser Grundlage war nicht jede für die Händler potentiell nachteilige oder sie möglicherweise sogar stark belastende Klausel in den Geschäftsbedingungen kartellrechtlich zu beanstanden. Entscheidend war vielmehr, ob die Händler bei einer Gesamtbetrachtung durch die Verwendung der jeweiligen Geschäftsbedingung in ihrer wettbewerblichen Betätigung auf dem Marktplatz erheblich gefährdet werden oder ihnen diese unmöglich gemacht wird, insbesondere weil sie keine Möglichkeit haben, die Erfüllung der vertraglichen Hauptpflichten durch Amazon durchzusetzen.*"[378] ◀

Auch wenn einige ältere Entscheidungen zu missbräuchlichen Konditionen existieren, hat der Konditionenmissbrauch auf digitalen Märkten neue Aufmerksamkeit erlangt. Dies liegt u. a. darin begründet, dass privaten Nutzern Leistungen regelmäßig unentgeltlich angeboten werden, also keine Preishöhe vorhanden ist, die als ausbeuterisch qualifiziert werden könnte. Vielmehr liegt der Fokus auf den **Konditionen der Datenverarbeitung.**[379]

In der viel beachteten und höchstrichterlich noch nicht entschiedenen Rechtssache *Facebook* hat das Bundeskartellamt einen Konditionenmissbrauch auf der Grundlage des § 19 Abs. 1 GWB durch den marktbeherrschenden Anbieter des sozialen Netzwerks bejaht.[380] Nutzer mussten sich nach den Ausführungen des Amts mit den Geschäftsbedingungen des Marktbeherrschers einverstanden erklären, um Zugang zum Netzwerk zu erhalten. Erforderlich sei u. a. das Einverständnis der Nutzer in die Sammlung und Zusammenführung von Nutzerdaten auch außerhalb des sozialen Netzwerks gewesen. Das Bundeskartellamt sah darin bei Anwendung der datenschutzrechtlichen Voraussetzungen aus Art. 6, 9 DS-GVO keine freiwillige Einwilligung. Insbesondere ermögliche der Plattformbetreiber keinen Zugang zum Netzwerk, wenn ein Nutzer nicht in seine Bedingungen einwillige. Ein zentraler Streitpunkt der *Facebook*-Entscheidung ist, inwieweit ein Konditionenmissbrauch auf außerkartellrechtliche Wertungen geschützt werden kann. Das Bundeskartellamt stellte auf einen **Verstoß gegen die Bestimmungen der DS-GVO** ab.

---

375 BKartA v. 17.7.2019 – B2-88/18, Fallbericht S. 9 – *Amazon AGB.*
376 BGH, Urt. v. 7.6.2016 – KZR 6/15, NZKart 2016, 328, 332 – *Pechstein.*
377 BKartA v. 17.7.2019 – B2-88/18 – *Amazon AGB.*
378 BKartA v. 17.7.2019 – B2-88/18, Fallbericht S. 9 – *Amazon AGB.*
379 *Körber,* NZKart 2016, 348 ff.
380 BKartA v. 6.2.2019 – B6-22/16 – *Facebook.*

Das OLG Düsseldorf, das im Verfahren des einstweiligen Rechtsschutzes über den Fall zu entscheiden hatte, verneinte einen **wettbewerblichen Schaden** infolge des Datenschutzrechtsverstoßes.[381] Das Gericht betonte:

» *„Die Verwendung von nach Wertungen der Rechtsordnung unzulässigen Vertragskonditionen indiziert als solche noch keine Gefährdung der Schutzgüter des Kartellgesetzes (Freiheit des Leistungswettbewerbs und Offenheit der Marktzugänge)."*[382]

Der BGH entschied im Verfahren des einstweiligen Rechtsschutzes im Ergebnis gegenteilig und in Übereinstimmung mit dem Bundeskartellamt:

» *„Es bestehen keine ernsthaften Zweifel daran, dass die beanstandeten Nutzungsbedingungen zu einem wettbewerbswidrigen Marktergebnis führen, weil diese unter den Bedingungen eines funktionierenden Wettbewerbs nicht zu erwarten wären."*[383]

Mit der zwingend erforderlichen Einwilligung in die Datenzusammenführung dränge der Marktbeherrscher den Nutzern ohne deren Einverständnis eine Leistungserweiterung auf. Bei funktionierendem Wettbewerb wäre dagegen zu erwarten, dass sich Alternativangebote, die den Nutzerpräferenzen entsprächen, etablierten.[384] Zugleich erzeugten die Nutzungsbedingungen des sozialen Netzwerks Verdrängungswirkung zulasten von Wettbewerbern, da die Personalisierung des Vermittlungsdienstes das Angebot des Marktbeherrschers im Vergleich zu konkurrierenden Angeboten verbessere.[385]

Die Entscheidungen von OLG Düsseldorf und BGH ergingen im Verfahren des vorläufigen Rechtsschutzes. Wie die Gerichte in der Hauptsache entscheiden werden, bleibt abzuwarten. Die diesbezüglich von dem OLG Düsseldorf an den EuGH vorgelegten Fragen zum Verhältnis von Missbrauchs- und Datenschutzrecht hat dieser im Jahr 2023 dahingehend beantwortet, dass es nationalen Wettbewerbsbehörden nicht verwehrt sei, Datenschutzrechtsverstöße zur Klärung eines wettbewerbsschädlichen Verhaltens zu prüfen.[386]

Ein weiteres Problem, das die *Facebook*-Entscheidung aufwirft, ist die Frage nach dem zu fordernden **Kausalzusammenhang** zwischen der marktbeherrschenden Stellung und den rechtswidrigen Konditionen. Für **Verhaltenskausalität** müsste ein ursächlicher Zusammenhang zwischen der Marktmacht und den rechtswidrigen Nutzungsbedingungen bestehen. Dem Marktbeherrscher dürfte es also nur infolge seiner Marktmacht möglich gewesen sein, die Bedingungen durchzusetzen.[387] **Ergebniskausalität** besteht hingegen bereits, wenn die Marktmacht des Unter-

---

381 OLG Düsseldorf, Beschl. v. 26.8.2019 – VI-Kart 1/19 (V), MMR 2019, 742 – *Facebook*.
382 OLG Düsseldorf, Beschl. v. 26.8.2019 – VI-Kart 1/19 (V), MMR 2019, 742, 745 – *Facebook*.
383 BGH, Beschl. v. 23.6.2020 – KVR 69/19, GRUR 2020, 1318, 1326 – *Facebook*.
384 BGH, Beschl. v. 23.6.2020 – KVR 69/19, GRUR 2020, 1318, 1328 – *Facebook*.
385 BGH, Beschl. v. 23.6.2020 – KVR 69/19, GRUR 2020, 1318, 1329 – *Facebook*.
386 EuGH v. 4.7.2023 – C-252/21, ECLI:EU:C:2023:537 – *Meta (Facebook)*. Ausführlicher zu dieser Entscheidung oben ▶ Abschn. 2.3.2.2.5.
387 Immenga/Mestmäcker/*Fuchs*, 7. Aufl. 2024, § 19 GWB Rn. 212a.

nehmens zur Folge hat, dass sich die rechtswidrigen Konditionen als wettbewerbsschädlich darstellen.[388]

Das OLG Düsseldorf ist in der Rechtssache *Facebook* davon ausgegangen, dass es einer Verhaltenskausalität bedürfe.[389] Dieser Kausalzusammenhang bestehe jedoch nicht. So sei davon auszugehen, dass die Nutzer den Zugangsbedingungen zum sozialen Netzwerk auch ohne marktbeherrschende Stellung des Plattformbetreibers zugestimmt hätten.[390] Das Bundeskartellamt[391] und wohl auch der BGH[392] ließen dagegen Ergebniskausalität genügen. Mit der **10. GWB-Novelle** im Jahr 2021 hat der Gesetzgeber den **Wortlaut des § 19 Abs. 1 GWB** in Reaktion auf die Ausführungen des BGH geändert und sich damit gegen eine strenge Verhaltenskausalität ausgesprochen.[393] Während § 19 GWB a. F. bis Anfang 2021 davon sprach, dass die „missbräuchliche Ausnutzung einer marktbeherrschenden Stellung" verboten ist, sieht das Verbot nunmehr vor, dass der „Missbrauch einer marktbeherrschenden Stellung" verboten ist. Ergebniskausalität genügt nunmehr.

> **Prüfungsaufbau: Missbrauchsverbot des § 19 GWB**
> 1. Marktbeherrschende Stellung
>   a) Marktabgrenzung
>   aa) sachlich
>   bb) räumlich
>   ggfs. cc) zeitlich
>   b) Marktbeherrschung, § 18 GWB
>   – Einzelmarktbeherrschung (Vermutung des § 18 Abs. 4 GWB: Marktanteil von 40 %) *oder*
>   – Kollektive Marktbeherrschung (Vermutung des § 18 Abs. 6, 7 GWB: max. drei Unternehmen: Marktanteil von mind. 50 %, max. fünf Unternehmen: Marktanteil von mind. 2/3)
> 2. Missbrauch, § 19 GWB
>   a) Ausbeutung oder Behinderung
>   b) Interessenabwägung
>   c) Kausalität

---

388 Immenga/Mestmäcker/*Fuchs*, 7. Aufl. 2024, § 19 GWB Rn. 72.
389 OLG Düsseldorf, Beschl. v. 26.8.2019 – VI-Kart 1/19 (V), MMR 2019, 742, 746 – *Facebook*.
390 OLG Düsseldorf, Beschl. v. 26.8.2019 – VI-Kart 1/19 (V), MMR 2019, 742, 747 – *Facebook*.
391 BKartA v. 6.2.2019, B6-22/16, Rn. 873 – *Facebook*.
392 BGH, Beschl. v. 23.6.2020 – KVR 69/19, GRUR 2020, 1318, 1325 – *Facebook*.
393 BT-Drs. 19/23492, 71: „Mit der Änderung des Absatzes 1 soll daher klargestellt werden, dass auch der Konditionenmissbrauch – wie überhaupt der gesamte Tatbestand des § 19 GWB – nicht voraussetzt, dass dem Unternehmen das missbräuchliche Verhalten nur aufgrund seiner marktbeherrschenden Stellung möglich war".

3.3.2 Missbräuchliches Verhalten von Unternehmen mit überragender marktübergreifender Bedeutung für den Wettbewerb, § 19a GWB

3.3.2.1 Überblick und Systematik

Den Missbrauchstatbestand des § 19a GWB hat der Gesetzgeber infolge der wettbewerblichen Herausforderungen auf digitalen Märkten im Zuge der 10. GWB-Novelle geschaffen. Er stellt die deutsche Reaktion auf die Vermachtungstendenzen auf digitalen Märkten dar und bietet damit eine Art des Gegenentwurfs zum Digital Markets Act.[394] Im Gegensatz zum Digital Markets Act ist § 19a GWB eine Vorschrift des Kartellrechts, die auf den Schutz des Wettbewerbs und der Verbraucherwohlfahrt zielt.[395] Der Digital Markets ist hingegen bestrebt, Bestreitbarkeit und Fairness zu realisieren. Er verfolgt damit andere Ziele und ist sektorspezifisches Regulierungsrecht.

§ 19a Abs. 1 GWB schafft eine neue Adressatenstellung: Das Missbrauchsverbot adressiert **Unternehmen mit überragender marktübergreifender Bedeutung für den Wettbewerb.** Marktbeherrschung ist keine Voraussetzung für diese Adressatenstellung. Vielmehr soll § 19a GWB den Wettbewerb auch auf solchen Märkten schützen, die (noch) nicht beherrscht werden.[396] Zugleich ist die Beherrschung eines Marktes nicht hinreichend, um davon auf eine überragende marktübergreifende Bedeutung für den Wettbewerb zu schließen. Vielmehr handelt es sich um ein neues, eigenständiges Konzept der marktübergreifenden Macht. Im Unterschied zu §§ 19, 20 GWB muss das **Bundeskartellamt feststellen**, dass ein Unternehmen überragende marktübergreifender Bedeutung für den Wettbewerb hat. Erst durch den Erlass einer solchen Verfügung wird ein Unternehmen Adressat des § 19a GWB.

> **Merke**
> § 19a GWB ist nicht unmittelbar anwendbar. Es bedarf der Feststellung der Normadressateneigenschaft eines Unternehmens durch das Bundeskartellamt.

§ 19a Abs. 2 GWB normiert abschließend **spezifische Verbotstatbestände**, die sich teilweise an in der Vergangenheit zu beobachtenden Behinderungspraktiken auf digitalen Märkten orientieren. Anders als bei §§ 19, 20 GWB gibt es keine Generalklausel. Dies soll die Rechtssicherheit fördern und die Durchsetzung beschleunigen.[397] Bisweilen bestehen dennoch weite Auslegungsspielräume.[398] Insoweit ist es zu begrüßen, dass die überwiegende Zahl der Verbotstatbestände durch Regelbeispiele konkretisiert wird. In Parallele zu §§ 19, 20 GWB ist es Unternehmen mit überragender marktübergreifender Bedeutung für den Wettbewerb möglich, **Recht-**

---

394 Siehe Abschn. 4.
395 Immenga/Mestmäcker/*Schweitzer*, 7. Aufl. 2024, § 19a GWB Rn. 27.
396 *Glöckner*, Kartellrecht, 3. Aufl. 2021, Rn. 681.
397 Immenga/Mestmäcker/*Schweitzer,* 7. Aufl. 2024, § 19a GWB Rn. 23.
398 Kritisch dazu *Mäger*, NZKart 2020, 101, 102.

fertigungsgründe vorzubringen. Ein systematischer Unterschied zu §§ 19, 20 GWB besteht darin, dass die Verhaltensvorgaben des § 19a Abs. 2 GWB nicht für jedes Unternehmen, das das Bundeskartellamt als überragend und marktübergreifend bedeutend für den Wettbewerb ansieht, greifen. Die Verbote gelten also **nicht unmittelbar**.[399] Vielmehr bedarf es zunächst einer (weiteren) **Verfügung** des Bundeskartellamts, in welcher dem Unternehmen spezifische Verhaltensweisen aus dem Katalog des § 19a Abs. 2 GWB untersagt werden. Erst mit Bestandskraft dieser Verfügung greift die **Verbotswirkung**.[400]

▶ Beispiel

Mit Blick auf die Datenverarbeitungskonditionen prüfte das Bundeskartellamt einen Verstoß von *Google* gegen § 19a Abs. 2 Satz 1 Nr. 4a GWB.[401] Danach ist es Unternehmen mit überragender marktübergreifender Bedeutung für den Wettbewerb untersagt, durch die Verarbeitung wettbewerbsrelevanter Daten Marktzutrittsschranken zu errichten oder spürbar zu erhöhen. Das Amt führte aus, dass es bei der „*Einrichtung eines Google-Kontos als auch bei der Nutzung von Googles Diensten durch nichtangemeldete Nutzende […] an einer ausreichenden Granularität der Einstellmöglichkeiten*"[402] mangele. Das Verfahren wurde durch Verpflichtungszusagen beendet. ◀

3.3.2.2 Überragende marktübergreifende Bedeutung für den Wettbewerb

Begriff

§ 19a Abs. 1 GWB definiert den Begriff der überragenden marktübergreifenden Bedeutung für den Wettbewerb nicht. Es handelt sich um ein **neues Konzept der Marktmacht**. Es stellt weder „weniger" noch „mehr" als Marktbeherrschung dar, sondern ist ein Aliud.[403] Kennzeichnend für die Machtstellung ist, dass sie nicht auf einen spezifischen Markt beschränkt bleibt, sondern **ganze Ökosysteme** umfasst.[404] Zugleich entlastet dies das Bundeskartellamt davon, bei Anwendung des § 19a GWB Marktgrenzen abstecken zu müssen.[405]

Der Gesetzgeber betont, dass es regelmäßig nur ein kleiner Kreis von Unternehmen sei, dem eine überragende marktübergreifende Bedeutung für den Wettbewerb zufalle. Es gehe um Unternehmen, die

---

399 *Dreher/Kulka*, Wettbewerbs- und Kartellrecht, 12. Aufl. 2023, Rn. 1421.
400 Regierungsbegründung zur 10. GWB-Novelle, BT-Drs. 19/23492, S. 78.
401 BKartA v. 5.10.2023 – B7-70/21 – *Google Datenverarbeitung*.
402 BKartA v. 5.10.2023 – B7-70/21 – Google Datenverarbeitung.
403 *Franck/Peitz*, Journal of Competition Law & Practice 12(7), 2021, 513, 517.
404 Immenga/Mestmäcker/*Schweitzer*, 7. Aufl. 2024, § 19a GWB Rn. 92.
405 Immenga/Mestmäcker/*Schweitzer*, 7. Aufl. 2024, § 19a GWB Rn. 94.

3.3 · Missbrauchsverbot

> „über Ressourcen und eine strategische Positionierung verfügen, die es ihnen ermöglichen, **erheblichen Einfluss auf die Geschäftstätigkeit Dritter** zu nehmen bzw. die eigene Geschäftstätigkeit in immer neue Märkte und Sektoren **auszuweiten**."[406]

Voraussetzung ist, dass das Unternehmen über eine gefestigte Machtposition von einiger Dauer verfügt.[407] Eine Monopolstellung ist aber nicht zu fordern. Auch bei oligopolistischem Wettbewerb kann einem Unternehmen überragende marktübergreifende Bedeutung für den Wettbewerb zukommen.[408]

Stand Januar 2024 hat das Bundeskartellamt eine überragende marktübergreifende Bedeutung der Unternehmen *Meta/Facebook, Alphabet/Google, Amazon* und *Apple* festgestellt.[409]

❗ Merke
Überragende marktübergreifender Bedeutung für den Wettbewerb ist ein Marktmachtkonzept eigener Art.

Kriterien

§ 19a Abs. 1 Satz 2 GWB nennt einen nicht-abschließenden Katalog an **Kriterien**, die bei der Ermittlung einer überragenden marktübergreifenden Bedeutung für den Wettbewerb einzustellen sind. Zu diesen Kriterien zählt zunächst die **Marktbeherrschung** auf einem oder mehreren Märkten (§ 19a Abs. 1 Satz 2 Nr. 1 GWB). Dabei gilt es zu berücksichtigen, dass eine marktbeherrschende Stellung weder erforderlich noch hinreichend ist, um ein Unternehmen als Adressat des § 19a GWB zu bewerten. Vielmehr ist sie nur ein Faktor unter mehreren, der bei der Gesamtwürdigung einzustellen ist.[410] Eine Marktbeherrschung kann die Gefahr des *Tipping* wahrscheinlicher werden lassen, wenn zudem positive Netzwerkeffekte und Verbundvorteile bestehen.[411]

Auch wenn die Feststellung einer überragenden marktübergreifenden Bedeutung für den Wettbewerb keine Marktabgrenzung voraussetzt, zeigen die bisher von dem Bundeskartellamt eingeleiteten Verfahren, dass das Amt regelmäßig ermittelt, ob marktbeherrschende Stellungen vorhanden sind und ihnen bei der Würdigung der Adressatenstellung Gewicht verleiht. Da § 19a GWB auf digitale Märkte zugeschnitten ist, werden bei der Marktbeherrschungsprüfung die speziellen Kriterien für mehrseitige Märkte aus **§ 18 Abs. 3a, Abs. 3b GWB** relevant.[412]

---

406 Regierungsbegründung zur 10. GWB-Novelle, BT-Drs. 19/23492, 73.
407 Immenga/Mestmäcker/*Schweitzer*, 7. Aufl. 2024, § 19a GWB Rn. 102.
408 Bunte/*Nothdurft*, 14. Aufl. 2021, § 19a GWB Rn. 31.
409 ▶ https://www.bundeskartellamt.de/DE/DigitalWirtschaft/VerfahrenGegenGrosseDigitalkonzerne/verfahrengegengrossedigitalkonzerne_node.html (21.3.2024).
410 Bunte/*Nothdurft*, 14. Aufl. 2021, § 19a GWB Rn. 41.
411 BKartA v. 30.12.2021 – B7-61/21, Rn. 306 – *Alphabet*.
412 Siehe ▶ Abschn. 3.3.1.3.2.3 und 3.3.1.3.2.4.

▶ **Beispiele**

In seiner Entscheidung, *Meta* als Unternehmen mit überragender marktübergreifender Bedeutung für den Wettbewerb zu benennen, berücksichtigte das Bundeskartellamt, dass das Unternehmen *„mit seinem Kerndienst Facebook auf dem Plattform- und Netzwerkmarkt für soziale Netzwerke für private Nutzerinnen und Nutzer in Deutschland eine marktbeherrschende Stellung [einnimmt und] darüber hinaus im Bereich der Social-Media-Werbung zumindest sehr stark [ist]."*[413] In seinem Fallbericht zur Qualifikation von *Amazon* als Unternehmen mit überragender marktübergreifender Bedeutung für den Wettbewerb, führt das Bundeskartellamt aus, dass es *„eine marktbeherrschende Stellung von Amazon auf dem deutschen Markt für die Erbringung von Online-Marktplatzdienstleistungen für gewerbliche Händler feststellen"*[414] konnte. Für die Benennung von *Google* stellt das Amt dar, dass eine *„Marktbeherrschung im Sinne des § 19 a Abs. 1 S. 2 Nr. 1 GWB [...] jedenfalls auf dem deutschlandweit abzugrenzenden Markt für allgemeine Suchdienste gegenüber Suchnutzern vor[liegt]. Google verfügt auf diesem Markt seit Längerem über sehr hohe Marktanteile, die mit konstant über 80 % die Schwelle der Marktbeherrschungsvermutung um mehr als das Doppelte übersteigen."*[415] ◀

Ferner sind die **Finanzkraft und der Zugang zu sonstigen Ressourcen** (§ 19a Abs. 1 Satz 2 Nr. 2 GWB) zu berücksichtigen. Beides kann dem Unternehmen dazu dienen, sein Ökosystem auszuweiten.[416] Zu Ressourcen zählen u. a. technisches Know-How, Kapazitäten zur Datenverarbeitung und der Umfang eines bereits vorhandenen Kundenstamms.[417] Finanzielle Mittel können Ausdruck von Innovationspotenzial sein und auf diese Weise Wettbewerbsvorteile verschaffen.[418]

▶ **Beispiele**

In seiner Verfügung zu *Alphabet* führte das Bundeskartellamt aus, dass *„die absolute Höhe von Googles weltweitem Konzernumsatz und dessen Entwicklung, die Verdopplung innerhalb eines Zeitraums von fünf Jahren auf 182,5 Mrd. USD, auf die besondere Finanzkraft des Unternehmens"*[419] hindeute. In seiner Entscheidung zu *Meta* berücksichtigte das Bundeskartellamt, dass *Meta* als *„Ergebnis von Zukäufen sowie eigener Forschungs- und Entwicklungstätigkeit [...] in den USA mehr als ca. 7500 Patente"*[420] halte und die Forschungsaktivitäten des Unternehmens sich auf *„verschiedene Themengebiete der Computerwissenschaften mit klaren Bezügen zur Aktivität im Bereich der sozialen Medien und den konkreten Plänen des Unternehmens in diesem Bereich"*[421] verteilten. ◀

---

413 BKartA v. 2.5.2022 – B6-22/21, Rn. 117 – *Meta*.
414 BKartA v. 5.7.2022 – B2-55/21, Fallbericht S. 3 – *Amazon*.
415 BKartA v. 30.12.2021 – B7-61/21, Rn. 62 – *Alphabet*.
416 Immenga/Mestmäcker/*Schweitzer*, 7. Aufl. 2024, § 19a GWB Rn. 109.
417 BKartA v. 5.7.2022 – B2-55/21, Rn. 598 – *Amazon*.
418 BKartA v. 30.12.2021 – B7-61/21, Rn. 376 – *Alphabet*.
419 BKartA v. 30.12.2021 – B7-61/21, Rn. 383 – *Alphabet*.
420 BKartA v. 2.5.2022 – B6-22/21, Rn. 632 – *Meta*.
421 BKartA v. 2.5.2022 – B6-22/21, Rn. 631 – *Meta*.

Auch die **vertikale Integration** eines Unternehmens und seine Tätigkeit auf in sonstiger Weise miteinander verbundenen Märkten können zu seiner überragenden Bedeutung für den Wettbewerb beitragen (§ 19a Abs. 1 Satz 2 Nr. 3 GWB). Die zeitgleiche Tätigkeit eines Unternehmens auf mehreren Marktstufen oder mehreren miteinander verbunden Märkten kann seine ökosystemübergreifende Macht fördern, indem Synergien genutzt und Machtstrukturen ausgeweitet werden.[422] Beispiele bieten Plattformen, die eine hybride Rolle einnehmen, also nicht nur auf vorgelagerter Stufe gewerblichen Nutzern ihre Vermittlungsleistung bereitstellen, sondern zugleich auf nachgelagerter Stufe mit ihnen in Wettbewerb treten. Der Gesetzgeber betont ferner, dass

» „Unternehmen, die digitale Plattformen und Netzwerke betreiben, durch die Vorteile konglomerater Strukturen und die Besetzung für den Wettbewerb relevanter Schlüsselpositionen für verschiedene Märkte von zentraler Bedeutung sein können."[423]

▶ **Beispiel**

In seiner Entscheidung zu *Alphabet* führte das Bundeskartellamt aus: *„Besonders eng verbunden sind Googles Tätigkeit als Anbieter eines allgemeinen Suchdienstes einerseits und als Anbieter spezialisierter („vertikaler") Suchdienste andererseits. Zu den spezialisierten Suchdiensten Googles gehören etwa der Produkt- und Preisvergleichsdienst Google Shopping […] Auf der einen Seite kann Google die Verbundenheit dieser Dienste zur Gestaltung und zur Optimierung seines Dienstes Google-Suche nutzen. Auf der anderen Seite kann Google über die Auswahl, welche und wie Suchergebnisse und sonstige Inhalte bzw. Anzeigen über die allgemeine Suche angezeigt werden, beeinflussen, welche Webseiten Nutzer wahrscheinlich anklicken werden bzw. ob sie ggf. gar keine weiteren Webseiten anklicken. Suchmaschinen generell sind für das Auffinden von Webinhalten von wesentlicher Bedeutung."*[424] ◀

Ebenso wie bei der Bestimmung einer Marktbeherrschung (vgl. § 18 Abs. 3 Nr. 3, Abs. 3a Nr. 4 GWB) erfordert es die Ermittlung einer überragenden marktübergreifenden Bedeutung für den Wettbewerb einzustellen, in welchem Umfang das Unternehmen **Zugang zu wettbewerbsrelevanten Daten** hat (§ 19a Abs. 1 Satz 2 Nr. 4 GWB). Ein den Wettbewerbern überlegener Zugang zu Daten ermöglicht es, genauere Aussagen über Verhalten und Vorlieben der Verbraucher zu treffen. Dies kann ein entscheidender Wettbewerbsvorteil sein.[425]

---

422 *Reiter*, EuZW 2024, 101, 104 f.
423 Regierungsbegründung zur 10. GWB-Novelle, BT-Drs. 19/23492, 73.
424 BKartA v. 30.12.2021 – B7-61/21, Rn. 104, 105 – *Alphabet*.
425 Siehe im Detail bereits ▶ Abschn. 3.3.1.3.2.3.

> **Beispiel**
>
> Zu *Amazon* führte das Bundeskartellamt aus, dass das Unternehmen „*über einen diensteübergreifenden Zugang zu umfangreichen und hochwertigen Daten [verfügt], wie sie insbesondere konkurrierenden Marktplatz-Betreibern kaum in gleicher Form vorliegen dürften.*"[426] ◄

In die Gesamtwürdigung ist die Bedeutung der unternehmerischen Tätigkeit für den **Zugang Dritter zu Beschaffungs- und Absatzmärkten** einzustellen (§ 19a Abs. 1 Satz 2 Nr. 5 GWB). Dieses Kriterium umfasst auch die bei Prüfung einer Marktbeherrschung (vgl. § 18 Abs. 3b GWB) bzw. relativ marktmächtigen Stellung (vgl. § 20 Abs. 1 Satz 2 GWB) relevante Intermediationsmacht. Sie entsteht wenn ein Unternehmen als Vermittler zwischen verschiedenen Marktseiten auftritt und hierbei eine zentrale Rolle für den Zugang zu den Marktseiten einnimmt. Gewerbliche Nutzer sind in diesem Fall auf die Nutzung der Plattform angewiesen, um ihre Produkte zu verkaufen. Intermediationsmacht wird nicht nur durch einen hohen Marktanteil, sondern ggfs. auch durch das Verhalten der Endnutzer begünstigt. Ist *Multi-Homing* unüblich, verwenden Endnutzer also in der Regel nicht mehrere Plattformen parallel, fördert dies Intermediationsmacht.[427]

> **Beispiel**
>
> Mit Blick auf das Geschäftsmodell von *Amazon* betont das Bundeskartellamt die Intermediationsmacht der Plattform und geht dabei insbesondere auf das Prime-Programm ein: „*Darüber hinaus eröffnet die breite Aufstellung auf der Angebotsseite, die (zunehmend) sämtliche Konsumentenbedarfe abdeckt, und die Verzahnung seiner Angebote Amazon vielfältige Möglichkeiten, die Nutzergruppe der Konsumenten in verschiedener Weise an sich zu binden und im Ökosystem zu halten. Dadurch vermag Amazon Konsumenten insbesondere dazu veranlassen, den Konsumbedarf zunehmend auf dem Angebotsportal von Amazon zu decken, so dass sie aufgrund dieser Sogwirkung für Wettbewerber nicht mehr oder nur noch eingeschränkt zugänglich sind. In besonderer Weise gelingt es dem Kundenbindungsprogramm Prime, Nutzer mithilfe der verschiedenen Prime-Vorteile (zuvorderst dem Prime-Versand) zum vermehrten Konsum im Ökosystem zu animieren, der dann anderen Anbietern mit ihren Angeboten nicht mehr zugänglich ist.*"[428] ◄

Benennungsverfügung

Die Benennungsverfügung des Bundeskartellamts ist gem. § 19a Abs. 1 Satz 3 GWB auf eine Dauer von **fünf Jahren** zu befristen. Sie ist sofort vollziehbar.[429] Dem betroffenen Unternehmen steht es offen, gem. § 73 Abs. 1 GWB **Beschwerde**

---

426 BKartA v. 5.7.2022 – B2-55/21, Fallbericht, S. 5 – *Amazon*. Der BGH hat die Feststellung der überragenden marktübergreifenden Bedeutung von Amazon für den Wettbewerb im Jahr 2024 bestätigt, vgl. BGH, Beschl. v. 23.4.2024 – KVB 56/22 – *Amazon*.
427 *Reiter*, EuZW 2024, 101, 105 f.
428 BKartA v. 5.7.2022 – B2-55/21, Fallbericht, S. 4 – *Amazon*.
429 Bunte/*Nothdurft*, 14. Aufl. 2021, § 19a GWB Rn. 128.

gegen die Verfügung einzulegen. Sie hat **keine aufschiebende Wirkung**.[430] Der BGH ist für die Beschwerde gem. § 73 Abs. 5 GWB ausschließlich zuständig.

3.3.2.3 Missbrauch

§ 19 Abs. 2 Satz 1 Nr. 1 GWB ermöglicht es dem Bundeskartellamt, einem Unternehmen mit überragender marktübergreifender Bedeutung für den Wettbewerb Praktiken der **Selbstbevorzugung** zu untersagen. Das Kartellrecht kennt für marktbeherrschende Unternehmen kein allgemeines Verbot der Selbstbegünstigung. Auch marktmächtigen Unternehmen bleibt es möglich, mit wettbewerblichen Mitteln zu konkurrieren und ihre Stellung auszubauen.[431] Bei Unternehmen, die ein ganzes Ökosystem beherrschen, kann eine Selbstbevorzugung indes wettbewerbsschädlich sein und zu einer weiteren Vermachtung digitaler Märkte beitragen.[432] Zur Rechtfertigung können Unternehmen vorbringen, dass die Bevorzugung auf Mitteln des Leistungswettbewerbs beruht.

▶ **Beispiele für Selbstbevorzugungen**

Hervorhebung der eigenen Angebote im Ranking durch bessere Positionen oder farbliche Kennzeichnung; Verhinderung der Deinstallation vorinstallierter Apps durch Endnutzer. ◀

Systematische Vertiefung

Praktisch relevant wurde die Selbstbevorzugung im Verfahren *Google Shopping*, das die Kommission gem. Art. 102 AEUV (Missbrauch einer marktbeherrschenden Stellung) eingeleitet hat.[433] Zudem enthält Art. 6 Abs. 5 DMA ein Verbot der Selbstbevorzugung in Bezug auf Rankings. Es adressiert Unternehmen, die von der Kommission als Torwächter benannt wurden.[434] § 19a Abs. 2 Satz 1 Nr. 1 GWB reicht weiter als das Verbot des DMA, da die kartellrechtliche Vorschrift nicht auf das Ranking beschränkt ist.

Einem Unternehmen mit überragender marktübergreifender Bedeutung für den Wettbewerb kann untersagt werden, Maßnahmen zu ergreifen, die andere Unternehmen in ihrer Geschäftstätigkeit **auf Beschaffungs- oder Absatzmärkten behindern**, wenn die Tätigkeit des Unternehmens für den Zugang zu diesen Märkten Bedeutung hat, vgl. § 19a Abs. 2 Satz 1 Nr. 2 GWB. Gemeint sind Maßnahmen, mit denen das Unternehmen seine **Unangreifbarkeit in Bezug auf das Ökosystem abzusichern** versucht. Beispiele sind Maßnahmen, die Unternehmen auf nachgelagerten Marktstufen dazu veranlassen, ausschließlich Programme des Normadressaten vorzuinstallieren. Ein Verstoß gegen § 19a Abs. 2 Satz 1 Nr. 2 GWB

---

430 FK-KartellR/Grünwald, 108. EL 2024, § 19a GWB Rn. 161.
431 BGH, Urt. v. 24.10.2011 – KZR 7/10, GRUR 2012, 84, 86 – *Grossistenkündigung*; BGH, Urt. v. 31.1.2012 – KZR 65/10, NJW 2012, 2110, 2111 – *Vertriebsumstellung*.
432 BeckOK InfoMedienR/*Paal*, 43. Ed. 2022, § 19a GWB Rn. 16.
433 Kommission v. 27.6.2017 – AT.39740 – *Google Search (Shopping)*; bestätigt durch EuGH v. 10.9.2024 – C-48/22 P, ECLI:EU:C:2024:726 – *Google Shopping*.
434 Siehe ▶ Abschn. 4.3.2.4.

kann ferner verwirklicht sein, wenn der Normadressat es anderen Unternehmen erschwert, ihre eigenen Angebote zu bewerben.

🎓 Systematische Vertiefung

Einige der von § 19a Abs. 2 Satz 1 Nr. 2 GWB erfassten Behinderungskonstellationen werden Torwächtern auch von den Verhaltenspflichten der Art. 5, 6 DMA verboten. Dazu zählt Art. 5 Abs. 3 DMA, der ein Verbot von Meistbegünstigungsklauseln enthält; Art. 5 Abs. 4 DMA, der Werbebeschränkungen auf der Plattform des Torwächters adressiert; die in Art. 6 Abs. 3 DMA enthaltene Anordnung, ein Deinstallieren von Software-Anwendungen auf dem Betriebssystem des Torwächters auf einfache Weise zu ermöglichen; sowie Art. 6 Abs. 4 DMA, wonach es ein Torwächter zu gestatten hat, Software-Anwendungen Dritter auf seinem Betriebssystem zu installieren.

Gem. § 19 Abs. 2 Satz 1 Nr. 3 GWB kann einem Unternehmen mit überragender marktübergreifender Bedeutung für den Wettbewerb untersagt werden, **Wettbewerber** auf solchen Märkten **zu behindern**, auf denen das Unternehmen seine Stellung schnell ausbauen kann. Solche Praktiken mit dem Ziel des zügigen Erlangens erheblicher Marktmacht wird als „**Aufrollen von Märkten**" bezeichnet.[435] Obwohl der Wortlaut diese Einschränkung nicht enthält, sollen nur solche Behinderungspraktiken von § 19a Abs. 2 Satz 1 Nr. 3 GWB erfasst sein, die nicht auf Mitteln des Leistungswettbewerbs beruhen. Dazu können z. B. Kampfpreisstrategien oder Bündelangebote zählen.[436] Von der Möglichkeit des Normadressaten, sich zügig Marktmacht zu verschaffen, kann etwa ausgegangen werden, wenn er einen erheblichen Vorsprung beim Zugang zu Kunden oder Daten hat.[437]

§ 19a Abs. 2 Satz 1 Nr. 4 GWB adressiert **Datenverarbeitungspraktiken** von Normadressaten, durch die andere Unternehmen behindert werden. Als Regelbeispiel nennt Nr. 4 a) die Praktik, eine Nutzung von Diensten davon abhängig zu machen, dass Nutzer der Verarbeitung von Daten aus anderen Diensten des Unternehmens oder eines Drittanbieters zustimmen. Diese Voraussetzungen entsprechen den im **Fall *Facebook*** von dem Bundeskartellamt als Konditionenmissbrauch bewerteten Zugangsbedingungen zum sozialen Netzwerk.[438] Für Torwächter adressiert **Art. 5 Abs. 2 DMA** ähnliche Konstellationen, wobei – im Unterschied zu § 19a GWB – ein expliziter Verweis auf die **DS-GVO** enthalten ist. Im Anwendungsbereich des § 19a GWB kann auf die Wertungen der DS-GVO indes ebenfalls zurückgegriffen werden, soweit es um die Verarbeitung personenbezogener Daten geht.[439] Ferner kann es dem Normadressaten verboten werden, Daten, die er von anderen

---

435 Regierungsbegründung zur 10. GWB-Novelle, BT-Drs. 19/23492, 76.
436 Regierungsbegründung zur 10. GWB-Novelle, BT-Drs. 19/23492, 76.
437 Regierungsbegründung zur 10. GWB-Novelle, BT-Drs. 19/23492, 76.
438 BKartA v. 6.2.2019 – B6-22/16 – *Facebook*.
439 Immenga/Mestmäcker/*Schweitzer*, 7. Aufl. 2024, § 19a GWB Rn. 195.

Unternehmen erhalten hat, zu anderen als für die Erbringung der eigenen Dienste gegenüber diesen Unternehmen erforderlichen Zwecken zu verarbeiten.

> ▶ **Beispiel**
>
> Das Bundeskartellamt hat in dem im Oktober 2023 durch die Abgabe von Verpflichtungszusagen beendenden Verfahren *Google Datenverarbeitung* untersucht, ob Googles Datenverarbeitungskonditionen gegen § 19a Abs. 2 Satz 1 Nr. 4 a) GWB verstoßen. Darin führt das Amt u. a. aus: „Zunächst mangelt es sowohl bei Einrichtung eines Google-Kontos als auch bei Nutzung von Googles Diensten durch nicht-angemeldete Nutzende an einer ausreichenden Granularität der Einstellungsmöglichkeiten. Die Nutzenden haben keine Möglichkeit, die dienstübergreifende Datenverarbeitung abzulehnen und die Verarbeitung von Daten auf den Endnutzerdienst von Google zu beschränken, in dessen Rahmen die Daten generiert wurden[440] [...] Schließlich fehlt es bei der Einrichtung des Google-Kontos an der erforderlichen Gleichwertigkeit von Zustimmung und Ablehnung. Denn im Rahmen der sog. „Express-Personalisierung" gibt es lediglich die Möglichkeit die vorgesehene Datenverarbeitung anzunehmen, jedoch keine Möglichkeit, diese abzulehnen."[441] ◀

§ 19a Abs. 2 Satz 1 Nr. 5 GWB adressiert Praktiken, die die **Interoperabilität von Produkten oder die Portabilität von Daten erschweren** oder verhindern. Interoperabilität von Produkten verringert Lock-In-Effekte und vereinfacht das Wechseln zwischen den Angeboten verschiedener Wettbewerber.[442] Auch Datenportabilität kann es Nutzern erleichtern, zu anderen Plattformen zu wechseln.[443] Die Anordnung von Verpflichtungen gem. § 19a Abs. 2 Satz 1 Nr. 5 GWB setzt voraus, dass das Bundeskartellamt darlegt, dass es andernfalls zu einer Schädigung des Wettbewerbs kommen würde.[444]

Normadressaten kann gem. § 19a Abs. 2 Satz 1 Nr. 6 GWB verboten werden, **unzureichende Informationen** an andere Unternehmen weiterzugeben. Dies betrifft z. B. Informationen über die Qualität und den Umfang der erbrachten Leistungen, die eine zuverlässige Beurteilung der Leistungen und einen Vergleich mit Konkurrenzangeboten erschweren.[445] Der Gesetzgeber hatte hierbei vor allem Online-Werbung im Sinn. Unternehmen mit überragender marktübergreifender Bedeutung für den Wettbewerb verfügen regelmäßig über Informationsvorsprünge, die bei entsprechender Ausnutzung den Wettbewerb schädigen können.

---

440 BKartA v. 5.10.2023 – B7-70/21, Rn. 51 – *Google Datenverarbeitung*.
441 BKartA v. 5.10.2023 – B7-70/21, Rn. 54 – *Google Datenverarbeitung*.
442 BeckOK InfoMedienR/*Paal*, 43. Ed. 2022, § 19a GWB Rn. 27.
443 Immenga/Mestmäcker/*Schweitzer*, 7. Aufl. 2024, § 19a GWB Rn. 202.
444 Immenga/Mestmäcker/*Schweitzer*, 7. Aufl. 2024, § 19a GWB Rn. 208.
445 Regierungsbegründung zur 10. GWB-Novelle, BT-Drs. 19/23492, 77; Bunte/*Nothdurft*, 14. Aufl. 2021, § 19a GWB Rn. 110.

> **Systematische Vertiefung**
> Es bestehen Überschneidungen zu Art. 5 Abs. 9 DMA, der Torwächter verpflichtet, jedem Werbetreibenden, für den er Online-Werbedienste erbringt, spezifische Daten zu den Leistungskonditionen darzubieten. Inhaltliche Nähe besteht zudem zu Art. 6 Abs. 8 DMA. Danach hat ein Torwächter u. a. Werbetreibenden kostenlos Zugang zu seinen Instrumenten zur Leistungsmessung und den erhobenen Daten zu gewähren.

§ 19a Abs. 2 Satz 1 Nr. 7 GWB verbietet es Normadressaten, **unverhältnismäßige Vorteile** von anderen Unternehmen zu fordern. Dies stellt ein Verbot der Ausbeutung dar. Die Norm gleicht dem an marktbeherrschende Unternehmen adressierten Anzapfverbot aus § 19 Abs. 2 Nr. 5 GWB.[446] Die Rechtsprechung, die dazu ergangen ist, kann grundsätzlich auch für die Auslegung des § 19a GWB herangezogen werden.

▶ **Beispiel**
Der Gesetzgeber verweist auf einen Normadressaten, der von Presseverlegern als Gegenleistung fordert, dass diese ihm für seine Vermittlungsleistung nicht erforderliche unentgeltliche Lizenzen für urheberrechtlich geschützte Inhalte einräumen.[447] ◀

Prüfungsaufbau: Verbot des missbräuchlichen Verhaltens von Unternehmen mit überragender marktübergreifender Bedeutung für den Wettbewerb gem. § 19a GWB
1. Unternehmen mit überragender marktübergreifender Bedeutung für den Wettbewerb, § 19a Abs. 1 GWB
   a) Überragende marktübergreifender Bedeutung für den Wettbewerb
      Kriterien:
      Marktbeherrschung; Finanzkraft; vertikale Integration; Tätigkeit auf verbundenen
      Märkten; Zugang zu wettbewerbsrelevanten Daten, Bedeutung des Unternehmens für
      den Zugang Dritter zu Beschaffungs- und Absatzmärkten
   b) Benennung durch das Bundeskartellamt
2. Missbrauch, § 19a Abs. 2 GWB
   – Nr. 1: Selbstbevorzugung
   – Nr. 2: Behinderung
   – Nr. 3: „Aufrollen" von Märkten
   – Nr. 4: Datenverarbeitungspraktiken
   – Nr. 5 : Erschwerung der Interoperabilität oder Datenportabilität
   – Nr. 6: Unzureichende Information
   – Nr. 7: Forderung unverhältnismäßiger Vorteile

---

446 Siehe ▶ Abschn. 3.3.1.5.2.1.
447 Regierungsbegründung zur 10. GWB-Novelle, BT-Drs. 19/25868, 118.

3.3.3 Missbräuchliches Verhalten von Unternehmen mit relativer oder überlegener Marktmacht, § 20 GWB

3.3.3.1 Überblick und Systematik

Mit § 20 GWB bestreitet das deutsche Kartellrecht einen Sonderweg. Das europäische Recht kennt keinen Verbotstatbestand, der Unternehmen mit relativer oder überlegener Marktmacht adressiert. Kennzeichnend für die Normadressateneigenschaft ist, dass das betroffene Unternehmen die Schwelle zur Marktbeherrschung nicht erreicht. Damit statuiert § 20 GWB eine gegenüber Art. 102 AEUV strengere Regel. Dies ist ausweislich Art. 3 Abs. 2 VO 1/2003 unionsrechtskonform.[448]

> **Wiederholung**
>
> Gem. Art. 3 Abs. 2 Satz 1 VO 1/2003 kann der nationale Gesetzgeber in Bezug auf kollusives Zusammenwirken keine strengeren Regeln erlassen als sie im europäischen Kartellrecht gelten. Für einseitige Verhaltensweisen gilt gem. Art. 3 Abs. 2 Satz 2 VO 1/2003 anderes. Strengere nationale Regelungen sind zulässig.

§ 20 Abs. 1 Satz 1 GWB erklärt das Verbot der ungerechtfertigten Diskriminierung und der unbilligen Behinderung aus § 19 Abs. 2 Nr. 1 GWB auf Unternehmen mit **relativer Marktmacht** für anwendbar. Das Verbot des Missbrauchs relativer Marktmacht ist auf digitalen Märkten bereits zur Anwendung gekommen.

> ▶ **Beispiel**
>
> In seiner Entscheidung zu der Vereinbarkeit von Bestpreisklauseln mit dem Kartellrecht hat das Bundeskartellamt offen gelassen, ob die Plattform *Booking* eine marktbeherrschende Stellung innehat. Stattdessen hat das Amt die relative Marktmacht der Plattform gem. § 20 Abs. 1 GWB geprüft und einen Marktmachtmissbrauch gem. § 20 Abs. 1 i. V. m. § 19 Abs. 1, 2 Nr. 1 GWB – neben einem Verstoß gegen § 1 GWB, Art. 101 AEUV – bejaht.[449] ◀

§ 20 Abs. 1 Satz 2 GWB enthält eine spezielle Erweiterung des Begriffs der relativen Marktmacht für Unternehmen, die als **Vermittler auf mehrseitigen Märkten** tätig sind. Dazu gehören Plattformanbieter.

§ 20 Abs. 1a Satz 1 GWB nimmt die Rolle von Daten bei der Ermittlung von relativer Marktmacht in den Blick. Die Vorschrift wurde durch die 10. GWB-Novelle eingefügt. Sie konkretisiert relative Marktmacht dahingehend, dass diese sich aus der Kontrolle von Daten ergeben kann, auf welche andere Unternehmen für ihre Tätigkeit angewiesen sind. § 20 Abs. 1a Satz 2 GWB erweitert den Missbrauchsbegriff aus § 20 Abs. 1 GWB i. V. m. § 19 Abs. 1, Abs. 2 Nr. 1 GWB: In der **Verweigerung**, Zugang zu Daten gegen angemessenes Entgelt zu gewähren, kann eine unbillige Behinderung liegen.

---

448 Siehe ▶ Abschn. 3.1.5.
449 BKartA v. 22.12.2015 – B9-121/13, Rn. 302 – *Booking.com*.

§ 20 Abs. 3 GWB betrifft Unternehmen mit **überlegener Marktmacht**. Im Unterschied zur relativen Marktmacht geht es nicht um die Abhängigkeit von Abnehmern bzw. Lieferanten von einem Unternehmen. Vielmehr wird überlegene Marktmacht im Horizontalverhältnis, also gegenüber kleinen und mittleren Wettbewerbern ermittelt. Den Normadressaten ist es verboten, ihre Marktmacht ausnutzen, um Wettbewerber unmittelbar oder mittelbar unbillig zu behindern. § 20 Abs. 3 Sätze 2–4 GWB konkretisiert das Missbrauchsverbot durch Regelbeispiele.

Ein weiteres speziell auf die Digitalwirtschaft zugeschnittenes Regelbeispiel enthält **§ 20 Abs. 3a GWB**. Danach wird eine unbillige Behinderung verwirklicht, wenn ein Unternehmen mit überlegener Marktmacht auf einem mehrseitigen Markt die **eigenständige Erzielung von Netzwerkeffekten** durch Wettbewerber behindert und hierdurch die ernstliche Gefahr begründet, dass der Leistungswettbewerb in nicht unerheblichem Maße eingeschränkt wird. Dadurch soll das „Kippen" des Marktes verhindert werden. § 20 Abs. 3a GWB wird als sog. **Anti-Tipping-Regel** bezeichnet.[450] Ziel der Vorschrift ist es, der Wettbewerbsbehörde ein frühzeitiges Einschreiten zu ermöglichen.[451]

> ▶ **Beispiel**
>
> Ein Plattformbetreiber verbietet seinen Nutzern, *Multi-Homing* zu betreiben.[452] ◀

§ 20 Abs. 2 GWB erweitert das auf marktbeherrschende Nachfrager anwendbare Anzapfverbot auf Nachfrager mit relativer Marktmacht. § 20 Abs. 4 GWB enthält eine Beweiserleichterung zugunsten behinderter kleiner und mittlerer Wettbewerber (sog. Bärenfang-Doktrin).[453] § 20 Abs. 5 GWB ergänzt die Norm um ein an Wirtschafts- und Berufsvereinigungen sowie Gütezeichengemeinschaften gerichtetes Verbot bezüglich der Ablehnung der Aufnahme eines Unternehmens.

> **Überblick zu § 20 GWB (Digitalmarktspezifische Vorschriften sind in Fettdruck gehalten):**
> § 20 Abs. 1 Satz 1 GWB: Verbot der unbilligen Behinderung und der ungerechtfertigten Diskriminierung für relativ marktmächtige Unternehmen
> **§ 20 Abs. 1 Satz 2 GWB: Erweiterung des Begriffs der relativen Marktmacht auf die Abhängigkeit von Intermediären**
> § 20 Abs. 1 Satz 3 GWB: Vermutung nachfragebedingter Abhängigkeit
> **§ 20 Abs. 1a GWB: Erweiterung des Begriffs der relativen Marktmacht auf datenbedingte Abhängigkeit**
> § 20 Abs. 2 GWB: Verbot des Missbrauchs von relativer Nachfragemacht
> § 20 Abs. 3 GWB: Verbot der unbilligen Behinderung für Unternehmen mit überlegener Marktmacht

---

450 Immenga/Mestmäcker/*Podszun*, 7. Aufl. 2024, § 20 GWB Rn. 255.
451 Regierungsbegründung zur 10. GWB-Novelle, BT-Drs. 19/23492, 83.
452 Regierungsbegründung zur 10. GWB-Novelle, BT-Drs. 19/23492, 83.
453 Immenga/Mestmäcker/*Markert*, 7. Aufl. 2024, § 20 GWB Rn. 249.

§ 20 Abs. 3a GWB: Anti-Tipping-Regel als Regelbeispiel für den Missbrauch von überlegener Marktmacht
  § 20 Abs. 4 GWB: Bärenfang-Doktrin als Beweiserleichterung zugunsten behinderter kleiner und mittlerer Wettbewerber
  § 20 Abs. 5 GWB: Verbot der ungerechtfertigten Verweigerung der Aufnahme in Verbänden

3.3.3.2 Relative Marktmacht

Adressatenstellung

Ein Unternehmen ist relativ marktmächtig, wenn andere Unternehmen auf der vor- oder nachgelagerten Marktstufe von ihm **abhängig** sind. Anders als bei Prüfung einer Marktbeherrschung[454] liegt der Ermittlung relativer Marktmacht in erster Linie keine marktbezogene Perspektive zugrunde. Vielmehr werden bilaterale Beziehungen zu Abnehmern oder Lieferanten fokussiert.[455] § 20 Abs. 1 Satz 1 GWB definiert den Begriff der Abhängigkeit: Für andere Unternehmen dürfen **keine ausreichenden und zumutbaren Ausweichmöglichkeiten** bestehen. Zudem bedarf es eines deutlichen Ungleichgewichts zur Gegenmacht der anderen Unternehmen. Die Rechtsprechung hat den Begriff durch **vier Fallgruppen** konkretisiert:

− **Sortimentsbedingte Abhängigkeit**: Sie ist gegeben, wenn ein Händler einen spezifischen Markenartikel in seinem Sortiment zu führen hat, um wettbewerbsfähig zu sein.[456] Dazu muss der Markenartikel ein solches Ansehen erlangt haben, dass die Verbraucher sein Vorhandensein erwarten.[457] Es ist zwischen zwei Unterfällen zu differenzieren. Im Fall der Spitzenstellungsabhängigkeit erwarten Verbraucher das Vorhandensein einer spezifischen Marke. Bei der Spitzengruppenabhängigkeit ist die Verkehrserwartung zwar nicht auf einen spezifischen Markenartikel gerichtet; die Wettbewerbsfähigkeit des Händlers erfordert es aber, dass er aus einer Gruppe von anerkannten Markenartikeln eine gewisse Anzahl führt.[458] Eine sortimentsbedingte Abhängigkeit hat der BGH z. B. im Jahr 1975 mit Blick auf die Marke *Rossignol* bejaht.[459]

− **Unternehmensbedingte Abhängigkeit**: Eine Abhängigkeit kann sich einstellen, wenn Abnehmer in einer längeren Lieferbeziehung zu ihrem Hersteller stehen und mit der Umstellung auf andere Hersteller erheblicher Aufwand verbunden wäre.[460] Dies kann z. B. auf Vertragshändler zu treffen. Die Abhängigkeit kann darauf beruhen, dass Abnehmer Spezialmaschinen oder -werkzeuge an-

---

454 Siehe ▶ Abschn. 3.3.1.3.
455 *Glöckner*, Kartellrecht, 3. Aufl. 2021, § 6 Rn. 666.
456 BGH, Urt. v. 12.12.2017 – KZR 50/15, GRUR 2018, 441, 442 f. – *Rimowa*; BGH, Urt. v. 4.11.2003 – KZR 2/02, NJW-RR 2004, 689, 689 f. – *Depotkosmetik im Internet*.
457 BGH, Urt. v. 20.11.1975 – KZR 1/75, GRUR 1976, 206 – *Rossignol*.
458 BGH Urt. v. 9.5.2000 – KZR 28/98, GRUR 2000, 1108 – *Designer-Polstermöbel*.
459 BGH, Urt. v. 20.11.1975 – KZR 1/75, GRUR 1976, 206 – *Rossignol*.
460 BGH, Urt. v. 23.1.2018 – KZR 48/15, NZKart 2018, 191, 193 – *Jaguar-Vertragswerkstatt II*.

geschafft haben, die auf die Waren des Herstellers zugeschnitten sind,[461] oder sie ihren Kundenstamm maßgeblich infolge Bezugs der Herstellerwaren aufgebaut haben.[462]

- **Knappheits-/Mangelbedingte Abhängigkeit**: Ergibt sich infolge einer plötzlichen Mangellage, dass ein Abnehmer auf einen spezifischen Lieferanten angewiesen ist, entsteht relative Marktmacht. Die Rechtsprechung hat dies etwa im Rahmen der Ölkrise von 1973 für Tankstellen beliefernde Händler gegenüber den Mineralölgesellschaften bejaht.[463]
- **Nachfragebedingte Abhängigkeit**: Als Spezialfall der unternehmensbedingten Abhängigkeit können auch Lieferanten in Abhängigkeit von einem Nachfrager geraten.[464] Dies kann auf Produktspezialisierungen beruhen.[465] Ursächlich kann ferner eine Schlüsselstellung des Nachfragers – etwa infolge hohen Marktanteils – für den Zugang der Lieferanten zu den Endkunden sein. § 20 Abs. 1 Satz 3 GWB enthält eine Vermutung der nachfragebedingten Abhängigkeit: Danach wird die Abhängigkeit vermutet, wenn ein Nachfrager von einem Lieferanten zusätzlich zu den verkehrsüblichen Preisnachlässen oder sonstigen Leistungsentgelten regelmäßig besondere Vergünstigungen erlangt, die gleichartigen Nachfragern nicht gewährt werden.

Seit der 10. GWB-Novelle enthält § 20 GWB **zwei weitere Fallgruppen** der Abhängigkeit, die auf den **Digitalkontext** zugeschnitten sind. Es handelt sich um die Abhängigkeit von Intermediären, vgl. § 20 Abs. 1 Satz 2 GWB, und um die datenbedingte Abhängigkeit, vgl. § 20 Abs. 1a Satz 1 GWB.

- **Abhängigkeit von Intermediären**: Ebenso wie § 18 Abs. 3b GWB für die Bestimmung einer marktbeherrschenden Stellung integriert § 20 Abs. 1 Satz 2 GWB das Konzept der Intermediationsmacht in die Ermittlung relativer Marktmacht. Hintergrund ist, dass Plattformen – bei entsprechender Abhängigkeit der gewerblichen Nutzer – eine Art der Schlüsselrolle einnehmen bzw. einen „Flaschenhals" bilden, wenn es um den Zugang zu anderen Marktseiten geht.[466] Gewerbliche Nutzer sind auf die Vermittlung ihrer Angebote durch den Plattformbetreiber angewiesen. Relative Marktmacht eines Intermediärs ist daher gem. § 20 Abs. 1 Satz 2 GWB anzunehmen, wenn die Nutzer von seiner Vermittlungsleistung in der Weise abhängig sind, dass ausreichende und zumutbare Ausweichmöglichkeiten nicht bestehen.

---

461 LMRKM/*Loewenheim*, 4. Aufl. 2020, § 20 GWB Rn. 30.
462 OLG Stuttgart, Urt. v. 23.3.1979 – 2 W (Kart.) 8/79, WuW 1979, 491 – *Porsche-Vertragshändler*.
463 KG Berlin, Urt. v. 4.7.1974 – Kart 27/74, WuW 1974, 767 – *AGIP II*.
464 *Glöckner*, Kartellrecht, 3. Aufl. 2021, § 6 Rn. 670.
465 LMRKM/*Loewenheim*, 4. Aufl. 2020, § 20 GWB Rn. 36.
466 *Körber*, MMR 2020, 290, 292.

🅑 Beispiel

Die Rechtsprechung hat relative Marktmacht eines Intermediärs für den Fall bejaht, dass ein Unternehmen einen großen Anteil seines Umsatzes durch den Verkauf über die Plattform des Intermediärs erzielt.[467]

- **Datenbedingte Abhängigkeit**: Abhängigkeit entsteht gem. § 20 Abs. 1a Satz 1 GWB, wenn ein Unternehmen den Zugang zu Daten kontrolliert, die von anderen Unternehmen benötigt werden. Voraussetzung ist zunächst, dass andere Unternehmen für ihre eigene Tätigkeit auf den Zugang zu den Daten angewiesen sind, z. B. um am Markt tätig zu werden oder um ihre Leistungen im Wettbewerb zur Geltung zu bringen.[468] An einem „Angewiesensein" fehlt es, wenn das Unternehmen auf einfache Weise Zugang zu den Daten erlangen kann.[469] Dabei gilt zu berücksichtigen, dass Daten nicht-rivalisierend sind, also keine Abnutzung erfolgt, wenn sie parallel von mehreren Unternehmen genutzt werden.

▶ Beispiel

Das Bundeskartellamt hat im Juni 2023 angenommen, dass eine datenbedingte Abhängigkeit der Anbieter integrierter Mobilitätsdienstleistungen hinsichtlich der von der *Deutschen Bahn* gesammelten Prognosedaten des Schienenpersonenverkehrs bestehe.[470] ◀

Verbotenes Verhalten

§ 20 Abs. 1 GWB verbietet es Unternehmen mit relativer Marktmacht, ihre Position zu missbrauchen. Die verbotenen Verhaltensweisen entsprechen im Grundsatz denen, die marktbeherrschende Unternehmen untersagt sind. Dies ergibt sich aus dem **Verweis auf § 19 Abs. 1, Abs. 2 GWB** in § 20 Abs. 1 Satz 1 GWB. Verboten wird dem relativ marktmächtigen Unternehmen, die von ihm abhängigen Unternehmen unbillig zu behindern oder ungerechtfertigt zu diskriminieren.

Darüber hinaus ergänzt § 20 Abs. 1a Satz 2 GWB mit der **Zugangsverweigerung zu Daten** ein weiteres Regelbeispiel des Behinderungsmissbrauchs. Die Verweigerung, Zugang zu solchen Daten, auf die die abhängigen Unternehmen angewiesen sind, gegen ein angemessenes Entgelt zu gewähren, ist missbräuchlich. Der Fokus der Prüfung liegt auf der Frage der Unbilligkeit der Zugangsverweigerung. Hierbei ist einzustellen, ob das abhängige Unternehmen bereit ist, für den Zugang ein **angemessenes Entgelt** zu zahlen. Ist dem nicht so, ist die Verweigerung nicht missbräuchlich.[471] Abzuwägen sind die positiven Auswirkungen auf den Wettbewerb durch Gewährung des Datenzugangs und die ggfs. zu erwartenden negativen Folgen infolge einer Minderung der Anreize des Zugangsverpflichteten, in die Gewin-

---

467 LG München I, Beschl. v. 31.3.2021 – 37 O 32/21, NZKart 2021, 198 – *Amazon-Kontosperrung*.
468 Immenga/Mestmäcker/*Podszun*, 7. Aufl. 2024, § 20 GWB Rn. 129.
469 Regierungsbegründung zur 10. GWB-Novelle, BT-Drs. 19/23492, 81.
470 BKartA v. 26.6.2023 – B9-144/19.
471 Immenga/Mestmäcker/*Podszun*, 7. Aufl. 2024, § 20 GWB Rn. 142.

nung weiterer Daten zu investieren.[472] Ferner sind die Bedeutung der Daten für den unternehmerischen Erfolg und der Aufwand, der für den Verpflichteten mit der Zugangsgewährung verbunden ist, einzustellen.[473]

Systematische Vertiefung

Für Unternehmen, die als Torwächter benannt sind, können sich Datenzugangsverpflichtungen aus Art. 5 Abs. 9, Abs. 10 DMA ergeben.[474] Art. 9 Abs. 1 Plattform-VO verpflichtet Anbieter von Online-Vermittlungsdiensten, gewerblichen Nutzern zu erläutern, zu welchen Daten diese Zugang erhalten.[475] Transparenzpflichten können es aber zumindest erleichtern, zu klären, ob ein relativ marktmächtiger Diensteanbieter gegen § 20 Abs. 1a Satz 2 GWB verstößt.[476]

3.3.3.3 Überlegene Marktmacht

Adressatenstellung

§ 20 Abs. 3 GWB erstreckt das Verbot der unbilligen Behinderung und ungerechtfertigten Diskriminierung auf Unternehmen mit überlegener Marktmacht. Im Unterschied zu § 20 Abs. 1 GWB, der auf das Vertikalverhältnis abstellt, ist Bezugspunkt der überlegenen Marktmacht ein **horizontaler Vergleich** mit der Marktstellung der Wettbewerber.[477] Abhängig können ausschließlich kleine oder mittlere Unternehmen sein. Dies ist ein Unterschied zu § 20 Abs. 1 GWB, der seit der 10. GWB-Novelle diese Einschränkung nicht mehr enthält.[478] Ob ein Wettbewerber als **klein oder mittel** einzustufen ist, wird vorrangig anhand seines Umsatzes ermittelt. Dabei kann die in § 35 Abs. 2 Satz 1 GWB normierte Schwelle von weniger als 10 Mio. EUR als Orientierungshilfe dienen.[479] Ferner ist ein relativer Größenvergleich mit den Umsätzen der Konkurrenten durchzuführen. Maßgeblich für überlegene Marktmacht ist ein Machtgefälle zu den kleinen und mittleren Wettbewerbern.[480] Die Schwelle zur Marktbeherrschung muss nicht erreicht werden. Es sind dieselben Beurteilungskriterien wie bei Ermittlung einer Marktbeherrschung heranzuziehen,[481] auch wenn die zu fordernde Marktmachtschwelle niedriger anzusetzen ist.

---

472 Immenga/Mestmäcker/*Podszun*, 7. Aufl. 2024, § 20 GWB Rn. 155.
473 Immenga/Mestmäcker/*Podszun*, 7. Aufl. 2024, § 20 GWB Rn. 159, 161.
474 Siehe ▶ Abschn. 4.3.1.8.
475 Siehe ▶ Abschn. 5.3.5.
476 Immenga/Mestmäcker/*Podszun*, 7. Aufl. 2024, § 20 GWB Rn. 103.
477 *Glöckner*, Kartellrecht, 3. Aufl. 2021, § 6 Rn. 674.
478 Regierungsbegründung zur 10. GWB-Novelle, BT-Drs. 19/23492, S. 79.
479 Wiedemann/*Lübbert/Schöner*, Handbuch des Kartellrechts, 4. Aufl. 2020, § 24 Rn. 12.
480 OLG Düsseldorf, Beschl. v. 19.12.2001 – Kart 21/00 (V), WuW 2002, 151 – *Wal-Mart*; OLG Düsseldorf, Beschl. v. 13.11.2000, Kart 16/00 (V), WUW 2001, 169 – *Freie Tankstellen*.
481 Siehe ▶ Abschn. 3.3.1.2.3.

Verbotenes Verhalten

§ 20 Abs. 3 Satz 1 GWB verbietet es einem Unternehmen mit überlegener Marktmacht, abhängige Wettbewerber unbillig zu behindern. § 20 Abs. 3 Satz 2 GWB konkretisiert das Behinderungsverbot durch drei Regelbeispiele. Verboten ist der Verkauf von Lebensmitteln unter Einstandspreis (Nr. 1), der Verkauf anderer Waren nicht nur gelegentlich unter Einstandspreis (Nr. 2) sowie die Kosten-Preis-Schere (Nr. 3).

Die **Anti-Tipping-Regel des § 20 Abs. 3a GWB** etabliert ein spezielles Missbrauchsverbot für digitale Märkte. Danach missbraucht ein Unternehmen seine überlegene Marktmacht auf einem Markt im Sinne des § 18 Abs. 3a GWB (= mehrseitige Märkte oder Netzwerke), wenn es die **eigenständige Erzielung von Netzwerkeffekten** durch Wettbewerber **behindert** und hierdurch die ernstliche Gefahr begründet wird, dass der **Leistungswettbewerb** in nicht unerheblichem Maße **eingeschränkt** wird. Dahinter steht die wettbewerbsökonomische Erkenntnis, dass digitale Märkte infolge ihrer Vermachtungstendenzen – vor allem durch indirekte Netzwerkeeffekte – zum „Kippen" neigen. Dies gilt als eine *„der größten Gefahren für die Funktionsfähigkeit des Wettbewerbs auf digitalen Märkten"*.[482] Der Wortlaut des neuen Behinderungsverbots ist sehr weit gefasst und wird in der Praxis zu Rechtsunsicherheit führen.[483] Regelbeispiele hätten den Tatbestand handhabbarer gestaltet. Hinzu kommt, dass § 20 Abs. 3a GWB als **Gefährdungstatbestand** ausgestaltet ist.

Unter das Verbot sollten keine Fälle gefasst werden, in welchen der Marktmachtzugewinn auf Mitteln des Leistungswettbewerbs beruht.[484] Im Ergebnis bedarf es einer **umfassenden Interessenabwägung**, um zu ermitteln, ob das marktmächtige Unternehmen in zulässiger Weise versucht, seine Kunden zu binden, oder bereits die Gefahr einer Einschränkung des Leistungswettbewerbs begründet wird.[485] Unternehmen, die bereits über eine gewisse Marktmacht verfügen, können Monopolisierungstendenzen z. B. dadurch begünstigen, dass sie Nutzern das *Multi-Homing*, also die parallele Nutzung mehrerer Plattformdienste, erschweren.[486] Denkbar sind auch Fälle, in denen Plattformen durch Querfinanzierungen besonders günstige oder unentgeltliche Angebote unterbreiten, um Nutzer zu binden.[487]

Prüfungsaufbau: Missbrauch von relativer Marktmacht gem. § 20 GWB

1. Relativ marktmächtige Stellung
   a) Relative Marktmacht im Vertikalverhältnis, § 20 Abs. 1, 1a GWB
      aa) Sortimentsbedingte Abhängigkeit *oder*
      bb) Unternehmensbedingte Abhängigkeit *oder*

---

[482] *Polley/Kaup*, NZKart 2020, 113, 115.
[483] *Körber*, MMR 2020, 290, 293; *Polley/Kaup*, NZKart 2020, 113, 115.
[484] *Paal/Kumkar*, NJW 2021, 809, 813.
[485] *Cetintas*, WuW 2020, 446; MüKo-WettbR/*Westermann*, 4. Aufl. 2022, § 20 GWB Rn. 133 f.
[486] *Schweitzer/Haucap/Kerber/Welker*, Modernisierung der Missbrauchsaufsicht für marktmächtige Unternehmen, 2018, S. 63.
[487] Immenga/Mestmäcker/*Podszun*, 7. Aufl. 2024, § 20 GWB Rn. 285.

cc) Knappheitsbedingte Abhängigkeit *oder*
dd) Nachfragebedingte Abhängigkeit *oder*
ee) Abhängigkeit von Intermediären *oder*
ff) Datenbedingte Abhängigkeit
b) *oder*: Relative Marktmacht im Horizontalverhältnis, § 20 Abs. 3 GWB

2. Missbrauch
a) *bei relativer Marktmacht im Vertikalverhältnis*: Unbillige Behinderung nach § 20 Abs. 1, 1a GWB iVm § 19 Abs. 1, Abs. 2 Nr. 1 GWB oder passive Diskriminierung nach § 20 Abs. 2 GWB iVm § 19 Abs. 2 Nr. 5 GWB
b) *bei relativer Marktmacht im Horizontalverhältnis*: Unbillige Behinderung nach § 20 Abs. 3, 3a GWB

3.4 Zusammenschlusskontrolle

3.4.1 Systematik und Überblick

Die nationale Zusammenschlusskontrolle ist in **§§ 37–43a GWB** geregelt. Sowohl die Umsatzschwellen des § 35 GWB als auch der Zusammenschlussbegriff in § 37 GWB unterschieden sich von den korrespondierenden Vorschriften der europäischen Zusammenschlusskontrolle (Art. 1, 3 FKVO). Der Anwendungsbereich der nationalen Zusammenkontrolle ist nur eröffnet, wenn die Aufgreifkriterien der europäischen Zusammenschlusskontrolle nicht erfüllt sind. Denn gem. Art. 21 Abs. 3 FKVO dürfen Mitgliedsstaaten ihr innerstaatliches Recht nicht auf Zusammenschlüsse von gemeinschaftsweiter Bedeutung anwenden (**one-stop-shop Prinzip**).[488] Zuständig für die nationale Zusammenschlusskontrolle ist ausschließlich das Bundeskartellamt. Die Landeskartellbehörden werden nicht tätig.

Während die Aufgreifkriterien in §§ 35, 37 GWB von denen der europäischen Zusammenschlusskontrolle abweichen, bestehen weitreichende Parallelen beim Prüfungsmaßstab der materiellen Zusammenschlusskontrolle (sog. Eingreifkriterium). Seit Inkrafttreten der 8. GWB-Novelle von 2013 überprüft auch das Bundeskartellamt gem. § 36 Abs. 1 GWB Zusammenschlussvorhaben anhand des **SIEC-Tests**. Der Marktbeherrschungstest, der zuvor Prüfungsmaßstab war, bleibt – ebenso wie nach der Novelle der FKVO von 2004 – als Regelbeispiel erhalten. Dadurch hat der deutsche Gesetzgeber das nationale Kontrollregime der europäischen Zusammenschlusskontrolle angepasst. Ziel war es, Konvergenz über die Grenzen der Mitgliedsstaaten hinaus und somit ein „Level Playing Field" zu schaf-

---

488 FK-KartellR/*Möller*, 108. EL 2024, § 35 GWB Rn. 44. Siehe auch ▶ Abschn. 2.4.1.

fen.[489] Der einzige Wortlautunterschied besteht in der Abwägungsklausel des § 36 Abs. 1 Satz 2 Nr. 1 GWB, wonach der Zusammenschluss freizugeben ist, wenn die beteiligten Unternehmen nachweisen, dass durch den Zusammenschluss auch Verbesserungen der Wettbewerbsbedingungen eintreten und diese Verbesserungen die Wettbewerbsbehinderung überwiegen. Die Klausel findet im Wortlaut des Art. 2 Abs. 3 FKVO keine Entsprechung. Der Sache nach ist sie aber auch im Rahmen der europäischen Zusammenschlusskontrolle anzuerkennen.[490]

Im Unterschied zur FKVO kennt die nationale Zusammenschlusskontrolle das Institut der **Ministererlaubnis aus § 42 GWB**. Danach hat der Bundesminister für Wirtschaft und Energie die Möglichkeit, auf Antrag einen vom Bundeskartellamt untersagten Zusammenschluss zu erlauben.[491] Der Prüfungsmaßstab ist indes kein wettbewerblicher. Vielmehr entscheidet der Minister anhand gesamtwirtschaftlicher Vorteile und überragender Interessen der Allgemeinheit. Überwiegen diese Belange die zu erwartende Wettbewerbsbehinderung, kann eine Ministererlaubnis erteilt werden.

Die nationale Zusammenschlusskontrolle ist ebenso wie ihr europäisches Pendant ein **ex ante Kontrollregime**. Es bedarf es eines zweistufigen Prüfungsaufbaus. Im Rahmen der formellen Zusammenschlusskontrolle sind der Zusammenschlussbegriff (§ 35 GWB) und die Umsatzschwellen (§ 37 GWB) zu prüfen. Erfüllt ein Zusammenschlussvorhaben diese Aufgreifkriterien nicht, unterliegt es keiner Anmeldepflicht beim Bundeskartellamt.

> **Zum Prüfungsaufbau**
> Infolge des Vorrangs der europäischen Zusammenschlusskontrolle darf ein Vorhaben nur anhand des nationalen Kontrollregimes gem. §§ 35 ff. GWB überprüft werden, wenn zuvor geklärt wurde, dass die Aufgreifkriterien aus Art. 1, 3 FKVO nicht erfüllt sind (sog. one-stop-shop Prinzip).

3.4.2 Formelle Zusammenschlusskontrolle

3.4.2.1 Zusammenschlussbegriff

Vermögenserwerb
Während Art. 3 FKVO nur die Fusion (Art. 3 Abs. 1 lit. a) FKVO) und den Kontrollerwerb (Art. 3 Abs. 1 lit. b) FKVO) kennt,[492] ist der Zusammenschlussbegriff des § 37 GWB weiter. Er gliedert sich in vier Tatbestände. Der erste Tatbestand ist der in **§ 37 Abs. 1 Nr. 1 GWB** geregelte Vermögenserwerb. Unter den Ver-

---

489 Wiedemann/*Steinvorth*, Handbuch des Kartellrechts, 4. Aufl. 2020, § 20 Rn. 3.
490 Immenga/Mestmäcker/*Körber*, 6. Aufl. 2020, Art. 2 FKVO Rn. 523.
491 Im Detail ▶ Abschn. 3.4.3.4.
492 Siehe ▶ Abschn. 2.4.2.1.

mögensbegriff fallen alle geldwerten Güter und Rechte.⁴⁹³ Für den Zusammenschlusstatbestand reicht es aus, wenn ein wesentlicher Teil des Vermögens erworben wird. Diese Voraussetzung ist erfüllt, wenn der erworbene Vermögensanteil entweder – gemessen am gesamten Vermögen – quantitativ wesentlich ist⁴⁹⁴ oder wenn er qualitativ betrachtet eigenständige Bedeutung aufweist.⁴⁹⁵ Jedenfalls muss der Vermögensanteil dem Erwerber ermöglichen, die Position des erwerbenden Unternehmens am Markt zu verändern.⁴⁹⁶

▶ **Beispiele**

Die Rechtsprechung hat einen Vermögenserwerb zu einem wesentlichen Teil u. a. bei dem Erwerb eines Zementwerks⁴⁹⁷ oder dem Erwerb eines eingetragenen Warenzeichens bejaht. ◀

Kontrollerwerb

Ein Zusammenschluss gem. § 37 Abs. 1 Nr. 2 GWB ist verwirklicht, wenn ein oder mehrere Unternehmen (Muttergesellschaft(-en)) die Kontrolle über ein anderes Unternehmen (Tochtergesellschaft) erwerben. Es handelt sich um den in der Praxis am relevantesten Zusammenschlusstatbestand.⁴⁹⁸ Kontrolle ist dadurch gekennzeichnet, dass ein anderes Unternehmen, einen bestimmenden Einfluss auf die Tätigkeit eines Unternehmens ausüben kann.⁴⁹⁹

Als Regelbeispiele werden in § 37 Abs. 1 Nr. 2 lit. a) GWB Eigentums- und Nutzungsrechte an einer Gesamtheit oder an Teilen des Vermögens des Unternehmens erwähnt. Nutzungsrechte, die Kontrolle vermitteln, können durch Abschluss von Betriebsüberlassungsverträgen erlangt werden.⁵⁰⁰ Erwirbt ein Unternehmen Eigentum, so wird regelmäßig zugleich der Zusammenschlusstatbestand des Vermögenserwerbs aus § 37 Abs. 1 Nr. 1 GWB⁵⁰¹ verwirklicht sein. Ferner erwähnt § 37 Abs. 1 Nr. 2 lit. b) GWB Rechte oder Verträge, die einen bestimmenden Einfluss auf die Zusammensetzung, die Beratungen oder Beschlüsse der Organe des Unternehmens gewähren. Der wohl praktisch wichtigste Fall des Kontrollerwerbs ist der Erwerb von stimmberechtigten Gesellschaftsanteilen. In diesem Fall können Überschneidungen zum Zusammenschlusstatbestand des Anteilserwerbs aus § 37 Abs. 1 Nr. 3 GWB⁵⁰² bestehen. Der Unterschied zum Anteilserwerb besteht indes darin, dass das Überschreiten bestimmter Schwellenwerte nicht letztentscheidend für den Kontrollerwerb ist.

---

493 LMRKM/*Riesenkampff/Steinbarth*, 4. Aufl. 2020, § 37 GWB Rn. 3.
494 BGH, Beschl. v. 20.11.1975 – KVR 1/75, GRUR 1976, 327, 327 – *Zementmahlanlage I*: „quantitativ ausreichend hoch".
495 BGH, Beschl. v. 20.11.1975 – KVR 1/75, GRUR 1976, 327, 328 – *Zementmahlanlage I*.
496 BGH, Beschl. v. 10.10.2006 – KVR 32/05, GRUR 2007, 517, 519 – *National Geographic I*.
497 BGH, Beschl. v. 23.10.1979 – KVR 3/78, GRUR 1980, 253 – *Zementmahlanlage II*.
498 *Steinvorth*, in: Wiedemann KartellR-HdB, 4. Aufl. 2020, § 19 Rn. 57.
499 *Emmerich/Lange*, Kartellrecht, 15. Aufl. 2021, § 32 Rn. 6; *Steinvorth*, in: Wiedemann KartellR-HdB, 4. Aufl. 2020, § 19 Rn. 58.
500 *Kling/Thomas*, Kartellrecht, 2. Aufl. 2016, § 22 Rn. 28.
501 Siehe ▶ Abschn. 3.4.2.1.1.
502 Siehe ▶ Abschn. 3.4.2.1.3.

Erwerben **zwei oder mehr Unternehmen die Kontrolle**, entsteht ein Gemeinschaftsunternehmen. Sind zwei Unternehmen zu jeweils 50 % beteiligt, erwerben sie gemeinsame Kontrolle. Gemeinsame Kontrolle ist aber auch bei disparitätischer Beteiligung möglich. Voraussetzung ist in diesem Fall, dass Vetorechte in Bezug auf das strategische Verhalten des Gemeinschaftsunternehmens, insbesondere den Geschäftsplan, die Investitionsentscheidungen, die Unternehmensleitung und das Budget, bestehen.[503] Es muss gewährleistet sein, dass auch das Unternehmen, das nur eine Minderheitsbeteiligung erwirbt, Einfluss auf das strategische Verhalten des Gemeinschaftsunternehmens hat.[504] Im Unterschied zu Art. 3 Abs. 4 FKVO[505] setzt ein Kontrollerwerb durch die Gründung eines Gemeinschaftsunternehmens nicht voraus, dass es sich bei dem Zielunternehmen um ein Vollfunktionsgemeinschaftsunternehmen handelt. Vielmehr werden auch **Teilfunktionsgemeinschaftsunternehmen** erfasst.[506]

Anteilserwerb

Ein Zusammenschluss in Gestalt eines Anteilserwerbs ist gem. § 37 Abs. 1 Nr. 3 GWB verwirklicht, wenn ein Unternehmen Anteile am Kapital oder an den Stimmrechten eines anderen erwirbt und dadurch entweder den **Schwellenwert von 50 %** (lit. a)) oder den **Schwellenwert von 25 %** (lit. b)) überschreitet. Damit kann der Tatbestand des Anteilserwerbs auch verwirklicht sein, ohne dass das erwerbende Unternehmen strategischen Einfluss auf das Zielunternehmen ausüben kann, also insoweit keine Kontrolle erwirbt. Der Gesetzgeber begründete die Einführung des Zusammenschlusstatbestands damit, dass es ab einer 25 %-Beteiligung wahrscheinlich sei, dass das beteiligte Unternehmen faktisch das Marktverhalten des Zielunternehmens beeinflusse.[507] Maßgeblich für den Anteilserwerb ist allein das Überschreiten der in § 37 Abs. 1 Nr. 3 GWB genannten Schwellen.

▶ Beispiele

Hält ein Beteiligungsunternehmen bereits 20 % der Anteile und erwirbt weitere 8 %, so überschreitet es mit diesem Erwerbsvorgang die Schwelle von 25 % und verwirklicht damit einen Anteilserwerb gem. § 37 Abs. 1 Nr. 3 lit. b) GWB. Hält das Unternehmen bereits 26 % und erwirbt weitere 20 %, so überschreitet es keinen Schwellenwert. Es liegt kein Anteilserwerb vor. ◀

Zu beachten ist ferner die **Fiktion der Teilfusion der Mütter** gem. § 37 Abs. 1 Nr. 3 Satz 3 GWB: Danach wird ein horizontaler Zusammenschluss zwischen den Muttergesellschaften eines Gemeinschaftsunternehmens fingiert.[508] Der Anteilserwerb am Gemeinschaftsunternehmen gilt danach hinsichtlich der Märkte, auf denen das Gemeinschaftsunternehmen tätig ist, auch als Zusammenschluss der

---

503 *Kling/Thomas*, Kartellrecht, 2. Aufl. 2016, § 22 Rn. 34.
504 *Emmerich/Lange*, Kartellrecht, 15. Aufl. 2021, § 32 Rn. 9.
505 Siehe ▶ Abschn. 2.4.2.1.2.
506 LMRKM/*Kersting*, 4. Aufl. 2020, § 37 GWB Rn. 49.
507 Regierungsbegründung zur 5. GWB-Novelle, BT-Drs. 11/4610, 19.
508 *Emmerich/Lange*, Kartellrecht, 15. Aufl. 2021, § 32 Rn. 21.

Muttergesellschaften untereinander. Durch diese Fiktion soll das Bundeskartellamt auch die Auswirkungen des Zusammenschlusses auf das wettbewerbliche Verhältnis zwischen den Muttergesellschaften prüfen können.[509] Die Fiktion ist bereits bei der formellen Zusammenschlusskontrolle bedeutsam. Denn durch sie sind als beteiligte Unternehmen alle Muttergesellschaften einzustufen, die mindestens 25 % der Anteile am Gemeinschaftsunternehmen erwerben. Zu bedenken ist, dass die Gründung von Gemeinschaftsunternehmen zudem zu kollusiven Wettbewerbsbeschränkungen zwischen den Muttergesellschaften führen kann. § 1 GWB findet neben §§ 35 ff. GWB Anwendung (sog. **Zweischrankentheorie**).[510]

Wettbewerblich erheblicher Einfluss

Als Auffangtatbestand erfasst § 37 Abs. 1 Nr. 4 GWB den Fall, dass ein Unternehmen wettbewerblich erheblichen Einfluss über ein anderes Unternehmen erlangt. Im Fokus stehen Vorgänge, die weder Kontrolle gem. § 37 Abs. 1 Nr. 2 GWB vermitteln noch die Schwellenwerte des § 37 Abs. 1 Nr. 3 GWB erreichen.[511] Dazu zählt vor allem der Erwerb von Anteilen, die die Schwelle von 25 % nicht erreichen. Erfasst von dem Auffangtatbestand werden nur solche Einflussnahmemöglichkeiten, die gesellschaftsrechtlich vermittelt sind.[512] Maßgeblich ist, ob der mit Wettbewerbsbezug bestehende Einfluss ein erheblicher ist. Eine bloße Minderheitsbeteiligung, die unterhalb der Schwelle von 25 % verbleibt, ist jedenfalls nicht ausreichend. Vielmehr bedarf es sog. Plus-Faktoren.[513] Diese müssen zur Folge haben, dass das beeinflusste Unternehmen nicht unabhängig von dem Einfluss nehmenden Unternehmen am Markt agieren kann.[514] Beispiele sind Informationsrechte.[515]

3.4.2.2 Geltungsbereich

Ein Zusammenschluss ist gem. § 35 Abs. 1 GWB anmeldepflichtig, wenn die beteiligten Unternehmen im letzten Geschäftsjahr vor dem Zusammenschluss insgesamt **weltweit Umsatzerlöse** von mehr als **500 Mio. EUR** erzielt haben (Nr. 1) sowie **im Inland** mindestens ein beteiligtes Unternehmen Umsatzerlöse von mehr als **50 Mio. EUR** erreicht hat und ein anderes beteiligtes Unternehmen Umsatzerlöse von mehr **als 17,5 Mio. EUR** erreicht hat (Nr. 2).

---

509 Regierungsbegründung zur 2. GWB-Novelle, BT-Drs. VI/2520, 27.
510 *Emmerich/Lange*, Kartellrecht, 15. Aufl. 2021, § 32 Rn. 22.
511 LMRKM/*Riesenkampff/Steinbarth*, 4. Aufl. 2020, § 37 GWB Rn. 28.
512 BGH, Beschl. v. 21.12.2004 – KVR 26/03, WRP 2005, 352. 353 f. – *Deutsche Post/trans-o-flex*; FK-KartellR/Paschke, 108. EL 2024, § 37 GWB Rn. 71.
513 OLG Düsseldorf, Beschl. v. 6.7.2005 – Kart 26/04 (V), BeckRS 2005, 30359418 – *Bonner Zeitungsdruckerei*; *Kling/Thomas*, Kartellrecht, 2. Aufl. 2016, § 22 Rn. 54.
514 OLG Düsseldorf, Beschl. v. 23.11.2005 – VI-2 Kart 14/04, AG 2006, 504 – *Mainova/Aschaffenburger Versorgungs GmbH*.
515 BGH, Beschl. v. 21.12.2004 – KVR 26/03, WRP 2005, 352. 353 f. – *Deutsche Post/trans-o-flex*.

3.4 · Zusammenschlusskontrolle

Ist die Inlandsumsatzschwelle des § 35 Abs. 1 Nr. 2 GWB nicht erreicht, kann ein Zusammenschluss gem. **§ 35 Abs. 1a GWB** anmeldepflichtig sein. Dies setzt voraus, dass vier Kriterien erfüllt sind:
- Die Umsatzschwelle des § 35 Abs. 1 Nr. 1 GWB ist erfüllt: Die Umsatzerlöse der beteiligten Unternehmen betragen weltweit mehr als 500 Mio. EUR (Nr. 1).
- Ein beteiligtes Unternehmen hat im Inland Umsatzerlöse von mehr als 50 Mio. EUR erzielt und weder das zu erwerbende Unternehmen noch ein anderes beteiligtes Unternehmen haben Umsatzerlöse von jeweils mehr als 17,5 Mio. EUR erzielt (Nr. 2).
- Der Wert der Gegenleistung für den Zusammenschluss beträgt mehr als 400 Mio. EUR (Nr. 3).
- Das zu erwerbende Unternehmen ist in erheblichem Umfang im Inland tätig.

Die Umsatzschwelle des § 35 Abs. 1a GWB ist eine transaktionsbezogene. Sie knüpft nicht an Umsatzhöhen, sondern an den **Wert der Gegenleistung** für den Zusammenschluss an. Die Vorschrift wurde durch die 9. GWB-Novelle von 2017 eingeführt. Ihr Ziel ist es, die oben[516] geschilderte Problematik der **Aufkaufstrategien im Digitalsektor** zu adressieren. Hintergrund der Gesetzesnovelle war insbesondere der Zusammenschluss von *WhatsApp/Facebook*, der als wettbewerblich bedeutsam angesehen wurde, aber dennoch nicht die Umsatzschwellen der europäischen Zusammenschlusskontrolle erreicht hatte.[517] Der Sinn und Zweck der transaktionsbezogenen Aufgreifschwelle besteht darin, solche Zusammenschlüsse aufgreifen zu können, bei denen ein nahezu umsatzloses Unternehmen erworben wird, dessen wettbewerbliche Relevanz sich aber in der Höhe des Kaufpreises, den das erwerbende Unternehmen bereit ist zu zahlen, niederschlägt.[518] Dies berücksichtigt, dass Innovationen eine wichtige Wettbewerbskraft auf digitalen Märkten sind und die Angst vor „the next big thing", führende Unternehmen dazu antreibt, Konkurrenz möglichst frühzeitig – z. B. durch Aufkäufe – zu beseitigen.[519]

> **Hintergrund**
> In seinem Hintergrundpapier von 2022 berichtet das Bundeskartellamt, dass es zwischen den Jahren 2009 und 2019 zu mehr als 400 Zusammenschlüssen mit Beteiligung von *Alphabet, Amazon, Apple, Meta* oder *Microsoft* gekommen sei. Die meisten dieser Vorhaben hätten infolge fehlenden Erreichens der Umsatzschwellen nicht aufgegriffen werden können.[520]

---

516 Siehe ▶ Abschn. 2.4.2.2.2.
517 Die Kommission konnte das Vorhaben nur prüfen, weil die Zusammenschlussbeteiligten dies gem. Art. 4 Abs. 5 FKVO beantragt hatten, vgl. Kommission v. 3.10.2014 – M.7217 – *Facebook/WhatsApp*.
518 FK-KartellR/*Möller*, 108. EL 2024, § 35 GWB Rn. 25.
519 *Körber*, ZUM 2017, 93, 98.
520 BKartA, Fusionskontrolle im digitalen Zeitalter – Herausforderungen und Entwicklungsperspektiven, 2022, S. 6.

Im Juni 2024 hat das Bundeskartellamt ein gem. § 35 Abs. 1a GWB aufgegriffenes Verfahren erstmals im Hauptprüfverfahren[521] untersucht, sodann aber ohne Auflagen freigegeben.[522] Das Vorhaben betraf den durch Innovationswettbewerb geprägten Sektor der Biotechnologie. Obwohl die Umsatzschwellen des § 35 Abs. 1 GWB nicht erreicht waren, vereinbarten die Parteien nach Ausführungen des Bundeskartellamts einen Kaufpreis von rund 2,8 Mrd. EUR für den Erwerb eines „innovativen Biotechnologieunternehmens."[523]

Wie die Gegenleistung zu berechnen ist, führt **§ 38 Abs. 4a GWB** aus. Sie umfasst zum einen alle Vermögensgegenstände und sonstigen geldwerten Leistungen, die der Veräußerer vom Erwerber im Zusammenhang mit dem Zusammenschluss erhält und zum anderen den Wert etwaiger vom Erwerber übernommener Verbindlichkeiten. Der Wert der Gegenleistung wird also grundsätzlich **durch Parteivereinbarung** bestimmt.[524] Es gibt keine objektiven Berechnungsmethoden. Daher bestehen Manipulationsrisiken. Die Parteien sind bei der Bestimmung des Kaufpreises grundsätzlich frei.[525] Hinzu kommt, dass die Kaufpreishöhe Bestandteil eines umfassenden vertraglichen Rechte- und Pflichtengefüges ist, das in seiner Gesamtheit ggfs. schwer zu durchdringen ist.[526] Ferner mag der Kaufpreis zum Zeitpunkt des Vertragsschlusses oder des Vollzugs nicht immer feststehen.[527] Hintergrund können Preisanpassungsklauseln oder Leistungsbestimmungsrechte sein.

Für die umsatzbezogenen Schwellenwerte kommt es nur auf die Umsätze der **beteiligten Unternehmen** an. Welche Unternehmen beteiligt sind, ist in Abhängigkeit von dem einschlägigen Zusammenschlusstatbestand zu klären.[528] Bei einem Vermögenserwerb (§ 37 Abs. 1 Nr. 1 GWB) sind beteiligt das Unternehmen, das das Vermögen erwirbt, sowie das Unternehmen, das erworben wird.[529] Bei einem Kontrollerwerb (§ 37 Abs. 1 Nr. 2 GWB) sind beteiligt das die Kontrolle erwerbende Unternehmen sowie das Zielunternehmen, auf das sich die Kontrolle erstreckt. Handelt es sich um einen Kontrollerwerb durch mehrere Unternehmen, sind sämtliche kontrollierenden Unternehmen neben dem Gemeinschaftsunternehmen am Zusammenschluss beteiligt. Beim Anteilserwerb (§ 37 Abs. 1 Nr. 3 GWB) ist zu berücksichtigen, dass das Unternehmen, welches seine Anteile veräußert, nicht zu den Beteiligten zählt. Als beteiligte Unternehmen sind der Erwerber sowie das

---

521 Siehe ▶ Abschn. 3.4.4.3.
522 BKartA, Pressemitteilung v. 17.6.2024 – *Thermo Fisher Scientific/Olink*, ▶ https://www.bundeskartellamt.de/SharedDocs/Meldung/DE/Pressemitteilungen/2024/17_06_2024_Olink_Fischer.html?nn=49408 (9.7.2024).
523 BKartA, Pressemitteilung v. 17.6.2024 – *Thermo Fisher Scientific/Olink*, ▶ https://www.bundeskartellamt.de/SharedDocs/Meldung/DE/Pressemitteilungen/2024/17_06_2024_Olink_Fischer.html?nn=49408 (9.7.2024).
524 LMRKM/*Meyer-Lindemann*, 4. Aufl. 2020, § 35 GWB Rn. 56.
525 *Baranowski/Glaßl*, BB 2017, 199, 206.
526 LMRKM/*Meyer-Lindemann*, 4. Aufl. 2020, § 35 GWB Rn. 66.
527 Immenga/Mestmäcker/*Thomas*, 6. Aufl. 2020, § 35 GWB Rn. 76.
528 *Dreher/Kulka*, Wettbewerbs- und Kartellrecht, 12. Aufl. 2023, Rn. 1680.
529 Immenga/Mestmäcker/*Thomas*, 6. Aufl. 2020, § 37 GWB Rn. 56.

Unternehmen, dessen Anteile erworben werden, einzustufen.[530] Zu beachten ist die Fiktion der Teilfusion der Mütter gem. § 37 Abs. 1 Nr. 3 Satz 3 GWB. Danach sind als beteiligte Unternehmen alle Muttergesellschaften einzustufen, die mindestens 25 % der Anteile am Gemeinschaftsunternehmen erwerben. Beteiligte am Zusammenschlusstatbestand des wettbewerblich erheblichen Einflusses (§ 37 Abs. 1 Nr. 4 GWB) sind das Unternehmen, das den Einfluss erlangt, und das Unternehmen, das nunmehr dem Einfluss unterliegt.

Bei der Umsatzberechnung ist zu berücksichtigen, dass vereinzelte **Sonderbestimmungen für spezifische Sektoren** existieren. Gem. § 38 Abs. 2 GWB sind im Bereich des Handels mit Waren nur ¾ der Umsatzerlöse in Ansatz zu bringen. Die Presse- und Rundfunkrechenklausel aus § 38 Abs. 3 GWB sieht vor, dass die vorhandenen Umsätze zu multiplizieren sind: Für den Verlag, die Herstellung und den Vertrieb von Zeitungen und Zeitschriften ist das Vierfache der Umsatzerlöse maßgebend. Für die Herstellung, den Vertrieb und die Veranstaltung von Rundfunkprogrammen ist das Achtfache der Umsatzerlöse anzusetzen. Besondere Bestimmungen für Finanzdienstleistungen finden sich in § 38 Abs. 4 GWB.

3.4.2.3 Anmeldepflicht nach Sektoruntersuchung

Mit Inkrafttreten der 10. GWB-Novelle von 2021 integrierte der Gesetzgeber in § 39a Abs. 1 GWB a. F. eine weitere Aufgreifmöglichkeit für Zusammenschlüsse. Unter bestimmten Voraussetzungen, zu denen neben einer Umsatzschwelle die Marktstellung der Zusammenschlussbeteiligten sowie „objektiv nachvollziehbare Anhaltspunkte dafür […], dass durch künftige Zusammenschlüsse der wirksame Wettbewerb im Inland in den genannten Wirtschaftszweigen erheblich behindert werden könnte," zählten, konnte das Bundeskartellamt ein Unternehmen verpflichten, „jeden Zusammenschluss […] mit anderen Unternehmen in einem oder mehreren bestimmten Wirtschaftszweigen anzumelden", sofern dieses Vorhaben die in § 39a Abs. 2 GWB a. F. niedergelegten Voraussetzungen erfüllte.

Diese Erweiterung der Anmeldepflicht hat der Gesetzgeber durch die 11. GWB-Novelle mit der Sektoruntersuchung[531] verknüpft. Die Anmeldepflicht kann gem. **§ 32f Abs. 2 GWB** im Anschluss an die Durchführung einer Sektoruntersuchung ausgesprochen werden. Sie hat sich auf spezifische Wirtschaftszweige zu beziehen und kann für einen Zeitraum von drei Jahren angeordnet werden. Die Anordnung kann gem. § 32f Abs. 2 Satz 5 GWB maximal dreimal um jeweils drei Jahre verlängert werden. Voraussetzung ist, dass „objektiv nachvollziehbare Anhaltspunkte dafür bestehen, dass durch **künftige Zusammenschlüsse der wirksame Wettbewerb im Inland […] erheblich behindert werden könnte".** Durch diese Erweiterung der Aufgreifmöglichkeiten sollen Zusammenschlüsse unterhalb der Aufgreifschwellen des § 35 GWB einer Prüfung unterzogen werden können.[532]

---

530 Immenga/Mestmäcker/*Thomas*, 6. Aufl. 2020, § 37 GWB Rn. 223.
531 Siehe ▶ Abschn. 3.5.1.2.
532 Regierungsbegründung zur 11. GWB-Novelle, BT-Drs. 20/6824, 17, 28. Siehe *Franck*, NJW 2024, 246, 249.

3.4.3 Materielle Zusammenschlusskontrolle

3.4.3.1 Prüfungsmaßstab

Marktbeherrschungsregelbeispiel

Ebenso wie die europäische Zusammenschlusskontrolle in Art. 2 Abs. 3 FKVO orientiert sich die materielle Prüfung durch das Bundeskartellamt am SIEC-Test: Gem. § 36 Abs. 1 GWB ist ein Zusammenschluss zu untersagen, wenn durch ihn wirksamer Wettbewerb erheblich behindert würde. **Regelbeispiel** ist der Marktbeherrschungstest: Danach ist eine erhebliche Wettbewerbsbehinderung insbesondere zu erwarten, wenn der Zusammenschluss eine marktbeherrschende Stellung begründet oder verstärkt.

Der Marktbeherrschungsbegriff des § 36 GWB entspricht im Grundsatz dem Verständnis des Begriffs im Missbrauchsrecht. Es kann daher auf die **Definition in § 18 Abs. 1 GWB** zurückgegriffen werden. Danach genügt es, wenn sich prognostizieren lässt, dass die fusionierte Einheit über eine im Verhältnis zu ihren Wettbewerbern überragende Marktstellung verfügen wird, vgl. § 18 Abs. 1 Nr. 3 GWB. Sie ist anhand der in § 18 Abs. 3 GWB aufgelisteten (nicht abschließend zu verstehenden) Kriterien zu prüfen. Auch die in § 18 Abs. 4 GWB vorgesehene Marktbeherrschungsvermutung, die an einen Marktanteil von mindestens 40 % anknüpft, findet im Rahmen der Fusionskontrolle grundsätzlich Anwendung.[533] Handelt es sich um einen Zusammenschluss auf digitalen mehrseitigen Märkten, sind zudem die spezifischen Kriterien aus § 18 Abs. 3a, 3b GWB zu beachten.[534]

> ▶ **Beispiel**
>
> In seiner Entscheidung in der Sache *CTS EVENTIM/Medusa Music/Four Artists* untersagte das Bundeskartellamt den Zusammenschluss, da er zu einer Verstärkung der marktbeherrschenden Stellung von *CTS* auf den Märkten für Ticketsystemdienstleistungen geführt hätte.[535] Bei der Prüfung berücksichtigte das Amt u. a. indirekte Netzwerkeffekte (§ 18 Abs. 3a Nr. 1 GWB) auf den mehrseitigen Märkten für Ticketsystemen. So habe der „*Erwerb eines (weiteren) Veranstalters [...] nicht nur direkte Auswirkungen auf die konkurrierenden Ticketsysteme sondern erhöh[e] auch die bereits bestehende Abhängigkeit der VVK-Stellen vom CTS-System.*"[536] Die „*erhöhte Abhängigkeit der VVK-Stellen [habe zur Folge], dass das CTS-System auch für die Veranstalterseite wichtiger*"[537] werde. Damit hätten indirekte Netzwerkeffekte zu einer Verstärkung der durch den Zusammenschluss zu erwartenden Abschottungseffekte geführt. ◀

---

533 LMRKM/*Kahlenberg*, 4. Aufl. 2020, § 36 GWB Rn. 31; kritisch dazu Immenga/Mestmäcker/*Thomas*, 6. Aufl. 2020, § 36 GWB Rn. 40.
534 BKartA v. 23.11.2017 – B6-35/17, Rn. 154 ff. – *CTS EVENTIM/Medusa Music/Four Artists*.
535 BKartA v. 23.11.2017 – B6-35/17, Rn. 141 – *CTS EVENTIM/Medusa Music/Four Artists*.
536 BKartA v. 23.11.2017 – B6-35/17, Rn. 282 – *CTS EVENTIM/Medusa Music/Four Artists*.
537 BKartA v. 23.11.2017 – B6-35/17, Rn. 283 – *CTS EVENTIM/Medusa Music/Four Artists*.

3.4 · Zusammenschlusskontrolle

Eine **Verstärkung** einer bereits vor dem Zusammenschluss bestehenden Marktbeherrschung setzt voraus, dass der unabhängige Verhaltensspielraum nach Vollzug des Zusammenschlusses größer wird, die Wettbewerbsintensität also abnimmt.

Das Marktbeherrschungsregelbeispiel ist ebenfalls erfüllt, wenn der Zusammenschluss die Entstehung oder Verstärkung einer **kollektiv marktbeherrschenden Stellung** erwarten lässt. Voraussetzung ist, dass zwischen zwei oder mehr Unternehmen für eine bestimmte Art von Waren oder gewerblichen Leistungen ein wesentlicher Wettbewerb nicht besteht und sie in ihrer Gesamtheit mindestens eine überragende Marktstellung gem. § 18 Abs. 1 GWB innehaben (vgl. § 18 Abs. 5 GWB). Auf Plattformmärkten sieht das Bundeskartellamt grundsätzlich nur geringe Risiken für die Entstehung impliziter Kollusion.[538]

Für die Frage, ob die fusionierte Einheit eine marktbeherrschende Stellung erlangen wird, kann das Marktgeschehen Anhaltspunkte bieten.[539] Dennoch ist die Entscheidung über die Freigabe oder Untersagung eines Zusammenschlusses eine **Prognoseentscheidung**.[540] Die Vorhersage „*mit einiger Wahrscheinlichkeit*"[541] genügt grundsätzlich; hohe Wahrscheinlichkeit ist nicht zu fordern. Der zu berücksichtigende Zeitraum lässt nicht verallgemeinern. Typischerweise wird eine Zeitspanne von rund drei bis fünf Jahren nach dem Zusammenschluss betrachtet.[542] Im digitalen Sektor kann die Schnelllebigkeit von Marktentwicklungen eine Prognose erschweren.[543]

> ▶ Beispiel
>
> Wird ein noch kleiner, aber potent wirkender Wettbewerber aufgekauft, kann es herausfordernd sein, zu prognostizieren, welchen Einfluss sein innovatives Geschäftsmodell auf den Markt gehabt hätte und ob dadurch die Marktmacht größerer Unternehmen ins Wanken geraten wäre.[544] ◀

Vor diesem Hintergrund wird vorgeschlagen, das für eine Untersagung zu fordernde Wahrscheinlichkeitsmaß herabzusenken.[545] Zudem sprechen sich einige dafür aus, das Ausmaß der zu erwartenden Wettbewerbsbehinderung mit dem zu fordernden Wahrscheinlichkeitsmaß abzuwägen: Je umfassender die zu erwartende Behinderung des wirksamen Wettbewerbs sei, desto geringer solle der Wahrscheinlichkeitsgrad für ihre Vorhersage sein müssen.[546] Dem ist entgegenzuhalten, dass eine solche Abwägung mit Rechtsunsicherheit behaftet wäre.[547] § 36 GWB fordert

---

538 BKartA v. 20.4.2015 – B6–39/15, Fallbericht, S. 5 – *Online-Immobilienplattformen*; BKartA v. 24.7.2015 – B8-76/15, Fallbericht, S. 5 – *ProSiebenSat.1/Verivox*.
539 LMRKM/*Kahlenberg*, 4. Aufl. 2020, § 36 GWB Rn. 18.
540 OLG Düsseldorf, Urt. v. 26.3.2014 – VI-U (Kart) 43/13, NZKart 2014, 185, 186 – *Phonak III*.
541 BGH, Beschl. v. 19.6.2012 – KVR 15/11, NZKart 2013, 36, 37 f. – *Haller Tagblatt*.
542 BGH, Beschl. v. 19. 6. 2012 – KVR 15/11, NZKart 2013, 36, 37 – *Haller Tagblatt*; BKartA, Leitfaden zur Marktbeherrschung in der Fusionskontrolle, 2012, Rn. 12.
543 BKartA, Fusionskontrolle im digitalen Zeitalter, 2022, S. 9.
544 Vgl. *Bourreau/de Streel*, Big Tech Acquisitions, 2020, S. 5.
545 ACCC, Digital Platform Services Inquiry, 2022, S. 106.
546 *Furman/Cyle/Fletscher/McAuley/Marsden*, Unlocking digital competition, 2019, Rn. 3.88 ff.
547 BKartA, Fusionskontrolle im digitalen Zeitalter, 2022, S. 38.

nicht, den Grad der erheblichen Wettbewerbsbehinderung zu beziffern. Jedwedes „SIEC" ist für die Untersagung des Zusammenschlusses ausreichend.

Zur Prüfungspraxis
Im Gegensatz zur Kommissionspraxis[548] besteht im Rahmen der deutschen Fusionskontrolle eine deutlichere Tendenz dazu, zunächst das Marktbeherrschungsregelbeispiel zu prüfen und nur für den Fall, dass die Entstehung oder Verstärkung einer Marktbeherrschung abzulehnen ist, auf das SIEC-Kriterium direkt abzustellen.[549] Es gibt aber auch Gegenbeispiele. In der Entscheidung in der Sache *Edeka/Tengelmann* bezog sich das Bundeskartellamt z. B. direkt auf das SIEC-Kriterium und prüfte unilaterale Effekte.[550]

SIEC-Kriterium
Bei Anwendung des SIEC-Kriteriums ist zwischen unilateralen und koordinierten Effekten zu differenzieren. Auf die Einzelmarktbeherrschung als klassischer **unilateraler Effekt** wurde soeben eingegangen. Zu den **koordinierten Effekten** zählt die kollektive Marktbeherrschung. Darüber hinaus ist auch in der deutschen Fusionskontrolle anzunehmen,[551] dass weitere Fälle unilateraler Effekte existieren können, die eine erhebliche Wettbewerbsbehinderung begründen, ohne dass sie das Marktbeherrschungsregelbeispiel erfüllen (sog. *gap cases*). So sprach das Bundeskartellamt in der Sache *Cordes & Graefe KG* aus:

» *„Auch wenn die Entstehung oder Verstärkung einer einzelmarktbeherrschenden Stellung der Zusammenschlussbeteiligten nicht festgestellt werden kann, können durch das Zusammenschlussvorhaben unilaterale Effekte auftreten, die zu einer erheblichen Behinderung wirksamen Wettbewerbs führen."*[552]

Auch wenn insoweit weniger Praxisbeispiele vorhanden sind, ist – entsprechend zur Auslegung des SIEC-Kriteriums im Rahmen des Art. 2 Abs. 3 FKVO – davon auszugehen, dass unilaterale Effekte außerhalb der Einzelmarktbeherrschung vor allem auf oligopolistischen Märkten in Betracht kommen.[553] Die nicht abschlie-

---

548 Dazu ▶ Abschn. 2.4.3.2.
549 Siehe auch Regierungsbegründung zur 8. GWB-Novelle, BT-Drucks. 17/9852, 28: „*Die Begründung oder Verstärkung einer marktbeherrschenden Stellung stellt stets eine erhebliche Behinderung wirksamen Wettbewerbs dar (Marktbeherrschung als Regelbeispiel). Untersagungen werden voraussichtlich auch in Zukunft überwiegend anhand dieses Kriteriums erfolgen*".
550 BKartA v. 31.3.2015 – B2–96/14 – *Edeka/Tengelmann*. Siehe ferner BKartA v. 12.3.2012 – B1-30/11 – *Xella/H+H*.
551 Siehe entsprechend zur europäischen Zusammenschlusskontrolle ▶ Abschn. 2.4.3.2.2.
552 BKartA v. 10.3.2014 – B5-134/13 – *Cordes & Graefe KG*. Zu einer Prüfung von *gap cases* (im Ergebnis ablehnend) siehe BKartA v. 11.6.2015 – B6–22/15, Rn. 172 ff – *Funke/Springer*: „*Das Vorhaben lässt ferner keine erhebliche Behinderung wirksamen Wettbewerbs durch nicht-koordinierte Effekte unterhalb der Schwelle der Marktbeherrschung erwarten […]* ".
553 Immenga/Mestmäcker/*Thomas*, 6. Aufl. 2020, § 36 GWB Rn. 247 f.

3.4 · Zusammenschlusskontrolle

ßend zu verstehenden Fallgruppen der *gap cases* wurden bereits bei der europäischen Zusammenschlusskontrolle dargestellt.[554] Zu denken ist insbesondere an den Zusammenschluss naher Wettbewerber auf einem heterogenen Markt, durch den die fusionierte Einheit Preiserhöhungsspielräume gewinnt, ohne zugleich marktbeherrschend zu werden.[555] Bei homogenen Gütern kann ein besonders intensiver Binnenwettbewerb zwischen den Zusammenschlussbeteiligten bestehen, wenn diese gegenüber ihren Wettbewerbern überlegene Möglichkeiten zur Kapazitätserweiterung haben.[556] Darüber hinaus ist an die für den digitalen Sektor potenziell relevante Fallgruppe der Beseitigung eines noch kleinen, aber besonders potenten Wettbewerbers zu erinnern, von dessen Existenz bereits disziplinierende Wirkung auf die übrigen am Markt agieren Unternehmen ausgeht.

3.4.3.2 Zusammenschlusstypen

Horizontaler Zusammenschluss

Um die wettbewerblichen Auswirkungen eines Zusammenschlussvorhabens zu konkretisieren, ist es zielführend, zwischen drei **Zusammenschlussarten** zu differenzieren:
- horizontale Zusammenschlüsse
- vertikale Zusammenschlüsse
- konglomerate Zusammenschlüsse

Ein horizontaler Zusammenschluss liegt vor, wenn die Zusammenschlussbeteiligten einander als Wettbewerber begegnen. Er führt zu einer **Marktanteilsaddition**. Auf Plattformmärkten kann es bei entsprechend großen Marktanteilsabständen zur Gefahr des *Tipping* kommen.[557] Netzwerkeffekte können den unabhängigen Verhaltensspielraum vergrößern.[558] Insoweit ist es – ungeachtet der konkreten Marktgrenzen[559] – erforderlich, die Interdependenzen zwischen verschiedenen Nutzergruppen einzustellen, um eine marktbeherrschende Stellung zu ermitteln. Ob Netzwerkeffekte den Handlungsspielraum der fusionierten Einheit stärken werden, hängt auch davon ab, ob die Nutzer zu *Single-* oder *Multi-Homing* neigen.[560] Die Gefahr der Monopolisierung ist geringer, wenn Nutzer typischerweise auf mehreren Plattformen parallel aktiv sind, vgl. § 18 Abs. 3a Nr. 2 GWB. Schließen sich zwei Plattformbetreiber auf einem Markt zusammen, auf dem ein dritter starker Wettbewerber agiert,

---

554 Siehe ▶ Abschn. 2.4.3.2.2.
555 Zu einem engen Wettbewerbsverhältnis BKartA v. 14.3.2014 – B3-135/13, Rn. 382 ff. – *Kliniken Esslingen*.
556 BKartA v. 11.6.2015 – B6–22/15, Rn. 174 – *Funke/Springer*.
557 BKartA v. 24.7.2015 – B8–76/15, Fallbericht S. 4) – *ProSiebenSat.1/Verivox*.
558 BKartA, Fusionskontrolle im digitalen Zeitalter, 2022, S. 25.
559 Zur Abgrenzung mehrseitiger und unentgeltlicher Märkte siehe ▶ Abschn. 3.3.1.2.4.
560 BKartA v. 20.4.2015 – B6-39/15, Fallbericht S. 4 – *Online-Immobilienplattformen*.

> „kann [dies] dazu führen, dass die Reduktion der Anzahl der Plattformen nicht – wie regelmäßig bei einseitigen Märkten – eine geringere, sondern eventuell sogar eine steigende Wettbewerbs-intensität bewirkt, da eine geringere Anzahl an Plattformen die Internalisierung der Netzwerkeffekte vereinfacht und dadurch die Wettbewerbsmöglichkeiten der Plattformen verbessert."[561]

Betrifft ein Zusammenschluss digitale Märkte, ist dies nicht hinreichend, um innovationsgetriebenen Wettbewerbsdruck, vgl. § 18 Abs. 3a Nr. 5 GWB, zu bejahen. Nach Ansicht des Bundeskartellamts bedarf es vielmehr „konkrete[r] Anhaltspunkte für einen solchen dynamischen oder disruptiven Prozess innerhalb des zugrunde zu legenden Prognosezeitraums".[562]

Vertikaler Zusammenschluss

Ein vertikaler Zusammenschluss liegt vor, wenn die beteiligten Unternehmen auf unterschiedlichen Marktstufen agieren.[563] Unilaterale Effekte können zu erwarten sein, wenn die fusionierte Einheit die Möglichkeit hat, Abschottungswirkung zulasten von Wettbewerbern zu erzeugen, indem sie ihnen wichtigen Input oder zentrale Absatzkanäle vorenthält.[564] Zudem muss zu prognostizieren sein, dass die fusionierte Einheit, Anreize hat, solche Abschottungsstrategien anzuwenden.[565] Hierfür ist relevant, wie gewinnbringend sich die Strategien für die fusionierte Einheit erweisen. Inwieweit die Anwendung von Abschottungsstrategien Marktmacht erzeugen wird, hängt von dem Zugang der fusionierten Einheit zu Absatz- und Beschaffungsmärkten (vgl. § 18 Abs. 3 Nr. 3 GWB) sowie von den Ausweichmöglichkeiten der Marktgegenseite (vgl. § 18 Abs. 3 Nr. 8 GWB) ab. Fällt durch den vertikalen Zusammenschluss z. B. ein wichtiger Abnehmer weg, kann dies nicht-vertikal integrierten Händlern den Zugang zu Absatzmärkten erschweren. Agieren auf nachgelagerter Marktstufe oder auf benachbarten Märkten jedoch eine hinreichende Anzahl weiterer Abnehmer, die an vergleichbaren Absatzmengen interessiert sind, spricht dies gegen eine Abschottungswirkung des vertikalen Zusammenschlusses.

Auf digitalen Märkten kann der Aufkauf von Unternehmen auf nachgelagerter Marktstufe die Marktmacht von Plattformbetreibern stärken.[566] Durch die hohe Konzentration dieser Märkte nehmen Plattformbetreiber häufig eine Schlüsselposition für gewerbliche Nutzer ein, wenn es darum geht, Endkunden zu erreichen. Wie zur europäischen Fusionskontrolle erläutert, wird zudem relevant, ob überlegener Datenzugang geeignet ist, Wettbewerber zu verdrängen.[567]

---

561 BKartA v. 20.4.2015 – B6-39/15, Fallbericht S. 4 – Online-Immobilienplattformen.
562 BKartA v. 23.11.2017 – B6-35/17, Rn. 198 – *CTS EVENTIM/Medusa Music/Four Artists*.
563 BKartA, Leitfaden Marktbeherrschung, 2012, Rn. 129.
564 BKartA, Leitfaden Marktbeherrschung, 2012, Rn. 134 ff., 143 ff.
565 BKartA, Leitfaden Marktbeherrschung, 2012, Rn. 141 ff., 147 ff.
566 BKartA, Fusionskontrolle im digitalen Zeitalter, 2022, S. 28.
567 BKartA, Fusionskontrolle im digitalen Zeitalter, 2022, S. 29.

Konglomerater Zusammenschluss

Konglomerate Zusammenschlüsse sind solche, bei welchen die beteiligten Unternehmen weder in einem Wettbewerbsverhältnis stehen noch auf verschiedenen Marktstufen agieren. Nichtsdestotrotz kann ein konglomerater Zusammenschluss Abschottungswirkung hervorrufen. Ein Beispiel sind Anreize der fusionierten Einheit zu Kopplungs- oder Bündelungsstrategien, wodurch es ihr gelingen kann, ihre Marktmacht auf weitere Märkte auszudehnen.[568] Im digitalen Sektor sind solche Abschottungsstrategien bei konglomeraten Zusammenschlüssen z. B. durch die Vorinstallation von Diensten auf einem von der fusionierten Einheit vertriebenen Produkt denkbar.[569]

▶ **Beispiel**

Unternehmen M vertreibt Betriebssysteme und installiert den von dem Zielunternehmen Z vertriebenen Internetbrowser vor, sodass Kunden diesen bei Erwerb des Betriebssystems ebenfalls zur Verfügung haben. ◀

Die Ausdehnung von Marktmacht auf weitere Märkte kann durch Netzwerkeffekte erleichtert werden, vor allem wenn sich die Nutzergruppen der gekoppelten Produkte überschneiden.[570] Dadurch können nicht nur Konkurrenten verdrängt werden. Auch die Marktzutrittsschranken steigen. Dies schwächt **potenziellen Wettbewerb**, welcher gerade im dynamischen digitalen Umfeld häufig mit besonderer Disziplinierungswirkung verbunden ist.

3.4.3.3 Efficiency defense

Die Stellungnahmen der deutschen Rechtsprechung zu der Anerkennung einer *efficiency defense* sind nicht ebenso eindeutig wie auf europäischer Ebene. Aussagen des BGH lassen sich aber dahingehend deuten, dass die Berücksichtigung von Effizienzen in Gestalt einer Rechtfertigungsmöglichkeit auch im Rahmen der deutschen Fusionskontrolle anerkannt wird.[571] Dies überzeugt auch konzeptionell. Der Gesetzgeber hat den Marktbeherrschungstest mit der 8. GWB-Novelle von 2013 durch den SIEC-Test ersetzt, um Konvergenz zur europäischen Zusammenschlusskontrolle zu erzielen. Ferner ist bei unmittelbarer Anwendung des SIEC-Kriteriums maßgeblich, welche Auswirkungen das Zusammenschlussvorhaben auf die Verbraucherwohlfahrt hat. Neben nachteiligen Auswirkungen – z. B. in Gestalt von Preiserhöhungsspielräumen – sind auch Effizienzen als positive Auswirkungen einzustellen. Es überzeugt daher entsprechend der europäischen Zusammenschluss-

---

568 BKartA, Leitfaden Marktbeherrschung, 2012, Rn. 165 ff.
569 BKartA, Fusionskontrolle im digitalen Zeitalter, 2022, S. 30.
570 BKartA, Fusionskontrolle im digitalen Zeitalter, 2022, S. 8.
571 BGH, Beschl. v. 23.9.2014 – KVZ 82/13, NZKart 2015, 56, 57 – *Xella*: „eine drohende erhebliche Behinderung wirksamen Wettbewerbs [kann aus der Verwirklichung des Regelbeispiels] jedenfalls dann abgeleitet werden [...], wenn [...] keine Umstände festgestellt sind, aus denen sich gegenläufige Auswirkungen ergeben könnten".

kontrolle, den Unternehmen gem. § 36 Abs. 1 GWB die Möglichkeit der *efficiency defense* zu eröffnen.[572]

Was die Voraussetzungen einer *efficiency defense* anbelangt, kann auf die Ausführungen zur europäischen Zusammenschlusskontrolle verwiesen werden.[573] Danach sind Effizienzen berücksichtigungsfähig, wenn sie den **Verbrauchern zugutekommen**. Auf digitalen Märkten wird betont, dass es für Verbraucher vorteilhaft sein könne, wenn Daten oder Funktionen zusammengeführt werden, da dies Qualitätsverbesserungen der angebotenen Leistungen ermögliche.[574] Zudem profitierten Verbraucher von der Marktmacht großer Plattformen ggfs. dadurch, dass sie „*one-stop shopping*"[575] betreiben könnten, ihre Transaktions- und Suchkosten also verringert würden, wenn sie nicht auf mehreren Plattformen aktiv werden müssten.

Ferner ist zu klären, ob die Effizienzen **fusionsspezifisch** sind.[576] Dabei muss sich der Zusammenschluss als unerlässlich für den Eintritt der Effizienzvorteile darstellen.[577] Schließlich müssen sie **nachprüfbar** sein, wobei die Darlegungs- und Beweislast auf Seiten der Zusammenschlussbeteiligten liegt. Die Hürde ist als ebenso hoch wie im europäischen Kartellrecht zu bewerten.[578] Für Unternehmen wird es regelmäßig schwierig sein, Effizienzen in einem Umfang darzulegen, der geeignet ist, die wettbewerbsbehindernde Wirkung des Zusammenschlusses aufzuwiegen. Zur Rechtfertigung von fusionsbedingten Wettbewerbsbehinderungen auf digitalen Märkten werden die oben genannten Effizienzen in der Regel nicht ausreichen, wenn es sich um einen Zusammenschluss von großen Wettbewerbern handelt.[579]

3.4.3.4 Ministererlaubnis

§ 42 GWB etabliert das Institut der Ministererlaubnis. Danach kann der Bundesminister für Wirtschaft und Energie einen von dem Bundeskartellamt untersagten Zusammenschluss erlauben, wenn die Wettbewerbsbeschränkung durch gesamtwirtschaftliche Vorteile aufgewogen wird oder der Zusammenschluss durch ein überragendes Interesse der Allgemeinheit gerechtfertigt ist. Dies ist ein Unterschied zur europäischen Zusammenschlusskontrolle, die ein solches politisches Einfallstor nicht kennt.

Während das Bundeskartellamt das Vorhaben anhand eines ausschließlich wettbewerbsbezogenen Maßstabs (SIEC-Test) prüft, bezieht die ministerielle Prüfung mit Gemeinwohlinteressen **außerwettbewerbliche Belange** ein. Gemeinwohl-

---

572 BKartA v. 17.12.2019 – B4-80/19, Rn. 458 ff. – *Loomis/Ziemann, Esser/Höft*, NZKart 2013, 447, 455. Dagegen *Emmerich/Lange*, Kartellrecht, 15. Aufl. 2021, § 33 Rn. 27.
573 BKartA v. 31.3.2015 – B2-96/14, Rn. 380 – *EDEKA/Tengelmann*; BKartA v. 17.12.2019 – B4-80/19, Rn. 458 ff. – *Loomis/Ziemann*.
574 BKartA, Fusionskontrolle im digitalen Zeitalter, 2022, S. 31.
575 BKartA, Fusionskontrolle im digitalen Zeitalter, 2022, S. 31.
576 Immenga/Mestmäcker/*Thomas*, 6. Aufl. 2020, § 36 GWB Rn. 502.
577 BKartA v. 31.3.2015 – B2-96/14, Rn. 382 ff. – *EDEKA/Tengelmann*.
578 BKartA v. 31.3.2015 – B2-96/14, Rn. 380 ff. – *EDEKA/Tengelmann*; BKartA v. 14.5.14 – B3-135/13, Rn. 285 ff. – *Klinikum Esslingen/Kreiskliniken Esslingen*.
579 BKartA, Fusionskontrolle im digitalen Zeitalter, 2022, S. 32.

gründe, die in vergangenen Ministererlaubnisverfahren relevant wurden, sind der Umweltschutz,[580] die Meinungs- und Pressevielfalt,[581] eine sichere Energieversorgung[582] sowie die internationale Wettbewerbsfähigkeit deutscher Unternehmen.[583] Insgesamt ist die Praxisrelevanz der Ministererlaubnis gering geblieben. Seit Schaffung des Instituts im Jahr 1973 gab es fünfzehn abgeschlossene Ministererlaubnisverfahren und 23 Anträge auf Erlaubniserteilung.[584]

Die Ministererlaubnis ist **rechtspolitisch umstritten**. Während seit jeher Forderungen nach Abschaffung laut werden,[585] u. a. weil in ihr Gefahren für den Schutz des Wettbewerbs sowie für die Unabhängigkeit des Bundeskartellamts gesehen werden, hält der Gesetzgeber bis heute daran fest. Auf digitalen Märkten hat die Ministererlaubnis soweit ersichtlich keine Bedeutung erlangt. So beruhen die Risiken des Wettbewerbsschutzes im digitalen Umfeld vielmehr darauf, dass die Wettbewerbsbehörde anhand ihrer Aufgreif- und Eingreifkriterien nicht alle wettbewerbsrelevanten Zusammenschlüsse prüfen bzw. untersagen kann. Die Ministererlaubnis ermöglicht jedoch nicht, einen behördlich freigegebenen Zusammenschluss aufzugreifen, sondern wird nur in der umgekehrten Situation relevant, in der Vollzug eines untersagten Zusammenschlusses aus Gemeinwohlerwägungen ausnahmsweise wünschenswert ist.

3.4.4 Zusammenschlusskontrollverfahren

3.4.4.1 Anmeldung

Erfüllt ein Zusammenschlussvorhaben die Aufgreifschwellen aus §§ 35, 37 GWB, besteht eine Anmeldepflicht der beteiligten Unternehmen, vgl. **§ 39 GWB**. Die Anmeldung erfolgt beim Bundeskartellamt. Die anzugebenden Inhalte sind in § 39 Abs. 3 GWB genannt. In der Praxis fallen Anmeldungen beim Bundeskartellamt kürzer aus als bei der Kommission.[586] Letztere ist zuständig, wenn das Vorhaben den Aufgreifschwellen der europäischen Zusammenschlusskontrolle unterfällt.

Mit der Anmeldepflicht ist das **Vollzugsverbot aus § 41 Abs. 1 GWB** verknüpft, wonach die beteiligten Unternehmen einen Zusammenschluss erst vollziehen dürfen, wenn er vom Bundeskartellamt freigegeben wurde. Ein Verstoß gegen das Vollzugsverbot hat gem. § 41 Abs. 1 Satz 2 GWB die Unwirksamkeit der betroffenen Rechtsgeschäfte zur Folge. Zudem können die Unternehmen gem. § 81

---

580 BMWi v. 5.7.2002 – IB1-220840/129 – *E.ON/Ruhrgas*.
581 Monopolkommission, Sondergutachten 36: Zusammenschlussvorhaben der Georg von Holtzbrinck GmbH & Co. KG mit der Berliner Verlag GmbH & Co. KG, 2003, Rn. 41 ff.
582 BMWi v. 1.2.1974 – IB5-810607 – *VEBA/Gelsenberg*.
583 BMWi v. 16.6.1992 – IB6-220840/105 –*BayWa/WLZ*.
584 Übersicht über die bisherigen Anträge auf Ministererlaubnis nach § 24 Abs. 3/§ 42 GWB, Stand: 6.9.2019, abrufbar unter: ▶ https://www.bmwk.de/Redaktion/DE/Downloads/Wettbewerbspolitik/antraege-auf-ministererlaubnis.pdf?__blob=publicationFile&v=1 (31.5.2024).
585 Siehe nur *Podszun*, NJW 2016, 617.
586 *Kling/Thomas*, Kartellrecht, 2. Aufl. 2016, § 22 Rn. 174.

Abs. 2 Nr. 1 GWB mit einer Geldbuße belegt werden. Ein rechtswidrig vollzogener Zusammenschluss, der die Untersagungsvoraussetzungen aus § 36 Abs. 1 GWB erfüllt, ist gem. § 41 Abs. 3 GWB aufzulösen.

3.4.4.2 Vorprüfverfahren (Phase I)

Nach Anmeldung beginnt das Bundeskartellamt mit dem Vorprüfverfahren gem. § 40 Abs. 1 Satz 1 GWB. Es ist nach maximal **einem Monat** abzuschließen. Im Vorprüfverfahren entscheidet das Bundeskartellamt, ob es in das Hauptprüfverfahren eintreten will, weil wettbewerbliche Bedenken bestehen oder das Vorhaben **formlos freigibt**. Die Mitteilung, dass das Amt sich entschlossen hat, in das Hauptprüfverfahren einzusteigen, wird als „**Monatsbrief**" bezeichnet.[587] Versäumt es das Bundeskartellamt, eine fristgerechte Entscheidung zu treffen, so greift – anders als bei der europäischen Zusammenschlusskontrolle[588] – keine Freigabefiktion.[589] Es handelt sich bei der Monatsfrist insoweit nur um eine Ausschlussfrist.

3.4.4.3 Hauptprüfverfahren (Phase II)

Leitet das Bundeskartellamt ein Hauptprüfverfahren ein, hat es gem. § 40 Abs. 2 Satz 2 GWB innerhalb von **vier Monaten** über die Freigabe oder Untersagung des Vorhabens zu befinden. Entscheidet das Amt nicht fristgerecht, greift gem. § 40 Abs. 2 Satz 2 GWB eine Freigabefiktion: Das Vorhaben gilt in diesem Fall als freigegeben.

Die Frist beginnt bereits mit dem Eingang der vollständigen Anmeldung beim Bundeskartellamt zu laufen. Dies ist ein Unterschied zum europäischen Fusionskontrollverfahren, bei welchem für den Fristbeginn die Eröffnung des Hauptverfahrens maßgeblich ist.[590] Die Frist kann verlängert werden – z. B. gem. § 40 Abs. 2 Satz 4 Nr. 1 GWB, wenn die Beteiligten einer Fristverlängerung zugestimmt haben. Muss das Bundeskartellamt Auskünfte nach § 59 GWB anfordern, weil das Unternehmen ein vorheriges Auskunftsverlangen aus Umständen, die von ihm zu vertreten sind, nicht rechtzeitig oder nicht vollständig beantwortet hat, wird der Fristablauf gehemmt.

Das Hauptprüfverfahren endet mit der Untersagung oder Freigabe des Vorhabens, wobei Letztere auch mit Bedingungen und Auflagen verbunden werden kann, vgl. § 40 Abs. 3 GWB. Die Entscheidung ergeht durch **Verwaltungsakt**, vgl. § 40 Abs. 2 Satz 1 GWB.

3.4.4.4 Rechtsschutz

Gegen eine Untersagungsentscheidung im Hauptprüfverfahren können die Beteiligten **Beschwerde gem. § 73 GWB** einlegen. Dies ist gem. § 73 Abs. 2 GWB auch Dritten möglich. Über den Wortlaut hinaus genügt es, wenn der Dritte die Voraus-

---

[587] LMRKM/*Riesenkampff/Steinbarth*, 4. Aufl. 2020, § 40 GWB Rn. 5.
[588] Siehe ▶ Abschn. 2.4.4.2.
[589] LMRKM/*Riesenkampff/Steinbarth*, 4. Aufl. 2020, § 40 GWB Rn. 4.
[590] Siehe ▶ Abschn. 2.4.4.3.

setzungen der Beiladung aus § 54 Abs. 2 Nr. 3 GWB erfüllt.[591] Bei Freigabeentscheidungen können dies z. B. Wettbewerber der fusionierten Einheit sein.[592] Die Frist beträgt gem. § 74 Abs. 1 GWB einen Monat und beginnt mit der Zustellung des Verwaltungsakts. Zuständig ist das OLG Düsseldorf. Gegen Entscheidungen des OLG ist die **Rechtsbeschwerde gem. § 77 GWB** zum BGH statthaft. Voraussetzung ist, dass sie zugelassen wird. Der Beschwerdeführer kann sich nur auf Rechtsfehler berufen.

> **Prüfungsaufbau: Nationale Zusammenschlusskontrolle**
> 1. Formelle Zusammenschlusskontrolle
>   a) Zusammenschluss, § 37 GWB
>   b) Umsatzschwellen, § 35 GWB
> 2. Materielle Zusammenschlusskontrolle (1. Variante)
>   a) Marktbeherrschungsregelbeispiel
>   b) falls a) (-): Gap Cases (zu prüfen am SIEC-Kriterium)
>   c) Efficiency defense
>   d) Ministererlaubnis
> 3. Materielle Zusammenschlusskontrolle (2. Variante)
>   a) Unilaterale Effekte
>   Einzelmarktbeherrschung; falls (-): Gap Cases
>   b) Koordinierte Effekte
>   Kollektive Marktbeherrschung; falls (-): Gap Cases
>   c) Efficiency defense
>   d) Ministererlaubnis

3.5 Rechtsfolgen

3.5.1 Verwaltungsrechtliche Folgen

3.5.1.1 Abstellungsverfügung und Verpflichtungszusagen bei Kartellrechtsverstößen

Gem. § 32 GWB sind die nationalen Kartellbehörden[593] befugt, eine **Abstellungsverfügung** zu erlassen, wenn ein Unternehmen gegen die Verbote des deutschen oder europäischen Kartellrechts verstoßen hat. Es handelt sich um einen Verwaltungsakt gem. § 35 VwVfG. Die Behörde muss sich dabei nicht auf eine bloße Untersagungsanordnung beschränken. Vielmehr kann sie gem. § 32 Abs. 2 GWB

---

591 *Glöckner*, Kartellrecht, 3. Aufl. 2021, § 2 Rn. 306.
592 *Glöckner*, Kartellrecht, 3. Aufl. 2021, § 7 Rn. 799.
593 Zur Zuständigkeitsverteilung zwischen Bundeskartellamt und Landeskartellbehörden siehe
▶ Abschn. 3.6.1.

Abhilfemaßnahmen anordnen. Zu **strukturellen** Abhilfemaßnahmen können die Veräußerung eines Geschäftsteils oder die Öffnung des Zugangs zu Infrastruktureinrichtungen gehören.[594] Solche Abhilfemaßnahmen betreffen die Unternehmensstruktur. Vor allem im Missbrauchsrecht bestehen potenzielle Anwendungsbereiche für solche Maßnahmen. Die meisten Beispiele stammen aus der Kommissionspraxis. **Verhaltensbezogene** Abhilfemaßnahmen sind beispielsweise die Anordnung gegenüber einem Marktbeherrscher, künftig bestimmte Unternehmen zu beliefern, oder Vorgaben zu einer künftig zu wahrenden Preisobergrenze.[595] Bei der Auswahl der Abhilfemaßnahmen hat die Behörde den **Verhältnismäßigkeitsgrundsatz** zu wahren. Daher werden regelmäßig vorrangig verhaltensbezogene Anordnungen gewählt, die regelmäßig weniger eingriffsintensiv und bei gleicher Eignung vorzuziehen sind.

> **Merke**
> Für den Erlass einer Abstellungsverfügung bedarf es keines Verschuldens des Unternehmens im Hinblick auf den Kartellrechtsverstoß. Verschulden ist dagegen Voraussetzung sowohl für die Bebußung gem. § 81 Abs. 1, Abs. 2 GWB als auch für Schadensersatzansprüche aus § 33a GWB.

Ferner können Kartellbehörden **Verpflichtungszusagen** der Unternehmen gem. § **32b GWB** für verbindlich erklären. Zur Abstellung von Kartellrechtsverstößen kann ein Unternehmen Maßnahmen anbieten. Dadurch kann ein Verfahren im Einvernehmen zwischen Behörde und Unternehmen beendet werden. Die Behörde prüft, ob die angebotenen Zusagen ihrer Auffassung nach geeignet sind, den Kartellrechtsverstoß abzustellen. Ist dies der Fall, erklärt sie diese für verbindlich. Zugleich erklärt sie, von ihren Befugnissen aus §§ 32, 32a GWB keinen Gebrauch zu machen. Die Verfügung beinhaltet indes keine Aussage darüber, ob das Verhalten des Unternehmens tatsächlich gegen das Kartellrecht verstieß und ob die Verpflichtungszusagen einen Kartellrechtsverstoß für die Zukunft ausschließen.[596]

3.5.1.2 Abhilfemaßnahmen bei Wettbewerbsstörung

Wettbewerbsstörung

Mit der 11. GWB-Novelle von 2023 hat der Gesetzgeber die verwaltungsrechtlichen Folgen um Maßnahmen gem. § 32f GWB ergänzt. Ihre Anordnung setzt die Durchführung einer **Sektoruntersuchung gem. § 32e GWB** voraus. Dabei handelt es sich um eine verdachtsunabhängige Untersuchung, die sich auf einen gesamten Wirtschaftszweige erstreckt. Ziel ist es, die Wettbewerbsverhältnisse näher zu untersuchen. Anlass zu einer Sektoruntersuchung ist gegeben, wenn starre Preise

---

594 Immenga/Mestmäcker/*Emmerich*, 7. Aufl. 2024, § 32 GWB Rn. 33.
595 OLG Düsseldorf, Beschl. v. 3.4.2019 – Kart 2/18, NZKart 2019, 282, 286 – *Ticketvertrieb II*; Immenga/Mestmäcker/*Emmerich*, 7. Aufl. 2024, § 32 GWB Rn. 36.
596 Immenga/Mestmäcker/*Bach*, 7. Aufl. 2024, § 32b GWB Rn. 2.

3.5 · Rechtsfolgen

oder andere Umstände vermuten lassen, dass der Wettbewerb eingeschränkt oder verfälscht ist.[597]

> ▶ **Beispiel**
>
> Im Jahr 2023 hat das Bundeskartellamt eine Sektoruntersuchung zu Online-Werbung abgeschlossen.[598] Dabei hat das Amt u. a. die zentrale Rolle der Online-Werbung für das Geschäftsmodell mehrseitiger Plattformen untersucht und die Marktstrukturen beleuchtet. Nach Ansicht des Amts hat insbesondere die von *Alphabet* betriebene Suchmaschine *Google* eine herausragende Bedeutung in diesem Sektor. ◀

Die in § 32f GWB vorgesehenen Maßnahmen zur Verbesserung des Wettbewerbs setzen keinen Verstoß gegen kartellrechtliche Verbotsnormen voraus. Das Bundeskartellamt kann insoweit verstoßunabhängig **Eingriffe in die Marktstruktur** vornehmen. Angesichts dessen wird die neue Eingriffsbefugnis als „*kartellrechtliche[r] Paradigmenwechsel*"[599] bewertet. Der Gesetzgeber hat ihre Einführung damit begründet, dass bislang Schutzlücken bestanden hätten.[600] Als Beispiel verweist er auf die **implizite Kollusion**. Wie zum Kartellverbot dargelegt,[601] begründet der verstärkte Einsatz von Algorithmen langfristig das Risiko, dass die an sich nicht gegen Art. 101 AEUV, § 1 GWB verstoßende Abstimmung „über den Markt" kein Ausnahmephänomen bleibt. Vielmehr wird die **Reaktionsgeschwindigkeit von Algorithmen** implizite Kollusion ggfs. auch auf zersplitterten und intransparenten Märkten ermöglichen. Schutzlücken sieht der Gesetzgeber auch bei der **Missbrauchsaufsicht** gem. Art. 102 AEUV, §§ 19, 19a, 20 GWB gegeben.[602] Seiner Auffassung nach ist eine hohe Marktkonzentration ggfs. auch ohne missbräuchliches Verhalten schädlich, etwa wenn „*negative Folgen [...] durch niedrige oder rückläufige Anreize für einen effizienten Ressourceneinsatz und geringen oder abnehmenden Druck zur Entwicklung neuer oder verbesserter Produkte und Dienstleistungen*"[603] drohen.

Eingriffsvoraussetzung ist – neben dem Durchlaufen einer Sektoruntersuchung – eine **erhebliche und fortwährende Störung des Wettbewerbs**. § 32f Abs. 5 Satz 1 GWB konkretisiert dies anhand von Regelbeispielen. Danach kann eine Wettbewerbsstörung vorliegen bei:
- unilateraler Angebots- oder Nachfragemacht,
- Beschränkungen des Marktzutritts, des Marktaustritts oder der Kapazitäten von Unternehmen oder des Wechsels zu einem anderen Anbieter oder Nachfrager,

---

597 LMRKM/*Otto*, 4. Aufl. 2020, § 32e GWB Rn. 1.
598 BKartA, Sektoruntersuchung Online-Werbung – Abschlussbericht, abrufbar unter: ▶ https://www.bundeskartellamt.de/SharedDocs/Publikation/DE/Sektoruntersuchungen/Sektoruntersuchung_Online_Werbung_Abschlussbericht.html (1.7.2024).
599 *Körber*, ZRP 2023, 5, 5.
600 Regierungsbegründung zur 10. GWB-Novelle, BT-Drs. 20/6824, 15 f.
601 Siehe ▶ 2.2.1.3.2 und 2.2.1.3.3.
602 Regierungsbegründung zur 10. GWB-Novelle, BT-Drs. 20/6824, 16.
603 Regierungsbegründung zur 10. GWB-Novelle, BT-Drs. 20/6824, 27.

- gleichförmigem oder koordiniertem Verhalten oder
- der Abschottung von Einsatzfaktoren oder Kunden durch vertikale Beziehungen.

§ 32f Abs. 5 Satz 2 GWB ergänzt einen nicht abschließenden Katalog an Kriterien, die bei der Prüfung einer Wettbewerbsstörung einzustellen sind. Als fortwährend ist eine Störung gem. § 32f Abs. 5 Satz 3 GWB anzusehen, wenn sie über einen Zeitraum von drei Jahren dauerhaft vorgelegen hat oder wiederholt aufgetreten ist und keine Anhaltspunkte dafür bestehen, dass sie innerhalb von zwei Jahren mit überwiegender Wahrscheinlichkeit entfallen wird.

Abhilfemaßnahmen

Zu möglichen Eingriffen bei erheblicher und fortwährender Störung des Wettbewerbs zählen **strukturelle oder verhaltensorientierte Abhilfemaßnahmen**. § 32f Abs. 3 Satz 7 GWB zählt Regelbeispiele auf: Danach kann das Bundeskartellamt Unternehmen, die durch ihr Verhalten und ihre Bedeutung für die Marktstruktur zur Störung des Wettbewerbs wesentlich beitragen, die Gewährung des Zugangs zu Daten, Schnittstellen oder Netzen, aufgeben, die einseitige Offenlegung von Informationen verbieten oder eine organisatorische Trennung von Geschäftsbereichen anordnen. Mit Blick auf Unternehmen mit überragender marktübergreifender Bedeutung für den Wettbewerb[604] kann das Bundeskartellamt gem. § 19a Abs. 4 GWB eine **eigentumsrechtliche Entflechtung** als besonders eingriffsintensive strukturelle Abhilfemaßnahme anordnen, vgl. § 32f Abs. 4 GWB.

Bewertung

Das neue „Entflechtungsinstrument" des Bundeskartellamts wird z. T. scharf kritisiert.[605] Es greift in die unternehmerische Eigentumsstruktur und das freie Spiel des Wettbewerbs ein. Auch verfassungsrechtliche Einwände werden erhoben.[606] Fraglich ist ferner, ob die Voraussetzung der „erheblichen und fortwährenden Störung des Wettbewerbs" die Schutzlücken, die der Gesetzgeber gesehen hat, hinreichend konkret umschreibt.[607] Ferner droht, da es sich um eine nationale Vorschrift handelt, eine Fragmentierung des Binnenmarkts.[608] Der Kommission hat weder nach den Vorschriften der VO 1/2003[609] noch nach dem DMA[610] eine vergleichbare Befugnis.

---

604 Zu diesem Begriff ▶ Abschn. 3.3.2.2.
605 Siehe nur *Körber*, ZRP 2023, 5, 6 f.; *Kühling/Engelbracht/Welsch*, WuW 2023, 250 ff.; *Rohner*, WuW 2023, 386, 387.
606 *Körber*, NZKart 2023, 193, 194; *Paal/Kieß*, NZKart 2022, 678, 681 f.
607 *Wagner-von Papp*, WuW 2023, 301, 302.
608 Immenga/Mestmäcker/*Kühling/Engelbracht*, 7. Aufl. 2024, § 32f GWB Rn. 50.
609 Siehe ▶ Abschn. 2.5.1.
610 Siehe ▶ Abschn. 4.4.1.

Es bleibt abzuwarten, inwieweit das Bundeskartellamt tatsächlich Entflechtungen anordnen wird. Zum einen ist die Sektoruntersuchung als zeitintensives Verfahren vorgeschaltet. Zum anderen hat das Bundeskartellamt bei der Auswahl von Abhilfemaßnahmen den Verhältnismäßigkeitsgrundsatz zu wahren (vgl. für die Entflechtung § 32f Abs. 4 Satz 2 GWB).[611] Danach ist eine eigentumsrechtliche Entflechtung ultima ratio.

3.5.2 Bußgeldrechtliche Folgen

Gem. **§ 81 Abs. 1, 2 Nr. 1, 2 a) GWB** begründet ein schuldhafter Verstoß gegen Art. 101, 102 AEUV, §§ 1, 19, 20 GWB sowie gegen vollziehbare Anordnungen gem. § 19a Abs. 2 GWB eine Ordnungswidrigkeit. Der mit der 9. GWB-Novelle von 2017 eingeführte § 81a Abs. 1 GWB verdeutlicht, dass auch im deutschen Kartellrecht die gesamte wirtschaftliche Einheit verantwortlich für den Kartellrechtsverstoß einer ihr angehörenden juristischen Person ist. Gem. § 81a Abs. 1 GWB kann die Geldbuße auch gegen „weitere juristische Personen", die das „Unternehmen zum Zeitpunkt der Begehung der Ordnungswidrigkeit gebildet haben und die auf die juristische Person […], deren Leitungsperson die Ordnungswidrigkeit begangen hat, unmittelbar oder mittelbar einen bestimmenden Einfluss ausgeübt haben", festgesetzt werden. Dafür müssen die weiteren juristischen Personen, die der wirtschaftlichen Einheit angehören, den Kartellrechtsverstoß weder gekannt haben noch ihn hätten kennen müssen.[612]

Die Höhe der Geldbuße beträgt gem. § 81c Abs. 2 Satz 2 GWB maximal **10 %** des in dem der Behördenentscheidung vorausgegangenen Geschäftsjahr erzielten **Gesamtumsatzes** des Unternehmens. Es handelt sich – anders als bei der entsprechenden Vorschrift in Art. 23 VO 1/2003[613] – nicht um eine Kappungsgrenze, sondern um eine **Bußgeldrahmenbestimmung**.[614] Es ist auf den Gesamtumsatz der wirtschaftlichen Einheit abzustellen, vgl. § 81c Abs. 2, 3, 5 Satz 1 GWB.

> **Merke**
> Auch im Kartellbußgeldrecht wird das Unternehmen als wirtschaftliche Einheit verstanden: Die wirtschaftliche Einheit ist zum einen die Adressatin der Geldbuße. Zum anderen sind ihre Umsätze bei der Bußgeldbemessung zugrunde zu legen. Zugestellt werden kann ein Bußgeldbescheid aber nur einer rechtsfähigen Einheit. Insoweit wird meistens die Muttergesellschaft herangezogen.

Für die Bemessung der Geldbuße sind nach § 81d GWB sowohl die Schwere der Zuwiderhandlung als auch deren Dauer zu berücksichtigen. Das Bundeskartellamt hat dies in ihren „**Leitlinien für die Bußgeldbemessung in Kartellordnungswid-**

---

611 Zu weiteren im Gesetzgebungsverfahren vorgenommenen Einschränkungen siehe *Käseberg*, NZKart 2023, 245, 245 f.
612 *Glöckner*, Kartellrecht, 3. Aufl. 2021, § 2 Rn. 227.
613 Siehe ▶ Abschn. 2.5.2.
614 BGH, Beschl. v. 26.2.2013, Az. KRB 20/12, NZKart 2013, 195 – *Grauzementkartell*.

rigkeitenverfahren" aus dem Jahr 2021[615] konkretisiert. Der Erlass neuer Leitlinien war erforderlich geworden, da der Gesetzgeber die Vorschriften zu den bußgeldrechtlichen Rechtsfolgen in §§ 81 ff. GWB infolge Umsetzung der ECN+-Richtlinie[616] neugefasst hatte. Die Leitlinien erzeugen Bindungswirkung für die Behörde, nicht jedoch für Gerichte, die im Falle einer Einspruchserhebung[617] den Bußgeldbescheid überprüfen.[618] Das Bundeskartellamt geht bei der Bußgeldbemessung mehrstufig vor. Zunächst wird ein Ausgangswert anhand der Umsatzgröße bestimmt.[619] Anschließend wird anhand einer Gesamtabwägung, die alle relevanten Zumessungskriterien berücksichtigt, der konkrete Betrag ermittelt.[620] Zu den einzustellenden Kriterien zählen die Art und Dauer der Zuwiderhandlung sowie die Rolle des Unternehmens bei der Ausführung des Kartellrechtsverstoßes.

Falls das Unternehmen als sog. **Kronzeuge** mit den Kartellbehörden kooperiert und bei der Aufdeckung des Kartellrechtsverstoßes mitgewirkt hat, vgl. **§§ 81h-81n GWB**, wird dies mildernd berücksichtigt. Für den vollständigen **Erlass** der Geldbuße hat das Unternehmen gem. § 81k GWB als erstes die Beweismittel vorzulegen, die die Kartellbehörde zu dem Zeitpunkt, zu dem sie den Antrag auf Kronzeugenbehandlung erhält, in die Lage versetzt, einen Durchsuchungsbeschluss zu erwirken. Zudem müssen die allgemeinen Voraussetzungen für die Kronzeugenbehandlung aus § 81j GWB erfüllt sein. Hierzu zählt eine ernsthafte, fortgesetzte und zügige Kooperation mit der Kartellbehörde. Von einer **Ermäßigung** der Geldbuße profitiert ein Unternehmen, wenn es zwar nicht als erstes Beweismittel vorlegt, aber weitere Beweismittel vorbringen kann, die einen erheblichen Mehrwert für die behördlichen Ermittlungen bieten, vgl. § 81l GWB. Die Voraussetzungen hat das Bundeskartellamt in seinen „**Leitlinien zum Kronzeugenprogramm**"[621] aus dem Jahr 2021 konkretisiert.

Um Rechtsschutzlücken zu schließen, bestimmt § 81a Abs. 2 GWB, dass bei einer Gesamtrechtsnachfolge und einer partiellen Gesamtrechtsnachfolge durch Aufspaltung die Geldbuße nach Absatz 1 auch gegen den Rechtsnachfolger festgesetzt werden kann. Dies wird durch § 81a Abs. 3 GWB auf Unternehmen erstreckt, die die **wirtschaftliche Nachfolge** übernehmen. § 81a Abs. 2, 3 GWB greift weiter als die Haftung des Gesamtrechtsnachfolgers gem. § 30 Abs. 2a OWiG, da keine Begrenzung der Höhe der Geldbuße auf den Wert des übernommenen Ver-

---

615 Abrufbar unter: ▶ https://www.bundeskartellamt.de/SharedDocs/Publikation/DE/Leitlinien/Bu%C3%9Fgeldleitlinien_Oktober2021.pdf?__blob=publicationFile&v=4 (4.5.2024).
616 Richtlinie (EU) 2019/1 des Europäischen Parlaments und des Rates vom 11. Dezember 2018 zur Stärkung der Wettbewerbsbehörden der Mitgliedstaaten im Hinblick auf eine wirksamere Durchsetzung der Wettbewerbsvorschriften und zur Gewährleistung des reibungslosen Funktionierens des Binnenmarkts, ABl. EU 2019 Nr. L 11/3.
617 Zum Verfahren ▶ Abschn. 3.6.2.
618 Kritisch dazu Klumpp, NZKart 2020, 9, 10.
619 BKartA, Leitlinien für die Bußgeldbemessung in Kartellordnungswidrigkeitenverfahren, 2021, Rn. 8 ff.
620 BKartA, Leitlinien für die Bußgeldbemessung in Kartellordnungswidrigkeitenverfahren, 2021, Rn. 14 ff.
621 BKartA, Leitlinien zum Kronzeugenprogramm, 2021.

mögens sowie der gegenüber dem Rechtsvorgänger angemessenen Geldbuße vorgesehen ist (vgl. § 81a Abs. 2 Satz 3 GWB).

> **Merke**
> Die Vorschriften in §§ 81–86 GWB wurden infolge Umsetzung der ECN+-Richtlinie mit der 10. GWB-Novelle von 2021 umfassend novelliert. Da die Richtlinie nur eine partielle Totalharmonisierung anstrebt, bleibt es den Mitgliedstaaten weitgehend unbenommen, strengere Regelungen vorzusehen.

3.5.3 Zivilrechtliche Folgen

3.5.3.1 Nichtigkeitsfolge

Verträge, die gegen kartellrechtliche Verbote verstoßen, sind gem. **§ 134 BGB** iVm der einschlägigen kartellrechtlichen Verbotsnorm nichtig. Bei horizontalen Vereinbarungen erfasst die Nichtigkeitsfolge des § 134 BGB iVm § 1 GWB auch **Ausführungsverträge**, die zwischen Kartellanten oder Dritten geschlossen werden und der Durchführung der Wettbewerbsbeschränkung dienen.[622] Folgeverträge, also solche, die mit Nicht-Kartellanten z. B. zum Zwecke der Belieferung oder des Bezugs zustande kommen, bleiben von der Nichtigkeitsfolge unberührt.

3.5.3.2 Unterlassungs- und Beseitigungsansprüche

Bei einem Verstoß gegen Verbote des nationalen Kartellrechts oder gegen Art. 101, 102 AEUV steht den Betroffenen ein Beseitigungs- und bei Wiederholungsgefahr ein Unterlassungsanspruch gem. **§ 33 Abs. 1 GWB** zu. Die Ansprüche sind **verschuldensunabhängig**. Der Anspruchsteller muss daher weder Fahrlässigkeit noch Vorsatz in Bezug auf den Kartellrechtsverstoß nachweisen.

> **▶ Beispiele**
> Im Fall von missbräuchlichen Liefersperren können aus einem Beseitigungsanspruch Lieferansprüche erwachsen.[623] Besteht die unbillige Behinderung darin, dass ein Marktbeherrscher anderen Marktteilnehmern Informationen vorenthält, folgt aus § 33 Abs. 1 GWB ein Auskunftsanspruch.[624] ◀

Betroffen ist gem. § 33 Abs. 3 GWB, wer als Mitbewerber oder sonstiger Marktbeteiligter durch den Verstoß **beeinträchtigt** wird. Dies ist weit zu verstehen. Es ist hinreichend, wenn ein Marktteilnehmer nachteilig in seiner wettbewerblichen Position am Markt berührt wird. Zudem ist es ausreichend, wenn eine Benachteiligung seiner Position und infolgedessen Schäden vorstellbar sind. Diese müssen nicht tat-

---

622 *Glöckner,* Kartellrecht, 3. Aufl. 2021, § 2 Rn. 269.
623 Immenga/Mestmäcker/*Franck,* 7. Aufl. 2024, § 33 GWB Rn. 30.
624 LG Hamburg, Urt. v. 22.4.2013 – 408 HKO 95/12, WuW 2013, 772 – *Vermietung an Schilderprägebetrieb.*

sächlich eingetreten sein.⁶²⁵ Die Durchsetzung der negatorischen Beseitigungs- und Unterlassungsansprüchen obliegt gem. § 33 Abs. 4 GWB auch Industrie- und Verbraucherverbänden.

3.5.3.3 Schadensersatzansprüche

Anspruchsgrundlagen

§ 33a Abs. 1 GWB gewährt in Ergänzung zu den negatorischen Ansprüchen aus § 33 Abs. 1 GWB einen Schadensersatzanspruch bei schuldhaften Verstößen gegen Verbote des nationalen Kartellrechts oder gegen Art. 101, 102 AEUV. Es handelt sich um einen speziellen deliktischen Anspruch, der den Ansprüchen aus §§ 823 ff. BGB vorgeht. Anspruchsberechtigt ist jeder, der geschädigt ist. Anders als bei § 33 Abs. 3 GWB bedarf es keiner spezifischen Betroffenheit.⁶²⁶

Steht der Geschädigte – z. B. als unmittelbarer Abnehmer – in einer Vertragsbeziehung mit dem kartellrechtswidrig agierenden Unternehmen, besteht zusätzlich ein vertraglicher Anspruch aus § 280 Abs. 1 BGB. Ansprüche aus § 33a Abs. 1 GWB stehen aber auch anderen Marktteilnehmern zu, die keinen Vertrag mit einem Kartellanten geschlossen haben. Beispiele sind indirekte Abnehmer, Abnehmer von Kartellaußenseitern⁶²⁷ oder Endverbraucher.

Bindungswirkung

Einen Kartellrechtsverstoß darzulegen, kann für geschädigte Marktteilnehmer und Endabnehmer mit erheblichen Schwierigkeiten verbunden sein. Daher sieht **§ 33b GWB** zu ihren Gunsten eine **Bindungswirkung** der Entscheidungen von Kommission und nationalen Kartellbehörden vor. Gerichte sind an die tatsächlichen und rechtlichen Feststellungen der Behörde gebunden (sog. Feststellungwirkung). Der Kartellrechtsverstoß muss folglich nicht mehr von dem Kläger dargelegt und bewiesen werden. Schadensersatzklagen, die im Anschluss an behördliche Entscheidungen erhoben werden, sind in der Praxis daher die Regel. Sie werden als *Follow-on*-**Klagen** (im Gegensatz zu *Stand-alone*-Klagen) bezeichnet.

Schaden

Für das „**Ob**" eines Schadens sieht § 33a Abs. 2 GWB eine **widerlegliche Vermutung** vor. Sie erstreckt sich auf Verstöße gegen das Kartellverbot durch horizontale Wettbewerbsbeschränkungen. Der Kartellbegriff wird speziell für die Reichweite der Schadensvermutung in § 33a Abs. 2 Satz 2, 3 GWB definiert.

---

625 OLG Düsseldorf, Urt. v. 26.2.2014 – VI-U (Kart) 7/12, NZKart 2014, 154, 154 – *Presse-Grosso*.
626 LMRKM/*Kersting*, 4. Aufl. 2020, § 33a GWB Rn. 14.
627 Sie können infolge Preisschirmeffekten einen Schaden erleiden, vgl. dazu EuGH v. 5.6.2014 – C-557/12, ECLI:EU:C:2014:1317 – *Kone*.

3.5 · Rechtsfolgen

> Die Definition des Kartellbegriffs in § 33a Abs. 2 Satz 2 GWB umfasst Absprachen und abgestimmte Verhaltensweisen zwischen zwei oder mehr Wettbewerbern zwecks Abstimmung ihres Wettbewerbsverhaltens auf dem Markt oder der Beeinflussung der relevanten Wettbewerbsparameter.

Erfasst wird nur die **Koordinierung zwischen Wettbewerbern**. Dazu gehören vor allem Hardcore-Kartelle. Darauf ist die Vermutung aber nicht beschränkt.[628] Auch bedarf es keiner bezweckten Wettbewerbsbeschränkung, um sie zu aktivieren.

Die Schadensvermutung des § 33a Abs. 2 GWB wird durch Vermutungen bezüglich eines sog. **Passing-On** in § **33c GWB** ergänzt. Zunächst bestimmt § 33c Abs. 1 Satz 1 GWB, dass der Schaden durch den Bezug einer Ware zu übertueertem Preis nicht deshalb ausgeschlossen ist, weil die Ware weiterveräußert wurde. Die deutsche Rechtsprechung prüfte den Einwand der Schadensweiterwälzung bereits vor Umsetzung der Kartellschadensersatzrichtlinie im Rahmen der **Vorteilsausgleichung**.[629] Hiernach muss sich der Geschädigte Vorteile, die in einem adäquaten Kausalzusammenhang zum Schadensereignis stehen, anspruchsmindernd anrechnen lassen, wenn dies dem Zweck des Schadensersatzrechts entspricht.[630] Dies stellt § 33c Abs. 1 Satz 2 GWB nunmehr ausdrücklich klar. Danach ist ein Schaden ausgeglichen, soweit der Abnehmer den Preisaufschlag auf seine Abnehmer weitergewälzt hat. Es ist der Schädiger, der für diesen Einwand darlegungs- und beweisbelastet ist. Die jüngere Rechtsprechung stellt daran hohe Anforderungen. Sie hat den Einwand der Vorteilsausgleichung dem Schädiger in einigen Verfahren versagt.[631] § 33c Abs. 1 Satz 3 GWB ergänzt, dass der Passing-on-Einwand nur Schäden infolge Preisaufschlags betrifft, sich aber nicht auf entgangenen Gewinn, § 252 BGB, erstreckt.

Anders verhält es sich, wenn ein **indirekter Abnehmer** eine Schadensersatzklage anstrengt. In diesem Fall ist die Weiterwälzung des Preisaufschlags (durch den direkten Abnehmer) ein Umstand, den der indirekte Abnehmer für die Schadensentstehung darzulegen und zu beweisen hat. Zu seinen Gunsten greift die Vermutung des **33c Abs. 2 GWB**. Hiernach wird vermutet, dass der direkte Abnehmer den Preisaufschlag abgewälzt hat.

Für die **Schadenshöhe** kennt das deutsche Kartellrecht keine Vermutung. Das Gericht schätzt sie gem. § **287 ZPO**. Die Differenzhypothese des § 249 BGB verlangt es, den Preis zu bestimmen, der ohne Kartellrechtsverstoß auf dem betroffenen Markt vorgeherrscht hätte, um sodann den kartellbedingten Preisaufschlag als Schaden beziffern zu können. Es existieren verschiedene Methoden, um sich dem wettbewerbsanalogen Preisniveau zu nähern. Die Rechtsprechung hat sich in erster Linie der **Vergleichsmarktmethode** bedient. Danach werden räum-

---

628 Immenga/Mestmäcker/*Franck*, 7. Aufl. 2024, § 33a GWB Rn. 76.
629 BGH, Urt. v. 28.6.2011 – KZR 75/10, WRP 2012, 209, 211 ff. – *ORWI*.
630 BGH, Urt. v. 28.6.2011 – KZR 75/10, WRP 2012, 209, 211 ff. – *ORWI*.
631 BGH, Urt. v. 13.4.2021 – KZR 19/20, NZKart 2021, 566, 573 – *LKW-Kartell II*; BGH, Urt. v. 23.9.2020 – KZR 4/19, NZKart 2021, 44, 48 f. – *Schienenkartell V*.

liche, zeitliche oder sachliche Vergleichsmärkte ausfindig gemacht und das auf ihnen vorherrschende Preisniveau als Anhaltspunkt für den hypothetischen wettbewerbsanalogen Preis herangezogen.[632] Darüber hinaus werden **kostenbasierte Methoden** erprobt,[633] die an den Produktionskosten und einer „angemessenen" Gewinnspanne ansetzen. In der Praxis werden zur Schadensschätzung regelmäßig Sachverständigengutachten eingeholt.[634]

Da erhebliche Nachweisschwierigkeiten bei der konkreten Schadensberechnung bestehen, wird von einigen gefordert, eine Vermutung für eine prozentuale Schadensuntergrenze oder für die konkrete Schadenshöhe gesetzlich zu verankern.[635] In anderen nationalen Rechtsordnungen gibt es solche Vorschriften. In Ungarn und Lettland wird z. B. ein Preisaufschlag von jeweils 10 % vermutet.[636] Im deutschen Recht besteht die Möglichkeit, vertragliche Schadenspauschalierungen zu vereinbaren. Dies ist im Grundsatz zulässig, aber an den Grenzen des § 307 BGB zu messen. Der BGH hat in der Rechtssache *Schienenkartell IV* für den Bereich von Vergabeverfahren ausgesprochen, dass dies bis zu einer Höhe von 15 % der Auftragssumme möglich sei, dem Schädiger aber nicht der Nachweis abgeschnitten werden dürfe, dass der tatsächlich eingetretene Schaden wesentlich geringer sei.[637]

Passivlegitimation

Schadensersatzansprüche können gerichtlich nur gegen rechtsfähige Parteien, also vor allem juristische Personen, geltend gemacht werden. Dennoch verstehen die Vorschriften der §§ 33a ff. GWB den Begriff des Unternehmens im Sinne der wirtschaftlichen Einheit. Dies beruht auf der Umsetzung der Kartellschadensersatzrichtlinie. Der EuGH hat ausgesprochen, dass die Richtlinie von dem unionkartellrechtlichen **funktionalen Unternehmensbegriff** ausgeht, wie er im Rahmen von Art. 101, 102 AEUV und der VO 1/2003 gilt.[638]

Die einer **wirtschaftlichen Einheit** angehörenden Gesellschaften haften für Schadensersatzansprüche aus § 33a GWB als Gesamtschuldner gem. §§ 840 Abs. 1, 421 BGB. Insoweit kommt nicht nur die Haftung der Muttergesellschaft für einen Verstoß der Tochtergesellschaft in Betracht. Auch Tochtergesellschaften haben ggfs. für Verstöße der Mutter- und Schwestergesellschaften einzustehen.[639] Den-

---

632 KG Berlin, Urt. v. 1.10.2009 – 2 U 10/03 Kart, WuW 2010, 190, 196 – *Berliner Transportbeton*; OLG Celle, Urt. v. 12.8.2021 – 13 U 120/16 (Kart), WuW 2021, 591, 594 ff. – *Spanplattenkartell*.
633 Kommission, Praktischer Leitfaden zur Ermittlung des Schadensumfangs bei Schadensersatzklagen, 2013, S. 47 f.
634 Zu weiteren Methoden siehe *Laborde*, NZKart 2022, 49, 50.
635 *Krüger*, NZKart 2024, 152 ff.; *Laborde*, NZKart 2022, 49, 51.
636 Kommission, Commission Staff Working Document on the implementation of Directive 2014/104/EU of the European Parliament and of the Council of 26 November 2014 on certain rules governing actions for damages under national law for infringements of the competition law provisions of the Member States and of the European Union, SWD (2020) 338 final, 2020, S. 9.
637 BGH, Urt. v. 10.2.2021 – KZR 63/18, NZKart 2021, 350, 355 – *Schienenkartell VI*.
638 EuGH v. 14.3.2019 – C-724/17, EU:C:2019:204, Rn. 28–32 – *Skanska*; EuGH v. 6.10.2021 – C-882/19, ECLI:EU:C:2021:800, Rn. 40 – *Sumal*.
639 EuGH v. 6.10.2021 – C-882/19, ECLI:EU:C:2021:800, Rn. 40 – *Sumal*.

noch haften nicht ohne weiteres alle konzernangehörigen Gesellschaften.[640] Vielmehr müssen die von der Rechtsprechung aufgestellten Kriterien an die wirtschaftliche Beziehung zwischen den Gesellschaften erfüllt sein.

> **Prüfungsaufbau des Anspruchs aus § 33a Abs. 1 GWB**
> 1. Verstoß gegen das deutsche Kartellrecht, Art. 101, 102 AEUV oder Art. 5, 6, 7 DMA
> 2. Rechtswidrigkeit
> 3. Verschulden
> 4. Schaden
>   a) Schadensentstehung
>   b) Schadenshöhe
>   c) Vorteilsausgleichung
> 5. Passivlegitimation

3.6 Verfahren

3.6.1 Verwaltungsverfahren

Welche nationale Kartellbehörde für den Erlass von Abstellungsverfügungen gem. § 32 GWB zuständig ist, ergibt sich aus **§ 48 GWB**. Zu den nationalen Kartellbehörden zählen in erster Linie das Bundeskartellamt und die Landeskartellbehörden der Bundesländer (§ 48 Abs. 1 GWB). Das Bundeskartellamt ist gem. § 48 Abs. 2 GWB zuständig, sobald die Wirkung des wettbewerbsbeschränkenden Verhaltens über das Gebiet eines Bundeslandes hinausreicht.

Gem. § 54 Abs. 1 GWB kann die zuständige Behörde ein Verfahren **von Amts wegen** oder **auf Antrag** einleiten. Anträge zur Verfahrenseinleitung sind lediglich als Anregung zu verstehen.[641] Die Verfahrenseinleitung steht im pflichtgemäßen Ermessen der Behörde.[642] Beteiligt sind gem. § 54 Abs. 2 GWB die Unternehmen, gegen die sich das Verfahren richtet. Gibt es einen Antragssteller, aufgrund dessen Ersuchens das Verfahren eingeleitet wurde, ist auch er daran zu beteiligen. Ferner können weitere Beteiligte beigeladen werden. Voraussetzung ist gem. § 54 Abs. 2 Nr. 3 GWB, dass die Interessen der Person durch die Entscheidung der Kartellbehörde erheblich berührt werden. Es genügt, wenn sich die behördliche Entscheidung auf die wirtschaftlichen oder wettbewerblichen Verhältnisse des Beigeladenen auswirken *kann*.[643]

---

640 Immenga/Mestmäcker/*Franck*, 7. Aufl. 2024, § 33a GWB Rn. 30a.
641 Immenga/Mestmäcker/*Bach*, 7. Aufl. 2024, § 54 GWB Rn. 2.
642 BGH, Beschl. v. 6.3.2001 – KVZ 20/00, ZIP 2001, 807.
643 OLG Düsseldorf, Beschl. v. 2.7.2014 – VI-Kart 2/14 (V), NZKart 2014, 463 – *Radiusklausel*.

Der Kartellbehörde kommen im Verwaltungsverfahren **verschiedene Ermittlungsbefugnisse** zu. Gegenstände, die als Beweismittel von Bedeutung sein könnten, kann sie beschlagnahmen, vgl. § 58 GWB. Gem. § 59 Abs. 1 GWB ist es ihr gestattet, Auskünfte sowie die Herausgabe von Unterlagen zu verlangen. Sie darf geschäftliche Unterlagen einsehen und prüfen, vgl. § 59a GWB. Gem. § 59b GWB kann die Behörde Geschäftsräume, Wohnungen, Grundstücke und Sachen durchsuchen, wenn zu vermuten ist, dass sich dort Unterlagen befinden, welche sie gem. §§ 59, 59a GWB einsehen darf. Den Beteiligten kommen Verfahrensrechte zu. Zur Wahrung ihres rechtlichen Gehörs ist ihnen gem. § 56 GWB Gelegenheit zur Stellungnahme zu geben. Soweit das GWB keine vorrangigen Regelungen enthält, sind ergänzend die Vorschriften des Verwaltungsverfahrensgesetzes (VwVfG) anzuwenden.[644]

Abstellungsverfügungen können mit der **Beschwerde gem. § 73 GWB** und der Rechtsbeschwerde gem. § 74 GWB angefochten werden. Die Beschwerde entfaltet keine aufschiebende Wirkung. Wird die Verfügung nicht angefochten, erlangt sie mit Ablauf der Beschwerdefrist Bestandskraft. Zuständiges Gericht für die Beschwerde ist das für den Sitz der Kartellbehörde zuständige Oberlandesgericht, vgl. § 73 Abs. 4 GWB. Bei einer Verfügung des in Bonn ansässigen Bundeskartellamts ist dies das OLG Düsseldorf. Für eine Rechtsbeschwerde ist der BGH zuständig.

Die Behörden können gem. **§ 32a GWB einstweilige Maßnahmen** anordnen. Dazu muss ein Kartellrechtsverstoß „überwiegend wahrscheinlich" und die Maßnahme „zum Schutz des Wettbewerbs oder aufgrund einer unmittelbar drohenden, schwerwiegenden Beeinträchtigung eines anderen Unternehmens geboten" sein. Die Anforderungen sind geringer als im Rahmen des Art. 8 VO 1/2003, wonach die Kommission einstweilige Maßnahmen nur in „dringenden Fällen", in denen ein „ernster, nicht wieder gutzumachender Schaden für den Wettbewerb" droht, anordnen kann.[645] Der Gesetzgeber hat zu Recht darauf hingewiesen, dass auf digitalen Märkten erhöhter Bedarf für ein zeitnahes Einschreiten der Kartellbehörden besteht.[646] Die geringeren Eingriffsvoraussetzungen stehen in Einklang mit dem Unionsrecht. So gibt die ECN+-Richtlinie[647] nur Mindeststandards vor und verwehrt den Mitgliedsstaaten nicht, geringere Eingriffsvoraussetzungen für einstweilige Maßnahmen vorzusehen. Dennoch erscheint zweifelhaft, ob sich einstweilige Maßnahmen gem. § 32a GWB als Instrument zur Öffnung digitaler Märkte eignen. Sie werden voraussichtlich weiterhin nur in Ausnahmefällen erlassen werden.[648]

---

644 Immenga/Mestmäcker/*Emmerich*, 7. Aufl. 2024, § 32 GWB Rn. 20.
645 Siehe ▶ Abschn. 2.6.1.
646 Regierungsbegründung zur 10. GWB-Novelle, BT-Drs. 19/23492, 83 f.
647 Richtlinie (EU) 2019/1 des Europäischen Parlaments und des Rates vom 11. Dezember 2018 zur Stärkung der Wettbewerbsbehörden der Mitgliedstaaten im Hinblick auf eine wirksamere Durchsetzung der Wettbewerbsvorschriften und zur Gewährleistung des reibungslosen Funktionierens des Binnenmarkts, ABl. EU 2019 Nr. L 11/3.
648 Immenga/Mestmäcker/*Bach*, 7. Aufl. 2024, § 32a GWB Rn. 2.

3.6.2 Bußgeldverfahren

Vor Verhängung einer Geldbuße ist ein Bußgeldverfahren zu durchlaufen, das den Anforderungen des **Ordnungswidrigkeitenrechts** genügen muss. Dies ist ein Unterschied zum europäischen Kartellverfahrensrecht, welches sowohl für Abstellungsverfügungen als auch Bußgeldbescheide ein bloßes Verwaltungsverfahren vorsieht.[649] Zuständig für den Erlass eines Bußgeldbescheids sind in erster Linie das **Bundeskartellamt bzw. die Landeskartellbehörden**, vgl. § 82 Abs. 1 Nr. 3 GWB. Sie verfügen damit über eine mit der Staatsanwaltschaft vergleichbare Stellung.[650] Das Verfahren wird grundsätzlich von Amts wegen eingeleitet.

Neben den Ermittlungsbefugnissen, die aus dem Verweis des § 46 Abs. 2 OWiG auf die Strafprozessordnung folgen, stehen der Kartellbehörde gem. § 82b GWB zudem die Befugnisse aus §§ 59, 59b GWB zu. Diese Vorschriften betreffen das Verwaltungsverfahren und ermächtigen die Behörde zu tatbezogenen Auskunftsverlagen (§ 59 GWB) und zu Durchsuchungen (§ 59b GWB). Sie beruhen auf der Umsetzung der Vorgaben aus Art. 6–9 ECN+-Richtlinie.[651] Zugleich wurden die Mitwirkungsverweigerungsrechte der Betroffenen eingeschränkt.[652] Darin wird Konfliktpotenzial zum nemo tenetur-Grundsatz erblickt.[653]

Gegen den Bußgeldbescheid ist gem. §§ 67 ff. OWiG iVm § 83 GWB der **Einspruch** zum OLG Düsseldorf statthaft. Die Frist beträgt gem. § 67 OWiG zwei Wochen ab Zustellung des Bescheids. Wird Einspruch erhoben, gab das Bundeskartellamt bislang das Verfahren an die Staatsanwaltschaft ab. Das bedeutete insbesondere, dass der Kartellbehörde Antragsrechte, z. B. für Beweisanträge, zufielen.[654] Seit Inkrafttreten der 10. GWB-Novelle hat sie im gerichtlichen Verfahren gem. § 82a Abs. 1 Satz 3 GWB indes dieselben Rechte wie die Staatsanwaltschaft. Gegen Einspruchsentscheidungen kann **Rechtsbeschwerde** zum BGH erhoben werden, vgl. §§ 79 ff. OWiG iVm § 84 GWB.

3.6.3 Zivilverfahren

Kartellrechtliche Zivilklagen sind vor dem Landgericht zu erheben. Die Kammern für Handelssachen sind ausschließlich sachlich zuständig, vgl. §§ 87, 95 GWB, § 95 Abs. 2 GVG. Die örtliche Zuständigkeit folgt aus §§ 12 ff. ZPO. Neben dem allgemeinen Gerichtsstand, §§ 13, 17 ZPO, ist der Gerichtsstand der unerlaubten Handlung aus § 32 ZPO gegeben.

---

649 *Klumpp*, NZKart 2020, 9, 9.
650 *Glöckner*, Kartellrecht, 3. Aufl. 2021, § 2 Rn. 233.
651 Regierungsbegründung zur 10. GWB-Novelle, BT-Drs. 19/23492, 137.
652 Kritisch *Meyer-Lindemann*, WuW 2020, 16, 20 f.
653 *Fritzsche/Bernhard*, NZKart 2021, 599 ff.; *Giese/Heinichen/Janssen/Klumpp/Schelzke/Steinle*, NZKart 2020, 646, 647.
654 Immenga/Mestmäcker/*Biermann*, 7. Aufl. 2024, § 82a GWB Rn. 5.

Neben den bereits thematisierten Vermutungsregeln (§§ 33a, 33c GWB) und der Bindungswirkung (§ 33b GWB) wird dem Kläger im Zivilprozess der **Zugang zu Beweismitteln** gem. **§ 33g GWB** erleichtert. Der Geschädigte kann bei Gericht einen Antrag auf Offenlegung von Beweismitteln stellen, wenn er glaubhaft macht, einen Schadensersatzanspruch zu haben und die Beweismittel so genau bezeichnet, wie dies auf Grundlage der mit zumutbarem Aufwand zugänglichen Tatsachen möglich ist. Es handelt sich um einen eigenständigen materiellen Anspruch. Einschränkende Voraussetzungen finden sich in § 33g Abs. 3 GWB, wodurch Ausforschungsanträge verhindert werden sollen. Verfahrensrechtlich ergänzt wird der Anspruch durch die Vorgaben aus § 89b GWB.

Zuständig für Berufungen ist gem. §§ 93, 92 Abs. 1 GWB das Oberlandesgericht. Für Revisionen ist gem. § 94 Abs. 1 Nr. 3 GWB der BGH zuständig.

- **Wiederholungsfragen**

? 1. Welches kartellrechtliche Problem kann kooperative Datennutzung bergen?

✓ Bei kooperativer Datennutzung besteht die Gefahr, dass Wettbewerber sensible Informationen austauschen und so den Geheimwettbewerb beschränken (**zur Vertiefung:** ▶ Abschn. 3.2.3.2.3). Wie in anderen Fällen des Informationsaustauschs hängt der wettbewerbsbeschränkende Charakter davon ab, ob sensible Geschäftsinformationen offengelegt werden. Beteiligte eines Datenpools sollten in erster Linie nur Zugang zu ihren eigenen Informationen und zu endgültigen, aggregierten Informationen der anderen Beteiligten haben.

? 2. Verstoßen Plattformverbote gegen das deutsche Kartellverbot?

✓ Vereinbarungen mit Händlern, wonach diese die Produkte nicht über Online-Marktplätze weiterverkaufen dürfen, sind jedenfalls kartellrechtskonform, wenn es sich um Luxuswaren handelt (**zur Vertiefung:** ▶ Abschn. 3.2.3.3.3). Ob darüber hinaus ein Plattformverbot bereits bei dem Vertrieb von Markenartikeln ein taugliches qualitatives Kriterium für ein selektives Vertriebssystem darstellt, wird von den Gerichten unterschiedlich beurteilt. Einiges spricht dafür, dass Plattformverbote auch dann zulässig sind, wenn es sich nicht um Luxuswaren handelt. In ihren neuen Vertikal-Leitlinien von 2022 erwähnt die Kommission hochwertige oder hochtechnologische Produkte als weitere Beispiele für Waren, die einen selektiven Vertrieb unter Ausschluss von Plattformen rechtfertigen. Diese Wertungen dürften auch die künftige Beurteilung von Plattformverboten im deutschen Kartellrecht prägen.

? 3. Wie werden enge Bestpreisklauseln gem. § 1 GWB beurteilt?

✓ Deutsche Gerichte haben Bestpreisklauseln unterschiedlich beurteilt (**zur Vertiefung:** ▶ Abschn. 3.2.3.3.5). Während das OLG Düsseldorf zunächst davon ausging, dass enge Bestpreisklauseln mit dem Kartellverbot vereinbar seien und als notwendige Nebenabrede bzw. nach dem Handelsvertreterprivileg von dem Kartellverbot auszunehmen seien, haben Bundeskartellamt und BGH sie als wettbewerbsbeschränkend bewertet. Sie beschränken die Preisgestaltungsfreiheit der Händler und schotten den Markt, auf dem der Plattformbetreiber agiert, ab. Die Wertungen der seit 2022 geltenden Vertikal-GVO greifen auch für das deutsche Kartellverbot: Danach sind enge Bestpreisklauseln im Anwendungsbereich der Vertikal-GVO freigestellt.

4. Welche Kriterien sind für die Ermittlung einer Marktbeherrschung auf mehrseitigen Märkten im Besonderen zu prüfen?

Das deutsche Kartellrecht normiert zusätzlich zu den in § 18 Abs. 3 GWB niedergelegten allgemeinen Kriterien weitere besondere Faktoren für die Ermittlung einer Marktbeherrschung auf mehrseitigen Märkten, vgl. § 18 Abs. 3a, Abs. 3b GWB. Dazu zählen direkte und indirekte Netzwerkeffekte, die parallele Nutzung mehrerer Dienste, Größenvorteile im Zusammenhang mit Netzwerkeffekten, der Zugang zu wettbewerbsrelevanten Daten und innovationsgetriebener Wettbewerbsdruck. § 18 Abs. 3b GWB erfasst das Konzept der Intermediationsmacht. Danach ist bei der Bewertung der Marktstellung eines Unternehmens, das als Vermittler auf mehrseitigen Märkten tätig ist, die Bedeutung der von ihm erbrachten Vermittlungsdienstleistungen für den Zugang zu Beschaffungs- und Absatzmärkten zu berücksichtigen (**zur Vertiefung:** ▶ Abschn. 3.3.1.3.2.3; ▶ Abschn. 3.3.1.3.2.4).

5. Was ist ein Unternehmen mit überragender marktübergreifender Bedeutung für den Wettbewerb?

Ein Unternehmen mit überragender marktübergreifender Bedeutung ist ein Unternehmen, das über Ressourcen und eine strategische Positionierung verfügt, die es ihm ermöglichen, einen erheblichen Einfluss auf die Geschäftstätigkeit Dritter zu nehmen bzw. die eigene Geschäftstätigkeit in neue Märkte und Sektoren auszuweiten. Voraussetzung ist dafür ist, dass das Unternehmen über eine gefestigte Machtposition von einiger Dauer verfügt. Es handelt es um ein eigenständiges Konzept der Marktmacht und nicht um ein bloßes „Mehr" zur Marktbeherrschung. Unternehmen mit überragender marktübergreifender Bedeutung werden von § 19a GWB adressiert. Die Norm definiert die Adressatenstellung nicht. Sie nennt aber einen nicht abschließenden Katalog an Kriterien für deren Ermittlung (**zur Vertiefung:** ▶ Abschn. 3.3.2.2).

6. Was zeichnet die Systematik des § 19a GWB aus?

Die überragende marktübergreifende Bedeutung eines Unternehmens für den Wettbewerb ist vom Bundeskartellamt durch Verfügung festzustellen. Erst durch eine solche Verfügung wird ein Unternehmen Adressat des § 19a GWB. Davon unterscheidet sich der Tatbestand von den Vorschriften aus §§ 19, 20 GWB, bei denen keine solche Verfügung erforderlich ist. Sodann bedarf es einer weiteren Verfügung des Bundeskartellamts, um dem Unternehmen spezifische Verhaltensweisen aus dem Katalog des § 19a Abs. 2 GWB zu untersagen. Erst mit Bestandskraft dieser Verfügung greift eine Verbotswirkung. Die von §§ 19, 20 GWB erfassten Praktiken sind dagegen ipso jure verboten (**zur Vertiefung:** ▶ Abschn. 3.3.2.1).

? 7. Warum verbietet § 19a Abs. 2 Satz 1 Nr. 3 GWB Unternehmen mit überragender marktübergreifender Bedeutung für den Wettbewerb, Wettbewerber auf einem Markt, auf dem es seine Stellung, schnell ausbauen kann, zu behindern?

✓ Durch diesen Tatbestand soll das sog. „Aufrollen von Märkten" erschwert werden. Darunter sind Praktiken des zügigen Ausbaus von Marktmacht zu verstehen, die nicht mit Mitteln des Leistungswettbewerbs erfolgen. Von der Möglichkeit des Normadressaten, sich zügig Marktmacht zu verschaffen, kann z. B. ausgegangen werden, wenn er einen erheblichen Vorsprung bei dem Zugang zu Kunden oder zu Daten hat (**zur Vertiefung:** ▶ Abschn. 3.3.2.3).

? 8. Welche Fallgruppen für eine relative Marktmacht begründende Abhängigkeit nennt § 20 Abs. 1, Abs. 1a GWB?

✓ Seit der 10. GWB-Novelle enthält § 20 GWB zwei weitere Fallgruppen der Abhängigkeit, die auf den Digitalkontext zugeschnitten sind. Es handelt sich um die Abhängigkeit von Intermediären, vgl. § 20 Abs. 1 Satz 2 GWB, und um die datenbedingte Abhängigkeit, vgl. § 20 Abs. 1a Satz 1 GWB (**zur Vertiefung:** ▶ Abschn. 3.3.3.2.1).

? 9. Aus welcher Vorschrift kann ein Unternehmen mit überlegener Marktmacht zum Datenzugang verpflichtet sein?

✓ Gem. § 20 Abs. 1a Satz 2 GWB kann ein Unternehmen mit relativer Marktmacht zum Datenzugang verpflichtet sein, wenn es durch die Zugangsverweigerung einen Behinderungsmissbrauch verwirklicht. Die Verweigerung Zugang zu solchen Daten, auf die die abhängigen Unternehmen angewiesen sind, gegen ein angemessenes Entgelt zu gewähren, ist missbräuchlich. Der Fokus der Prüfung liegt auf der Frage der Unbilligkeit der Zugangsverweigerung. Im Rahmen der Interessenabwägung ist zu klären, ob die positiven Auswirkungen für den Wettbewerb die ggfs. zu erwartenden negativen Folgen infolge der Minderung von Anreizen, künftig in die Gewinnung weiterer Daten zu investieren, überwiegen (**zur Vertiefung:** ▶ Abschn. 3.3.3.2.2).

? 10. Was besagt die Anti-Tipping-Regel des § 20 Abs. 3a GWB?

✓ Nach der Anti-Tipping-Regel des § 20 Abs. 3a GWB missbraucht ein Unternehmen seine überlegene Marktmacht auf einem mehrseitigen Markt, wenn es die eigenständige Erzielung von Netzwerkeffekten durch Wettbewerber behindert und hierdurch die ernstliche Gefahr begründet, dass der Leistungswettbewerb in nicht

3.6 · Verfahren

unerheblichem Maße eingeschränkt wird. Dahinter steht die wettbewerbsökonomische Erkenntnis, dass digitale Märkte infolge ihrer Vermachtungstendenzen – vor allem durch indirekte Netzwerkeffekte – zum „Kippen" neigen. § 20 Abs. 3a GWB ist als Gefährdungstatbestand ausgestaltet und ermöglicht der Wettbewerbsbehörde ein frühzeitiges Eingreifen (**zur Vertiefung:** ▶ Abschn. 3.3.3.3.2).

? 11. Welche Besonderheit weist die Aufgreifschwelle aus § 35 Abs. 1a GWB auf? Warum wurde sie eingeführt?

✓ Die Aufgreifschwelle des § 35 Abs. 1a GWB knüpft nicht nur an Umsatzhöhen, sondern auch an den Wert der Gegenleistung für den Zusammenschluss an. Der Wert der Gegenleistung hat nach § 35 Abs. 1a Nr. 3 GWB mehr als 400 Mio. EUR zu betragen. Die Schwelle wurde mit der 9. GWB-Novelle von 2017 eingeführt. Sie geht auf den Zusammenschluss von *WhatsApp/Facebook* zurück, der als wettbewerblich bedeutsam angesehen wurde, aber mangels hinreichender Umsätze von *WhatsApp* nicht unter Art. 1 FKVO, § 35 GWB fiel. Ziel der neuen Aufgreifschwelle ist es, dem Bundeskartellamt die Prüfung solcher „killer acquisitions" auf digitalen Märkten zu ermöglichen (**zur Vertiefung:** ▶ Abschn. 3.4.2.2).

? 12. Wie berücksichtigt das Bundeskartellamt innovationsgetriebenen Wettbewerbsdruck bei der Prüfung einer erheblichen Behinderung wirksamen Wettbewerbs gem. § 36 Abs. 1 GWB?

✓ Innovationsgetriebener Wettbewerbsdruck ist ein Kriterium, das nach § 18 Abs. 3a Nr. 5 GWB bei Prüfung der Begründung oder Verstärkung einer marktbeherrschenden Stellung einzustellen ist. Nach Ansicht des Bundeskartellamts reicht es nicht aus, wenn das Zusammenschlussvorhaben digitale Märkte berührt, um innovationsgetriebenen Wettbewerbsdruck zu bejahen. Vielmehr bedarf es konkreter Anhaltspunkte dafür, dass dynamische Innovationsprozesse innerhalb des zu berücksichtigenden Prognosezeitraums (idR 3–5 Jahre) zu erwarten sind (**zur Vertiefung:** ▶ Abschn. 3.4.3.2.1).

? 13. Welche besonderen Befugnisse kommen dem Bundeskartellamt nach Durchführung einer Sektoruntersuchung gem. § 32f GWB bei einer Wettbewerbsstörung zu?

✓ Stellt das Bundeskartellamt im Rahmen einer Sektoruntersuchung eine erhebliche und fortwährende Störung des Wettbewerbs fest, kann sie strukturelle und verhaltensorientierte Abhilfemaßnahmen erlassen. Sie können an Unternehmen adressiert werden, die durch ihr Verhalten und ihre Bedeutung für die Marktstruktur zur Störung des Wettbewerbs wesentlich beitragen. Mit Blick auf Unternehmen mit überragender marktübergreifender Bedeutung für den Wettbewerb kann das Bundeskartellamt gem. § 19a Abs. 4 GWB eine eigentumsrechtliche Entflechtung als besonders eingriffsintensive strukturelle Abhilfemaßnahme anordnen, vgl. §

32f Abs. 4 GWB. Die Besonderheit dieser Befugnis besteht darin, dass sie verstoß- und verschuldensunabhängig ist. Darin wird ein Paradigmenwechsel im deutschen Kartellrecht gesehen (**zur Vertiefung:** ▶ Abschn. 3.5.1.2).

? 14. Von welchen beweisbezogenen Erleichterungen profitieren Kläger, die Schadensersatz gegen Kartellanten geltend machen?

✓ Ist der Schadensersatzklage bereits eine behördliche Abstellungsverfügung der Kommission oder des Bundeskartellamts vorausgegangen, profitieren Kläger zunächst von der Feststellungswirkung des § 33b GWB. Sie haben den Kartellrechtsverstoß nicht erneut darzulegen und zu beweisen. Vielmehr ist das Gericht insoweit an die behördlichen Feststellungen in tatsächlicher und rechtlicher Hinsicht gebunden. Handelt es sich um einen Kartellrechtsverstoß in Gestalt einer horizontalen Absprache, greift die Schadensvermutung aus § 33a Abs. 2 GWB. Sie erstreckt sich nur auf die Schadensentstehung, nicht dagegen auf die Schadenshöhe. Handelt es sich um die Klage eines indirekten Abnehmers, kommt diesem ferner die Vermutung des Passing-on gem. § 33c Abs. 2 GWB zugute. Schließlich profitieren Geschädigte von den Ansprüchen auf Offenlegung von Beweismitteln aus § 33g GWB (**zur Vertiefung:** ▶ Abschn. 3.5.3.3, 3.6.3).

? 15. Welche einstweiligen Rechtsschutzmöglichkeiten bestehen im Kartellverwaltungsverfahren?

✓ Das Bundeskartellamt kann gem. § 32a GWB eine einstweilige Maßnahme anordnen. Die Voraussetzungen sind geringer als im europäischen Kartellverwaltungsverfahren (Art. 8 VO 1/2003). Ein Kartellrechtsverstoß muss „überwiegend wahrscheinlich" und die Maßnahme „zum Schutz des Wettbewerbs oder aufgrund einer unmittelbar drohenden, schwerwiegenden Beeinträchtigung eines anderen Unternehmens geboten" sein. Dadurch soll es nach der Intention des Gesetzgebers im schnelllebigen Digitalkontext möglich werden, zeitnah einzugreifen (**zur Vertiefung:** ▶ Abschn. 3.6.1).

Digital Markets Act

Inhaltsverzeichnis

4.1 **Grundlagen – 268**
4.1.1 Überblick – 268
4.1.2 Ziele – 271
4.1.3 Entwicklung – 275
4.1.4 Anwendungsbereich – 277

4.2 **Adressaten: Torwächter – 277**
4.2.1 Unternehmen – 277
4.2.2 Zentrale Plattformdienste – 278
4.2.3 Materielle Voraussetzungen – 279
4.2.4 Benennung – 281

4.3 **Verhaltenspflichten – 283**
4.3.1 Enge Verbote, Art. 5 DMA – 283
4.3.2 Offene Verbote, Art. 6 DMA – 288
4.3.3 Weitere Verhaltenspflichten – 293

4.4 **Rechtsfolgen – 294**
4.4.1 Verwaltungsrechtliche Folgen – 294
4.4.2 Bußgeldrechtliche Folgen – 296
4.4.3 Zivilrechtliche Folgen – 296

4.5 **Verfahren – 300**
4.5.1 Verwaltungsverfahren – 300
4.5.2 Bußgeldverfahren – 303
4.5.3 Zivilverfahren – 305

© Der/die Autor(en), exklusiv lizenziert an Springer-Verlag GmbH, DE, ein Teil von Springer Nature 2025
S. Legner, *Digitales Wettbewerbsrecht*, Springer-Lehrbuch, https://doi.org/10.1007/978-3-662-70492-9_4

4.1 Grundlagen

4.1.1 Überblick

Der Digital Markets Act (Gesetz über digitale Märkte; im Folgenden: DMA)[1] ist eine EU-Verordnung[2] mit dem Zweck, die Bestreitbarkeit und Fairness auf digitalen Märkten aufrechtzuerhalten. Sie hat damit eine andere Zielrichtung als das Kartellrecht, das den Schutz des Wettbewerbsprozesses und Verbraucherwohlfahrt bezweckt. Die Anwendung des europäischen und deutschen Kartellrechts lässt der DMA unberührt, vgl. Art. 1 Abs. 6 DMA. Der DMA und das Kartellrecht finden **nebeneinander Anwendung**.

> ▶ **Beispiele**
>
> Bevorzugt ein Torwächter beim Ranking der Suchtreffer in seiner Online-Suchmaschine (z. B. *Google Search*) seinen eigenen Preisvergleichsdienst gegenüber ähnlichen Diensten anderer Anbieter, so verstößt er zum einen gegen das Verbot der Selbstbevorzugung aus Art. 6 Abs. 5 DMA. Ist der Torwächter zugleich marktbeherrschend, kann sein Verhalten zum anderen einen Marktmachtmissbrauch gem. Art. 102 AEUV darstellen, weil er auf diese Weise seine Wettbewerber vom Markt verdrängt.[3]
>
> Macht ein Torwächter den Zugang zu seinem sozialen Netzwerk (z. B. *Facebook*) von der Einwilligung der Endnutzer in die Zusammenführung von Nutzerdaten aus verschiedenen Quellen abhängig, kann dies zum einen gegen das Verbot der Datenkombination aus Art. 5 Abs. 2 DMA verstoßen. Zugleich stellt dies einen Konditionenmissbrauch gem. § 19 Abs. 1 GWB dar, wenn das Unternehmen eine marktbeherrschende Stellung innehat.[4] ◀

Es kann dazu kommen, dass ein- und dasselbe Verhalten nach dem DMA verboten ist, obwohl es kartellrechtskonform ist. **Unterschiedliche Ergebnisse** sind infolge der divergierenden Zielsetzung der Rechtsgebiete möglich.

---

[1] Verordnung (EU) 2022/1925 des Europäischen Parlaments und des Rates vom 14. September 2022 über bestreitbare und faire Märkte im digitalen Sektor, ABl. EU 2022 Nr. L 265/1.
[2] Der Digital Marktes Act ist eine EU-Verordnung im Sinne des Art. 288 AEUV. Verordnungen bedürfen anders als Richtlinien keiner Umsetzung in nationales Recht, um unmittelbare Wirkung zu entfalten. Stattdessen sind sie direkt in allen ihren Teilen unmittelbar in jedem Mitgliedstaat verbindlich.
[3] EuGH v. 10.9.2024 – C-48/22 P, ECLI:EU:C:2024:726 – *Google Shopping*.
[4] BKartA v. 6.2.2019 – B6-22/16 – *facebook*; BGH, Beschl. v. 23.6.2020 – KVR 69/19, NZKart 2020, 473 – *Facebook*. Siehe nun auch EuGH v. 4.7.2023 – C-252/21, ECLI:EU:C:2023:537 – *Meta (Facebook)*.

4.1 · Grundlagen

> ▶ **Beispiel**
>
> Torwächter T (Marktanteil: 25 %) bietet einen Online-Vermittlungsdienst für Hoteldienstleistungen an. Er gestattet den gewerblichen Nutzern, ihre Leistungen nur dann über seine Plattform anzubieten, wenn sich diese bereit erklären, keine besseren Übernachtungskonditionen auf ihren eigenen Websites zu offerieren.[5]
> In diesem Fall verstößt T gegen die Verhaltensvorgaben des DMA. T verstößt gegen Art. 5 Abs. 3 DMA. Danach darf ein Torwächter gewerbliche Nutzer nicht daran hindern, Endnutzern dieselben Dienstleistungen über ihre eigenen direkten Online-Vertriebskanäle zu anderen Preisen anzubieten als über den Online-Vermittlungsdienst des Torwächters. Auf den ersten Blick kommt zudem ein Verstoß gegen Art. 101 AEUV infolge vertikaler Wettbewerbsbeschränkung in Betracht. Die Wettbewerbsbeschränkung ist jedoch nach Art. 2 Abs. 1 Vertikal-GVO freigestellt und verstößt daher im Ergebnis nicht gegen das Kartellverbot: Die Marktanteilsschwellen des Art. 3 Vertikal-GVO sind gewahrt. Nicht freistellungsfähig sind nach Art. 5 Abs. 1 lit. d) Vertikal-GVO nur weite Bestpreisklauseln. Enge Bestpreisklauseln – wie sie T mit den gewerblichen Nutzern vereinbart hat – bleiben grundsätzlich freigestellt (vgl. Art. 6 Vertikal-GVO). ◀

Der DMA enthält mit Art. 5, 6 DMA zwei Kataloge detailliert ausgestalteter Verhaltensvorgaben in Bezug auf digitale Geschäftsmodelle. Hinzu kommen spezifische Verpflichtungen zur Interoperabilität von Messenger-Diensten in Art. 7 DMA. Sie gelten jedoch nicht für jedwede Unternehmen. Die Pflichten des DMA greifen ausschließlich für **Torwächter**. Torwächter sind Unternehmen des digitalen Sektors, die infolge ihrer enormen Größe herausragenden Einfluss auf das wettbewerbliche Geschehen und die Endnutzer haben. Bezug genommen wird dafür auf **zentralen Plattformdienste**. Zu ihnen zählen gem. Art. 2 Nr. 2 DMA u. a. soziale Netzwerke (z. B. *Facebook, Instagram, X*), Online-Suchmaschinen (z. B. *Google Search, Bing, Yahoo*), Webbrowser (z. B. *Google Chrome, Mozilla Firefox, Apple Safari*) und Messenger-Dienste (z. B. *WhatsApp, Signal, Threema*).

Erfüllt ein Unternehmen die materiellen Anforderungen an eine Torwächter-Position – das sind vor allem spezifische Umsatz- und Nutzerzahlen –, ist es jedoch nicht automatisch dazu verpflichtet, die Vorgaben des DMA zu wahren. Vielmehr muss die Kommission das Unternehmen zunächst als Torwächter **benennen**.

ⓘ Anmerkung

Die Kommission hat bereits zwei Benennungsrunden durchgeführt und verschiedene Unternehmen als Torwächter benannt (Stand: 14.6.2024).
Im September 2023 wurden als Torwächter benannt: *Alphabet, Apple, Meta, Microsoft, Amazon* und *ByteDance*. Zu den betroffenen zentralen Plattformdiensten der Unternehmen zählen u. a. soziale Netzwerke wie *TikTok (ByteDance), Facebook, Instagram* (beide *Meta*) und *LinkedIn* (*Microsoft*), Vermittlungsdienste wie *Google Maps* oder *Amazon Marketplace, Youtube* als Video-Sharing-Dienst, *Google*

---

[5] *Christodoulou/Holzwarth*, NZKart 2022, 540, 543.

Search als Suchmaschine und als Betriebssysteme *Google Android* (*Alphabet*), *iOS* (*Apple*) und *Windows PC OS* (*Microsoft*).

Im Mai 2024 wurde als Torwächter benannt: Booking.com. Nicht benannt wurden *TikTok Ads* von *ByteDance* und *X Ads* von *X*. Ob das soziale Netzwerk X als Torwächter benannt werden wird, ist aktuell offen. Die Kommission prüft dies derzeit im Rahmen einer Marktuntersuchung nach Art. 17 DMA.

Die Verbote in Art. 5, 6 DMA sind **präzise ausgestaltete** Verhaltensvorgaben. Anders als die kartellrechtlichen Generalklauseln sind sie auf sehr spezifische Verhaltensweisen zugeschnitten. Dies soll es ermöglichen, den DMA zügig durchzusetzen. Die Verbote sind teilweise **an vergangene oder laufende Kartellverfahren angelehnt**. Dadurch nehmen sie gelegentlich die kartellrechtliche Bewertung vorweg. Dies gilt z. B. für das Verbot der Datenzusammenführung in Art. 5 Abs. 2 DMA. Torwächtern werden verschiedene Datenkombinationspraktiken untersagt, sofern es an einer wirksamen datenschutzrechtlichen Einwilligung des betroffenen Nutzers fehlt. Für das Kartellrecht ist dagegen noch nicht höchstrichterlich geklärt, inwieweit ein Verstoß gegen datenschutzrechtliche Bestimmungen einen Konditionenmissbrauch gem. Art. 102 AEUV, § 19 Abs. 1 GWB begründen kann.[6] Einige Verhaltenspflichten gehen – wie im obigen Beispiel zu den engen Bestpreisklauseln illustriert (Art. 5 Abs. 3 DMA) – über die kartellrechtlichen Verbote hinaus. Die Verhaltenspflichten des DMA eröffnen den Torwächtern **keine Rechtfertigungsmöglichkeit**. Auf einen wettbewerblichen Schaden kommt es für den Pflichtenverstoß ebenfalls nicht an. Dies soll zur zügigen Durchsetzung der Pflichten beitragen.

Es obliegt der Kommission, die Verhaltensvorgaben des DMA durchzusetzen. Sie kann schuldhafte Verstöße mit **Geldbußen** ahnden. Nach Durchführung einer Marktuntersuchung kann sie bei systematischer – also wiederholter – Zuwiderhandlung Abhilfemaßnahmen anordnen. Dazu gehört als ultima ratio die Entflechtung.

▶ **Beispiel**

Das von der Kommission als Torwächter benannte Unternehmen T (Jahresumsatz: 10 Mrd. EUR) bietet über seine Plattform einen Online-Vermittlungsdienst für Hotelbuchungen an. T verbietet es Hotelunternehmen, die ihre Dienstleistungen auf seiner Plattform anbieten, auf anderen Plattformen oder auf eigenen Websites bessere Konditionen zu offerieren.

T verstößt gegen das Verbot von Meistbegünstigungsklauseln gem. Art. 5 Abs. 3 DMA. Die Kommission erlässt nach Art. 29 DMA einen Beschluss, in welchem sie feststellt, dass T gegen diese Pflicht verstoßen hat. Sie kann nach Art. 30 DMA zudem eine Geldbuße in Höhe von max. 1 Mrd. EUR – das sind 10 % des Jahresumsatzes – gegen T verhängen. ◀

---

6 Der EuGH v. 4.7.2023 – C-252/21, ECLI:EU:C:2023:537 – *Meta (Facebook)* hat dies in einem Vorabentscheidungsverfahren dem Grunde nach bejaht. Die Entscheidung des OLG Düsseldorf im Hauptsacheverfahren steht noch aus (Stand: 14.6.2024).

Zu der **privatrechtlichen Durchsetzung**, also vor allem zu Unterlassungs- und Schadensersatzansprüchen, schweigt der DMA. Mittlerweile wird ganz überwiegend davon ausgegangen, dass der unionsrechtliche Effektivitätsgrundsatz die privatrechtliche Durchsetzung gebietet.[7] Der deutsche Gesetzgeber hat mit der 11. GWB-Novelle Anspruchsgrundlagen für das *private enforcement* des DMA geschaffen: Unterlassungs- und Beseitigungsansprüche gem. § 33 GWB sowie Schadensersatzansprüche gem. § 33a GWB können nunmehr auch wegen eines Verstoßes gegen Art. 5, 6, 7 DMA geltend gemacht werden.

4.1.2 Ziele

4.1.2.1 Sektorspezifische Ziele

Der DMA zielt darauf ab, die Bestreitbarkeit und Fairness auf digitalen Märkten aufrechtzuerhalten. Die Verordnung ist demnach **nicht dem Kartellrecht zugehörig**, vgl. Art. 1 Abs. 6 DMA. Sie stellt **sektorspezifisches Regulierungsrecht** dar.[8] Dies zeigt auch ihre Rechtsgrundlage: Der DMA beruht auf der Kompetenznorm des Art. 114 AEUV. Hiernach kann die EU Rechtsvorschriften zur Förderung eines funktionierenden Binnenmarktes angleichen. Nicht herangezogen hat der Unionsgesetzgeber die wettbewerbsrechtliche Kompetenznorm des Art. 103 AEUV, wonach Sekundärrechtsakte erlassen werden können, um das Kartellverbot aus Art. 101 AEUV und das Missbrauchsverbot aus Art. 102 AEUV durchzusetzen.

> **Merke**
> Kartellrecht und DMA finden **nebeneinander Anwendung**. Sie verfolgen **unterschiedliche Ziele**. Der DMA bezweckt die Wahrung von Bestreitbarkeit und Fairness auf digitalen Märkten; das Kartellrecht zielt auf den Schutz der Wettbewerbsfreiheit und der Verbraucherwohlfahrt.

> **Vertiefung: Verhältnis zu § 19a GWB**
> Während der DMA die Anwendung des Kartellrechts unberührt lässt (Art. 1 Abs. 6 DMA), entfaltet er gem. **Art. 1 Abs. 5 DMA** Sperrwirkung für mitgliedstaatliche Vorschriften, die darauf zielen, Torwächtern weitere Verpflichtungen aufzuerlegen, um bestreitbare und faire Märkte zu gewährleisten. Dies soll sicherstellen, dass in allen Mitgliedstaaten dieselben Vorschriften zum Schutz digitaler Märkte gelten.[9] Insoweit hat der DMA **Anwendungsvorrang**.

---

7 Siehe nur Herbers/Savary/Gröf, GRUR-Prax 2023, 185, 187 f.
8 ErwG 11 DMA: „Diese Verordnung verfolgt ein Ziel, das das im Wettbewerbsrecht definierte Ziel, den unverfälschten Wettbewerb auf bestimmten Märkten zu schützen, ergänzt, aber sich davon unterscheidet [...]".
9 Podszun/Käseberg/*Gappa*, 2023, Art. 1 DMA Rn. 16.

Angesichts dessen ist zu fragen, ob das Missbrauchsverbot aus § 19a GWB mit der Sperrwirkung des Art. 1 Abs. 5 DMA vereinbar ist. § 19a GWB adressiert - faktisch betrachtet - dieselben Digitalkonzerne wie der DMA. Die Norm bezeichnet sie als Unternehmen mit überragender marktübergreifender Bedeutung für den Wettbewerb.[10] Ferner werden teilweise dieselben Verhaltensweisen verboten. Während § 19a Abs. 2 Nr. 5 GWB dem Bundeskartellamt beispielsweise ermöglicht, Unternehmen mit überragender marktübergreifender Bedeutung für den Wettbewerb zu untersagen, die Portabilität von Daten zu verweigern und damit den Wettbewerb zu behindern, verpflichtet Art. 6 Abs. 9 DMA Torwächter, Endnutzern kostenlos die effektive Übertragbarkeit der Daten zu ermöglichen.

Es überzeugt, § 19a GWB im Grundsatz nicht von der Sperrwirkung des Art. 1 Abs. 5 DMA erfasst anzusehen.[11] Die Vorschrift ist neben dem DMA anwendbar. Auch wenn § 19a GWB und die Vorschriften des DMA im Ergebnis dieselben Unternehmen sowie ähnliche Verhaltensweisen adressieren, knüpft § 19a GWB an den kartellrechtlichen Missbrauchsbegriff an und eröffnet den betroffenen Unternehmen Rechtfertigungsmöglichkeiten.[12] § 19a GWB erfordert den Nachweis eines wettbewerblichen Schadens. Dies verdeutlicht Zieldivergenzen zum DMA: § 19a GWB **schützt die Wettbewerbsfreiheit** und unterfällt daher Art. 1 Abs. 6 DMA.

Hat die Kommission ein Unternehmen jedoch als Torwächter benannt, so entfaltet der DMA Sperrwirkung. § 19a GWB wird demnach relevant, wenn ein Unternehmen (noch) nicht als Torwächter benannt wurde, wenn die in Rede stehende Verhaltensweise keine zentralen Plattformdienste betrifft oder wenn es um Praktiken geht, die der DMA nicht erfasst.[13]

Die im Grundsatz parallele Anwendbarkeit von § 19a GWB und den Vorschriften des DMA hat der BGH im April 2024 in der Rechtssache *Amazon* bestätigt.[14]

4.1.2.2 Bestreitbarkeit

Erstes Ziel des DMA ist es, **Bestreitbarkeit** auf digitalen Märkten zu wahren. **Märkte sollen offengehalten** werden. Auf diese Weise sollen Wettbewerber die Chance haben, auf den Markt einzutreten. Damit steht das Bestreitbarkeitsziel der kartellrechtlichen Zielsetzung, die Freiheit des Wettbewerbs zu schützen, nahe. Es bedarf jedoch keines Nachweises eines wettbewerblichen Schadens, um die Bestreitbarkeit als beeinträchtigt zu betrachten.[15]

Die Theorie der bestreitbaren Märkte verdeutlicht insoweit, dass bereits **potenzieller Wettbewerb** disziplinierend wirken kann. Wettbewerbsdruck, der von potenziellem Wettbewerb ausgeht, bezieht sich auf die nahe liegende Möglichkeit, dass

---

10 Siehe dazu oben ▶ Abschn. 3.3.2.
11 *Ebenso Bongartz*, WuW 2022, 72, 74; *Herbers/Savary/Gröf*, GRUR-Prax 2023, 185, 187; *Jovanovic/Greiner*, MMR 2021, 678, 679; *Podszun/Käseberg/Gappa*, 2023, Art. 1 DMA Rn. 28; *Zimmer/Göhsl*, ZWeR 2021, 29, 59; andere Ansicht *Paal/Kumkar*, NJW 2021, 809, 815.
12 *Jovanovic/Greiner*, MMR 2021, 678, 679.
13 *Podszun/Käseberg/Gappa*, 2023, Art. 1 DMA Rn. 29.
14 BGH, Beschl. v. 24.4.2024 – KVB 56/22 – *Amazon*.
15 *Burchardi*, NZKart 2022, 610, 615.

weitere Unternehmen als Wettbewerber zeitnah in den Markt eintreten.[16] Märkte im digitalen Sektor offenzuhalten, bereitet besondere Schwierigkeiten. Dies liegt an den besonderen Strukturen dieser Märkte.[17] Wegen direkter und indirekter Netzwerkeffekte sowie besonderer Kostenstrukturen tendieren digitale Märke zum „Kippen" (*tipping*). Um dem entgegenzuwirken, sollen die Verhaltenspflichten der Torwächter gem. Art. 5, 6 DMA die Marktzutrittsschranken senken. Art. 12 Abs. 5 lit. a) i) DMA konkretisiert dies dahingehend, dass die Praktik eines Torwächters die Bestreitbarkeit beeinträchtigt, wenn sie Hindernisse schafft oder verstärkt, die anderen Unternehmen den **Markteintritt** erschweren.

> ▶ Beispiel
>
> Ein Torwächter hat es den gewerblichen Nutzern zu ermöglichen, mit Endnutzern, die diese über den Plattformdienst des Torwächters akquiriert haben, Verträge auch außerhalb der Plattform abzuschließen. Der Torwächter muss gewerblichen Nutzern gem. Art. 5 Abs. 4 DMA ferner gestatten, diese Angebote über seine Plattform zu bewerben. Beispielsweise dürfen gewerbliche Nutzer auf dem App-Store des Torwächters auch solche Apps bewerben, die die Endnutzer auf der eigenen Website des gewerblichen Nutzers herunterladen können.[18] Dies soll das *Multi-Homing*, also die parallele Nutzung mehrere Dienste, erleichtern und die Bestreitbarkeit der Märkte für Online-Vermittlungsdienste fördern. ◀

Von dem **Zugang zu entscheidendem Input**, in erster Linie also zu Daten, hängt ggfs. ab, ob einem Unternehmen der Markteintritt gelingt.[19] Deshalb sind Torwächter dazu verpflichtet, anderen Akteuren Datenzugang zu verschaffen. Gem. Art. 6 Abs. 11 DMA müssen Torwächter, die einen Suchmaschinendienst anbieten, ihren Wettbewerbern nach FRAND-Bedingungen Zugang zu Anfrage-, Klick- und Ansichtsdaten gewähren. Ferner haben gem. Art. 6 Abs. 10 DMA gewerbliche Nutzer Zugang zu den Daten zu erhalten, die bei ihrer Nutzung des zentralen Plattformdienstes entstanden sind. Datenportabilitätsverpflichtungen ergeben sich aus Art. 6 Abs. 9 DMA. Danach müssen Endnutzer ihre Daten – beispielsweise von einem sozialen Netzwerk auf ein anderes[20] – übertragen können.

Der DMA zielt ferner darauf, den **Wettbewerb auf den Plattformen** zu fördern. Plattformbetreiber sind bisweilen vertikal integriert. Sie bieten dann nicht nur Plattformdienste an, sondern konkurrieren zugleich auf nachgelagerter Marktstufe mit den gewerblichen Nutzern. Dabei können sich wettbewerbliche Vorteile aus der hybriden Rolle ergeben. Torwächter sammeln beispielsweise diverse Daten über die gewerblichen Nutzer, die ihren Dienst nutzen. Um die Bestreitbarkeit auf der Plattform zu fördern, verbietet Art. 6 Abs. 2 DMA dem Torwächter u. a., diese Daten auf der nachgelagerten Marktstufe zur Verdrängung einzusetzen. Eine sol-

---

16 *Schweitzer*, ZEuP 2021, 503, 511.
17 Siehe oben ▶ Abschn. 1.1.
18 *Podszun/Bongartz/Kirk*, NJW 2022, 3249, 3251. Siehe auch Kommission v. 4.3.2024 – AT.40437 – *Apple App Store Practices (music streaming)*.
19 Zur Bedeutung von Daten siehe ▶ Abschn. 1.2.
20 *Podszun/Bongartz/Kirk*, NJW 2022, 3249, 3252.

che Praktik hatte die Kommission unter kartellrechtlicher Perspektive im Verfahren *Amazon Marketplace* untersucht.[21] Sie hatte geprüft, ob der Plattformbetreiber, der auf seiner Vermittlungsplattform zugleich selbst als Verkäufer gegenüber Endkunden auftrat, die auf vorgelagerter Marktstufe erlangten Daten zur Verdrängung der anderen auf der Plattform aktiven Verkäufer einsetzte.[22] Auch das Verbot der Selbstbevorzugung, Art. 6 Abs. 5 DMA, zielt darauf, den Wettbewerb auf der Plattform zu stärken.

Schließlich wollen die Verhaltenspflichten des DMA verhindern, dass Torwächter ihre enorme wirtschaftliche Macht **auf andere Märkte übertragen**.[23] Hierzu dienen Kopplungsverbote. So dürfen Torwächter weder von gewerblichen Nutzern noch von Endnutzern verlangen, dass diese neben dem zentralen Plattformdienst auch den Identifizierungsdienst, Webbrowser oder Zahlungsdienst des Torwächters nutzen.[24]

4.1.2.3 Fairness

Weiteres Ziel des DMA ist die **Fairness** auf digitalen Märkten. Art. 12 Abs 5 lit. b) DMA konkretisiert den Fairnessbegriff. Danach läuft ein **Ungleichgewicht zwischen den Rechten und Pflichten** der gewerblichen Nutzer der Fairness zuwider, wenn der Torwächter dadurch einen **unverhältnismäßigen Vorteil** erlangt. Der DMA gibt jedoch keinen Maßstab dafür vor, wann die Pflichtenverteilung aus dem Gleichgewicht gerät bzw. ein Vorteil unverhältnismäßig ist. ErwG 33 DMA erwähnt lediglich, dass Nutzer „die aus ihren innovativen oder sonstigen Bemühungen entstehenden Erträge angemessen ab[…]schöpfen" können sollen.

> **Querverbindung**
>
> Der Fairnessbegriff findet sich in weiteren Rechtsakten der europäischen Digitalregulierung: Die Plattform-VO anerkennt, dass gewerbliche Nutzer durch ein Machtgefälle gegenüber Plattformbetreibern belastet werden.[25] ErwG 2 Plattform-VO betont, dass „der Anstieg bei der Vermittlung von Transaktionen über Online-Vermittlungsdienste, den starke, durch Daten ausgelöste indirekte Netzeffekte noch weiter vorantreiben, dazu führt, dass gewerbliche Nutzer, insbesondere Kleinstunternehmen, kleine und mittlere Unternehmen (KMU), die Verbraucher erreichen wollen, zunehmend von diesen Diensten abhängig werden."

Damit etabliert der DMA eine Art der **Inhaltskontrolle** für Verträge zwischen Torwächtern und gewerblichen Nutzern. Dies findet in einigen Verhaltenspflichten expliziten Widerklang: Gem. Art. 6 Abs. 5 DMA muss ein Torwächter sein Ranking

---

21 Kommission v. 20.12.2022 – AT.40462 – *Amazon Marketplace*.
22 Das Verfahren wurde durch Verpflichtungszusagen beendet.
23 *Schweitzer*, ZEuP 2021, 503, 512.
24 Zu einem entsprechenden kartellrechtlichen Verfahren Kommission v. 4.3.2024 – AT.40437 – *Apple App Store Practices (music streaming)*.
25 Siehe ▶ Abschn. 5.1.2.2.

anhand transparenter, *fairer* und diskriminierungsfreier Bedingungen vornehmen. Auch hat er Drittunternehmen, die Online-Suchmaschinen bereitstellen, auf ihren Antrag hin zu *fairen*, zumutbaren und diskriminierungsfreien Bedingungen Zugang zu seinen Ranking-, Anfrage-, Klick- und Ansichtsdaten zu gewähren, vgl. Art. 6 Abs. 11 DMA.

Der Fairnessgedanke des DMA hat auch für **Endnutzer** Bedeutung. Er ist insoweit aber schwächer ausgeprägt. Insbesondere die Aktualisierungsbefugnis der Kommission bezüglich der Verhaltenspflichten wird gem. Art. 12 Abs. 5 lit. b) DMA nur durch Praktiken, die die Fairness im Verhältnis zu gewerblichen Nutzern gefährden, aktiviert. Dennoch bezieht ErwG 2 Endnutzer ausdrücklich in das Fairnessziel ein. Auch einige Verhaltenspflichten lassen sich so auslegen, dass sie dieses Ziel fördern. Art. 5 Abs. 2 DMA dient der Entscheidungsautonomie der Endnutzer, indem die Zulässigkeit von Praktiken der Datenzusammenführung von der datenschutzrechtlich wirksamen Einwilligung abhängt. Ferner verlangt Art. 5 Abs. 6 DMA, dass Torwächter weder gewerbliche Nutzer noch Endnutzer daran hindern, einer zuständigen Behörde rechtswidrige Praktiken mitzuteilen.

4.1.3 Entwicklung

Der DMA soll **Lücken** des Kartellrechts auf digitalen Märkten **schließen**. In den vergangenen Jahren hat sich gezeigt, dass Kartellverfahren oft zu lange dauern, um mit den schnelllebigen Bedingungen der Digitalwirtschaft Schritt zu halten. Die Kommission hat vor allem Verfahren wegen des Missbrauchs einer marktbeherrschenden Stellung gegen große Digitalunternehmen geführt. Bis diese Verfahren jedoch rechtskräftig entschieden sind, vergehen regelmäßig viele Jahre bis Jahrzehnte. Für ihre Entscheidung im Fall *Google Shopping*[26] hat die Kommission beispielsweise fast sieben Jahre ermittelt.

Ein Grund für die **langwierige Kartellrechtsdurchsetzung** sind die unbestimmten Rechtsbegriffe der kartellrechtlichen Verbotstatbestände. Weite Generalklauseln, wie der Begriff des „Missbrauchs" in Art. 102 AEUV oder der „erheblichen Behinderung wirksamen Wettbewerbs" in Art. 2 FKVO bieten zwar Flexibilität und lassen sich auch auf neue digitale Geschäftsmodelle anwenden. Zugleich geht mit ihnen aber Rechtsunsicherheit einher. Die Rechtsbegriffe werden erst durch die europäische Rechtsprechung konkretisiert. Hinzu kommen Leitlinien, die das vorherrschende Verständnis der europäischen Gerichte und der Kommission zusammenfassen. In den letzten zwei Jahrzehnten haben die Gerichte die Nachweisanforderungen an wettbewerblich nachteiligen Auswirkungen von missbräuchlichen Verhaltensweisen verschärft. Gefordert werden detaillierte ökonomische Analysen zu den Auswirkungen missbräuchlichen Verhaltens.[27] Zugleich steht den betroffenen Unternehmen die Möglichkeit der Rechtfertigung in Gestalt der *effi-*

---

26 Kommission v. 27.6.2017, AT.39740 – *Google Search (Shopping)*.
27 Im Detail ▶ Abschn. 2.3.2.1.1.

ciency defense offen.[28] Diese Eigenheiten der Kartellrechtsanwendung führen auf digitalen Märkten dazu, dass die Rechtsdurchsetzung den schnelllebigen Marktentwicklungen „hinterherhinkt".

Vor diesem Hintergrund bietet der DMA eine Art des Gegenentwurfs zu der Struktur des Kartellrechts. Seine Verhaltensvorgaben sind vergleichsweise detailliert ausgestaltet und sollen wenig Spielraum für Interpretation lassen. Anders als im Kartellrecht sollen „Rechtfertigungen auf Basis wirtschaftlicher Gründe" (ErwG 23 des DMA) nicht in Betracht kommen. Die Verbote des DMA greifen ungeachtet der Auswirkungen des Verhaltens der Torwächter im Einzelfall.

▶ **Beispiel**

Gem. § 19a Abs. 2 Satz 1 Nr. 1 lit. a) GWB kann das Bundeskartellamt einem Unternehmen mit überragender marktübergreifender Bedeutung für den Wettbewerb untersagen, beim Vermitteln des Zugangs zu Beschaffungs- und Absatzmärkten die eigenen Angebote gegenüber denen von Wettbewerbern bevorzugt zu behandeln. Voraussetzung ist, dass die Selbstbevorzugung einen wettbewerblichen Schaden mit sich bringt. Gem. § 19a Abs. 2 Satz 2 GWB kann das betroffene Unternehmen Rechtfertigungsmöglichkeiten darbieten. Art. 6 Abs. 5 DMA verbietet ebenfalls die Selbstbevorzugung. Dem Torwächter bleiben Rechtfertigungsmöglichkeiten aber versagt. Ferner muss die Kommission konkrete Auswirkungen auf den Wettbewerb nicht prüfen. Vielmehr wird dem Torwächter per se verboten, eigene Dienstleistungen und Produkte beim Ranking zu bevorzugen. ◀

Die Kehrseite der konkret gefassten Verhaltenspflichten ist, dass sie **wenig Flexibilität** bieten. Zugleich können die Vorgaben vergleichsweise schnell veralten, wenn sich digitale Geschäftsmodelle wandeln. Der DMA trägt diesem Risiko dadurch Rechnung, dass er Mechanismen zur Aktualisierung seiner Vorschriften vorsieht: Zum einen werden der Kommission durch Art. 12 DMA weitreichende Befugnisse zum Erlass delegierter Rechtsakte gem. Art. 291 AEUV übertragen, um die Verhaltenspflichten zu ergänzen. Delegierte Rechtsakte müssen anders als Verordnungen nicht das ordentliche Gesetzgebungsverfahren durchlaufen und können daher tendenziell zügiger erlassen werden. Zum anderen ist mit der Marktuntersuchung in Art. 19 DMA ein spezifisches Verfahren vorgesehen, in welchem die Kommission Aktualisierungsbedarf des DMA ermittelt. Inwieweit sich dieser Ansatz als praxistauglich erweisen wird, bleibt abzuwarten.

---

28 Siehe exemplarische für die EU-Fusionskontrolle ▶ Abschn. 2.4.3.4.

4.1.4 Anwendungsbereich

4.1.4.1 Räumlicher Anwendungsbereich

Der DMA findet gem. Art. 1 Abs. 2 DMA auf alle zentralen Plattformdienste Anwendung, die Torwächter für **gewerbliche Nutzer oder Endnutzer in der Europäischen Union** bereitstellen oder anbieten. Auf den Standort des Torwächters kommt es nicht an.[29] Vielmehr gilt das Marktortprinzip.[30] Dieser weite räumliche Anwendungsbereich soll dem Schutz der Nutzer und der Wahrung geordneter digitaler Märkte in der EU dienen.[31] Damit gleicht der räumliche Anwendungsbereich des DMA dem des europäischen Kartellrechts, dessen Anwendungsbereich das **Auswirkungsprinzip** bestimmt.[32]

Die gewerblichen Nutzer, an welche der Torwächter sein Angebot der zentralen Plattformdienste richtet, müssen in der EU **niedergelassen** sein. Dies setzt voraus, dass der gewerbliche Nutzer seine Tätigkeit in der EU durch eine **feste Einrichtung** ausübt.[33] Bei Endnutzern genügt deren **Aufenthalt** in der EU.

4.1.4.2 Zeitlicher Anwendungsbereich

Der DMA ist am 1. November 2022 in Kraft getreten und gilt seit dem **2. Mai 2023**. Die ersten Notifikationen von Torwächtern mussten daher am 3. Juli 2023 bei der Kommission eingehen. Die Kommission hat gem. Art. 3 Abs. 4 DMA 45 Arbeitstage Zeit, die besagten Unternehmen als Torwächter zu benennen. 6 Monate nach ihrer Benennung und damit seit dem 8. März 2024 müssen die im September 2023 benannten Torwächter die Verhaltensvorgaben des DMA wahren, vgl. Art. 3 Abs. 10 DMA.

4.2 Adressaten: Torwächter

4.2.1 Unternehmen

Adressaten der Verhaltensvorgaben des DMA sind Torwächter. Dies sind Unternehmen, die zentrale Plattformdienste anbieten und über große wirtschaftliche Macht verfügen.

---

[29] Podszun/*Käseberg*/Gappa, 2023, Art. 1 DMA Rn. 9.
[30] FK-KartR/*Kumkar*, 108. EL 2024, Art. 1 DMA Rn. 23.
[31] *Heinze*/Kettler, in: Steinrötter, Europäische Plattformregulierung, 2023, § 12 Rn. 65.
[32] Podszun/*Käseberg*/Gappa, 2023, Art. 1 DMA Rn. 9. Siehe zum Auswirkungsprinzip im Kartellrecht ▶ Abschn. 2.1.4.3.
[33] Steinrötter/*Heinze*/Kettler, Europäische Plattformregulierung, 2023, § 12 Rn. 67. Vgl. auch das Begriffsverständnis iRd Art. 49 AEUV Grabitz/Hilf/Nettesheim/*Forsthoff*, 78. EL 2023, Art. 49 AEUV Rn. 16.

Für den Unternehmensbegriff kann auf die Ausführungen zum Kartellrecht verwiesen werden.[34] Gem. **Art. 2 Nr. 27 DMA** wird ein Unternehmen als Einheit verstanden, die eine **wirtschaftliche Tätigkeit** ausübt. Ebenso wie im Kartellrecht kommt es weder auf ihre Rechtsform noch auf die Art ihrer Finanzierung an. Damit ist auch ein **Konzern** potenziell tauglicher Adressat der Verhaltenspflichten des DMA, sofern er die übrigen Voraussetzungen an die Torwächterstellung erfüllt.[35]

4.2.2 Zentrale Plattformdienste

Als Torwächter kommen gem. Art. 3 Abs. 1 lit. b) DMA nur solche Unternehmen in Betracht, die mindestens einen zentralen Plattformdienst bereitstellen.

Der DMA enthält **keine allgemeine Definition** der zentralen Plattformdienste. Stattdessen werden in Art. 2 Nr. 2 DMA **zehn Dienste** enumerativ aufgelistet. Diese Dienste gelten als zentrale Plattformdienste. Zu ihnen zählen:

- Online-Vermittlungsdienste (z. B. Online-Marktplätze wie *eBay, Zalando* oder *Amazon Marketplace*, Vermittlungsplattformen wie *Booking.com*)
- Online-Suchmaschinen (z. B. *Google, Bing, Yahoo*)
- Online-Dienste sozialer Netzwerke (z. B. *Instagram, LinkedIn*)
- Video-Sharing-Plattform-Dienste (z. B. *Youtube, Vimeo*)
- Nummernunabhängige interpersonelle Kommunikationsdienste (z. B. *WhatsApp, Signal, Threema*)
- Betriebssysteme (z. B. *Windows, macOS, Android, iOS*)
- Webbrowser (z. B. *Chrome, Safari, Firefox*)
- Virtuelle Assistenten (z. B. *Alexa, Siri*)
- Cloud-Computing-Dienste (z. B. *Apple iCloud, Google Drive, Microsoft OneDrive*)
- Online-Werbedienste (z. B. *Google Ads, Amazon Ads*)

Der Begriff des zentralen Plattformdienstes ist technologieneutral zu verstehen. Das bedeutet, dass es keine Relevanz hat, über welches Gerät er erbracht wird.[36] Die Kommission kann im Rahmen einer Marktuntersuchung gem. Art. 19 DMA klären, ob es einer Ausweitung der Liste der zentralen Plattformdienste bedarf. Sie kann die Liste aber nicht durch den Erlass eines delegierten Rechtsakts gem. Art. 12 DMA ändern. Vielmehr ist das ordentliche Gesetzgebungsverfahren gem. Art. 294 AEUV zu durchlaufen. Die Kommission kann lediglich einen Vorschlag zur Änderung des Art. 2 Nr. 2 DMA unterbreiten.

---

34 Siehe oben ▶ Abschn. 2.1.4.1.
35 *Lettl*, WM 2023, 953, 954.
36 Podszun/*Bongartz/Kirk*, 2023, Art. 2 DMA Rn. 7.

4.2.3 Materielle Voraussetzungen

4.2.3.1 Definition

Die Torwächter-Stellung eines Unternehmens, welches zentrale Plattformdienste anbietet, setzt zweierlei voraus. Zum einen muss das Unternehmen die materiellen Vorgaben gem. Art. 3 Abs. 1 DMA erfüllen. Zum anderen muss es von der Kommission als Torwächter gem. Art. 3 DMA benannt werden.

Für die materiellen Voraussetzungen nennt Art. 3 Abs. 1 DMA **drei kumulativ zu erfüllende Anforderungen**: Das Unternehmen muss erstens erheblichen Einfluss auf den Binnenmarkt haben, zweitens einen zentralen Plattformdienst bereitstellen, der gewerblichen Nutzern als wichtiges Zugangstor zu Endnutzern dient, und drittens hinsichtlich seiner Tätigkeiten eine gefestigte und dauerhafte Position innehaben.

Sind diese Anforderungen erfüllt, so verfügt das Unternehmen über enorme wirtschaftliche Macht. Auf eine Marktbeherrschung iSv Art. 102 AEUV kommt es nicht an. Die Prüfung der Torwächter-Stellung verlangt **keine Marktabgrenzung**.[37] Torwächter-Stellung und marktbeherrschende Stellung sind getrennt voneinander zu prüfen. Von dem Vorliegen der einen kann nicht automatisch auf das Vorhandensein der anderen geschlossen werden. So kommt es für die Torwächter-Stellung nicht in erster Linie auf Marktanteilshöhen an, sondern vielmehr darauf, dass ein Unternehmen den Zugang zu Nutzergruppen kontrolliert.[38]

4.2.3.2 Vermutung, Art. 3 Abs. 2 DMA

Für jedes der drei Voraussetzungen sieht Art. 3 Abs. 2 DMA **widerlegliche Vermutungen** vor. Der Zweck der Vermutungen ist es, der Kommission die Prüfung zu erleichtern. Dies fügt sich in den ex ante Regulierungsansatz des DMA ein. Er fordert dass rasch geklärt werden kann, welche Unternehmen die Pflichten aus Art. 5, 6, 7 DMA wahren müssen.

− Der **erhebliche Binnenmarkteinfluss** wird gem. Art. 3 Abs. 2 lit. a) DMA vermutet, wenn das Unternehmen in den drei vergangenen Geschäftsjahren in der EU einen **Jahresumsatz von mindestens 7,5 Mrd. EUR** erzielt hat oder wenn seine durchschnittliche Marktkapitalisierung oder sein entsprechender Marktwert im vergangenen Geschäftsjahr mindestens 75 Mrd. EUR betrug und es in mindestens drei Mitgliedstaaten denselben zentralen Plattformdienst bereitgestellt hat.
− Die Eigenschaft eines zentralen Plattformdienstes als **wichtiges Zugangstor** zu Endnutzern wird gem. Art. 3 Abs. 2 lit. b) DMA vermutet, wenn der Plattformdienst spezifische Nutzerschwellen im vergangenen Geschäftsjahr erreicht hat: Der Dienst muss **mind. 45 Mio.** in der EU niedergelassene oder aufhältige **monatlich aktive Endnutzer** und mindestens **10.000** in der Union niedergelassene **jährlich aktive gewerbliche Nutzer** erreicht haben.

---

[37] *Kumkar*, RDi 2022, 347, 349.
[38] FK-KartellR/*Kumkar/Nehl/Serafimova*, 108. EL 2024, Vorb. DMA Rn. 23.

– Eine **gefestigte und dauerhafte Position** bzw. deren absehbares Erlangen in naher Zukunft wird gem. Art. 3 Abs. 2 lit. c) DMA vermutet, wenn das Unternehmen die besagten Umsatz- und Nutzerschwellen in jedem der vergangenen **drei Geschäftsjahre** erreicht hat.

Die Kommission kann gem. Art. 3 Abs. 6 DMA durch delegierte Rechtsakt konkretisieren, anhand welcher Methoden die Unternehmen zu prüfen haben, ob sie die Schwellenwerte erreicht haben.

> **Überblick über die Vermutung der Torwächter-Stellung in Art. 3 Abs. 2 DMA:**
> 1. **Erheblicher Binnenmarkteinfluss:**
>   – **Jahresumsatz** in der EU von mind. 7,5 Mrd. EUR in den letzten drei Geschäftsjahren
>   *oder*
>   – Durchschnittliche Marktkapitalisierung von mind. 75 Mrd. EUR im letzten Geschäftsjahr und Bereitstellung desselben zentralen Plattformdienstes in mind. Drei Mitgliedsstaaten
>
> 2. **Zentraler Plattformdienst als wichtiges Zugangstor:**
>   – Mind. 45 Mio. in der EU niedergelassene oder aufhältige monatlich aktive **Endnutzer** im vergangenen Geschäftsjahr
>   *und*
>   – Mind. 10.000 in der EU niedergelassene jährlich aktive **gewerbliche Nutzer** im vergangenen Geschäftsjahr
>
> 3. **Gefestigte und dauerhafte Position jetzt oder in naher Zukunft:**
>   – Erreichen der Umsatzzahlen bzw. durchschnittliche Marktkapitalisierung nach Ziff. 1 in den letzten drei Geschäftsjahren
>   *und*
>   – Erreichen der Nutzerzahlen nach Ziff. 2 in den letzten drei Geschäftsjahren

4.2.3.3 Kriterienkatalog, Art. 3 Abs. 8 DMA

Ein Unternehmen kann auch Torwächter sein, wenn es eine oder mehrere Vermutungstatbestände aus Art. 3 Abs. 2 DMA nicht erfüllt.[39] In diesem Fall erfolgt die Prüfung der Torwächter-Stellung anhand des in **Art. 3 Abs. 8 DMA** niedergelegten **Kriterienkatalogs**.

Einzustellen ist die **Größe des Unternehmens** (lit. a)) einschließlich des Umsatzes, der Marktkapitalisierung, der Tätigkeiten sowie der Position. Diese Umstände beeinflussen, ob ein Unternehmen seine Marktmacht übertragen und zum

---

39 In diesem Fall bedarf es einer Marktuntersuchung zur Benennung, siehe ▶ Abschn. 4.2.4.2.

"Kippen" von Märkten beitragen kann.[40] Ferner sind die **Zahl** der gewerblichen **Nutzer** und der Endnutzer (lit. b)) einzustellen. Relevant ist, ob die Nutzerzahlen weit oder gerade so hinter den Schwellenwerten des Art. 3 Abs. 2 DMA zurückbleiben. Mit steigender Nutzerzahl wächst die Bedeutung des Unternehmens als Zugangstor der gewerblichen Nutzer zu Endnutzern. Mit **Netzwerkeffekten** und **Datenvorteilen** bezieht der DMA zwei zentrale Kennzeichen der Geschäftsmodelle digitaler Plattformen ein. Durch direkte und indirekte Netzwerkeffekte kann ein Unternehmen zügig Marktmacht im digitalen Sektor erlangen.[41] Überlegener Datenzugang kann es ihm ermöglichen, seine Produkte besser als Konkurrenten mit den Verbraucherpräferenzen abzugleichen. Auch etwaige **Skalen- und Verbundeffekte** (lit. d) sind zu betrachten.

Die Marktmacht eines Digitalunternehmens wird durch die **Bindung von gewerblichen Nutzern und Endnutzern** (lit. e) beeinflusst. Einfluss nimmt der Aufwand, der mit einem Wechsel zu konkurrierenden Anbietern verbunden ist. Zu klären ist auch, ob üblicherweise mehrere Plattformen parallel genutzt werden.[42]

Eine **konglomeratsartige Unternehmensstruktur** und **vertikale Integration** (lit. f)) können es einem Unternehmen erleichtern, Vorteile durch die Zusammenführung von Daten aus verschiedenen Quellen sowie Kapital durch Quersubventionierung zu nutzen. Als Auffangklausel ermöglicht Art. 3 Abs. 8 lit. g) DMA, **sonstige strukturelle Geschäfts- oder Dienstmerkmale** bei der Torwächter-Prüfung einzustellen.

4.2.4 Benennung

4.2.4.1 Benennungsverfahren

Der DMA sieht zwei Verfahren vor, in welchen die Kommission ein Unternehmen als Torwächter benennen kann. Erfüllt das Unternehmen die Vermutungsvoraussetzungen gem. Art. 3 Abs. 2 DMA für eine Torwächter-Stellung, erfolgt die Benennung in einem einfachen **Notifizierungsverfahren** gem. Art. 3 Abs. 4 DMA. Erreicht ein Unternehmen die Vermutungsvoraussetzungen, trifft es die Pflicht, dies der Kommission innerhalb von zwei Monaten mitzuteilen, vgl. Art. 3 Abs. 3 DMA. Die Kommission hat sodann **45 Tage** Zeit, um das Unternehmen zu benennen.

Erfüllt das Unternehmen die **Vermutungsvoraussetzungen nicht** oder kann es die **Vermutung widerlegen**, erfolgt die Benennung durch eine aufwendigere und ggfs. langwierige **Marktuntersuchung** gem. Art. 17 DMA. Die Möglichkeiten zur Vermutungswiderlegung sind **stark begrenzt**.[43] ErwG. Art 23 DMA soll den Unternehmen eine Widerlegung nur unter „außergewöhnlichen Umständen" gelingen. Nicht berücksichtigt werden Vorbringen zu Effizienzgewinnen. Rein

---

40 Steinrötter/*Legner*, Europäische Plattformregulierung, 2023, § 14 Rn. 16.
41 Zum Begriff des Netzwerkeffekts oben ▶ Abschn. 1.1.
42 Steinrötter/*Legner*, Europäische Plattformregulierung, 2023, § 14 Rn. 19.
43 Kritisch dazu *Haus/Weusthof*, WuW 2021, 318, 321; *Körber*, NZKart 2021, 379, 384.

wirtschaftliche Aspekte sollen für die Torwächter-Stellung nicht relevant sein und ermöglichen daher keine Widerlegung der Vermutung.[44] Die Beweislast für die Vermutungswiderlegung trägt das Unternehmen.[45] Gelingt es ihm nicht, die Vermutung zu widerlegen, so weist die Kommission die Argumente gem. Art. 3 Abs. 5 UAbs. 1 DMA innerhalb von 45 Tagen nach Erhalt zurück und erlässt einen Benennungsbeschluss.

Gelingt dem Unternehmen die Widerlegung, kann die Kommission nach Art. 3 Abs. 5 UAbs. 3 DMA eine Marktuntersuchung gem. Art. 17 DMA einleiten. Die Marktuntersuchung ist ein im Vergleich zum Notifizierungsverfahren längeres und ermittlungsintensiveres Verfahren. Wird die Marktuntersuchung infolge Vermutungswiderlegung eingeleitet, soll sie nach **fünf Monaten** abgeschlossen werden. Erreicht das Unternehmen die Vermutungsschwellen nicht, ist es ausreichend, wenn die Kommission die Marktuntersuchung innerhalb von **12 Monaten** abschließt.

Im Rahmen der Marktuntersuchung überprüft die Kommission die Torwächter-Stellung anhand des umfassenden Kriterienkatalogs aus Art. 3 Abs. 8 DMA.[46] Zu diesem Zweck kommen ihr weitreichende **Ermittlungsbefugnisse** zu. Zu diesen zählen Auskunftsverlangen (Art. 21 DMA) und Befragungen (Art. 22 DMA). Gem. Art. 23 DMA ist die Kommission zu Nachprüfungen befugt. Dies gleicht den aus Art. 20 VO (EG) Nr. 1/2003 bekannten „dawn raids".

4.2.4.2 Benennungsbeschluss

Die Benennung eines Unternehmens als Torwächter erfolgt durch **Beschluss**. Darin gibt die Kommission die Plattformdienste an, in Bezug auf die das Unternehmen eine Torwächter-Stellung innehat. Die Verhaltenspflichten aus Art. 5, 6, 7 DMA hat der Torwächter spätestens **sechs Monate nach seiner Benennung** einzuhalten. Kommt er einer Verhaltenspflicht nicht nach, kann die Kommission einen Nichteinhaltungsbeschluss gem. Art. 29 DMA erlassen sowie gem. Art. 30 DMA bei schuldhafter Zuwiderhandlung eine Geldbuße in Höhe von maximal 10 % des Jahresumsatzes verhängen.[47]

Die Kommission hat gem. Art. 4 Abs. 2 DMA mindestens **alle drei Jahre zu überprüfen**, ob ein benanntes Unternehmen weiterhin die Voraussetzungen an die Torwächter-Stellung erfüllt. Erfüllt das Unternehmen die Voraussetzungen des Art. 3 Abs. 1 DMA nicht mehr, hebt die Kommission den Benennungsbeschluss auf. Diese Überprüfung erfolgt gem. Art. 4 Abs. 1 DMA auch auf Antrag des Unternehmens.

---

44 Podszun/*Käseberg*/*Gappa*, 2023, Art. 3 DMA Rn. 19.
45 *Lettl*, WM 2023, 953, 959.
46 Siehe oben ▶ Abschn. 4.2.3.
47 Siehe ▶ Abschn. 4.1.1 und 4.1.2.

> **Prüfungsaufbau: Torwächter-Stellung**
> 1. Unternehmen gem. Art. 2 Nr. 27 DMA
> 2. Zentrale(r) Plattformdienst(e) gem. Art. 2 Nr. 2 DMA
> 3. Materielle Voraussetzungen gem. Art. 3 Abs. 1, 2 DMA
> 4. Benennung durch die Kommission gem. Art. 3 Abs. 3–8 DMA

4.3 Verhaltenspflichten

4.3.1 Enge Verbote, Art. 5 DMA

Art. 5 DMA enthält präzise Verbotstatbestände, welche nach Vorstellung des Unionsgesetzgebers vergleichsweise wenig Auslegungsspielraum bieten. ErwG 31 DMA beschreibt die Pflichten als „klar und eindeutig", sodass Unternehmen ihnen ohne Weiteres Folge leisten können. Es bedarf – anders als bei § 19a GWB – auch keiner Aktivierung durch eine behördliche Entscheidung. Die Rechtsanwendung wird zeigen, ob sich die gesetzgeberische Vorstellung als zutreffend erweist. Die Lektüre des Verbotskatalogs verdeutlicht, dass einige Normen nichtsdestotrotz erheblichen Auslegungsspielraum bieten und offene Fragen bei der technischen Umsetzung der Verhaltenspflichten bestehen werden.[48]

4.3.1.1 Verbot der Datenkombination, Art. 5 Abs. 2 DMA

Art. 5 Abs. 2 DMA enthält ein Verbot der Datenkombination. Danach werden dem Torwächter diverse Praktiken der Datenkombination nur unter zwei kumulativ zu erfüllenden Voraussetzungen gestattet. Erstens bedarf es einer nach den Grundsätzen der DS-GVO **wirksamen Einwilligung** der Endnutzer. Zweitens muss den Endnutzern die **spezifische Wahl** in Bezug auf die Einwilligungserteilung gegeben worden sein. ErwG 37 konkretisiert dies dahingehend, dass Torwächter den Endnutzern, die nicht einwilligen wollen, eine nicht-personalisierte Alternative ihres Dienstes bereitzustellen haben, die gleichwertig zu derjenigen ist, die einwilligende Endnutzer erhalten.

Die von dem Tatbestand erfassten **Datenkombinationspraktiken** sind die folgenden:
- Verarbeitung personenbezogener Daten von Endnutzern, die Dienste Dritter nutzen, welche zentrale Plattformdienste des Torwächters in Anspruch nehmen, zum Zwecke des Betriebs von Online-Werbediensten.

---

48 Beispiel: Art. 5 Abs. 2 DMA fordert, dass Endnutzern durch die Bereitstellung einer gleichwertigen Dienstalternative die spezifische Wahl bei ihrer Entscheidung, in die Datenkombination einzuwilligen, gegeben wird. Es wird sich zeigen, wie die Kommission die Anforderungen an einen gleichwertigen Dienst, den der Torwächter den Nutzern, die zur Einwilligung nicht bereit sind, bereitzustellen hat, konkretisieren wird.

- Zusammenführung von personenbezogenen Daten aus dem betreffenden zentralen Plattformdienst mit personenbezogenen Daten aus weiteren zentralen Plattformdiensten oder aus anderen vom Torwächter bereitgestellten Diensten oder mit personenbezogenen Daten aus Diensten Dritter.
- Weiterverwendung personenbezogener Daten aus dem betreffenden zentralen Plattformdienst in anderen vom Torwächter getrennt bereitgestellten Diensten und umgekehrt.
- Anmeldung von Endnutzern in anderen Diensten des Torwächters, um personenbezogene Daten zusammenzuführen.

Wettbewerbliche Gefahren infolge Datenzusammenführungspraktiken standen in dem Verfahren des Bundeskartellamts in der Sache *Facebook* im Fokus.[49] Das Amt bejahte einen Konditionenmissbrauch nach § 19 Abs. 1 GWB, weil der Zugang zum sozialen Netzwerk von der Einwilligung der Endnutzer in die Zusammenführung ihrer Daten u. a. aus diversen Diensten sowie von externen Websites abhängig war.[50] Die Sache ist derzeit vor dem OLG Düsseldorf anhängig. Streit herrscht u. a. über die Frage, inwiefern Verstöße gegen das Datenschutzrecht einen wettbewerblichen Schaden begründen können. Infolge des ausdrücklichen Verweises des Art. 5 Abs. 2 DMA auf das Datenschutzrecht bedarf diese Frage für die Anwendung des DMA keiner Klärung. Ein wettbewerblicher Schaden muss nicht nachgewiesen werden.

Der Verbotstatbestand dient mit der Senkung der Markteintrittsbarrieren zum einen der Öffnung digitaler Märkte. Zum anderen strebt er Entscheidungsautonomie der Endnutzer an. Dies ist als Element des Fairnessziels der Verordnung zu verstehen.[51]

4.3.1.2 Verbot von Meistbegünstigungsklauseln, Art. 5 Abs. 3 DMA

Art. 5 Abs. 3 DMA verbietet es einem Torwächter, gewerbliche Nutzer daran zu hindern, Endnutzern dieselben Produkte oder Dienstleistungen über Online-Vermittlungsdienste Dritter oder über ihre eigenen direkten Online-Vertriebskanäle zu anderen Preisen oder Bedingungen anzubieten als über die Online-Vermittlungsdienste des Torwächters.

Damit wird Torwächtern die Vereinbarung von Meistbegünstigungsklauseln, insbesondere von **engen und weiten Bestpreisklauseln untersagt**. Dahinter stehen die mit Meistbegünstigungsklauseln verbundenen Marktabschottungseffekte. Es wird für konkurrierende Plattformanbieter schwieriger am Markt Fuß zu fassen, wenn Endnutzer die besten Angebote stets auf der Plattform des Torwächters vorfinden.

---

49 BKartA v. 6.2.2019, B6-22/16 – *Facebook*.
50 Siehe ▶ Abschn. 3.3.1.5.3.
51 MüKo-WettbR/*Bueren/Weck*, 4. Aufl. 2022, Art. 5 DMA Rn. 8: „*Schutz der Privatsphäre*". Zum Fairnessziel siehe ▶ Abschn. 4.1.2.3.

🔁 Wiederholung

Weite Bestpreisklauseln untersagen es gewerblichen Nutzern, auf jedweden anderen Vertriebskanälen bessere Bedingungen anzubieten. Enge Bestpreisklauseln beschränken sich auf spezifische Vertriebskanäle, häufig auf den Vertrieb über die eigene Website des gewerblichen Nutzers.[52]

Die Verbotsnorm erfasst auch Maßnahmen gleicher Wirkung. Dazu zählt z. B. höhere Provisionszahlungen von gewerblichen Nutzern zu fordern, die über andere Vertriebskanäle bessere Konditionen offerieren.

Art. 5 Abs. 3 DMA ist **strenger als das kartellrechtliche Regime**. Während weite Bestpreisklauseln eines marktbeherrschenden Unternehmens nach dem kartellrechtlichen Missbrauchsverbot, Art. 102 AEUV, § 19 GWB, und dem Kartellverbot, Art. 101 AEUV, § 1 GWB, ebenfalls verboten sind,[53] profitieren enge Bestpreisklauseln von der Freistellung gem. Art. 2 Abs. 1 Vertikal-GVO, soweit keines der an der Vereinbarung beteiligten Unternehmen einen Marktanteil von mehr als 30 % hat.[54] Weite Bestpreisklauseln sind gem. Art. 5 Abs. 1 lit. d) Vertikal-GVO dagegen nicht freistellungsfähig.

4.3.1.3 Verbot der Werbebehinderung, Art. 5 Abs. 4 DMA

Gem. Art. 5 Abs. 4 DMA dürfen Torwächter gewerblichen Nutzern nicht untersagen, Endnutzer von der Plattform „wegzuleiten" dergestalt, dass sie Angebote, die über andere Vertriebskanäle vertrieben werden, bewerben.

▶ **Beispiel**

Vertreibt ein Hörbücher-Anbieter eine App, so muss ihm zulässig sein, die Appnutzer darüber zu informieren, dass auf seiner eigenen Website günstigere Angebote für Hörbücher zur Verfügung stehen.[55] ◀

Das Verbot der Werbebehinderung greift nur gegenüber solchen Endnutzern, die bereits eine Geschäftsbeziehung mit dem gewerblichen Nutzer eingegangen sind (sog. akquirierte Endnutzer).[56] Dies soll zur Öffnung der Plattformökosysteme beitragen und Nutzer zum *Multi-Homing* bewegen (vgl. ErwG 40 DMA). § 19 Abs. 2 Satz 1 Nr. 2 lit. b) GWB enthält eine parallele Vorschrift für Unternehmen mit überragender marktübergreifender Bedeutung für den Wettbewerb.[57]

---

52 Im Detail Abschn. 3.2.2.3.5.
53 Siehe ▶ Abschn. 2.2.2.3.8. und 3.2.3.3.5.
54 Siehe ▶ Abschn. 2.2.5.2.1.4.
55 Podszun/*Heinz*, 2023, Art. 5 DMA Rn. 62.
56 Podszun/*Heinz*, 2023, Art. 5 DMA Rn. 62.
57 Siehe ▶ Abschn. 3.3.2.3.

4.3.1.4 Zugangsermöglichung zu Services gewerblicher Nutzer, Art. 5 Abs. 5 DMA

Torwächter sind nach Art. 5 Abs. 5 DMA verpflichtet, Endnutzern die Möglichkeit zu geben, über ihre zentralen Plattformdienste durch Nutzung der Software-Anwendung eines gewerblichen Nutzers auf Inhalte, Abonnements, Funktionen oder andere Elemente zuzugreifen und diese zu nutzen. Dies gilt auch für solche Elemente, die die Endnutzer ohne Nutzung der zentralen Plattformdienste des Torwächters erworben haben.

▶ Beispiel

Ein einen App Store[58] betreibender Torwächter muss es den Nutzern von Musikstreaming-Apps auf ihren Endgeräten ermöglichen, in einer App auch solche Musikabonnements zu nutzen, die die Endnutzer außerhalb der App erworben haben.[59] ◀

Von der Verhaltenspflicht erfasste Inhalte sind z. B. Musik, Podcasts, Videos oder Zeitungen.[60] Ein Verstoß gegen Art. 5 Abs. 5 DMA liegt nicht nur vor, wenn der Torwächter in seinen Nutzungsbedingungen Zugangsbeschränkungen vorsieht. Erfasst werden auch einseitige Maßnahmen, die den Zugang erschweren, z. B. unnötig lange Zulassungsverfahren oder technische Hürden.[61] Ziel der Verhaltenspflicht ist es, das *Multi-Homing* beim Erwerb von Inhalten zu fördern. Dies soll den Marktzutritt für Wettbewerber erleichtern.

4.3.1.5 Verbot der Einschränkung von Rechtsbehelfen, Art. 5 Abs. 6 DMA

Torwächtern ist es nach Art. 5 Abs. 6 DMA verboten, gewerbliche Nutzer oder Endnutzer daran zu hindern, einer zuständigen Behörde Verstöße eines Torwächters gegen Vorschriften mitzuteilen, die darauf zielen, die Bestreitbarkeit und Fairness im digitalen Sektor zu realisieren. Das Verbot erstreckt sich in erster Linie auf Verstöße gegen die Verhaltenspflichten des DMA. Erfasst sind aber auch Zuwiderhandlungen gegen das AGB-Recht, das Kartellrecht, das Lauterkeitsrecht, das Datenschutzrecht sowie gegen verbraucherschützende Bestimmungen.[62] Dies soll sicherstellen, dass die zur Durchsetzung befugten Behörden arbeitsfähig bleiben und Verstöße wirksam verfolgt werden. Ein Verstoß gegen Art. 5 Abs. 6 DMA liegt z. B. vor, wenn das Konto eines gewerblichen Nutzers auf dem Online-Marktplatz eines Torwächters gesperrt wird, sobald dieser der Kommission mitteilt, dass der Torwächter seiner Meinung nach gegen das Verbot der Datennutzung im Wettbewerb verstoße.[63]

---

58 Ein App Store ist ein Vermittlungsdienst gem. Art. 2 Nr. 5 DMA.
59 Steinrötter/*König*, Europäische Plattformregulierung, 2023, § 13 Rn. 35.
60 Podszun/*Heinz*, 2023, Art. 5 DMA Rn. 100.
61 Podszun/*Heinz*, 2023, Art. 5 DMA Rn. 109.
62 Podszun/*Podszun*, 2023, Art. 5 DMA Rn. 126.
63 Podszun/*Bongartz/Kirk*, NJW 2022, 3249, 3251.

4.3.1.6 Kopplungsverbot weiterer Dienste, Art. 5 Abs. 7 DMA

Torwächtern wird es untersagt, die Nutzung ihrer zentralen Plattformdienste davon abhängig zu machen, dass die Nutzer zugleich bestimmte weitere Dienste des Torwächters (Identifizierungsdienst, Webbrowser-Engine, Zahlungsdienst) nutzen, vgl. Art. 5 Abs. 7 DMA.

▶ Beispiel

Ein Torwächter, der einen App Store betreibt, darf nicht verlangen, dass Entwickler von Apps für In App Käufe das Zahlungssystem des Torwächters nutzen.[64] ◀

Das Kopplungsverbot dient der Offenhaltung der Märkte und verhindert, dass Torwächter ihre Marktmacht auf andere Märkte ausdehnen können.

4.3.1.7 Kopplungsverbot zentraler Plattformdienste, Art. 5 Abs. 8 DMA

Torwächtern wird ferner untersagt, ihre zentralen Plattformdienste zu koppeln. Gem. Art. 5 Abs. 8 DMA dürfen sie von Nutzern nicht verlangen, dass diese **weitere zentrale Plattformdienste abonnieren** oder sich bei diesen registrieren müssen, um einen zentralen Plattformdienst des Torwächters zu nutzen.

▶ Beispiel

Ein Torwächter, der einen Online-Marktplatz betreibt, darf dessen Nutzung nicht davon abhängig machen, dass die Nutzer zudem den Cloud-Dienst des Torwächters verwenden.[65] ◀

Das Kopplungsverbot dient der Senkung von Marktzutrittsschranken und soll zugleich wettbewerbliche Vorteile der Torwächter durch Datenanhäufung verringern.[66] Der DMA greift insoweit Praktiken auf, die die Kommission bereits unter Art. 102 AEUV untersucht hatte. In der Sache *Google Android* hat die Kommission festgestellt, dass der Marktbeherrscher den Bezug seines App Stores davon abhängig gemacht hat, dass die Endgerätehersteller zugleich seinen Suchdienst sowie seinen Browser vorinstallieren.[67] **§ 19a Abs. 2 Satz 1 Nr. 3 lit. b) GWB** enthält eine parallele Vorschrift in Bezug auf Unternehmen mit überragender marktübergreifender Bedeutung für den Wettbewerb. Sie ist weiter gefasst als Art. 5 Abs. 8 DMA. Sie beschränkt sich weder auf ein Registrierungsverbot noch auf bestimmte Plattformdienste.

---

64 Podszun/*Heinz*, 2023, Art. 5 DMA Rn. 136.
65 Podszun/Bongartz/Kirk, NJW 2022, 3249, 3251.
66 *Gasser/Hegener*, in: Schmidt/Hübener, Der neue DMA, 2023, § 6 Rn. 34.
67 Kommission v. 18.7.2018, AT.40099 – *Google Android*.

4.3.1.8 Preistransparenz bei Werbung, Art. 5 Abs. 9, 10 DMA

Torwächter sind gem. Art. 5 Abs. 9, 10 DMA verpflichtet, Werbetreibenden (Abs. 9) sowie Herausgebern (Abs. 10) Transparenz in Bezug auf Online-Werbung zu verschaffen. Dies bedeutet, dass sie auf Anfrage des **Werbetreibenden** täglich kostenlos Auskunft über dessen Anzeige geben müssen. Die Auskunft erstreckt sich auf die vom Werbetreibenden zu zahlenden Preise und Gebühren, die Kennzahlen sowie die vom Herausgeber erhaltene Vergütung. **Herausgeber** können ebenfalls täglich und kostenlos Auskunft fordern. Sie umfasst die Vergütung, die der Herausgeber erhält, den vom Werbetreibenden gezahlten Preis sowie die Kennzahlen zur Berechnung beider Größen.

Die Pflichten fördern **Transparenz der Konditionen**, die der Torwächter zur Schaltung von Werbeanzeigen aufstellt. Dies wird dazu beitragen, dass Werbetreibende und Herausgeber im Zweifel eher bereit sind, zu anderen Plattformbetreibern zu wechseln, wenn sie mit den Bedingungen des Torwächters nicht einverstanden sind.

4.3.2 Offene Verbote, Art. 6 DMA

Der Verbotskatalog in Art. 6 DMA ist ebenso einzelfallbezogen ausgestaltet wie die Verhaltenspflichten des Art. 5 DMA. Der Gesetzgeber hat sich entschieden, die Verhaltenspflichten in zwei Kataloge aufzuteilen, da er bei den Pflichten des Art. 6 DMA erhöhten Konkretisierungsbedarf sieht. Ihre Umsetzung kann technisch komplex sein und die Abwägung widerstreitender Interessen erfordern. Dazu ist in Art. 8 DMA ein sog. **regulatorischer Dialog** vorgesehen. Dieses Verfahren wird auf Antrag des Torwächters von der Kommission nach ihrem Ermessen eingeleitet. Es knüpft nicht an einen spezifischen Rechtsverstoß an, sondern dient als Element der ex ante-Regulierung dazu, gemeinsam wirksame Maßnahmen zu erarbeiten und so den Regelungsgehalt der Verhaltenspflichten zu konkretisieren.[68]

4.3.2.1 Datennutzungsverbot, Art. 6 Abs. 2 DMA

Art. 6 Abs. 2 DMA untersagt es Torwächtern, im Wettbewerb mit gewerblichen Nutzern nicht öffentlich zugängliche Daten über diese Nutzer zu verwenden. Der Tatbestand adressiert **vertikal integrierte Torwächter**, also solche, die auf vorgelagerter Marktstufe gewerblichen Nutzern einen Vermittlungsdienst bereitstellen und auf nachgelagerter Marktstufe zugleich mit ihnen in Wettbewerb treten. Dadurch thematisiert Art. 6 Abs. 2 DMA Interessenskonflikte, die aus der Doppelrolle des Torwächters herrühren.[69] Der Torwächter soll daraus keine leistungsfremden Vorteile ziehen dürfen.

---

[68] Steinrötter/*König*, Europäische Plattformregulierung, 2023, § 13 Rn. 11.
[69] FK-KartellR/*Serafimova*, 108. EL 2024, Art. 6 DMA Rn. 7.

4.3 · Verhaltenspflichten

▶ **Beispiel**

Ein **Beispiel** bietet der *Amazon Marketplace*, auf dem der Plattformbetreiber selbst – neben weiteren gewerblichen Nutzern – Produkte und Leistungen an Endnutzer vertreibt.[70] Auf vorgelagerter Marktstufe erlangt der Torwächter Zugang zu diversen Daten über die gewerblichen Nutzer. Dies betrifft z. B. Daten, die ein gewerblicher Nutzer bereitstellt, wenn er Angebote auf die Plattform einstellt. Ferner erlangt der Torwächter Informationen über Zahlen zu Klicks auf die Angebote sowie Zugang zu Kundenrezensionen.[71] ◀

Die Nutzung der Daten ist dem Torwächter nur „**im Wettbewerb**" mit den gewerblichen Nutzern untersagt. Es bleibt abzuwarten, wie eng die Kommission das geforderte Wettbewerbsverhältnis fassen wird. Es könnte auf kartellrechtliche Grundsätze der Marktabgrenzung zurückgegriffen werden,[72] um aktuelle und potenzielle Wettbewerbsverhältnisse zu ermitteln.[73] Bei der Erbringung anderer Dienste bleibt dem Torwächter die Nutzung der genannten Daten weiterhin erlaubt.

4.3.2.2 Deinstallationsermöglichung, Art. 6 Abs. 3 DMA

Torwächter sind gem. Art. 6 Abs. 3 DMA verpflichtet, Endnutzern die Deinstallation von vorinstallierter Software sowie die Änderung von Standardeinstellungen zu ermöglichen. Beides muss „auf einfache Weise" möglich sein. Auf diese Weise soll eine Ausdehnung der Marktmacht des Torwächters auf andere Dienste unterbunden werden. Die Vorschrift berücksichtigt die Tendenz der Endnutzer, im Zweifel den bestehenden Zustand – also die vorinstallierte Software sowie die Standardeinstellungen – in Kauf zu nehmen, bevor der mit der Deinstallation bzw. Einstellungsänderung verbundene Aufwand auf sich genommen wird.[74]

Der Verbotstatbestand geht auf kartellrechtliche Verfahren gem. Art. 102 AEUV zurück. Z. B. hat das EuG in der Vorinstallation des *Microsoft Media Player* auf *Windows* einen Missbrauch der marktbeherrschenden Stellung erblickt.[75] Die Variante des Verbotstatbestands, die Standardeinstellungen adressiert, hat vor allem virtuelle Assistenten im Blick, bei denen Standardeinstellungen nach Ansicht der Kommission von Endnutzern länger genutzt würden.[76]

---

70 *Seip/Berberich*, GRUR Prax 2021, 44, 46.
71 Podszun/*Wolf-Posch*, 2023, Art. 6 DMA Rn. 6.
72 Siehe hierzu ▶ Abschn. 2.3.1.1.
73 Podszun/*Wolf-Posch*, 2023, Art. 6 DMA Rn. 9 f.
74 Podszun/*Herbers*, 2023, Art. 5 DMA Rn. 25: „*status quo bias*".
75 EuG v. 17.9.2007 – T-201/02, ECLI:EU:T:2007:289 – *Microsoft*.
76 Kommission, Abschlussbericht Sektoruntersuchung zum Internet der Dinge für Verbraucher, 2022, SWD(2022) 10 final, Rn. 457 f.

4.3.2.3 Gestattung der Installation von Apps, Art. 6 Abs. 4 DMA

Art. 6 Abs. 4 DMA verpflichtet Torwächter dazu, die Installation und Nutzung von Software-Anwendungen (Apps) Dritter auf ihrem Betriebssystem zu gestatten. Ferner müssen sie Geschäfte für Software-Anwendungen (App Stores) auf ihrem Betriebssystem ermöglichen. Dies umfasst das sog. *Sideloading*, also den Download von Anwendungen, ohne den App Store des Torwächters zu nutzen.[77]

▶ **Beispiel**

Betreibt ein Torwächter ein mobiles Betriebssystem, ist es ihm untersagt, den Download von App Stores von Drittanbietern zu verhindern.[78] ◀

Art. 6 Abs. 4 DMA will die Installation alternativer App Stores ermöglichen und so Wettbewerb schaffen.[79] Um Risiken für die **Sicherheit der Betriebssysteme** Rechnung zu tragen (z. B. durch Malware oder Fake Apps), bestimmt Art. 6 Abs. 4 UAbs. 2 DMA, dass der Torwächter Maßnahmen zum Schutz der Integrität seines Systems ergreifen darf.[80] Legt der Torwächter dar, dass solche Maßnahmen erforderlich sind, darf er auf diese Weise die Nutzungsmöglichkeit von Software-Anwendungen Dritter einschränken.

4.3.2.4 Selbstbevorzugungsverbot, Art. 6 Abs. 5 DMA

Art. 6 Abs. 5 DMA enthält ein Selbstbevorzugungsverbot. Torwächter dürfen beim Ranking eigene Angebote nicht gegenüber ähnlichen Leistungen Dritter bevorzugen. Vielmehr sind sie verpflichtet, das Ranking anhand transparenter, fairer und diskriminierungsfreier Bedingungen zu gestalten.

Kartellrechtliches „Vorbild" der Verbotsnorm ist das Verfahren in der Sache *Google Shopping*, in dem die Kommission und die Gerichte einen Marktbeherrschungsmissbrauch bejaht haben. Nach den getroffenen Feststellungen hat der marktbeherrschende Suchmaschinenbetreiber den eigenen Preisvergleichsdienst bei den Suchergebnissen höher gerankt als ähnliche Dienste dritter Anbieter.[81] ErwG 51 DMA verdeutlicht, dass das Selbstbevorzugungsverbot u. a. auch bei der Darstellung von Apps, die in App Stores angeboten werden, oder bei dem Ranking von News in sozialen Netzwerken relevant werden kann. Da der Verbotstatbestand sich auf **„ähnliche"** Produkte und Dienstleistungen Dritter bezieht, setzt er kein Wettbewerbsverhältnis zwischen Torwächter und gewerblichen Nutzern im kartellrechtlichen Sinne voraus.[82] Es ist hinreichend, wenn die Leistungen derselben übergeordneten Leistungskategorie angehören.[83]

---

77 Podszun/*Herbers*, 2023, Art. 6 DMA Rn. 53.
78 *Podszun/Bongartz/Kirk*, NJW 2022, 3249, 3252.
79 Podszun/*Herbers*, 2023, Art. 6 DMA Rn. 62.
80 Podszun/*Herbers*, 2023, Art. 6 DMA Rn. 77.
81 Kommission v. 27.6.2017 – AT.39740 – *Google Search (Shopping)*; EuGH v. 10.9.2024 – C-48/22 P, ECLI:EU:C:2024:726 – *Google Shopping*.
82 Podszun/*Heinz*, 2023, Art. 6 DMA Rn. 91.
83 Podszun/*Heinz*, 2023, Art. 6 DMA Rn. 91.

Das Verbot reicht nicht ebenso weit wie der Tatbestand in **§ 19a Abs. 2 Satz 1 Nr. 1 GWB**. Dieser beschränkt sich nicht auf die Selbstbevorzugung beim Ranking.[84]

4.3.2.5 Beschränkungsverbot von Wechselmöglichkeiten, Art. 6 Abs. 6 DMA

Torwächter sind gem. Art. 6 Abs. 6 DMA dazu verpflichtet, Endnutzern das **Wechseln von Apps und Diensten** zu ermöglichen, auf die über die zentralen Plattformdienste des Torwächters zugegriffen wird. Auf einem Betriebssystem muss der Torwächter Endnutzern ermöglichen, selbst einen Webbrowser auszuwählen. Er darf die Wahlmöglichkeit nicht auf solche Browser beschränken, zu deren Anbietern er in vertraglichen Beziehungen steht.[85]

Der Tatbestand erfasst nicht nur Handlungen des Torwächters, die das Wechseln von Apps und Diensten vollständig untersagen. Jedwede Beschränkung ist tatbestandsmäßig. Beispiele sind die Erschwerung des Zugangs zu einzelnen Apps und Diensten oder Einschränkungen ihrer Funktionen.[86] ErwG 53 betont, dass so die Produktvielfalt zugunsten der Endnutzer gefördert und Auswahlfreiheit sichergestellt wird. § 19a Abs. 2 Satz 1 Nr. 2 GWB kennt ein entsprechendes Verbot.

4.3.2.6 Interoperabilitätsverpflichtung, Art. 6 Abs. 7 DMA

Torwächter, die ein Betriebssystem oder einen virtuellen Assistenten bereitstellen und zugleich Dienste oder Hardware anbieten, auf die über die genannten zentralen Plattformdienste zugegriffen wird, sind gem. Art. 6 Abs. 7 DMA zur Interoperabilität verpflichtet. Das bedeutet, dass sie anderen Anbietern Interoperabilität mit den Funktionen, die sie selbst verwenden, zu ermöglichen haben.

> ▶ **Beispiel**
>
> Ein Sprachassistent muss von der App eines Drittanbieters ebenso verwendet werden können wie von der App, die der Torwächter anbietet.[87] ◀

Die Verhaltenspflicht verhindert, dass vertikal integrierte Torwächter aus ihrer Doppelrolle leistungsfremde Vorteile ziehen und den Zugang zu ihren Betriebssystemen oder einem virtuellen Assistenten verweigern. Dies würde Lock-in-Effekte kreieren und den Wettbewerb auf der nachgelagerten Marktstufe schwächen.[88]

4.3.2.7 Datenzugang für Anzeigekunden und Herausgeber, Art. 6 Abs. 8 DMA

Torwächter sind gem. Art. 6 Abs. 8 DMA dazu verpflichtet, Werbetreibenden und Herausgebern auf ihren Antrag hin kostenlos Zugang zu ihren Instrumenten zur Leistungsmessung und zu den Daten, die diese benötigen, um ihre eigene un-

---

84 Siehe ▶ Abschn. 3.3.2.3.
85 *Podszun/Bongartz/Kirk*, NJW 2022, 3249, 3252.
86 Podszun/*Herbers*, 2023, Art. 6 DMA Rn. 126.
87 *Podszun/Bongartz/Kirk*, NJW 2022, 3249, 3252.
88 Podszun/*Herbers*, 2023, Art. 6 DMA Rn. 137.

abhängige Überprüfung des Werbeinventars vorzunehmen, zu gewähren. Ebenso wie die Auskunftsansprüche aus Art. 5 Abs. 9, 10 DMA[89] dient der Datenzugangsanspruch dazu, die Werbeleistungen des Torwächters transparent zu gestalten. Dies erleichtert Werbetreibenden und Herausgebern den Leistungsvergleich. Der Unionsgesetzgeber geht gem. ErwG 58 DMA davon aus, dass die hergestellte Transparenz die Bereitschaft erhöht, zu konkurrierenden Plattformbetreibern zu wechseln.

4.3.2.8 Datenportabilität, Art. 6 Abs. 9 DMA

Torwächter müssen Endnutzern auf ihren Antrag hin kostenlos die effektive Übertragbarkeit der Daten ermöglichen, die diese bereitgestellt haben bzw. die infolge der Nutzung des zentralen Plattformdienstes generiert wurden.

> ▶ **Beispiel**
>
> Wechselt ein Nutzer die Verkaufsplattform, hat er einen Anspruch darauf, die Daten betreffend seine bisher getätigten Käufe auf die neue Verkaufsplattform zu übertragen.[90] ◄

Die Verpflichtung zur Datenportabilität soll sowohl das Wechseln zu konkurrierenden Plattformen als auch das *Multi-Homing* erleichtern und dadurch Marktzutrittsschranken senken. Zudem kann Art. 6 Abs. 9 DMA das Anliegen entnommen werden, Fairness in der Geschäftsbeziehung von Torwächter und Endnutzern zu fördern.[91]

4.3.2.9 Datenzugang für gewerbliche Nutzer und Suchmaschinenbetreiber, Art. 6 Abs. 10, 11 DMA

Art. 6 Abs. 10 DMA gewährt **gewerblichen Nutzern** gegenüber Torwächtern einen Anspruch auf kostenlosen, effektiven, hochwertigen und permanenten Echtzeitzugang zu Daten, die von den gewerblichen Nutzern bei Dienstenutzung bereitgestellt oder generiert werden. Durch den Datenzugang soll es gewerblichen Nutzern erleichtert werden, zu anderen Plattformbetreibern **zu wechseln**. Zudem können gewerbliche Nutzer durch Analyse der Daten ihr **Angebot verbessern**. Wettbewerbsvorsprünge des Torwächters werden so verringert. Art. 6 Abs. 10 DMA ergänzt das Verbot des Art. 6 Abs. 2 DMA, wonach der Torwächter die Nutzerdaten nicht „im Wettbewerb" mit den gewerblichen Nutzern verwenden darf.[92]

Art. 6 Abs. 11 DMA etabliert ein Datenzugangsrecht für **Online-Suchmaschinenbetreiber**. Torwächter, die eine Suchmaschine bereitstellen, müssen auf Antrag Zugang zu Ranking-, Anfrage-, Klick- und Ansichtsdaten in Bezug auf Suchergebnisse, die von Endnutzern über seine Online-Suchmaschine generiert

---

89 Siehe ▶ Abschn. 4.3.1.8.
90 Podszun/*Wolf-Posch*, 2023, Art. 6 DMA Rn. 178.
91 Podszun/*Wolf-Posch*, 2023, Art. 6 DMA Rn. 179.
92 Siehe ▶ Abschn. 4.3.2.1.

werden, gewähren. Die Zugangsbedingungen müssen fair, zumutbar und diskriminierungsfrei sein. Das Zugangsrecht besteht sowohl zugunsten von Online-Suchmaschinenbetreibern, die in einem Wettbewerbsverhältnis mit dem Torwächter stehen, als auch zugunsten solcher, die nicht mit ihm konkurrieren. Dahinter steht die wettbewerbsökonomische Erkenntnis, dass auf Suchmaschinenmärkten regelmäßig **starke Netzwerkeffekte** vorherrschen.[93] Je mehr Suchanfragen über eine Suchmaschine gestellt werden, desto treffsicherer werden der Algorithmus und damit die angezeigten Suchergebnisse, vgl. ErwG 61 DMA. Neue Suchmaschinenanbieter können daher nur schwer am Markt Fuß fassen. Wurden bislang nur eine geringe Anzahl an Suchanfragen über sie gestellt, sind die Suchergebnisse tendenziell von schlechterer Qualität. Durch das Datenzugangsrecht des Art. 6 Abs. 11 DMA soll es Online-Suchmaschinenbetreibern möglich werden, ihren eigenen Dienst zu optimieren.

4.3.2.10 Zugangsverpflichtung zu App-Stores, Online-Suchmaschinen und Online-Sozialen Netzwerken, Art. 6 Abs. 12 DMA

Art. 6 Abs. 12 DMA verpflichtet den Torwächter, gewerblichen Nutzern Zugang nach FRAND-Bedingungen zu Software-Anwendungen, Online-Suchmaschinen und sozialen Netzwerken zu gestatten. FRAND meint „faire, zumutbare und diskriminierungsfreie allgemeine" Bedingungen. Hintergrund der Zugangsverpflichtung ist, dass der Unionsgesetzgeber die genannten zentralen Plattformdienste derzeit als besonders vermachtet ansieht und ein vertragliches Ungleichgewicht zulasten der gewerblichen Nutzer verhindern will.[94] Die Verhaltenspflicht etabliert eine Inhaltskontrolle der Zugangsbedingungen des Torwächters.

4.3.2.11 Verpflichtung zu angemessenen Kündigungsbedingungen, Art. 6 Abs. 13 DMA

Um Nutzern die Wahlfreiheit zu sichern, dürfen die Kündigungsbedingungen für einen zentralen Plattformdienst gem. Art. 6 Abs. 13 DMA nicht unverhältnismäßig sein. ErwG 63 DMA konkretisiert dies dahingehend, dass die Kündigung eines Dienstes nicht komplizierter gestaltet sein darf als der Abonnementvorgang. Unverhältnismäßig sind die Bedingungen auch, wenn der Torwächter für die Beendigung von Verträgen zusätzliche Gebühren fordert.

4.3.3 Weitere Verhaltenspflichten

Weitere Verhaltenspflichten sind in **Art. 7 DMA** für Messenger-Dienste vorgesehen. Ein von einem Torwächter betriebener Messenger-Dienst muss eine Interoperabilitätsschnittstelle anbieten.[95] Nach Vorstellung des Unionsgesetzgebers sol-

---

93 Podszun/*Wolf-Posch*, 2023, Art. 6 DMA Rn. 256.
94 Podszun/*Schwab*, 2023, Art. 6 DMA Rn. 284.
95 *Podszun/Bongartz/Kirk*, NJW 2022, 3249, 3252.

len in einigen Jahren verschiedene Messenger-Dienste verknüpft sein, also etwa eine Nachricht von *WhatsApp* an den Dienst *Signal* und umgekehrt geschickt werden können.

Art. 14 DMA etabliert eine Informationspflicht betreffend Zusammenschlüsse. Der DMA sieht keine Zusammenschlusskontrolle vor. Die Untersagung von Zusammenschlüssen bleibt der kartellrechtlichen Kontrolle gem. Art. 1 ff. FKVO vorbehalten.[96] Der DMA verpflichtet Torwächter aber, die Kommission über jeden geplanten Zusammenschluss iSv Art. 3 FKVO[97] zu informieren, wenn die beteiligten Unternehmen zentrale Plattformdienste bereitstellen oder sonstige Dienste im digitalen Sektor erbringen oder die Erhebung von Daten ermöglichen. Für die Informationspflicht ist es irrelevant, ob der Zusammenschluss die Umsatzschwellen des Art. 1 FKVO[98] oder eines nationalen Zusammenschlusskontrollregimes erfüllt, vgl. Art. 14 Abs. 1 UAbs. 1 2. HS DMA.

Die Informationspflicht steht in Zusammenhang mit **Art. 22 FKVO**. Danach kann ein Mitgliedsstaat ein Vorhaben, das nicht in die Zuständigkeit des europäischen Zusammenschlusskontrollregimes fällt,[99] zur Prüfung an die Kommission verweisen. Durch Art. 14 DMA erhalten die Kommission bzw. die nationalen Wettbewerbsbehörden ggfs. Kenntnis von wettbewerbsrelevanten Zusammenschlüssen, die die Aufgreifschwellen nicht erfüllen. Ferner erhält die Kommission durch die Meldepflicht weitere **Informationen über zentrale Plattformdienste**, die für Notifizierungsentscheidungen und Marktuntersuchungen potenziell relevant sind.

4.4 Rechtsfolgen

4.4.1 Verwaltungsrechtliche Folgen

Grundsätzlich werden EU-Verordnungen durch die Mitgliedsstaaten vollzogen. Dies ist Ausdruck des Subsidiaritätsgrundsatzes. Ausnahmsweise kann der Vollzug der Kommission auferlegt werden. Dies muss die Verordnung explizit vorsehen. So verhält es sich bei dem DMA. Er überantwortet den Vollzug ausschließlich der Kommission.

Die Kommission ist gem. **Art. 29 DMA** befugt, einen **Nichteinhaltungsbeschluss** zu erlassen, wenn ein Torwächter eine Pflicht aus Art. 5, 6, 7 DMA nicht erfüllt. Er wird im Beratungsverfahren nach Art. 50 Abs. 2 DMA erlassen. Hierbei ist eine Stellungnahme des Beratenden Ausschusses für Digitale Märkte einzuholen. Im Beschluss hat die Kommission eine angemessene Frist festzusetzen, in der der Torwächter die Zuwiderhandlung abzustellen hat.

---

96 Siehe ▶ Abschn. 2.4.
97 Siehe ▶ Abschn. 2.4.2.1.
98 Siehe ▶ Abschn. 2.4.2.2.
99 Siehe ▶ Abschn. 2.4.4.4.

4.4 · Rechtsfolgen

Abhilfemaßnahmen kann die Kommission gem. Art. 18 Abs. 1 Satz 3 DMA nur verhängen, wenn ein Torwächter systematisch gegen Verhaltenspflichten verstoßen hat und seine Position beibehalten, gestärkt oder ausgeweitet hat.[100] Dies ist ein Unterschied zum kartellrechtlichen Rechtsfolgenregime aus Art. 7 VO 1/2003.[101] Gem. Art. 18 Abs. 3 DMA wird eine systematische Zuwiderhandlung vermutet, wenn die Kommission in einem Zeitraum von **acht Jahren** mindestens **drei Nichteinhaltungsbeschlüsse** gegen den Torwächter erlassen hat. Der Wortlaut des Art. 18 DMA macht nicht deutlich, ob die systematische Zuwiderhandlung ursächlich dafür sein muss, dass der Torwächter seine Position beibehalten, gestärkt oder ausgeweitet hat. Hierfür spricht, dass die systematische Nichteinhaltung nur dann besondere Gefahren für die Ziele der Bestreitbarkeit und Fairness birgt, wenn der Torwächter durch die Rechtsverstöße seine Positionen jedenfalls beibehalten oder sogar stärken konnte.[102]

> **Merke**
> Anders als nach Art. 7 VO 1/2003 sind Abhilfemaßnahmen gem. Art. 18 DMA nur bei systematischer Zuwiderhandlung eines Torwächters gegen die Pflichten aus Art. 5, 6, 7 DMA möglich.

Verhaltensbezogene Abhilfemaßnahmen können ein Unterlassen oder ein positives Tun von dem Torwächter fordern. Auch ein befristetes Zusammenschlussverbot kann verhängt werden. Zu strukturellen Abhilfemaßnahmen gehört die Anordnung, einen Unternehmensteil auszugliedern. Bei der Wahl der Abhilfemaßnahmen hat die Kommission den Verhältnismäßigkeitsgrundsatz zu wahren.[103]

Um Abhilfemaßnahmen zu verhängen, bedarf es eines besonderen Verfahrens: Die Kommission hat die systematische Nichteinhaltung im Rahmen einer **Marktuntersuchung gem. Art. 18 DMA** zu prüfen.[104] Im Fall der einfachen Zuwiderhandlung muss sich die Kommission auf den Erlass einer Abstellungsverfügung beschränken. Dies entspricht der Vorgehensweise bei einigen kartellrechtlichen Verfahren gem. Art. 102 AEUV, die „Vorbilder" für die Verhaltenspflichten aus Art. 5, 6 DMA waren.[105]

Ein Torwächter kann im Falle von systematischen Zuwiderhandlungen zudem **Verpflichtungszusagen** gem. **Art. 25 DMA** anbieten. Es liegt an der Kommission zu entscheiden, ob die angebotenen Zusagen geeignet sind, die systematische Nichteinhaltung abzustellen. Bei einfachen Zuwiderhandlungen kann die Kommission hingegen nur einen Nichteinhaltungsbeschluss erlassen; Torwächter haben inso-

---

100 Siehe ▶ Abschn. 3.5.1.
101 MüKo-WettbR/*Bueren/Weck*, 4. Aufl. 2022, Art. 5 DMA Rn. 18.
102 Steinrötter/*Legner*, Europäische Plattformregulierung, 2023, § 14 Rn. 41.
103 Steinrötter/*Legner*, Europäische Plattformregulierung, 2023, § 14 Rn. 89.
104 Siehe ▶ Abschn. 4.5.1.
105 Z. B. Kommission v. 27.6.2017 – AT.39740 – *Google Search (Shopping)*; Kommission v. 18.7.2018, AT. 40099 – *Google Android*; Kommission v. 20.3.2019 – AT.40411 – *Google Search (AdSense)* (aufgehoben durch EuG v. 18.9.2024 – T-334/19 P, ECLI:EU:T:2024:634 – *Google AdSense for Search.*).

weit nicht die Möglichkeit, Verpflichtungszusagen abzugeben. Dies trägt zu der zügigen Abstellung der Zuwiderhandlung bei.[106]

4.4.2 Bußgeldrechtliche Folgen

Hat ein Torwächter schuldhaft gegen Verhaltenspflichten verstoßen, kann die Kommission gem. **Art. 30 Abs. 1 lit. a) DMA** ein Bußgeld verhängen. Die Geldbuße darf höchstens 10 % des im vorausgegangenen Geschäftsjahr weltweit erzielten Gesamtumsatzes des Torwächters betragen. Dies entspricht der Bußgeldhöhe, die Art. 23 Abs. 2 VO 1/2003 für Kartellrechtsverstöße vorsieht.[107] Begeht der Torwächter innerhalb von acht Jahren eine **erneute Zuwiderhandlung**, die identisch oder ähnlich ist, und denselben zentralen Plattformdienst betrifft, kann die Buße gem. **Art. 30 Abs. 2 DMA** bis zu 20 % des Jahresumsatzes betragen.

Ein Bußgeld in Höhe von maximal 10 % kann gem. Art. 30 Abs. 1 DMA ferner verhängt werden, wenn der Torwächter im Verfahren nach Art. 18 DMA Abhilfemaßnahmen nicht nachkommt oder für verbindlich erklärte Verpflichtungszusagen (vgl. Art. 25 DMA) nicht einhält.

Bei schuldhaften **formellen Verstößen** – z. B. gegen die Informationspflicht aus Art. 14 DMA in Bezug auf Zusammenschlussvorhaben[108] oder die rechtzeitige Auskunftsmitteilung im Notifizierungsverfahren nach Art. 3 DMA[109] – kann eine Geldbuße von bis zu 1 % des weltweiten Jahresumsatzes verhängt werden.

Bei der **Bußgeldbemessung** sind gem. Art. 30 Abs. 4 DMA die Schwere, die Dauer und eine etwaige Wiederholung der Zuwiderhandlung einzustellen. Handelt es sich um einen formellen Verstoß, ist ferner die damit ggfs. verbundene Verfahrensverzögerung zu berücksichtigen. Bußgelderhöhend wirken sich wiederholte Zuwiderhandlungen aus.[110] Zugunsten des Torwächters sollte mindernd in Ansatz gebracht werden, wenn er die Zuwiderhandlung fahrlässig (also nicht vorsätzlich) begangen hat.

4.4.3 Zivilrechtliche Folgen

4.4.3.1 Unionsrechtliche Vorgaben

Anfangs war umstritten, ob die Verhaltenspflichten des DMA auch auf zivilrechtlichem Wege vor den nationalen Gerichten durchgesetzt werden können.[111] Der DMA schweigt dazu weitgehend. Einige Vorschriften lassen jedoch erkennen, dass der Unionsgesetzgeber von der Möglichkeit eines *private enforcement* ausgeht. So

---

106 Steinrötter/*Legner*, Europäische Plattformregulierung, 2023, § 14 Rn. 92.
107 Siehe ▶ Abschn. 2.5.2.
108 Siehe ▶ Abschn. 4.3.3.
109 Siehe ▶ Abschn. 4.2.4.1.
110 Steinrötter/*Milde*, Europäische Plattformregulierung, 2023, § 14 Rn. 51.
111 *Körber*, NZKart 2021, 436; *Zimmer/Göhsl*, ZWeR 2021, 29, 52.

thematisiert **Art. 39 DMA** die Kooperation zwischen nationalen Gerichten und der Kommission. Einer solcher Kooperation bedarf es nur, wenn nationale Gerichte mit den Vorschriften des DMA befasst sein werden.[112] Auch ErwG 42 statuiert, dass es „das Recht der gewerblichen Nutzer und Endnutzer […] zu schützen [gilt], Bedenken wegen unfairer Praktiken von Torwächtern, die Fragen der Nichteinhaltung des einschlägigen Unionsrechts oder nationalen Rechts aufwerfen, bei den zuständigen Verwaltungsstellen oder Behörden einschließlich nationaler Gerichte geltend zu machen." Letztlich ergibt sich bereits aus den allgemeinen Grundsätzen des Unionsrechts, dass eine privatrechtliche Durchsetzung zu ermöglichen ist. Der **Effektivitätsgrundsatz** gebietet es, dass der DMA als unmittelbar geltendes Unionsrecht auch privatrechtlich durchgesetzt werden kann.[113] Es ist nicht zu erwarten, dass eine ausschließlich behördliche Durchsetzung die wirksame Durchsetzung sicherstellen wird.[114]

4.4.3.2 Umsetzung in §§ 33 ff. GWB

Überblick

Der deutsche Gesetzgeber hat mit der 11. GWB-Novelle von 2023 den Rahmen für die privatrechtliche Durchsetzung in §§ 33 ff. GWB geschaffen.[115] Dabei hat er den Äquivalenzgrundsatz zu beachten, vgl. Art. 4 Abs. 3 EUV. Die Rechte aus dem DMA müssen ebenso einklagbar sein wie subjektive Rechte aus gleichartigen nationalen Normen.[116]

Der Unterlassungs- und Beseitigungsanspruch aus **§ 33 Abs. 1 GWB** ist seit 2023 auf Verstöße gegen Art. 5, 6, 7 DMA anwendbar. Gem. **§ 33a Abs. 1 GWB** kann Schadensersatz bei einem schuldhaften Verstoß gegen die Pflichten des DMA gefordert werden. Die Aufnahme der Verhaltenspflichten aus Art. 6 DMA in §§ 33, 33a GWB zeigt, dass die Möglichkeit, die Pflichten gem. Art. 8 DMA im regulatorischen Dialog mit der Kommission zu konkretisieren, ihrem selbstdurchsetzenden Charakter nicht entgegensteht.[117] Die Voraussetzungen, die die Rechtsprechung für die private Durchsetzung einer unionalen Regelung verlangt, nämlich dass sie „*eindeutig, genau und unbedingt*"[118] ist, sind verwirklicht.

§ 33b GWB erstreckt die **Bindungswirkung von Kommissionsentscheidungen** auf Torwächter-Benennungen gem. Art. 3 DMA sowie auf **Feststellungen von Verstößen** gegen Art. 5, 6, 7 DMA. Während Feststellungen der Kommission zu Verstößen gegen Verhaltenspflichten aus dem DMA nicht zwingend vorhanden sein müssen, um eine privatrechtliche Klage anzustrengen (auch *Stand-alone*-Klagen

---

112 *Becker*, ZEuP 2023, 403, 406.
113 EuGH v. 20.9.2001 – C-453/99, ECLI:EU:C:2001:465, Rn. 23 ff. – *Courage und Crehan*; EuGH v. 13.7.2006 – C-295/04 u. a., ECLI:EU:C:2006:461, Rn. 58 ff. – *Manfredi*.
114 *Becker*, ZEuP 2024, 403, 406.
115 Siehe ▶ Abschn. 4.4.3.2.
116 EuGH v. 14.3.2019 – C-724/17, ECLI:EU:C:2019:204 – *Skanska*.
117 Vgl. *Schweitzer*, ZEuP 2021, 503, 541.
118 GA Geelhoed v. 13.12.2001 – C-253/00, ECLI:EU:C:2001:697, Rn. 37 – *Muñoz und Superior Fruiticola*.

sind möglich), bedarf es zwingend der **Torwächter-Benennung** des beklagten Unternehmens durch die Kommission.[119] Erst mit der Benennung wird das Unternehmen Adressat der Pflichten des DMA. Keine Bindungswirkung entfalten Entscheidungen über Verpflichtungszusagen gem. Art. 25, 18 Abs. 6 DMA.[120] Sie sollten entsprechend der zum Kartellrecht ergangenen Entscheidung in der Sache *Gasorba*[121] aber als Indiz oder Anscheinsbeweis im Rahmen der Würdigung eines DMA-Verstoßes herangezogen werden.[122] Spezifizierungen der Verhaltenspflichten aus Art. 6 DMA im Rahmen des regulatorischen Dialogs haben an der Bindungswirkung des § 33b GWB nicht teil.

§ 33g GWB, der Ansprüche auf Herausgabe von Beweismitteln und Erteilung von Auskünften vorsieht, wurde durch den Verweis auf § 33a GWB ebenfalls auf Verstöße gegen den DMA erstreckt. Die Verjährungsvorschriften aus § 33h Abs. 1–5 GWB greifen auch für DMA-Verstöße. Danach beträgt die Verjährungsfrist für Ansprüche aus §§ 33 Abs. 1, 33a Abs. 1 GWB im Grundsatz fünf Jahre.

Anspruchsberechtigung

Jeder **Betroffene** kann Unterlassung und Schadensersatz gem. §§ 33 Abs. 1, 33a Abs. 1 GWB fordern. § 33 Abs. 3 GWB konkretisiert die Betroffenheit dahingehend, dass jedem, der als Mitbewerber oder sonstiger Marktbeteiligter durch den Verstoß beeinträchtigt wird, Ansprüche zustehen. Wer von einem Verstoß gegen die Pflichten des DMA betroffen ist, hängt von der konkreten Verhaltenspflicht ab. Einige Bestimmungen, wie das Verbot der Datennutzung aus Art. 6 Abs. 2 DMA oder das Verbot der Werbebehinderung aus Art. 5 Abs. 4 DMA, betreffen ausschließlich gewerbliche Nutzer. Bei einigen Verboten wird der Kreis der Betroffenen noch enger zu ziehen sein. Beispiele sind die Datenzugangsansprüche aus Art. 5 Abs. 9, 10 DMA, die nur Werbetreibenden und Herausgebern zustehen. Bei Verstößen gegen andere Verhaltenspflichten sind auch oder ausschließlich Endnutzer betroffen. Beispiele sind das Verbot der Einschränkung von Rechtsbehelfen, Art. 5 Abs. 6 DMA, und das Gebot, Deinstallationen zu ermöglichen, Art. 6 Abs. 2 DMA.

Schaden

Den Schaden hat der Anspruchssteller darzulegen und zu beweisen. Die Schadensposten, die durch Verstöße gegen den DMA eintreten können, sind höchst unterschiedlich. Sie hängen von der konkreten Zuwiderhandlung ab.

Für Verstöße gegen das Kartellverbot sieht § 33a Abs. 2 GWB eine **Schadensvermutung** vor. Sie findet auf die Verhaltenspflichten des DMA **keine Anwendung**. Dies ist rechtspolitisch umstritten. Erfahrungen mit der privatrechtlichen Durchsetzung des Kartellrechts haben gezeigt, dass der Nachweis eines Schadens selbst bei *Follow-on*-Klagen erhebliche Hürden birgt. Ähnliches könnte auch bei der

---

119 *Richter/Gömann*, NZKart 2023, 208, 209.
120 *Richter/Gömann*, NZKart 2023, 208, 211.
121 EuGH v. 23.11.2017 – C-547/16, ECLI:EU:C:2017:891, Rn. 29 – *Gasorba*.
122 *Richter/Gömann*, NZKart 2023, 208, 211.

Durchsetzung des DMA zu erwarten sein. Auf der einen Seite ist zuzugeben, dass die Verbote eher dem Missbrauchsverbot aus §§ 19 ff. GWB, Art. 102 AEUV nahestehen, auf die sich die Vermutung des § 33a Abs. 2 GWB nicht erstreckt. Hinzu kommt, dass die Verhaltenspflichten sehr heterogen sind. Sie greifen unterschiedliche Handlungen zugunsten verschiedener Akteure auf. Auf der anderen Seite geht der Gesetzgeber davon aus, dass die Verhaltenspflichten typischerweise die Bestreitbarkeit und Fairness auf digitalen Märkten stark beeinträchtigen.[123] Daher ist zumindest über die Einführung einer gesetzlichen Vermutung für die Schadensentstehung nachzudenken. Die Schadenshöhe unterliegt gem. § 287 BGB der richterlichen Schätzung.

Verhältnis zur Kartellrechtsdurchsetzung

Auch für Kartellrechtsverstöße stehen den Betroffenen die Unterlassungs-, Beseitigungs- und Schadensersatzansprüche aus §§ 33, 33a GWB zu.[124] Da dieselbe Verhaltensweise sowohl gegen die Verhaltenspflichten des DMA als auch gegen kartellrechtliche Verbote verstoßen kann, fragt sich, inwieweit sich Wechselwirkungen zwischen parallel angestrengten Verfahren auf der Grundlage des Kartellrechts einerseits und des DMA andererseits ergeben. Gegenwärtig bestehen diesbezüglich viele offene Fragen. Beispielsweise wird zu klären sein, inwieweit Offenlegungsansprüche und die dadurch erlangten Beweismittel aus einem kartellrechtlichen Verfahren in einem parallel angestrebten DMA-Verfahren genutzt werden können. Letztlich erschiene eine saubere Verfahrenstrennung wünschenswert, zumal der DMA komplementäre Ziele verfolgt.

4.4.3.3 Verbandsklage

Die Verhaltenspflichten des DMA stehen einer kollektiven Rechtsdurchsetzung offen. Der deutsche Gesetzgeber hat den DMA als „Verbraucherschutzgesetz" in **§ 2 Abs. 2 Nr. 56 UKlaG** aufgenommen. Demnach können die nach § 3 UKlaG berechtigten Stellen aus § 2 Abs. 1 UKlaG auf Beseitigung und Unterlassung klagen. Ferner steht es den nach § 2 VDuG klageberechtigten Stellen zu, Abhilfeklagen und Musterfeststellungsklagen aus § 1 Abs. 1 VDuG zu erheben. Der DMA findet sich in **Anhang I Nr. 67 der Verbandsklagen-RL**[125] (eingefügt durch Art. 52 DMA). Zugleich erklärt **Art. 42 DMA** die Verbandsklagen-RL auf Verbandsklagen gegen Verstöße aus Art. 5, 6, 7 DMA, die die Kollektivinteressen der Verbraucher beeinträchtigen, für anwendbar.

---

123 *Richter/Gömann*, NZKart 2023, 208, 212.
124 Siehe ▶ Abschn. 2.5.3. und 3.5.3.
125 Richtlinie (EU) 2020/1828 des Europäischen Parlaments und des Rates vom 25. November 2020 über Verbandsklagen zum Schutz der Kollektivinteressen der Verbraucher, ABl. EU 2020 Nr. L 409/1.

4.5 Verfahren

4.5.1 Verwaltungsverfahren

4.5.1.1 Ermittlungsverfahren

Der Erlass eines Nichteinhaltungsbeschlusses gem. Art. 29 DMA setzt voraus, dass die Kommission ein Ermittlungsverfahren durchgeführt hat. Das Verfahren wird nach Art. 20 DMA **durch Beschluss eingeleitet**. Der Nichteinhaltungsbeschluss soll gem. Art. 29 Abs. 2 DMA spätestens **12 Monate** nach Verfahrenseröffnung erlassen werden. Während des Verfahrens hat die Kommission dem Torwächter eine vorläufige Beurteilung zu übermitteln, vgl. Art. 29 Abs. 3 DMA.

Der Kommission stehen weitreichende Ermittlungsbefugnisse zu. Sie kann von diesen bereits vor der förmlichen Verfahrenseinleitung Gebrauch machen. Es bedarf jedoch es eines **Anfangsverdachts**.[126] Ein Anfangsverdacht kann sich aus eigenen Marktbeobachtungen der Kommission ergeben. Möglich ist auch, dass er auf Mitteilungen Dritter gem. Art. 27 DMA beruht.

Gem. Art. 21 DMA kann die Kommission im Rahmen ihrer Ermittlungen **Auskünfte** verlangen. Dies ist ihr sowohl durch ein einfaches Auskunftsverlangen (Art. 21 Abs. 1 DMA) als auch durch einen förmlichen Auskunftsbeschluss (Art. 21 Abs. 3 DMA) möglich. Im Unterschied zu Art. 20 VO 1/2003 kann sich das Auskunftsbegehren explizit auf „Daten, Algorithmen und Informationen über Tests" erstrecken. Die Kommission kann ferner **Befragungen** vornehmen und die Aussagen der befragten Personen aufzeichnen, vgl. Art. 22 DMA. Voraussetzung ist, dass die betroffene Person in die Befragung einwilligt. Art. 23 DMA ermächtigt die Kommission zur Durchführung von **Nachprüfungen**. Die betroffenen Unternehmen haben diese zu dulden. Mit der Befugnis geht u. a. das Recht der Kommission einher, die Räumlichkeiten des Unternehmens zu betreten, Geschäftsunterlagen zu prüfen und Kopien zu fertigen. Zudem darf sie verlangen, dass die Beschäftigten des Unternehmens ergänzende Erläuterungen darbieten. Damit entsprechen die Befugnisse aus Art. 23 DMA weitgehend denen des Art. 20 VO 1/2003.

> **Aktuelle Entwicklungen**
>
> Am 25.3.2024 hat die Kommission erste Ermittlungsverfahren gem. Art. 20 Abs. 1 DMA gegen *Meta, Apple* und *Alphabet* eingeleitet.[127]
>
> Das Verfahren gegen *Meta* betrifft das Verbot der Datenkombination aus Art. 5 Abs. 2 DMA. Die Kommission will untersuchen, ob der Torwächter den Nutzern, die nicht zur Erteilung einer Einwilligung bereit sind, eine gleichwertige Alternative seines Dienstes anbietet.

---

126 Steinrötter/*Milde*, Europäische Plattformregulierung, 2023, § 15 Rn. 7.
127 ▶ https://ec.europa.eu/commission/presscorner/detail/de/ip_24_1689 (3.4.2024).

Gegen *Apple* ermittelt die Kommission nach eigenen Aussagen wegen eines möglichen Verstoßes sowohl gegen das Verbot der Werbebehinderung aus Art. 5 Abs. 4 DMA als auch gegen Art. 6 Abs. 3 DMA, wonach Endnutzern die einfache Deinstallation von Anwendungen sowie die Änderung von Standardeinstellungen möglich sein muss. Dabei will die Kommission klären, ob *„Maßnahmen von Apple, einschließlich der Gestaltung des Webbrowsers-Auswahlbildschirms"* Nutzer daran hindern, ihre Dienste frei zu wählen.

Mit Blick auf *Alphabet* untersucht die Kommission ebenfalls einen Verstoß gegen das Verbot der Werbebehinderung aus Art. 5 Abs. 4 DMA. Zudem will sie klären, ob *„die Anzeige der Google-Suchergebnisse durch Alphabet zu einer Bevorzugung nachgelagerter eigener Suchdienste (z. B. für Waren, Flüge oder Hotels) gegenüber ähnlichen Suchfunktionen konkurrierender Anbieter führt"* und daher ein Verstoß gegen das Verbot der Selbstbevorzugung aus Art. 6 Abs. 5 DMA vorliegt.

In ihrer Pressemitteilung vom 25.3.2024 hat die Kommission ferner mitgeteilt, dass sie derzeit Informationen für zwei weitere potenzielle Verfahren zusammenträgt:

- Verstoß von *Amazon* gegen Art. 6 Abs. 5 DMA durch Bevorzugung eigener Markenprodukte auf dem *Amazon-Store*
- Verstoß der neuen Gebührenstruktur von *Apple* gegen Art. 6 Abs. 4 DMA durch Behinderung alternativer App Stores und des Vertriebs von Apps aus dem Internet

Gem. **Art. 24 DMA** kann die Kommission **einstweilige Maßnahmen** erlassen. Hierzu bedarf es eines dringenden Falls, bei dem „die Gefahr eines schweren und nicht wiedergutzumachenden Schadens für gewerbliche Nutzer oder Endnutzer" besteht. Diese Voraussetzungen sind als hoch zu bewerten.[128] Zudem muss sich aus einer summarischen Prüfung ein Verstoß gegen Art. 5, 6, 7 DMA ergeben. Der Ausnahmecharakter einstweiliger Maßnahmen wird dadurch gestärkt, dass die Kommission nicht allein über den Erlass entscheidet, sondern den Beratenden Ausschuss für digitale Märkte einbinden muss (vgl. Art. 24 Satz 3, Art. 50 Abs. 2 DMA).

Der Nichteinhaltungsbeschluss gem. Art. 29 DMA kann mit der **Nichtigkeitsklage gem. Art. 263 Abs. 4 AEUV** angefochten werden.[129] Die Klage hat keine aufschiebende Wirkung. Der Beschluss nach Art. 20 DMA kann grundsätzlich ebenfalls angefochten werden; dies dürfte in der Praxis jedoch kaum relevant werden, da er nicht rechtswidrig sein wird.[130]

4.5.1.2 Marktuntersuchungen

Mit Marktuntersuchungen sieht der DMA ein spezielles Verfahren vor, das der vertieften Untersuchung digitaler Marktstrukturen sowie der Feststellung systematischer Zuwiderhandlungen dient. Es handelt sich um ermittlungsintensive Ver-

---

128 Steinrötter/*Milde*, Europäische Plattformregulierung, 2023, § 15 Rn. 84.
129 Podszun/*Podszun*, 2023, Art. 29 DMA Rn. 15.
130 Podszun/*Podszun*, 2023, Art. 20 DMA Rn. 4.

fahren, die insoweit eine Parallele zu den kartellrechtlichen Sektoruntersuchungen gem. Art. 17 VO 1/2003, § 32e GWB aufweisen. Sektoruntersuchungen unterscheiden sich aber in ihrer Zielsetzung von Marktuntersuchungen. Sie dienen ausschließlich der sektorspezifischen Analyse von Wettbewerbsbedingungen.

Marktuntersuchungen kann die Kommission aus drei Gründen einleiten. Eine **Marktuntersuchung gem. Art. 17 DMA** ist in zwei Fällen zur **Torwächter-Benennung** erforderlich.[131] Erstens bedarf es einer Marktuntersuchung, wenn die Kommission ein Unternehmen als Torwächter benennen will, das einen oder alle Schwellenwerte des Vermutungstatbestands aus Art. 3 Abs. 2 DMA nicht erreicht. Zweitens bedarf es einer Marktuntersuchung, wenn das besagte Unternehmen die Schwellenwerte zwar erreicht, aber substanziierte Argumente vorbringt, um die Vermutung zu widerlegen. Maßstab für die Prüfung der Torwächter-Stellung ist der Kriterienkatalog in Art. 3 Abs. 8 DMA.[132]

Eine **Marktuntersuchung gem. Art. 18 DMA** leitet die Kommission ein, um eine **systematische Zuwiderhandlung** eines Torwächters gegen die Verhaltenspflichten festzustellen. Liegt eine solche Zuwiderhandlung vor, ist die Kommission nach Abschluss der Marktuntersuchung befugt, Abhilfemaßnahmen zu verhängen.[133]

Der DMA will mit der Schnelllebigkeit des digitalen Sektors Schritt halten. Daher sieht die Verordnung Mechanismen vor, um etwaigen **Aktualisierungsbedarf der Vorschriften** zeitnah aufzudecken. Diesem Zweck dient die **Marktuntersuchung gem. Art. 19 DMA**. Mit ihr klärt die Kommission, ob weitere Dienste in die Liste zentraler Plattformdienste gem. Art. 2 Nr. 2 DMA aufgenommen werden sollten, oder ob weitere Praktiken existieren, die der Bestreitbarkeit und Fairness zuwiderlaufen, aber von der aktuell geltenden Fassung der Art. 5, 6, 7 DMA nicht verboten werden.

Marktuntersuchungen werden gem. Art. 16 DMA durch einen Beschluss eingeleitet. Der Wortlaut des Art. 16 DMA fordert keinen Anfangsverdacht für die Untersuchungseinleitung. Dennoch sollte verlangt werden, dass spezifische Anhaltspunkte für die Verwirklichung des jeweiligen Anlasses der Marktuntersuchung gegeben sind.[134] Der Kommission stehen die Ermittlungsbefugnisse aus Art. 21 ff. DMA zur Verfügung. Abhängig von dem Untersuchungsgrund variiert die vorgesehene Höchstdauer. Marktuntersuchungen zur Torwächter-Benennung sind, sofern sie infolge Widerlegung der Vermutung aus Art. 3 Abs. 2 DMA eingeleitet wurden, gem. Art. 17 Abs. 3 DMA innerhalb von **fünf Monaten** zu Ende zu bringen. Handelt es sich um ein Unternehmen, das die Schwellenwerte des Vermutungstatbestands nicht erreicht, bemüht sich die Kommission um eine maximale Untersuchungsdauer von **12 Monaten**, vgl. Art. 17 Abs. 1 DMA. Dies entspricht der Dauer, die für Marktuntersuchungen infolge systematischer Zuwiderhandlung vorgesehen ist, vgl. Art. 18 Abs. 1 DMA. Die längsten Fristen sieht Art. 19 DMA

---

131 Dazu bereits ▶ Abschn. 4.2.4.1.
132 Im Detail ▶ Abschn. 4.2.3.3.
133 Im Detail ▶ Abschn. 4.4.1.
134 Steinrötter/*Legner*, Europäische Plattformregulierung, 2023, § 14 Rn. 52; *Zober*, NZKart 2021, 611, 613.

für Marktuntersuchungen in Bezug auf neue Dienste und neue Praktiken vor. Um Änderungsvorschläge des DMA zu erarbeiten, kann sich die Kommission bis zu **18 Monaten** Zeit nehmen, vgl. Art. 19 Abs. 3 DMA.

4.5.1.3 Ermittlungen nationaler Wettbewerbsbehörden

Das Bundeskartellamt kann gem. **§ 32g Abs. 1 GWB** ein Verwaltungsverfahren zur Ermittlung von **Verstößen gegen die Verhaltenspflichten aus Art. 5, 6, 7 DMA** einleiten (sog. Annexkompetenz). Dafür stehen dem Amt die regulären Ermittlungsbefugnisse zur Verfügung. Der Gesetzgeber geht davon aus, dass ein solches Verfahren parallel zur Ermittlung von Verstößen gegen § 19a GWB geführt werden kann.[135]

Ergeben die Ermittlungen, dass ein Verstoß gegen den DMA verwirklicht ist, obliegt es jedoch nicht dem Bundeskartellamt, eine Abstellungsverfügung zu erlassen. Dies bleibt ausschließlich der Kommission vorbehalten (vgl. Art. 29 DMA). Daher beendet das Bundeskartellamt seine Untersuchung mit der **Übermittlung eines Berichts an die Kommission**, vgl. § 32g Abs. 3 GWB. Die unionsrechtliche Grundlage für § 32g GWB findet sich in **Art. 38 Abs. 7 DMA**.

> **Merke**
>
> Auch wenn das Bundeskartellamt Rechtsverstöße gegen den DMA gem. § 32g GWB zum Gegenstand seiner Ermittlung machen kann, hat es **keine Befugnis, Verstöße abzustellen oder zu bebußen**.

Art. 38 DMA enthält weitere Vorgaben zur Zusammenarbeit der nationalen Wettbewerbsbehörden und der Kommission. Sie betreffen **Verfahren infolge kartellrechtlicher Verstöße** (insbesondere Art. 102 AEUV, §§ 19, 19a GWB), die gegen Torwächter eingeleitet werden.[136] Da typischerweise dieselben oder ähnliche Verhaltensweisen Gegenstand beider Verfahren sein werden, ist die nationale Wettbewerbsbehörde gem. Art. 38 Abs. 2, 3 DMA verpflichtet, die Kommission **über die Verfahrenseinleitung zu informieren**. Eine Beschränkung ihrer Befugnisse geht damit nicht einher. Dies gilt auch für die Entscheidung des Bundeskartellamts, eine Geldbuße zu verhängen.

> **Merke**
>
> Das Bundeskartellamt kann unbeschadet der Benennung eines Unternehmens als Torwächter Verfahren gem. Art. 102 AEUV, §§ 19, 19a GWB einleiten. Es besteht gem. Art. 38 Abs. 2, 3 DMA eine Mitteilungspflicht gegenüber der Kommission.

4.5.2 Bußgeldverfahren

Um einen Torwächter gem. Art. 30 DMA zu bebußen, hat die Kommission ein Verfahren gem. Art. 20 Abs. 1 DMA durch Beschluss einzuleiten. Sofern die Kom-

---

135 Regierungsbegründung zur 11. GWB-Novelle, BT-Drs. 20/6824, 37.
136 Zur parallelen Anwendbarkeit von DMA und § 19a GWB siehe 4.1.2.1.

mission das Bußgeld wegen materiellrechtlichen Verstoßes gegen Art. 5, 6, 7 DMA verhängen will, bedarf es zudem eines Nichteinhaltungsbeschlusses gem. Art. 29 DMA. Der Bußgeldbescheid kann direkt mit dem Nichteinhaltungsbeschluss verbunden werden.

Der Bußgeldbescheid kann mit der **Nichtigkeitsklage** gem. Art. 263 Abs. 4 AEUV angefochten werden. Erstinstanzlich ist das EuG zuständig. In zweiter Instanz entscheidet der EuGH. Gem. Art. 45 DMA kann er Ermessensentscheidungen uneingeschränkt nachprüfen.

Sowohl das Kartellrecht als auch der DMA sehen Bußgelder als Sanktionen vor. Daher ist zu fragen, wann ein Verstoß gegen das **Doppelbestrafungsverbot** (*ne bis in idem*) aus Art. 50 GRCh vorliegt, wenn die Kommission sich entschließt, wegen derselben Verhaltensweise sowohl ein Verfahren wegen DMA-Verstoßes als auch ein Verfahren auf der Grundlage des **Art. 102 AEUV** zu führen. Insbesondere Verhaltenspflichten des DMA, die vergangenen Kartellverfahren nachempfunden sind, können sowohl gegen die Ziele des DMA verstoßen als auch dem Schutz der Wettbewerbsfreiheit zuwiderlaufen. Ein Verstoß gegen den Grundsatz *ne bis in idem* setzt grundsätzlich **dreifache Identität**. Erstens muss die früher getroffene Entscheidung eine endgültige sein, zweitens muss diese Entscheidung denselben Sachverhalt treffen und drittens muss dasselbe geschützte Rechtsgut betroffen sein.[137] In jüngeren Entscheidungen scheint der EuGH die Voraussetzung der Identität des geschützten Rechtsguts enger auszulegen, das Doppelbestrafungsverbot also einzuschränken: In seinen Entscheidungen in den Sachen *Nordzucker*[138] und *bpost*[139] führte er aus, dass die Frage der Rechtsgutsidentität erst auf Rechtfertigungsebene eines Eingriffs in Art. 50 GRCh relevant werde, aber keine Voraussetzung auf Tatbestandsebene sei. Angesichts dessen wird ggfs. argumentiert werden, dass beide Regelungsbereiche – DMA und Kartellrecht – unterschiedliche Zwecke verfolgen und Verhaltensweisen daher sowohl nach DMA als auch nach Kartellrecht bebußt werden können.[140] Das Spannungsverhältnis will die Kommission vielmehr bei der **Bußgeldbemessung** lösen. Gem. ErwG 86 DMA berücksichtigt die Kommission bei der Festsetzung der Bußgeldhöhe, ob andere Bußgelder, wegen desselben Sachverhalts gegen den Torwächter verhängt wurden.

Das Doppelbestrafungsverbot wird ferner relevant, wenn das Bundeskartellamt parallel zur Kommission ein Verfahren gem. **§ 19a GWB** gegen einen Torwächter führt. Da die Verbote des DMA und § 19a GWB dieselben Unternehmen adressieren und dieselben Sachverhalte zu erfassen bestrebt sind, sollte keine Doppelbestrafung nach Art. 5, 6 DMA und § 19a GWB erfolgen.[141]

---

137 EuGH v. 25.2.2021, C-857/19, ECLI:EU:C:2021:139 – *Slovak Telekom*.
138 EuGH 22.3.2022, C-151/20, ECLI:EU:C:2022:203 – *Nordzucker*.
139 EuGH v. 22.3.2022, C-117/20, ECLI:EU:C:2022:202 – *pbost*.
140 Ebenso Podszun/*Huerkamp*/*Nuys*, 2023, Art. 30 DMA Rn. 21; Podszun/*Käseberg*/*Gappa*, 2023, Art. 1 DMA Rn. 33.
141 Podszun/*Huerkamp*/*Nuys*, 2023, Art. 30 DMA Rn. 24.

4.5.3 Zivilverfahren

Für zivilrechtliche Klagen aus §§ 33, 33a GWB wegen Verstößen gegen Art. 5, 6, 7 DMA ist gem. **§ 87 Satz 1 GWB** das **Landgericht** in erster Instanz streitwertunabhängig **ausschließlich zuständig**. Die örtliche Zuständigkeit bestimmt sich nach den allgemeinen Regeln der §§ 12 ff. ZPO. Neben dem allgemeinen Gerichtsstand aus §§ 12, 17 ZPO wird der besondere Gerichtsstand des Erfüllungsorts, § 29a ZPO, Relevanz erlangen, soweit ein Vertragsverhältnis des Klägers zum Torwächter besteht. Auch der besondere Gerichtsstand der unerlaubten Handlung aus § 32 ZPO greift. Begehungsort ist jeder Ort, an dem ein wesentliches Tatbestandsmerkmal des DMA-Verstoßes verwirklicht wird.[142]

Für Rechtsmittel gelten die allgemeinen Vorschriften der ZPO. Unter den Voraussetzungen des § 511 Abs. 2 ZPO ist die Berufung gegen erstinstanzliche Urteile zum OLG statthaft. Liegen die Voraussetzungen des § 543 ZPO vor, kann Revision gem. § 542 ZPO zum BGH erhoben werden.

- Wiederholungsfragen

1. **Welche Ziele verfolgt der DMA?**

Das Ziel des DMA ist es, die Bestreitbarkeit und Fairness im digitalen Sektor zu fördern, vgl. Art. 1 Abs. 2 DMA. Die Ziele werden in Art. 12 Abs. 5 DMA konkretisiert.

Das Ziel der Bestreitbarkeit bezweckt, Marktzutrittsschranken zu senken und den Wettbewerb sowohl zwischen den Plattformbetreibern als auch auf den Plattformen zu beleben. Zudem soll es Torwächtern erschwert werden, ihre Marktmacht auszudehnen bzw. auf andere Märkte „zu hebeln". Die Bestreitbarkeit ist deshalb gefährdet, wenn Hindernisse geschaffen oder verstärkt werden, die anderen Unternehmen den Markteintritt oder die Expansion erschweren. Die Bestreitbarkeit ist ferner betroffen, wenn andere Plattformbetreiber daran gehindert werden, denselben Zugang zu entscheidendem Input zu erlangen, wie ihn der Torwächter hat.

Fairness versteht der DMA als ergebnisbezogenes Konzept. Sie zielt darauf, ein unverhältnismäßiges Ungleichgewicht zwischen den Rechten und Pflichten der gewerblichen Nutzer und der Torwächter zu verhindern. Zudem ist einigen Verhaltenspflichten (z. B. Art. 5 Abs. 2, Art. 6 Abs. 3 DMA) das Anliegen zu entnehmen, Entscheidungsfreiheit zugunsten von Endverbrauchern zu fördern (**zur Vertiefung: Abschnb. ▶ 4.1.2.2; 4.1.2.3**).

---

142 Immenga/Mestmäcker/*K. Schmidt*, 7. Aufl. 2024, § 87 GWB Rn. 39.

? 2. In welchem Verhältnis steht der DMA zu den kartellrechtlichen Vorschriften?

✓ Der DMA lässt gem. Art. 1 Abs. 6 DMA die Anwendung des Kartellrechts unberührt. Das bedeutet, dass die kartellrechtlichen Vorschriften neben den Verhaltenspflichten des DMA greifen. Dies gilt im Grundsatz auch für das Missbrauchsverbot des § 19a GWB. Auch wenn der Tatbestand dieselben Unternehmen sowie ähnliche Verhaltensweisen adressiert, knüpft er an den kartellrechtlichen Missbrauchsbegriff an und eröffnet Rechtfertigungsmöglichkeiten auf der Basis von Effizienzerwägungen. § 19a GWB schützt daher die Wettbewerbsfreiheit. Hat die Kommission ein Unternehmen jedoch als Torwächter benannt, so entfaltet der DMA Sperrwirkung. § 19a GWB wird demnach relevant, wenn ein Unternehmen (noch) nicht als Torwächter benannt wurde, wenn die in Rede stehende Verhaltensweise keine zentralen Plattformdienste betrifft oder wenn es um Praktiken geht, die der DMA nicht erfasst (**zur Vertiefung:** ▶ Abschn. 4.1.2.1).

? 3. Wie bestimmt sich der räumliche Anwendungsbereich des DMA?

✓ Gem. Art. 1 Abs. 2 DMA findet der DMA auf alle zentralen Plattformdienste Anwendung, die Torwächter für gewerbliche Nutzer oder Endnutzer in der EU bereitstellen oder anbieten. Auf den Standort des Torwächters kommt es nicht an. Damit findet der DMA ähnlich umfassend Anwendung wie das europäische Kartellrecht, dessen räumlicher Geltungsbereich durch das Auswirkungsprinzip bestimmt wird. Die gewerblichen Nutzer, an welche der Torwächter sein Diensteangebot richtet, müssen in der EU niedergelassen sein. Bei Endnutzern genügt der Aufenthalt in der EU (**zur Vertiefung:** ▶ Abschn. 4.1.4.1).

? 4. Wie wird ermittelt, ob ein Unternehmen Adressat der Verhaltenspflichten gem. Art. 5, 6, 7 DMA ist?

✓ Ein Unternehmen ist Adressat der Verhaltenspflichten, wenn es Torwächter ist. Dazu muss es die in Art. 3 Abs. 1 DMA niedergelegten Voraussetzungen erfüllen und von der Kommission benannt worden sein. Der DMA sieht zwei Benennungsverfahren vor. Das Notifizierungsverfahren greift, wenn ein Unternehmen die umsatz- und nutzerbezogenen Schwellenwerte des Art. 3 Abs. 2 DMA überschreitet. Eine Marktuntersuchung gem. Art. 17 DMA ist erforderlich, wenn das Unternehmen entweder die Vermutung aus Art. 3 Abs. 2 DMA widerlegen kann oder die Schwellenwerte der Vermutung nicht erfüllt. Prüfungsmaßstab im Rahmen der Marktuntersuchung ist der in Art. 3 Abs. 8 DMA niedergelegte Katalog von Marktstruktur-, Marktverhaltens- und unternehmensbezogenen Kriterien (**zur Vertiefung:** ▶ Abschn. 4.2.3; 4.2.4).

4.5 · Verfahren

? 5. Wie unterscheiden sich die Verhaltenspflichten im DMA von dem Missbrauchsverbot aus Art. 102 AEUV?

✓ Während der DMA präzise gefasste Verbotstatbestände enthält, die häufig vergangenen Kartellverfahren nachempfunden sind, ist Art. 102 AEUV durch weite und unbestimmte Rechtsbegriffe geprägt. Im Gegensatz zu dem Missbrauchsverbot aus Art. 102 AEUV ist für einen Verstoß gegen die Verhaltenspflichten des DMA kein Nachweis eines wettbewerblichen Schadens erforderlich. Zudem steht den Unternehmen keine Möglichkeit der Rechtfertigung auf Basis von Effizienzen offen (**zur Vertiefung:** ▶ Abschn. 4.1.1).

? 6. Was unterscheidet die Verhaltenspflichten aus Art. 5 DMA von dem Pflichtenkatalog des Art. 6 DMA?

✓ Zur Konkretisierung der Pflichten aus Art. 6 DMA steht Torwächtern der regulatorische Dialog aus Art. 8 DMA offen. Darin kann ein Unternehmen „im Dialog" mit der Kommission den Pflichteninhalt konkretisieren. Das Verfahren kann auf Antrag des Torwächters von der Kommission nach ihrem Ermessen eingeleitet werden. Es knüpft nicht an einen spezifischen Rechtsverstoß an, sondern dient als Element der ex ante-Regulierung dazu, gemeinsam wirksame Maßnahmen zu erarbeiten. Dennoch handelt es sich bei den Tatbeständen aus Art. 6 DMA – ebenso wie bei Art. 5 DMA – um unmittelbar anwendbare Verbote (**zur Vertiefung:** ▶ Abschn. 4.3.2).

? 7. Warum sehen Art. 5 Abs. 7, Abs. 8 DMA Kopplungsverbote vor?

✓ Art. 5 Abs. 7 DMA untersagt es Torwächtern, die Nutzung ihrer zentralen Plattformdienste davon abhängig zu machen, dass die Nutzer zugleich bestimmte weitere Dienste des Torwächters (Identifizierungsdienst, Webbrowser-Engine, Zahlungsdienst) nutzen. Zudem ist es ihnen gem. Art. 5 Abs. 8 DMA verboten, verschiedene ihrer zentralen Plattformdienste zu koppeln. Dadurch sollen Marktzutrittsschranken gesenkt werden und die wettbewerblichen Vorteile verringert werden, die Torwächter durch die Sammlung von Nutzerdaten erlangen. Torwächtern soll es zudem erschwert werden, ihre Marktmacht auf weitere Märkte auszudehnen (**zur Vertiefung:** ▶ 4.3.1.6, 4.3.1.7).

? 8. Warum untersagt Art. 6 Abs. 2 DMA einem Torwächter, im Wettbewerb mit gewerblichen Nutzern Daten über diese zu verwenden, die er auf vorgelagerter Marktstufe durch Bereitstellung seines zentralen Plattformdienstes gesammelt hat?

✓ Durch dieses Verbot der Datennutzung sollen Interessenkonflikte vermieden werden, die infolge der hybriden Rolle des Torwächters entstehen. Torwächter sollen im Wettbewerb mit gewerblichen Nutzern keine Vorteile daraus ziehen, dass sie Datenzugang auf vorgelagerter Marktstufe bei Bereitstellung ihres zentralen Plattformdienstes erhalten. Dadurch soll der Wettbewerb auf der Plattform intensiviert werden (**zur Vertiefung:** ▶ Abschn. 4.3.2.1).

? 9. Was verbirgt sich hinter der Informationspflicht bezüglich Zusammenschlussvorhaben aus Art. 14 DMA?

✓ Nach Art. 14 DMA sind Torwächter dazu verpflichtet, die Kommission über Zusammenschlüsse zu informieren, wenn die sich zusammenschließenden Unternehmen oder das Zielunternehmen zentrale Plattformdienste bereitstellen, sonstige Dienste im digitalen Sektor erbringen oder die Erhebung von Daten ermöglichen. Dadurch soll es den Mitgliedsstaaten ermöglicht werden, verstärkt von der Verweisungsmöglichkeit aus Art. 22 FKVO Gebrauch zu machen. Ferner erhält die Kommission durch die Meldepflicht Informationen über zentrale Plattformdienste, die für Notifizierungsentscheidungen und Marktuntersuchungen potenziell relevant sind (**zur Vertiefung:** ▶ **Abschn. 4.3.3**).

? 10. Zu welchen Anlässen kann die Kommission Marktuntersuchungen einleiten?

✓ Die Kommission kann aus drei verschiedenen Anlässen eine Marktuntersuchung einleiten. Die Marktuntersuchung nach Art. 17 DMA dient der Benennung von Torwächtern. Sie ist erforderlich, wenn das betroffene Unternehmen den Vermutungstatbestand des Art. 3 Abs. 2 DMA nicht erfüllt oder es ihm gelungen ist, die Vermutung zu widerlegen. Gem. Art. 18 DMA leitet die Kommission eine Marktuntersuchung bei systematischer Zuwiderhandlung eines Unternehmens gegen die Pflichten des DMA ein. Bestätigt sich der Verdacht, kann die Kommission Abhilfemaßnahmen verhängen. Mit einer Marktuntersuchung gem. Art. 19 DMA kann die Kommission einem Aktualisierungsbedarf der Liste der zentralen Plattformdienste (Art. 2 Nr. 2 DMA) und der Verhaltenspflichten (Art. 5, 6, 7 DMA) nachgehen (**zur Vertiefung:** ▶ **Abschn. 4.5.1.2**).

? 11. Welche bußgeldrechtlichen Folgen zieht ein Verstoß gegen die Verhaltenspflichten des DMA nach sich?

✓ Gem. Art. 30 Abs. 1 lit. a) DMA kann die Kommission ein Bußgeld bei Verstößen gegen die Verhaltenspflichten verhängen. Die Geldbuße darf höchstens 10 % des im vorausgegangenen Geschäftsjahr weltweit erzielten Gesamtumsatzes des Torwächters betragen. Begeht der Torwächter innerhalb von acht Jahren eine erneute Zuwiderhandlung, die identisch oder ähnlich ist, und denselben zentralen Plattformdienst betrifft, kann eine Buße von bis zu 20 % des Jahresumsatzes erlassen werden, vgl. Art. 30 Abs. 2 DMA (**zur Vertiefung:** ▶ **Abschn. 4.5.2**).

? 12. Welche zusätzlichen Befugnisse hat die Kommission bei systematischen Zuwiderhandlungen gegen die Verhaltenspflichten des DMA?

✓ Stellt die Kommission im Rahmen einer Marktuntersuchung gem. Art. 18 DMA fest, dass ein Torwächter systematisch gegen die Verhaltenspflichten verstoßen hat und (dadurch) seine Position beibehalten, gestärkt oder ausgeweitet hat, kann sie Abhilfemaßnahmen verhaltensbezogener oder struktureller Art verhängen. Zu

4.5 · Verfahren

strukturellen Abhilfemaßnahmen zählt die Anordnung, einen Unternehmensteil auszugliedern. Bei der Wahl der Abhilfemaßnahme hat die Kommission den Verhältnismäßigkeitsgrundsatz zu wahren (**zur Vertiefung:** ▶ **Abschn. 4.4.1**).

❓ 13. Können die Verhaltenspflichten des DMA privatrechtlich durchgesetzt werden?

✅ Der DMA enthält keine unmittelbaren Aussagen zum *private enforcement*. Der Effektivitätsgrundsatz spricht jedoch für diese Möglichkeit. Der deutsche Gesetzgeber geht ebenfalls von einer privatrechtlichen Durchsetzung aus: Er hat durch die 11. GWB-Novelle in §§ 33 Abs. 1, 33a Abs. 1 GWB Anspruchsgrundlagen für Unterlassungs-, Beseitigungs- und Schadensersatzansprüche bei DMA-Verstößen geschaffen (**zur Vertiefung:** ▶ **Abschn. 4.4.3**).

❓ 14. Welche Rolle spielt das Bundeskartellamt bei der Durchsetzung der Verhaltenspflichten des DMA?

✅ Das Bundeskartellamt kann die Verhaltenspflichten des DMA nicht durchsetzen. Es hat aber eine Annexkompetenz: Gem. § 32g Abs. 1 GWB kann das Amt in einem Verwaltungsverfahren Verstöße gegen die Verhaltenspflichten aus Art. 5, 6, 7 DMA untersuchen. Dafür stehen ihm die regulären Ermittlungsbefugnisse zur Verfügung. Da es einen Verstoß weder abstellen noch bebußen kann, endet seine Untersuchung mit der Übermittlung eines Berichts an die Kommission, vgl. § 32g Abs. 3 GWB (**zur Vertiefung:** ▶ **Abschn. 4.5.1.3**).

❓ Kann ein- und dasselbe Verhalten sowohl wegen eines Verstoßes gegen das kartellrechtliche Missbrauchsverbot als auch wegen einer Zuwiderhandlung gegen den DMA bebußt werden?

✅ Eine „doppelte" Bebußung ist möglich, sofern sie mit dem Grundsatz *ne bis in idem* vereinbar ist. Der EuGH hat in seiner Rechtssache *bpost* zum Verhältnis von Regulierungs- und Wettbewerbsrecht ausgesprochen, dass im Grundsatz zwei Geldbußen wegen desselben Verhaltens verhängt werden können, da beide Regelungsbereiche unterschiedliche Zwecke verfolgen. Jedoch müssen die Behörden kooperieren und die doppelte Bebußung bei Bemessung der Geldbuße einstellen (**zur Vertiefung:** ▶ **Abschn. 4.5.2**).

Plattform-Verordnung

Inhaltsverzeichnis

5.1 Grundlagen – 312
5.1.1 Überblick – 312
5.1.2 Ziele – 313
5.1.3 Entwicklung – 317
5.1.4 Anwendungsbereich – 318

5.2 Adressaten – 318
5.2.1 Online-Vermittlungsdienste – 318
5.2.2 Online-Suchmaschine – 319

5.3 Verhaltenspflichten – 320
5.3.1 Allgemeine Transparenzpflichten, Art. 3 Plattform-VO – 320
5.3.2 Einschränkung, Aussetzung und Beendigung, Art. 4 Plattform-VO – 320
5.3.3 Ranking, Art. 5 Plattform-VO – 321
5.3.4 Selbstbevorzugung, Art. 7 Plattform-VO – 322
5.3.5 Datenzugang, Art. 9 Plattform-VO – 323
5.3.6 Meistbegünstigung, Art. 10 Plattform-VO – 324
5.3.7 Weitere Vorgaben – 324

5.4 Rechtsfolgen – 325
5.4.1 Verwaltungsrechtliche Folgen – 325
5.4.2 Bußgeldrechtliche Folgen – 325
5.4.3 Zivilrechtliche Folgen – 327

5.5 Verfahren – 328
5.5.1 Verwaltungsverfahren – 328
5.5.2 Bußgeldverfahren – 329
5.5.3 Zivilverfahren – 329

© Der/die Autor(en), exklusiv lizenziert an Springer-Verlag GmbH, DE, ein Teil von Springer Nature 2025
S. Legner, *Digitales Wettbewerbsrecht*, Springer-Lehrbuch, https://doi.org/10.1007/978-3-662-70492-9_5

5.1 Grundlagen

5.1.1 Überblick

Die Plattform-Verordnung[1] ist eine EU-Verordnung mit dem Ziel, **Fairness und Transparenz zugunsten von gewerblichen Nutzern** bei der Verwendung von Online-Vermittlungsdiensten und -Suchmaschinen zu fördern. Mittelbar wird dadurch zugleich **Verbraucherschutz** angestrebt.

Die Verordnung etabliert **Transparenzpflichten** für Anbieter von Online-Vermittlungsdiensten und -Suchmaschinen. Sie betreffen zum einen die **Bedingungen der Nutzung ihrer Dienste**, vgl. Art. 3, 4 Plattform-VO. Zum anderen werden spezifische Verhaltensweisen der Diensteanbieter bei Gestaltung ihrer Plattform aufgegriffen, über welche sie die gewerblichen Nutzer zu informieren haben. Dazu zählen die Parameter, nach denen **Rankings** ausgestaltet werden (Art. 5 Plattform-VO), **Selbstbevorzugungspraktiken** (Art. 7 Plattform-VO) sowie **Meistbegünstigungsklauseln** (Art. 10 Plattform-VO). Anders als das Kartellrecht und der Digital Markets Act etabliert die Plattform-VO keine Verbote für diese Praktiken. Sie belässt es ausschließlich bei Transparenzpflichten. Art. 11–13 Plattform-VO sehen die Einrichtung interner Beschwerdemanagementsysteme sowie die Mediation bei Beschwerden gewerblicher Nutzer vor.

> ▶ **Beispiel**
>
> Diensteanbieter D vertreibt auf seiner eigenen Plattform Waren an Verbraucher. Bei Suchanfragen der Verbraucher werden die von ihm angebotenen Waren an oberster Stelle und damit vor den konkurrierenden Angeboten von gewerblichen Nutzern angezeigt. Gem. Art. 7 Abs. 1 Plattform-VO ist D dazu verpflichtet, den gewerblichen Nutzer diese differenzierte Behandlung zu erläutern und die wichtigsten wirtschaftlichen, geschäftlichen und rechtlichen Erwägungen darzubieten.
>
> Die Selbstbevorzugung bleibt weiterhin möglich. Ein Verbot kann sich ausschließlich aus Art. 102 AEUV, §§ 19, 19a GWB oder Art. 6 Abs. 5 DMA ergeben. Diese Vorschriften richten sich nur an ausgewählte Unternehmen. D müsste entweder marktbeherrschend (Art. 102 AEUV, § 19 GWB), ein Unternehmen mit überragender marktübergreifender Bedeutung für den Wettbewerb (§ 19a GWB) oder Torwächter (Art. 6 Abs. 5 DMA) sein. ◀

Die Plattform-VO findet neben den kartellrechtlichen Vorschriften und neben dem Digital Markets Act **Anwendung**. Dies stellt **Art. 1 Abs. 4, 5 Plattform-VO** für das Kartellrecht klar.[2] Die Plattform-VO präsentiert kein geschlossenes Regelwerk,

---

[1] Verordnung (EU) 2019/1150 des Europäischen Parlaments und des Rates vom 20. Juni 2019 zur Förderung von Fairness und Transparenz für gewerbliche Nutzer von Online-Vermittlungsdiensten, ABl. EU 2019 Nr. L 186/57.
[2] Steinrötter/*Arncken*, Europäische Plattformregulierung, 2023, § 16 Rn. 4.

sondern ergänzt vorhandene Regulierungsansätze.³ Der jüngere Digital Markets Act verdeutlicht in **ErwG 12 DMA**, dass er der Anwendung der Plattform-VO nicht entgegensteht. Vielmehr sollen beide Verordnungen parallel greifen.

Die Vorgaben der Plattform-VO wurden in Deutschland zunächst ausschließlich **privatrechtlich** durch Unterlassungs- und Schadensersatzansprüche **durchgesetzt**. Gem. § 8a UWG besteht auch die Möglichkeit der Verbandsklage. Seit Mai 2024 besteht für die Bundesnetzagentur die Möglichkeit, gem. **§§ 22 Abs. 1, 30 DDG** (Gesetz über digitale Dienste; Digitale-Dienste-Gesetz)⁴ die Transparenzpflichten mittels **Abstellungsverfügung** durchzusetzen. Zudem kann sie gem. **§ 33 Abs. 3 DDG** bei Verstößen gegen zahlreiche Verordnungsvorgaben **Geldbußen** verhängen.

5.1.2 Ziele

5.1.2.1 Sektorspezifische Ziele

Gem. Art. 1 Abs. 1 Plattform-VO fördern die Verhaltenspflichten für Anbieter von Online-Vermittlungsdiensten und -Suchmaschinen **Fairness und Transparenz zugunsten von gewerblichen Nutzern**. Da die Verordnung nur solche Vermittlungsdienste adressiert, die einen Verkauf an Verbraucher ermöglichen, dient sie mittelbar auch dem **Verbraucherschutz**, vgl. ErwG 3 Plattform-VO. Die Plattform-VO ist demnach nicht dem Kartellrecht zugehörig. Sie verfolgt eigene Ziele und stellt **sektorspezifisches Regulierungsrecht** dar. Dies zeigt auch Art. 114 AEUV als die für den Erlass der Plattform-VO bemühte Kompetenznorm.

5.1.2.2 Fairness und Transparenz

Auch wenn die Schutzzwecke sektorspezifisch sind und sich von denen des Kartellrechts unterscheiden, beruhen die gesetzgeberischen Erwägungen zur Verabschiedung der Plattform-VO auf denselben strukturellen Problemen, welche auch den Schutz des Wettbewerbs auf digitalen Märkten herausfordern. Hinter dem Fairnessziel der Plattform-VO steht die Erkenntnis, dass Online-Vermittlungsdienste und -Suchmaschinen für gewerbliche Nutzer regelmäßig zum „Nadelöhr" geworden sind, um Verbraucher zu erreichen.⁵ Daraus folgt ein **Abhängigkeitsverhältnis**: Gewerbliche Nutzer sind für ihren geschäftlichen Erfolg auf die Diensteanbieter angewiesen. Die Nutzungsbedingungen, die diese für ihre Plattform einseitig festlegen, sind dabei ein zentrales Instrument der Machtausübung. Daher werden Plattformbetreiber in diesem Zusammenhang bisweilen als „*private Gesetzgeber*"⁶ bezeichnet.

Die Plattform-VO etabliert erstmals eine **AGB-Kontrolle zugunsten von Unternehmen**. Die Klauselrichtlinie von 1993 – umgesetzt in §§ 305 ff. BGB – greift nur für AGB, die gegenüber Verbrauchern eingesetzt werden. Dass dies bei den natio-

---

3   Steinrötter/*Louven*, Europäische Plattformregulierung, 2023, § 17 Rn. 10.
4   BGBl I 2024 Nr. 149.
5   *Ernst*, CR 2020, 735, 735.
6   *Schweitzer*, ZEuP 2019, 1, 1.

nalen Umsetzungsvorschriften anders ist (vgl. §§ 310 Abs. 1, 307 BGB), beruht auf der autonomen Entscheidung des deutschen Gesetzgebers, über den Anwendungsbereich der Richtlinie hinaus, auch Unternehmen in den Schutzbereich des § 307 BGB einzubeziehen. Aus europäischer Perspektive existiert eine AGB-Kontrolle zugunsten gewerblicher Nutzer hingegen erstmals seit Geltung der Plattform-VO.

Vertiefungen

Das Machtgefälle infolge einseitiger Festsetzung der Nutzungsbedingungen beschäftigt auch andere Rechtsgebiete, z. B. das Vertragsrecht und das Lauterkeitsrecht. Für die AGB-rechtliche Inhaltskontrolle, wonach es gem. **§ 307 Abs. 1 BGB** auf eine unangemessene Benachteiligung ankommt, sind die Grundrechte in mittelbarer Drittwirkung heranzuziehen. In der Sache *Hassrede* hat der BGH anerkannt, dass Diensteanbieter im Grundsatz strengere als die durch gesetzliche Vorschriften (z. B. StGB, DSA) vorgegebenen Nutzungsbedingungen erlassen können.[7] Indes müssen dabei konfligierende Grundrechtspositionen im Wege der praktischen Konkordanz in einen angemessenen Ausgleich gebracht werden.

Seit 2022 sieht **Art. 14 DSA** eine weitere Vorschrift zur Kontrolle von AGB der Anbieter von Vermittlungsdiensten vor. Während Art. 14 Abs. 1 DSA – ähnlich den Vorgaben der Plattform-VO – den Inhalt zulässiger Klauseln nicht einschränkt, bestimmt Art. 14 Abs. 4 DSA, dass die Diensteanbieter bei Anwendung und Durchsetzung von in den AGB vorgesehenen Beschränkungen „sorgfältig, objektiv und verhältnismäßig" vorgehen und „dabei die Rechte und berechtigten Interessen aller Beteiligten sowie die Grundrechte der Nutzer" berücksichtigen müssen. Ob diese Vorgaben eine Inhaltskontrolle etablieren, wird bislang unterschiedlich bewertet.[8]

Bei den durch Art. 5 ff. Plattform-VO aufgegriffenen Praktiken sieht der Gesetzgeber **besonderes Missbrauchspotenzial** der überlegenen Verhandlungsmacht von Diensteanbietern.[9] Die Praktiken können sich für gewerbliche Nutzer als besonders nachteilig erweisen. Dies bestätigen Kartellrecht und Digital Markets Act. Sie setzen sowohl der Gestaltung von Rankings (ggfs. verbunden mit einer **Selbstbevorzugung**) als auch bei Forderung von **Bestpreisklauseln** Grenzen. Im Kartellrecht geschieht dies vorrangig durch das Missbrauchsrecht.[10] Einschlägige Vorgaben im DMA finden sich u. a. in Art. 5 Abs. 3, Art. 6 Abs. 5.[11] Zugleich will die Verordnung das Machtgefälle durch **zwingende Vorschriften zur Streitbeilegung** in Art. 1 ff. Plattform-VO verringern.

---

7 BGH v. 29.9.2021 – III ZR 179/20, III ZR 192/20, GRUR 2021, 1433, 1439 – *Hassrede*.
8 Dafür: Hofmann/Raue/*Raue*, 2023, Art. 14 DSA Rn. 74 ff.; *Legner*, ZUM 2024, 99, 105; *Wischmeyer/Meißner*, NJW 2023, 2673, 2674; dagegen: Steinrötter/*Berberich*, Europäische Plattformregulierung, 2023, § 5 Rn. 35.
9 *Kumkar*, ZEuP 2022, 530, 537.
10 Siehe ▶ Abschn. 2.3.2.1.4 zum europäischen Kartellrecht und ▶ Abschn. 3.3.2.3 für das deutsche Kartellrecht.
11 Siehe ▶ Abschn. 4.3.1.2 und 4.3.2.4.

Die von der Plattform-VO angestrebte Transparenz erleichtert es gewerblichen Nutzern, ihre wettbewerbliche Position und Geschäftschancen auf der Plattform verlässlicher einzuschätzen. Dennoch muss sich der von der Plattform-VO gewählte Regulierungsansatz den Vorwurf gefallen lassen, dass die schlichte Information über die ggfs. wenig aussichtsreiche Position der gewerblichen Nutzer diesen keine Verhandlungsmacht vermittelt. So ist zweifelhaft, dass den gewerblichen Nutzern bei Kenntnis von ggfs. nachteiligen Vertragsbedingungen stets ein Wechsel zu anderen Plattformen oder eine Neuausrichtung ihres Vertriebs gelingen wird. Der rund zwei Jahre nach der Plattform-VO verabschiedete Digital Markets Act wird daher zu Recht als „*follow-up*"[12] bzw. als „*Erweiterung*"[13] zur Plattform-VO bewertet. Er knüpft an dieselben Verhaltensweisen an, sieht aber für Torwächter strenge Regelungen vor.

Trotz der Divergenz zu den kartellrechtlichen Schutzzielen bestehen im Grundsatz **keine Zielkonflikte**: Fairness und Transparenz zugunsten gewerblicher Nutzer dient grundsätzlich auch dem Wettbewerb aus digitalen Märkten. Dies gilt auch für das von dem Digital Markets Act verfolgte Ziel der Bestreitbarkeit. ErwG 8 Plattform-VO führt aus, dass die Verhaltenspflichten „das in der Online-Plattformwirtschaft im weiteren Sinne vorhandene enorme Innovationspotenzial anerkennen und schützen und einen gesunden **Wettbewerb ermöglichen**" sollen.

Was das **Fairnessziel** anbelangt, liegt dem Digital Markets Act ein anderes Begriffsverständnis zugrunde als der Plattform-VO. Während der Digital Markets Act mit Fairness auf ein Gleichgewicht zwischen den Rechten und Pflichten der gewerblichen Nutzer und Torwächter abzielt (vgl. Art. 12 Abs. 5 lit. b) DMA),[14] versteht die Plattform-VO Fairness vorrangig als transparente Information der gewerblichen Nutzer über ihre wettbewerbliche Stellung auf der Plattform. Damit orientiert sich der Fairnessbegriff des Digital Markets Act an Marktergebnissen; die Plattform-VO zielt auf Fairness durch den Abbau von Informationsasymmetrien.[15]

5.1.2.3 Verbraucherschutz

Die Verhaltenspflichten der Plattform-VO adressieren unmittelbar ausschließlich das bilaterale Verhältnis zwischen Diensteanbieter und gewerblichen Nutzern. Mittelbar strebt die Verordnung zudem den Verbraucherschutz an. Plattformen etablieren **mehrseitige Märkte**.[16] Gewerbliche Nutzer bilden in der Regel nur eine von mehreren Marktseiten. Die Vermittlungsleistung der Plattform wird von weiteren Nutzergruppen in Anspruch genommen. Auf Online-Marktplätzen, sozialen

---

12 *Bostoen*, Abuse of Platform Power, 2023, S. 219.
13 Steinrötter/*Arncken*, Europäische Plattformregulierung, 2023, § 16 Rn. 5.
14 Siehe ▶ Abschn. 4.1.2.3.
15 MüKo-WettbR/*Bueren*/*Weck*, 4. Aufl. 2020, Art. 5 DMA Rn. 30.
16 Zu den Grundlagen siehe ▶ Abschn. 1.1.1.

Netzwerken oder Online-Suchmaschinen stehen auf einer Marktseite regelmäßig auch Verbraucher. Sie nutzen die Plattform u. a., um sich über Angebote der gewerblichen Nutzer zu informieren und ggfs. direkte Transaktionen mit ihnen abzuschließen. Die Plattform-VO geht insoweit von einem **Drei-Personen-Verhältnis** aus.

Art. 2 Nr. 4 Plattform-VO definiert als Verbraucher

> „jede natürliche Person, die zu Zwecken handelt, die außerhalb der gewerblichen, geschäftlichen, handwerklichen oder beruflichen Tätigkeit dieser Person liegen."

Dies entspricht dem im europäischen Privatrecht[17] und deutschen Verbraucherrecht (vgl. § 13 BGB) vorherrschenden Begriffsverständnis. Für den Kontext des Wettbewerbsrechts verdeutlicht dies, dass der von der Plattform-VO angestrebte Verbraucherschutz wesensverschieden von der durch das europäische und deutsche Kartellrecht geschützten Verbraucherwohlfahrt ist.

Merke

Der von der Plattform-VO angestrebte Verbraucherschutz divergiert von dem kartellrechtlichen Ziel, die Verbraucherwohlfahrt zu maximieren.

ErwG 3 Plattform-VO verdeutlicht, weshalb Fairness und Transparenz gegenüber gewerblichen Nutzern mittelbar den Verbraucherschutz fördert: Ein transparentes Online-Umfeld stärkt das **Vertrauen der Verbraucher in die Online-Wirtschaft**. In Einklang mit den Regulierungsbestrebungen des unmittelbar verbraucherschützenden Richtlinienbestands (z. B. Verbraucherrechte-RL, Warenkauf-RL, Digitale-Dienste-RL) zielt der Unionsgesetzgeber darauf, die Entscheidungsfreiheit der Verbraucher am Markt zu stärken. Sie bedingt, dass Verbraucher über die vorhandenen Angebote hinreichend informiert sind (sog. Leitbild vom informierten Verbraucher).[18] ErwG 4 Plattform-VO verdeutlicht dies für das Geschäftsmodell von Online-Suchmaschinen: „Das Ranking von Websites durch die Anbieter von Online-Suchmaschinen […hat…] erhebliche Auswirkungen auf die **Wahlmöglichkeiten der Verbraucher**."

---

17 Siehe u. a. Art. 2 Nr. 6 Digitale-Inhalte-RL; Art. 2 Nr. 2 Warenkauf-RL; Art. 2 Nr. 1 Verbraucherrechte-RL.
18 *Legner*, ZEuP 2024, 649.

🔍 Vertiefung

Mit seinem Ziel des Verbraucherschutzes weist die Plattform-VO eine Parallele zu Rechtsakten der Digitalregulierung aus anderen Rechtsgebieten auf: Sowohl der Digital Services Act von 2022 als auch die Omnibus-Richtlinie[19] von 2019 verfolgen verbraucherschützende Ziele. Letztere hat insbesondere zu neuen Informationspflichten gegenüber Verbrauchern in Bezug auf Rankingparameter, Preispersonalisierungen und der rechtlichen Pflichtenverteilung zwischen gewerblichen Nutzern und Plattformbetreiber geführt.[20] Auch wenn vorliegend ihr wettbewerblicher Charakter betont wird, ist die Plattform-VO im Ergebnis *„eine Mischung aus Vertrags-, Lauterkeits- und Kartellrecht"*.[21]

5.1.3 Entwicklung

Die Plattform-VO war im Jahr 2020 der **erste Rechtsakt**, der im Rahmen der Digitalstrategie der Kommission[22] von 2015 in Kraft getreten ist und wettbewerbliche Risiken auf digitalen Märkten adressiert.[23] Sie ist damit eine der ersten unionsgesetzlichen Reaktionen auf das mittlerweile in vielen Rechtsgebieten aufgegriffene Abhängigkeitsverhältnis der gewerblichen Nutzer von großen Plattformbetreibern. Die Plattform-VO lässt sich keinem Rechtsgebiet eindeutig zuordnen und präsentiert **keinen geschlossenen Regulierungsansatz**. Daher hat der Unionsgesetzgeber im Jahr 2022 mit dem Digital Markets Act und dem Digital Services Act weitere Rechtsakte erlassen. Zugleich sind die Vorgaben der Plattform-VO sehr detailreich gestaltet. Ein Beispiel bietet Art. 3 Abs. 2 Plattform-VO, der **detaillierte Vorgaben** einschließlich Fristen für die Änderung von AGB durch Diensteanbieter vorsieht. Anders als der Digital Markets Act und der Digital Services Act überlässt die Plattform-VO den Mitgliedstaaten größeren Spielraum beim Rechtsfolgenregime. Während die jüngeren Verordnungen in erster Linie verwaltungs- und bußgeldrechtlich durchgesetzt werden, überlässt die Plattform-VO die Entscheidung, ein *public enforcement* zu etablieren, den Mitgliedstaaten.

---

19 Die Omnibus-Richtlinie enthält u. a. Novellen der UGP-Richtlinie und der Verbraucherrechterichtlinie.
20 Siehe auch ▶ Abschn. 1.3.4.
21 Steinrötter/*Arncken*, Europäische Plattformregulierung, 2023, § 16 Rn. 3. Ebenso *Alexander*, WRP 2020, 945, 946.
22 Kommission, Strategie für einen digitalen Binnenmarkt für Europa, COM(2015) 192 final.
23 *Hoffer/Lehr*, NZKart 2019, 10, 19.

5.1.4 Anwendungsbereich

5.1.4.1 Räumlicher Anwendungsbereich

Der räumliche Anwendungsbereich ergibt sich aus dem in Art. 1 Abs. 2 Plattform-VO niedergelegten **modifizierten Marktortprinzip**.[24] Die Verordnung findet ungeachtet des Sitzes der Diensteanbieter Anwendung. Maßgeblich ist vielmehr, ob die gewerblichen Nutzer, denen der Vermittlungsdienst bereitgestellt wird, ihren Wohnsitz oder ihre Niederlassung in der EU haben. Der Begriff der Niederlassung sollte nicht zu weit ausgelegt werden. Die Anforderungen sollten vergleichbar streng wie die Voraussetzungen an den Wohnsitz ausgelegt werden.[25] Ferner müssen sich die Verbraucher, denen die gewerblichen Nutzer Leistungen anbieten, in der EU befinden.

5.1.4.2 Zeitlicher Anwendungsbereich

Die Plattform-VO ist am 31. Juli 2019 in Kraft getreten und seit dem **12. Juli 2020** anzuwenden. Als Verordnung gilt sie unmittelbar in den Mitgliedstaaten und bedarf keiner Umsetzung. Die Vorschriften zur **verwaltungs- und bußgeldrechtlichen Durchsetzung** im Digitale-Dienste-Gesetz gelten seit dem **14. Mai 2024**.

5.2 Adressaten

5.2.1 Online-Vermittlungsdienste

Die Verhaltensvorgaben der Plattform-VO richten sich an Anbieter von Online-Vermittlungsdiensten. Gem. **Art. 2 Nr. 2 Plattform-VO** fallen darunter Dienste, die die folgenden drei Voraussetzungen erfüllen:
- Es handelt sich um einen Dienst der Informationsgesellschaft gem. Art. 1 Abs. 1 lit. b) Informationsverfahren-RL.[26]
- Der Dienst ermöglicht es gewerblichen Nutzern, Verbrauchern Waren oder Dienstleistungen anzubieten.
- Die Bereitstellung des Dienstes gegenüber gewerblichen Nutzern erfolgt auf der Grundlage eines Vertragsverhältnisses.

> ▶ **Beispiele**
> Online-Marktplätze wie *Amazon* oder *eBay*, AppStores wie *GooglePlay*, soziale Netzwerke wie *Facebook* oder *Instagram*, Reiseportale wie *Booking*. ◀

---

24 Steinrötter/*Arncken*, Europäische Plattformregulierung, 2023, § 16 Rn. 46.
25 Steinrötter/*Arncken*, Europäische Plattformregulierung, 2023, § 16 Rn. 50.
26 Richtlinie (EU) 2015/1535 des Europäischen Parlaments und des Rates vom 9. September 2015 über ein Informationsverfahren auf dem Gebiet der technischen Vorschriften und der Vorschriften für die Dienste der Informationsgesellschaft, ABl. EU 2015 Nr. L 241/1.

Bei Diensten der Informationsgesellschaft gem. Art. 1 Abs. 1 lit. b) Informationsverfahren-RL handelt es sich um eine in der Regel gegen Entgelt elektronisch im Fernabsatz und auf individuellen Abruf eines Empfängers erbrachte Dienstleistung. Die zweite Voraussetzung der Definition des Online-Vermittlungsdienstes bezieht sich auf die **Vermittlertätigkeit**. Charakteristisch ist das Auftreten des Diensteanbieters als Vermittler zwischen zwei Marktseiten – im vorliegenden Fall zwischen gewerblichen Nutzern und Verbrauchern. Dies bedingt, dass Transaktionen auf der Plattform vermittelt werden können. Ob es im Ergebnis zum Abschluss einer Transaktion kommt, ist nicht von Belang. Falls es zu einer Transaktion kommt, ist unerheblich, wo diese geschieht.[27] Da es sich um eine Vermittlungstätigkeit gegenüber Verbrauchern handeln muss, sind Betreiber von Business-to-Business-Plattformen von den Pflichten der Plattform ausgenommen. Nicht erfasst sind zudem Messengerdienste. Zwar können darüber ebenfalls Transaktionen zustande kommen. Es fehlt insoweit aber an einer Ermöglichung von Seiten des Diensteanbieters.[28]

Die dritte Voraussetzung bezieht sich auf das Binnenverhältnis zwischen Diensteanbieter und gewerblichen Nutzern: Es bedarf eines **vertraglichen Verhältnisses**, auf deren Grundlage der Diensteanbieter die Vermittlungsleistung anbietet. Hiervon unterscheidet sich das Geschäftsmodell von Online-Suchmaschinen, bei denen kein vertragliches Verhältnis zu Nutzern mit Unternehmenswebsite besteht (dazu sogleich). An das Vertragsverhältnis knüpfen Art. 3 ff. Plattform-VO spezifische AGB-bezogene Transparenzpflichten.

Anders als bei kartellrechtlichem Missbrauchsverbot und Digital Markets Act ist **keine besondere Machtstellung** des Diensteanbieters Voraussetzung dafür, dass er Adressat der Pflichten aus der Plattform-VO wird. Vielmehr adressieren ihre Vorgaben jedwede Diensteanbieter ungeachtet ihrer Stellung am Markt.

5.2.2 Online-Suchmaschine

Einige Verhaltensvorgaben der Plattform-VO adressieren Online-Suchmaschinen. Darunter ist gem. **Art. 2 Nr. 5 Plattform-VO** ein digitaler Dienst zu verstehen, der es Nutzern ermöglicht, in Form einer Eingabe Anfragen einzugeben, um prinzipiell auf allen Websites eine Suche zu einem beliebigen Thema vorzunehmen und Ergebnisse angezeigt zu bekommen, über die sie Informationen im Zusammenhang mit dem angeforderten Inhalt finden können.

▶ **Beispiele**

Google, Bing, Firefox ◀

---

27 *Alexander*, WRP 2020, 945, 947.
28 *Ernst*, CR 2020, 735, 735.

Der Suchmaschinenbegriff erfordert eine offene Ausrichtung: Der Dienst muss grundsätzlich alle Websites durchsuchen. Davon unterscheiden sich Suchdienste, die auf spezifische Quellen beschränkt bleiben.[29] Die meisten Pflichten der Plattform-VO richten sich ausschließlich an Online-Vermittlungsdienste. Online-Suchmaschinen treffen aber Transparenzpflichten in Bezug auf Rankings, vgl. Art. 5 Abs. 2 Plattform-VO, und Selbstbevorzugungspraktiken, vgl. Art. 7 Abs. 2 Plattform-VO.

5.3 Verhaltenspflichten

5.3.1 Allgemeine Transparenzpflichten, Art. 3 Plattform-VO

Art. 3 Abs. 1 Plattform-VO statuiert **allgemeine Transparenzpflichten** für AGB, die in das Vertragsverhältnis zwischen dem Anbieter eines Online-Vermittlungsdienstes und gewerblichen Nutzern einbezogen sind. Dazu zählen u. a. folgende Pflichten:
- Klare und verständliche Formulierung der AGB
- Leichte Verfügbarkeit der AGB bereits vor Vertragsschluss
- Angabe der Gründe, anhand derer der Diensteanbieter über eine Aussetzung oder Beendigung der Dienstebereitstellung entscheidet

Art. 3 Abs. 2 Plattform-VO betrifft das Vorgehen bei **Änderung der AGB**: Diensteanbieter sind erst nach Ablauf einer „angemessenen und verhältnismäßigen Frist" berechtigt, ihre AGB zu ändern. Die Vorgaben sind mit Entbehrlichkeitsgründen für eine Frist (Art. 3 Abs. 4 Plattform-VO) sowie einer Mindestfrist von 15 Tagen (Art. 3 Abs. 2 UAbs. 2 Satz 2 Plattform-VO) sehr detailliert ausgestaltet.

5.3.2 Einschränkung, Aussetzung und Beendigung, Art. 4 Plattform-VO

Art. 4 Plattform-VO betrifft die Situation, in der ein Diensteanbieter seine Vermittlungsleistung gegenüber einem bestimmten gewerblichen Nutzer einschränken, aussetzen oder beenden will. Art. 4 Abs. 1, 2 Plattform-VO verlangt von dem Diensteanbieter eine **Begründung** seiner Entscheidung. Diese Begründung muss dem gewerblichen Nutzer spätestens zeitgleich mit Ergreifen der getroffenen Maßnahme zugehen. Dem betroffenen Nutzer steht ein internes Beschwerdemanagementverfahren offen. Art. 4 Plattform-VO ist lex specialis zu Art. 17 DSA, der eine Begründungspflicht für Beschränkungen des Dienstes gegenüber sämtlichen Nutzern vorsieht.[30]

---

29 Steinrötter/*Arncken*, Europäische Plattformregulierung, 2023, § 16 Rn. 38.
30 Hofmann/Raue/*Raue*, 2023, Art. 17 DSA Rn. 5.

5.3.3 Ranking, Art. 5 Plattform-VO

Sowohl Online-Vermittlungsdienste als auch Online-Suchmaschinen sind gem. Art. 5 Plattform-VO verpflichtet, die Parameter darzulegen, nach denen sie auf ihren Plattformen Angebote in ihren Listen gewichten. Anzugeben sind die bestimmenden **Hauptparameter** und die Gründe für deren **relative Gewichtung**. Art. 5 Abs. 2 Plattform-VO betrifft **Online-Suchmaschinen** und berücksichtigt den Umstand, dass zu Nutzern mit Unternehmenswebsites keine Vertragsbeziehung bestehen muss. Insoweit können die Rankingparameter nicht in AGB wiedergegeben werden. Stattdessen hat der Suchmaschinenbetreiber eine Erläuterung bereitzustellen, die öffentlich zugänglich und leicht verfügbar ist.

> ▶ **Beispiel**
>
> Diensteanbieter A entscheidet über die Reihenfolge der gelisteten Angebote anhand des Datums der Angebotseinstellung, den Produkteigenschaften sowie den auf der Plattform abgegebenen Verbraucherbewertungen. ◀

Die Stellung der Angebote bzw. der Websites gewerblicher Nutzer im Ranking auf Plattformen hat erheblichen Einfluss auf deren Wahrnehmung durch Verbraucher.[31] Verhaltensökonomische Erkenntnisse verdeutlichen, dass Verbraucher die auf der ersten Seite dargebotenen Ergebnisse bei einer Online-Suchmaschine deutlicher wahrnehmen als solche, die erst ab der zweiten Seite gelistet werden. Ähnliches gilt für die Listung von Angeboten auf einem Online-Marktplatz. Angesichts dessen schreibt Art. 5 Plattform-VO Diensteanbietern vor, Nutzer über die Rankingparameter in Kenntnis zu setzen. Dadurch können diese ihre wettbewerbliche Chance, Verbraucher über die Plattform zu erreichen, besser einschätzen.

Art. 5 Plattform-VO erschöpft sich in **Informationspflichten**. Anbieter von Online-Vermittlungsdiensten bzw. Online-Suchmaschinen werden keine Vorgaben zur inhaltlichen Ausgestaltung des Rankings gemacht. Sie können die Parameter weiterhin selbst wählen. Insbesondere bleibt es hybriden Diensteanbietern möglich, ihre eigenen Angebote zu bevorzugen.[32] Auch besteht ausweislich Art. 5 Abs. 3 Plattform-VO die Möglichkeit, dass Zahlungen der Nutzer oder die Verwendung von Zusatzdiensten des jeweiligen Diensteanbieters beim Ranking eingestellt werden.

> ▶ **Beispiel**
>
> Zahlen gewerbliche Nutzer eine zusätzliche Provision an den Betreiber eines Online-Marktplatzes, so werden ihre Angebote beim Ranking an höherer Stelle dargeboten. ◀

---

31 *Schneider/Kremer*, WRP 2020, 1128, 1133.
32 Dazu im Detail Art. 7 Plattform-VO, siehe ▶ Abschn. 5.3.4.

> **Vertiefung**
> Der Unionsgesetzgeber hat in Art. 7a Abs. 4a UGP-RL und Art. 6a Abs. 1 lit. a) Verbraucherrechte-RL entsprechende Informationspflichten bezüglich der Ranking-Parameter zugunsten von Verbrauchern geschaffen.

5.3.4 Selbstbevorzugung, Art. 7 Plattform-VO

Die Transparenzpflicht des Art. 7 Plattform-VO betrifft insbesondere hybride Plattformen. Adressiert werden sowohl hybride Online-Vermittlungsdienste als auch hybride Online-Suchmaschinen. Gemeint sind Konstellationen, in welchen der Plattformbetreiber nicht nur eine Vermittlungsleistung bereitstellt, sondern zugleich selbst auf seiner Plattform als Wettbewerber der gewerblichen Nutzer aktiv wird. So vertreiben Anbieter von Online-Marktplätzen bisweilen selbst Produkte an Verbraucher. Auch auf Online-Suchmaschinen werden ggfs. weitere von dem Plattformbetreiber angebotene Dienste in den Suchergebnissen gerankt.

Eine Doppelrolle des Plattformbetreibers birgt spezielles Missbrauchspotenzial: Der Diensteanbieter kann geneigt sein, seine eigenen Angebote gegenüber denen der Konkurrenten zu bevorzugen. Dies verschlechtert die Vertriebschancen der gewerblichen Nutzer. Die Selbstbevorzugung bleibt nach der Plattform-VO zwar erlaubt. Art. 7 Plattform-VO etabliert jedoch Transparenzpflichten: Diensteanbieter müssen differenzierte Behandlungen ihrer eigenen Angebote gegenüber den gewerblichen Nutzern **erläutern**.

> **Wiederholung**
> § 19a Abs. 2 Satz 1 Nr. 1 a) GWB[33] und **Art. 6 Abs. 5 DMA**[34] greifen ebenfalls Selbstbevorzugungspraktiken auf. Es bestehen zwei Unterschiede zu Art. 7 Plattform-VO: Erstens verbieten Kartellrecht und Digital Markets Act die Selbstbevorzugung unter spezifischen Voraussetzungen. Zweitens adressieren die Verbote nur ausgewählte Plattformbetreiber, nämlich Unternehmen mit überragender marktübergreifender Bedeutung für den Wettbewerb (§ 19a Abs. 2 Satz 1 Nr. 1 a) GWB) bzw. Torwächter (Art. 6 Abs. 5 DMA).
> Darüber hinaus hat das EuG im Fall *Google Shopping*[35] die Selbstbevorzugungspraktik eines marktbeherrschenden Suchmaschinenbetreibers auf der Grundlage von **Art. 102 AEUV** verboten.[36]

---

33 Siehe ▶ Abschn. 3.3.2.3.
34 Siehe ▶ Abschn. 4.3.2.4.
35 EuG v. 10.11.2021 – T-612/17 ECLI:EU:T:2021:763 – *Google Shopping*.
36 Siehe ▶ Abschn. 2.3.2.1.4.

5.3.5 Datenzugang, Art. 9 Plattform-VO

Infolge der Bereitstellung von Vermittlungsleistungen erlangen Diensteanbieter regelmäßig Zugang zu Daten von gewerblichen Nutzern und Verbrauchern. Gem. Art. 9 Abs. 1, 2 Plattform-VO hat der Diensteanbieter zu erläutern, ob und welche dieser Daten für gewerbliche Nutzer zugänglich sind. Der Zugang zu diesen Daten hat für den wirtschaftlichen Erfolg des Plattformbetreibers erhebliche Relevanz.[37] Aber auch die wettbewerbliche Situation der gewerblichen Nutzer bleibt nicht unberührt: Ihnen wird ein Zugang z. B. zu Daten über das Einkaufsverhalten der Verbraucher ggfs. wettbewerbliche Vorteile verschaffen, vgl. ErwG 33 Plattform-VO. Daher muss der Diensteanbieter die gewerblichen Nutzer gem. Art. 9 Plattform-VO über Datenzugangsmöglichkeiten informieren. Zugleich geht ErwG 35 Plattform-VO davon aus, dass „Transparenzmaßnahmen […] zu einem verstärkten Austausch von Daten beitragen und […] Innovation und Wachstum" stärken.

Art. 9 Plattform-VO thematisiert nicht, unter welchen Voraussetzungen der Diensteanbieter Daten erheben kann. Anforderungen daran stellt u. a. das **Datenschutzrecht**. Die Vorgaben der DS-GVO sind auch zu beachten, wenn der Diensteanbieter anderen Nutzern Datenzugang gewährt.[38] Soweit keine anderweitigen Rechtfertigungsgründe greifen, bedarf es grundsätzlich der Einwilligung des Betroffenen.

Die Plattform-VO etabliert keinen Anspruch der gewerblichen Nutzer auf Datenzugang. Das deutsche Kartellrecht sieht in **§ 20 Abs. 1a Satz 2 GWB** einen Behinderungsmissbrauchstatbestand vor, aus dem sich ein Anspruch auf Datenzugang gegen relativ marktmächtige Diensteanbieter ergeben kann.[39] Art. 5 Abs. 9, Abs. 10 DMA etablieren Datenzugangsverpflichtungen zugunsten von Werbetreibenden und Herausgebern. Die Plattform-VO schränkt die Nutzungsmöglichkeiten der gesammelten Daten für den Diensteanbieter nicht ein. Ist der Diensteanbieter Torwächter gem. Art. 3 DMA, ist ergänzend das Verbot der Datenkombination aus **Art. 5 Abs. 2 DMA**[40] sowie das Verbot der Datennutzung im Wettbewerb gem. **Art. 6 Abs. 2 DMA**[41] zu prüfen. Letzteres verbietet es hybriden Torwächtern, im Wettbewerb mit gewerblichen Nutzern Daten über diese zu verwenden. Dies soll die wettbewerbliche Position der Nutzer verbessern und auf diese Weise die Bestreitbarkeit fördern.

---

[37] JurisPK-InternetR/*Wiedemann*, 8. Aufl. 2024, ▶ Abschn. 1.3 Rn. 174. Siehe ▶ Abschn. 1.1.2.
[38] Zum Verhältnis der Plattform-VO zur DSGVO *Schneider/Kremer*, WRP 2020, 1128, 1135.
[39] Siehe ▶ Abschn. 3.3.2.2.2.
[40] Siehe ▶ Abschn. 4.3.1.1.
[41] Siehe ▶ Abschn. 4.3.2.1.

5.3.6 Meistbegünstigung, Art. 10 Plattform-VO

Verwendet ein Diensteanbieter **Bestpreisklauseln** in seinem mit den gewerblichen Nutzern geschlossenen Vertrag, muss er gem. Art. 10 Plattform-VO die Gründe hierfür angeben und diese öffentlich leicht verfügbar machen. Mit Bestpreisklauseln wird die Preisgestaltungsfreiheit der gewerblichen Nutzer eingeschränkt: Sie werden verpflichtet, der eigenen Website (enge Bestpreisklauseln) und ggfs. zudem beim Vertrieb über andere Plattformen (weite Bestpreisklausel) keine besseren Konditionen als auf der Plattform des Diensteanbieters zu offerieren. Gewerblichen Nutzern soll diese Einschränkung durch Art. 10 Plattform-VO transparent gemacht werden. Sie sollen diese Einschränkung ihrer Preisgestaltungsfreiheit bei ihrer Entscheidung, mit dem Diensteanbieter einen Vertrag einzugehen, bedenken können.

Aus dem Kartellrecht und dem Digital Markets Act können sich weitreichendere rechtliche Grenzen für die Zulässigkeit von Bestpreisklauseln ergeben. Sowohl enge als auch weite Bestpreisklauseln verstoßen gegen **Art. 101 AEUV**,[42] **§ 1 GWB**.[43] Weite Bestpreisklauseln sind gem. **Art. 5 Abs. 1 lit. d) Vertikal-GVO** nicht freistellungsfähig. Enge Bestpreisklauseln profitierten im Anwendungsbereich der Vertikal-GVO von der Freistellung des Art. 2 Abs. 1. Für Torwächter ergibt sich ein pauschales Verbot jedweder Bestpreisklauseln aus **Art. 5 Abs. 3 DMA**. Im Unterschied zum Kartellverbot kann der Torwächter keine Rechtfertigung auf Basis von Effizienzerwägungen vorbringen. Art. 5 Abs. 2 Plattform-VO stellt klar, dass Verbotsnormen des Kartellrechts und des DMA unberührt bleiben. Die Informationspflichten aus Art. 5 Abs. 1 Plattform-VO erlangen daher letztlich nur praktische Relevanz in Fällen, in denen die Bestpreisklausel nach den Vorgaben des Kartellrechts und des DMA wirksam ist.

5.3.7 Weitere Vorgaben

Die Vorgaben in **Art. 11–13 Plattform-VO** zielen darauf, die **außergerichtliche Streitbeilegung** zugunsten der gewerblichen Nutzer zu stärken. Hierfür sind Anbieter von Online-Vermittlungsdiensten verpflichtet, ein internes Beschwerdemanagementsystem vorzusehen. Misslingt die Streitbeilegung, ist im Anschluss der Weg zur Mediation zu beschreiten. Diese Vorschriften verbessern die Rechtsschutzmöglichkeiten der gewerblichen Nutzer und tragen auf diese Weise dazu bei, Verhandlungsmachtgefälle zu verringern.

---

42 Siehe ▶ Abschn. 2.2.2.3.8.
43 Siehe ▶ Abschn. 3.2.2.3.5.

5.4 Rechtsfolgen

5.4.1 Verwaltungsrechtliche Folgen

Bis Anfang 2024 gab es in Deutschland ausschließlich die Möglichkeit, die Plattform-VO zivilrechtlich durchsetzen. Die Plattform-VO überlasst die Ausgestaltung des Durchsetzungsapparats den Mitgliedsstaaten. Eine öffentlich-rechtliche Durchsetzung schreibt sie **nicht zwingend** vor. ErwG 46 Plattform-VO erwähnt explizit, dass Mitgliedstaaten nicht verpflichtet sind, „eine Durchsetzung von Amts wegen vorzusehen".

Mit Inkrafttreten des Digitale-Dienste-Gesetzes im Mai 2024 hat der deutsche Gesetzgeber verwaltungs- und bußgeldrechtliche Folgen bei Verstößen gegen die Plattform-VO geschaffen. Gem. § **22 Abs. 1 DDG** ist die **Bundesnetzagentur** die zuständige Behörde. Sie kann gem. § 30 DDG iVm § 202 TKG dem Pflichtenverstoß **abhelfen** sowie **Abhilfemaßnahmen** erlassen.[44] Verpflichtungszusagen kann die Bundesnetzagentur indes nicht für verbindlich erklären.[45] Denn § 30 DDG verweist nicht auf § 202 Abs. 3 TKG. Insoweit besteht ein Unterschied zum kartellrechtlichen Rechtsfolgenregime. Der DMA ermöglicht gem. Art. 25 DMA die Verbindlicherklärung von Verpflichtungszusagen nach der Feststellung einer systematischen Zuwiderhandlung.[46]

5.4.2 Bußgeldrechtliche Folgen

Der schuldhafte Verstoß gegen zahlreiche Verhaltenspflichten aus der Plattform-VO ist gem. § **33 Abs. 3 DDG** bußgeldbewehrt. Erfasst sind Vorgaben aus Art. 3, 4, 5, 7, 11, 12 Plattform-VO. Konkret sind dies:
- Pflicht der Anbieter von Online-Vermittlungsdiensten zur Sicherstellung der Erkennbarkeit der Identität der gewerblichen Nutzer, die Waren und Dienstleistungen über die Online-Vermittlungsdienste anbieten, vgl. Art. 3 Abs. 5 Plattform-VO (§ 33 Abs. 3 Nr. 1 DDG)
- Pflicht der Anbieter von Online-Vermittlungsdiensten zur Begründung der Einschränkung, Aussetzung oder Beendigung des Dienstes gegenüber einem gewerblichen Nutzer, vgl. Art. 4 Abs. 1, 2, 5 Plattform-VO (§ 33 Abs. 3 Nr. 2 DDG)
- Pflicht der Anbieter von Online-Vermittlungsdiensten, ein internes Beschwerdemanagementverfahren im Falle der Einschränkung, Aussetzung oder Beendigung seines Dienstes zur Verfügung zu stellen, vgl. Art. 4 Abs. 3 Satz 1 Plattform-VO (§ 33 Abs. 3 Nr. 3 DDG)

---

44 Heldt/Legner/*Wischmeyer/Meißner*, 2024, § 30 DDG Rn. 22.
45 Heldt/Legner/*Wischmeyer/Meißner*, 2024, § 30 DDG Rn. 23.
46 Siehe ▶ Abschn. 4.4.1.

- Pflicht der Anbieter von Online-Suchmaschinen, bei Änderungen der Reihenfolge des Rankings infolge der Mitteilung eines Dritten, den Inhalt der Mitteilung einsehbar zu machen, vgl. Art. 5 Abs. 4 Plattform-VO (§ 33 Abs. 3 Nr. 3 DDG)
- Pflicht der Anbieter von Online-Vermittlungsdiensten zur umgehenden Einsetzung des gewerblichen Nutzers nach Aufhebung einer Einschränkung, Aussetzung oder Beendigung, vgl. Art. 4 Abs. 3 Satz 2 Plattform-VO (§ 33 Abs. 3 Nr. 4 DDG)
- Pflicht der Anbieter von Online-Vermittlungsdiensten, bei Beendigung der Dienstbereitstellung, dem betroffenen gewerblichen Nutzer, sofern keine Frist einzuhalten ist, unverzüglich eine Begründung für seine Entscheidung auf einem dauerhaften Datenträger zur Verfügung zu stellen, vgl. Art. 4 Abs. 4 UAbs. 2 Plattform-VO (§ 33 Abs. 3 Nr. 5 DDG)
- Pflicht der **Anbieter von Online-Suchmaschinen**, Hauptparameter und die Gewichtung der Hauptparameter bei einem **Ranking** richtig dazustellen und die Beschreibung aktuell zu halten, vgl. **Art. 5 Abs. 2, 3, 5 Plattform-VO** (§ 33 Abs. 3 Nr. 6, 7 DDG)
- Pflicht der **Anbieter von Online-Suchmaschinen, differenzierte Behandlungen** zu erläutern, vgl. **Art. 7 Abs. 2, 3 Plattform-VO** (§ 33 Abs. 3 Nr. 8 DDG)
- Pflichten der Anbieter von Online-Vermittlungsdiensten, ein internes Beschwerdemanagementsystem einzurichten und die gewerblichen Nutzer darüber zu informieren, vgl. Art. 11 Abs. 1, 2, 4 Plattform-VO (§ 33 Abs. 3 Nr. 9–14 DDG)
- Pflicht der Anbieter von Online-Vermittlungsdiensten, vor oder während einer Mediation Informationen über das Funktionieren und die Wirksamkeit der Mediation bereitzustellen., vgl. Art. 12 Abs. 9 Plattform-VO (§ 33 Abs. 3 Nr. 15 DDG)

Bei Verstößen gegen § 33 Abs. 3 Nr. 1, 3, 4, 9, 10, 11 DDG kann eine Geldbuße von bis zu 300.000 EUR festgesetzt werden, vgl. § 33 Abs. 6 Plattform-VO. Bei Verstößen gegen § 33 Abs. 3 Nr. 2, 5–8, 12–14, 15 DDG beträgt die Höchstsumme 100.000 EUR.

> **❶ Merke**
> Die Bußgeldtatbestände des § 33 Abs. 3 DDG sind sehr **differenziert** ausgestaltet. Nicht alle Transparenzpflichten sind bei schuldhaften Verstößen bußgeldbewehrt. Insbesondere kann keine Buße verhängt werden, wenn Anbieter von Online-Vermittlungsdiensten gegen ihre Transparenzpflichten in Bezug auf Rankings, Selbstbevorzugungspraktiken und Bestpreisklauseln verstoßen. Wahren hingegen **Anbieter von Online-Suchmaschinen** keine hinreichende Transparenz betreffend Rankingparameter und praktizierte Selbstbevorzugung, kann ihnen bei schuldhaftem Verstoß eine Geldbuße nach § 33 Abs. 3 Nr. 6, 7, 8 DDG auferlegt werden.

5.4.3 Zivilrechtliche Folgen

5.4.3.1 Vertragliche Rechtsfolgen

Vorgaben, die den Transparenzpflichten des Art. 3 Abs. 1 Plattform-VO nicht genügen, sind nach Art. 3 Abs. 3 Plattform-VO **ex tunc nichtig**. ErwG 20 Plattform-VO konkretisiert, dass die übrigen vertraglichen Bestimmungen **wirksam bleiben**, „sofern sie getrennt von den nicht den Vorgaben entsprechenden Bestimmungen betrachtet werden können". Dies entspricht der Regel des § 306 Abs. 1 BGB. Die entstehende Lücke ist durch ergänzende Vertragsauslegung zu schließen.[47]

5.4.3.2 Individualansprüche

Die Ausgestaltung der weiteren Rechtsfolgen überlässt die Plattform-VO den Mitgliedstaaten.[48] Sie sind gem. Art. 15 Abs. 1 Plattform-VO verpflichtet, für eine „angemessene und wirksame Durchsetzung" der Vorschriften zu sorgen. Die Plattform-VO sieht keine Individualansprüche vor. Art. 14 Abs. 9 Plattform-VO stellt lediglich klar, dass Ansprüche, die sich aus anderen Vorschriften als der Plattform-VO ergeben, unberührt bleiben.

Bei Verletzung der Transparenzpflichten sind zunächst **vertragliche Schadensersatzansprüche** aus **§§ 280 Abs. 1, 241 Abs. 2 BGB** zu erwägen.[49] Voraussetzung ist insoweit aber, dass die Nebenpflichtverletzung in Gestalt der Verletzung einer Pflicht aus der Plattform-VO auch zu einem Schaden führt. Hinsichtlich der selbstständigen Einklagbarkeit einzelner Pflichten ist danach zu unterscheiden, ob sie als selbstständige Nebenpflichten zu qualifizieren sind.[50]

Die Pflichten der Plattform-VO können auch mit **lauterkeitsrechtlichen Ansprüchen** durchgesetzt werden. Die Vorgaben der Plattform-VO sind Marktverhaltensregeln,[51] sodass ihre Verletzung den Tatbestand des Rechtsbruchs gem. **§ 3a UWG** erfüllt.[52] Dies eröffnet die lauterkeitsrechtlichen Rechtsfolgen. Hierzu zählt zunächst der Unterlassungsanspruch aus **§ 8 Abs. 1 UWG**. Er kann gem. § 8 Abs. 3 Nr. 1 UWG von jedem Mitbewerber geltend gemacht werden. Hinzu kommt ein Schadensersatzanspruch der Mitbewerber aus § 9 Abs. 1 UWG.

Der Begriff des **Mitbewerbers** setzt gem. § 2 Abs. 1 Nr. 4 UWG ein konkretes Wettbewerbsverhältnis voraus. Dies wird in der Regel zwischen gewerblichem Nutzer und Online-Vermittlungsdiensteanbieter bzw. zwischen Nutzer mit Unternehmenswebsite und Online-Suchmaschinenanbieter vorliegen.[53] Für ein Wettbewerbsverhältnis ist es hinreichend, wenn die geschäftliche Handlung eines Unternehmens konkret geeignet ist, die Stellung eines anderen im Hinblick auf seine

---

47 Köhler/Bornkamm/Feddersen/*Alexander,* 42. Aufl. 2024, Art. 3 P2B-VO Rn. 46.
48 *Schneider/Kremer,* WRP 2020, 1128, 1132.
49 Köhler/Bornkamm/Feddersen/*Alexander,* 42. Aufl. 2024, Art. 14 P2B-VO Rn. 49 f.
50 Steinrötter/*Tribess,* Europäische Plattformregulierung, 2023, § 18 Rn. 94.
51 Zu diesem Begriff Dreher/Kulka, Wettbewerbs- und Kartellrecht, 12. Aufl. 2023, Rn. 526.
52 Busch/*Höppner/Wick,* 2022, Art. 14 P2B-VO Rn. 3.
53 Steinrötter/*Tribess,* Europäische Plattformregulierung, 2023, § 18 Rn. 17 f.

Angebots- oder Nachfragetätigkeit negativ zu beeinflussen.[54] Insoweit orientiert sich der Begriff nicht an der kartellrechtlichen Marktabgrenzung, sondern ist weiter zu verstehen. Die Verhaltenspflichten der Plattform-VO verdeutlichen, dass Plattformbetreiber auf vielfältige Weise auf die Angebotstätigkeit der gewerblichen Nutzer Einfluss nehmen können – sei es durch Rankings oder Selbstbevorzugungspraktiken.

5.4.3.3 Verbandsklage

Neben Individualansprüchen sieht **Art. 14 Plattform-VO** vor, dass die Mitgliedsstaaten kollektiven Rechtsschutz zu eröffnen haben. Der nationale Gesetzgeber hat in Umsetzung dieser Vorgabe **§ 8a UWG** geschaffen. Danach sind berechtigt zur Geltendmachung des Unterlassungs- und Beseitigungsanspruchs aus §§ 8 Abs. 1, 3a UWG **Verbände, Organisationen und öffentliche Stellen**, die die Voraussetzungen des Art. 14 Abs. 3, 4 Plattform-VO erfüllen. Durch die Möglichkeit einer Verbandsklage zielt der Unionsgesetzgeber darauf, die Schwächen der individuellen Rechtsdurchsetzung auszugleichen. Aufgrund ihrer Abhängigkeit von der Vermittlungstätigkeit der Plattform schrecken gewerbliche Nutzer mitunter vor einer Klage zurück.[55]

Bis heute (Stand: Juni 2024) hat Deutschland noch keine gem. der Plattform-VO klageberechtigten Verbände benannt. In Österreich wurden u. a. die Bundeswettbewerbsbehörde und die Wirtschaftskammer benannt.[56] Seit Mai 2024 hat die Bundesnetzagentur gem. **§ 22 Abs. 2 DDG** die Befugnis, Verbände, Organisationen und öffentliche Stellen zu benennen.

5.5 Verfahren

5.5.1 Verwaltungsverfahren

Die nach § 22 Abs. 1 DDG zuständige Bundesnetzagentur kann ein Verfahren **von Amts wegen** einleiten.[57] Zur Ermittlung von Verstößen gegen die Plattform-VO werden der Bundesnetzagentur in **§ 30 DDG Ermittlungsbefugnisse** übertragen. Die Bundesnetzagentur kann gem. § 30 DDG iVm § 203 Abs. 1 Satz 1, Abs. 6 Satz 1, Satz 3–6 TKG **Auskünfte** verlangen. Darüber hinaus kann sie **Zeugen-, Augenscheins- und Sachverständigenbeweise** erheben, vgl. § 30 DDG iVm § 205 TKG. Ferner steht es der Behörde nach § 30 DDG iVm § 204 Abs.1 Nr. 3, Abs. 2, Abs. 3 TKG zu, Geschäftsräume zu betreten und zu **durchsuchen**. Gem. § 30 DDG iVm § 206 TKG kann die Bundesnetzagentur Gegenstände **beschlagnahmen**.

---

54 Harte-Bavendamm/Henning-Bodewig/*Keller*, 5. Aufl. 2021, § 2 UWG Rn. 133.
55 Busch/*Höppner/Wick*, 2022, Art. 14 P2B-VO Rn.1.
56 ▶ https://www.bwb.gv.at/weitere-kompetenzen/p2b-plattform-verordnung (30.6.2024).
57 Heldt/Legner/*Wischmeyer/Meißner*, 2024, § 30 DDG Rn. 13.

Anforderungen an die formelle Rechtmäßigkeit eines Verwaltungsakts der Bundesnetzagentur ergeben sich aus § 32 Abs. 3, 1, 2 DDG. Danach bedarf es einer Begründung und einer Rechtsbehelfsbelehrung. Bei Erhebung eines Widerspruchs bzw. einer Anfechtungsklage gegen Verwaltungsakte der Bundesnetzagentur bestimmt § 31 Abs. 2, 1 DDG, dass dem keine aufschiebende Wirkung zukommt.

5.5.2 Bußgeldverfahren

Zuständige Behörde für die Verhängung von Bußgeldern ist gem. **§ 33 Abs. 8 Nr. 2 DDG** die **Bundesnetzagentur**. Es finden im Grundsatz die allgemeinen bußgeldrechtlichen Verfahrensvorschriften aus dem OWiG und dem StGB Anwendung.[58] Danach wird ein Verfahren nach dem Opportunitätsprinzip eingeleitet. Gem. § 67 OWiG steht dem Betroffenen der Rechtsbehelf des Einspruchs zu.

5.5.3 Zivilverfahren

Für Zivilklagen aus Ansprüchen infolge der Verletzung von Pflichten aus der Plattform-VO gibt es keine speziellen Verfahrensvorschriften. Es finden grundsätzlich die **allgemeinen Bestimmungen der ZPO** Anwendung. Danach greift eine streitwertabhängige Zuständigkeit gem. §§ 71, 23 GVG. Neben dem allgemeinen Gerichtsstand aus §§ 12, 17 ZPO am Sitz einer juristischen Person kommt ggfs. der besondere Gerichtsstand des § 32 ZPO in Betracht. Wird aus einem lauterkeitsrechtlichen Anspruch (insbesondere aus § 8 Abs. 1 UWG) geklagt, ist **§ 14 UWG** zu beachten: Danach besteht eine ausschließliche sachliche Zuständigkeit des Landgerichts, vgl. § 14 Abs. 1 UWG. Zudem sieht § 14 Abs. 2 UWG besondere Gerichtsstände vor. Dazu zählt der „fliegende" Gerichtsstand des Bezirks der Zuwiderhandlung.

Die Vorschriften zur außergerichtlichen Streitbeilegung in Art. 11 ff. Plattform-VO begründen keine besonderen Zulässigkeitsvoraussetzungen. Insbesondere kann ein gewerblicher Nutzer Klage auch vor Abschluss eines Mediationsverfahrens erheben.[59]

Als Rechtsmittel stehen die Berufung, §§ 511 ff. ZPO, und die Revision, §§ 542 ff. ZPO, zur Verfügung.

---

58 Heldt/Legner/*Papathanasiou*, 2024, § 33 DDG Rn. 65.
59 BeckOK UWG/*Tribess*, 24. Ed. 2024, Art. 11 P2B-VO Rn. 43.

■ **Wiederholungsfragen**

? 1. Welche Ziele verfolgt die Plattform-Verordnung?

✓ Die Plattform-VO zielt darauf, Fairness und Transparenz zugunsten gewerblicher Nutzer und Nutzer mit Unternehmenswebsites herzustellen. Zu diesem Zweck legt sie Anbietern von Online-Vermittlungsdiensten und von Online-Suchmaschinen detaillierte Transparenzpflichten auf. Dadurch sollen die Nutzer ihre wettbewerbliche Position auf der Plattform besser einschätzen können.

✓ Zugleich bezweckt die Verordnung mittelbar den Verbraucherschutz. Ihr Anwendungsbereich erstreckt sich nur auf solche Vermittlungsdienste, die den gewerblichen Nutzern Transaktionen mit Verbrauchern ermöglichen (**zur Vertiefung:** ▶ **Abschn. 5.1.2**).

? 2. In welchem Verhältnis steht die Plattform-Verordnung zum Kartellrecht und zum Digital Markets Act?

✓ Die Plattform-VO findet neben den kartellrechtlichen Vorschriften und neben dem Digital Markets Act Anwendung. Für das Kartellrecht folgt dies aus Art. 1 Abs. 4, 5 Plattform-VO. Der jüngere Digital Markets Act legt in ErwG 12 DMA dar, dass er der Anwendung der Plattform-VO nicht entgegensteht (**zur Vertiefung:** ▶ **Abschn. 5.1.1**).

? 3. Wie bestimmt sich der räumliche Anwendungsbereich der Plattform-Verordnung?

✓ Der Anwendungsbereich bestimmt sich gem. Art. 1 Abs. 2 Plattform-VO nach einem modifizierten **Marktortprinzip**. Auf den Sitz der Diensteanbieter kommt es nicht an. Entscheidend ist, ob die gewerblichen Nutzer, denen der Vermittlungsdienst bereitgestellt wird, ihren Wohnsitz oder ihre Niederlassung in der EU haben. Auch die Verbraucher, denen die gewerblichen Nutzer ihre Leistungen anbieten, müssen sich in der EU befinden (**zur Vertiefung:** ▶ **Abschn. 5.1.4.1**).

? 4. Wer ist Adressat der Transparenzpflichten und der weiteren Verhaltensvorgaben aus der Plattform-Verordnung?

✓ Die Pflichten der Verordnung adressieren in erster Linie Anbieter von Vermittlungsdiensten. Darunter versteht Art. 2 Nr. 2 Plattform-VO solche Dienste der Informationsgesellschaft, die eine Vermittlertätigkeit zwischen gewerblichen Nutzern und Verbrauchern ausüben und dabei ihren Dienst auf vertraglicher Grundlage den gewerblichen Nutzern bereitstellen. Erfasst sind u. a. Online-Marktplätze und App-Stores. Einige Pflichten richten sich ergänzend an Online-Suchmaschinen. Darunter fallen gem. Art. 2 Nr. 5 Plattform-VO Dienste, die es Nutzern ermöglichen, eine Suche auf allen Websites zu einem beliebigen Thema vorzunehmen (**zur Vertiefung:** ▶ **Abschn. 5.2**).

❓ 5. Was bestimmt Art. 5 Plattform-VO in Bezug auf Rankings?

✅ Art. 5 Plattform-VO bestimmt Transparenzpflichten in Bezug auf die bestimmenden Hauptparameter und deren relative Gewichtung bei Rankings. Adressiert werden sowohl Online-Vermittlungsdienste als auch Online-Suchmaschinen. Gewerbliche Nutzer und Nutzer mit Unternehmenswebsites sollen über das Vorgehen der Plattformbetreiber informiert sein und ihre Stellung auf der Plattform einschätzen können (**zur Vertiefung:** ▶ **Abschn. 5.3.3**).

❓ 6. Art. 7 Plattform-VO etabliert Transparenzpflichten in Bezug auf Selbstbevorzugungspraktiken hybrider Plattformen. Durch welche Tatbestände aus Kartellrecht und Digital Markets Act werden sie ergänzt?

✅ Selbstbevorzugungspraktiken werden sowohl von kartellrechtlichen Verbotstatbeständen als auch von dem Digital Markets Act aufgegriffen. Das EuG hat die Selbstbevorzugungspraktik eines marktbeherrschenden Suchmaschinenbetreibers auf der Grundlage von Art. 102 AEUV verboten. § 19a Abs. 2 Satz 1 Nr. 1 a) GWB verbietet es Unternehmen mit überragender marktübergreifender Bedeutung für den Wettbewerb, die eigenen Angebote bei der Darstellung zu bevorzugen. Art. 6 Abs. 5 DMA untersagt es Torwächtern, die von ihm selbst angebotenen Dienstleistungen und Produkte beim Ranking gegenüber ähnlichen Dienstleistungen oder Produkten eines Dritten zu bevorzugen (**zur Vertiefung:** ▶ **Abschn. 5.3.4**).

❓ 7. Was bestimmt Art. 10 Plattform-VO in Bezug auf Bestpreisklauseln?

✅ Art. 10 Plattform-VO sieht in Bezug auf Bestpreisklauseln Transparenzpflichten vor. Verbote folgen aus der Vorschrift nicht. Praktisch bedeutsam sind die Transparenzpflichten jedoch nur bei solchen Bestpreisklauseln, die nicht infolge Verstoßes gegen Art. 101 AEUV, § 1 GWB oder Art. 5 Abs. 3 DMA nichtig sind. Insoweit kommen vor allem enge Bestpreisklauseln in Betracht, die – sofern sie nicht von einem Torwächter gefordert werden – infolge Freistellung gem. Art. 2 Abs. 1 Vertikal-GVO wettbewerbskonform sein können (**zur Vertiefung:** ▶ **Abschn. 5.3.6**).

❓ 8. Warum fördern Art. 11–13 Plattform-VO die außergerichtliche Streitbeilegung?

✅ Der Plattform-VO liegt die Vorstellung eines einseitigen Abhängigkeitsverhältnisses zwischen gewerblichen Nutzern und Plattformbetreiber zugrunde. Die Nutzer sind auf die Vermittlung durch die Plattform angewiesen, damit ihre Leistungen sichtbar und von Verbrauchern nachgefragt werden. Um das daraus resultierende Machtgefälle auch bei Auftreten von Streitigkeiten zu verringern, fördert die Verordnung einvernehmliche Streitbeilegungsmechanismen (**zur Vertiefung:** ▶ **Abschn. 5.3.7**).

9. Wie kann ein gewerblicher Nutzer bei einem Verstoß des Diensteanbieters gegen die Transparenzpflichten vorgehen?

Abgesehen von der Nichtigkeitsfolge des Art. 3 Abs. 3 Plattform-VO überlässt es die Verordnung den nationalen Gesetzgebern, die Rechtsfolgen auszugestalten. Sollte dem gewerblichen Nutzer ein Schaden entstanden sein, kann er einen Anspruch aus §§ 280 Abs. 1, 241 Abs. 2 BGB geltend machen. Ein Unterlassungsanspruch ergibt sich aus § 8 Abs. 1, 3 Nr. 1 UWG. Als Mitbewerber iSv § 2 Abs. 1 Nr. 4 GWB ist der gewerbliche Nutzer aktivlegitimiert. Die Verletzung einer Pflicht aus der Plattform-VO begründet einen Rechtsbruch gem. § 3a UWG (**zur Vertiefung:** ▶ Abschn. 5.4.3.2).

10. Bestehen Möglichkeiten des kollektiven Rechtsschutzes zur Durchsetzung der Transparenzpflichten?

Gem. Art. 14 Plattform-VO besteht die Möglichkeit zur Verbandsklage. In Ausführung dieser Vorschrift hat der deutsche Gesetzgeber § 8a UWG vorgesehen. Zur Benennung der klageberechtigten Verbände, Organisationen und öffentlichen Stellen ist gem. § 22 Abs. 2 DDG die Bundesnetzagentur berechtigt. Im Gegensatz zu einigen anderen Mitgliedsstaaten hat Deutschland aktuell (Stand: Juni 2024) noch keine Verbände benannt (**zur Vertiefung:** ▶ Abschn. 5.4.3.3).

11. Kann die Plattform-Verordnung in Deutschland behördlich durchgesetzt werden?

Die Verordnung schreibt den Mitgliedsstaaten das *public enforcement* nicht zwingend vor. Deutschland hat der Bundesnetzagentur im Mai 2024 mit §§ 22 Abs. 1, 30 DDG Befugnisse übertragen. Danach kann die Behörde Zuwiderhandlungen abhelfen und Abhilfemaßnahmen erlassen (**zur Vertiefung:** ▶ Abschn. 5.4.1).

12. Können Verstöße gegen die Pflichten der Plattform-Verordnung bebußt werden?

Der schuldhafte Verstoß gegen einige (aber nicht alle) Verhaltenspflichten aus der Plattform-VO ist gem. § 33 Abs. 3 DDG bußgeldbewehrt. Erfasst sind Pflichten aus Art. 3, 4, 5, 7, 11, 12 Plattform-VO. Bei Verstößen gegen § 33 Abs. 3 Nr.1, 3, 4, 9, 10, 11 DDG kann eine Geldbuße von bis zu 300.000 EUR festgesetzt werden, vgl. § 33 Abs. 6 Plattform-VO. Bei Verstößen gegen § 33 Abs. 3 Nr. 2, 5–8, 12–14, 15 DDG beträgt die Höchstsumme 100.000 EUR (**zur Vertiefung:** ▶ Abschn. 5.5.2).

Übungsfälle

Inhaltsverzeichnis

6.1 Übungsfall „Eifriges Hotelportal" – 334

6.2 Übungsfall „Online-Dating" – 340

6.3 Übungsfall „Von sozialen Netzwerken und Daten" – 352

© Der/die Autor(en), exklusiv lizenziert an Springer-Verlag GmbH, DE, ein Teil von Springer Nature 2025
S. Legner, *Digitales Wettbewerbsrecht*, Springer-Lehrbuch, https://doi.org/10.1007/978-3-662-70492-9_6

6.1 Übungsfall „Eifriges Hotelportal"

Schwerpunkte: Vertikale Wettbewerbsbeschränkung; Bestpreisklausel; Vertikal-GVO; Handelsvertreterprivileg; Immanenzgedanke; Zivilrechtliche Folgen eines Verstoßes gegen das Kartellverbot

H betreibt das elektronische Hotelportal „super-hotels.de", das neben den Hotelportalen von B und E zu den führenden in Europa zählt. H hat einen Marktanteil von 25 %. Als Torwächter gem. Art. 3 DMA hat die Kommissionden H nicht benannt. Kleine und mittlere Hotelunternehmen sind in besonderer Weise auf die Vermarktung ihrer Zimmer durch Hotelportale angewiesen, da sie bei potenziellen Kunden weniger bekannt sind als ihre marktstarken Konkurrenten. Ein Hotelportal, wie das des H, dessen Name am Markt bekannt ist und das auch im Ranking der Suchergebnisse auf *Google Search* an oberer Stelle steht, bietet kleinen und mittleren Hotelunternehmen Zugang zu einer großen Zahl potenzieller Kunden.

In den AGB des H befindet sich eine Klausel, wonach Hotelunternehmen verpflichtet sind, bei ihren auf der Plattform des H eingestellten Angeboten den jeweils niedrigsten Zimmerpreis, die höchstmögliche Zimmerverfügbarkeit und die günstigsten Buchungs- und Stornierungskonditionen zu offerieren. Das Hotelunternehmen G fühlt sich durch diese Klausel benachteiligt. G wolle Kunden belohnen, die Zimmer unmittelbar auf der hoteleigenen Website buchen. Daher bietet G seine Zimmer dort zu besseren Konditionen an als auf dem Portal des H. Schließe müsse er bei einem Direktvertrieb auch keine Provisionen abführen.

▪▪ **Frage 1**
Kann G gegen H vorgehen?

▪▪ **Frage 2**
Ist der Vertrag zwischen H und G wirksam?

Lösung

Frage 1

G könnte gegen H einen **Beseitigungs- und Unterlassungsanspruch aus § 33 Abs. 1 GWB** haben. Dies setzt zunächst voraus, dass H gegen die Bestimmungen des europäischen oder deutschen Kartellrechts verstößt.

I. Verstoß gegen das Kartellverbot aus Art. 101 Abs. 1 AEUV, § 1 GWB

Die Klausel im Vertrag zwischen G und H könnte gegen das europäische und deutsche Kartellverbot gem. Art. 101 Abs. 1 AEUV, § 1 GWB verstoßen.

1. Verbotene Verhaltensweise

H und G müssten eine verbotene Verhaltensweise, also eine Vereinbarung getroffen oder eine aufeinander abgestimmte Verhaltensweise verwirklicht haben.

6.1 · Übungsfall „Eifriges Hotelportal"

Die Absprache, wonach G verpflichtet ist, auf der Plattform des H die besten Konditionen anzubieten, ist Bestandteil eines zwischen den Parteien geschlossenen Vertrags. Damit liegt eine **Vereinbarung** vor. Denn die Parteien haben über das wettbewerbliche Auftreten des G am Markt eine **konkrete Übereinkunft** erzielt. Dass G sich durch die Klausel benachteiligt fühlt, ändert daran nichts. Er hat ihr zugestimmt. Auch wenn dies ggfs. nur infolge wirtschaftlichen Drucks geschehen ist – er wollte auf der Plattform des H infolge ihrer großen Reichweite vertreten sein –, liegt eine Absprache vor. Ob diese zivilrechtlich wirksam ist, ist für die kartellrechtliche Bewertung ebenfalls nicht von Bedeutung. Der Vereinbarungsbegriff erfasst auch Verträge, die zivilrechtlich unwirksam sind. Eine tatsächliche Willensübereinkunft ist hinreichend.

Also liegt eine verbotene Verhaltensweise in Gestalt einer Vereinbarung vor.

2. Wettbewerbsbeschränkung

a) Vertikale Wettbewerbsbeschränkung

Die Vereinbarung von H und G müsste den Wettbewerb beschränken. Dies ist der Fall, wenn sie zu Wettbewerbsbedingungen führt, welche nicht den normalen Bedingungen dieses Marktes entsprechen, und sie zudem die wettbewerbliche Handlungsfreiheit mindestens einer Partei beschränkt.

Hierfür ist zwischen horizontalen und vertikalen Beschränkungen zu differenzieren. Während Erstere zwischen Unternehmen, die in einem Wettbewerbsverhältnis stehen, zustande kommen, sind vertikale Beschränkungen solche, die Unternehmen auf verschiedenen Marktstufen betreffen. Es fragt sich, wie die Rolle von Plattformen in dieser ursprünglich auf den klassischen im zwei- oder dreistufigen Vertriebsaufbau ausgerichteten Differenzierung einzustufen ist. Die Wertungen von **Art. 1 Abs. 1 lit. d) Vertikal-GVO** sprechen dafür, Plattformbetreiber, soweit sie Vermittlungsdienste anbieten, als Anbieter zu qualifizieren. H ist also an Anbieter einzustufen. G ist in der Rolle des Abnehmers der Vermittlungsleistung.

Vertiefung: Art. 1 Abs. 1 lit. d) Vertikal-GVO lautet: „‚Anbieter' ist auch ein Unternehmen, das Online-Vermittlungsdienste erbringt." Dennoch sollten bei der Qualifikation der Wettbewerbsbeschränkung von H und G im Rahmen von Art. 101 Abs. 1 AEUV, § 1 GWB lediglich die *Wertungen* der Vertikal-GVO herangezogen werden. Denn Art. 1 Abs. 1 lit. d) Vertikal-GVO betrifft unmittelbar nur die Freistellungsvoraussetzungen und bestimmt nicht, wie der Begriff der Wettbewerbsbeschränkung in Art. 101 Abs. 1 AEUV, § 1 GWB auszulegen ist.

Absprachen zwischen einem Plattformbetreiber und einem Händler, der Waren oder Dienstleistungen auf der Plattform anbietet (hier: Hoteldienstleistungen), sind daher **vertikale Beschränkungen**.

H und G haben vereinbart, dass G den jeweils niedrigsten Hotelzimmerpreis, die höchstmögliche Zimmerverfügbarkeit und die jeweils günstigsten Buchungs- und Stornierungskonditionen bei seinem Vertrieb über die Plattform des H anzubieten hat. Das bedeutet, dass es G verwehrt ist, sowohl auf anderen Hotelbuchungsplattformen als auch auf seiner eigenen Website seine Leistungen zu besseren Konditionen zu offerieren. Es handelt sich um eine **weite Bestpreisklausel**. Sie beschränkt den Wettbewerb zwischen den Hotelbuchungsplattformen und zwischen den Hotelbetreibern. Auf vorgelagerter Marktstufe wirkt die weite Bestpreisklausel **marktabschottend**: Sie erschwert es konkurrierenden Vermittlungsplattformen, gewerbliche Nutzer zu finden, die ihre Dienste in Anspruch nehmen. Dadurch wird der Marktzutritt erschwert. Kunden werden nicht dazu veranlasst, verschiedene Kanäle für ihre Suche nach einer Unterkunft zu nutzen, wenn der Preis auf der Plattform des H nicht unterbunden werden kann. Ferner wird die **Preisgestaltungsfreiheit** der Hotelbetreiber eingeschränkt. Sie müssen bei dem Vertrieb über andere Kanäle die Provision einkalkulieren, die sie H schulden.

Demnach wird der Wettbewerb beschränkt. Die vereinbarte weite Bestpreisklausel zwischen H und G stellt eine vertikale Wettbewerbsbeschränkung dar.

b) Bezwecken oder bewirken

Die Wettbewerbsbeschränkung müsste bezweckt oder bewirkt sein. Weite Bestpreisklauseln sind bereits objektiv geeignet, den Wettbewerb zu beschränken. Es bedarf daher keiner Auswirkungsanalyse anhand der konkreten Marktbedingungen. Es liegt eine **bezweckte** Wettbewerbsbeschränkung vor.

c) Spürbarkeit

Als bezweckte Wettbewerbsbeschränkung ist die Vereinbarung spürbar. Auf die Marktanteilsschwellen der De-minimis-Bekanntmachung der Kommission kommt es nicht an. Danach fehlt es bei (bewirkten) vertikalen Vereinbarungen grundsätzlich an der Spürbarkeit, wenn keines der an der Absprache beteiligten Unternehmen auf einem der betroffenen Marktstufen einen Marktanteil von mehr als 15 % innehat. Dies ist bereits infolge des Marktanteils von H mit 25 % nicht der Fall. Die Wettbewerbsbeschränkung wäre damit auch als spürbar einzustufen, wenn sie als bewirkt qualifiziert würde.

3. Keine Tatbestandsrestriktionen

Zu klären ist, ob die Wettbewerbsbeschränkung ausnahmsweise infolge teleologischer Reduktion von dem Kartellverbot ausgenommen ist. Dies ist der Fall, wenn es der Zweck des Wettbewerbsschutzes nicht gebietet, sie von Art. 101 AEUV, § 1 GWB zu erfassen.

a) Handelsvertreterprivileg

Die Klausel könnte auszunehmen sein, wenn H als echter **Handelsvertreter** von G am Markt auftritt und daher von vornherein keine wettbewerbliche Handlungsautonomie bestand, die durch die Bestpreisklausel hätte beschränkt werden können. So besteht eine der Tätigkeiten des Plattformbetreibers H darin, die Zimmerbuchungen der Kunden abschlussreif vorzubereiten. Einen Einfluss auf die absolute Höhe der von den Hotelbetreibern verlangten Preise hat die Plattform dagegen nicht.[1] Dies ist jedoch nicht hinreichend, um H als echten Handelsvertreter einzustufen.[2] Denn er tritt als eigenständiges Unternehmen am Markt auf: Er erhält für Hotelbuchungen Provisionen und erwirtschaftet durch seine Vermittlungsleistung Umsätze. Auch tätigt er für den Betrieb der

---

1 OLG Düsseldorf, Urt. v. 4.12.2017 – VI-U (Kart) 5/17, NZKart 2018, 54, 55 – *Expedia*.
2 BGH, Beschl. v. 18.5.2021 – KVR 54/20, GRUR 2021, 1213, 1216 – 7 ▶ *Booking.com*; Kommission, Vertikal-LL, 2022, Rn. 46.

Plattform Investitionen, die mit wirtschaftlichen Risiken einhergehen. H ist demnach kein echter Handelsvertreter.

b) Immanenzgedanke

Die Bestpreisklausel könnte jedoch eine **notwendige Nebenabrede** darstellen, die – sofern sie unerlässlich und verhältnismäßig ist – zugunsten der Realisierung eines kartellrechtsneutralen Hauptzwecks nicht unter das europäische und deutsche Kartellverbot fällt. Das OLG Düsseldorf hat die Ansicht vertreten, dass eine enge Bestpreisklausel, bei welchen den Hotelbetreibern (nur) untersagt wird, über die eigene Website bessere Konditionen anzubieten, für das Funktionieren des Geschäftsmodells von Hotelbuchungsplattformen unerlässlich sei. Durch eine enge Bestpreisklausel gelänge es einem Plattformbetreiber, das Trittbrettfahrerproblem zu unterbinden:[3] Bei der Möglichkeit, Hotelzimmer über die eigene Website zu besseren Bedingungen zu vertreiben, bestünde das Risiko, dass Buchungen an der Plattform vorbeigelenkt und so Provisionszahlungen unterbunden würden. Dem ist jedoch – nach Auffassung des BGH[4] – entgegenzuhalten, dass der Immanenzgedanke nur greift, wenn die Wettbewerbsbeschränkung objektiv notwendig und verhältnismäßig für den Betrieb der Vermittlungsplattform ist. Eine enge Bestpreisklausel dient dem Plattformbetreiber dazu, den Leistungsaustausch zwischen ihm und den Hotelbetreibern so zu gestalten, dass er aus seiner Perspektive gerecht und ausgewogen ist. Es ist jedoch nicht Anliegen des Kartellrechts, ein Vertragsgleichgewicht herzustellen. Hinzu kommt, dass H vorliegend eine weite Bestpreisklausel in seinen AGB vorsieht, also die Konditionen des Vertriebs über andere Plattformen ebenfalls einschränkt. Dies ist für die Aufrechterhaltung seines Geschäftsmodells nicht erforderlich, sondern dient einzig dazu, den Markt abzuschotten. Daher liegt keine notwendige Nebenabrede vor. Also greift keine Tatbestandsrestriktion.

4. Zwischenstaatlichkeitsklausel (bei Art. 101 AEUV)

Ein Verstoß gegen Art. 101 AEUV setzt voraus, dass der zwischenstaatliche Handel durch die Wettbewerbsbeschränkung beeinträchtigt wird. Dafür reicht die Eignung aus. Nach den NAAT-Regeln der Kommission ist sie nur zu verneinen, wenn die an der Wettbewerbsbeschränkung beteiligten Unternehmen einen gemeinsamen Marktanteil von höchstens 5 % innehaben. Vorliegend überschreitet der Marktanteil des H diese Schwelle. Somit ist Zwischenstaatlichkeit gegeben.

5. Freistellung

Die Wettbewerbsbeschränkung könnte gem. Art. 101 Abs. 3 AEUV, § 2 GWB freigestellt sein. Die Freistellung greift ipso jure, soweit deren Voraussetzungen erfüllt sind (System der Legalausnahme). Es bedarf insoweit keiner positiven Freistellungsentscheidung der Kommission. Zunächst ist zu klären, ob sich eine Freistellung aus einer Gruppenfreistellungsverordnung (GVO) ergibt. Ist dem nicht so, ist im Anschluss eine Einzelfreistellung zu prüfen.

---

[3] OLG Düsseldorf, Beschl. v. 4.6.2019 – VI-Kart 2/16 (V), NZKart 2019, 379 – *Enge Bestpreisklausel II*.
[4] BGH, Beschl. v. 18.5.2021 – KVR 54/20, GRUR 2021, 1213 – 7 *Booking.com*.

a) Vertikal-GVO

Eine Freistellung könnte sich aus Art. 2 Abs. 1 Vertikal-GVO ergeben. Dazu müsste der Anwendungsbereich der Verordnung gem. Art. 1, 3 Vertikal-GVO eröffnet sein. Zudem dürfte weder eine Kern- noch eine sonstige nicht freigestellte Beschränkung vorliegen.

aa) Anwendbarkeit

Die Vereinbarung zwischen H und G ist vertikaler Natur (siehe I. 2. a)). Gem. Art. 1 Abs. 1 lit. d) Vertikal-GVO sind Plattformbetreiber, soweit sie Vermittlungsdienste anbieten, als Anbieter zu qualifizieren. Somit sind H und G auf verschiedenen Stufen des Vertriebs tätig. Daher ist ihre Vereinbarung vertikaler Natur i.S.v. Art. 1 Abs. 1 a) Vertikal-GVO. Hiernach ist eine Vereinbarung als vertikal zu qualifizieren, wenn sie zwischen Unternehmen, die jeweils auf einer anderen Stufe der Produktions- oder Vertriebskette tätig sind, geschlossen wird.

Die doppelte Marktanteilsschwelle aus Art. 3 Abs. 1 Vertikal-GVO ist gewahrt. H hat einen Marktanteil von 25 %. Es ist nicht ersichtlich, dass G einen Marktanteil von über 30 % hat. Er ist ein kleines bzw. mittleres Hotelunternehmen.

Daher ist die Vertikal-GVO anwendbar.

bb) Nicht freigestellte Beschränkungen gem. Art. 5 Vertikal-GVO

Die weite Bestpreisklausel ist keine Kernbeschränkung gem. Art. 4 Vertikal-GVO. Insbesondere liegt keine Beschränkung des Online-Vertriebskanals gem. Art 4 lit. e) Vertikal-GVO vor. Denn G wird die Nutzung anderer Plattformen oder der eigenen Website als Vertriebskanal nicht untersagt. Die Bestpreisklausel beschränkt insoweit nur die Preisgestaltungsfreiheit bei dem Vertrieb über andere Online-Kanäle.

Die weite Bestpreisklausel fällt jedoch unter **Art. 5 Abs. 1 lit. d) Vertikal-GVO**. Danach ist eine Verpflichtung nicht freistellungsfähig, die einen Abnehmer von Online-Vermittlungsdiensten veranlasst, Endverbrauchern Waren oder Dienstleistungen nicht über konkurrierende Online-Vermittlungsdienste zu günstigeren Bedingungen anzubieten. H gibt G vor, bei dem Vertrieb über seine Plattform die besten Bedingungen zu offerieren. Es ist dem Hotelbetreiber folglich untersagt, über konkurrierende Online-Vermittlungsdienste günstigere Bedingungen anzubieten.

Merke: Anders wäre es, wenn H und G eine enge Bestpreisklausel vereinbart hätten. In diesem Fall würde H grundsätzlich von der Freistellung des Art. 2 Abs. 1 Vertikal-GVO profitieren (vgl. auch Art. 6 Vertikal-GVO).

cc) Ergebnis

Also ist die Wettbewerbsbeschränkung nicht gem. Art. 2 Abs. 1 Vertikal-GVO freigestellt.

b) Einzelfreistellung

Zu klären bleibt, ob die weite Bestpreisklausel von einer Einzelfreistellung gem. Art. 101 Abs. 3 AEUV, § 2 Abs. 1 GWB profitiert. Es fehlt insoweit aber bereits an Effizienzen zugunsten der Verbraucher. Durch weite Bestpreisklauseln wird das Preisniveau stabilisiert und Preiswettbewerb unterbunden. Zudem werden Verbraucher angehalten, ausschließlich auf der Plattform des H nach Unterkünften zu suchen. Dies schränkt ihre Wahlfreiheit zwischen verschiedenen Plattformen ein.

6. Ergebnis

Demnach verstößt die weite Bestpreisklausel gegen Art. 101 AEUV, § 1 GWB. Ein Verstoß gegen Art. 5 Abs. 3 DMA kommt nicht in Betracht, da H von der Kommission nicht als Torwächter gem. Art. 3 DMA benannt wurde. H ist deshalb kein Adressat der Verhaltenspflichten aus Art. 5, 6 DMA.

II. Weitere Voraussetzungen des Unterlassungsanspruchs

Der Beseitigungsanspruch aus § 33 Abs. 1 GWB setzt eine bereits vorhandene Beeinträchtigung voraus. Dies ist vorliegend durch die vereinbarte Bestpreisklausel und den damit realisierten Verstoß gegen Art. 101 AEUV, § 1 GWB gegeben. Der Unterlassungsanspruch bedingt Wiederholungsgefahr. Diese wird vermutet. Die Vermutung lässt sich vorliegend nicht widerlegen. Die Beeinträchtigung ist auch rechtswidrig. Eines Verschuldens bedarf es nicht.

III. Ergebnis

G hat gegen H einen Beseitigung- und Unterlassungsanspruch aus § 33 Abs. 1 GWB.

Frage 2

Der Vertrag zwischen H und G könnte gem. Art. 101 Abs. 2 AEUV, § 134 BGB i. V. m. § 1 GWB nichtig sein. Die vereinbarte Bestpreisklausel verstößt gegen das Kartellverbot und ist damit von der Nichtigkeitsfolge erfasst. Eine geltungserhaltende Reduktion der Bestpreisklausel ist nicht möglich. Der Klausel fehlt ein nicht zu beanstandender Kerngehalt, auf den sie „zurückgestutzt" werden könnte. Hinzu kommt, dass die Klausel eine AGB ist. Für AGB schließt § 306 Abs. 2 BGB die geltungserhaltende Reduktion grundsätzlich aus.

Vertiefung: Inwieweit bei kartellrechtswidrigen Klauseln eine geltungserhaltende Reduktion in Betracht kommt, ist bisweilen unklar. Die Rechtsprechung nimmt sie jedenfalls bei Wettbewerbsverboten vor, die in zeitlicher Hinsicht über das Notwendige hinausgehen. Halten sich Wettbewerbsverbote – z. B. in Subunternehmerverträgen – in den Grenzen des räumlich, gegenständlich und zeitlich notwendigen Ausmaßes, sind sie als Nebenabreden nicht von dem Kartellverbot umfasst.[5]

---

5 Siehe ▶ Abschn. 2.2.4.2 und 3.2.3.2.

Die übrigen Vertragsteile sind jedoch nicht von der Nichtigkeitsfolge erfasst. Die Gesamtnichtigkeit des Vertrags ergibt sich weder aus dem Wortlaut noch aus dem Sinn und Zweck des Kartellverbots.[6] Das Schicksal des übrigen Vertrags bestimmt sich nach § 139 BGB. Neben der Teilbarkeit der Vertragsbestandteile ist dafür zu klären, ob die nichtige Klausel eine so zentrale Stellung innerhalb des Vertragsgefüges einnahm, dass das Schicksal des Vertrags mit ihrer Gültigkeit „stehen oder fallen sollte".[7] Für den Plattformbetreiber ist die Bestpreisklausel zwar von Bedeutung, um seine wettbewerbliche Stellung zu festigen. Gleichwohl kann nicht davon ausgegangen werden, dass die Parteien ohne Bestpreisklausel keinen Vertrag über die Nutzung des Vermittlungsdienstes des H geschlossen hätten. Die Klausel ist nicht von so zentraler Bedeutung für das vertragliche Gefüge, dass die Parteien bei Kenntnis von der Nichtigkeit der Klausel von einem Vertragsschluss abgesehen hätten (andere Ansicht vertretbar).

6.2 Übungsfall „Online-Dating"

Schwerpunkte: Deutsche Zusammenschlusskontrolle; transaktionsbezogene Aufgreifschwelle; Abgrenzung bei mehrseitigen Märkten und unentgeltlichen Leistungen; Marktbeherrschung auf digitalen Märkten; Verweisungsmechanismen in der europäischen Zusammenschlusskontrolle

Die unionsweit aktive O-AG plant Geschäftsanteile der E-GmbH zu erwerben. Beide Unternehmen betreiben Online-Dating-Plattformen. Die O-AG hält bereits 30 % der Geschäftsanteile der E-GmbH. Sie will nunmehr weitere 30 % erwerben. O-AG erwirtschaftet weltweit einen Umsatz von 550 Mio. EUR. Davon entfallen 100 Mio. EUR auf ijre Aktivitäten in Deutschland. E-GmbH ist ein Newcomer im Bereich des Online-Dating und bislang nur innerhalb Deutschlands aktiv. Sie hat im vergangenen Geschäftsjahr im Inland einen Umsatz von 15 Mio. EUR erzielt. Trotzdem ist die O-AG bereit, für die Geschäftsanteile einen Beitrag von 420 Mio. EUR zu bezahlen. Hintergrund ist, dass die E-GmbH zwar aktuell noch keine nennenswerten Umsätze erwirtschaftet, ihr die O-AG aber dennoch eine große Bedeutung für die Entwicklung der Wettbewerbsbedingungen im Bereich des Online-Dating zumisst. Die von E-GmbH angebotene Plattform mutet besonders innovativ an und ermöglicht neue KI-gestützte Formen des Matching zwischen den Nutzern. Dies betrifft nicht nur Partnerschaftsvorschläge, sondern erstreckt sich auf innovative Möglichkeiten der virtuellen Kontaktaufnahme.

Online-Dating-Plattformen ermöglichen privaten Nutzern eine Registrierung, um persönliche und private Kontakte zu anderen Plattformnutzern herzustellen. Die vorhandenen Plattformen unterscheiden sich u. a. anhand ihres Vermittlungsziels. Während einige Plattformen darauf ausgerichtet sind, dauerhafte Partnerschaften zu vermitteln, zielen andere verstärkt darauf, lockere und mitunter nur vorübergehende Kontakte zwischen den Nutzern zu generieren. Daneben existieren soziale Netzwerke, die es privaten Nutzern ebenfalls ermöglichen, in Kontakt

---

6 Immenga/Mestmäcker/*Zimmer*, 7. Aufl. 2024, § 1 GWB Rn. 74.
7 Immenga/Mestmäcker/*K. Schmidt*, 6. Aufl. 2019, Art. 101 Abs. 2 AEUV Rn. 24.

6.2 · Übungsfall „Online-Dating"

zu treten. Nutzerbefragungen zeigen, dass soziale Netzwerke nicht nur zur Pflege bestehender Freund- und Bekanntschaften verwendet werden, sondern auch, um neue Kontakte zu knüpfen.

Die von der E-GmbH betriebene Plattform „Dating Exquisit" spricht in erster Linie Personen mit höherem Einkommen und Bildungsgrad an. Die Vermittlungsleistung der Plattform ist darauf ausgelegt, feste Partnerschaften zwischen Nutzern zu ermöglichen. Die O-AG betreibt die Dating-Plattform „Dating for All", die nicht auf spezifische Kundengruppen fokussiert ist. Auch über die Plattform der O-AG kommen dauerhafte Beziehungen zustande. Andere nutzen sie dagegen, um kurzfristige Bekanntschaften zu schließen. Die Plattform der E-GmbH ermöglicht es den Nutzern, an einem Persönlichkeitstest teilzunehmen. Diesen nutzt der Plattformbetreiber, um nach Auswertung des Testergebnisses Partnervorschläge zu unterbreiten. Diese Funktion bietet die O-AG auf ihrer Plattform nicht an. Vielmehr wählen die Nutzer andere anhand ihrer im Profil angegebenen Informationen aus. Marktbeobachtungen zeigen, dass für Nutzer vor allem das Alter und der Wohnort entscheidend sind. Beide Unternehmen ermöglichen Nutzern die kostenlose Registrierung. Die Finanzierung erfolgt durch Werbung. Die Plattformbetreiber bieten Werbekunden an, Anzeigen auf den Dating-Portalen zu schalten.

Abhängig von der Marktabgrenzung variiert der Marktanteil der O-AG. Bei einem weit verstandenen Markt, der sämtliche Formen von Dating-Portalen und sozialen Netzwerken umfasst, beträgt der Marktanteil der O-AG – gemessen an den Nutzerzahlen – 5 %. Werden die Marktgrenzen enger gezogen und zwischen Märkten für Dating-Plattformen und sozialen Netzwerken unterschieden, hat die O-AG einen Marktanteil von 39 %, während der Marktanteil der E-GmbH 5 % beträgt. Die nächstgrößeren Wettbewerber der O-AG, die A-AG und die B-AG, halten Marktanteile von 25 % und 10 %. Zwischen den drei Unternehmen herrscht intensiver Wettbewerb vor. Dennoch unterscheiden sich die Dating-Angebote der A-AG und B-AG von dem Leistungsangebot der O-AG. Vor allem über die Plattform der A-AG fragen Nutzer die Vermittlung vorwiegend unseriöser und kurzfristiger Kontakte nach.

Sowohl auf der Plattform der O-AG als auch auf der Plattform der E-GmbH können Nutzer Kontakte zu Personen aus anderen Nationen herstellen. Marktbeobachtungen zeigen jedoch, dass ganz überwiegend Kontakte in räumlicher Nähe zum eigenen Wohnort favorisiert werden. Es werden zwar auch Kontakte zwischen Personen, die mehrere hundert Kilometer auseinander wohnen, nachgefragt. Dies betrifft aber nur das Bundesgebiet. Sprachbarrieren machen die Nachfrage nach internationalen Partnerschaften zu einem Ausnahmephänomen. Auch bieten die Plattformbetreiber jeweils nationale Domains an, zu denen die Nutzer nach der Registrierung automatisch umgeleitet werden.

O-AG und E-GmbH überlegen, ob sie vor Vollzug ihres Vorhabens eine Wettbewerbsbehörde informieren und deren Freigabeentscheidung abwarten sollten.

▪▪ Frage 1
Wie ist die Rechtslage?

▪▪ Abwandlung
Die O-AG kommt mit der E-GmbH überein, die Anteile für lediglich 250 Mio. EUR zu erwerben. Dennoch ist das Bundeskartellamt der Ansicht, dass es sich um einen Zusammenschluss handelt, der den Wettbewerb auf den betroffenen nationalen Märkten erheblich beeinträchtigen und sich zugleich negativ auf den zwischenstaatlichen Handel auswirken könnte.

▪▪ Frage 2
Gibt es für die Behörde eine rechtliche Handhabe, um eine wettbewerbliche Prüfung des Vorhabens zu erreichen?

Lösung

Frage 1

I. Europäische Zusammenschlusskontrolle

Das Zusammenschlussvorhaben könnte der Anmeldepflicht bei einer Wettbewerbsbehörde unterliegen. In Betracht kommt zunächst die Kommission gem. Art. 4 FKVO.

Hinweis: Soweit die Kommission zuständig ist, entfällt die Zuständigkeit der mitgliedsstaatlichen Behörden zur Prüfung des Vorhabens (one-stop-shop Prinzip), vgl. Art. 21 Abs. 3 FKVO. Daher ist bei der Klausurlösung stets zuerst zu prüfen, ob die Aufgreifkriterien der europäischen Zusammenschlusskontrolle eröffnet sind.

Dies setzt voraus, dass die Aufgreifkriterien der europäischen Zusammenschlusskontrolle erfüllt sind. Dafür müsste das Vorhaben den Zusammenschlussbegriff des Art. 3 FKVO erfüllen sowie gemeinschaftsweite Bedeutung gem. Art. 1 FKVO besitzen.

1. Formelle Zusammenschlusskontrolle

a) Zusammenschlussbegriff

Art. 3 FKVO unterscheidet zwischen den Zusammenschlusstatbeständen der Fusion und des Kontrollerwerbs. Vorliegend kommt ein Kontrollerwerb der O-AG Kontrolle gem. Art. 3 Abs. 1 lit. b), Abs. 2 FKVO in Betracht. Dazu müsste die O-AG infolge des Anteilserwerbs bestimmenden Einfluss auf die Tätigkeit der E-GmbH ausüben können. Durch den Erwerb von weiteren 30 % der Gesellschaftsanteile an der E-GmbH, hält die O-AG nunmehr 60 %. Damit hält sie die Mehrheit der Anteile und ist in der Lage, die Geschäftsstrategie der E-GmbH zu bestimmen. Also liegt ein **Kontrollerwerb** gem. Art. 3 Abs. 1 lit. b), Abs. 2 FKVO vor.

b) Gemeinschaftsweite Bedeutung

Ferner müsste das Zusammenschlussvorhaben gemeinschaftsweite Bedeutung haben. Dies richtet sich nach den in Art. 1 FKVO niedergelegten Umsatzschwellen.

Nach **Art. 1 Abs. 2 FKVO** liegt gemeinschaftsweite Bedeutung vor, wenn ein weltweiter Gesamtumsatz aller beteiligten Unternehmen zusammen von mehr als 5 Mrd. EUR vorliegt sowie ein gemeinschaftsweiter Gesamtumsatz von mindestens zwei beteiligten Unternehmen von jeweils mehr als 250 Mio. EUR gegeben ist. Diese Voraussetzungen sind nicht erfüllt. O-AG und E-GmbH erwirtschaften lediglich einen Gesamtumsatz von 565 Mio. EUR.

Gemeinschaftsweite Bedeutung liegt jedoch auch vor, wenn die Umsatzschwellen aus **Art. 1 Abs. 3 FKVO** verwirklicht sind. Art. 1 Abs. 3 FKVO sieht vier Schwellenwerte vor, die kumulativ erfüllt sein müssen. Zunächst muss der weltweite Gesamtumsatz aller beteiligten Unternehmen mehr als 2,5 Mrd. EUR betragen. Sodann hat der Gesamtumsatz aller beteiligten Unternehmen in mindestens drei Mitgliedstaaten jeweils 100 Mio. EUR zu übersteigen. Zudem hat in jedem von mindestens drei dieser Mitgliedstaaten der Gesamtumsatz von mindestens zwei beteiligten Unternehmen jeweils mehr als 25 Mio. EUR zu betragen. Schließlich fordert Art. 1 Abs. 3 FKVO, dass der gemeinschaftsweite Gesamtumsatz von mindestens zwei beteiligten Unternehmen jeweils 100 Mio. EUR übersteigt. Das Zusammenschlussvorhaben von O-AG und E-GmbH erfüllt nicht sämtliche dieser Schwellenwerte. Es scheitert bereits an der zuerst genannten Voraussetzung. Denn beide Unternehmen erwirtschaften zusammen lediglich 565 Mio. EUR und damit weniger als die geforderten 2,5 Mrd. EUR.

Damit weist der Zusammenschluss keine gemeinschaftsweite Bedeutung auf.

2. Ergebnis

Also erfüllt das Vorhaben nicht die Aufgreifkriterien der europäischen Zusammenschlusskontrolle. Andere Gründe für eine Anmeldepflicht bei der Kommission, insbesondere Verweisungen durch die beteiligten Unternehmen oder durch Mitgliedsstaaten, liegen nicht vor. Also bedarf es keiner Freigabe durch die Kommission.

II. Nationale Zusammenschlusskontrolle

Das Vorhaben könnte jedoch gem. § 39 GWB beim Bundeskartellamt anzumelden sein. Dazu müssten die Aufgreifkriterien aus §§ 35, 37 GWB erfüllt sein.

1. Formelle Zusammenschlusskontrolle

a) Zusammenschlussbegriff

Das Vorhaben müsste einem der in § 37 GWB genannten Zusammenschlussbegriffe unterfallen. In Betracht kommt zunächst ein **Kontrollerwerb** gem. § 37 Abs. 1 Nr. 2 GWB. Der Begriff entspricht grundsätzlich dem des Art. 3 Abs. 1 lit. b) FKVO zur europäischen Zusammenschlusskontrolle. Wie ausgeführt, kann die O-AG durch Halten der Mehrheit der Anteile bestimmenden Einfluss auf die Geschäftstätigkeit der E-GmbH ausüben (siehe oben I. 1. a)). Damit liegt ein Kontrollerwerb vor.

Ferner könnten die Voraussetzungen des **Anteilserwerbs** gem. § 37 Abs. 1 Nr. 3 GWB gegeben sein. Der Anteilserwerb setzt voraus, dass bestimmte Anteilsschwellen überschritten werden. Der Zusammenschlusstatbestand ist erfüllt, wenn ein Unternehmen allein oder zusammen mit ihm bereits gehörenden Anteilen die Schwelle von 50 % (lit. a) oder von 25 % (lit. b) erreicht. O-AG hält bereits 30 % der Anteile und plant nunmehr, weitere 30 % zu erwerben. Durch diesen Erwerbsvorgang wird die Schwelle von 50 % überschritten. Also liegt ein Anteilserwerb vor.

b) Umsatzschwellen

Der Zusammenschluss müsste in den Geltungsbereich des nationalen Kontrollregimes fallen. Dies bedingt, dass eine der beiden in § 35 GWB genannten Schwellen erfüllt ist.

Gem. **§ 35 Abs. 1 GWB** unterfällt ein Vorhaben der Prüfung durch das Bundeskartellamt, wenn die beteiligten Unternehmen insgesamt weltweit Umsatzerlöse von mehr als 500 Mio. EUR erwirtschaften (Nr. 1) sowie im Inland mindestens ein beteiligtes Unternehmen Umsatzerlöse von mehr als 50 Mio. EUR und ein anderes beteiligtes Unternehmen Umsatzerlöse von mehr als 17,5 Mio. EUR erzielt (Nr. 2).

Bereits O-AG erwirtschaftet insgesamt 550 Mio. Euro, sodass die Voraussetzung des § 35 Abs. 1 Nr. 1 GWB erfüllt ist. Davon entfallen 100 Mio. EUR auf das Inland. E-GmbH erwirtschaftet in Deutschland jedoch lediglich 15 Mio. EUR pro Jahr. Damit liegen die Voraussetzungen des § 35 Abs. 1 Nr. 2 GWB nicht vor. Also greift § 35 Abs. 1 GWB nicht.

Möglicherweise ergibt sich eine Anmeldepflicht aus **§ 35 Abs. 1a GWB**. Dazu müssten sämtliche der in § 35 Abs. 1a Nr. 1–4 GWB niedergelegten Schwellenwerte erfüllt sein. Zunächst müssten die weltweiten Umsatzerlöse der beteiligten Unternehmen mehr als 500 Mio. EUR betragen, vgl. §§ 35 Abs. 1a Nr. 1, 35 Abs. 1 Nr. 1 GWB. Diese Voraussetzung ist mit einem Gesamtumsatz beider Unternehmen von 565 Mio. EUR gegeben. Ferner erzielt die O-AG mit 100 Mio. EUR Umsatzerlöse von mehr als 50 Mio. EUR im Inland (siehe soeben), vgl. §§ 35 Abs. 1a Nr. 2 a) GWB. § 35 Abs. 1a Nr. 2 b) GWB setzt zudem voraus, dass weder das zu erwerbende Unternehmen noch ein anderes beteiligtes Unternehmen Umsatzerlöse von jeweils mehr als 17,5 Mio. EUR erzielt haben. Neben der O-AG ist die E-GmbH Zusammenschlussbeteiligte. Sie erwirtschaftet in Deutschland einen Umsatz von lediglich 15 Mio. EUR. Damit ist auch diese Voraussetzung erfüllt.

§ 35 Abs. 1a Nr. 3 GWB ergänzt die Aufgreifkriterien um eine **transaktionsbezogene Schwelle**. Der Wert der Gegenleistung für den Zusammenschluss hat mehr als 400 Mio. EUR zu betragen. Dahinter steht die Erkenntnis, dass Umsatzhöhen nicht das allein ausschlaggebende Kriterium für die wettbewerbliche Relevanz eines Zusammenschlussvorhabens sind.

Hinweis: Die Entscheidung des deutschen Gesetzgebers im Jahr 2017, eine transaktionsbezogene Aufgreifschwelle in § 35 Abs. 1a Nr. 3 GWB aufzunehmen, beruht vor allem auf den Erfahrungen mit dem Zusammenschlussvorhaben von *Facebook/WhatsApp*.[8] In

---

[8] Kommission v. 3.10.2014, COMP/M.7217 – *Facebook/Whatsapp*.

Anbetracht der damaligen Umsätze von *WhatsApp* waren weder die Aufgreifschwellen der europäischen noch der nationalen Zusammenschlusskontrolle erfüllt.

Die Berechnung der Gegenleistung erfolgt gem. **§ 38 Abs. 4a GWB.** Danach umfasst die Gegenleistung u. a. alle Vermögensgegenstände und sonstigen geldwerten Leistungen, die der Veräußerer vom Erwerber im Zusammenhang mit dem Zusammenschluss erhält. Zu Letzterem zählt insbesondere der Kaufpreis. Die O-AG ist bereit, für die Geschäftsanteile der E-GmbH einen Preis von 420 Mio. EUR zu bezahlen. Damit ist der Schwellenwert überschritten.

Schließlich fordert § 35 Abs. 1a Nr. 4 GWB, dass das zu erwerbende Unternehmen in **erheblichem Umfang im Inland tätig** ist. Dies ist marktbezogen zu bestimmen und insoweit nicht mit dem Auswirkungsprinzip gleichzusetzen. Durch das Erfordernis der erheblichen Inlandstätigkeit sollen solche Vorhaben aus dem Anwendungsbereich der deutschen Zusammenschlusskontrolle genommen werden, die die Übernahme von schwerpunktmäßig im Ausland tätigen Unternehmen zum Gegenstand haben.[9] Wird ein Unternehmen übernommen, das ausschließlich in Deutschland tätig ist, liegt die erhebliche Inlandstätigkeit daher grundsätzlich vor.

Die E-GmbH erwirtschaftet zwar vergleichsweise geringe Umsätze in Höhe von nur 15 Mio. EUR. Diese liegen aber nur marginal unterhalb des in § 35 Abs. 1a Nr. 2 b) GWB genannten Schwellenwerts. Hinzu kommen die mit der hohen Innovationskraft der E-GmbH verbundenen Ressourcen, die im Inland genutzt werden. Ferner ist die E-GmbH ausschließlich im Inland tätig. Damit ist Inlandstätigkeit der E-GmbH in erheblichem Umfang gegeben. § 35 Abs. 1a Nr. 4 GWB ist verwirklicht.

c) Ergebnis

Also ist die Aufgreifschwelle des § 35 Abs. 1a GWB erfüllt. Damit unterfällt das Vorhaben dem Anwendungsbereich der deutschen Zusammenschlusskontrolle und ist nach § 39 GWB bei dem Bundeskartellamt anzumelden.

2. Materielle Zusammenschlusskontrolle

Das Bundeskartellamt hat den Zusammenschluss gem. § 36 Abs. 1 GWB zu untersagen, wenn zu erwarten ist, dass er zu einer erheblichen Behinderung wirksamen Wettbewerbs führen wird. Dies ist jedenfalls zu bejahen, wenn die O-AG durch den Zusammenschluss eine marktbeherrschende Stellung erlangen würde. Um dies zu klären, sind zunächst die von dem Zusammenschluss betroffenen Märkte abzugrenzen.

a) Marktabgrenzung

aa) Sachliche Marktabgrenzung

(1) Mehrseitiger Markt

Sowohl die Plattform der O-AG als auch die Plattform der E-GmbH bilden jeweils einen mehrseitigen Markt. Die Unternehmen bieten privaten Nutzern die Kontaktvermittlung und Werbekunden die Anzeigenschaltung an. Zwischen den Nutzergruppen besteht die Möglichkeit der Interaktion.

---

9 BKartA/BWB, Leitfaden Transaktionswert-Schwellen für die Anmeldepflicht von Zusammenschlussvorhaben, 2022, Rn. 64.

Demnach ist zunächst zu fragen, ob die Seiten des Marktes einheitlich zu würdigen oder stattdessen zwei sachlich getrennte Märkte für die wettbewerbliche Analyse anzunehmen sind. Dies ist anhand des **Bedarfsmarktkonzepts** zu entscheiden. Danach ist maßgeblich, ob die Leistungen, die die Plattform den jeweiligen Nutzergruppen anbietet, aus Sicht der Nachfrager austauschbar sind.[10]

Was die **Vermittlungsleistung gegenüber Endnutzern** und die **Werbeleistung gegenüber Unternehmen** anbelangt, handelt es sich um verschiedene Leistungen, die von Seiten der Nachfrager nicht als austauschbar angesehen werden. Sie befriedigen vielmehr unterschiedliche Bedürfnisse. Hinzu kommt, dass die O-AG und die E-GmbH privaten Nutzern ihre Vermittlungsleistung unentgeltlich anbieten, während sie von den Werbekunden ein Entgelt fordern. Demnach bestehen in dieser Hinsicht zwei getrennte sachlich relevante Märkte.

Fraglich ist, ob im Hinblick auf die Vermittlungsleistung zwischen **männlichen und weiblichen Nutzern** bzw. Nutzern, die nach männlichen Kontakten bzw. weiblichen Kontakten suchen, bei der Marktabgrenzung zu unterscheiden ist. Beide Gruppen fragen jedoch dieselbe Vermittlungsleistung nach. Es geht ihnen um den Aufbau privater Kontakte zu Nutzern der jeweils anderen Gruppe.[11] Zudem bezieht sich die Vermittlungsleistung als Plattformprodukt zwingend auf beide Seiten: Das Geschäftsmodell erfordert die Anwesenheit beider Gruppen. Also ist keine Differenzierung nach solchen Nutzern, die nach männlichen bzw. weiblichen Kontakten suchen, bei der Marktabgrenzung angezeigt.

Demnach besteht im Grundsatz ein Markt für die Vermittlung persönlicher Kontakte und ein Markt für Anzeigekunden.

(2) Unentgeltliche Leistungserbringung

Zu klären ist, ob der Annahme eines Marktes für die Vermittlung persönlicher Kontakte entgegensteht, dass die Plattformbetreiber für diese Leistung kein monetäres Entgelt von den Nutzern fordern. Dies ist gem. **§ 18 Abs. 2a GWB** in dieser Pauschalität zu verneinen. Danach steht es der Annahme eines Marktes nicht entgegen, dass eine Leistung unentgeltlich erbracht wird. Offen bleibt indes, nach welchen Kriterien zu entscheiden ist, wann eine unentgeltliche Leistungsbeziehung einen Markt konstituiert. Vorliegend erklärt sich die asymmetrische Preisstruktur dadurch, dass die Plattformen werbefinanziert sind: Von Werbekunden verlangen die Unternehmen ein Entgelt für die Anzeigenschaltung. Zwischen Werbekunden und privaten Nutzern herrschen einseitige indirekte Netzwerkeffekte: Je mehr Kontaktsuchende eine Dating-Plattform nutzen, desto lukrativer wird es für Unternehmen, Werbung auf der Plattform zu schalten. Aus Perspektive der Plattformbetreiber ist es daher eine gewinnmaximierende Strategie, durch das kostenlose Dating-Angebot die Zahl privater Nutzer zu erhöhen. Daher stellt die unentgeltliche Bereitstellung der Vermittlungsleistung ein Markt im kartellrechtlichen Sinne dar.

---

10 BKartA, Marktmacht von Plattformen und Netzwerken, 2016, S. 31.
11 BKartA v. 22.10.2015 – B6-57/15, Rn. 76 – *Online-Dating-Plattform*.

6.2 · Übungsfall „Online-Dating"

Hinweis: Dating-Plattformen sind vorliegend – nach dem Kategorienverständnis des Bundeskartellamts – sowohl Matching-Plattformen als auch Aufmerksamkeitsplattformen. Sie sind Matching-Plattformen, weil sie es privaten Nutzern ermöglichen, untereinander in Kontakt zu treten. Durch ihre Werbefinanzierung entsteht zudem eine Aufmerksamkeitsplattform.

(3) Soziale Netzwerke und Dating

Fraglich ist, ob die unentgeltliche Marktseite lediglich aus **Dating-Leistungen** gebildet wird. Möglicherweise sind die Geschäftsmodelle **sozialer Netzwerke** einzubeziehen. Denn auch sie ermöglichen es, neue Kontakte herzustellen. Hierfür ist nach dem Bedarfsmarktkonzept zu klären, ob die erwähnten Vermittlungsleistungen aus Nutzersicht austauschbar sind.

Im Grundsatz unterscheiden sich die Ziele von Nutzern bei der Registrierung auf einem Dating-Portal, von denen, die bei der Anmeldung in einem sozialen Netzwerk im Vordergrund stehen.[12] Bei sozialen Netzwerken steht die Pflege bereits bestehender Bekanntschaften im Vordergrund. Durch das Teilen von Inhalten sollen sie an Erlebnissen virtuell partizipieren. In sozialen Netzwerken geht es vorrangig darum, Profile von Nutzern ausfindig zu machen, zu denen bereits ein Näheverhältnis besteht. Angesichts dieser Unterschiede würden Nutzer von sozialen Netzwerken nicht ohne weiteres auf Dating-Portale wechseln.[13] Gerade bei einem vergleichsweise großen Freundeskreis würde ein Nutzer nur dann einen Wechsel erwägen, wenn er seine Kontakte mit auf die andere Plattform nehmen könnte.

Demnach sind die Vermittlungsleistungen, die Plattformen in Gestalt sozialer Netzwerke einerseits und Dating-Portalen andererseits anbieten, nicht austauschbar. Also sind soziale Netzwerke nicht in den sachlich relevanten Markt einzubeziehen.

(4) Art der Dating-Leistung

Schließlich ist zu überlegen, ob die von der O-AG und der E-GmbH angebotene Vermittlungsleistung ein- und demselben Markt für Dating-Leistungen angehören oder insoweit zu differenzieren ist. Während die Plattform der E-GmbH auf die Vermittlung langfristiger Partnerschaften für Personen mit hohem Bildungsgrad und Einkommen ausgerichtet ist, ist die Plattform der O-AG nicht auf spezifische Kundengruppen fokussiert. Sie ermöglicht es zudem, kurzfristige Bekanntschaften zu knüpfen. Die Frage ist anhand des Bedarfsmarktkonzepts zu beantworten. Danach ist in erster Linie die Nachfragesubstituierbarkeit, also die Austauschbarkeit der Vermittlungsleistungen aus Sicht der Marktgegenseite maßgeblich.

---

12 BKartA v. 22.10.2015 – B6-57/15, Rn. 120 – *Online-Dating-Plattform*.
13 BKartA v. 22.10.2015 – B6-57/15, Rn. 121 – *Online-Dating-Plattform*.

Zunächst bieten beide Plattformen dieselben Kernfunktionen an.[14] Beide ermöglichen die Suche nach potenziellen Kontakten. Soweit die E-GmbH Partnerschaftsvorschläge anbietet, die auf einer KI-gestützten Auswertung von Persönlichkeitstests beruhen, handelt es sich ebenfalls um eine Suchabfrage. Sie wird lediglich nicht aktiv vom Nutzer aufgerufen, sondern geht von der Plattform aus. Sie hat aus Nutzersicht jedoch keine solche Bedeutung für das Anliegen der Kontaktsuche, dass diese das Angebot der E-GmbH als nicht mehr substituierbar mit der von O-AG bereitgestellten Leistung ansehen würden. Zudem differenzieren Nutzer bei der initialen Kontaktaufnahme nicht zwingend zwischen langfristiger und kurzfristiger Beziehung.[15] Es wird im Vorfeld kaum absehbar sein, wie sich ein Kontakt entwickelt. Ferner sind die persönlichen Vorstellungen über Partnerschaften sehr unterschiedlich.

Also besteht ein einheitlicher sachlich relevanter Markt.

bb) Räumliche Marktabgrenzung

Zu klären ist, wie weit der Markt für Online-Dating-Plattformen in räumlicher Hinsicht reicht. Die räumliche Marktabgrenzung richtet sich ebenfalls nach dem Konzept der **Nachfragesubstituierbarkeit**. Entscheidend ist, in welchem räumlichen Radius Nachfrager die angebotene Leistung als austauschbar bewerten. Dabei ist der räumliche Markt nicht zwingend auf das Bundesgebiet beschränkt. § 18 Abs. 2 GWB stellt klar, dass er weiter sein kann als der Geltungsbereich des GWB.

Marktbefragungen haben ergeben, dass das Kriterium des Wohnorts entscheidend für Nutzer von Online-Dating-Portalen ist. Dies spricht zunächst für regionale Märkte, da die Kontaktaufnahme regelmäßig mit dem Ziel eines persönlichen Treffens erfolgt. Dennoch bieten die Plattformen auch die Möglichkeit, deutschlandweit Kontakte zu knüpfen. Dieses Angebot wird von einer nicht unerheblichen Kundenanzahl nachgefragt. Grenzen bestehen aber infolge von Sprachbarrieren. Die Dating-Plattformen der Zusammenschlussbeteiligten sind über jeweils nationale Domains erreichbar. Beides sind Umstände, die für eine Marktabgrenzung anhand der Landesgrenzen sprechen. Also besteht ein deutschlandweiter Markt für Online-Dating-Leistungen.[16]

b) Marktbeherrschung

Zu klären ist, ob durch den Zusammenschluss eine marktbeherrschende Stellung entsteht oder verstärkt wird. Eine marktbeherrschende Stellung ist durch einen Verhaltensspielraum gekennzeichnet, der es einem Unternehmen ermöglicht, sich teilweise unabhängig von den Wettbewerbern und der Marktgegenseite bei dem Einsatz seiner Wettbewerbsparameter zu verhalten. Dafür ist weder ein Monopol noch eine monopolähnliche Stellung erforderlich. Vielmehr genügt nach § 18 Abs. 1 Nr. 3 GWB eine überragende Marktstellung.

---

14 BKartA v. 22.10.2015 – B6-57/15, Rn. 89 – *Online-Dating-Plattform*.
15 BKartA v. 22.10.2015 – B6-57/15, Rn. 91 – *Online-Dating-Plattform*.
16 BKartA v. 22.10.2015 – B6-57/15, Rn. 123 ff. – *Online-Dating-Plattform*.

Die O-AG hat bereits jetzt einen Marktanteil von 39 % inne und könnte daher marktbeherrschend sein. Dagegen spricht indes, dass mit der A-AG und der B-AG zwei Wettbewerber auf dem Markt aktiv sind, die ebenfalls erhebliche Marktanteile halten. Auch die Marktbeherrschungsvermutung ist nicht erfüllt. Da Wettbewerbsdruck sowohl von der A-AG als auch der B-AG ausgeht, liegt zudem keine kollektive Marktbeherrschung vor. Also besteht gegenwärtig keine marktbeherrschende Stellung der O-AG. Es gilt demnach zu prüfen, ob das Zusammenschlussvorhaben eine marktbeherrschende Stellung entstehen lassen würde. Dies ist anhand einer Prognoseentscheidung auf Grundlage der in § 18 Abs. 3, 3a, 3b GWB genannten Kriterien zu bestimmen.

Hierbei ist die Art des geplanten Zusammenschlusses einzustellen. Bei dem Zusammenschluss von O-AG und E-GmbH handelt es sich um einen **horizontalen Zusammenschluss**. Beide Unternehmen begegnen sich als Wettbewerber auf dem deutschlandweiten Markt für Online-Dating-Plattformen. Daher kommt es zu einer Marktanteilsaddition. Während der Marktanteil der O-AG 39 % beträgt, hält die E-GmbH 5 % der Marktanteile. Demnach hätte die fusionierte Einheit einen Marktanteil von 44 % inne. Damit ist die **Vermutung des § 18 Abs. 4 GWB** erfüllt, wonach eine marktbeherrschende Stellung ab einem Marktanteil von 40 % vermutet wird. Möglicherweise wird diese Vermutung jedoch durch andere Kriterien entkräftet.

Auf digitalen Märkten kann besonderer **Wettbewerbsdruck von Innovationen** ausgehen, vgl. § 18 Abs. 3a Nr. 5 GWB. Infolgedessen verringert sich ggfs. die Aussagekraft der absoluten und relativen Marktanteilshöhen. Das Aufkommen disruptiver Innovationen hat in der Vergangenheit wiederholt dazu geführt, dass marktanteilsstarke Unternehmen in kurzer Zeit verdrängt wurden. Die O-AG zahlt für die Geschäftsanteile der E-GmbH deshalb einen vergleichsweisen hohen Preis, weil die Vermittlungsleistung der E-GmbH in Verbindung mit Elementen der virtuellen Realität steht und besonders innovativ erscheint. Dies kann sich als entscheidender Wettbewerbsvorteil darstellen, der dazu führt, dass die fusionierte Einheit einen unabhängigen Verhaltensspielraum erlangt. Hinzu kommt, dass die Dating-Plattformen Endnutzern ihre Vermittlungsleistung unentgeltlich vermitteln. Dadurch gewinnt Qualität als Wettbewerbsfaktor an Einfluss. Über Preishöhen konkurrierenden die Unternehmen nicht.

Hinzu kommt, dass das wettbewerbliche Umfeld vergleichsweise **heterogen** ist. Auch wenn Wettbewerb zwischen der O-AG und den nächstgrößeren Konkurrenten herrscht, handelt es sich um einen heterogenen Markt. Vor allem über die Plattform der B-AG werden vorwiegend unseriöse Kontakte nachgefragt. Dies führt dazu, dass der Wettbewerbsdruck, der auf die fusionierte Einheit von diesem Wettbewerber ausgeht, sinkt. Dies berücksichtigt das Kriterium des § 18 Abs. 3 Nr. 9 GWB mit der Möglichkeit der Marktgegenseite auf andere Unternehmen **auszuweichen**.

Schließlich sprechen die **positiven indirekten Netzwerkeffekte**, die zwischen den privaten Nutzergruppen einer Dating-Plattform vorherrschen, vgl. § 18 Abs. 3a Nr. 1 GWB, dafür, dass die fusionierte Einheit von ihrem Marktanteilsabstand in Höhe von 19 % zu dem nächstgrößeren Wettbewerber (A-AG) durch Selbstverstärkungseffekte profitieren wird. Die fusionierte Einheit hat einen beträchtlichen Vorsprung an Nutzerzahlen zu verzeichnen. Dies wird neue Kunden dazu motivieren, den Vermittlungsdienst der fusionierten Einheit als wertvoller als den der Wettbewerber einzustufen. Der geringe

Wechselaufwand mag die Monopolisierungstendenzen der Netzwerkeffekte schmälern. Zudem ist nicht ausgeschlossen, dass Nutzer *Multi-Homing* betreiben, also mehrere Dating-Portale parallel verwenden. Inwieweit die fusionierte Einheit auch von indirekten Netzwerkeffekten zwischen den privaten Nutzern und den Werbekunden profitieren wird, ergibt sich aus dem Sachverhalt nicht. Insbesondere ist nicht klar, welche Stellung sie auf dem Markt für Werbedienstleistungen innehat. Insoweit lässt sich nicht mit der von § 36 GWB geforderten Wahrscheinlichkeit prognostizieren, dass es zu einem *„Tipping"* des Marktes kommen wird.

Jedoch bedarf es zur Begründung einer marktbeherrschenden Stellung keiner monopolartige Position der fusionierten Einheit. Es genügt eine überragende Marktstellung gem. § 18 Abs. 1 Nr. 3 GWB. Diese ist bereits unmittelbar nach Vollzug des Zusammenschlusses mit hinreichender Wahrscheinlich zu erwarten. Denn bei einer Gesamtwürdigung der genannten Kriterien erlangt die fusionierte Einheit einen Verhaltensspielraum, der es ihr ermöglicht, sich in gewissem Umfang unabhängig von ihren Wettbewerbern und der Marktgegenseite zu verhalten.

3. Ergebnis

Demnach ist zu erwarten, dass durch den Zusammenschluss eine marktbeherrschende Stellung auf dem deutschen Markt für Dating-Portale entstehen wird. Also wird eine erhebliche Behinderung wirksamen Wettbewerbs eintreten. Demnach ist der Zusammenschluss zu untersagen.

Frage 2

Für die europäische Zusammenschlusskontrolle ergeben sich keine Unterschiede zum Ausgangsfall. Art. 1 FKVO kennt keine transaktionsbezogene Aufgreifschwelle, sodass die Höhe des Kaufpreises keinen Einfluss auf die gemeinschaftsweite Bedeutung des Vorhabens hat. Der im Vergleich zum Ausgangsfall geringere Kaufpreis führt dazu, dass das Bundeskartellamt den Zusammenschluss gem. § 35 Abs. 1a GWB ebenfalls nicht aufgreifen kann. Denn die transaktionsbezogene Umsatzschwelle setzt eine Gegenleistung in Höhe von mehr als 400 Mio. EUR voraus. Die O-AG ist jedoch nur bereit, 250 Mio. EUR für die Geschäftsanteile der E-GmbH zu bezahlen.

Da das Bundeskartellamt dennoch wettbewerbliche Relevanz vermutet, ist die Möglichkeit einer **Verweisung gem. Art. 22 FKVO** zu prüfen. Danach kann die Kommission auf Antrag eines oder mehrerer Mitgliedstaaten jeden Zusammenschluss gem. Art. 3 FKVO prüfen, der keine gemeinschaftsweite Bedeutung iSd Art. 1 FKVO hat. Diese Voraussetzungen liegen mit Blick auf das Vorhaben von O-AG und E-GmbH vor (siehe Lösung Ausgangsfall I. 1.). Weitere Voraussetzungen sind, dass das Vorhaben den Handel zwischen Mitgliedstaaten beeinträchtigt und den Wettbewerb im Hoheitsgebiet des antragstellenden Mitgliedstaats erheblich zu beeinträchtigen droht. Die geforderte Zwischenstaatlichkeit ist ebenso wie bei Art. 101, 102 AEUV auszulegen. Es genügt die Möglichkeit der **Beeinträchtigung des zwischenstaatlichen Handelns**. Dies ist jedenfalls wegen der Beteiligung der O-AG, die unionsweit aktiv ist, zu bejahen.

Für die geforderte **erhebliche Wettbewerbsbeeinträchtigung** bedarf es eindeutiger Anhaltspunkte. Das Bundeskartellamt wird insoweit vortragen können, dass durch den Zusammenschluss der von der E-GmbH ausgehende innovationsgetriebene Wettbewerbsdruck wegfällt und die Marktanteilsabstände der fusionierten Einheiten zu den beiden nächstgrößeren Wettbewerbern wachsen. Damit liegen die materiellen Voraussetzungen für einen Verweisungsantrag vor.

Fraglich ist, ob das Bundeskartellamt den Zusammenschluss auch dann verweisen kann, wenn er **nicht dem nationalen Kontrollregime unterfällt**. Der Wortlaut des Art. 22 Abs. 1 FKVO enthält ein solches Erfordernis nicht. Das Verweisungsrecht der Zusammenschlussbeteiligten aus Art. 4 Abs. 5 FKVO besteht dagegen nur, wenn das Vorhaben „nach dem Wettbewerbsrecht mindestens dreier Mitgliedstaaten geprüft werden könnte." Art. 22 FKVO spricht demgegenüber von „jedem Zusammenschluss", der verwiesen werden kann.[17] Jedoch führte eine solch weite Auslegung des Verweisungsrechts zu erheblicher Rechtsunsicherheit.[18] Auch der Effizienz der europäischen Zusammenschlusskontrolle wäre ein zu weit verstandenes Verweisungsregime abträglich.[19]

Also steht einer Verweisung an die Kommission gem. Art. 22 FKVO entgegen, dass das Vorhaben nicht die Aufgreifschwellen aus § 35 GWB erfüllt.[20]

Jedoch könnte das Bundeskartellamt erwägen, eine **Sektoruntersuchung** durchzuführen, durch deren Abschluss ggfs. eine Aufgreifmöglichkeit gem. **§ 32f Abs. 2 Satz 1 GWB** entsteht. Ergibt eine Sektoruntersuchung objektiv nachvollziehbare Anhaltspunkte dafür, dass durch künftige Zusammenschlüsse der wirksame Wettbewerb im Inland im untersuchten Wirtschaftszweig erheblich behindert werden könnte, kann das Bundeskartellamt Unternehmen verpflichten, innerhalb eines Zeitraums von drei Jahren jeden Zusammenschluss in diesem Wirtschaftszweig anzumelden.

Während der Verweisungsantrag aus Art. 22 FKVO innerhalb **von 15 Arbeitstagen**, nachdem das Bundeskartellamt von dem Zusammenschluss Kenntnis erlangt hat, zu stellen ist, und dadurch eine zeitnahe Bewertung der wettbewerblichen Situation ermöglichte, handelt es sich bei einer Sektoruntersuchung um ein ungleich längeres Verfahren. Gem. § 32e GWB dient sie der Untersuchung bestimmter Wirtschaftszweige. Es müssen Anhaltpunkte dafür bestehen, dass der Wettbewerb in diesem Bereich eingeschränkt oder verfälscht ist. Das Verfahren endet gem. § 32e Abs. 4 GWB mit der Veröffentlichung eines Berichts. Es dauert typischerweise mehrere Monate und soll **nach maximal 18 Monaten** abgeschlossen sein. Da es dem Bundeskartellamt um ein konkretes Zusammenschlussvorhaben zwischen der O-AG und E-GmbH geht, ist die Durchführung einer Sektoruntersuchung nicht geeignet, um rechtzeitig eine Anmeldepflicht herbeizuführen.

---

17 EuG v. 13.7.2022 – T-227/21, ECLI:EU:T:2022:447, Rn. 126 – *Illumina*.
18 EuGH v. 3.9.2024 – C-611/22 P, C-625/22 P, ECLI:EU:C:2024:677, Rn. 206 ff. – *Illumina*.
19 EuGH v. 3.9.2024 – C-611/22 P, C-625/22 P, ECLI:EU:C:2024:677, Rn. 210 – *Illumina*.
20 EuGH v. 3.9.2024 – C-611/22 P, C-625/22 P, ECLI:EU:C:2024:677 – *Illumina*; andere Ansicht EuG v. 13.7.2022 – T-227/21, ECLI:EU:T:2022:447 – *Illumina*.

Hinweis: Art. 14 DMA hilft vorliegend nicht weiter. Erstens richtet sich die Norm nur an Unternehmen, die als Torwächter gem. Art. 3 DMA benannt sind. Dies trifft auf keinen der Zusammenschlussbeteiligten zu. Zweitens ermöglicht Art. 14 DMA keine Überprüfung des Zusammenschlussvorhabens; es handelt sich um eine bloße Anzeigepflicht.

Nach alldem kann das Bundeskartellamt das Vorhaben nicht nach Art. 22 FKVO zur Prüfung an die Kommission zu verweisen. Es hat keine Handhabe, um zeitnah eine wettbewerbliche Prüfung des Vorhabens zu erreichen.

6.3 Übungsfall „Von sozialen Netzwerken und Daten"

Schwerpunkte: Missbrauch einer marktbeherrschenden Stellung, Verhaltenspflichten des DMA, Marktabgrenzung, Marktbeherrschung auf digitalen Märken, Verhältnis zwischen Kartellrecht und DMA

Unternehmen F betreibt ein soziales Netzwerk, das weltweit verfügbar ist und monatlich rund 2 Mrd. aktive Endnutzer aufweist. Es bietet die Möglichkeit, sich mit Freunden und Bekannten zu vernetzen. Registrieren sich Nutzer im Netzwerk, erhalten sie ein persönliches Konto und eine persönliche Seite, auf der sie Informationen teilen können. Nutzer können unter anderem ihren Namen und ein Profilfoto einstellen. Für ihre Registrierung müssen Nutzer kein monetäres Entgelt zahlen. Die Vermittlungsleistung offeriert F Endnutzern weltweit. Jedoch bietet F seinen Dienst in jedem Land unter einer nationalen Domain an. Auch die Spracheinstellungen unterscheiden sich je nach Nutzerregion. Daneben steht F in Vertragsbeziehungen mit Werbetreibenden. F ermöglicht ihnen gegen Zahlung eines Entgelts, Werbeanzeigen auf dem sozialen Netzwerk zu schalten. F wirbt damit, dass es aufgrund der von den Endnutzern gesammelten Daten den Werbetreibenden ermöglichen kann, maßgeschneiderte Zielgruppen zu bewerben. Aufgrund der Anzahl der aktiven Endnutzer auf dem sozialen Netzwerk ist das Unternehmen F für Werbetreibenden ein attraktiver Vertragspartner.

Ein Vergleich mit den Nutzerzahlen des sozialen Netzwerks von F mit denen anderer in Deutschland aktiver sozialer Netzwerke ergibt, dass rund 80 % der monatlich aktiven Nutzer das Netzwerk von F nutzen. Die übrigen Nutzeranteile sind wie folgt verteilt: 10 %, 5 %, 3 % und 2 %. Marktuntersuchungen haben ergeben, dass Nutzer typischerweise nicht mehrere soziale Netzwerke parallel nutzen. Die Kommission hat F gem. Art. 3 Abs. 2 DMA als Torwächter benannt.

Um sich bei dem sozialen Netzwerk zu registrieren, müssen Nutzer unter anderem den Nutzungsbedingungen des F zustimmen. Willigen sie nicht ein, haben sie keine Möglichkeit, den Dienst zu nutzen. Laut seiner Nutzungsbedingungen kann F Daten über Nutzeraktivitäten außerhalb des sozialen Netzwerks von Werbetreibenden, App-Entwicklern und -Publishern, die Business Tools von F eingebunden haben, erfassen und mit den auf dem sozialen Netzwerk gesammelten Daten zusammenführen. Zudem sehen die Bedingungen vor, dass die auf dem sozialen Netzwerk gesammelten personenbezogenen Daten für alle Produkte, die F anbietet – zu ihnen zählt auch ein interpersoneller Kommunikationsdienst –, zusammengeführt und verwendet werden können.

6.3 · Übungsfall „Von sozialen Netzwerken und Daten"

■ ■ Frage 1
Wie beurteilen Sie das Verhalten des Unternehmens F gem. Art. 102 AEUV und nach den Verhaltenspflichten des DMA?

■ ■ Frage 2
Gehen Sie davon aus, dass das Verhalten des Unternehmens F sowohl gegen Art. 102 AEUV als auch gegen Verhaltenspflichten des DMA verstößt. Die Kommission erwägt, nur einen von beiden Verstößen aufzugreifen. Welche Kriterien könnten bei der Entscheidung, welchen Verstoß sie verfolgen wird, von Bedeutung sein?

Lösung

Frage 1

I. Verstoß gegen Art. 102 AEUV

Die Nutzungsbedingungen von F könnten gegen Art. 102 AEUV verstoßen. Dazu müsste F eine marktbeherrschende Stellung innehaben und diese missbrauchen.

1. Marktbeherrschung

a) Marktabgrenzung

aa) Sachliche Marktabgrenzung

Um zu klären, ob F marktbeherrschend und damit Adressat des Missbrauchsverbots ist, sind vorab die relevanten Märkte abzugrenzen. Die sachliche Marktabgrenzung richtet sich nach dem Konzept der **Nachfragesubstituierbarkeit**. Danach gehören zum sachlich relevanten Markt alle Produkte, die aus Sicht der Marktgegenseite hinsichtlich ihrer Eigenschaften und ihrem Verwendungszweck austauschbar sind (sog. Bedarfsmarktkonzept).

Die von F betriebene Plattform bietet verschiedenen Nutzergruppen, nämlich Endnutzern und Werbetreibenden, Leistungen an. Es handelt sich also um einen **mehrseitigen (Plattform-)Markt**. Es fragt sich, ob beide Marktseiten einem einheitlichen Markt zuordnen sind oder zwei getrennte sachlich relevante Märkte anzunehmen sind. Bietet eine Plattform verschiedenen Nutzergruppen nicht-substituierbare Leistungen an, sind unterschiedliche sachlich relevante Märkte anzunehmen. Endnutzer fragen von F den Dienst des sozialen Netzwerks nach. Werbekunden ermöglicht F dagegen die Schaltung von Anzeigen. Während die Nutzung eines sozialen Netzwerks dem Teilen von Inhalten und dem Austausch mit Freunden dient, dient die Schaltung von Werbeanzeigen der Kundengewinnung und Absatzsteigerung. Es handelt sich also um unterschiedliche Leistungen, die den jeweiligen Nutzergruppen angeboten werden. Sie sind aus Nutzersicht nicht substituierbar. Also bilden soziale Netzwerke grundsätzlich einen eigenen sachlich relevanten Markt.

Hinweis: Neben der Anwendung des Bedarfsmarktkonzepts wird bei der Frage, ob mehrere Nutzergruppen einen einheitlichen oder mehrere separate Märkte bilden, mit der Plattformart argumentiert. Auch die Kommission geht in ihrer novellierten Bekanntmachung zur Marktabgrenzung neben der Substituierbarkeit der Plattformleistung auf die Plattformart ein und nennt exemplarisch Transaktions- und Matching-Plattformen.[21] Nach hier vertretener Auffassung ist die Differenzierung nach Plattformarten indes nicht letztentscheidend, sondern dient der Konkretisierung des Substituierbarkeitskriteriums: Während auf Matching-Plattformen mehreren Marktseiten dieselbe Vermittlungsleistung angeboten wird (z. B. Dating-Portale), kennzeichnet Transaktionsplattformen, dass sie ökonomische Transaktionen zwischen Anbietern und potenziellen Kunden vermitteln. Zu beachten gilt, dass sich im kartellrechtlichen Diskurs bislang keine einheitliche Plattformkategorisierung herausgebildet hat. Die Kommission vertritt etwa einen engeren Begriff der Matching-Plattform als das Bundeskartellamt (siehe ▶ Abschn. 1.1). Es sollte in einer Falllösung daher klargestellt werden, von welchem Begriffsverständnis ausgegangen wird.

Die Endnutzer bezahlen für den Zugang zum sozialen Netzwerk **kein monetäres Entgelt**. Möglicherweise steht dies der Annahme eines Marktes im Verhältnis zu den Endnutzern entgegen. Grundsätzlich ist ein Markt durch den Austausch von Gütern geprägt. Kostenlose Angebote an Verbraucher mit dieser Erwägung von dem kartellrechtlichen Marktbegriff auszunehmen, überzeugt vorliegend jedoch nicht. Die unentgeltliche Leistungsbereitstellung bildet nur eine Seite des mehrseitigen Geschäftsmodells von F. Es ist für F infolge der zwischen den Endnutzern und den Werbekunden vorherrschenden **einseitigen indirekten Netzwerkeffekten** eine gewinnversprechende Strategie, von Endnutzern kein Entgelt zu fordern: Durch eine große Zahl an aktiven Endnutzern wird F zu einem attraktiven Vertragspartner für Werbekunden, da diese durch ihre Werbeanzeigen einen größeren Kreis potenzieller Nachfrager erreichen. Infolgedessen können auch unentgeltliche Leistungsbeziehungen Bestandteil sachlich relevanter Märkte sein.

Hinweis 1: Der deutsche Gesetzgeber hat in § 18 Abs. 2a GWB explizit klargestellt, dass die Unentgeltlichkeit eines Angebots der Marktqualität nicht ohne weiteres entgegensteht. Mit dieser Norm kann vorliegend jedoch nicht argumentiert werden, da nach einem Verstoß gegen Art. 102 AEUV gefragt ist. Der Sache nach gilt im EU-Kartellrecht jedoch dasselbe. Die Kommission führt in ihrer novellierten Bekanntmachung zur Marktabgrenzung von 2024 Folgendes aus: *„Monetäre Nullpreise können integraler Bestandteil der Geschäftsstrategie mehrseitiger Plattformen sein. Die Bereitstellung eines Produkts zum Nullpreis bedeutet nicht, dass es für dieses Produkt keinen relevanten Markt gibt"* (Rn. 97).

Hinweis 2: Für die Begründung der Marktqualität wird ferner vorgebracht, dass Endnutzer zwar keinen monetären Preis bezahlen, aber mit der Zurverfügungstellung ihrer personenbezogenen Daten an F den Zugang zum sozialen Netzwerk „bezahlen".

Also steht der Annahme eines Marktes für soziale Netzwerke die Unentgeltlichkeit der Leistungserbringung nicht entgegen.

---

21 Kommission, Bekanntmachung zur Marktabgrenzung, 2024, Rn. 95.

bb) Räumliche Marktabgrenzung

Fraglich ist, welches Gebiet der Markt für soziale Netzwerke umfasst. Der räumlich relevante Markt erstreckt sich auf ein Gebiet, in dem die Wettbewerbsbedingungen hinreichend homogen sind. Dies ist aus Sicht der Marktgegenseite zu ermitteln. Das soziale Netzwerk des F ist weltweit verfügbar. Der Dienst unterscheidet nicht zwischen den verschiedenen Staaten. Die Funktionalität ist im Wesentlichen überall gleich. Dies scheint für einen weltweiten Markt für soziale Netzwerke zu sprechen. Jedoch ist zu sehen, dass das Netzwerk unter jeweils nationalen Domains angeboten wird. Zudem gibt es unterschiedliche Spracheinstellungen. Auch der Nutzungszweck spricht für nationale Märkte: Das soziale Netzwerk dient Nutzern vorwiegend dazu, sich mit Freunden und Bekannten aus dem eigenen Alltag zu vernetzen. Diese werden überwiegend in demselben Staat ansässig sein und dieselbe Sprache sprechen. Demnach ist von einem deutschlandweiten Markt auszugehen.

Hinweis: Die Annahme eines weltweiten Marktes ist ebenso vertretbar. Die hier vertretene Ansicht entspricht der des Bundeskartellamts in seiner Entscheidung in der Sache *Facebook* (6.2.2019 – B6-22/16, Rn. 344). Die Kommission ist dagegen von einem *„EWR-weiten, wenn nicht weltweiten"* Markt ausgegangen (3.10.2014 – COMP/M.7217, Rn. 68 – *Facebook/WhatsApp*).

cc) Zwischenergebnis

Demnach ist von einem nationalen Markt für soziale Netzwerke auszugehen.

b) Marktbeherrschende Stellung

Zu klären ist, ob F den nationalen Markt für soziale Netzwerke beherrscht. Eine marktbeherrschende Stellung kennzeichnet, dass das Unternehmen in der Lage ist, wirksamen Wettbewerb zu verhindern und über **einen unabhängigen Verhaltensspielraum** gegenüber seinen Wettbewerbern und der Marktgegenseite verfügt. Ob dies der Fall ist, ist anhand von marktstrukturellen, verhaltens- und unternehmensbezogenen Kriterien zu ermitteln.

Auch auf digitalen Märkten bietet die absolute und relative Höhe der Marktanteile einen Anhaltspunkt. Bei einem **Marktanteil von über 40 %** kann in der Regel von einer Marktbeherrschung ausgegangen werden, wobei die Aussagekraft des Marktanteils auf digitalen Märkten stets zu hinterfragen ist. Für die Berechnung des Marktanteils kann infolge der Unentgeltlichkeit der Bereitstellung von sozialen Netzwerken nicht auf Umsatzzahlen zurückgegriffen werden. Es ist stattdessen auf die **Nutzeranteile** als Form des mengenmäßigen Marktanteils abzustellen. F vereinigt auf dem deutschen Markt für soziale Netzwerke rund 80 % der Endnutzer. Die weiteren Anbieter haben deutlich geringere Marktanteile zu verzeichnen, nämlich 10 %, 5 %, 3 % und 2 %. Es bestehen daher große Marktanteilsabstände.

Ferner sind die den Markt für soziale Netzwerke prägenden **Netzwerkeffekte** einzustellen. Zwischen den privaten Nutzern herrschen direkte Netzwerkeffekte vor. Der Wert eines sozialen Netzwerks für Nutzer steigt, wenn sie darin mit möglichst vielen Personen aus ihrem Freundes- und Bekanntenkreis interagieren können. Ihre Entscheidung, bei welchem Netzwerk sie sich registrieren, hängt maßgeblich von der Anwesenheit und Aktivität anderer Nutzer ab. Aufgrund der großen Marktanteilsabstände des F zu seinen

Wettbewerbern ist davon auszugehen, dass direkte Netzwerkeffekte seinen Verhaltensspielraum stärken. Ferner bestehen im Verhältnis zu den Werbekunden indirekte Netzwerkeffekte (siehe bereits 1. a) aa)). Auch auf dem Markt für Online-Werbung ist F ein attraktiverer Geschäftspartner als seine Wettbewerber, da er eine erheblich höhere Zahl von Nutzern auf seinem sozialen Netzwerk vereint. Dies etabliert **Marktzutrittsschranken** für Konkurrenten.

Die Marktmacht von F wird ferner dadurch vergrößert, dass private Nutzer **nicht zum Multi-Homing** neigen. *Multi-Homing* ist geeignet, Netzwerkeffekte abzuschwächen. Marktuntersuchungen haben jedoch ergeben, dass Nutzer zumeist nur ein soziales Netzwerk nutzen (*Single-Homing*). Dies ist ein Faktor, der den Verhaltensspielraum des F als dem marktstärksten Netzwerk vergrößert. Darin fügt sich ein, dass **Wechselhürden** zu anderen sozialen Netzwerken bestehen. Daten, die ein Nutzer in einem Netzwerk mit Freunden und Bekannten geteilt hat, kann er im Grundsatz nicht ohne weiteres auf andere soziale Netzwerke übertragen.

Also beherrscht F den nationalen Markt für soziale Netzwerke. Er ist demnach Adressat des Missbrauchsverbots.

2. Missbrauch

F müsste seine marktbeherrschende Stellung missbraucht haben. Ein Missbrauch liegt gem. **Art. 102 Satz 2 lit. a) AEUV** in der Erzwingung von unangemessenen Geschäftsbedingungen. Von einem **Konditionenmissbrauch** ist jedenfalls auszugehen, wenn die Geschäftsbedingungen des F offensichtlich unbillig sind. Dabei ist das vertragliche Pflichtengefüge zwischen F und den Endnutzern in den Blick zu nehmen. Die Grenzen dürfen nicht zu eng gezogen werden. Denn auch einem marktbeherrschenden Unternehmen bleibt es möglich, seine eigenen wirtschaftlichen Interessen am Markt zu verfolgen. Die vereinbarten Konditionen müssen sich jedoch im Rahmen des Angemessenen bewegen.

Die Missbräuchlichkeit der Nutzungsbedingungen von F könnte sich daraus ergeben, dass sie gegen das Datenschutzrecht verstoßen. Art. 6 DS-GVO legt Voraussetzungen für die Rechtmäßigkeit der Datenverarbeitung fest. Danach dürfen personenbezogene Daten jedenfalls bei Vorliegen einer Einwilligung i.S.v. **Art. 6 Abs. 1 lit. a) DS-GVO** verarbeitet werden. Voraussetzung ist die **Freiwilligkeit der Einwilligung**. Dazu muss die Zustimmung des Nutzers ohne Zwang und in Kenntnis der Sachlage erfolgen. Infolge der enormen Marktmacht von F auf dem Markt für soziale Netzwerke bestehen für die Nutzer keine gleichwertigen Ausweichmöglichkeiten, wenn sie sich mit den Nutzungsbedingungen nicht einverstanden erklären. Willigt ein Nutzer nicht ein, bringt dies Nachteile für ihn. Er hat keine Möglichkeit, seinen Bedarf nach der Nutzung eines sozialen Netzwerks zu befriedigen. Aufgrund des großen Machtgefälles zwischen F und seinen Wettbewerbern stellen Letztere keine gleichwertigen Alternativen dar. Daher ist eine Einwilligung in die Datenverarbeitungskonditionen des F nicht freiwillig. Also ist die Datenverarbeitung des F nicht gem. Art. 6 Abs. 1 lit. a) DS-GVO zulässig. Andere Rechtmäßigkeitsvoraussetzungen greifen nicht. Demnach liegt ein Verstoß gegen das Datenschutzrecht vor.

6.3 · Übungsfall „Von sozialen Netzwerken und Daten"

Ein Verstoß gegen außerwettbewerbliche Vorschriften begründet nicht ohne weiteres einen Marktmachtmissbrauch gem. Art. 102 AEUV. Vielmehr ist einschränkend zu verlangen, dass der Normverstoß **Marktrelevanz** hat. Der Normverstoß muss also eine Beziehung zur Marktmacht des F aufweisen. Vorliegend verstoßen die Nutzungsbedingungen von F als Ausfluss seiner Marktbeherrschung gegen die Wertungen der DS-GVO. Ein darüber hinaus gehender Kausalzusammenhang ist nicht zu fordern.

Hinweis 1: Der EuGH hat für die Tätigkeit der nationalen Wettbewerbsbehörden entschieden, dass diese das Datenschutzrecht im Grundsatz prüfen dürfen, wenn sie dabei Zwecke des Wettbewerbsschutzes verfolgen. Dabei haben die Wettbewerbsbehörden etwaige Entscheidungen und Tätigkeiten der Datenschutzbehörden zu berücksichtigen und loyal mit diesen zusammenzuarbeiten (vgl. EuGH v. 4.7.2023 – C-252/21, ECLI:EU:C:2023:537 – *Meta (Facebook)*). Auf diese Argumentation kann für das EU-Kartellrecht nicht unmittelbar zurückgegriffen werden. Dennoch ist davon auszugehen, dass ähnliche Grundsätze bei der Auslegung des Missbrauchsbegriffs in Art. 102 AEUV zur Anwendung kommen können.

Hinweis 2: Im Rahmen des Konditionenmissbrauchs aus § 19 Abs. 1 GWB war umstritten, ob es einer Verhaltenskausalität bedarf oder Ergebniskausalität ausreicht. Mit der 10. GWB-Novelle von 2021 hat der Gesetzgeber diesen Streit beendet, indem er den Wortlaut des § 19 Abs. 1 GWB dahingehend angepasst hat, dass nunmehr Ergebniskausalität ausreicht.

Also hat F seine marktbeherrschende Stellung missbraucht.

3. Geeignetheit zur Beeinträchtigung des zwischenstaatlichen Handels

Ein Verstoß gegen Art. 102 AEUV setzt voraus, dass die missbräuchliche Verhaltensweise geeignet ist, den Handel zwischen den Mitgliedsstaaten zu beeinträchtigen. Vorliegend beziehen sich die datenschutzrechtswidrigen Nutzungsbedingungen zwar auf einen nationalen Markt. Zwischenstaatlichkeit ist dennoch gegeben, da das Handeln des F den Marktzutritt von Wettbewerbern aus anderen Staaten erschweren kann.

4. Ergebnis

Demnach verstößt F mit seinen Nutzungsbedingungen gegen Art. 102 AEUV.

II. Verstoß gegen Art. 5 Abs. 2 DMA

F könnte zudem gegen Art. 5 Abs. 2 DMA verstoßen.

1. Torwächter-Stellung

Die Verhaltenspflichten des DMA richten sich ausschließlich an Torwächter. Daher ist vorab zu klären, ob F eine Torwächter-Stellung innehat. Dies bedingt gem. **Art. 3 Abs. 1 DMA**, dass F **erheblichen Einfluss auf den Binnenmarkt** hat, einen zentralen Plattformdienst bereitstellt, der gewerblichen Nutzern als wichtiges Zugangstor zu Endnutzern dient, und hinsichtlich seiner Tätigkeiten eine gefestigte und dauerhafte Position innehat.

Art. 3 Abs. 2 DMA stellt eine **Vermutung** für die Torwächter-Stellung auf. Sie greift, wenn folgende drei Voraussetzungen vorliegen. Erstens muss das betroffene Unternehmen in jedem der vergangenen drei Geschäftsjahre in der Union einen Jahresumsatz von mindestens 7,5 Mrd. EUR erzielt haben (lit. a)). Zweitens hat es einen zentralen Plattformdienst bereitzustellen, der im vergangenen Geschäftsjahr mindestens 45 Mio. in der Union niedergelassene oder aufhältige monatlich aktive Endnutzer und mindestens 10 000 in der Union niedergelassene jährlich aktive gewerbliche Nutzer hatte (lit. b)). Drittens müssen die genannten Schwellenwerte in jedem der vergangenen drei Geschäftsjahre erreicht worden sein (lit. c)).

Ob diese Voraussetzungen erfüllt sind, ergibt sich aus dem vorliegenden Sachverhalt nicht. Dennoch bedarf keiner Prüfung der in Art. 3 Abs. 8 DMA niedergelegten materiellen Voraussetzungen. Denn F wurde **von der Kommission als Torwächter benannt**. Dieser Benennungsakt ist konstitutiv für die Torwächter-Stellung. Es bedarf keiner materiell-rechtlichen Überprüfung, um sie vorliegend zu bejahen. Vielmehr kann der Benennungsbeschluss nur im Wege der Nichtigkeitsklage angefochten werden.

Also ist F Torwächter.

2. Verbotstatbestand

F könnte gegen das **Verbot der Datenkombination aus Art. 5 Abs. 2 DMA** verstoßen. Danach darf ein Torwächter die in Art. 5 Abs. 2 lit. a) – lit. d) DMA abschließend ausgeführten Datenkombinationspraktiken nicht durchführen, es sei denn dem Endnutzer wurde insoweit die spezifische Wahl gegeben und er hat eine nach datenschutzrechtlichen Grundsätzen wirksame Einwilligung abgegeben.

Art. 5 Abs. 2 lit. b) DMA erfasst die **Zusammenführung** von personenbezogenen Daten aus dem betroffenen zentralen Plattformdienst mit personenbezogenen Daten aus weiteren zentralen Plattformdiensten oder aus **anderen vom Torwächter bereitgestellten Diensten** sowie die Zusammenführung mit personenbezogenen Daten aus Diensten Dritter. In seinen Nutzungsbedingungen sieht F vor, dass das Unternehmen die Daten, die es auf dem sozialen Netzwerk sammelt, für alle Produkte, die F anbietet – zu diesen zählt u. a. ein interpersoneller Kommunikationsdienst –, weiterverwenden kann. Ob es sich bei diesen Produkten um zentrale Plattformdienste gem. Art. 2 Nr. 2 DMA handelt, kann dahinstehen. Denn Art. 5 Abs. 2 lit. b) DMA erstreckt sich auf sämtliche vom Torwächter bereitgestellten Dienste. Damit erfüllen die Nutzungsbedingungen des F diesen Tatbestand. Art. 5 Abs. 2 lit. c) DMA adressiert die Weiterverwendung von personenbezogenen Daten aus dem betroffenen zentralen Plattformdienst in anderen vom Torwächter getrennt bereitgestellten Diensten. Auch dies praktiziert F laut seinen Nutzungsbedingungen. Damit verstößt F grundsätzlich gegen Art. 5 Abs. 2 DMA.

Etwas anderes könnte sich jedoch daraus ergeben, dass den Nutzern die „spezifische Wahl" gegeben wurde und sie zudem eingewilligt haben. ErwG 37 DMA konkretisiert die Anforderungen an eine „spezifische Wahl": Voraussetzung ist, dass der Torwächter den Endnutzern, die keine Einwilligung zu erteilen bereit sind, eine nicht-personalisierte Alternative seines Dienstes, die gleichwertig zu derjenigen ist, die einwilligende Endnutzer erhalten, bereitstellt. Eine solche Alternative bietet F nicht an. Vielmehr können Endnutzer, die nicht bereit sind, in seine Nutzungsbedingungen einzuwilligen, das soziale Netzwerk in Gänze nicht nutzen. Zudem liegt keine datenschutzrechtlich wirksame Einwilligung vor. Es fehlt an der Freiwilligkeit der Einwilligung (siehe soeben I. 2).

3. Ergebnis

Also verstößt F mit seinen Nutzungsbedingungen gegen Art. 5 Abs. 2 DMA.

Frage 2

Die Verhaltenspflichten des DMA verdrängen die kartellrechtlichen Verbote aus Art. 101, 102 AEUV gem. Art. 1 Abs. 6 Satz 1 DMA nicht. Beide Regelungskomplexe sind parallel anzuwenden. Daher kann ein- und dasselbe Verhalten sowohl gegen das Missbrauchsverbot als auch gegen die Pflichten des DMA verstoßen. Der Kommission kommt bei ihrer Entscheidung, einen Verstoß gegen Art. 102 AEUV im Verfahren nach der VO 1/2003 bzw. einen Verstoß gegen Art. 5 Abs. 2 DMA im Verfahren gem. Art. 20 DMA zu verfolgen, jeweils ein Aufgreifermessen zu. Sie entscheidet demnach nach pflichtgemäßem Ermessen, welchen Verstoß sie verfolgt.

Für ein Aufgreifen des Verstoßes aus Art. 5 Abs. 2 DMA spricht, dass F Rechtfertigungsgründe auf der Grundlage von Effizienzerwägungen insoweit abgeschnitten sind. Dies beschleunigt die Rechtsdurchsetzung. Hinzu kommt, dass der Tatbestand des Art. 5 Abs. 2 DMA keine ähnlich weite Generalklausel wie der Missbrauchstatbestand des Art. 102 AEUV beinhaltet und daher keine umfassende Interessenabwägung durchzuführen ist. Demnach spricht für eine Verfolgung des Verstoßes aus Art. 5 Abs. 2 DMA, dass dessen Abstellung und Sanktionierung *prima facie* zügiger möglich sein wird. Was den Bußgeldrahmen anbelangt, bestehen gem. Art. 30 DMA keine Unterschiede zu Art. 23 VO 1/2003. In beiden Fällen kann eine Geldbuße von bis zu 10 % des Gesamtumsatzes verhängt werden.

Für eine Verfolgung des Verstoßes aus Art. 102 AEUV könnte dagegen sprechen, dass die Kommission mehr Erfahrung mit der Normanwendung hat und die unbestimmten Rechtsbegriffe durch die Rechtsprechung bereits fallgruppenartig konkretisiert wurden. Bei Art. 5 Abs. 2 DMA stellen sich neue Rechtsfragen, die einer zügigen Abstellung und Bebußung entgegenstehen könnten. Unklar ist z. B., unter welchen Voraussetzungen Endnutzer die geforderte „spezifische Wahl" haben. Im vorliegenden Fall erfüllt F die Voraussetzungen des Art. 5 Abs. 2 DMA jedoch offensichtlich nicht. Daher ist davon auszugehen, dass die Rechtsdurchsetzung zügig gelingen wird. Demnach sollte die Kommission vorliegend jedenfalls den Verstoß gegen Art. 5 Abs. 2 DMA verfolgen (andere Ansicht vertretbar).

Serviceteil

Literatur – 362

Stichwortverzeichnis – 371

Literatur

Allgemeine Literatur

Beck'scher Online-Kommentar Informations- und Medienrecht, Gersdorf, Hubertus/Paal, Boris (Hrsg.), 44. Edition, München 2024 (zit.: BeckOK InfoMedienR/*Bearbeiter*).

Bundeskartellamt, Big Data und Wettbewerb, Schriftenreihe Wettbewerb und Verbraucherschutz in der digitalen Wirtschaft, Bonn 2017.

Bundeskartellamt, Arbeitspapier Marktmacht von Plattformen und Netzwerken, Bonn 2016.

Bunte, Herman-Josef (Hrsg.), Kartellrecht Kommentar, 14. Auflage, München 2021 (zit.: Bunte/*Bearbeiter*).

Dauses, Manfred/Ludwigs, Markus (Hrsg.), Handbuch des EU-Wirtschaftsrechts, 60. Ergänzungslieferung, München 2024 (zit.: Dauses/Ludwigs/*Bearbeiter*, in: Handbuch des EU-Wirtschaftsrechts).

Dreher, Meinrad/Kulka, Michael, Wettbewerbs- und Kartellrecht - Eine systematische Darstellung des deutschen und europäischen Rechts, 12. Auflage, Heidelberg 2023.

Ebers, Martin/Heinze, Christian/Krügel, Tina/Steinrötter, Björn (Hrsg.), Rechtshandbuch Künstliche Intelligenz und Robotik, München 2020 (zit.: Ebers/Heinze/Krügel/Steinrötter/*Bearbeiter*, KI und Robotik).

Ehmann, Eugen/Selmayr, Martin (Hrsg.), Datenschutzgrundverordnung, 3. Auflage, München 2024 (zit.: Ehmann/Selmayr/*Bearbeiter*).

Emmerich, Volker/Lange, Knut Werner, Kartellrecht, 15. Auflage, München 2021.

Frankfurter Kommentar zum Kartellrecht, Jaeger, Wolfgang/Kokott, Juliane/Pohlmann, Petra/Schroeder, Dirk/Seeliger, Daniela (Hrsg.), 108. Ergänzungslieferung, Köln 2024.

Glöckner, Jochen, Kartellrecht - Recht gegen Wettbewerbsbeschränkungen, 3. Auflage, Stuttgart 2021.

Grabitz, Eberhard/Hilf, Meinrad/Nettesheim, Martin (Hrsg.), Das Recht der Europäischen Union, 81. Ergänzungslieferung, München 2024 (zit.: Grabitz/Hilf/Nettesheim/*Bearbeiter*).

Hayek, August von, Freiburger Studien, 2. Auflage, Tübingen 1994.

Immenga, Ulrich/Mestmäcker, Ernst-Joachim (Begr.), Kommentar zum Wettbewerbsrecht, 6. Auflage, München 2019 (zit.: Immenga/Mestmäcker/*Bearbeiter*).

jurisPraxisKommentar Internetrecht, Heckmann, Dirk/Paschke, Anne (Hrsg.), 8. Auflage, Saarbrücken 2024 (zit.: jurisPK-InternetR/*Bearbeiter*).

Kling, Michael/Thomas, Stefan, Kartellrecht, 2. Auflage, München 2016.

Lettl, Tobias, Kartellrecht, 5. Auflage, München 2021.

Loewenheim, Ulrich/Meessen, Karl/Riesenkampff, Alexander/Kersting, Christian/Meyer-Lindemann, Hans Jürgen (Hrsg.), Kartellrecht - Kommentar zum Deutschen und Europäischen Recht, 4. Auflage, München 2020 (zit.: LMRKM/*Bearbeiter*).

Mestmäcker, Ernst-Joachim/Schweitzer, Heike, Europäisches Wettbewerbsrecht, 3. Auflage, München 2014.

Münchener Kommentar zum Wettbewerbsrecht, Montag, Frank/Säcker, Franz Jürgen/Bien, Florian/Meier-Beck, Peter (Hrsg.), 4. Auflage, München 2022 (zit.: MüKo-WettbR/*Bearbeiter*).

Schallbruch, Martin/Schweitzer, Heike/Wambach, Achim/Kirchhoff, Wolfgang/Langeheine, Bernd/Schneider, Jens-Peter/Schnitzer, Monika/Seeliger, Daniela/Wagner, Gerhard/Durz, Hansjörg/Heider, Matthias/Mohrs, Falko, Ein neuer Wettbewerbsrahmen für die Digitalwirtschaft, Bericht der Kommission Wettbewerbsrecht 4.0, Berlin 2019, abrufbar unter: https://www.bmwk.de/Redaktion/DE/Publikationen/Wirtschaft/bericht-der-kommission-wettbewerbsrecht-4-0.pdf?__blob=publicationFile&v=3 (18.6.2024).

Schuster, Fabian/Grützmacher, Malte (Hrsg.), Kommentar IT-Recht, Köln 2020 (zit. Schuster/Grützmacher/*Bearbeiter*, IT-Recht).

Schwarze, Jürgen/Becker, Ulrich/Hatje, Armin/Schoo, Joachim (Hrsg.), EU-Kommentar, 4. Auflage, Berlin 2019 (zit.: Schwarze/Becker/Hatje/Schoo/*Bearbeiter*).
Schweitzer, Heike/Haucap, Justus/Kerber, Wolfgang/Welker, Robert, Modernisierung der Missbrauchsaufsicht für marktmächtige Unternehmen, Berlin 2018, abrufbar unter: https://www.bmwk.de/Redaktion/DE/Publikationen/Wirtschaft/modernisierung-der-missbrauchsaufsicht-fuer-marktmaechtige-unternehmen.pdf?__blob=publicationFile&v=12 (18.6.2024).
Spindler, Gerald/Schuster, Fabian (Hrsg.), Recht der elektronischen Medien, 4. Auflage, München 2019 (zit.: Spindler/Schuster/*Bearbeiter*).
Streinz, Rudolf (Hrsg.), Kommentar EUV/AEUV, 3. Auflage, München 2018 (zit.: Streinz/*Bearbeiter*).
Wiedemann, Gerhard (Hrsg.), Handbuch des Kartellrechts, 4. Auflage, München 2020 (zit.: Wiedemann/*Bearbeiter*, Handbuch des Kartellrechts).

Literatur zu Kapitel 1 Grundlagen

Armstrong, Mark, Competition in two-sides markets, RAND Journal of Economics, 2006, 37(3), 668.
Ballestrem, Johannes Graf/Bär, Ulrike/Gausling, Tina/Hack, Sebastian/von Oelffen, Sabine, Künstliche Intelligenz: Rechtsgrundlagen und Strategien in der Praxis, Wiesbaden 2020.
Caillaud, Bernhard/Jullien, Bruno, Chicken & Egg: Competition Among Intermediation Service Providers, RAND Journal of Economics, 2003, 34(2), 309.
Chibanguza, Kuuya/Kuß, Christian/Steege, Hans (Hrsg.), Rechtshandbuch Künstliche Intelligenz: Recht und Praxis automatisierter und autonomer Systeme I Generative KI, Baden-Baden 2022 (zit.: Chibanguza/Kuß/Steege/*Bearbeiter*, Künstliche Intelligenz).
Chibanguza, Kuuya/Steege, Hans, Die KI-Verordnung - Überblick über den neuen Rechtsrahmen, NJW 2024, 1769.
Ebers, Martin, Die KI-Verordnung ante portas: Ein neuer Rechtsrahmen für Legal Tech?, LTZ 2024, 1.
Ebers, Martin/Quarch, Benedikt (Hrsg.), Rechtshandbuch ChatGPT - KI-basierte Sprachmodelle in der Praxis, Baden-Baden 2024 (zit.: Ebers/Quarch/Bearbeiter, Rechtshandbuch ChatGPT).
Engert, Andreas, Digitale Plattformen, AcP 218 (2018), 304.
Filistrucchi, Lapo/Geradin, Damien/van Damme, Eric/Affeldt, Pauline, Market Definition in Two-Sided Markets: Theory and Practice, Journal of Competition Law & Economics 2014, 293.
Frank, Justus/Heine, Maurice, KI-Einsatz im Betrieb unter der KI-Verordnung, NZA 2023, 1281.
Golland, Alexander, Datenschutzrechtliche Fragen personalisierter Preise -Herausforderungen von Algorithmen im Schnittbereich von Ethik, Ökonomie und Datenschutz, CR 2020, 186.
Günther, Jan-Philipp, Roboter und rechtliche Verantwortung - Eine Untersuchung der Benutzer- und Herstellerhaftung, München 2014.
Hanisch, Jochen, Zivilrechtliche Haftungskonzepte für Robotik, in: Hilgendorf, Eric (Hrsg.), Robotik im Kontext von Recht und Moral, Baden-Baden 2013, S. 27.
Haucap, Justus/Wenzel, Tobias, Wettbewerb im Internet: Was ist online anders als offline?, DICE Ordnungspolitische Perspektiven No. 16, Düsseldorf 2011, abrufbar unter: https://www.econstor.eu/handle/10419/48625 (18.6.2024).
Hennemann, Moritz/Steinrötter, Björn, Data Act - Fundament des neuen EU-Datenwirtschaftsrechts?, NJW 2022, 1481.
Hoeren, Thomas/Sieber, Ulrich/Holznagel, Bernd (Hrsg.), Handbuch Multimedia-Recht, 60. Ergänzungslieferung, München 2023 (zit.: Hoeren/Sieber/Holznagel/*Bearbeiter*, Handbuch Multimedia-Recht).
Hofmann, Franz, Dynamische und individuelle Preise aus lauterkeitsrechtlicher Sicht, WRP 2016, 1074.
Hohn-Hein, Nicolas/Bart, Günter, Immaterialgüterrechte in der Welt von Blockchain und Smart Contract, GRUR 2018, 1089.
Höppner, Thomas/Grabenschröer, Jan Felix, Marktabgrenzung bei mehrseitigen Märkten am Beispiel der Internetsuche, NZKart 2015, 162.
Horner, Mathias/Schöbel, Philipp, Das Gesetz über Künstliche Intelligenz im System der europäischen Digitalregulierung - Ein Überblick, JuS 2024, 648.
Kaulartz, Markus, Die Blockchain-Technologie, CR 2016, 474.

Keßler, Oliver, Intelligente Roboter - neue Technologien im Einsatz. Voraussetzungen und Rechtsfolgen des Handelns informationstechnischer Systeme, MMR 2017, 589.

King, Stephen, Two-Sided Markets, The Australian Economic Review 2013, 46(2), 247.

Körber, Torsten, „Ist Wissen Marktmacht?" Überlegungen zum Verhältnis von Datenschutz, „Datenmacht" und Kartellrecht - Teil 1, NZKart 2016, 303.

Körber, Torsten, The Commission's „Next Big Thing"?, NZKart 2015, 415.

Künstner, Kim, Preissetzung durch Algorithmen als Herausforderung des Kartellrechts - Verhaltenskoordinierung über Algorithmen und Systeme Künstlicher Intelligenz, GRUR 2019, 36.

Künstner, Kim/Franz, Benjamin, Preisalgorithmen und Dynamic Pricing: Eine neue Kategorie kartellrechtswidriger Abstimmungen?, K&R 2017, 688.

Kumkar, Lea Katharina, Rechtsgeschäfte unter Beteiligung automatisierter und autonomer Systeme, K&R 2020, 801.

Lauscher, Anne/Legner, Sarah, Künstliche Intelligenz und Diskriminierung, ZfDR 2022, 367.

Legner, Sarah, Die Marktabgrenzung im Kartellrecht, JURA 2023, 175.

Legner, Sarah, Smart Contracts und Finanzdienstleistungen, VuR 2023, 213.

Legner, Sarah, Durchsetzungsdefizite bei Gleichbehandlungsgeboten am Beispiel des Gender Pricing, KritV 104 (2021), 34.

Locher, Lieselotte, Verschiedene Preise für gleiche Produkte? Personalisierte Preise und Scoring aus ökonomischer Sicht, ZWeR 2018, 292.

Louven, Sebastian/Saive, David, Antitrust by Design - Das Verbot wettbewerbsbeschränkender Abstimmungen und der Konsensmechanismus der Blockchain, NZKart 2018, 348.

Lübke, Julia, Preisabstimmung durch Algorithmen, ZHR 185 (2021), 723.

Mik, Eliza, Electronic Platforms: Openness, Transparency & Privacy Issues, European Review of Private Law 2019, 853.

Müller-Peltzer, Philipp/Tanczik, Valentin, Künstliche Intelligenz und Daten, RDi 2023, 452.

Podszun, Rupprecht/Schwalbe, Ulrich, Digitale Plattformen und GWB-Novelle: Überzeugende Regeln für die Internetökonomie?, NZKart 2017, 98.

Schirmer, Jan-Erik, Rechtsfähige Roboter?, JZ 2016, 660.

Specht, Louisa/Herold, Sophie, Roboter als Vertragspartner? Gedanken zu Vertragsabschlüssen unter Einbeziehung automatisiert und autonom agierender Systeme, MMR 2018, 40.

Steege, Hans, Definition von künstlicher Intelligenz in Art. 3 Nr. 1 KI-VO-E, MMR 2022, 926.

Tamke, Maren, Marktmacht in digitalen Märkten nach der 9. GWB-Novelle, NZKart 2018, 503.

Tillmann, Tristian Julian/Vogt, Verena, Personalisierte Preise - Diskriminierung 2.0?, ABIDA-Dossier, Münster 2018, abrufbar unter: https://www.abida.de/sites/default/files/22_Dossier_Personalisierte%20Preise_Online.pdf (18.6.2024).

Wagner, Gerhard/Eidenmüller, Horst, In der Falle der Algorithmen? Abschöpfen von Konsumentenrente, Ausnutzen von Verhaltensanomalien und Manipulation von Präferenzen: Die Regulierung der dunklen Seite personalisierter Transaktionen, ZfPW 2019, 220.

Weber, Rolf, Information at the crossroads of competition and data protection law, ZWeR 2014, 169.

Weber, Rolf/Volz, Stephanie, Kartellrechtlicher Handlungsbedarf im Lichte potenzieller Meinungsmacht von Suchmaschinen, WuW 2015, 356.

Literatur zu Kapitel 2 Europäisches Kartellrecht

Achleitner, Ranja, Andrea, Selbstbegünstigung als Konzept des Marktmissbrauchs unter Art. 102 AEUV. Das Grundsatzurteil des EuG zu Google Shopping als Initialzündung für einen Wandel in der Digitalwirtschaft? Anmerkung zum Urteil des EuG v. 10.11.2021, Rs. T-612/17 (Google und Alphabet/Kommission [Google Shopping]), EuR 2022, 253.

Alfter, Mette/Hunold, Matthias, Weit, eng oder gar nicht? Unterschiedliche Entscheidungen zu den Bestpreisklauseln von Hotelportalen, WuW 2016, 525.

Akmann, Pinar, The Theory of Abuse in Google. Search: A Positive and Normative Assessment Under EU Competition Law, Journal of Law and Technology 2017, 302.

Apel, Katharina/Polley, Romina, „Gap cases" in der formellen Fusionskontrolle der FKVO?, ZWeR 2021, 273.

Argentesi, Elena/Buccirossi, Paolo/Calvano, Emilio/Duso, Tomaso/Marrazzo, Alessia/Nava Salvatore, Ex-post Assessment of Merger Control Decisions in Digital Markets, Rom 2019.
Ballestrem, Johannes Graf/Bär, Ulrike/Gausling, Tina/Hack, Sebastian/Oelffen, Sabine von, Künstliche Intelligenz - Rechtsgrundlagen und Strategien in der Praxis, Wiesbaden 2020.
Barthelmess, Stephan, Die Intel-Entscheidung des Europäischen Gerichts: Per se Missbräuchlichkeit von Ausschließlichkeitsrabatten unter Art. 102 AEUV und eingeschränkte Bedeutung des „as-efficient-competitor"-Tests, NZKart 2014, 492.
Böni, Franz/Palzer, Christoph, Kollektive Marktbeherrschung - Sinnbild für „Des Kaisers neue Kleider"?, WuW 2009, 477.
Bostoen, Friso, Abuse of Platform Power - Leveraging Conduct in Digital Markets under EU Competition Law and Beyond, Paris 2023.
Bourreau, Marc/de Streel, Alexandre, Digital Conglomerates and EU Competition Policy, working paper, Brüssel 2019.
Buccirossi, Paolo, Vertical Restraints on E-Commerce and Selective Distribution, Journal of Competition Law & Economics, 11(3), 2015, 747.
Crémer, Jacques/de Montjoye, Yves-Alexandre/Schweitzer, Heike, Competition policy for the digital era, Brüssel, 2019.
Dohrn, Daniel/Huck, Linda, Der Algorithmus als „Kartellgehilfe"? - Kartellrechtliche Compliance im Zeitalter der Digitalisierung, DB 2018, 173.
Ecker, Benedikt/Geerenstein, Daniel van/Gronemeyer, Achim/Janka, Sebastian/Jansen, Guido/Kiparski, Gerd/Lau, Niels/Polley, Romina/Scheibe, Andreas/Suchsland, Ulrike/Wegner, Anne, Industrie 4.0 - Kartellrechtliche Betrachtungen, 2. Auflage, Berlin 2021.
Emde, Raimond, Qualitativ-selektive Vertriebssysteme und Internetvertrieb - mehr als ein Jahr nach „Coty", ZVertriebsR 2019, 69.
Furman, Jason/Coyle, Diane/Fletcher, Amelia/McAuley, Derek/Marsden, Philip, Unlocking Digital Competition, Report of the Digital Competition Expert Panel, London, 2019, https://assets.publishing.service.gov.uk/media/5c88150ee5274a230219c35f/unlocking_digital_competition_furman_review_web.pdf (10.7.2024).
Göshl, Jan-Frederick, Algorithm Pricing and Article 101 TFEU: Can Competition Law Deal with Algorithm Pricing?, WuW 2018, 121.
Griem, Fabian, Wettbewerbliche Wirkungen von Kopplungsrabatten, NZKart 2022, 119.
Haucap, Justus/Podszun, Rupprecht/Rüdiger, Hahn/Kreuter-Kirchhof, Charlotte/Rohner, Tristan/Rösner, Anja/Offergeld, Philipp/May, Alexandra, Wettbewerb und Nachhaltigkeit in Deutschland und der EU, Düsseldorf, 2023.
Heinemann, Andreas, Algorithmen als Anlass für einen neuen Absprachebegriff?, working paper, Zürich 2019.
Higer, Daniel, Die jüngste Initiative der Kommission zu Art. 102 AEUV: Abkehr von einer bloßen Prioritätenmitteilung hin zu Leitlinien, NZKart 2023, 385.
Hoffer, Raoul/Mirtchev, Kristina, Erfordert die Blockchain ein neues Kartellrecht? - Die Anwendung von Art. 101 und 102 AEUV sowie der Zusammenschlusskontrolle im Kontext der Blockchain-Technologie, NZKart 2019, 239.
Hofmann, Franz, Der maßgeschneiderte Preis, WRP 2016, 1074.
Holzweber, Stefan, Daten als Machtfaktor in der Fusionskontrolle, NZKart 2016, 104.
Holmström, Max/Padilla, Jorge/Stitzing, Robin/Sääskilahti, Pekka, Killer Acquisitions? The Debate on Merger Control for Digital Markets, working paper, Helsinki 2019.
Hoppmann, Erich, Workable Competition, ZBJV 102 (1966), 249.
Hülßen, Philipp von, Ausgewählte praktische Probleme des selektiven Vertriebs aus kartellrechtlicher Sicht, ZVertriebsR 2012, 299.
Filistrucchi, Lapo/Geradin, Damien/Damme, Eric van/Affeldt, Pauline, Market Definition in Two-Sided Markets: Theory and Practice, Journal of Competition Law & Economics 10(2), 2014, 293.
Inderst, Roman/Thomas, Stefan, Legal Design in Sustainable Antitrust, ZBW - Leibniz Information Centre for Economics, Kiel/Hamburg 2022.
Jennert, Carsten, Wirtschaftliche Tätigkeit als Voraussetzung für die Anwendbarkeit des europäischen Wettbewerbsrechts, WuW 2004, 37.

Kersting, Christian/Dworschak, Sebastian, Leistungsschutzrecht für Presseverlage: Müsste Google wirklich zahlen? - eine kartellrechtliche Analyse, NZKart 2013, 46.

Klauß, Ingo/Seeliger, Daniela, Auswirkungen der neuen Vertikal-GVO und Vertikal-Leitlinien auf den Internetvertrieb, GWR 2010, 233.

Körber, Torsten, „Ist Wissen Marktmacht?" Überlegungen zum Verhältnis von Datenschutz, „Datenmacht" und Kartellrecht - Teil 1, NZKart 2016, 303.

Körber, Torsten, Machtmissbrauch durch Android? - Zum Wettbewerb auf den Märkten für mobile Betriebssysteme und Anwendungen, NZKart 2014, 378.

Körber, Torsten, Google im Fokus des Kartellrechts, WRP 2012, 761.

Kokott, Juliane/Dittert, Daniel, Die Pflicht zur Berücksichtigung außerwettbewerblicher Belange im Rahmen von Art. 101 AEUV und ihre praktische Umsetzung, in: Monopolkommission (Hrsg.), Politischer Einfluss auf Wettbewerbsentscheidungen - Wissenschaftliches Symposium anlässlich des 40-jährigen Bestehens der Monopolkommission, Bonn 2014, S. 15.

Künstner, Kim Manuel, Preissetzung durch Algorithmen als Herausforderung des Kartellrechts - Verhaltenskoordinierung über Algorithmen und Systeme Künstlicher Intelligenz, GRUR 2019, 36.

Kumkar, Lea Katharina, Zur Zulässigkeit pauschaler Plattformverbote im Internetvertrieb von Luxuswaren - Die Entscheidung des Europäischen Gerichtshofs in der Rechtssache Coty Germany, ZWeR 2018, 119.

Legner, Sarah, Climate Change and Competition - How Can European Competition Law Promote Sustainability?, EYIEL 2023, 233.

Legner, Sarah, Smart Contracts und Finanzdienstleistungen, VuR 2023, 213.

Legner, Sarah, Marktabgrenzung im Kartellrecht, JURA 2023, 175.

Legner, Sarah, Entscheidungen zum europäischen Kartellrecht im Jahr 2022, GPR 2023, 26.

Legner, Sarah, Die Preisbildung im Oligopol und mögliche Gegenmaßnahmen (Sektoruntersuchung Kraftstoffe), Freilaw 2014, 1.

Levy, Nicholas/Mostyn, Henry/Buzata, Bianca, Reforming EU merger control to capture ‚killer acquisitions', Competition Law Journal 2020, 51.

Lorenzoni, Isabella, Why do Competition Authorities need Artificial Intelligence?, Yearbook of Antitrust and Regulatory Studies 2022, 15(26), 33.

Lübke, Julia, Preisabstimmung durch Algorithmen, ZHR 185 (2021), 723.

Lundqvist, Björn, Competition and Data Pools, EuCML 2018, 146.

Mayer, Lena/Müller, Ulf, Die Zukunft des Geheimwettbewerbs in einer vernetzten Welt, WuW 2007, 117.

Picht, Peter Georg/Freund, Benedikt, Competition (law) in the era of algorithms, European Competition Law Review 39(9), 2018, 403.

Reimers, Thilo/Brack, Sebastian/Modest, Cordula, Blockchain-Kooperationen im Bereich Supply Chain - Kartellrechtliche Rahmenbedingungen, WuW 2020, 64.

Mörsdorf, Oliver/Schäfer, Lara, Kartellrechtliche Bewertung von Plattformparitätsklauseln - zugleich Anmerkung zum Urteil des OLG Düsseldorf in Sachen Booking -, NZKart 2019, 659.

Motta, Massimo/Peitz, Martin, Big Tech Mergers, Discussion Paper Series CRC TR 224, London 202.

Müller-Graff, Peter-Christian, Algorithmen im Kartellrecht, in: Benicke, Christoph/Huber, Stefan (Hrsg.), National, International, Transnational: Harmonischer Dreiklang im Recht, Festschrift für Herbert Kronke zum 70. Geburtstag am 24. Juli 2020, Bielefeld 2020, S. 1145.

Nowag, Julian, Competition Law's Sustainability Gap? Tools for an Examination and a Brief Overview, LundLawCompWP 3/2019, Lund University Legal Research Paper Series, Lund 2019.

Richter, Ann-Christin/Zorn, Asja, Die Wiederentdeckung des Ausbeutungsmissbrauchs im europäischen Recht - eine Analyse missbräuchlichen Preissetzungsverhaltens am Beispiel des Pharmasektors und digitaler Plattformen, NZKart 2023, 521.

Rohner, Tristan, Art. 102 AEUV und die Rolle der Ökonomie - Eine Weiterentwicklung des more economic approach, Baden-Baden 2023.

Säcker, Franz Jürgen/Mohr, Jochen, Die Beurteilung von Einkaufskooperationen gemäß Art. 101 Abs. 1 und Abs. 3 AEUV, WRP 2011, 793.

Schauhoff, Stephan/Kirchhain, Christian (Hrsg.), Handbuch der Gemeinnützigkeit, 4. Auflage, München 2023.

Literatur

Schröder, Peter, Pauschale Plattformverbote für Luxusprodukte als Einfallstor neuer Wettbewerbsbeschränkungen - Zugleich Anmerkung zu EuGH, 06. 12. 2017- C-230/16, WRP 2018, 272.
Schweitzer, Heike, Die Bedeutung nicht-wettbewerblicher Aspekte für die Auslegung von Art. 101 AEUV im Lichte der Querschnittsklauseln, in: Monopolkommission (Hrsg.), Politischer Einfluss auf Wettbewerbsentscheidungen - Wissenschaftliches Symposium anlässlich des 40-jährigen Bestehens der Monopolkommission, Bonn 2014, S. 21.
Stigler Committee, Digital Platforms - Final Report, Chicago 2019, abrufbar unter: https://www.chicagobooth.edu/research/stigler/events/antitrust-competition-conference (10.7.2014).
Tamke, Maren, Marktmacht in digitalen Märkten nach der 9. GWB-Novelle, NZKart 2018, 503.
Thomas, Stefan, Wettbewerb in der digital economy: Verbraucherschutz durch AGB-Kontrolle im Kartellrecht?, NZKart 2017, 92.
Thomas, Stefan, The Known Unknown: In Search for a Legal Structure of the Significance Criterion of the SIEC Test, Journal of Competition Law & Economics 2017, 13(2), 346.
Thomas, Stefan, Harmful Signals: Cartel ProhibitionaAnd Oligopoly Theory in the Age of Machine Learning, Journal of Competition Law & Economics 2019, 15(2–3), 159
Thomas, Stefan, Thomas, Stefan, Die digitale Ökonomie zwischen vertikaler und horizontaler Wettbewerbsbeschränkung, ZHR 184 (2020), 222.
Tietjen, Daniel/Flöter, Benedikt, Dynamische und personalisierte Preise: Welche lauterkeitsrechtlichen Schranken gelten für Unternehmen?, GRUR-Prax 2017, 546.
Paal, Boris, Missbrauchstatbestand und Algorithmic Pricing - Dynamische und individualisierte Preise im virtuellen Wettbewerb, GRUR 2019, 43.
Peeperkorn, Luc/Heimann, Martha, Keine Neuigkeiten für Drittplattformverbote - Die Bedeutung des „Pierre Fabre"-Urteils des EuGH für den Onlinevertrieb, GRUR 2014, 1175.
Podszun, Rupprecht, Anwendbarkeit des Kartellrechts auf die Regulierung von Spielervermittlern durch Sportverbände, NZKart 2021, 138, 142.
Podszun, Rupprecht/Schwalbe, Ulrich, Digitale Plattformen und GWB-Novelle: Überzeugende Regeln für die Internetökonomie?, NZKart 2017, 98.
Pohlmann, Petra, Algorithmen als Kartellverstöße, in: Kokott, Juliane/Pohlmann, Petra/Polley, Romina (Hrsg.), Europäisches, deutsches und internationales Kartellrecht - Festschrift für Dirk Schroeder, Köln 2018, S. 633
Richter, Ann-Christin/Zorn, Asja, Die Wiederentdeckung des Ausbeutungsmissbrauchs im europÃ¤ischen Recht - eine Analyse missbräuchlichen Preissetzungsverhaltens am Beispiel des Pharmasektors und digitaler Plattformen, NZKart 2023, 521.
Ulmer, Peter, Abgestimmte Verhaltensweisen im Kartellrecht, Karlsruhe 1972.
Wolf, Maik, Algorithmengestützte Preissetzung im Online-Einzelhandel als abgestimmte Verhaltensweise - Ein Beitrag zur Bewältigung des „Predictable Agent" über Art. 101 Abs. 1 AEUV, NZKart 2019, 2.
Ylinen, Johannes, Digital Pricing und Kartellrecht, NZKart 2018, 19.
Zimmer, Daniel, Significant Impediment to Effective Competition - Das neue Untersagungskriterium der EU-Fusionskontrollverordnung, ZWeR 2004, 250.

Literatur zu Kapitel 3 Deutsches Kartellrecht

Achleitner, Ranjana, Andrea, Digital Markets Act beschlossen: Verhaltenspflichten und Rolle nationaler Wettbewerbsbehörden, NZKart 2022, 359.
Baranowski, Anne/Glaßl, Ramón, M&A im Internet: Transaktionen von Daten und Content, BB 2017, 199.
Bechtold, Rainer, Zulassungsansprüche zu selektiven Vertriebssystemen unter besonderer Berücksichtigung der Kfz-Vertriebssysteme, NJW 2003, 3729.
Böhm, Franz, Die Bedrohung der Freiheit durch private Ökonomische Macht in der heutigen Gesellschaft, Universitas - Zeitschrift für Wissenschaft, Kunst und Literatur 1963, 37.
Bourreau, Marc/de Streel, Alexandre, Big Tech Acquisitions - Competition & Innovation Effects and EU Merger Control, Issue Paper, Brüssel 2020.
Cetintas, Gökhan, Gefährlicher („Tipping"-) Gefährdungstatbestand? - Eine Analyse von - § 20 Abs. 3a des Referentenentwurfs für eine 10. GWB-Novelle -, WuW 2020, 446.

Dreyer, Jan Joachim/Lemberg, Nils, Möglichkeiten und Grenzen der Beschränkung des Internetvertriebs, BB 2012, 2004.

Ecker, Benedikt/Geerenstein, Daniel van/Gronemeyer, Achim/Janka, Sebastian/Jansen, Guido/Kiparski, Gerd/Lau, Niels/Polley, Romina/Scheibe, Andreas/Suchsland, Ulrike/Wegner, Anne, Industrie 4.0 - Kartellrechtliche Betrachtungen, 2. Auflage, Berlin 2021.

Ehricke, Ulrich/Blask, Holger, Dynamischer Verweis auf Gruppenfreistellungsverordnungen im neuen GWB?, Dynamischer Verweis auf Gruppenfreistellungsverordnungen im neuen GWB?, JZ 2004, 722.

Esser, Michael/Höft, Jan, Die Einführung des SIEC-Tests durch die 8. GWB-Novelle - Folgen für die Praxis, NZKart 2013, 447.

Franck, Jens-Uwe, Maßnahmen nach Sektoruntersuchung in der 11. GWB-Novelle, NJW 2024, 246.

Fritzsche, Alexander/Bernhard, Thomas, Der „Nemo-Tenetur"-Grundsatz nach der 10. GWB-Novelle - Vorschläge für eine verfassungskonforme Auslegung, NZKart 2021, 599.

Furman, Jason/Cyle, Diane/Fletscher, Amelia/McAuley, Derek/Marsden, Philipp, Unlocking digital competition, Report of the Digital Competition Expert Panel, London, 2019, https://assets.publishing.service.gov.uk/media/5c88150ee5274a230219c35f/unlocking_digital_competition_furman_review_web.pdf (10.7.2024).

Giese, Peter/Heinichen, Christian/Janssen, Maximilian/Klumpp, Ulrich/Schelzke, Ricarda/Steinle, Christian, Kartellbußgeldrecht in der 10. GWB-Novelle - Teil 2, NZKart 2020, 646.

Hoppmann, Erich, Workable Competition, ZBJV 102 (1966), 249.

Käseberg, Thorsten, Der Regierungsentwurf zur 11. GWB-Novelle, NZKart 2023, 245.

Kantzenbach, Erhard, Die Funktionsfähigkeit des Wettbewerbs, 2. Auflage, Göttingen 1967.

Kersting, Christian/Dworschak, Sebastian, Leistungsschutzrecht für Presseverlage: Müsste Google wirklich zahlen? - eine kartellrechtliche Analyse, NZKart 2013, 46.

Klumpp, Ulrich, Änderungen im Bußgeldrecht und -verfahren nach der 10. GWB-Novelle, NZKart 2020, 9.

Körber, Torsten, Das GWB auf dem Weg zum „more administrative approach"?, NZKart 2023, 193.

Körber, Torsten, Die 11. GWB-Novelle zwischen freiem und verwaltetem Wettbewerb, ZRP 2023, 5.

Körber, Torsten, „Digitalisierung" der Missbrauchsaufsicht durch die 10. GWB-Novelle - Macht im Netz IV: Maßvolle Antwort oder übertriebene Regulierung der Digitalwirtschaft?, MMR 2020, 290.

Körber, Torsten, Konzeptionelle Erfassung digitaler Plattformen und adäquate Regulierungsstrategien, ZUM 2017, 93.

Körber, Torsten, „Ist Wissen Marktmacht?" Überlegungen zum Verhältnis von Datenschutz, „Datenmacht" und Kartellrecht - Teil 1, NZKart 2016, 303.

Körber, Torsten, Google im Fokus des Kartellrechts, WRP 2012, 761.

Krüger, Carsten, Mit Voll(ab)gas zum kartelldeliktsrechtlichen Mindestschaden?, NZKart 2024, 152.

Kühling, Jürgen/Engelbracht, Thiemo/Welsch, Johanna, Verstoßunabhängige Maßnahmen zur Verbesserung des Wettbewerbs nach einer Sektoruntersuchung - der geplante § 32f GWB als Störung des Wettbewerbsrechts?, WuW 2023, 250.

Kühling, Jürgen/Gauß, Nicolas, Expansionslust von Google als Herausforderung für das Kartellrecht, MMR 2007, 751.

Laborde, Jean-François, Kartellschadensersatzklagen in Europa: Wie Gerichte kartellbedingte Preisaufschläge beurteilt haben - Teil 2, NZKart 2022, 49.

Legner, Sarah, Die Marktabgrenzung im Kartellrecht, JURA 2023, 175.

Meyer-Lindemann, Hans Jürgen, Bußgeldsachen: Die stille Revolution im Windschatten der Digitalisierungsnovelle, WuW 2020, 16.

Möschel, Wernhard, Kartellrecht in Deutschland seit Stein-Hardenberg - Eine Reminiszenz, NZKart 2014, 42.

Müller-Feldhammer, Ralf, Die Bieter- und Arbeitsgemeinschaft - kartellrechtlich ein Auslaufmodell?, NZKart 2019, 463.

Paal, Boris, Missbrauchstatbestand und Algorithmic Pricing - Dynamische und individualisierte Preise im virtuellen Wettbewerb, GRUR 2019, 43.

Paal, Boris/Kieß, Fabian, Ausweitung von Sektoruntersuchungen durch 32f GWB-E: Gebotene Komplettierung oder Paradigmenwechsel?, NZKart 2022, 678.

Paal, Boris/Kumkar, Lea Katharina, Wettbewerbsschutz in der Digitalwirtschaft - Die wichtigsten Neuerungen der 10. GWB-Novelle im Überblick, NJW 2021, 809.
Podszun, Rupprecht (Hrsg.), Digital Markets Act, Baden-Baden 2023.
Podszun, Rupprecht, Die Ministererlaubnis - Einbruch der Politik ins Recht der Wirtschaft, NJW 2016, 617.
Podszun, Rupprecht/Schwalbe, Ulrich, Digitale Plattformen und GWB-Novelle: Ãœberzeugende Regeln für die Internetökonomie?, NZKart 2017, 98.
Polley, Romina/Kaup, Rieke, Paradigmenwechsel in der deutschen Missbrauchsaufsicht - Der Referentenentwurf zur 10. GWB-Novelle, NZKart 2020, 113.
Reiter, Jonas, Internetökonomie als Endgegner des Kartellrechts?, EuZW 2024, 101.
Rittner, Fritz, Vom Nutzen und Nachteil der Ökonomie für das Wettbewerbsrecht - Fünf Lehrstücke und 30 conclusiones, in: von Verschuer, Nikolas/Gres, Joachim (Hrsg.), Liber amicorum für Alexander Riesenkampff zum 70. Geburtstag, München 2006, S. 125.
Rohner, Tristan, Die 11. GWB-Novelle - Überblick und offene Fragen, WuW 2023, 386.
Wagner-von Papp, Florian, Habemus Regierungsentwurf 11. GWB-Novelle, WuW 2023, 301.

Literatur zu Kapitel 4 Digital Markets Acte

Becker, Björn Christian, Privatrechtliche Durchsetzung des Digital Markets Act, ZEuP 2023, 403.
Bongartz, Philipp, § 19a GWB - a keeper? - Die bleibende Bedeutung der Vorschrift im Abgleich mit dem DMA-Entwurf -, WuW 2022, 72.
Burchardi, Sophie, Die Selbstbegünstigung von Plattformunternehmen im Fokus des Kartell- und Regulierungsrechts, NZKart 2022, 610.
Christodoulou, Kassiani/Holzwarth, Johannes, Die neue Vertikal-GVO: Das moderne Vertriebskartellrecht 3.0, NZKart 2022, 540.
Herbers, Björn/Savary, Fiona/Gröf, Sophia Catharina, (K)ein Monopol der Kommission bei der Torwächter-Regulierung - Welche Rolle spielt der Digital Markets Act im deutschen Recht?, GRUR-Prax 2023, 185.
Jovanovic, Dragan/Greiner, Jakob, DMA: Überblick über den geplanten EU-Regulierungsrahmen für digitale Gatekeeper - Paradigmenwechsel im Umgang mit digitalen Plattformen?, MMR 2021, 678.
Haus, Florian/Weusthof, Anna-Lena, The Digital Markets Act - a Gatekeeper's Nightmare?, WuW 2021, 318.
Körber, Torsten, Lessons from the Hare and the Tortoise: Legally imposed self-regulation, proportionality and the right to defence under the DMA - Part 1, NZKart 2021, 379.
Kumkar, Lea Katharina, Der Digital Markets Act nach dem Trilog-Verfahren - Neue Impulse für den Wettbewerb auf digitalen Märkten, RDi 2022, 347.
Legner, Sarah, Verhaltenspflichten für Torwächter im Digital Markets Act, WM 2023, 1901.
Lettl, Tobias, Die Normadressaten des Gesetzes über digitale Märkte (Digital Markets Act), WM 2023, 953.
Richter, Ann-Christin/Gömann, Merlin, Private Enforcement des DMA - Ein Ausblick am Beispiel Amazons, NZKart 2023, 208.
Schmidt, Jens Peter/Hübener, Fabian (Hrsg.), Das neue Recht der digitalen Märkte - Digital Markets Act (DMA), Baden-Baden 2023.
Schweitzer, Heike, The Art to Make Gatekeeper Positions Contestable and the Challenge to Know What Is Fair: A Discussion of the Digital Markets Act Proposal, ZEuP 2021, 503.
Seip, Fabian/Berberich, Matthias, Der Entwurf des Digital Markets Act, GRUR Prax 2021, 44.
Steinrötter, Björn (Hrsg.), Europäische Plattformregulierung, Baden-Baden 2023 (zit.: Steinrötter/*Bearbeiter*, Europäische Plattformregulierung)
Paal, Boris/Kumkar, Lea Katharina, Wettbewerbsschutz in der Digitalwirtschaft - Die wichtigsten Neuerungen der 10. GWB-Novelle im Überblick, NJW 2021, 809.
Podszun, Rupprecht (Hrsg.), Kommentar Digital Markets Act, Baden-Baden 2023 (zit.: Podszun/*Bearbeiter*).
Podszun, Rupprecht/Bongartz, Philipp/Kirk, Alexander, Digital Markets Act - Neue Regeln für Fairness in der Plattformökonomie, NJW 2022, 3249.
Zimmer, Daniel/Göhsl, Jan-Frederick, Vom New Competition Tool zum Digital Markets Act: Die geplante EU-Regulierung für digitale Gatekeeper, ZWeR 2021, 29.

Literatur zu Kapitel 5 Plattform-Verordnung

Alexander, Christian, Anwendungsbereich, Regelungstechnik und einzelne Transparenzvorgaben der P2B-Verordnung, WRP 2020, 945.

Beck'scher Online-Kommentar zum UWG, Fritzsche, Jörg/Münker, Reiner/Stollwerk, Christoph (Hrsg.), 24. Edition, München 2024 (zit.: BeckOK UWG/*Bearbeiter*).

Busch, Christoph (Hrsg.), Kommentar Verordnung (EU) 2019/1150 zur Förderung von Fairness und Transparenz für gewerbliche Nutzer von Online-Vermittlungsdiensten (P2B-VO), München 2022.

Busch, Christoph, Mehr Fairness und Transparenz in der Plattformökonomie? - Die neue P2B-Verordnung im Überblick, GRUR 2019, 788.

Ernst, Stefan, Fairness und Transparenz - Die P2B-Verordnung, CR 2020, 735.

Harte-Bavendamm, Henning/Henning-Bodewig, Frauke (Hrsg.), Kommentar Gesetz gegen den unlauteren Wettbewerb, 5. Auflage, München 2021 (zit.: Harte-Bavendamm/Henning-Bodewig/*Bearbeiter*).

Heldt, Amélie/Legner, Sarah (Hrsg.), Kommentar Digitale Dienste Gesetz, Baden-Baden 2024 (zit.: Heldt/Legner/*Bearbeiter*).

Hoffer, Raoul/Lehr, Alexander, Onlineplattformen und Big Data auf dem Prüfstand - Gemeinsame Betrachtung der Fälle Amazon, Google und Facebook, NZKart 2019, 10.

Hofmann, Franz/Raue, Benjamin (Hrsg.), Kommentar Digital Services Act, Baden-Baden 2023 (zit.: Hofmann/Raue/*Bearbeiter*).

Köhler, Helmut/Bornkamm, Joachim/Feddersen, Jörn (Hrsg.), Kommentar Gesetz gegen den unlauteren Wettbewerb, 42. Auflage, München 2024 (Köhler/Bornkamm/Feddersen/*Bearbeiter*).

Kohser, Kristin/Jahn, Susann, Die P2B-Verordnung - Neue Pflichten für Plattformbetreiber und Suchmaschinenanbieter, GRUR-Prax 2020, 273.

Kumkar, Lea Katharina, Plattform-Recht revisited: Umgang mit den Marktordnungen digitaler Plattformen de lege lata et ferenda, ZEuP 2022, 530.

Legner, Sarah, Informationspflichten des europäischen erbrauchervertragsrechts im digitalen Zeitalter - Quo Vadis?, ZEuP 2024, 649.

Legner, Sarah, Der Digital Services Act - Ein neuer Grundstein der Digitalregulierung, ZUM 2024, 99.

Schneider, Nadine/Kremer, Sascha, Ein zweiter, kritischer Blick auf die P2B-Verordnung: Nachhaltige Veränderung des Plattformökosystems?, WRP 2020, 1128.

Schweitzer, Heike, Digitale Plattformen als private Gesetzgeber: Ein Perspektivwechsel für die europäische „Plattform-Regulierung", ZEuP 2019, 1.

Steinrötter, Björn (Hrsg.), Europäische Plattformregulierung, Baden-Baden 2023 (zit.: Steinrötter/ Bearbeiter, Europäische Plattformregulierung).

Wischmeyer, Thomas/Meißner, Peter, Horizontalwirkung der Unionsgrundrechte - Folgen für den Digital Services Act, NJW 2023, 2673.

Stichwortverzeichnis

A

Abhängigkeit 84, 104, 131, 226, 231, 238, 264, 328
- datenbedingte 229
- knappheitsbedingte 228
- mangelbedingte 228
- nachfragebedingte 228
- sortimentbedingte 227
- unternehmensbedingte 227

Abhilfemaßnahme 141, 163, 250, 265, 295, 302, 308
- strukturelle 252
- verhaltensorientierte 250, 252

Abstellung 116, 250, 296, 359
AGB (Allgemeine Geschäftsbedingung) 59, 113, 141, 205, 211, 313, 314, 320, 321, 334, 337, 339
Allgemeine Geschäftsbedingung (AGB) 59, 113, 141, 205, 211, 313, 314, 320, 321, 334, 337, 339
Anmeldepflicht 118, 119, 137, 239, 247, 343, 344, 351
Anteilserwerb 120, 234, 235, 238, 342, 344
Anzeigepflicht 352
Arbeitsgemeinschaftsgedanke 175, 183
As-Efficient-Competitor 28, 29, 101
Ausbeutungsmissbrauch 25, 111–113, 115, 152, 186, 208, 210
Ausschließlichkeitsvereinbarung 59, 77, 180
Auswirkungsprinzip 35, 166, 277, 306, 345

B

Bedarfsmarktkonzept 86, 187, 191, 346, 347, 353
Bedeutung, überragende marktübergreifende für den Wettbewerb 186, 215–217, 224
Behinderungsmissbrauch 25, 99, 102, 107, 111, 113, 117, 202, 204, 205, 229, 264
Benennungsverfügung 220
Berufung 262, 305, 329
Beschluss 35, 37, 38, 86, 142, 169, 171, 185, 270, 282, 294, 300–303
Beseitigung 128, 129, 243, 255, 299
Bestpreisklausel 27, 60, 61, 66, 68, 72, 77, 78, 85, 150, 179, 180, 203, 225, 262, 269, 270, 285, 314, 324, 326, 331, 335–340

Bestreitbarkeit 215, 268, 271–273, 286, 295, 299, 302, 305, 315, 323
Beweiserleichterung 226, 227
Bußgeldhöhe 296, 304
Bußgeldverfahren 146, 261, 303, 329

D

Daten 8, 9, 11, 12, 16, 19, 51, 92, 98, 110, 131, 132, 153, 162, 164, 191, 196, 198, 206, 207, 216, 219, 222, 223, 225, 229, 230, 263, 264, 272, 273, 281, 283, 289, 292, 294, 308, 323, 352, 354, 356, 358
Datenkombination 268, 283, 300, 323, 358
Datennutzungsverbot 288
Datenportabilität 198, 223, 224, 273, 292
Datenschutzrecht 9, 12, 116, 161, 213, 284, 286, 356
Datenzugang 11, 110, 131, 153, 163, 196, 199, 207, 229, 244, 264, 273, 281, 291, 292, 298, 307, 323
Dating-Plattform 3, 91, 192, 197, 340, 341, 347–349
Deinstallation 221, 222, 289, 298, 301
Diskriminierung 17, 104, 105, 186, 202, 203, 225, 226, 230, 232
Doppelkontrolle 304

E

Effekt
- koordinierter 124, 129, 141, 242, 249
- unilateraler 124, 127, 129, 133, 141, 242, 244, 249

efficiency defense 31, 135, 137, 141, 245, 246, 249, 275
Effizienz 45, 51, 71, 78, 81–85, 99, 101, 136, 185, 245, 246, 307, 339, 351
Einfluss, wettbewerblich erheblicher 236, 239
Einheit, wirtschaftliche 32, 33, 143, 145, 164
Einkaufsvereinbarung 53, 175
Einrichtung, wesentliche 110, 111, 207
Einspruch 261
Entflechtung 123, 140, 163, 252, 253, 265, 270
Essential-Facilities-Doktrin *siehe* Einrichtung, wesentliche 104

F

Fairness 215, 271, 274, 275, 286, 292, 295, 299, 302, 305, 312, 313, 315, 316, 330
Formblatt CO 136, 137
Forschungs- und Entwicklungskooperation 79, 82, 173
Freistellung 25, 43, 48, 65, 69–73, 75, 77, 78, 80, 81, 83, 85, 86, 101, 136, 149, 168, 176, 180, 181, 184, 185, 285, 324, 331, 337, 339
FuE-GVO 27, 48, 71, 78–80, 82, 173

G

gap case 124, 128, 129, 141, 243, 249
Gemeinschaftsunternehmen 69, 120, 235, 238
Geoblocking 59

H

Handelsvertreterprivileg 67, 78, 150, 182, 262, 336
Hauptprüfverfahren 138, 238, 248
Hotelbuchungsplattform 85, 91, 179, 180, 190, 335, 337

I

Immanenzgedanke 183, 337
Innovation 194, 199, 237, 323, 349
Intermediationsmacht 200, 220, 228, 263
Internetvertrieb 55, 76, 177, 178
Interoperabilität 133, 163, 223, 224, 269, 291

K

Kausalzusammenhang 213, 257, 357
Kernbeschränkung 44, 54, 55, 57, 58, 62, 71, 74, 75, 80–82, 84, 176, 178, 182, 338
KI (Künstliche Intelligenz) 13, 143
– Begriff 13
– Kategorien 13
– KI-VO 13, 21, 52
killer acquisitions 140, 195, 265
Kleine und mittlere Unternehmen (KMU) 274, 334
KMU (Kleine und mittlere Unternehmen) 274, 334
Kollusion
– algorithmische 41, 170
– implizite 39–42, 98, 171, 241, 251
Konditionenmissbrauch 113, 115, 116, 210–212, 222, 268, 270, 356, 357
Kontrollerwerb 26, 120, 121, 233 235, 238, 342, 343

Kopplung
– Kopplungsverbot 274, 287, 307
Kopplung 108, 134, 207
Künstliche Intelligenz (KI) 13, 143
– Begriff 13
– Kategorien 13
– KI-VO 13, 21, 52

L

Legalausnahme 70, 337
Leistung, unentgeltliche 90, 190
Lock-in-Effekt 97, 223, 291
Luxusprodukt 204

M

Markmacht, überlegene 226, 230, 231
Markt, mehrseitiger 345
Marktabgrenzung 74, 87, 89, 91, 92, 94, 117, 151, 187, 192, 193, 196, 217, 279, 328, 341, 346
– räumliche 89, 214, 348, 355
– sachliche 86, 93, 188, 214, 345, 353
– unentgeltliche 151, 190
– zeitliche 90, 189, 214
Marktanteil 5, 26, 29, 34, 54, 62, 63, 79, 85, 95, 100, 103, 104, 110, 126–130, 149, 159, 181, 182, 193–195, 200, 201, 207, 218, 220, 279, 285, 334, 336–338, 341, 349, 355
Marktanteilsschwelle 63, 71, 72, 74, 82
Marktbeherrschung 94–96, 100, 125, 126, 128, 157, 160, 167, 187, 194, 197, 200, 208, 215–217, 219, 230, 241, 242, 263, 279, 355, 357
– Einzelmarktbeherrschung 94, 98, 117, 124, 127, 128, 141, 193, 201, 214, 242, 249
– kollektive 40, 98, 99, 117, 124, 127, 129, 141, 200, 214, 242, 249, 349
Marktbeherrschungsvermutung 201, 218, 240, 349
Marktdefinition 89
Markterschließungsdoktrin 60, 67, 182, 183
Marktinformationssystem 49
Marktmacht, relative
– im Horizontalverhältnis 232
– im Vertikalverhältnis 231
Marktmacht, relative 225, 227, 228
Marktuntersuchung 270, 276, 278, 281, 282, 294, 295, 301, 302, 306, 308, 352
Marktzutrittsschranke 11, 26, 61, 96, 131, 181, 194, 196, 199, 201, 216, 273, 287, 292, 305, 307, 356
Mediation 312, 324, 326
Meistbegünstigungsklausel 60, 179, 222, 270, 284, 312

Mitbewerber 255, 298, 327, 332
more economic approach 27, 30, 31, 102, 104, 124

N

Nachfragesubstituierbarkeit 87–89, 187, 347, 348, 353
Netzwerk, soziales 97, 197, 356
Netzwerkeffekt 4, 5, 30, 91, 97, 148, 151, 162, 190–192, 194, 199, 226, 231, 240, 243, 245, 263, 264, 273, 281, 293, 346, 349, 354, 355
– direkter 6, 97, 189
– indirekter 4–7, 10, 91, 97, 148, 161, 190, 197, 202
– negativer 5
– positiver 5, 148, 190, 217
Netzwerken 341
Normenvereinbarung 52, 53, 175
Notifizierungsverfahren 281, 282, 296, 306
Nutzerzahl 10, 122, 199, 280, 281, 341, 349, 352

P

Plattform
– Aufmerksamkeitsplattform 2–5, 192, 347
– hybride 73
– Matchingplattform 2–5, 94, 151, 192, 197, 202, 340, 347, 354
– Nicht-Transaktionsplattform 3, 94
– Transaktionsplattform 3, 91, 94, 354
Plattform 44, 45, 51, 59–61, 68, 73, 77, 85, 91, 94, 97, 148, 150, 161, 166, 174, 180, 181, 190, 191, 197–200, 220, 273, 285, 307, 313, 315, 319, 321, 322, 324, 334–338, 340, 341, 345, 346
Plattformdienst, zentraler 280, 287, 302
Plattformverbot 56, 72, 177, 178, 204, 262
Preis
– dynamischer 19, 20
– personalisierter 17, 18
Preisbindung 54, 166
Preisdiskriminierung 17, 18, 20, 114
Preistransparenz 288
Preisvergleichsdienst 11, 58, 105, 179, 219, 268, 290

R

Rabatt 18, 41, 107, 208
Ranking 106, 152, 200, 221, 268, 274, 276, 290–292, 312, 314, 316, 320, 321, 326, 328, 331, 334
Rechtfertigung 101, 106, 110, 137, 183, 202, 205, 221, 246, 270, 275, 276, 304, 324
Revision 262, 305, 329

S

Schadensersatz 256, 266, 271, 297
Schadensvermutung 256, 266, 298
Schwelle, transaktionsbezogene 123, 344
Sektoruntersuchung 15, 163, 239, 250, 251, 253, 265, 351
Selbstbevorzugung 105–107, 110, 152, 163, 221, 268, 291, 312, 314, 322
Selbstverstärkungseffekt 197, 349
SIEC-Test 26, 118, 119, 124, 158, 159, 161, 232, 240, 245, 246
Spezialisierungs-GVO 27, 71, 81, 82
Spürbarkeit 34, 60, 62, 63, 86, 182, 336
SSNDQ-Test 93, 191
SSNIP-Test 87, 89, 92, 93, 187, 191
Streitbeteiligung, außergerichtliche 324, 329, 331
Suchmaschine 58, 95, 103, 104, 110, 151, 189, 207, 251, 269, 275, 292, 312, 313, 316, 319, 321, 322, 326

T

Tipping 5, 197, 198, 217, 226, 227, 231, 243, 350
Torwächter 268–270, 273, 275–277, 280, 282, 284, 286–293, 295, 296, 302–304, 306, 315, 323, 324, 334, 352, 358
Transparenz 39, 42, 50, 83, 205, 288, 312, 313, 315, 316, 330
Trittbrettfahrer 45, 66, 68, 85, 180, 337

U

Umsatzschwelle 26, 27, 118–120, 122, 123, 139, 167, 232, 233, 237, 239, 294, 342, 344
Unterlassung 255, 298, 299, 339
Unternehmen 277, 279–282
Untersagungsverfügung 125

V

Verbandsklage 299, 313, 328
Verbraucherschutz 160, 312, 315, 316
Verbraucherwohlfahrt 27, 30, 43, 70, 83, 111, 115, 124, 136, 159, 160, 185, 215, 245, 268, 316
– dynamische Effizienz 135
– Konsumentenrente 30
– Reservationspreis 30, 159
– Wahlmöglichkeit 316
Vereinbarung 35–37, 53, 54, 59, 71, 77, 79, 335, 338

Vergleichsmarkt 111, 113, 209, 210, 257
Verhaltensweise
- aufeinander abgestimmte 35, 36, 38, 39, 41, 169, 171, 185, 334
- verbotene 169, 334
Verkaufsvereinbarung 53, 54, 175
Vermögenserwerb 233, 238
Verpflichtungszusage 106, 138, 142, 146, 216, 223, 249, 250, 295, 298, 325
Vertriebssystem 45, 55–58, 75, 262
Verwaltungsverfahren 145, 147, 195, 259, 261, 266, 300, 303, 309, 328
Verweisung 122, 138–140, 152, 167, 168, 176, 184, 343, 350, 351
Vorprüfverfahren 138, 139, 248
Vorteilsausgleichung 257, 259

W

Wechselaufwand 97, 110, 151, 196, 198, 349
Werbebehinderung 285, 298, 301
Wettbewerb
- potenzieller 79, 96
- um den Markt 162, 199
Wettbewerber, naher 129, 243
Wettbewerbsbegriff 44, 79

Wettbewerbsbehörde 12, 37, 43, 116, 122, 139, 141, 145, 146, 163, 167, 168, 213, 226, 247, 265, 294, 303, 328, 341, 357
Wettbewerbsbeschränkung 25, 27, 34–36, 39, 44–46, 53, 54, 57, 60–63, 66, 67, 69, 82–86, 157, 166, 168, 172, 178, 181, 183–185, 236, 246, 255, 257, 269, 336–338
- horizontale 44, 47, 78, 81, 172
- vertikale 44, 54, 55, 59, 71, 72, 78, 172, 176, 179, 335
Wettbewerbsdruck, innovationsgetriebener 5, 98, 162, 194, 195, 263, 265
Wettbewerbsverbot 65, 77, 183, 339

Z

Zivilverfahren 147, 261, 305, 329
Zugang zu wettbewerbsrelevanten Daten 11, 98, 162, 196, 199, 205, 219, 224, 263
Zusammenschluss
- horizontaler 130, 235, 243
- konglomerater 133, 134, 245
- vertikaler 125, 132, 244
Zusammenschlussbegriff 118, 119, 121, 232, 233, 342, 343
Zuwiderhandlung, systematische 142, 295, 302
Zwischenstaatlichkeit 63, 117, 168, 337, 350, 357

MIX
Papier aus verantwortungsvollen Quellen
Paper from responsible sources
FSC® C105338

If you have any concerns about our products,
you can contact us on
ProductSafety@springernature.com

In case Publisher is established outside the EU,
the EU authorized representative is:
**Springer Nature Customer Service Center GmbH
Europaplatz 3, 69115 Heidelberg, Germany**

Printed by Libri Plureos GmbH
in Hamburg, Germany